他们的思与想

《哲学动态》人物专访辑录（1988—2018）

上

1988—2018

《哲学动态》编辑部 编

江苏人民出版社

图书在版编目(CIP)数据

他们的思与想：《哲学动态》人物专访辑录：1988—2018 /《哲学动态》编辑部编. —南京：江苏人民出版社，2020.7

ISBN 978-7-214-23181-9

Ⅰ. ①他… Ⅱ. ①哲… Ⅲ. ①哲学理论－中国－1988—2018 Ⅳ. ①B2

中国版本图书馆CIP数据核字（2018）第299576号

书　　名	他们的思与想——《哲学动态》人物专访辑录（1988—2018）
编　　者	《哲学动态》编辑部
责任编辑	戴亦梁　黄　山
责任校对	黄　山
责任监制	王列丹
出版发行	江苏人民出版社
出版社地址	南京市湖南路1号A楼，邮编：210009
出版社网址	http://www.jspph.com
排　　版	南京展望文化发展有限公司
印　　刷	江苏凤凰数码印务有限公司
开　　本	787毫米×1092毫米　1/16
印　　张	66.25
插　　页	8
字　　数	1117千字
版　　次	2020年7月第1版　2020年7月第1次印刷
标准书号	ISBN 978-7-214-23181-9
定　　价	168.00元（上下册）

(江苏人民出版社图书凡印装错误可向承印厂调换)

目录

CONTENTS

上　册

实现新的哲学综合

——访景天魁

学者简介

景天魁，1943年生，山东蓬莱人。1967年毕业于北京大学哲学系，1981年于中国社会科学院研究生院获哲学硕士学位，1987年获博士学位。时任中国社会科学院哲学所副研究员。主要著作有：《打开社会奥秘的钥匙——历史唯物主义逻辑结构初探》（1981）、《论马克思关于人的学说》（与王锐生合著，1984）、《社会认识方法论》（待出）等。

问

听说您在将要出版的新作《社会认识方法论》中，认为哲学即将实现大发展、大突破。但现在也有另一种说法，就是“哲学贫困”“哲学困惑”。您对此有何看法?

答

我不赞成用“哲学贫困”“哲学困惑”来概括目前中国哲学界的现状。哲学研究领域确实存在一些问题，但不宜用抽象的、不确切的概括代替具体分析。所谓“贫困”，可能是搬用了马克思过去的一种提法，但用于今天并不适合；至于说到“困惑”，可以有消极的理解，也可以有积极的理解。哲学既然是一门刨根究底的学问，没有点困惑，不有所怀疑，怎么会去刨根究底?如果用“困惑”一词的消极含义，说哲学是处于无所适从的状态，这就不恰当了。

单从我所熟悉的领域来看，这几年出现了可喜的现象，进行了多方面的探索。例如，关于实践主体、认识主体、历史主体，以及主客体关系的研究，关于价值论的开拓性研究，关于人的问题的多角度研究，关于宏观认识论、微观认识论（这些提法是否恰当可以讨论）以及认识的发生机制、心理机制、思维机制的研究，吸收自然科学以及符号学、解释学等成果为丰富认识论、方法论所作的种种努力，从理论到实践的转化过程的研究，以及关于社会改革的哲学研究，等等，充分表明，无论是广度还是深度，都出现了前所未有的局面。其他研究领域，我了解不多，好像情况也大致如此。显然，这表明不是“哲学贫困”，而是哲学的发展。

问

您所说的恐怕只是哲学现状的一个方面。从另一方面看，这些年，公认的权威性著作出得不多，不少重大的理论问题和实践问题还没有得到令人满意的回答，理论落后于实践的状况还没有根本改变，在中国还没有出现有独立影响的学派，总之，探索性的东西多，重大的建树还很少，似乎哲学的社会地位在下降，对此表示担忧是否也有道理呢?

答

担忧是可以的，悲观却没有必要。我认为哲学的最适宜的发展条件，就是有创造性探索的浓厚气氛。过去搞过全党学哲学、群众性学哲学用哲学的运动，看起来哲学很受重视，地位很高，实际上大家捧着一本权威性的书，只能背诵，不能质疑，哪里谈得上哲学的发展！我认为，有创造性探索的气氛，解决你说的那些问题就有希望。事实上，这几年各个哲学专业都出了一些高水平的著作，仅在认识论方面，最近一年多就有夏甄陶教授的《认识论引论》、高清海教授主编的《马克思主义哲学基础》(下册)等相继出版，都是很有分量的，其刻意求新的精神，尤堪嘉许。我看，当前需要担忧的主要不是哲学界本身，而是某些关于哲学的过时的态度要改变。

问

的确，过去片面强调哲学的指导作用，似乎只要有某种哲学观点，一切实际问题都可以迎刃而解。这种观点说过了头，就走向反面：哲学对科学技术发展、经济发展没有多大用处，而当务之急是把科技搞上去，把经济搞上去，对哲学自然有所冷落。那么，您认为哲学大发展的客观依据是什么?

答

恰恰是现代科学技术的发展、社会实践的发展，在呼唤哲学的发展，要求发挥哲学的综合职能。

从科学技术发展方面来看，近代自然科学是在以分析性为主的思维基础上发展起来的，就是把世界划分为越来越细小的部分，从而形成众多的学科，每个学科不仅有专门对象、专门方法，还形成了自己的特殊语言。但是，目前自然科学已由分化为主转变为以整合化为主导趋势了，科学家们意识到，许多新学科的发展是在多学科交叉、综合的基础上实现的。用普利高津的说法就是：“我们的时代是以多种概念和方法的相互冲击与汇合为特征的时代，这些概念和方法在经历了过去完全隔离的道路以后突然间彼此遭遇在一起，产生了蔚为壮观的进展。”但是，各学科的专家凑在一起，不仅思路不同，概念语言也不同。不用说一个学科的人听不懂另一个学科的概念术语，就是同一学科的人，例如数学吧，据说现在没有一位数学家能看懂所有的数学专业的文献。怎么办呢？早就有人（以卡尔纳普为代表）提出以物理语言统一科学语言，建立“大物理学”，还有人提出以生物学作为科学统一的基础，建立“大生物学”，但都不能成功。问题是，要统一科学语言，关键要有新的综合性思维基础，这就有求于哲学了。现在有些大科学家对哲学并不抱冷漠态度，甚至有些人对中国古代的整体直观的哲学思维很感兴趣。这不只是个人兴趣问题，而是反映了一种客观要求。哲学可以为具体科学的相互沟通提供概念工具，哲学思维方法可以成为具体科学的一般方法论原则，哲学世界观对于具体科学研究具有定向职能。

问

记得您曾为《哲学研究》写过一篇述评，其中谈到了必须考虑社会系统的整体效应。您是否认为现代社会实践同样要求发展综合性的哲学思维？

答

是的。在现代社会发展中，只抓一两项经济措施，或者只注重经济，不同时注意到政治的、法律的、道德的、心理的诸多方面的相互作用，就难以收到理想的社会效果。如果说，对自然客体加以割裂，其要素的性质基本保持不变（也不尽然），即使这样，分析性思维仍然暴露了明显的局限性，那么，对待社会系统，就更需要从整体观点出发，讲究综合性思维。

从上述两个方面的情况看，我们面临着实现新的哲学综合的任务。也许可以冒昧地说，我们即将进入一个新的哲学综合的时代。

问　您所说的“新的哲学综合”的具体含义是什么？

答　最早的哲学综合形式，可以叫作“包容式”。那是在人类知识还混沌不分、科学还没有从哲学中分化出来的时候所采取的一种形式。后来，各门科学纷纷独立出来了，但它们都专注于自己的小地盘，不管它们相互之间的联系以及世界万物总的联系，这样就把建立总的联系的地盘留给了哲学。哲学因其研究课题的特殊性，而取得了仿佛凌驾于具体科学之上的地位，这种综合方式可以叫作“凌驾式”。人类知识发展到了今天，“包容式”和“凌驾式”或者不再可能，或者不适时宜。哲学应该采取新的综合方式，也许可以叫作“参与式”。所谓“参与式”，可以分为直接参与和间接参与。

直接参与，就是哲学参加到科学综合、不同种类的知识综合的过程中去，通过解决其中提出的一些哲学问题，推动科学综合和知识综合的进程。例如，由于概率论、随机过程和模糊数学的研究和发展，突出地提出了确定性和非确定性、精确性和非精确性的关系问题；现代物理学对远离平衡态的热力学系统和混沌问题的研究，则提出了无序和有序、线性和非线性的关系问题；再如，控制论、信息论和人工智能研究，尖锐地提出了逻辑和非逻辑、人类智能和人工智能的关系问题；而社会科学方法论则提出了事实判断和价值判断能否统一的问题，等等。诸如此类的问题，具有深刻的哲学意义，又不是在各个专门科学的范围内所能回答的。如能发挥哲学的综合功能，深入地回答上述诸问题，则不仅可以推动专门科学的发展，也会带来哲学本身的发展。

问　现在，在生态学、人口学、科学学、决策学、系统学和思维科学这样一些新兴学科和交叉科学领域，正活跃着参与其中的一批哲学家，这大概就是您所说的“参与式”的一种表现吧？

答

这是直接参与的一种形式。哲学综合是相对于科学综合而言的。科学本身的综合，例如系统科学，它横跨了物理、化学、生物学、社会科学等各个领域，把各种现象都看作复杂程度不同的系统，用统一的系统科学语言去描述它们，这是一种横向的综合。这种综合与哲学综合相比仍然是专门科学的综合，其中，微观和宏观的关系、无目的的对象和有目的的行为的关系、客观性和主观性的关系，还须由哲学来回答。总的来说，科学认识方式面临着与人文认识方式的统一问题，对这些问题的哲学综合无疑会推动科学综合，这是同一个过程，哲学并非游离在外，所以说这是直接参与式的综合。

问

那么，不直接参与科学综合过程，但为它提供思维基础，就是您所说的“间接参与”吧？

答

我在《社会认识方法论》中，把人观念地掌握世界的方式划分为七种：价值认识方式、宗教认识方式、艺术认识方式、科学认识方式、技术认识方式、日常认识方式和哲学认识方式。显然，除哲学以外，其他任何一种认识方式都不能提供实现综合的思维基础。但哲学却可以从特有的角度，把各种认识方式都看作主客观的一定结构，从而达到统一的理解，实现哲学层次上的综合。对哲学思维本身的研究，虽不直接提供对科学综合、知识综合中的问题的回答，但它为此提供了思维方法、概念工具和论证手段。哲学常常通过重新研究思维的历史，批判各种多样的思潮，反反复复地探讨基本的哲学问题，而使思维得到锻炼和发展。《分析的时代》一书的作者M.怀特，在评述了“二十世纪的哲学家”以后，提出了一个“劝告”，他认为：“一个哲学家不必在各个方面都成为专家，也不必像斯宾塞和黑格尔那样，自己对各种知识都作出淡而无味、名不副实的总结，可是，他却应当锻炼自己能在人类的各种主要活动之间发现重要的类似之处和差别之点。”这里，虽然没有明确提出要实现新的哲学综合，但怀特意识到“最重要的是把20世纪哲学的两个对立要素重新统一起来”，显然，“发现重要的类似之处和差别之点”就是实现“重新统一”的前提，因而是“新的哲学综合”的基础。

问

是否可以这样说，发展综合性哲学思维（间接参与）是对直接参与式的哲学综合的支持，而后者又是对科学统一和知识统一的发展进程的支持。那么，在这种“参与”过程中，能否保持哲学的独立地位呢？

答

我认为哲学应该有这样的自信力。“高城深池不足以为固”，哲学的发展有赖于与其他知识的沟通。数学广泛渗透到了许多科学领域，充当科学的共同语言，深深地“参与”了科学统一的过程，数学家们并没有担心数学会失去独立性，相反，数学倒由此得到了很大的发展。当然，数学和经验科学的关系不同于哲学与它们的关系。但是，哲学的发展史更足以使我们增强这种自信心。当年，各门科学纷纷从哲学中分化出去，哲学的“地盘”似乎有被瓜分殆尽的危险，但并没有落得无藏身之地，倒是有了近现代哲学的繁荣和发展。现在，科学本身要求整体化了，要求哲学提供新的思维基础，有求于哲学了，难道哲学还只是偏居一隅，以保持所谓的“独立性”，就不能参与到科学综合、知识综合的主潮中去，以求得新的大发展吗？

如果哲学能够对科学回答不了的问题、对时代提出的重大问题给出睿智的回答——这当然不能代替科学本身的回答，但可以给科学家以启发，那么越是“参与”，越能充分发挥特有的作用，何愁不能保持独立性？相反，如果哲学不能作出这种睿智的回答，那又有何理由自称“智慧学”？

（原载《哲学动态》1988年第6期）

学者近况

景天魁（1943— ），1967年毕业于北京大学哲学系，1981年和1987年先后在中国社会科学院研究生院获得硕士、博士学位。1981—1995年，在中国社会科学院哲学所从事研究工作，1992年被评为研究员，1993年任中国社会科学院社会发展研究中心主任。1995—2006年先后担任社会学研究所副所长、党委书记、所长。1996年被评为国家级有突出贡献中青年专家。1998—2005年任中国社会学会副会长，2001—2005年任国际社会学会（IIS）副会长，2009—2015年任中国社会经济系统分析研究会副理事长。2006年当选为中国社会科学院学部委员。第十、第十一届全国政协委员，中央马克思主义理论研究和建设工程首席科学家。主要研究领域为：社会认识论、社会科学方法论、发展社会学、福利社会学、时空社会学、中国社会学史。主要著作有：《打开社会奥秘的钥匙——历史唯物主义逻辑结构初探》（1981）、《社会认识的结构和悖论》（1990）、《现代社会科学基础（定性与定量）》（1994）、《社会发展的时空结构》（2002）、《底线公平：和谐社会的基础》（2009）、《福利社会学》（2010）、《发展社会学概论》（2011）、《时空社会学：理论与方法》（2012）、《中国社会学：起源与绵延》（2017）等。

关于哲学的改革与发展问题

——访欧阳康

学者简介

欧阳康，1953年生，四川资阳人。1978至1984年在陕西师范大学政教系学习，先后获哲学学士、哲学硕士学位。1988年元月于中国人民大学获哲学博士学位。时任陕西师范大学政教系副教授。参与《认识发生论》《中国社会主义建设》等书编写，著有《社会认识论导论》(待出)。公开发表学术论文、译文50多篇。

问

今年是中国关于“实践是检验真理的唯一标准”大讨论十周年。对十年来马克思主义哲学研究在中国的发展历史、现状和未来问题，您有什么看法？

答

十年来，我国哲学研究所走过的似乎是一条由实践标准探讨到实践唯物主义哲学体系建构的发展道路。当年关于实践标准的探讨，不仅为党的正确的思想路线奠定了基础，而且为马克思主义哲学反思自身设置了一个科学的评价标准和参照系统。自此以后，哲学工作者能够逐步自觉地以真正哲学的方式反思哲学的改革与发展问题，开始了马克思主义哲学真正按照当代社会实践的逻辑来发展自身的新阶段。

问

您的意思是说，实践不仅是检验其他科学理论的真理性的标准，也是检验和发展马克思主义哲学自身的标准？

答

对，这正是马克思主义哲学观的科学之处和根本之点。马克思主义哲学将实践标准指向自身，即以当代社会实践的特性来规定自身的性质、对象、任务、体系结构和社会功能，并以此来检验自身的真理性和进化发展。按照这种观点，马克思主义哲学不过是当代人与世界的关系的哲学表现，它的体系结构不过是当代社会实践结构的哲学抽象。因此，马克思主义哲学不是永恒的、无限的、万能的，而是人类哲学思维发展中一定阶段的产物，是现代哲学发展中的一种具体的历史形式。

问

这里似乎体现着一种非常革命的哲学观，而这种哲学观与那些把马克思主义哲学看成“包罗万象”“终极真理”的哲学观无疑是根本对立的。

答

正是如此。哲学观的变革是目前哲学面临大突破、大发展的先导和前奏曲。

问 可是社会上普遍认为“哲学贫困”，不少哲学工作者也感到自己受了冷落，为哲学的前景担忧，这又怎么解释呢？

答 说“哲学贫困”，这不符合近年来哲学研究中视角不断更新、领域不断拓展、论题不断升华、新成果不断涌现的实际情况。当然，仅从现象上看，当前哲学研究也确实不像一些具体学科那样，在目前的社会改革中直接发挥作用。但在我看来，这里面蕴含着哲学研究与政治、政策的分离，这正是哲学学科本性的恢复，也是哲学大发展的重要社会条件。

问 请进一步说明您的这种看法。

答 在中国，过去哲学与政治的关系太密切，哲学问题与政治问题搅在一起。哲学要么为政治代言、作证，要么为政治所包容、左右。而当政治上、政策上出问题后，哲学又受政治动乱、变迁之累。于是哲学干了许多自己不应该也没有能力完成的“分外事”，却没能搞好自身的建设和发展问题。这种情况反映了哲学与政治研究之间分化程度太低。这曾是中国哲学发展的一个重要障碍。

问 您的分析很有道理。近年来这种状况有了很大的改变。哲学研究主要成了一种学术活动而不是政治行为；哲学争论主要被看成是一种学术探讨而不是政治观点上的分歧；哲学工作者不一定必须成为政治家，而是要成为真正的思想家、理论家。这样哲学作为一门相对独立的学科真正科学地发展才是可能的。

答

哲学与政治相对分离后，哲学不能再借政治权威、行政命令和官方指示来发挥自己的功能，而只能依靠自己的科学内容、理论魅力和逻辑力量来“征服世界”，如果它不具备这些，则势必为人民大众所抛弃。因此，哲学必须迅速地发展自身，在相对独立的研究条件和实现过程中走出一条“自己构成自己的道路”。

问

不过，哲学的相对独立化是否意味着它离开社会实践越来越远呢？

答

不是。哲学研究的分化、发展和相对独立化，不是意味着它将不断地丧失对象和地盘，而是实现着一种哲学思维在层次上的跃迁和方式上的升华，意味着以更加成熟的和真正哲学的方式掌握对象。

问

“真正哲学的方式”意味着什么？

答

马克思曾经说过，对真理的探讨应当是符合真理的，符合真理的探讨本身就是扩展了的真理。对哲学的探讨也应当如此。作为一种高度自觉的意识思维活动，哲学是人类对自身与世界的关系的一种总体性的观念掌握方式。所谓以哲学方式掌握对象，就是要借助于高度凝炼和概括的哲学范畴与形式系统，在高度抽象和思辨的层次上，以哲学命题的方式把握对象总体。相应的，哲学研究的过程，就是一个从非哲学的世界中抽象出哲学问题，并以哲学层次上的概念、范畴体系和形式系统来加以处理和表达，形成哲学理论体系，然后使之通过若干中间环节和渠道而回到非哲学的人类活动和对象世界中去的过程。

问

记得您曾发表过一些文章，呼吁探讨哲学研究方法，强调根据哲学对象和哲学掌握对象方式的特点来开展哲学研究，是否就是此意思？

答 可以这么说。近年来哲学的方法论功能受到人们的关注。人们越来越多地运用哲学方法来对一些非哲学的问题和对象进行“哲学思考”，这是可喜的，也是必要的。但这种思考必须是以真正哲学的方式来进行的。如果对哲学自身的改革和发展问题的反思缺乏一种真正哲学的方式和态度，则更会妨碍哲学研究的深化。

问 您认为当前中国的马克思主义哲学研究将怎样实现它的突破性发展呢？

答 我曾提出过，如果说哲学研究视角的转换和研究方法的更新是哲学改革的突破口的话，则理论与现实的结合便是哲学理论大发展的生长点。哲学在当前所面临并将获得发展的可能是从个别概念、范畴到基本命题、观点以至总体内容和体系结构的全面突破，是形态学意义上的变化和发展，是对马克思主义哲学的科学本性的真正恢复和强化。

问 对马克思主义哲学的科学本性，人们有不同的理解，您怎么看？

答 从性质上看，马克思主义的哲学唯物主义是历史的、辩证的，从功能上看则是实践的、批判的。马克思主义哲学的历史性、辩证性根源于它的实践性、批判性。作为实践的唯物主义，马克思主义哲学不仅强调对世界的唯物主义理论解释，尤其强调对世界进行实践改造。因此，它的任务在于以真正哲学的方式指导人们对历史与现实进行理论批判和实践批判，并自觉地从事对未来理想世界的观念建构和实际建构。正是这种社会功能，提出了对马克思主义哲学的性质、对象、内容、体系和形态等一系列基本问题作一体化思考的要求。因此，去年以来，实践唯物主义理论体系的建构问题引起了哲学界的广泛关注。这恐怕是当代中国哲学发展中的一种重要潮流和趋向。

问　十年前哲学界对实践问题的关注，主要是从真理标准探讨中引申出来的。后来关于实践内在要素、结构尤其是实践目的问题的争论，深化了对实践本身的认识。近来在主体和客体及相互关系等问题上取得的突破性成果，使得实践问题研究进入了活化和动态的水平。现在从实践唯物主义角度来全面反思和建构马克思主义哲学的新体系、新形态，又进入一个新的高度和层次。这个过程，确实如您前面所说，是一个从实践标准探讨到开始建构实践唯物主义体系的发展过程。

答　是的，这种探讨还刚开头，距离真正建构和完善科学的实践唯物主义全新哲学体系还相差甚远，还有一个漫长、艰巨的探索过程，需要人们从各个方面努力。这里尤其重要的是要有一个科学、合理的大思路。在这方面，我的导师夏甄陶教授构想过一个全新哲学体系的建构方案。这个方案的基本思路，是以实践的唯物主义为理论基石和方法论原则，以人与世界的关系及其时代特点为基本对象，以当代社会实践为现实基础，以人作为主体而对人属世界的自觉能动掌握与对属人世界的自觉能动创造为基本内容和基本线索，把本体论、认识论、历史观、方法论的研究内在地统一起来，在历史与逻辑、理论与现实的统一中建构结构严整、内容充实、富于时代感的新体系。我十分赞同夏老师的这种思路，并与他一道撰文，阐述了统摄并贯穿在这个体系之中的一些基本原则，比如实践性原则、客观性原则、主体性原则、整体性原则等。

问

从总体上建构实践唯物主义体系，这是否排斥了对本体论、历史观、认识论、方法论等分支学科的独立研究呢？

答

不是。哲学思维应当是最高层次和水平的理性自由，它要求充分自由地思考和研究，而无任何禁锢和限制。对哲学改革和发展的探讨更不应是单一的，而应是多方面、多层次、多向度的，它包含了对旧有范畴、命题的重新解释和对传统分支学科的重新建构。这也是一种创造和发展。当然，从方法论上看，这些分支学科的探讨应有新的视角和方法，并且内在地结合起来。

问

听说您的博士论文《社会认识论导论》就是力图将认识论的研究和历史观的研究结合起来。您能简单谈谈吗？

答

“社会认识论”这个选题，产生于几年来对马克思主义哲学发展与当代社会实践所提出的世界性、时代性哲学课题之间交汇点的搜索和分析。对当前人类在生态、环境、资源、耕地、人口、粮食等方面所面临的大量严峻而又紧迫的自然—社会问题到底怎么看，需要有哲学的眼界和哲学的方法。我同意汤因比等人的看法，从根本上说，这是人类生存的世界中达到的一种“人与自然的力关系逆转”。人类在长期的发展过程中积聚起来的近乎无限的建设能力，由于其不合理使用而在转化为近乎无限的破坏能力，破坏着自然界的自我平衡和再生产能力，损害了人与自然的和谐协调关系，破坏了人类赖以生存的自然生态环境，并相应地带来了一系列难以克服的全球性社会—心态问题。人类目前处处感受到了以“天灾”方式表现出来的“人灾”；与人类活动中不断强化着的主体性效应相对应，反主体性效应也在相应增强。这就表明，人类在自然—社会中的主体地位的确立不是一蹴而就、一劳永逸的，而是随时面临着挑战，有沦丧的危险，需要不断重新确立和巩固。而目前我们则到了这样一个关口：要么在自己所创造的这个人化的自然—社会世界之中重新确立自己的主体地位和发挥功能，要么为世界历史所淘汰。很明显，这既是一个紧迫的人类实践问题，也是一个至关重要的哲学问题。

问

这种见解非常深刻。可是怎样才能做到这一点，或者说，应该从何着手呢？

答

人类在现实中所面临的一切，都是由自己在历史上的活动造成的，是其产物和结果。而历史上的活动又是在一定理论、观念和意识的支配下展开的。因此，如果说认识上的正确是实践活动有效性的前提，则认识上的失误是行动中失当的重要原因。相应的，要达到行为的真正合理化，必须首先争取认识的科学化。这样，重新认识人类社会本身，尤其是反思人类意识和自我意识，便成为当代哲学所应该研究的主要课题。它是实践唯物主义问题中的应有之义，也是社会认识论研究的主要任务。

问

您是不是说，人类意识和自我意识问题，既是一种认识现象，又是一种社会历史现象，这就提出了把认识论与社会历史观的研究结合起来的任务？

答

是的。社会认识论的研究，一是要从人类认识和自我意识的统一及其发展与实现中考察社会运动和历史进化，在“自然历史过程”、“能动创造过程”和“自我意识过程”这三者的统一中理解和把握人类社会的存在、运动及历史发展，使社会历史观的研究有一个新的起点和新的高度；二是在社会历史运动的宏观背景中考察人类认识与自我意识的发生和发展，尤其是人们对社会的认识和社会总体的自我认识之间相互转化、相互促进的内在机制，揭示人类社会的自我认识之谜，使认识论的研究向着“人们对于社会的认识和社会总体的自我认识何以成为可能和怎样达到科学”这个更深的层次拓展。

问

这是一种开拓性的探索，搞得好，也许能给马克思主义哲学增添一门相对独立的新兴分支学科。

答

这也是我们的愿望。但探索还刚起步，有待大家共同努力。在《社会认识论导论》中，我们初步构想了一个社会认识论的研究体系，并就其中若干基本问题在目前力所能及的范围和水平上作了一些探讨。我们希望与一些关注本课题的同志加强联系。贵刊在引导国内哲学研究和哲学思潮方面有重要地位。我们也希望通过贵刊在这方面进行更多交流。谢谢！

（原载《哲学动态》1988年第9期）

学者近况

欧阳康（1953.6— ），中国人民大学哲学博士。曾任陕西师范大学政教系主任，武汉大学哲学系主任、哲学学院院长、人文学院院长，华中科技大学党委副书记等。现任华中科技大学国家治理研究院院长，哲学研究所所长，国家治理湖北省协同创新中心主任，湖北省地方治理研究院院长，《华中科技大学学报（社会科学版）》主编。兼任国务院学位委员会马克思主义学科评议组成员，国家社会科学基金评委，教育部社会科学委员会委员，教育部高校哲学教学指导委员会副主任，教育部高校文化素质教育指导委员会秘书长，教育部学风建设委员会副主任，国际哲学家协会常务理事，亚太学生事务协会主席，中共湖北省委决策支持顾问，湖北省人民政府咨询委员，湖北省社会科学界联合会副主席，湖北省哲学学会副会长，湖北省政协委员等。1992年起享受国务院政府特殊津贴。长期致力于哲学、马克思主义哲学研究，在国内首创社会认识论并将其建设成为新兴分支学科，培养该研究方向的博士和硕士研究生百余人。主要著作有：《社会认识论导论》《哲学研究方法论》《欧阳康自选集》《马克思主义认识论研究》等。在《中国社会科学》《哲学研究》等发表中英文学术论文300余篇。获国家、教育部和湖北省哲学社会科学优秀成果奖10余次，主持国家、省部级和国际合作科研项目10余项，出国出境从事学术交流与合作研究数十次。1999年入选教育部“跨世纪优秀人才”、人事部“百千万人才工程”。主讲中国大学视频公开课“哲学导论”、国家级精品课“人文社会科学哲学”。为教育部重大攻关项目“国家治理体系和治理能力现代化”和国家社会科学基金重大委托项目“习近平治国理政新思想新理念新战略研究”首席专家。

寻求马克思主义哲学之根

——访俞吾金

学者简介

俞吾金，1948年生，浙江萧山人。1977年考入复旦大学哲学系，1984年获硕士学位，1986年起攻读博士学位。1987年破格晋升为副教授。时在复旦大学哲学系学习、工作。已出版的哲学著作有《思考与超越》《问题域外的问题》。发表学术论文数十篇。

问

您怎么看待中国哲学研究的现状？

答

我认为，当前中国的哲学研究正处在一个痛苦的转型过程中。一方面，西方的许多新的哲学思潮和见解被介绍进来了；另一方面，一些陈旧的、不适合当今生活的哲学观念仍然牢牢地规约着人们的思想。在某种意义上，新旧观念只是和平共处，并未发生真正的冲突和碰撞。整个形势看起来很繁荣，其实并不令人感到乐观。

问

您认为问题的症结在哪里呢？

答

研究哲学的人都喜欢使用reflection（反思）这个概念，但实际上，人们对哲学的反思大多停留在一些具体的、低层次的问题上，很少去反思哲学的元问题，即“什么是哲学”的问题。我认为，哲学思维如果不触及这个最高的问题，在一些基本理论的研究中是不可能有重大突破的，要想建构新的哲学体系也是不可能的。

问

您所说的哲学的元问题和哲学基本问题是什么关系呢？

答

在这个问题上有许多误解，当然，要解释清楚还是可能的。人们通常把思维与存在的关系问题视为哲学的最高问题，这样一来，一方面，把“什么是哲学”的元问题给取消掉了；另一方面，把思维与存在的关系问题这一哲学基本问题唯一化、绝对化了。比较起来，“什么是哲学”的问题才是哲学的最高问题。只有对这个问题作出明确的回答之后，才能确定相应的哲学基本问题。哲学的元问题的提问方式是唯一的，即永远以“什么是哲学”的方式提问，但对该问题的答复是多种多样的；与这种答复的多样性相适应的，则是哲学基本问题的多样性。所以，思维与存在的关系问题绝不是一切哲学的基本问题，而只是某一种哲学的基本问题。这种哲学就是在西方思想史中长期居于统治地位的知识论哲学。这种哲学肇始于苏格拉底、柏拉图和亚里士多德，在黑格尔那里达到了辉煌的顶点。这种哲学主张，哲学是研究存在的本质的，而存在的本质只有思维才能把握，因而必然把思维与存在的关系问题作为它的基本问题。但如果对哲学的元问题作出了不同的回答，那也就有了完全不同的哲学基本问题。

问　您能举一些例子吗?

答　当然可以。比如，当代的分析哲学家把哲学理解为语言、逻辑上的分析活动，对于这种特定的哲学来说，其基本问题很可能是语言的性质和句子的句法结构的问题；又如，有的哲学家认为，哲学的根本使命是提高人的道德境界，对于这种特定的哲学来说，其基本问题很可能是人性善恶的问题。可见，思维与存在的关系问题并不是唯一的哲学基本问题，而只是诸多哲学基本问题中的一种。

问　您认为我们的许多讨论都是在认可思维与存在的关系是唯一的哲学基本问题的前提下进行的，因而，我们实际上已先入为主地替自己选择了一种知识论哲学的哲学观，即认为哲学是研究存在的本质的。我们之所以在一些基本理论的研究上没有重大的创获，正是因为我们没有真正把握马克思主义哲学的真精神，对哲学的元问题没有作出新的回答。那么，按您的看法，我们应该确立一种什么样的新的哲学观呢?

答　这个问题必须由思想史本身来加以解答。从西方思想史来看，知识论哲学一直是占主导地位的。黑格尔逝世之后，这种哲学也随之陨落了。西方随后出现了三股大的哲学思潮，这些思潮通过不同的寻根的方式，对哲学的元问题作出了新的理解和解释，从而确立了不同的哲学观，对当代精神生活产生了巨大而深远的影响。

问　您说的是哪三股大的哲学思潮呢？

答　第一股思潮是由法国哲学家孔德开创的实证主义思潮。这一思潮师承了康德哲学中的一些基本观点，主张只研究现象范围内的知识，发展到马赫那里，得出了一些比贝克莱更为彻底的结论。在马赫看来，一切东西（包括自我在内）都可以分解为感觉要素。弗雷格、罗素和维特根斯坦引入符号逻辑的成果来研究哲学，从而确立了一种把哲学理解为语言、逻辑上的分析批判活动的新的哲学观。尤其是维特根斯坦强调，许多形而上学的假问题都是由于误解语言的性质而引起的。

这种哲学观的楔入，直接改变了实证主义发展的方向，使它不再像马赫那样，潜入主观感觉中去寻求哲学之根，而是转向对知识的客观形式——语言和逻辑的研究，试图在这一研究中揭示出哲学的真正的根基。逻辑实证主义便代表了这一新的转向。

当然，关心语言和逻辑问题的，并不只是分析哲学家和一些实证主义者。胡塞尔和海德格尔也十分重视对逻辑问题的研究，海德格尔对哲学释义学的形成和发展产生了重大的影响。

问　第二股大的思潮呢？

答　那就是由德国哲学家叔本华和丹麦哲学家克尔凯郭尔开创的人本主义思潮。这一思潮的发展在海德格尔、雅斯贝斯、萨特等存在主义哲学家那里表现得最为典型。这一思潮与费尔巴哈创立的人本主义哲学之间存在着很大的差异。后者从理性与情感和谐一致的角度去理解人性；前者则力图撇开冷静的理智，主要从情感、意志、欲望的角度去理解人性，去寻求哲学之根。如果说，弗洛伊德的心理分析学说从人的诸多欲望中抉出性欲的话，那么，海德格尔和雅斯贝斯则以悲观主义的目光来看待人的生存问题，因而特别注意烦、畏、死、苦、罪过等现象。总的说来，这一思潮也以自己独特的方式解答了哲学的元问题，从而远远地超越了知识哲学。

问 您说的第三股大的思潮是什么呢？

答 那就是马克思创立的实践唯物主义。马克思主义的哲学以更彻底的方式超越了传统的知识论哲学。这尤其表现在马克思的下述论述中："哲学家们只是用不同的方式解释世界，而问题在于改变世界。"马克思主义哲学的根本使命是改变世界，因而它与静观的旧唯物主义哲学也不同，它是一种实践哲学，亦即实践唯物主义。实践唯物主义的根本目的是解放全人类，形成一个以每个人的全面而自由的发展为基础的新的社会共同体，即共产主义社会。从马克思主义学说的根本宗旨，即消灭私有制，扬弃异化劳动，实现人性复归的论断来看，实践唯物主义也可以说是一种特殊的人道主义，即马克思主义的人道主义。

问 您认为马克思主义哲学之根究竟是什么呢？

答 那就是马克思主义的人道主义。在马克思的学说中，人拥有至高无上的地位。早在青年时期关于职业选择的短文中，马克思已表明了自己献身于全人类的远大志向。马克思一生贫困潦倒，历尽磨难，为无产阶级乃至全人类的解放无私地奉献出了自己的一切。要从理论上把握马克思主义哲学之根，必须借助于本体论的眼光。但这里说的本体论既不是旧唯物主义的物质本体论，也不是旧唯心主义的精神本体论。这里说的是马克思哲学的独特的本体论，即社会存在本体论。

在这方面，卢卡奇的卓越贡献是不容抹杀的。他在晚年写就的《社会存在本体论》一书中，明确地把马克思主义哲学理解为社会存在本体论。遗憾的是，在他的著作中，社会存在是一个含义比较模糊的概念，既包括社会物质生活方面的内容，也包括社会精神生活方面的内容。尽管如此，卢卡奇在分析社会存在的诸多形式时，却紧紧地抓住了它的基本形式——劳动。在我看来，马克思主义哲学的本体论也就是劳动本体论。马克思主义的人道主义的见解尤其体现在他对现代资本主义社会的异化劳动的深刻分析中。这也正是马克思主义的人道主义不同于其他形形色色的人道主义的地方。

问

您把马克思主义哲学之根归结为一种独特的人道主义，这是有新意的。问题在于，对马克思的思想作如是解，能否引导人们尤其是青年人克服对马克思的学说所产生的“信念危机”呢？

答

这个问题提得好极了。实际上，寻求马克思主义哲学之根，一个重要的目的就是为了重建对马克思主义哲学的信念。长期以来，我们的哲学教科书照搬苏联的模式，在很大程度上曲解了马克思主义哲学的真精神，从而把马克思主义的人道主义这条根给埋没了。于是，马克思主义哲学成了无根的浮萍，“信念危机”正是从这里产生出来的。

问

您能谈得具体一点吗？

答

根据我的看法，否定马克思主义哲学的本体论，把马克思主义哲学变为无根的浮萍，大致上有以下四种途径：

第一种途径是把马克思主义哲学归结为单纯的方法论。诚然，马克思主义哲学也具有方法的职能，但如果把它仅仅归结为方法论，归结为理智上的机巧和权变，或革命斗争中的策略和计谋，那它的本体论之根就被埋没了。这种把马克思主义哲学归结为单纯的方法论的见解最早见诸恩格斯的著作中。马克思和恩格斯曾合作研究过不少问题，但他们也有分工，恩格斯曾比较深入地钻研过各门自然科学，写下了《反杜林论》《自然辩证法》等著作。这方面的钻研实际上已影响到恩格斯的哲学观。在《路德维希·费尔巴哈和德国古典哲学的终结》一书中，恩格斯写道，"这样，对于已经从自然界和历史中被驱逐出去的哲学来说，要是还留下什么的话，那就只留下一个纯粹思想的领域：关于思维过程本身的规律的学说，即逻辑和辩证法"。在这里，哲学已被归结为单纯的思维方式和思维规律。显然，如果用这样的目光去看待马克思主义哲学的话，作为马克思主义哲学之根的独特的人道主义内涵必然遭到忽视。长期以来，苏联哲学界和中国哲学界之所以特别热衷于逻辑、辩证法、认识论三者一致性问题的讨论，而把人的问题弃置一旁，正是受上述见解影响的结果。近年来，苏联和中国哲学界关于马克思主义的人道主义问题讨论的复兴表明，决不能把马克思主义哲学归结为单纯的方法论，否则，我们将在理论上和实践上付出惨重的代价。

问

第二种途径呢？

答

第二种途径是把马克思主义哲学归结为单纯的认识论。毋庸讳言，马克思主义哲学也具有认识的职能，但如果把它仅仅归结为认识论，同样会失去本体论上的根。认识论主要探讨认识的起源和本质问题，如前所述，马克思主义哲学作为实践唯物主义，其根本使命是改造现存世界。当然，创造世界也蕴含着一个认识世界的问题，但不能仅仅归结为认识世界的问题。否则，就把马克思主义哲学与旧哲学之间的差异给抹平了。我们的哲学教科书通常把实践概念放在认识论范围内，从而疏略了实践概念的本体论含义，沿着这样的思路下去，当然很难把握马克思主义哲学的真精神了。马克思主义的唯物史观早就告诉我们，人们只有首先解决吃、穿、住的问题，然后才能去从事精神活动（包括认识活动）。人并不是以头立地，而是以脚立地的，因而首要的是本体论问题，是人的生存问题，其次才是认识论问题。撇开唯物史观，撇开社会存在本体论来讨论认识论，认识论就成了无根的浮萍，成了轻飘飘的东西。

问

第三种途径又是什么呢?

答

第三种途径是，我们的哲学教科书在解释马克思主义哲学时，较多注意的是它与以前的旧唯物主义哲学的连续性和共同性，忽略了中断性和差异性。这样一来，实际上否定了马克思主义哲学的特殊性，从马克思的社会存在本体论退回到旧唯物主义的物质本体论上去了。这尤其表现在从苏联传入的“辩证唯物主义与历史唯物主义”的二元化体系中。在这里，辩证唯物主义是基础，历史唯物主义则成了派生的、从属的部分，这恰恰把马克思主义哲学的划时代的贡献给抹杀了。辩证唯物主义虽然把辩证法引入唯物主义学说中，但它并未改变旧唯物主义的物质本体论的基本立场。从物质本体论的旧前提出发，必然会清洗掉马克思主义哲学中的人道主义内容。

马克思本人在《关于费尔巴哈的提纲》第一条中早就告诉我们：“从前的一切唯物主义——包括费尔巴哈的唯物主义——的主要缺点是：对事物、现实、感性，只是从客体的或者直观的形式去理解，而不是把它们当作人的感性活动，当作实践去理解，不是从主观方面去理解。”只要我们把旧唯物主义的直观的物质本体论转过来作为马克思主义哲学的基础，马克思主义哲学之根必然会蔽而不明。

问

您说的第四种途径又是什么呢？

答

那就是科学主义的思潮侵入到对马克思主义哲学的解释之中。所谓科学主义，就是把自然科学的方法和成果简单地搬用到社会生活领域中。众所周知，自然科学的研究对象是自然界，自然规律可以撇开人的因素而起作用，但社会生活是人类自己创造的，社会发展的法则正体现在人自己的活动中。人类史与自然史是判然不同的，把后者的研究方法引入前者之中，必然会排除历史过程，否认人的主体性及其创造作用。从历史上看，17、18世纪的唯物主义由于受到机械力学的影响而牺牲了自己的人文主义的情感。所以，马克思在谈到霍布斯时说："唯物主义变得敌视人了。" 20世纪60年代，法国的结构主义的马克思主义者由于把巴歇拉尔研究自然科学史的方法简单地引入对社会历史的研究中，竟然把历史理解为无主体的过程。

马克思在《资本论》第一版序言中曾强调指出，分析经济形式，既不能用显微镜，也不能用化学试剂，而只能用抽象力。马克思在《资本论》第一卷中还写道："那种排除历史过程的、抽象的自然科学的唯物主义的缺点，每当它的代表越出自己的专业范围时，就在他们的抽象的和唯心主义的观念中立刻显露出来。" 所以，只有遏制科学主义思潮的泛滥，马克思主义哲学之根——一种独特的人道主义精神才不致被埋没。

问

您的见解是颇有新意的。看来，您是认为哲学研究若要取得长足的进步，亟须重新把握马克思主义哲学的真精神。

答

正是这样。但须补充说明的是，我们的意思并不是要固守马克思的每一个个别结论。随着生活和时代的发展，马克思学说中的某些结论是会过时的。需要坚持的是，马克思主义哲学中真正本质的、基础性的东西。我们所谓的“寻根”，正是为了重新发现马克思，从而重建我们对马克思主义学说的信念。在经历了一连串历史和理论的劫难之后，这样做是绝对必要的。

（原载《哲学动态》1988年第10期）

学者近况

俞吾金（1948.6—2014.10），中共党员。生前为复旦大学哲学学院教授、博士生导师，首届人文社会科学长江学者特聘教授，全国优秀教师，国家级教学名师，国务院哲学学科评议组成员，教育部社会科学委员，复旦大学文科资深教授，复旦大学学术委员会副主任暨人文学术委员会主任，复旦大学学位委员会副主席暨人文社科学部主席，复旦大学当代国外马克思主义研究中心（教育部重点研究基地）主任，复旦大学现代哲学研究所所长。主要研究领域为：哲学基础理论、马克思主义哲学、外国哲学、国外马克思主义、当代中国哲学文化。主持教育部重大攻关项目、国家社会科学基金重点项目等19项。主编、协同主编或选编著作15种，独著及作为第一作者或译者的著作25种；在国内外发表学术论文200余篇。科研成果（包括教学成果）获省部级以上一等奖11项、二等奖7项，其他重要奖励5项。此外，在教书育人方面获得省部级以上奖励16项。

探寻当代哲学发展的生长点

——访王东

学者简介

王东，1948年生于北京。曾在北大荒劳动整整10年。1982年在中国人民大学获哲学硕士学位，旋即到中国社会科学院工作，1985年在北京大学获哲学博士学位，留校任研究人员。1987年被聘为副教授。主要著作有：《社会主义建设中的哲学问题探索——改革之路的哲学沉思》、《对〈资本论〉历史观的沉思——现代历史哲学构想》、《探索辩证法科学体系的列宁构想——对〈哲学笔记〉的沉思》(即将出版)、《改革之路的真正源头——对列宁“遗嘱”的沉思》(即将出版)。发表学术论文60余篇。获得北京大学连续两届科研成果奖、北京市哲学社会科学中青年优秀成果奖。

问

任何一门科学理论的发展，都以对某些问题的研究作为生长点，近年来您多次讲到这一问题，能否再简要谈谈？

答

哲学发展的生长点，应当到哲学自身发展的逻辑与社会需要的交叉点上去寻找，我认为，以下十个重大问题，也许可以算作当前最有意义的哲学课题：（1）当代科技革命中的科学认识和社会后果问题；（2）通过改革重新探索社会主义建设道路问题；（3）作为历史活动主体的人的问题；（4）人的劳动实践活动；（5）主体活动的多方面综合研究（实践活动、反映活动、选择活动、交往活动、解释活动、情感活动、意志活动、评价活动、审美活动）；（6）重新探索主体与客体、人与自然的关系；（7）主客观的三大中介系统——工具操作系统、语言符号系统、社会关系系统；（8）文化与价值问题；（9）按照人在劳动实践活动中的自我创造过程、社会发展的自然历史过程、现实的人的发展过程三者统一原则，建构当代历史哲学（现代历史唯物主义体系）；（10）按照辩证法、认识论、逻辑学三者同一原则，建构唯物辩证法的“大逻辑”。上述问题可以分为三类：头两个是最为迫切的时代课题，中间六个是以人和世界的关系问题为轴心展开的，最后两个返回到哲学科学的自身建构。当然还有许多有趣的问题可能成为生长点。

问

在探讨这些问题的过程中，在波澜起伏的社会思潮中，您取什么态势呢？

答

我们选择的态势，大体上可以归结为三个基本点：把马克思主义基本理论作为思想出发点，把汲取人类最新科学成果作为上升点，把创造马克思主义哲学的现代形态作为归宿点。

问

看来您的理论兴趣相当广泛，研究领域相当广阔，您是怎样确定自己的研究主题的呢？

答

近十年来，我的研究主题是“马克思主义的当代沉思”，主要是对马克思主义走过的历史道路和在当代面临的尖锐问题以及未来发展的主导趋势作出哲学反思。我的几十篇论文几乎都是围绕这个思想焦点展开的，主要研究成果凝结为系列性的五本书，也可以叫“沉思”五部曲吧！

问

您的第一本书出版后反响还不小，您是怎样选择这个研究的突破口的？

答

我的第一本书是《社会主义建设中的哲学问题探索——改革之路的哲学沉思》（与张翼星、孙承叔合著，北大出版社出版），中心问题是重新认识社会主义。该书首先力图从哲学世界观的高度，对我们在社会主义改革之路上遇到的一系列新问题做一番清点工作，并试图在实践中发展马克思主义哲学，在为改革提供新的认识论、方法论方面作些有益探索。该书出版后，《人民日报》《光明日报》《文汇报》《中国社会科学》《马克思主义研究》《新华文摘》等六家全国性的报刊都为之发表或转载了书评，还获得了北大第二届科研成果奖的著作一等奖。而对我来说，更重要的是，使我进一步明确了哲学研究应当力求富于历史感和时代感。

问

听说您最近又出了一本新著，是上海学林出版社“青年学者丛书”中的一本，能否谈谈该书的思想主旨？

答

这是“沉思”的第二部，即《对〈资本论〉历史观的沉思——现代历史哲学构想》，是与我的挚友、上海复旦大学哲学系的孙承叔合写的。该书的主旨是重新认识马克思主义历史哲学，为重新认识社会主义、资本主义、共产主义和中国国情，提供某种新的认识工具。马克思唯物史观的思想制高点在哪里？前人主要有两种看法：在中国、苏联和东欧社会主义国家中，历来认为1859年的《〈政治经济学批判〉序言》是马克思唯物史观最成熟、最经典的表述；而西方马克思学和“新马克思主义”学者则认为，《1844年经济学哲学手稿》才是马克思历史哲学的真正高峰。我在这本书中则提出：马克思历史哲学的思想制高点和发达机体，既不在早期手稿中，也不在中期序言中，而是蕴含在凝结了马克思毕生心血的《资本论》及其三大手稿中。《〈政治经济学批判〉序言》只讲了社会发展是自然历史过程这一个方面，而《资本论》及其三大手稿则补充和拓展了两个新的方面——人的劳动实践活动的自我创造过程和现实的人的发展过程，前者是前提，后者是归宿。对马克思历史观制高点的重新审视，使该书提供了对马克思历史哲学的思想实质、总体框架、丰富内容的全新理解，并从历史哲学的更深层次来探讨改革之路的理论根据。该书尝试着探索了一系列历史哲学的新问题：社会有机体问题，劳动二重性学说的哲学内涵和哲学意义问题，历史活动中的主客体和主体性问题，社会心理和精神生产问题，物质生产、精神生产、社会关系生产和人自身再生产的关系问题，人的自由和谐全面发展问题等。同时，该书还试图填补《资本论》哲学思想研究中的两个重大空白：一是前人研究集中在《资本论》的逻辑、辩证法、认识论方面，系统研究《资本论》历史观的学术专著似乎还没有见到；二是前人目光多集中于《资本论》四卷本，很少去开拓《资本论》三大手稿这块处女地，其实这是尚待开掘的巨大思想矿山。

问 *作为您的博士论文，您的第三本书的主题是什么？*

答 这本书题为《探索辩证法科学体系的列宁构想——对〈哲学

笔记〉的沉思》(中国社会科学出版社即将出版)。该书的中心是重新认识马克思主义辩证法——认识论，为探索和开拓唯物辩证法的"大逻辑"和现代科学认识论提供一块铺路石。这里提出的新观点是：列宁自己命名的八个"哲学笔记本"，具有不同于苏联编者后来编辑的《哲学笔记》的特殊意义；它不是各个不同时期、为各种不同目的写成的零散札记的汇总，而是列宁打算写出辩证法专著的一整套准备材料；其中包含着六个系统研究和叙述辩证法的总结性纲要，蕴含着构建唯物辩证法的八条基本原则，以此为骨骼构成了探索辩证法科学体系的列宁构想。这个总体构想是列宁改造黑格尔哲学的最高成果，是完成马克思哲学夙愿、把唯物辩证法系统化的第三次伟大尝试，是列宁哲学思想中最成熟的思想果实和在当代最有活力的生长点，也是探索现代科学认识论的坚实基点。我国著名学者黄楠森、高清海教授分别在该书序言中指出，"这一创造性探索无疑将使我们对《哲学笔记》的理解和研究前进一步，这是一次有意义的突破"，"这篇博士论文是具有创造性的，它在前人工作的基础上，把对《哲学笔记》的研究推进了一大步"。在苏联最有影响的理论刊物《共产党人》上，苏联哲学博士布洛夫撰文说："黄楠森及其同事王东等人，通过实际努力，在中国哲学科学的发展中，创立了一个探讨列宁辩证法思想的完整学派。"

问

听说您近年来的另一个思想兴奋点是重新研究列宁后期思想，尤其是被称作"列宁政治遗嘱"的最后著作，不知进展如何？

答

该书已经完成，题为《改革之路的真正源头——对列宁"遗嘱"的沉思》，并且已经列入"北大青年学者丛书"，将由北大出版社出版。该书的中心是重新认识列宁主义和斯大林模式。列宁的社会主义理论并不是铁板一块和直线发展的，它包含着内在矛盾，经历了曲折道路，以1921年走上新经济政策道路为转折点，在对社会主义的根本理解上发生了重大变化。战时共产主义不仅是为战争所迫的应急措施，而且是在具有空想因素的指导思想下形成的集权体制的最初雏形。从战时共产主义向新经济政策的战略转变，是社会主义历史上以打破国家垄断制、发展商品经济为主旨的第一次经济改革；列宁的最后著作还提出了推进民主化、反对官僚化的政治制度改革设想和以革除农奴制旧文化、建设新型文明为目标的文化革命计划。这一切的总和就构成了小农国家建设社会主义道路的列宁构想。它扬弃了马克思主义创始人和列宁原先社会主义设想中的某些空想因素，并同后来形成的高度集权的斯大林模式有本质区别，是当今时代改革之路的历史渊源和思想源头。该书不只是为改革寻根，还提出了一些探寻改革之路的重大理论问题和方法论问题。该书和前两本书一样，都带有多学科综合研究的特点，是对哲学、经济学、政治学的综合研究，也是对历史、理论、现状的综合研究。力求在多学科的边缘地带和交叉部位上寻求生长点，取得突破，这也是我在治学方法上的一种追求。

问

您刚才讲过要写“沉思”五部曲，上面只谈到了四部，那么第五部的主题是什么呢？

答

第五本书是我和孙承叔正在一起搞的《主体论——人的问题的当代沉思》。人的问题称得上是当代全球性的哲学问题，更是我们改革之路上的迫切问题。现代科学认识有两大航程：一个是向微观世界和宇观世界进军，离人越来越远；另一个是向人自身回归，重新探索人的奥秘。这就带来了现代科学认识的二重化趋势：在自在世界的科学图景中，人类中心论越来越受到贬斥；在属人世界的科学图景中，愈来愈需要确立人的中心地位。我们多年形成的僵化模式有两大弊端：一是阻塞了商品经济的发展道路，束缚了物质生产力的发展；二是压抑了人的自由、和谐、全面发展趋势，严重阻碍了主体生产力的开发。后者比前者更根本、更要害，可惜远没有被真正认清。我认为，商品经济、民主政治、主体意识，这是推动我们改革前进的三个主动轮。尽管在理论上我不赞成把马克思主义仅仅归结为人学，不赞成提“哲学主体化”的口号，但是我赞成增强哲学的主体性，大力加强人的问题研究。在我看来，在哲学中，不仅需要一般地增强哲学的主体性，而且需要创立一种相对独立的、马克思主义现代形态的主体论；在科学发展中，需要综合自然科学、社会科学、人文科学、技术科学的最新成果，创立一门新型的人学，成为诸多科学群的真正中心。我们正在写作的这本书，只是朝这方向迈进的最初一步。我们将努力吸取前几年人的问题争论中的一切有益成果，同时不拘泥于前人的既成思路，而是努力作出新的探索，力求为解决上述哲学争论走出一条新路。

问 *方法是科学的灵魂，对于哲学来说尤其如此，请问您有什么治学之道吗？*

答 在上述研究过程中，我力求做到有一以贯之的科学方法，如果说算什么治学之道的话，可以简要归结为两句话：攻占制高点，探寻生长点。所谓“攻占制高点”，就是要努力探寻和攀登前人已经达到的思想高峰，作为自己进行理论创造的思想出发点。理论功底的深浅，发展前景的大小，关键要看如何选择和把握思想制高点。在历史哲学方面，我选择的制高点是蕴含在《资本论》及其三大手稿中的历史观；在辩证法、认识论方面，我选择的制高点是列宁自己命名的八个“哲学笔记本”；在科学社会主义理论方面，我选择的制高点是列宁新经济改革时期的最后著作。我头十年的研究，功夫主要花在占领这些制高点上。我力求形成自己不同于前人的独特理解，努力寻求一种“会当凌绝顶，一览众山小”，“不畏浮云遮望眼，只缘身在最高层”的思想境界，并造成一种触类旁通、横向延伸的势能优势。所谓“探寻生长点”，就是要努力寻找对哲学发展具有全局性意义的突破口，提出富有生命力的新问题，创造新的方法、新的理论，让哲学之树长出新枝新叶。在这里，理想目标是创造出富于个性特征的思想风格和观点体系。我治学之路上的第二个十年，打算把重心移到探索生长点上，具体到哪些点上，还在摸索之中。在我看来，这是治学之路上必须经历的两个阶段、两种境界，前者为后者打基础，后者才是更高目标。就此而言，我的研究才刚刚起步，我衷心感谢许多良师益友的热情扶持，真诚希望和中青年朋友一起去迎接哲学的春天。

（原载《哲学动态》1988年第11期）

学者近况

王东（1948—　），1982年在中国人民大学获哲学硕士学位，从1982年起在北京大学师从中国著名马克思主义哲学家黄楠森教授，1985年6月获哲学博士学位。1989年5月被破格评为北京大学哲学系教授。1992年起享受国务院政府特殊津贴。曾任北京大学马克思主义哲学（全国重点学科）教研室主任。现任北京大学中国特色社会主义理论体系研究中心（教育部人文社会科学重点研究基地）副主任，中国辩证唯物主义研究会副会长，中国马克思恩格斯研究会副会长，全国列宁思想研究会会长。主要研究领域为：古今中外哲学，综合创新论，马克思主义现代形态论，中国特色社会主义理论来源与哲学基础论，经济、政治、文化系统改革论，中国特色现代化理论，中西文明比较论。主要成果凝聚为“创新学十部曲”“中国学十部曲”，近年来出版“哲学创新北大六书”（《系统改革论》《哲学创新论》《新时代新哲学》《文化创新论》《教育创新论》《哲学创新的北大学派》）等。发表论文200余篇。曾获中国人民大学第二届吴玉章奖、国家级教学成果奖。

让哲学从学术圈走向决策圈

——访乌杰

问

市长钻研哲学问题，发表哲学论文，这在中国还属罕见。而且，据我近日所知，1983年步入政坛之前，您所学专业与哲学相去甚远：1955—1960年在苏联列宁格勒大学学习物理化学，1974—1980年在北京中国科学院化学研究所从事化学研究，1980—1982年在美国加州大学攻读经济管理学。哲学雅兴何以降临您的心灵呢？

答

这并非出于纯学术的原因，而是工作实践的激发和推动。你知道，作为一市之长，我要考虑、过问的事情很多，经济发展、社会治安、市政建设、交通运输、能源开发、文教卫生、居民住宅、工资物价，等等。矛盾辩证法说，只要抓住主要矛盾，其他问题就迎刃而解了。然而我却从未有幸尝过这种甜头。实际情形常常是，许多矛盾错综交织，难分主次；即使能分主次，抓了主要矛盾，也不会有“迎刃而解”之效。一座城市是一个系统，各行各业，各领域各部分，都是这个整体系统的层次和环节。某个环节之所以重要，是因为它对于系统整体举足轻重，而某个环节即或被认为微不足道，无视它也会导致系统整体失调。在这里，系统观、整体观对于城市行政管理尤为重要。我们以往城市工作、经济工作失误的一个重要因素，是我们不从事物本身的系统存在出发，动辄以什么为纲（如“以钢为纲”“以粮为纲”），结果难免顾此失彼，宏观失衡。于是我逐步感到矛盾辩证法具有局限性。1987年9月至1988年7月在中央党校培训部学习期间，我便入迷般地倾心于哲学，试图寻找一种能够指导现代城市管理的新哲学。

问

矛盾辩证法不是也讲“联系”“系统”“整体”吗？

答

对。当人们讲到矛盾辩证法，特别是讲得比较科学的时候，必然会涉及系统问题。但由于它强调对立统一或一分为二是其实质、核心和精髓，因此，在我看来它主要是“分”的思维或“二”

的思维。系统观侧重“系统”、“整体”、“层次”（多层次），因此，它主要是“整体”的思维、“多”的思维。显然，以矛盾观察事物、处理问题，同以系统观观察事物、处理问题，毕竟是有区别的。但随着研究的深入，我逐步发现，它们不仅不相互排斥、对立，而且有着本质上、特征上、内容上的统一性。它们都是人类的辩证思维，都是与形而上学思维，即“一”的思维（单一、一成不变等）对立的。问题仅仅在于，矛盾辩证法有它的局限性，需要吸收系统理论以丰富和发展自己，系统论需要融矛盾辩证法于自身而上升为哲学理论，而不只是停留在一般科学理论的层次，也不能像许多学者那样仅仅发掘它所包含的哲学思想。矛盾辩证法和系统理论之间存在着诱人的综合前景，它们相互融合兴许能生成一种新的哲学。

问 这么说，“系统辩证论”就是您把矛盾辩证法和现代系统论相互融合的产物？

答 正是这样。为了攻克这个问题，我购买并阅读了大量哲学和科学著作，走访请教了有关专家学者。经过反复思考和反复论证，我终于确信，矛盾辩证法和现代系统论融合与一体化而生成的新的哲学形态，就是“系统辩证论”。系统辩证论是以系统的联系、系统的发展为两大特征，以物质观、时空观、过程观、系统观这四大观为内容，以整体优化律、结构质变律、层次转化律和对立统一律这四定律为基本规律的哲学学说。

问 整体优化律是否就是指人们常说的“整体大于部分之和”？

答 可以这么说。系统由于诸因素、诸层次的有机联系和有序结构，它的整体的质和功能优于各部分的质的总和与功能的总和。

但实际上，整体与部分之间的关系有四种情况：整体功能大于各部分功能之和，整体功能小于各部分功能之和，整体功能是各部分都不具备的功能，整体功能等于各部分功能之和（如果各部分相互作用系数小到可以忽略不计的话）。显然，只有在一、三两种情况下，整体才处于优化状态。

问　看来整体优化律是就事物即系统的功能性质而言的。

答　如果说功能是从系统的外部描述系统的整体性质，结构就是从系统的内部描述系统的整体性质。结构是系统各组成部分有机联系、相互作用的内在组织形式。当系统诸成分、诸层次的排列组合方式发生变化时（如序列移位、要素重组、构型变换），系统整体的质和功能也会随之变化。这就是所谓结构质变律。

问　事先我粗略拜读过您的大作，但没明白层次转化律。

答　对于事物的运动、发展，矛盾辩证论过多地强调两极转化，但实际上，事物系统普遍存在许多不同层次，而层次又通过许多中介相互联系和相互转化。因此，系统的转化是多极的、经过中介的转化。例如爱和恨的对立统一系统，即使简单分析也有五个层次：爱、好感、平淡、反感、仇恨。爱与恨的相互转化须经过三个中介系统。层次转化律的含义就是如此。

至于系统辩证论中的对立统一律，我想着重指出，它不是传统意义上理解的“一分为二”，而是多极的非线性的与线性的、耦合的与非耦合的循环的辩证对立统一关系。如果把对立统一律改为差异一致律似乎更合适。因为矛盾对立只是矛盾发展过程的一个阶段，不是全过程，而且容易使人误以为矛盾只有两极。而矛盾的差异则始终存在，并且通常是作为系统的方式存在的。

问

能否进一步说说四定律之间的关系？

答

它们是一个互相联系、互相统一的整体。整体优化律揭示了系统运动发展的趋势及方式；结构质变律揭示了系统运动发展的内在原因和根据；层次转化律揭示了系统运动发展的具体途径；对立统一律揭示了最深层的本质和原因，同时它也粗略地、简单地概括了其他几个规律，因此是系统辩证论的中心律。

〔**访者旁白**〕市长谈兴甚浓，我却时有走神。不能责怪我不恭，恰恰相反，这些内容丰富、思想清新、表述完全合乎哲学特有的那种思辨气味的谈论，听来难以让人相信它们不是出于职业哲学家之口，而是源源溢于一个职业领导者的唇际，这不能不使我的思绪万花筒般地跳跃。坦率地说，“系统辩证论”的现有形态并非无懈可击，论点、论证似都有推敲、完善之必要。例如，它对矛盾辩证法的评价是否恰当，一般系统论的概念、思想能否用来作为哲学概念、思想，四大规律的界说、论述是否科学，等等。也许，市长计划在一两年内完成的专著将会献给读者一个更成熟的“系统辩证论”理论。然而，我想，对于当今中国社会来说，市长如此钟情于哲学的真正诱人、感人之处，主要还不在于他为哲学贡献了什么有学术价值的理论，而在于他所表征的哲学家们翘首以待、现代化建设迫切需要的那种哲学向社会主义事业领导者、决策圈的渗透、复归。因此，令我激动、使我神往的，远远不是市长言谈中的学术因素，而是我所遐想的哲学智慧的光环一旦笼罩领导决策圈之后，就会转换成社会的福音、人民的希望的情景。

问

系统辩证论看来既是您哲学思考的学术成果，也是您几年来管理经验的理论升华。我们的读者一定和我一样很想知道，您是如何在政府管理工作中实践它的基本思想的。

答

在我担任领导工作之前，我已从所学知识和国家多年的发展经验教训中意识到，城市工作、经济工作必须以系统理论为指导。市长的岗位使我有机会实践这一设想，尽管那时我还没有把它上升到哲学层次来认识。根据系统管理理论，我在政府管理工作中着重抓了三个环节。一是实行层次目标管理。政府管理机构是由若干层次构成的系统，每个层次又自成系统。为使管理工作高效、有序，必须实行层次管理，不搞“家长制”。市长的管理触角只伸到副市长、正副秘书长这个层次，副市长们管到部、委、办、局的行政首长，以此类推。根据层次管理，我不对局长发号施令，横加干预。找我要钢材、铝锭的，我请他去找物资局局长，这属他的管理权限，理应由他根据规定自主决定；要房子的请找房管局局长；要调动的请找人事局局长。我从不批条子，也郑重要求和公开宣布秘书不能打我的旗号干这干那。我也请副市长、秘书长们严格遵循层次管理制。与层次管理相配套的是目标管理。层层制定各自的管理目标。市长在一年一度的人代会上公布目标，定期检查实施情况。层层效仿。完不成目标者，分析原因，严肃追究，以至撤换，包括我市长在内。

问

也许我是异想天开，我曾打算著文建议在中国实行“首长任期目标责任制”。恰与您的现行管理办法不谋而合。我以为，中国行政管理中在许多方面层次混乱，职责不清；目标不明，人民无法实施监督。领导干部越层越责，“下车伊始，指手画脚”，“乱点鸳鸯谱”的现象普遍存在。这是造成众多无序状态的重要原因。

答

层次目标管理就消除了这种行政管理中的无序混乱状态。它使各层次领导有职有权，充分调动了积极性，也有助于消除扯皮推诿和意外干预，整个城市管理系统动了、活了；它便于层层监督，有助于杜绝“走后门”、以权谋私等不正之风；同时也把我这个市长从琐碎的事务圈里解放出来，得以集中考虑全局的宏观管理，消除了市长“该管的不管、不该管的硬管”的反常现象。

二是研制经济社会发展战略，合理调整产业结构和社会结构。包头盛产钢锭、铝锭、铅锭，但缺乏深加工产业；同时，重工业过重（占整个经济的30%），轻工业过轻（占20%）。这种不合理的产业结构，导致投入高，产出少，效益低。发展和振兴包头经济的重要一环就是适当调整产业结构，使生产力布局合理化、技术改造合理化，而结构观点正是系统思想。

三是抓办公室自动化，使之适应现代城市管理和经济社会发展要求。

同时，三年前我就提出了包头施政总方针："廉洁、高效、文明、科学"。政府管理科学化的含义，一是指机构设置科学化，二是指机构内部运行机制科学化。

所有这些措施，都是从政府管理系统的整体考虑出发的。矛盾辩证法就有它的局限性，以什么为纲，就不注重考虑系统的整体结构；抓主要矛盾，就容易导致"单打一"，尽管人们可以说，完整的矛盾辩证法并非如此。……

〔**访者旁白**〕市长的理论和实践是否会凝结成赫赫政绩，要等待时间的检验、评判。不过，从他的谈话中我已感到，哲学、科学理论一俟融入领导决策者的精神世界，就会结晶为高屋建瓴的气度、深邃敏锐的目光、灵活清醒的大脑、驾驭全局的能力。总之，就会神奇般地提高领导决策者的素质。然而在我国，如下现象总是严重存在：某些决策者缺少哲学科学理论素养，而有哲学科学理论素养者却又不参与决策；哲学科学理论与各级领导决策层的不同程度的长期"分居"，恐怕是我们经济社会工作中，不是好高骛远、不切实际，就是目光短浅、急功好利，造成决策失误、老走弯路，人民总是支付那种仿佛付不尽的"代价""学费"的重要根源。决策圈的历史使命要求哲学的融入，恰如哲学的社会功能要求决策圈的器重一样。这就不难理解乌杰市长为什么已开始把提高全市各级干部的哲学理论素养作为市长管理工作的重要内容。不久前，他向处级以上干部作了题为《工作方法和领导方法的改革》的专题报告，以"系统辩证论"重新审视"抓主要矛盾”“一杆子插到底”“解剖麻雀”“以点代面”等传统工作方法和领导方法，号召大家学习哲学和现代系统管理理论，以克服现有领导素质与现代管理要求的严重矛盾。

采访进行到这里，乌杰市长不无遗憾地对记者说：然而，哲学的现状不能令人满意。哲学本应是时代精神的精华，社会变革的指导。但哲学至今似乎仍深情地眷恋着传统的问题，以传统的思维方式在学术圈子里封闭地蹒跚而行。

问

那么，回避现实问题，远离社会生活，是不是中国哲学研究亟待克服的弊端？

答

是的。漠视现实生活的哲学必然要被现实生活所冷落；哲学要为社会所重视，它本身必须值得社会重视。社会生活期待着哲学家们拿出充满时代气息的、活生生的哲学来。

〔访者旁白〕是啊！哲学家们只是抱怨哲学被决策圈冷落，而极少自问哲学为决策圈提供了什么。哲学家过多地注重把哲学当作学问来研究，过少地把它作为武器来锻造；过多地重视哲学文字的学术价值，过少地关心它的社会效益；著书写文章过多地考虑专家同行，过少地顾及社会、大众。哲学成了哲学家们自我欣赏、自我陶醉、自我肯定的“私藏珍品”。哲学之所以难从学术圈走向决策圈，难道我们不应该同时找一找自身的原因吗？

诚然，哲学要想为决策圈提供精品，自然还需要决策圈为哲学提供必要的条件和创造良好的环境。

［采访人：周文彰］

（原载《哲学动态》1988年第10期）

学者近况

乌杰（1934— ），内蒙古呼和浩特人，蒙古族。中共党员。研究员、教授，系统科学及系统哲学专家。原国家体改委副主任。曾任第八届全国人大代表，全国政协第九、第十届委员会委员。曾任北京大学、复旦大学等20所高校兼职教授。曾兼任中国系统科学研究会会长、邓小平思想研究会（北京）会长、中国自然辩证法研究会副理事长、中国经济体制改革研究会副会长、中国软科学研究会副理事长等。主要著作有：《系统哲学》《系统美学》《系统哲学之数学原理》《和谐社会与系统范式》，以及《乌杰文选》（共五卷），包括《系统辩证论》（被译成英文出版）、《整体管理论》、《邓小平思想论》（被评为1993年度全国优秀畅销书，并先后译成英文和俄文出版）、《城市管理论》、《不归之路》。与德国的H.哈肯和美国的E.拉兹洛合著《跨世纪洲际对话》，主编《马克思主义的系统思想》《经济全球化与国家整体发展》等。

对当前认识论研究的几点看法

——访李晓明

学者简介

李晓明，1950年生，广东大埔人。1969年参军，1978年考入武汉大学哲学系，先后获哲学学士、硕士和博士学位。1987年破格晋升为副教授。现负责武汉大学现代认识论研究中心学术组织工作，在微观认识论研究方面有独到见解，并取得一定成果，为国家哲学社会科学重点项目“微观认识论”的主持人之一。主要著作有：《模糊性：人类认识之谜》《颤动——写在文化革命结束的第十年》等。发表学术论文30余篇。

问　近年来国内哲学界在认识论研究方面发展较快，与国际学术界对话和沟通的能力日渐提高。您在1985年就提出了开展微观认识论研究的设想，能否结合这一方面的问题谈谈现代认识论发展的趋势?

答　这个题目既大且杂。为了理清问题的脉络，我想先谈谈当代认识论发展的基点，为评判国内认识论研究的进展提供一个参照系。20世纪西方认识论的发展形成了科学主义与人本主义这泾渭分明的两股主流，其间还有诸如现象主义等流派，但它们的生成或发展大多与这两股主流的对立相关联。我认为，科学主义与人本主义对人的思维活动及机制的理解形成了三个基本对峙点，即人的理性思维与“自在之物”的本体世界、认知活动与评价活动、逻辑分析与心理分析的截然对立。这些对立至少可以溯源到休谟和康德。首先，休谟怀疑论的诘难，康德对现象世界与自在之物的区分，割裂了人的理性能力与本体世界的关系。而科学哲学与人本哲学最初则各执一端。科学哲学通过拒斥“形而上学”来重新界定理性，使理性变成了经验与逻辑分析的活动，为保全哲学对人类理性的辩护而牺牲了本体。人本哲学则一方面改造或重构“本体”范畴，使其形而上的内涵由宇宙本原转换为以主体尤其是以主体非理性心理为中心的“存在”；另一方面又拒斥经验观察、概念推导和逻辑分析的传统理性，强调人的意志、直觉或情绪体验才是把握本体世界的真正途径。其次，休谟三卷本的“人性论”和康德的“三大批判”实际上把人的思维分为认知理性和价值理性两橛，科学哲学和人本哲学则分别抓住认知和评价两端。前者以数理逻辑和语言分析为工具，致力于对科学理论与思维的结构、元方法和合理性的考察，高扬认知活动中的实证精神和精确思维方法。而后者则坚持认知无法把握主体的存在与生命的本质，而只有思维评价结构中活跃嬗变的个体心理体验和体知方式，才能揭示人与周围世界之间的关系。再次，休谟“归纳问题”的提出从方法论上明确区分了逻辑分析与心理分析的职能和合理性，康德则试图通过先天综合判断如何可能的阐述把两者统一起来。科学哲学起初干脆把哲学变成形式化和逻辑分析的元逻辑，变成了对科学概念、命题的意义及其推导关系的逻辑重建。人本哲学则坚决要把人从逻辑理性的奴役下解放出来，强调认识论之“犁”必须插入人的深层精神世界和隐蔽的心理体验之中，突出了对人的本能意识和情绪体验进行深层心理分析的意义。这三个对峙点不仅有助于我们了解与把握科学哲学和人本哲学各自内部流派的演变发展和对立，而且是我们把握对峙双方相互渗透、制约和融合等发展态势的切入点，对于揭示证伪主义、历史主义、科学实在论、发生认识论、结构主义和解释学等学派或思潮兴起的背景和方法论特征不无启示。这三个对峙点从三个维度展开了对人类思维整合机制的研究，我认为这也恰好是当前国内认识论研究最有开拓意义的突破口。

问

您刚才提到了“思维整合机制”。我注意到您在几篇论文中都力图引进“整合”这个范畴。这是不是意味着这个范畴对认识论研究有什么特别的意义呢？

答

“整合”（integration）是从生物学和生理学引进的概念。在现代认识论中它体现了一种多层次、多维度、全层次、全关系的有机综合系统观。通俗地说，整合机制即是指人的思维是以选择和建构为轴心，以自组织、自适应为特征的一体化反映活动系统。整合范畴在认知科学和解释学中已是常用的概念。刚才谈到的三个对峙点，可以看作分析思维整合活动的三对矛盾。同时，这个范畴的引进又意味着人们必须扬弃传统认识论纯形态分析和宏观思辨的模式，把宏观考察与微观考察、逻辑分析与心理分析、认知研究与社会文化研究有机地统一起来，实现方法论模式的根本转换。当代认识论对整合范畴的探讨及其“探幽入微”的研究模式，使其本身对各种相关学科的发展保有很强的理论魅力。

问 您能否就这个问题进一步作些具体说明？

答 当代认识论对思维整合机制的研究有其特定层次，即在神经心理整合层次上的心理序化层次。这是思维整合的高级层次。因此，认识论并不企图解决专门学科中的具体问题，而是要从方法论和元理论角度给予具体学科以多视角的分析和指导。这使认识论研究出现了许多新局面和新态势。笼统地说，大致可概括为“两维”和“四点”。“两维”是指对思维整合机制的共时性分析和历时性发生学分析这两个维度交叉的考察。“四点”是指“认识论与认知科学相结合”，“认识论与数学、逻辑学、语言学等形式科学相结合”，“认识论与人类学、文化学相结合”，“认识论与智能模拟相结合”等四个主要的理论新生长点。在“两维”“四点”的各个环节中，通常贯穿着理性与本体、认知与评价、逻辑分析与心理分析的对立统一。

不妨以西方当代认识论的新动向为例作一简要说明。科学哲学对科学思维及其理论结构的研究，越来越强调逻辑机理和社会心理机理的综合考察，并突出了科学活动的群体性和社会背景的分析；语言哲学则逐步放弃弗雷格的研究模式，转向语境和用途的实际研究并强调人类认识活动的“眼界性”，提出以语言情境和使用语境分析为中心的新的意义理论，以适应语言实际研究和智能模拟的方法论需要；归纳逻辑、决策论和对策论已发展成归属于软科学之列的独立学科，对人工智能和信息控制等学科发展具有元方法和元理论的重要意义；人本主义认识论则突出了对思维的社会文化心理结构和多层次整合特征的揭示，为剖析现代文明与各种文化思潮提供了重要的方法论视角；以发生认识论为前导的学习发展理论逐步填平了逻辑分析与心理分析的传统鸿沟，越来越注重于个体智力心理发生机制与文化模式之间关系的探讨；随着认知科学和新机能主义的发展，心—身问题的轴心已由传统的本原关系，转换为脑—精神多层次整合结构和功能的系统分析。它们从不同角度、不同层次抓住了整合机制这个中心问题。

问　那么国内尤其是您对思维整合机制研究的情况如何？

答　国内对思维整合机理的微观研究大约开始于80年代初，在1985年前后形成了气候。其主要表现有两方面。一方面，为了深化认识论研究的基本层次，人们不仅加强了经验实证对认识理论的支持，逐步提高形式化和定量分析的水平，而且开始系统地吸收和改造西方认识论研究中的合理思想，引进了发生学方法、文化比较方法、结构与功能分析方法、现代逻辑学方法、耗散结构理论和突变理论等分析手段，突破了传统模式，逐步地建立了各种有关思维微观机理的系统认识理论。另一方面，人们又强调认识论必须为透视各种社会思潮和文化心理，阐释和理解现代文明意识提供元方法和元理论，并且在一定程度上直接渗入、融合于自然科学、人文科学和各种应用技术科学的具体研究，成为脑科学、心理学、教育学、伦理学、优生学、优育学、文化学、人类学、语言学、行为科学、智能模拟和第五代电子计算机研制等研究领域的有机组成部分。

我们对思维整合机制的微观研究起步较早，目前形成了两个主要的理论生长层面。一是对思维整合内部机理的研究。主要是以思维确定性与不确定性的矛盾运动为基本线索，从思维整合共时性转换与历时性发展两个维度，考察认知结构与评价结构、理性环节与非理性环节的耦合关系，说明思维自组织反映活动的特征。二是对思维整合的社会历史演化机理的研究。主要是把思维整合活动中主体生理结构、心理结构的动态分析与社会文化结构的演变分析结合起来，把人的实践发展、思维整合机能的提高以及社会文化价值制约的变化统一起来，说明文明发展、社会进化与主体精神活动间的辩证关系。同时，通过认识论对思维机制的考察，也可以切入许多社会领域问题的研究。例如，在这几年的“文化热”中，我们曾系统地提过文化比较中的一些方法论问题，提出过文化深层结构和表层结构分析的理论，提出过文化冲突的时空转换的分析理论。它们都具有一定影响。当然，在我们的具体课题研究中，这两个层面是彼此交错、相辅相成的，目前已取得一些阶段性成果。今后研究重心将向整合模型、思维整合的合理性、人工智能的认识论背景分析和整合的跨文化模式比较等方面延伸和扩展。这要求我们加强与国内外认知科学和人文科学研究者的合作。虽然会遇到许多困难，但前景是明朗的。

问 前段国内就“反映论”和“主体性”问题展开了热烈的讨论，您对这些争论有何看法？

答 论争是颇有意义的，它打破了认识论研究的沉闷格局。但毋庸讳言，论争的双方大多仍停留在概念思辨和范畴推演的模式上，常给人以空泛、笼统的感觉。尤其是那些坚持“主体性”意见的人，往往把理论演绎建立在几个先验设定的前提下，并且仍然按照“三环节”（实践——认识——实践）和“两飞跃”（感性到理性、理性到实践）的线性框架去阐释人的认识能动性，既抽象又肤浅，难以服人。其实，各方争论的问题只要深入到思维整合的微观机理中去考察，就可以发现许多问题是早已为具体学科所解决了的，只是传统认识论框架无法容纳和归并而已。如感官无差异编码、马赫带现象以及大脑补偿、修错机制等。人们为了坚持认识的“客观性”，不得不增加了许多辅助假说、特设，实际上却把反映原理戳了个七孔八洞。而批判“反映论”的人最终也没搞清自己与“反映论”的根本对立究竟是什么！真是剪不断、理还乱！我本人仍然肯定反映论这个前提，但对反映内涵的理解已不是复写、摹写，也不仅是选择或建构，而是自组织的整合，它包括了对主客体间多层关系的把握。这显然与传统反映范畴的内涵大相径庭。当然，这也只是一种规范性理解。

问

学术界有人主张将思维与存在的关系问题从现代认识论甚至整个哲学研究中排除出去。那么在思维整合机制的研究中，思维与存在的关系问题是否也没有意义呢？

答

我认为，思维与存在的关系问题在现代认识论研究中并没有过时。过时的是人们仍停留于恩格斯在《费尔巴哈与德国古典哲学的终结》一文中所表述的那种理解。思维与存在是哲学的最高范畴，它们之间的关系是多层次的。长期以来，国内学术界的理解基本停留在第一个基本层次，即恩格斯表述的思维与存在的本原关系和有无同一性问题上，这当然不可能成为思维整合机制研究视野的中心。然而，思维与存在之间至少还存在着其他两个基本层次。一是思维与存在如何同一的层次。它要求说明主体如何通过自己的活动（外部活动和内部活动）来实现思维与存在的同一。二是思维与存在之间的意义关系的层次。它要求说明主体如何通过价值选择和控制，建构客体世界和确认主客体之间的意义关系。对这两个基本层次的分析不能按照“能或不能”“有或没有”这种非此即彼的方式来进行，而应按照“如何”或“怎样”的方式来进行。它涉及的是“程度”问题。换言之，现代认识论关注的不是主体的思维能不能反映对象世界的问题，而是在多大程度上和什么意义上反映对象世界的问题，是一种质和量的统一“度”的问题。其理论背景恰恰是思维机制中确定性与不确定性的矛盾运动。抓住这对矛盾和这两个层次，当代认识论理论演化的复杂关系就会变得比较清晰。

（原载《哲学动态》1989年第1期）

20世纪哲学与我们的哲学取向

——访孟宪忠

学者简介

孟宪忠，1953年生，河南清丰人。1978年入吉林大学学习，先后获哲学硕士、博士学位。时任吉林大学哲学系副教授，《时代评论》副主编。高清海教授主编的《马克思主义哲学基础》（上、下卷）主要撰稿人之一，还著有《思考世界的十个头脑》（合著，已出版）、《对人的沉思》、《实践辩证法导论》（待出版）等。公开发表学术论文50余篇。

问

近来读到您谈人学、人的问题的一些文章，能否结合您的研究体会，谈谈对中国哲学改革、发展的看法？

答

可以。我对哲学发展的看法可以用一句话来概括，那就是中国哲学应在20世纪哲学意识的大背景下来确认自己的发展取向。中国近十年来的哲学研究过程，就是一个自觉不自觉地捕捉20世纪哲学意识，自觉不自觉地站在20世纪哲学意识水平上来建设中国当代哲学的过程。

问

您现在假定了20世纪有其自己的哲学意识，而且要求中国哲学以20世纪哲学意识来作取向参照，那就请您详细谈一下20世纪哲学意识的内容和特点吧！

答

20世纪的哲学意识是对近代至19世纪哲学意识的超越。这种超越表现在六个方面：（1）从弘扬理性、崇拜理性到反思理性；（2）从本质主义到现实主义；（3）从抽象主体性到具体主体性；（4）从阶级绝对对立意识到人类意识；（5）从人征服自然的观念到人与自然协调的观念；（6）从重视物质力量到重视精神文化因素。

我仅以（1）（2）为例作些说明。

自近代始迄19世纪，每个时代都可以用一个命题来表达这个时代的哲学精神。文艺复兴是一个理性启蒙时代，理性要解脱信仰、人性要解脱神性的压抑。但此时理性还没有独立。到了18世纪，法国唯物论用“自然界的齐一性”否定了上帝，康德也用理性“手术刀”杀死了上帝，至此，人的理性获得了独立。所以18世纪是理性独立的时代。

理性的运用促进了科学的发现，推动了生产力发展。到19世纪，人类对理性的崇拜达到了登峰造极的地步。人们认为《逻辑学》（黑格尔）、《物种起源》（达尔文）、《资本论》（马克思）是19

世纪建立起来的揭示宇宙、人类、社会全部奥秘的三座完善的理论大厦。崇拜理性、建立理性体系的意识弥漫在19世纪的各种意识领域。正像恩格斯所说的，生活在19世纪的人动不动就要建立体系，谁不建立体系仿佛谁就不配生活在19世纪。巴尔扎克的几十部小说构成的《人间喜剧》是体系，贝多芬的古典音乐是体系，瓦格纳的《尼伯龙根的指环》四联剧也是体系。在物理学方面，科学家们认为自然科学大厦已最后完成，剩下的任务只是证明牛顿理论的广泛适用。在数学方面，希尔伯特也抱着以《几何学基础》为数学寻找最后支撑点的愿望。“完整”“体系”“绝对”既是19世纪最流行的术语，也是一切意识创造所追求的主旋律。这一切表明19世纪是崇拜理性、迷信理性，并且以为人的理性能建立终极体系的时代。进入20世纪后，近代以来审查一切的理性受到了审查，人们开始了对理性能力和理性至善性的反思。从对理性的迷信中解放出来，这是哲学意识的进步。

近十年来，“反思”概念在中国哲学领域使用频率很高。这说明中国哲学也开始追踪20世纪哲学的反思意识。但中国哲学的反思意识有时又表现得不够自觉。

问　这种不自觉性表现在什么地方呢？

答　20世纪西方许多哲学家意识到人类理性的局限性、相对性之后，改变了传统哲学研究问题的方式。传统哲学采取一种追求最后本质的研究方式，它追求世界的一般本体和本质，追求人的一般本体和本质。20世纪的哲学家自觉地意识到，任何时代对世界本质、人的本质的回答都不过是该时代的回答，而不是对世界本质、人的本质的永恒求解。所以，他们大都不再奢望解开世界的一般本质和人的一般本质之谜，不再从设定的世界最后本质、人的最后本质去规定人的活动，而是把注意力从对本质的追求转向了对世界现状和世界未来发展的研究，转向了对20世纪现代人的现状怎样和20世纪现代人应该怎样等现实问题的研究。

自1963年第13届世界哲学大会以来，连续六届世界哲学大会的中心议题都是围绕20世纪人的问题展开的。这是否也在说明20世纪哲学有一种从本质主义转向现实主义的倾向呢？ 20世纪以来对具体主体性的弘扬，提出人与自然的新和谐观，以及重视精神文化因素等，这都是围绕着现代人的现实问题展开的，都是为了重新确认人的发展方向，重塑人与自然和人类自身的新关系。总之，20世纪哲学已从19世纪建立体系的狂热中解脱了出来，把注意力聚焦于人的现实状况和发展问题上来了。与此相比，中国哲学取向存在的问题就显露出来了。中国哲学研究还把很多的精力放在建构体系上，特别是人人都要搞自己的体系，这就难免给人以滞留于19世纪哲学意识水平之嫌。

问

看来您是不同意再把哲学研究的重点放在构造体系上，而是主张重点要研究现实人的现实问题和未来发展。

答

是的。我认为中国哲学应该对威胁着20世纪人类生存和发展的问题提出我们的认识，对中国改革开放中出现的问题作出我们的分析。说得明确一些，就是中国哲学的体系热应降一降温，对现实问题的研究应升一升温。

问

您从20世纪哲学反思理性、淡化体系、关注现实人的问题的角度谈了对我国哲学发展的看法，不乏启发人之处。但您不能否认20世纪的著名哲学家也都是有自己的理论体系的；而且也正因为他们有自己的体系，才占据了一定的地位，留下了自己的影响。从这一点看，如果一概反对建立体系是否有些走极端呢？

答

我之所以提出中国体系热应降温，这是针对中国哲学界重理论构造，而忽视研究问题的倾向而发的。也就是说我并不一概否定哲学家要有自己的体系，我只是想强调建设体系要具有前提。

问

您所谈的“前提”是什么？

答

20世纪著名哲学家形成自己的理论体系的过程，可以启发我们认识建立理论体系的前提。20世纪著名哲学家的建树，首先是他们或是对社会生活或是对科学活动或是对自然世界有了独特的发现，在此基础上形成了自己的核心概念，然后才把这些概念衍进成理论系统。萨特有“存在”，弗洛伊德有“无意识”，贝塔朗菲提出了“系统”，波普提出了“世界3”，库恩凝聚出“范式”，夏皮尔凝聚出“信息域”，柯勒探究了“格式塔”，荣格探究了“集体无意识”。可见研究真实的问题，作出独特发现，形成核心概念，这是独创体系的前提。如果我们的哲学家没有自己的独特发现，没有自己的核心概念，即使勉强建构体系，那也只能是对旧有内容的不同解释、不同表达而已。哲学是时代的产儿，有个性、有个人的发现、有个人的概念，自然就有了自己的体系。从这个意义上说，体系不是建构的，而是成熟的。

问

您以上谈了取向于20世纪哲学意识，实现中国哲学研究的转移。那么取向于20世纪哲学意识对于发展中国哲学还有什么意义呢？

答

20世纪哲学意识不仅把研究重点转移到了现实人的现实问题和现实发展上，而且实现了哲学立场的转变。20世纪哲学意识克服了纯粹客观论立场，把人作为哲学的出发点和归宿，自觉地站到人的立场来研究问题。如果我们接受这一立场，也许会使我们的哲学理论有新的突破。

从人的立场来看哲学基本问题，我认为现时代的哲学基本问题就不是“精神统一于自然”或“认识内容统一于客观存在”一类的“世界是什么”或“思维与存在是否有同一性”的问题，而是人的活动与世界的协调问题，是人怎样在活动中实现内在尺度与外在尺度统一的问题。

从人的立场来看世界的统一性问题，我认为我们的哲学也不能再停滞在人的精神统一于物质这种认识水平上了，而应该讲人与自然的双向统一。用先有地球后有生物再有人的时间发生学方式论证物质的先在性，不过是重复中学生都知道的科学常识。我们哲学的重心应研究人在现实活动中怎样才能既服从自然必然性又超越自然对人的自在制约，研究怎样才能实现人的活动既统一于自然必然性又使自然必然性统一于人的内在合理要求。

从人的立场来看辩证法与形而上学的对立，我们就能看到自然界自身无所谓辩证法与形而上学的对立，无所谓辩证否定与非辩证否定的区别。它们都是发生在人的认识领域和人的活动领域的。哲学的重点应该研究人在认识、实践活动中是怎样陷入形而上学的，即从认识规律、实践活动规律的角度来研究辩证法。而以往我们的辩证法研究重点是放在说明世界的永恒运动发展上，放在帮助人们树立世界运动发展的信念上，结果只能是口头上辩证法响亮，认识活动和实践活动中形而上学猖獗。

脱离人的立场，人们甚至都难以使用“发展”概念。就自然界自身说，一切都是运动变化着的，我们很难说它的变化是发展还是退化。“发展”概念本身蕴含着“好”的价值评价成分。“发展”是从人的立场对事物变化所作出的评价。人们通常说从简单到复杂、从无机到有机、从无序到有序是“客观发展”，实质上这种说法也隐含着人的立场。就纯粹自然看，究竟是简单好还是复杂好，是无机好还是有机好，是无序好还是有序好，这很难说清楚。就纯粹自然看，若说地球形成是发展，难道地球毁灭那一天就不是发展了？复杂对人显出了多种价值，有机产生了人，有序创造了人的生活条件，所以人才说是发展。所以，我们的辩证法研究似乎不必把精力放在致力于论证自然世界的发展上，而应放在人应该怎样合理地作用于自然上，以尽量防止由于人类作用于自然而出现异化结果。

从人的立场看实践，就不能只从实践是认识和改造客体的手段角度来研究，而更应从对主体的价值角度来研究。研究实践过程与实践结果对于人的价值和意义，研究实践过程、实践结果的异化和克服，研究怎样才能使人在合理的实践活动中充分发挥潜力，进而实现人的全面自由发展。

从人的立场来研究“规律”“认识”“真理”也会引起一系列理论内容的变化。这些待有机会再谈吧。

我提出取向于20世纪哲学要从人的立场出发、注重研究人的现实问题，这是我的一点体会。至于20世纪哲学意识的内容是不是如我所概括的，我没有把握。我谈这些，只是希望能引起大家从这个角度思考我们的哲学发展。

（原载《哲学动态》1989年第2期）

学者近况

孟宪忠（1953.3—　），先后获得吉林大学哲学博士学位、复旦大学经济学博士后学位。国家级有突出贡献专家，教育部首批跨世纪经济学人才，中国作家协会会员。曾任吉林大学社会发展研究所所长、哲学社会学院院长，上海交通大学战略管理研究所所长。现任上海交通大学安泰管理学院教授、博士生导师。研究领域广泛，在哲学领域率先开展哲学变革研究、社会发展研究，提出了一系列关于哲学变革、社会发展的观点。先后出版《实践辩证法导论》《思考世界的十个头脑》《中国经济与社会发展战略》《绝处逢生——危机下的战略选择》《中国企业缺少什么》《20世纪企业家现象观察》《20世纪文学轨迹》《20世纪文学大师的追求》等著作。发表论文100余篇。

实现我们时代的哲学转轨

——访陈志良

学者简介

陈志良，1945年生，上海人。1967年中国人民大学哲学系本科毕业，1982年获硕士学位，1988年获哲学博士学位。时在中国人民大学哲学系工作。著有《现时代与现代思维方式》（合著）、《现代思维方式与领导活动》（合著）、《当代新知识》（合著）、《思维的建构和反思》、《荒诞与人性》（待出），译著《赫尔岑》《四大文明探源》。发表论文80余篇。

问

这几年，您的研究涉足哲学的许多领域，您认为当前中国哲学界面临的最大变化将是什么？

答

我这几年的思索涉及从有序与无序、非系统、反思性思维、交往、荒诞、社会和人的发展、主体性原则到实践唯物主义及其在现代的发展。我深深体会到，中国哲学界正在面临巨大变化，这就是实现我们时代的哲学转轨。严格说来，这一哲学转轨还刚刚起步，其核心是由辩证唯物主义向实践唯物主义的战略转移，它包括三个相互联系的有机部分：一是告别禁锢我们的哲学思维框架近半个世纪的苏联模式的辩证唯物主义和历史唯物主义的哲学时代；二是重新认识和理解马克思的实践唯物主义以及马克思主义在东西方的演变；三是构建我们时代的高举人道主义和人的主体性的实践唯物主义新思维。这三项工作原本是逐步深入的，而现在几乎同时进行着，势头汹涌澎湃，涉及对所有哲学问题的再认识，它预示着映现现代精神和人类发展的马克思主义哲学新观念的诞生。

问

为什么要提哲学转轨呢？这里涉及什么样的根本性理论问题？

答

提哲学转轨并非耸人听闻。哲学转轨也就是从一种哲学思维的坐标、方式和框架转移到另一种哲学思维的坐标、方式和框架上去。这里当然有时代主题转换的必然要求，但我们是从哲学的角度来思考问题的。这个问题关系到对马克思主义哲学史的重新认识。我认为马克思主义哲学已经内在地分化了，苏联模式的辩证唯物主义和历史唯物主义体系实际上是马克思主义哲学的一种扭曲的形态，是对马克思实践唯物主义的历史倒退。

马克思在《神圣家族》《关于费尔巴哈的提纲》《德意志意识形态》中创建了自己的哲学——实践唯物主义。这一哲学是与旧唯物主义（客体的或直观的唯物主义）根本不同的，它以实践为整个哲学的出发点，以改变世界并使世界适应人的发展为宗旨，是从主体角度来把握人与世界的相互关系的哲学形态。这一哲学的核心是合理理性（激情的理性）、人道主义和主体性原则。但是，现行的马克思主义哲学不是实践唯物主义而是辩证唯物主义，之所以发生这样的变化，经过了四个逻辑中介环节：其一，恩格斯的现代唯物主义。恩格斯把自己的哲学称为现代唯物主义，他力图把有2000多年历史的旧唯物主义的永久性基础与自然科学的发展结合起来。恩格斯迈出了偏离实践唯物主义的关键一步，使马克思的主体唯物主义又回到客体的唯物主义上去了。其二，狄慈根、普列汉诺夫所理解的辩证唯物主义。我们现在通行的辩证唯物主义是狄慈根依据恩格斯的现代唯物主义推出来的，这一提法又经普列汉诺夫推广到当时的俄国。其三，列宁"逻辑学、辩证法、认识论三者一致"的原则。列宁接受了普列汉诺夫关于马克思主义哲学是辩证唯物主义的提法，并要求以黑格尔主义的三者一致原则来构建辩证唯物主义，这样一来，马克思的实践唯物主义就从哲学形态上被拒斥了。其四，斯大林的辩证唯物主义和历史唯物主义的体系。所有上述逻辑中介在斯大林的"两个主义"中得到最集中的反映，以体系的形式定型下来并转化为教科书，影响着一代又一代人的思维框架。由于中国接受马克思主义是经过苏联的中介的，于是我们天然地把苏联模式的辩证唯物主义和历史唯物主义当作了马克思主义哲学的唯一形态。这种历史的特殊性使我们接受了一个扭曲了的马克思主义哲学形态。这一段历史说明，苏联模式的辩证唯物主义不是完整意义上的马克思的哲学，要恢复并发展马克思的哲学，也就涉及由苏联模式的辩证唯物主义向实践唯物主义的哲学转轨和结合问题。

问 有许多同志认为实践唯物主义与辩证唯物主义并不矛盾，它们两者之间可以实现一体化。您是否同意这一观点？

答 这个观点需要认真仔细地考量，不能笼统言之。应该说，实践唯物主义与辩证唯物主义在许多具体的哲学问题上有交叉性、相似性和互补性，但在根本的哲学体系上，两者是不能完全同构、不能完全相容的。我认为，一个哲学体系是否具有相对独立性，是由考察问题的坐标系统、出发点范畴和建构原则三者构成的，用我的话来说，也就是是否形成一个“哲学空间”。从这一观点出发，实践唯物主义与辩证唯物主义是不能统一的，或者说各有侧重。第一，辩证唯物主义从“客体坐标”来考察世界，实践唯物主义则从“主体坐标”来考察对象，它们的哲学思维方式和视角是相对立的，换言之，实践唯物主义完成了由“客体坐标”向“主体坐标”的历史转换，为人类提供了一个考察人与世界的相互关系的唯物主义的现代形态。第二，辩证唯物主义把“物质”作为整个哲学的出发点范畴，实践唯物主义则把“实践”作为整个哲学的出发点范畴。这里的区别在于，前者认为世界、社会、人、思维是物质的展开，是其多样性的表现；而后者则高扬人的主体性原则，它并不否认世界的先在性以及从无机界到有机界、从猿到人的历史演化，但却把整个眼光关注于人类自身，关注于人的发展，由此出发来认识世界、社会、人和思维。第三，辩证唯物主义把“物质”作为整个哲学的建构原则，实践唯物主义则把“实践”作为自身的建构原则，从而实现了从“说明世界”向“改造世界”的哲学转换。两者的区别在于，辩证唯物主义的物质论说明世界是什么，辩证法重于世界怎么样，认识论揭示认识是什么，历史唯物论则阐述社会是什么，贯穿整个哲学的核心是“说明世界”，揭示自然界、社会、思维发展的一般规律；而实践唯物主义作为“改造世界”的哲学，并不是指它可以直接去改变世界，而在于它使人从“改造世界”的角度去认识人与世界的总体关系。这种“改变”包含两重含义：一是实践唯物主义是高扬人的主体性原则的，它回答世界对人应该是什么样的，如何使世界更加符合“人类本性”的要求，使人在世界的改变中认识到自己是人；二是“改造世界”也要改造哲学自身，即实现哲学随实践发展而不断变革自身的“开放性”。正是在这两重含义上，我认为实践唯物主义又是高扬人道主义精神的人类“自我塑造”的唯物主义，它体现的正是人类主体力量高度发展的现时代的精神。

所以，实践唯物主义对哲学的发展作出了三个贡献：（1）为哲学的发展提供了一种新的思维坐标或新的思维方式，即从实践、从主体发展来概括一切；（2）揭示了一种新的哲学结构，即由思维与存在的二维结构上升到思维、实践、存在的三维结构；（3）把哲学的中心从远离人的世界本体问题扭转到人和人的发展上，并从人的实践和实践的人出发。

基于以上认识，我认为把苏联模式的辩证唯物主义与马克思实践唯物主义统一起来是徒劳无益的。相反，中国哲学界的主要工作之一，应是告别与扬弃苏联模式的辩证唯物主义和历史唯物主义的哲学时代，因为这一哲学形态的要害在于忽视了人的主体性以及社会、人类发展的自主性和多样性，而所有这些问题又源于“物质本体论”这个根，它是马克思所批判、所扬弃的旧唯物主义在现代的“复活”。

问

实践唯物主义作为一个哲学形态确立起来，它最核心的问题是什么？

答

实践唯物主义的哲学形态要确立起来，转化为现代中国人的思维方式，要做好三方面的工作：一是认真分析和解剖“实践”概念，这是实践唯物主义安身立命之根本。二是要与现代社会和人类发展结合起来。马克思只是提出了一个大思路，这个大思路能否在现代生长为参天大树，那就要投身于现时代，包括与一切现代的哲学流派进行交往、互补。三是要与中国传统的哲学、文化结合起来，找到与中国传统思维的交结点。显然，这不是一下子可以做到的，它需要一段时间的努力。

现在的核心问题是重新理解“实践”。对于“实践”当然可以从唯心主义、直观唯物主义、实用主义、辩证唯物主义、实践唯物主义等各个角度来理解。但是，我们这里是特指马克思实践唯物主义的“实践”，为此就必须首先扬弃辩证唯物主义的实践观。那么，实践唯物主义与辩证唯物主义对实践的理解区别在哪里呢？实践是人类的感性的对象性活动，这一点应该说没有分歧，根本区别在于，在辩证唯物主义所看到的人与自然的物质转换的实践活动中，实践唯物主义进一步看到了人，看到了人的发展，看到了世界应该对人怎么样，换言之，实践是人以主体地位来改造世界、使之适应人的发展的自主活动，是以人类发展来规范物质转换活动的运行方式和方向的过程，它不仅是客观的物质转换活动，而且是主体性的、批判超越性的，是高扬人道主义、人类发展和个人发展原则的。实践关系是人对世界的全面占有和改造关系，它证实着人的普遍性和人的本质力量，而离开人的发展一般地来谈论实践活动的客观性、目的性、社会性，这正是其他实践观之弊病。

实践唯物主义使实践范畴成为整个哲学的起点和细胞范畴，也是构建实践唯物主义的整体大厦的总体性范畴。实践范畴之所以可以成为实践唯物主义的出发点范畴，这是因为：第一，实践是人与外间世界的本质关系的共生点，是人与外间世界其他关系的基石和生长点；第二，人的本质在实践中定型和发展，人本质上是实践的；第三，社会是人们在实践活动中创造的存在方式，社会本质上是实践的；第四，人对“对象、现实、感性”的把握是在实践中形成和发展的，认识本质上是实践结构的内化和升华；第五，人类自身的发展和解放以及每个个人的自由个性也必须在实践中才能实际地达到。正因为如此，我们就应该从实践出发来把握自然界、社会、思维和人类自身的发展，实现对自然界、社会、思维的改造和人的自我塑造。这样，实践当然也就具有了本体论意义、辩证法意义、认识论意义和社会发展论以及人论的意义，我们当然就可以从这一角度来构建符合我们时代精神的新思维方式。

问

听说您一直在构建实践唯物主义的哲学体系，这一体系的总思路是什么样的呢？

答

实践唯物主义哲学体系的构建已经进行两年多了，也曾作过几次大的修改，现在的体系也不能说是很合理的，这只能算是一种探索。这一体系的大思路是以实践为整个哲学的出发点，突出人类发展和自我塑造的主体性原则，它不再是辩证唯物主义与历史唯物主义的板块结构，而是实践一元的结构体系。在这个体系中，原先的物质本体论已经被世界图景论和自主活动论所取代；而社会观已经转化为人的实践创造自己的社会存在与实践是人的社会存在方式的双向统一；认识论摆脱了原来的知识论的框架，从人对世界的观念把握和改造的角度来透视认识，认识的主体性、非理性、创造性以及实践理念、反思、价值等得到更多的强调；整个体系自始至终贯穿了人的发展的原则，人的本性、个性化、自由个性得到充分体现。总之，新的体系较之原来的苏联模式的辩证唯物主义体系具有更多的合理性和时代性，它的核心便是高扬人的发展。我们已在一些班级进行试点教学，受到了学生的欢迎，看来实践唯物主义所体现出来的新的思维方式是有旺盛的生命力的，这是很可喜的现象。

问

伴随着实践唯物主义的讨论，中国学界孕育、产生了不同的哲学学派，您能简单介绍一下情况并谈谈您的看法吗？

答

在实践唯物主义讨论过程中，在中国产生了不同的哲学学派，这是从来没有过的巨大的历史进步。它表明哲学定于一尊的单一化局面已经终结，开始走向多学派、多样性，按照自身的内在逻辑形成多种色彩、多重声音、多个角度。就当前来说，中国的哲学学派还局限于马克思主义哲学内部，它主要是以中国人民大学为代表的高扬人类主体性的实践唯物主义学派、吉林大学的立足于超越唯物唯心之争的实践哲学学派、北京大学的立足于辩证唯物主义的本体论学派。学派的产生表征着哲学摆脱了贫困的境地，是其走向繁荣和发展的起步。中国哲学学派的产生是与《哲学动态》等报刊的倡导、支持分不开的，历史将不会忘记这一点。应该说，这三个学派都具有独立存在的理由，它们都有着自己的逻辑基点，有着自己向前发展的不同生长点，有着对问题的不同的思考角度和方式；当然相互之间会有争论，这是正常的，它将促进各派观点的深入发展。其实，即使同一学派内部的观点也不会完全相同，就以中国人民大学的实践唯物主义学派为例，在高扬人的主体性和人类发展这一方面大家是相同的，但在“实践本体论”这一问题上就各有其意见取向，经常发生争论。我感到，这三个学派要形成自己更加鲜明的哲学个性，恐怕还要走较长的一段路程，现在他们正在加紧研究自己的观点，形成各种沙龙，出版关于自己观点的专著，召开自己学派的会议，把自己学派的观点发散出去，这无疑是中国40年来最重大的哲学发展。它的意义是不可估量的，它至少表明中国的马克思主义哲学形成了自己的个性，摆脱了它的“幼年”时代，开始要以自身的特色走向世界了。以上是我个人的一些思考，希望引起不同意见的争论。

问　除了实践唯物主义而外，您还对哪些哲学问题比较感兴趣，能否介绍一下您的基本观点？

答　我个人是一个比较喜欢怪谬的思考者，我这两年中比较集中研究的是反思与荒诞，它形成了两本书，一本是《思维的建构和反思》(以下简称《反思》)，另一本是《荒诞与人性》，它们都快出版了。我感到，一个民族和一个人除了正面思考一些问题外，还应该从反面的、怪诞的、荒谬的、非系统的、出人意料的角度来思考问题。在《反思》这本书中，我高度推崇了人类的自我批判、自我超越的思维运动，我把反思这种以思维为对象的思维划分为经验性反思、理论性反思、逻辑性反思、哲学反思，并从否定、怀疑、批判、混沌、非系统、不完全、相对性、悖论性、破缺性等角度对反思进行了考察。我深深体会到，一个民族要前进，就要有自我意识；而自我意识要深刻，就必须具有反思性思维。反思，是人类和思维发展的内在的生命力搏动，是思维之花中最美丽最令人目眩的色彩。

我对于“荒诞”有着特殊的爱好。“荒诞”非常适合我的个性和思考方式，也正因为这样，我对那些深刻认识“荒诞”的思想家——马克思、尼采与荒诞哲学家加缪有着深深的尊敬。我在《荒诞与人性》一书中，揭示了现代荒诞主义的崛起，揭示了荒诞的本质、结构和形式，着力于分析自我的荒诞、理性的荒诞以及作为创造因素的荒诞方法。荒诞作为一种不可理喻的达到悖论程度的矛盾，深刻地指向人类内心的一种巨大的骚动，一种对限定超越的欲望。我比较了世界上各种文化和民族的发展，发现一个民族若没有荒诞，它的生命力便会枯竭下去。在某种意义上，荒诞是人类发展的虚结构，它开拓人的想象力、构思力和创造力，形成对旧框架的突破和对传统的冲击波，它是源于人类本性中的原动力之一。这便是我如此爱好“荒诞”，并对“荒诞”进行长时间研究的原因。我知道我的这些探索被人家看作是“奇怪”的，我希望被理解，我想只要这些研究能给人带来启示，那我的工夫就没有白费。

（原载《哲学动态》1989年第6期）

学者近况

陈志良（1945.9—2012.12），中共党员。1967年本科毕业于中国人民大学哲学系，1982年获哲学硕士学位，1987年获哲学博士学位。曾任中国人民大学哲学系哲学原理教研室主任、教授、博士生导师。主要著作有：《现时代与现代思维方式》（获“光明杯”奖）、《思维的建构和反思》、《邓小平哲学思想研究》（获中宣部“五个一工程”奖）、《历史唯物主义原理》（获国家教学成果奖）、《邓小平与当代中国》、《马克思主义哲学全书》、《中国佛家》、《与先哲对话》、《荒野的沙沙声——与先哲论道》、《数字化潮》等。主编“十家九流丛书”、“世纪新纪元丛书”、“新世纪科普热点丛书”、《漫画诸子百家》、《中华圣贤大典》等。发表论文《非系统理论》《主体性原则》《论作为创造性思维的荒诞》等200余篇。

哲学与现实生活

——访郭湛

学者简介

郭湛，1945年生，黑龙江海伦人。1969年毕业于吉林大学哲学系。1981年中国人民大学哲学系研究生毕业，获哲学硕士学位，后留校任教。1986年被聘为副教授。1989年获哲学博士学位。参加编写《简明哲学原理》《历史唯物主义原理》等，参与主编《马克思主义与当代》《中国现代化之哲学探讨》，著有《人活动的效率》（待出版）。发表论文多篇。

问

从这几年您研究的课题和发表的文章看，有一部分涉及哲学的性质、功能和发展趋势，而重心似乎又在实践、人的活动和社会现代化方面。能不能谈谈您对哲学与现实生活的关系的感受？

答

哲学与现实生活的关系，从一般意义上说，是自有哲学以来始终存在的一个老问题；从具体内涵来说，又是每个时代的哲学工作者都要遇到的新问题。前人对这个问题的解决是历史性的，不可能一劳永逸地代替后人对这个问题的解决。

问

那么，这是否意味着哲学与现实生活的关系是一个永远不能解决的问题？

答

全面说来，它是一个始终都在解决着，又始终不能完全解决的问题。否则哲学就没有存在的必要了。

问

这是比较一般性的说法。明确这一点，对于了解我们今天的哲学和现实生活的关系有什么意义呢？

答

当然有意义。承认我们今天的哲学和以往的哲学一样，都在自己的历史条件下解决着哲学和现实生活的关系问题，有助于全面认识哲学的发展状况和社会作用。回顾近十年来中国哲学的理论探索与现实的社会生活的关系，可以用四个字来概括："息息相关"。我们的哲学既从世界观和方法论的高度反映人们的现实活动，又给予人们的现实活动以世界观和方法论的引导。在清算造成我们工作中重大失误的"左"的和右的思想路线，坚持四项基本原则和改革开放的方针的时候，中国哲学界有其不容忽视的功绩。笼统地指责我们的哲学钻"象牙之塔"，脱离现实生活，显然是不公平的。

问

有些哲学研究课题距离现实生活较远，似乎与社会现实毫不相干，这也是个事实。

答

不错，在哲学研究中有些课题抽象程度较高，属于一般性的基本理论问题或者较深层次的问题，看起来距离现实生活远一些。然而，哲学学科的高度抽象性和概括性，使它与现实生活的联系不可能是直接的，它需要通过一系列中间环节才能与现实生活联系起来。因此，重要的是应当健全从哲学思维到现实生活的转化环节，而不是直接要求任何哲学结论的可操作性。

问

这样说来，在哲学研究中是否不存在脱离现实生活的问题？

答

作为一种现象或趋向，不能说不存在。我所要强调的是，从本质上讲，任何真正的哲学研究不能不反映现实生活，不能不力图引导现实生活，因而不可能是脱离现实生活的。哲学就在现实生活之中，它就是现实生活的哲学。至少从总体上、从主流上看是这样。

问

您在前面还讲了问题的另一个方面，即每一代哲学工作者都不能完全解决哲学与现实生活的关系问题，这是否会导致一种悲观的结论？

答

承认人们在具体历史条件下认识的局限性，不过是正视现实的界限。在这个现实的界限面前，人们可以消极退缩，走向悲观主义，也可以积极进取，有所作为。这个界限既是历史地形成的，又是历史地变动着的。前代人未完全解决的问题，正待当代人去解决；而当代人在尽了自己的努力之后，还应寄希望于后代人。哲学与现实生活的关系的历史发展，不过是思维与存在、理论与实践的矛盾历史的一个侧面、一个缩影。

问 您的意思是说，既然哲学与现实生活的矛盾，像思维与存在、理论与实践的矛盾一样长久存在，人们就不应该因为前人或今人没有完全解决哲学与现实生活的矛盾而过分责备他们。

答 是的。只要他们在努力去做，还是应当少些责备、多些鼓励。可是出于同样的原因，人们也完全有理由要求更好地解决哲学与现实生活的关系问题。

问 这对哲学工作者也有激励的作用。从这一角度来说，对于责备者也不必加以责备。

答 我赞成这种态度。从目前的情况来看，如何发挥哲学的社会功能，从世界观和方法论的高度反映和引导社会生活，更好地处理哲学与现实生活的关系，也确实是一个值得认真研究和妥善解决的问题。

问 问题究竟在哪里呢?

答 这个问题很复杂。从哲学工作者这方面来讲，我觉得有两点最重要。一是继续进行深入的哲学基础理论前沿的探索，以此带动整个哲学理论的发展；二是完善哲学理论的各个方面、各个层次，包括各种所谓应用哲学，密切哲学基础理论与现实生活的联系。

问

在科学领域里，我们的发展战略也是这样的。

答

是的。在这一点上，哲学和科学的发展受同样的规律支配。

问

哲学的基础理论和应用研究两方面，是否应有所侧重？需要更强调哪一方面？

答

整个哲学是一个有机的构成，不应当厚此薄彼，人为地抑制某一方面的发展。无论哪一方面得到怎样的发展，对于我们这样大的国家和民族都不会是多余的。当然，从总体上看，哲学的基础理论和应用研究两个方面，以及每一方面的内部结构关系，常常是不平衡的，甚至会出现严重的不平衡，某一方面或某些部分可能成为薄弱环节。这时，适当加强薄弱环节就是十分必要的了。

问

国家在规划哲学社会科学发展时，对新学科领域和薄弱环节采取鼓励、扶持的政策。对此您怎么看？

答

这是必要的国家干预，能起到社会调节的作用。同时也应看到，哲学工作者的研究兴趣一方面有向“热点”集中的倾向，另一方面也有向“冷门”分流的趋势，事实上也在调节着哲学内部的结构关系，使之大体保持一种动态的平衡。

问

那么，目前我们哲学发展的薄弱环节在哪里？

答

相比而言，应用研究更显得薄弱一些。人们之所以觉得我们的哲学脱离实际，主要并不是因为基础理论没用，而是因为在基础理论和现实生活之间往往缺少应用研究这个环节。

问　您这几年研究的重心似乎就在这里。

答　我对哲学基础理论的研究也有兴趣，但这几年研究的重点确实是在被人们称为应用哲学的一些问题上。最初是我的硕士论文《实践及其效能、效果和反馈》，讨论了实践运动的一个基本规律，即“实践——效能——效果——反馈——实践”的辩证循环。这虽然也可以算是基础理论的研究，但已具有较强的应用研究的特点。

问　后来您又去研究现代化中的哲学问题。

答　是的。我参加了李秀林教授主持的国家“六五”哲学社会科学重点研究项目“马克思主义哲学和中国社会主义现代化建设”，注意力更转向现实生活。这个项目的最终成果，是人民出版社出版的《中国现代化之哲学探讨》一书。

问　您的博士论文也是属于这个方向吧？

答　可以看作同一个方向的研究，但问题的提法更带有一般历史观的性质，题目是“人活动的效率”。在确定这个论文题目时，得到了我的导师李秀林教授的赞许。他非常理解这个课题的理论价值和实际意义，鼓励我深入研究下去。遗憾的是，我的论文提纲还未写出，李秀林老师就与世长辞了。后来，夏甄陶教授担任我的博士导师，指导我完成了这个课题的研究。

问　效率问题本来是个经济学问题，您是怎样从哲学角度研究它的？

答　经济学研究的是人们的生产活动、经济活动的效率。但效率问题并不局限于社会的生产活动、经济活动，任何人的活动实际上都存在着活动效率问题。对于人的活动和活动效率问题，应当从哲学历史观的高度加以把握。

问

人的活动问题无疑是个哲学问题。可是，人的活动效率为什么也会成为哲学问题呢？

答

人的活动是人的实践和认识、行动和思想的总体，在这一概括层次上包含着丰富的内容，从横的和纵的两个侧面上展现着复杂的关系。如果说比人的活动更具体些的实践活动和认识活动都是哲学思维的对象，那么更为抽象化、一般化的人的活动就更是哲学需要研究的了。随着对人的活动的哲学考察的深化，必然涉及人的活动的潜能和实现，人的活动的过程和结果。而人的活动的过程和结果作为活动的投入和产出的关系，其实就是人的活动的效率。人的活动效率可以看作人的活动的有效性的比率。这些探讨都是对人的活动的哲学考察的延伸，并未离开哲学思维的范围。

问

这样一来，哲学所要研究的问题是不是太具体了？

答

到人的活动效率这个层次，当然比人的活动的一般性的问题更具体些。但这种具体不是感性事物的具体，而是一种思维中的具体，是综合了许多规定的作为多样性的统一的具体。这正是辩证的思维和表述所遵循的抽象上升到具体的方法所要求的。

问

通过对人的活动效率的研究，您觉得哲学理论更接近现实生活了吗？

答　确实有这样的感觉。在我写博士论文时，开始那一部分比较抽象，后来越写越具体。尽管我认为这是思维中的具体，但已感到思维所反映的具体存在，即人的现实活动图景似乎就在眼前。我们是注视着现实生活进行哲学思考的，浓郁的生活气息扑面而来；当我们把自己也融进现实生活之中时，对人的活动的思考也就成了活动的人的反思。

问　看来您找到了哲学通向现实生活的道路。

答　只能说从我研究的题目出发，找到了一条通向实际生活的弯曲的小路。我相信在哲学和现实生活之间有许多条更宽广的道路相通。

问　如果哲学能够密切与现实生活的联系，哲学理论就会更加繁荣，它的社会作用也会更加明显。

答　当然。可是要做到这一点，仅仅有哲学工作者的努力是不够的，还需要有利于哲学理论发展和走向现实生活的社会环境。造成良好的适于科学、艺术、哲学发展的社会环境，这无疑是我们的改革所要实现的一个重要目标。

问　这需要全社会的努力。

答　是的，哲学的命运不单是哲学本身的命运，也是我们整个国家、民族的命运的一部分。

问　最后我还要问一句，您认为目前哲学研究中亟待解决的问题是什么？

答 是学风问题。哲学是一门学术，从事学术工作应当有一个好的学风，这样才会做好学问，反映、引导现实生活。唯有科学的、实事求是的学风，才能使我们较好地解决哲学和现实生活的关系问题，真正有益于我们的国家和民族。

（原载《哲学动态》1990年第1期）

学者近况

郭湛（1945.10— ），中共党员。马克思主义哲学专业博士。中国人民大学荣誉一级教授、哲学院博士生导师。曾任《中国人民大学学报》主编、中国人民大学马克思主义哲学研究中心主任。现任教育部社会科学委员会哲学学部委员、学部秘书长，中国辩证唯物主义研究会副会长。主要研究方向为：马克思主义认识论、历史观和文化观。主要著作有：《中国现代化之哲学探讨》（主编之一）、《人活动的效率》、《思维世界导论——关于思维的认识论考察》（主编之一）、《哲学与社会》、《主体性哲学——人的存在及其意义》、《哲学素质培养》（主编）、《马克思主义哲学中国化教程》（第一主编）、《面向实践的反思》、《社会公共性研究》（主编）、《社会的文化程序》、《华夏复兴与中华文明道路》（合著）、《公共性哲学——人的共同体的发展》等。发表学术论文200余篇。

建构马克思主义哲学本体论的公理体系

——访孙显元

问

自1983年以来，您一直在倡导建立马克思主义哲学的公理体系，在这方面您已经取得了不少成果。今天，我想请您谈谈如何建构马克思主义哲学本体论的公理体系问题。

答

好的。提到建构马克思主义哲学本体论的公理体系，首先，学术界的某些同志肯定是会有不同看法的。因为他们不承认马克思主义还有什么本体论，只有在旧哲学的词典里才会查到“本体论”这个词。其次，他们更不承认马克思主义是一个公理体系，也不应该是一个公理体系，其实，这种观点是值得讨论的。此外，也有一些人正是根据这一点，认为马克思主义哲学还停留在经验论的水平。这种对马克思主义哲学的指责，我们是不能接受的。

问

您认为，究竟什么是本体论？

答

本体论是关于存在和演化的学说，以前我们只是强调本体论是关于存在的学说，这是不够的。随着现代自然科学的发展，这个问题越来越明显了。例如，在科学上，普里高津的耗散结构理论就同时提出了存在和演化的问题，他的《从存在到演化》这本著作就分为三篇，分别是“存在的物理学”“演化的物理学”“从存在到演化的桥梁”，这使我们很受启发，因此，我认为本体论应该同时也是关于演化的学说。如果本体论只研究存在不研究演化，那么这种本体论至少不能称为现代的本体论。

问

您认为“一切科学都是本体论”，这应该怎样理解？

答

这一问题涉及对“存在”的理解，“存在”有两种含义：其一，“存在”是事物的最高的普遍性，它是一个最抽象的规定和范畴；其二，就“存在”同事物的关系而言，表示存在是第一性的，是本原。

就“存在”的分类而言，有两种分法：一种分类法是将存在分为一般的、特殊的、个别的存在，另一种分法则认为存在可以分为实体存在、属性存在、关系存在。从这一意义上来理解，一切科学都是研究某种存在与演化的学说，换句话说，就是一切科学都研究本体论。哲学本体论是研究最一般的存在和演化的学说，科学本体论是研究关于特殊的、个别的存在和演化的学说。就“存在”的上述理解，我们还必然得出另一个结论，即思维与存在的关系问题是哲学的基本问题。这个哲学基本问题首先应该是认识论的基本问题，但是，作为发展了的形态，哲学本体论也不能离开这个基本问题。

问　谈到哲学的基本问题，那么您认为本体论中有没有基本问题？

答　我认为本体论的基本问题大致可以分为三个方面：一是存在与本原的问题，二是演化与动因的问题，三是经验与超验的问题。

问　从这样的基本问题出发，您认为本体论体系中应包括哪些范畴？

答　本体论既然是关于存在和演化的学说，那么其范畴也可以分为两个方面。从存在系列来看，哲学本体论中的一般范畴有：存在与本原、现象与本质、个别与一般、偶然与必然、可能与现实、形式与内容、时间与空间等。从演化的系列来看，有联系、运动、规律，条件与根据、原因与结果，对立统一、矛盾，质、量、度、质变、量变，肯定、否定、否定之否定等范畴。

问　您认为，就历史的和现实的本来，本体论有哪些种类？

答　你是指本体论的分类问题，这比较复杂，根据不同的标准有不同的分类。譬如说，根据研究的领域，本体论可以分为三种：

宇宙本体论（又称自然本体论），它是研究整个自然界（广义的，包括社会和人）的存在和演化的学说；社会本体论，是研究社会存在和演化的学说；人本体论，是研究关于人的存在和演化的学说。这三种本体论从外延上看一个比一个狭窄，但从内涵上来看则是一个比一个丰富。人本体论是宇宙本体论与社会本体论的综合。根据本体论是否具有世界观的意义来划分，本体论可以分为两种：一是哲学本体论，一是实证科学的本体论。根据哲学派别来划分，本体论也可以分为两大类：一是唯物主义本体论，一是唯心主义本体论。本体论还可以根据理论形态来划分，分为经验论的本体论、理性论的本体论和实践论的本体论。

问　请您就本体论的理论形态这一问题详细谈谈，好吗？

答　好的。唯物论和唯心论的经验论的本体论有一个共同点即他们都反对超越经验。但是，唯物论的经验论的本体论承认本体独立于经验之外而存在，这里就存在着一个矛盾，即人怎样能够用经验去感知独立于经验之外的本体呢？而唯心论的经验论的本体论由于否认了本体的独立存在而解决了这一问题，贝克莱的“存在就是被感知”即是如此。但是，这是从唯心主义基本前提出发的，是非科学的解决。唯物主义的理性论的本体论承认理性，把理性作为认识本体的唯一可靠的道路（如斯宾诺莎），并认为本体是客观存在的，但是唯物主义理性论的本体论是运用理性建立起来的，它的本体论体系是不是与客观实在的本体相符合，这种符合是否有必然性，仍然是一个悬而未决的问题。而唯心论的理性论的本体论则不存在这一问题，它把逻辑的必然性归结为先验的，如笛卡尔的天赋观念论、康德的先验逻辑等，但是这种本体论的基本前提又是错误的。总之，无论是经验论的本体论还是理性论的本体论都不能科学地解决本体论的基本问题，尤其不能解决经验与超验的问题。因此经验论的、理性论的本体论虽然有部分真理，但在总体上都不是科学的本体论。实践论的本体论就是企图解决上述困难的。在建立实践论的本体论时，我们应该考虑两点：一是应该用逻辑的必然性去改造经验论，二是应该用经验的来源来改造理性论，从而在实践论的基础上来建立本体论。

问 那么，您认为，建构马克思主义哲学的本体论应该注意哪些问题？

答 建构马克思主义哲学的本体论应该吸取以前本体论的优秀成果，要用辩证法、实践论去改造旧本体论，我认为改造主要有两个环节：一是要制定科学的物质概念，建立辩证唯物主义的物质论；二是要制定科学的实践概念，建立辩证唯物主义的实践论。

问 您认为建立马克思主义哲学本体论的公理体系有必要吗？

答 我认为很有必要。其必然性主要表现在以下几个方面：（1）从马克思主义哲学内容来说，近几年来，我国有不少学者都在建构马克思主义的哲学体系，虽然已经取得了一些成果，但也存在着不少问题，不少人把本体论、辩证法、认识论和历史观这四大块的顺序颠来倒去，似乎怎么换都行，这说明现行的哲学体系缺乏严密性、逻辑性。因此，我感觉我们应该建立一个公理体系来解决这一问题。（2）就西方一些学者对马克思主义哲学的攻击来说，他们常常攻击马克思主义哲学的“物质是客观实在的”这一命题是不能证明的，因而是没有意义的。同样，他们主张主观精神或客观精神是第一性的，这不同样是不能证明的吗？我们为了驳斥这些攻击，就两条哲学路线斗争的策略而言，我们也就有必要建立一个公理体系，把有些命题如“物质是客观实在的”等当作不证自明的公理，以此为构建哲学体系的逻辑前提。（3）现代实证科学的发展大多都是建立在一系列公理（或假说—演绎）的基础上的，这也给哲学的发展提供了启发和思路。以上几点均说明了建立马克思主义本体论的公理体系是必要的。

问

建构马克思主义哲学本体论的公理体系的可能性如何？

答

我认为是可能的，这至少有两个方面的原因。其一是马克思、恩格斯、列宁等人在建立和发展马克思主义的哲学思想时实质上已经包含了许多公理思想，这一点我在1986年就曾提过。例如，当杜林提出物质的绝对静止的自身等同状态时，恩格斯就以演绎法的一种形式——归谬法加以反驳，指出“第一推动和上帝是不存在的”，其实在这里恩格斯就是把这一命题当作一个不证自明的公理来使用的。另外，关于物质与运动的不可分割性的证明，恩格斯除了用归纳证明外，还进行了演绎证明。在进行演绎证明时，恩格斯采用了以下几个基本前提：第一，物体是物质的存在，是某种既有的东西，即是既不能创造也不能消灭的东西；第二，这些物体处于相互联系之中，正是这种相互联系，使整个自然界构成一个总体；第三，相互联系就是相互作用，而正是这种相互作用构成了运动。由这些前提出发，恩格斯推演出了一系列的结论，我在这里就不再重复了。其二是就西方一些科学哲学家已经获得的一些成果而言的，这也从另一侧面说明了建立马克思主义哲学本体论的公理体系的可能性。例如，加拿大哲学家马里奥·本格就企图在一些假设、定理、定义的基础上建立一种新的本体论，他称之为“科学的唯物主义”。

问

对，本格的工作对我们是有启发的。他的《科学的唯物主义》一书中不仅有一连串的公式、定义、推论、证明，而且有公式、集合、矩阵和逻辑演算，这正是本格多年来苦心探索的缩影。孙教授，您认为建构马克思主义哲学本体论的公理体系至少需要哪几条公理？

答

从唯物辩证法就是马克思主义哲学本体论的立场出发，我认为，应有以下三条公理：第一，物质是客观实在的；第二，差异的内在发生；第三，联系的必然性。这三条公理我早在1986年就曾提出过并作了简要的阐述。现在我还认为是这样。由这三条公理还可以推论出三条基本原理，它们是：发展原理、反映原理、统一原理。除此之外，还需要一些基本定义，由此就可以建立一个马克思主义哲学本体论的公理体系。

问

您在建立公理体系时是采用什么方法的？

答

我认为，建构马克思主义哲学本体论的公理体系应该把形式逻辑和辩证逻辑结合起来，采用一种归纳和演绎相结合的方法，具体来说就是以实践为基础、以实证科学为材料、以归纳—演绎为工具。简单地说，就是哲学与科学结合、哲学与逻辑结合。

问

您近期在做些什么工作？ 1990年有何计划？

答

近期我在做以下几个方面的工作。一方面，我在考虑怎样对现代自然科学的一些新成果和现代自然科学家的一些哲学思想进行总结，力求使马克思主义哲学反映现代自然科学的成果，这一方面，我写的《现代外国著名自然科学家的哲学思想》一书即将出版；另一方面，我在进一步考虑建立马克思主义哲学本体论的公理体系，同时还在研究建构公理体系时需要的逻辑工具，力争1990年把这个公理体系更加具体化。

［采访人：洪晓楠，时为安徽师范学院（现安徽师范大学）教授，现为大连理工大学马克思主义学院院长］

（原载《哲学动态》1990年第2期）

学者近况

孙显元（1935— ），毕业于复旦大学哲学系。中国科学技术大学教授。曾任中国科学技术大学人文学部主任、党委宣传部副部长。曾任中国逻辑学会理事、安徽省逻辑研究会会长、安徽省哲学学会副会长、安徽邓小平理论研究会副会长等。主要研究方向为：马克思主义科学哲学、逻辑和方法论。主要著作有：《科学和生产力》《现代宇宙学的哲学问题》《质量与能量》《世界现代化的实践和理论》《马克思主义哲学》《马克思主义科学方法论》《毛泽东辩证逻辑思想》《马克思主义中国化的逻辑基础》等。主编《邓小平理论》《马克思主义原理》《现代国外自然科学家哲学思想》等。在《哲学研究》《哲学动态》《红旗》《求实》《中国社会科学》《社会科学》《社会科学战线》等刊物发表论文400余篇。

高技术需要高思维

——访童天湘

学者简介

童天湘，1931年生，安徽无为人。1960年毕业于河南师范大学物理系。时任中国社会科学院哲学研究所研究员、自然辩证法研究室主任、所学术委员会委员，《自然辩证法百科全书》编委兼系统、信息、控制科学哲学分支学科主编，中国人工智能学会副理事长。著有《控制论与哲学的发展》《人工智能与第N代计算机》《论智能革命——高技术发展的社会影响》等。

问

您长期从事控制论与人工智能的哲学研究，早在1982年就提出要建立探讨认识的微观机制的微观认识论，最近又提出“智能革命论”的新观点，引起学术界的关注。钱学森教授称您说的智能革命是又一次“文艺复兴”，肖前教授称您所写的《论智能革命》是一篇“学术上有创新、理论上有突破”的好文章。我想进一步了解您为何要提出与信息革命、信息时代乃至信息社会等流行观点不同的看法。

答

我考虑到高技术发展对社会最本质的影响，而不局限于它的一些表面现象。为什么丹尼尔·贝尔原先只谈“后工业社会”，阿尔温·托夫勒最初也只讲“第三次浪潮社会”，却不回答工业社会之后究竟是什么社会呢？就是因为他们都未能揭示高技术对社会的本质影响，只能描述高技术引起社会变革的一些现象。虽然后来他们明确了工业社会之后是信息社会，但仍然局限于信息技术所导致的社会信息化这种现象。实际上，早在1963年日本的梅棹忠夫就提出了信息化社会的看法，他们只不过被迫接受了这一看法。到20世纪80年代，信息化社会的观点便流行起来。这一观点认为，信息社会是继工业社会之后的一种独立社会形态。我则认为，高技术发展对社会最本质的影响是导致智能革命，引起社会智能化，出现智能社会。所谓信息社会只不过是工业社会向智能社会转变过程中的一个过渡阶段，而不是一种独立的社会形态。

问

依据信息社会论，信息社会的技术基础应是信息技术，其核心是计算机，因此，所谓信息化社会，实质上亦即社会的计算机化。依据您提出的智能社会论，智能社会的技术基础应是智能技术，其核心是人工智能。那么，可否说智能化社会即社会的人工智能化？

答

智能社会的技术基础是智能技术，但不能简单地说它就是社会人工智能化。我讲的智能革命绝不局限于技术领域，它涉及社会经济和文化思想诸领域。这里的智能既有人工智能，又有人的智能，还有人机复合智能。作为智能社会技术基础的智能技术，它也不局限于人工智能，还包括整个高技术领域。因此，智能技术有两种含义：一是狭义的智能技术，包括人工智能、知识工程、智能计算机和智能机器人等；二是广义的智能技术，包括大电子技术（微电子技术、电力电子技术、生物电子技术等）、信息技术、激光技术、生物技术、新能源技术、新材料技术、海洋技术、空间技术以及狭义的智能技术等高技术群体。这些技术群形成了高技术圈，处于圈中心的（狭义的）智能技术是高技术核，可称之为智能核。智能技术（指狭义的，下同）的发展会引发智能“核爆炸”，把人工智力和人的智力之潜能爆发出来，将创造出具有高智结构的智能社会，因而不同于高能消耗的工业社会。

问

科学技术是第一生产力，高技术是高生产力，故能对社会产生如此巨大变革性的影响。在高技术中，人工智能使机器具有智能，这类技术显然是智能技术，但为什么整个高技术又可称之为广义智能技术呢？它的主要特征是什么？

答

高技术的主要特征是智力密集，它是智能型技术，故可称之为广义智能技术。固然高技术是高资金投入和高增值产出的技术，然而最本质的还是高智力投入和新知识产出的技术。因此，高技术的特点首先是高智力。高智力是比高资金更重要的高投资。只有高智力才能在技术上有高创新，在经济上取得高效益，从而在市场上具有高竞争力。谈到竞争，顺便讲一点：报刊上常有“引入竞争机制”的说法，其实不妥。因为竞争机制是系统固有的进化机制，系统是在竞争与协调对立统一的基础上生存、发展的。如果一个系统本身没有竞争机制，那么它就难以生存和发展。正确的说法应是激励竞争机制，使受抑制的竞争机制不受抑制而能正常地运转。高技术的高竞争力也不是为经济系统“引入竞争机制”，它只是在经济系统本身的竞争机制运作的基础上起一种催化剂作用，推动经济的高增长。这也体现了高技术是高生产力。特别是智能技术，可以称得上是真正的第一生产力，也是新一代生产力的代表。新一代生产力系统的基本形式是人机智能系统，实现人的智能与机器智能的相互转换，使放大了的人的智力成为直接的现实的高生产力。因此，新一代生产力有两个基本要素：高智力和智能机（器）。

问 高技术发展的前景令人神往，然而开发高技术又有高风险，决策正确与否是成败的关键。看来高技术还需要有高明的决策，也可以简称为高决策吧？

答 是的，正是这样。高技术的高竞争必然伴随着高风险，所以国外设有高技术企业风险投资机构，支持高技术的开发。开发高技术是机会与风险并存，既要敢于冒风险，更要善于闯风险，高决策便成为关键之关键。高决策之高不仅在于能适应高技术经济市场的瞬息万变而随机应变，捷足先登以市场导向技术；更在于有先见之明，开发出独有的高技术产品去开辟新市场，以高技术导向经济，使技术创新在经济过程中起主导作用。这种高决策，不是被动适应，回避风险，消极生存；它是主动出击，抓住机会，积极发展。实际上，在高竞争情况下，没有发展就不能生存。这种高竞争实质上是高智力竞争，贯穿于高技术开发、高技术商品生产和高技术企业运营的各个环节和整个过程。高智力的核心是高创新，高创新需要高思维。只有高思维才能作出高决策。总之，高技术需要高思维，高思维创造高技术，高技术是高智力的物化。

问 高技术开创新时代，我们开始进入高技术时代。这样，岂不可以更明确地说：高技术时代需要高思维！

答 新时代需要高思维，不是某种“新思维”。高思维的核心是创造性思维，所以能有科学上的发现和技术上的创新、理论上的突破和工艺上的革新，造就一代高技术。高思维之高还在于超前思维，进行超前决策，特别是开发高技术尤其需要这种决策。高技术具有超前性，人们不是开发今天实用的技术，而是开发明天可用的技术，使产品不断更新换代，以便在市场上保持领先地位。日本不仅开发未来技术，还要开发“超未来技术”，力争领导高技术发展的新潮流，使之由经济大国变为技术大国，进而成为政治大国。由此可见，国家之富强，民族之振兴，既需要高技术，更需要高思维；没有超前意识，必然落后于新时代。

问 *发展中的国家在经济与技术上都较发达国家有不小差距，开发高技术不易，欲要超前就更难，采取跟踪世界高技术发展的动向、逐步缩小与国外先进水平的差距的对策，不是比较现实吗？*

答 一般地说，现实就是这样。不过对中国来说，看来不应如此。中国在高技术方面有一定的基础，已能发射国际商用卫星，说明我们在某些方面具有超前潜力，至少在某些点上是可以超前的。实际上，任何国家要想在整个高技术领域都超前是不现实的。所以“有限目标，重点突破”是对的，但如果只有跟踪没有超前就不能缩小与国外先进水平的差距。除非是“龟兔竞赛”，可惜不是。因此，必须转变决策方式，由跟踪决策方式转变为超前决策方式。从控制论观点看，走一步看一步的跟踪决策是一种反馈决策方式，它依赖于反馈信息实现战术目标，然而反馈是有时滞的，所以时差不可避免。对于需要高思维的超前决策来说，它可以走一步看十步；依赖于超前思维的预测信息实现战略目标，是一种前馈决策方式，能够导向未来。前馈决策与反馈决策不是绝对对立的，高思维也不排斥反馈决策，只在于它看到反馈决策的局限性，并善于将两种决策方式结合起来：以前馈决策为主导，运用反馈决策对运作过程作战术性的调整，保证战略目标的实现，便是高思维的一种优化选择。例如，制订改革的总体规划需要前馈式的战略决策，对改革过程中出现的具体问题就需要反馈式的及时调整。因此可以说，掌握这两种决策方式的结合是高层次决策者的领导艺术，具有高思维是高决策的灵魂。

问

谈到这里，使我想起看到过的一篇论决策的哲学文章。这篇文章认为，计算机运算速度快，可以从国际象棋可供选择的10^{120}棋步中选择最优的一步，而人则不能，所以利用计算机可以制订“最佳方案”。可是在现实生活中，我又偏偏听到不用计算机的人在高喊他有“最佳方案”，难道自称具有高思维的人能制订出“最佳方案”？

答

实际上，从10^{120}棋步中选择最优的一步，不论是人还是计算机都做不到。即使用每秒运算1亿次的计算机作这种选择，也需时间10^{104}年，这是理论可行而实际不可行的。这是一个“组合爆炸”问题，取决于问题本身的性质，与机器的类型无关。只不过人善于绕过“组合爆炸”，显得比计算机强，计算机下棋至今仍未战胜国际象棋世界冠军。然而，这不是说具有高思维的人就能制订出“最佳方案”。高思维并非最优思维，它不追求最佳，而要寻求优化。仅就此点而言，高思维的过程是择优化的过程，高思维的方法是系统分析的方法。从系统科学的观点看，社会是复杂的大系统，难以实现整体的最优化。诚然，高思维也需要高技术，科学的决策过程需要运用计算机辅助决策。即便如此，人机协作也很难找到“最佳方案”。如果一味追求“最佳”就会走向它的反面，“最好是好的敌人”，自称“高思维”实际是低思维。有人把决策的“最佳方案”当作广告的“最佳产品”到处叫卖便是一例。其结果，不能不受到辩证法的惩罚。

问

高技术需要高思维，高思维也需要高技术，两者相辅相成，不仅改变思维方式，也会改变思维形态。

答

对，我也是这样看的。前面讲到由反馈决策转变为前馈决策，实质上就是由反馈思维方式转变为前馈思维方式，以致会引起认识论革命，迫切需要建立前馈认识论（超前认识论），指导人们的超前认识。这就需要在超前思维的基础上建立超前认识的模型，需要运用高技术的计算机、智能机进行模拟实验。这种模拟实验是一种思想实验，实验思维可以看作思维形态的一种改变。随着智能机的发展，不仅有机器智能，还会有机器思维，人机结合就会出现人机互补的复合思维形态，无疑是思维形态的另一种改变。从这里可以看出，高技术正在改变而且日益改变思维形态。改变了的思维形态，都可列入高思维形态。高思维形态最需要的高技术是智能技术与生物技术的结合，这种结合又将形成21世纪高技术革命的突破口——研制出生物智能机，最终导致微观层次上的智力革命，这标志着智能革命的深入发展。一旦研制出超微型的生物思维机，便可植入人脑而成为人工思维器官，真正进入人机共同思维的新时代。这时出现的人机共同思维的新形态，不仅是思维形态的又一种改变，而且是巨大的质变，从而掀起一场思维革命。

问

高技术发展必然导致智能革命进入智能时代，智能革命又要向思维革命的高级阶段发展，需要从哲学上进行超前研究，真正体现哲学是时代精神的精华。

答

要体现哲学是时代精神的精华，就必须进行超前研究，同样需要面向世界、面向未来、面向现代化，更要看到世界潮流是智能革命、未来发展是智能社会、现代化趋势是智能化，还要明确我们所处的究竟是什么时代，是工业时代或信息时代还是智能时代。我们正处在由工业时代进入智能时代的入口处，21世纪便是智能时代。维纳说过，“每个时代的思想都被反映在那个时代的技术中”。高技术的超前性也反映了我们时代特有的超前思想。这就要求哲学思维也要由反馈型思维转变为前馈型思维，用哲学术语说，即由反思转变为前瞻。但不是说前瞻与反思是绝对对立的，而是说哲学思维要以前瞻为主导。智能时代是人类处于转折的时代，将由认识客体、改造客体进入认识主体、改造主体的新时代。哲学思维只有转向前瞻，才能体现时代精神。

（原载《哲学动态》1990年第4期）

探讨哲学的繁荣之路

——访李德顺

学者简介

李德顺，1945年生于黑龙江齐齐哈尔，祖籍河北。哲学博士、教授。时任中国人民大学哲学系哲学原理教研室主任。主要著作有《伟大的认识工具》《价值论——一种主体性的研究》等，参加合作的有《辩证唯物主义原理》《历史唯物主义原理》等。

问

您是《哲学动态》“人物专访”栏目重新定位后，第一个接受采访的学者。请问您最近在做什么？

答

最近两三年里，除了教学等日常事务外，主要是做两件事。第一件事，是继续参加哲学原理方面的改革和发展的研究与讨论。

问

您在这方面的文章，我已陆续看到一些。显然，您多年来一直是力主“实践唯物主义”观点的。

答

是的。我认为这很有必要。

问

关于实践唯物主义的争论，近年来很引人注目，也发生了一些波折。请您结合现在的形势谈一谈，这场争论的意义何在。

答

关于实践唯物主义观点的理论内容，许多同仁包括我自己在内，都作了不少说明，现在不必重复。我想说的是，这场争论的意义，实质上涉及在新形势下，如何有效地坚持和发展马克思主义哲学的问题。

问

您说的“有效地”是指什么？

答

“有效”当然是针对“无效”或“反效”而言的。我觉得，我们过去所讲的哲学原理理论，在飞速发展的人类社会实践和科学技术面前，已经显露出不少弱点和缺陷，它在贯彻与体现马克思主义哲学的精神实质和巨大魅力方面不能令人满意，也不能充分适应现实的需要，给人以更多的智慧启迪。虽然它的主要基础和基本原理是正确的，但是如果仅仅固守它们、重复它们，甚至把一些本来并不符合马克思主义精神的方法和结论，也当作马克思主义来坚持，这样的“坚持”至少是无效的，而且往往收到反效。

问

所以您觉得必须要用实践唯物主义的精神来加以改造和发展它，才能有效地坚持！

答

对。因为争论是在马克思主义理论界内部进行的，大家都认为自己是在“坚持”，所以我想突出强调一下实际效果方面。实践是检验理论的真理性和价值的标准。我认为，实践已经证明，“实践的唯物主义”主张确实是一种在新的形势下有效地坚持和发展马克思主义哲学的有益尝试。

问

请您再说得明确一些。

答

这些年来围绕实践唯物主义所展开的争论，涉及的问题比较广泛，如实践的地位和作用、主体性、价值、主体间性和社会交往、反映论和创造性、人的活动与历史规律等，在争论中，不同观点交锋，使问题不断地深化了。仅以主体性问题为例，它在争论中的深化就包含了这样几个阶段：先是涉及到认识论，包括反映与选择、建构、创造的关系；后来在价值论上形成热点，出现了不少成果；与此同时，随着知识的客观性与认识主体性问题的争论，引出了主体间性与客观性的关系问题；又由于上述讨论，引发了关于实践中的社会交往和如何看待人的问题，这就走向了历史观的广阔领域。这种深化不是很有意义吗？争论各方都有自己的贡献。当然，其中也有理论上的是非。

问　这些讨论的逐步深入对现实有什么意义?

答　我觉得它正是中国改革开放实践在思想理论上的一种回响和演练。从内心深处说，我真诚地认为，邓小平同志提出的关于建设有中国特色的社会主义理论，其哲学基础和理论特征，正是实践的唯物主义。

问　哦？这种说法很新颖……

答　也很大胆，是吧？不过我还是这样认为。当然，作为哲学理论，现代的实践唯物主义也不仅仅是中国社会实践的反映，它也体现了对现时代人类世界发展特征的哲学理解。它是直接与马克思创立新世界观时的基本精神和方法相衔接的。这需要专门写一本或几本书来说明。

问　我还是想请您再谈一谈实践唯物主义与改革开放的关系。

答　这个题目也不是三言两语就能说全面的。但有一点请注意，这就是：建设有中国特色的社会主义理论，在思想方法和理论前提上，有许多是我们过去的哲学教科书没有讲到或没有讲够甚至是难以讲通的，而对于实践唯物主义来说，却是自然而然、顺理成章的。

问　请举个例子。

答　不要纠缠于姓“社”姓“资”的抽象争论，而要以实践为标准，只要符合小平同志1992年南方谈话提出的三条，就要大胆地探索，勇于实践，在实践中把握方向——这一思想，就包含了丰富的哲理。其中充分体现了人的活动的主体性，实践的主体性，价值的主体性，有中国特色社会主义的主体性。它对陈旧的僵化的哲学思想是一个冲击。按照过去一些教科书的说法和一些人的理解，“姓社姓资”问题之所以必须处处强调，是因为这涉及“事物的固有属性”问题，而事物的属性又决定着人的活动的性质和结果。它不懂得，或者说忘记了这样一个事实：事物的存在和属性不依赖于人，但事物对人的价值、人同事物相互作用的效果，却是主要取决于人自己的。且不说是否任何社会现象都有那种属性，都能问出个姓“社”姓“资”，就说确有这种属性，问明了它姓“社”姓“资”，然后又怎样呢？从实践角度考虑，能说姓“资”的一概都要不得、不能用，而姓“社”的就一概都好、都要干吗？譬如公有制，人们通常认定它姓“社”（其实原始公有制就不姓“社”），那么是不是公有制程度越高，越是“一大二公”，我们就越该搞？这方面是有历史教训的。同样，私有制、雇佣劳动等，被认为姓“资”（其实在奴隶社会和封建社会也有过），那么是不是凡私有制、雇佣制的东西，我们就该一概拒绝、排斥呢？如果这样，那么改革开放还搞得下去吗？只要不是空谈，而是实践，这些问题就不能回避，而必须作出分析、选择和回答。可见，凡事要问一问它“姓什么”，不如凡事想一想怎样才“有利于”我们更明确、更深入、更具有实践的意义。话说到这里，就应该讲讲“事在人为”的道理了。“事在人为”在旧观念看来是有唯心主义嫌疑的，而对实践唯物主义来说，却是科学的主体性观点、实践观点的一个应有结论。所以我认为，实践唯物主义和它的主体性原理，是引导人解放思想、实事（注意，这个“实事”不仅仅是指外部事物、客体，也包括人、主体、自己的实际）求是的。

问　好，这个问题先谈到这里。请问，您认为，这场讨论今后的趋势会怎样？

答　重要的是建设。关于实践唯物主义的研究和阐述，虽然意义很大，但目前所做的工作还仅仅是初步的。它本身的建设，由于种种原因，迄今还不能说已经全面展开；它现在所达到的水平，还远不能与它的创始人马克思相称，更不能说已经充分适合时代和社会实践的要求。相反，现在是实践走在了理论的前头。

问

您指的是——

答

在国内，十四大已经正式提出了建立社会主义市场经济体制，改革开放已经走向了蓬勃健康发展的新时期，而我们哲学上所作的思想理论准备，相比之下就显得很不够。这一点突出地表现为，“社会主义市场经济”在哲学上究竟意味着什么，它指出了哪些问题，怎样回答这些问题，等等，还没有一个较完整、深刻的说法。相反，在哲学界却出现了两种令人忧虑的心态。

问

哪两种？

答

一种是无动于衷，没有反应。内心深处是以为，不管市场不市场，反正自己那一套概念到什么时候都能用，到哪里都能用，因此忽视现实，脱离时代。这种心态可能是少数。另一种则相反，被滚滚而来的“市场”浪潮裹挟而下，认为哲学要面向市场，就是哲学工作者要纷纷“下海”。这种心态背后的潜台词是，“在市场经济条件下，不再需要哲学”。我觉得，这两种心态的结果，都意味着放弃哲学应负的社会责任，造成哲学的真正失落。

问

确实听到一些人对哲学命运的担心，他们认为，眼前最重要的，是哲学系、哲学工作者的“生存”问题，因此首先考虑的是创收、“下海”，您怎么看？

答　“搞活哲学”与“搞活哲学系”不完全是一回事。有些人觉得，要搞“活”哲学系，就得先不搞哲学或搞“死”哲学。我觉得这是个悲剧。当然从另一面看，中国过于庞大而低效率的专业哲学工作机构，通过这种形式“消消肿”，使之适合国情和社会的需求，也是件好事。但是就哲学，特别是马克思主义哲学而言，社会主义市场经济所要求它的，绝不是它的淡化和削弱，而恰恰是要它更繁荣、更有生命力。今天出现的某种“危机”，实际是以往哲学工作发展不健全的结果。

问　此话怎讲？

答　俗话说，“人无远虑，必有近忧”。哲学界的“近忧”，正是过去长期缺乏“市场意识”的结果。最近我听到的一种说法很有代表性：“只听说过哲学是战场，没听说过哲学还要进入市场！”其实，“战场”也是一种市场，“市场”也是一个战场。过去把哲学当作战场并不错。但是把哲学研究工作当作军队打仗那样，只等着上级指挥，那是一种单纯依靠行政权力体制建立的哲学工作体制。其实，哲学除了具有意识形态性质外，它又是一门科学研究事业，而且在马克思主义指导中，意识形态性与科学性是统一的。意识形态从来就有是否真正有效地占领“市场”（也叫“阵地”）的问题。科学研究与市场也不是彼此排斥的。历史已证明，市场竞争需要科学，科学本身也存在着类似市场那样的竞争机制。关键还是要确立哲学工作中的“市场意识”和相应的体制。

问　什么是哲学工作的“市场意识”？

答　简单说就是要面向现实，面向社会实践，面向未来，面向人民群众。既要把哲学当作科学来对待，也要正视现实，深入地研究和回答现实中的重大问题；并且这些回答要唯一地接受实践的检验，以真正对人民群众的根本利益负责，对人民群众的社会实践有益为最高标准。总之，哲学并不是靠别的什么，而是靠自己为社会所作的贡献来证明自己的价值，靠社会和人民群众的需要与支持而生存和发展。从马克思到毛泽东都一再说过理论的命运问题。“理论在一个国家的实现程度，决定于理论满足这个国家需要的程度。”用这种观点看待哲学，我觉得就是哲学工作的“市场意识”。

问

您的意思是说，哲学工作者有了市场意识，并按它做到了，那么就是不“下海”，也可以面对市场、进入市场了？

答

是的。不过这是广义的“市场”，哲学要能做到让人确实感到该学，学了有益、有效，那么在任何市场发达的条件下，都不会发愁自己的生存。几千年来的历史已证明了这一点。哲学是不会“死”的，死去的只是丧失了生命力和竞争力、失去了“市场”的某些哲学。说到底，哲学和哲学工作者的命运，首先还在于自己。

问

难道社会环境就不重要吗？

答

当然不是。国家和社会各界真正理解哲学，懂得自己对哲学的需要，因而也知道应该怎样支持和保护哲学工作、支持和保护什么样的哲学工作，这一点无疑是十分重要的。它是这个国家和社会在思想文化、精神文明方面的发展程度和特征的一个试金石。不过我们不能只是“等、靠、要”。

问

按照您所说的“市场意识”，您打算做些什么？

答 这就是我近年来所做的另一件事：进行当代价值观念及其变革的理论研究和社会调查。

问 这是您在出版《价值论》一书之后的工作的继续吧？

答 可以这样说。但是价值论的研究还有许多工作要做，例如整理古今中外价值论思想，建立各方面的应用价值理论，等等。相比之下，我觉得当代是一个价值观念大变革的时代，处在改革开放时期的中国人民更迫切需要有关价值观念的理论和对于当前价值观念变革状况、趋势的分析、预测、导向。因此就放下了其他计划，先从这里做起。这也算是努力跟上时代、面向现实吧！

问 这个课题显然已经“热”了起来。不知您的进展如何？

答 这项工作比看起来要艰巨、复杂得多。得从头做起，确定什么是价值观念，它的结构、特征、功能和变化方式一般来说是怎样的。这是基础理论和应用理论的工作。然后我们搞了两轮社会调查，通过问卷和访谈积累了一些资料和数据。经过初步分析处理，我自己很受启发，也很振奋，觉得哲学在这里很有用武之地。这项工作也得到了社会多方面的大力支持。

问 什么时候把这些成果发表出来，让大家一起分享？

答 个人的力量很有限。我所担心的只是自己的水平和能力不够，在这样重大的现实问题上误人子弟。所以还须再下一番功夫才能问世。如果有很多人从事面向现实的工作，我想我们的哲学不仅不会萧条和停滞，反而会更活跃，更有益于社会，从而更加繁荣。

（原载《哲学动态》1993年第3期）

学者近况

李德顺（1945.9— ），在中国人民大学获得学士、硕士、博士学位。教授、博士生导师。曾任中国社会科学院哲学研究所副所长、文化研究中心主任。现任中国政法大学终身教授、人文学院名誉院长，中国辩证唯物主义研究会副会长，中国价值学研究会会长，中国行为法研究会学术委员。享受国务院政府特殊津贴。主要研究领域为马克思主义哲学，重点是哲学原理改革和发展研究、价值论和价值观念研究、当代文化研究等。主要著作有：《伟大的认识工具》（1981）、《价值论——一种主体性的研究》（1987、2007、2013年分别出版三版，已出英文版）、《价值新论》（1993）、《选择的自我——一个哲学家眼中的人生》（1996）、《公民道德读本》（1996）、《家园——文化建设论纲》（与孙伟平、孙美堂合著，2000，已出三版及英文版）、《价值论原理》（与马俊峰合著，2002）、《生命的价值》（2004）、《邓小平的人民主体价值观思想研究》（2004）、《新价值论》（2005）、《道德价值论》（与孙伟平合著，2005）、《走向民主法治》（2011）、《走近哲学》（2013）、《深思浅喻——李德顺哲理比喻小集》（合著，2018）、《法治文化论》（2019）等。参加肖前等主编的《辩证唯物主义原理》《历史唯物主义原理》《马克思主义哲学原理》等教材的编写。主编“价值论译丛”（12本，1988—1989）、《价值学大词典》（1994）、“人生价值丛书”（11本，1996）、“实践价值丛书”（10本，2005）、《马克思主义哲学范畴研究》（2010）、《哲学概论》（2010）等。出版论文集《立言录——李德顺哲学文选》（1998）、《话语的圈套——李德顺短论杂文选》（1999）、《与改革同行——中国特色社会主义哲学理路之思》（2008）、《我们时代的人文精神》（2014）、《思变集》（2018）等。发表论文若干。部分作品曾获北京市和教育部优秀社科成果奖、全国“五个一工程”奖、国家图书奖、中国人民大学吴玉章奖等。

哲学人类学问答

——访蔡俊生

学者简介

蔡俊生，1939年生，河北井陉人。时任中国社会科学院哲学研究所副研究员。主要从事史前社会研究和文化人类学研究。已出版的专著有：《人类社会的形成和原始社会形态》《文明的跃升——社会信息的形成和发展》。译著有：《婚姻和家庭的起源》《原始社会史》。

问

目前国内的文化人类学出版物中，一类是翻译国外的作品，与我们的思路相距较远；另一类是中国民族学家、人类学家的作品，又多偏重于具体描述，觉得理论深度不够。而您翻译的《婚姻和家庭的起源》和您的专著《人类社会的形成和原始社会形态》这两本书，则既有一定的理论深度，又有丰富的人类学资料，在学术界很受欢迎，颇有影响。请您谈谈，您为什么要选择这方面的学术研究，研究中有何体会。

答

我的工作属于哲学人类学研究。这是一种跨学科的研究工作。《婚姻和家庭的起源》的作者，是苏联历史学博士Ю.И.谢苗诺夫，他也是哲学教授，后转而研究史前社会的。

我选择这样的研究方向，起初是想避免纯哲学研究的空泛性，找一个借以立足的具体领域，把理论思维和具体学科的科学资料结合起来。我选择了文化人类学。不过，一旦进入具体学科领域，就不可能只研究最一般的哲学原理，就会自然而然地去关心具体学科的理论问题。而且，只有弄通弄懂具体学科的理论问题，才能正确认识、评价和把握具体学科的学术资料。

文化人类学是一个涵盖面很宽的综合性学科。它涉及考古学、体质人类学、民族学、社会学、语言学、生物学等许多学科的学术成果。一项具体的学术资料，往往不只涉及一个学科的学术理论，而是涉及几个学科的学术理论，只有把相关的理论问题弄清楚，才能找到该项学术资料在整个文化人类学体系中的位置。另一方面，学术资料的积累，也只有通过相关学科的多方面的理论分析，才能不断丰富和发展文化人类学的理论体系。所以，从哲学人类学的角度看，在哲学原理和具体学术资料之间还存在着一些普遍性程度不同、高低层次不等的理论阶梯。做跨学科研究，是决不能忽视具体学科的具体理论问题的。

问

我很赞成您这样的治学方法和治学态度。记得80年代初，中国学术界曾开展了一场历史上是否存在过血缘婚姻和血缘家庭的争论。开始，您是少数派，主张否定血缘婚姻和血缘家庭的历史真实性。后来证明，您的看法是对的。您的《论群婚》的发表，改变了人们对史前婚姻家庭发展阶段的认识。这场争论的症结是什么？

答

这场争论既有资料问题，也有对资料的理论分析问题。摩尔根以后的实地调查表明，摩尔根根据以论定血缘婚姻和血缘家庭的马来式亲属制度，不是氏族社会以前的亲属制度，而是氏族解体过程中的亲属制度。这样，氏族社会以前的所谓血缘婚姻和血缘家庭就不能成立了。可是，如果不注意资料的理论分析和历史背景分析，就难以划清上述界限，就容易把氏族解体过程中的资料用在氏族社会以前，造成理论上的失误。这正是对资料要进行具体的理论分析的一个例子。

问

据我所知，您在《人类社会的形成和原始社会形态》一书中对史前社会发展的一些重要历史范畴，如公社、氏族、婚姻、家庭，以及它们的形成和演变的论述，有不少新的内容。有的评论说，该书回答了“许多有争议的问题”，形成了“完整的科学范畴体系”。这些成果已得到学术界的肯定。此外，书中还系统论述了人本身生产的社会结构，也使人觉得很有新意。这应当属于一般历史唯物主义原理。您能否谈谈书中新的东西主要是什么？

答

主要是论证了由婚姻形式决定的亲属关系是人本身生产的物质社会关系。它同物质资料生产的生产关系处于同一个社会层次。亲属关系不是生物学上的血亲关系，在现实生活中两者也不一定相吻合。其次，还说明了亲属制度是亲属关系的“反映”，是它借以实现的权力意志形式，就像所有制关系是物质生产关系的权力意志形式一样。

问

您从苏联进修回来后，又出版了译著《原始社会史》，最近还出版了专著《文明的跃升——社会信息的形成和发展》。您能否谈谈这两部著作有什么新的内容？

答

《原始社会史》是苏联科学院民族所组织最优秀的专家分工写作而成的三大卷专著的第一卷，是我和马龙闪同志合译的，我译了大部分。这本书学术价值很高，因为苏联的史前社会研究水平是世界一流的。对中国学术界来说，有两点特别值得借鉴。（1）“序言”部分阐述了再现史前历史的方法论问题。它总结了苏联几十年研究史前社会的经验，提高到方法论水平上，我们可以从中吸取很多有益的东西。而中国在这方面还没有进行过专门的讨论。（2）与此相联系，是书中第一章论述的史前历史的史料学问题。恢复原始历史的真实面貌，涉及考古学、古人类学、灵长类动物学、民族学、语言学、生物学、地理学等众多学科的学术资料如何处置，每一种史料在什么样的意义上用在何种场合是合理的、科学的，以及不同史料之间的关系等问题。这是一项重要的专门学问，中国学术界也还没有进行过专门的研究。

问

据说这本书已列入历史学方面许多硕士研究生和博士研究生的必读书目？

答

是的。有些专家很希望将第二、三卷也翻译出版，但现在愿意承接这类学术专著的出版社，实在不易找到。

《文明的跃升》是一项社科基金项目的成果。这本书实际上是讲文化发展的。我过去比较注重研究社会组织形式、物质社会关系的形成和演变。后来发现人类的知识结构、人类社会群体的文化结构，对社会发展影响极大。在进入文明时代以后，人类知识按几何级数增长，社会发展也按加速度方式前进，这中间是个什么关系呢？于是我转而研究文化问题。

问

《文明的跃升》不是讲“社会信息的形成和发展”的吗？

答

是的。我是从信息科学角度研究文化问题的。书中将自然科学的信息概念提升到一般哲学的高度，形成哲学上的信息范畴，然后把这种范畴移向社会，去考察社会运动中的文化现象，结果得出文化即“社会运动中的信息构成要素及其运行机理”的看法。把文化看作社会信息，也就把自然科学的眼光引入文化研究中，因而给文化的社会价值找到一种量的尺度。

问

这样研究文化问题，确实拓宽了视野。那么，“文明的跃升”就是指社会信息量的增长推动了社会不断进步吗？

答

可以这样看。但是，文化问题不只是个“量”的问题，主要还是个“质”的问题，这本书把人类文化的发展划分为三个大的段落，这三个段落与人类获取生存资料的三种技术形式——幻想的技术形式、经验的技术形式和科学的技术形式相对应，形成三种不同质的文化形态，即图腾文化、宗教文化和理性文化。每一种文化形态都有统一的思维形式，建构起认识发展阶段上一定的知识结构，并形成统一的世界图式。所谓“文明的跃升”，主要是指与这三种文化形态相联系，人类社会发展呈现出递增加快的三个阶梯这样一种情况。

问

您提出的这种文化发展模式是一种新的思路，能否列举几条内容，作些具体说明？

答

比如，关于幻想思维形式的问题。这种思维形式产生于旧石器技术。我们知道，旧石器技术的特点是打制，而打制的结果总带有很大的不确定性。即使同样质地、同样大小的石料，使用同样的方法，打制的结果也会很不相同，有时出乎意料地理想，有时又连连失败。每次打制，心目中总是悬着最理想的形式，总是幻想成功，失败了再干，并且干下去往往会成功的。这种由想象力推动意志进行创造性生产活动的技术形式，就是幻想的技术形式。与旧石器制造同时发生、一起发展的狩猎、采集活动，属于向大自然直接攫取生存资料的生产活动。其活动结果对不断变化着的具体环境条件（如狩猎对象的活动规律）依赖性极强，同样有很大的或然性，因而也是由想象力推动意志去完成的。所以，在整个旧石器时代，物质生产领域里占主导地位的技术形式是幻想的技术形式，而以幻想的技术形式为基础生长起来的人类不同于动物界并高于一切其他动物的创造性思维形式就是幻想的思维形式。

问 幻想的思维形式与图腾、图腾文化是什么关系？

答 大约在20万—30万年前，原始集体中已经存在否定的行为规范——食物禁忌和性禁忌，并已形成了肯定的行为规范——平均分配原则。这些行为规范都是由幻想的思维形式建构起来的，而且仅仅通行于同一个原始集体的内部。此时，同一原始集体的人们已经意识到他们在相互关系方面存在着某种同一性，这种同一性亟须找到一种现实的形式表现出来，以便得到本集体以及相邻的其他集体成员们的认同。于是，就用幻想的思维形式把这种被意识到了的同一性对象化到某一自然对象身上，往往是生活中最熟悉、与之关系最密切的某种动物身上，使本集体及其每一个成员直接等同于该种动物，因而该动物就成了本集体的图腾。图腾是同一原始集体内在的社会同一性的象征符号。

有了图腾之后，原始集体的一切行为规范都进入了图腾的内涵，并且找到了恰当的解释。为什么共同生产、共同消费、共同遵守这些行为规范呢？因为属于同一个图腾。为什么其他集体的人们不能参与进来呢？因为他们不属于自己的图腾。最初的公社制度、氏族制度、氏族与氏族之间的婚姻制度，都是图腾制度。

图腾制度建立以后，由幻想的思维形式建构起来的图腾意识又进一步升华出灵魂观念、精灵观念、原始神话、巫术行为模式等。这样就组成了完整的图腾文化。图腾文化是原始时代人与人之间社会地位平等的文化形态。

问 宗教文化呢？

答 宗教文化虽然也由幻想的思维形式建构起来，但它借以生长的物质技术形式是新石器技术开始的经验的技术形式。在旧石器时代，人们并不是没有经验知识，但经验知识的积累还没有达到足以形成经验技术的水平。新石器技术的特点是，先打制出毛坯，然后进行磨制。磨制是靠经验，经验越丰富，磨制的工具（以及用品、饰品等）越精美合用，而且克服了仅靠打制导致效果不稳定的问题。与新石器技术一起发生的农牧业生产，也是靠经验，生产结果也比狩猎、采集稳定得多。所以，从1.2万年前新石器技术开始，物质生产领域里占主导地位的技术形式是经验的技术形式。可是，由于经验技术推动了生产的发展，使产品有了剩余，人们的社会关系方面就发生了等级分化，而等级关系起初则是由宗教规范来划定，由宗教意识来维护的。所以，宗教文化是等级社会初期的文化形态。宗教意识的核心是“神”，在新石器技术出现之前并没有神的观念。

问 图腾不是神吗？

答 不是。图腾是原始时代人类群体的社会性、人的灵性（精神现象）的等价物。人们原先并不是“崇拜”图腾，而是认为自己是图腾，图腾是自己。至于后来“崇拜”图腾，那是产生了神的观念之后的事。

问

这就是说，您认为宗教文化是从神的观念开始的。

答

是的。只有人的灵性异化（“异化”与“升华”截然不同）为主宰人的神灵时，才有宗教。

问

什么是理性文化？

答

科学思维形式建构起来的文化形态是理性文化。最初出现的哲学体系标志着这种思维形式正式登上历史舞台，但各门具体科学知识体系的形成有自身的认识规律，不可能一蹴而就，要使它们综合地组成科学的技术形式，更有一个很长的知识积累过程。直到18世纪70年代发生第一次工业革命，才表明科学技术代替经验技术开始成为人类获取生存资料的主要技术手段，因而理性文化也才成为主要的基本的文化形态。所以，宗教文化和理性文化有一个很长的交替时期。

问

这本书讲社会信息，不知您对“信息社会”有何看法？

答

“信息社会”、“信息时代”，也有人说是“智能时代”，实际是从现时代开始的对未来发展的一种预测。我没有把信息时代直接列入理性文化，而是单独写了一章“信息时代的文化特征”，包括三项：（1）由于人工智能的发展，人类的重复性脑力劳动和重复性体力劳动都将为自动化机器系统所代替，因而会形成全部劳动智力化的局面，就是说，全部人类劳动都将成为生产社会信息、增添人类知识的创造性劳动。（2）与此相联系，社会的物质生产水平将赶上和超过物质消费需要，物质生产将按照物质消费的需要量进行，需要多少，生产多少。生产和消费的矛盾，将变为智力化的创造性劳动与物质消费和精神消费的综合水平之间的关系。

（3）在这样的情况下，精神财富将成为财富的一般形式，物质财富反而成了精神财富的附属部分。可是，精神财富的私人垄断又是行不通的，所以私有制将随之消亡。

问 这大概就是文明“跃升”的前景了。我还想知道，您研究这些问题时，治学方法上又有什么新的体会。

答 我也正想说这方面的问题。

前面提到，研究哲学人类学要注重具体学科的具体理论问题。后来发现这种说法还不够全面。任何学术领域，包括跨学科领域，它的资料积累在不断增长，它的理论模型也在不断进步、不断更新。这两个方面是相辅相成的。我研究信息问题时，就深深感到符号问题的重要。我们知道，信息科学有一条基本原理是：信息不是质量，也不是能量，但它必须借助一定的质量和能量才能存在。它所借助的质量和能量的具体形态，作为信息的载荷形式，就是广义的符号。这种符号不是空的，而是信息本身的存在形式，是有内容的形式。若要研究信息，就得研究它的具体形式，换句话说，就得研究载荷信息的符号形式。不研究符号，信息就成了空洞的抽象。目前，符号学在自然科学和社会科学的各学科中广泛受到重视，就因为符号是把握信息现象的现实的、具体的、可行的唯一途径。自然科学是关于自然现象的信息（知识）的符号体系，社会科学是关于社会现象的信息（知识）的符号体系。在符号学中，这些都属于人工语言范围。

讲到文化，把文化看作社会信息，同把文化看作社会符号体系，实质是一样的。

此外，在人文科学方面，解释学也有类似于符号学的作用。它们都能使研究的问题清晰起来，提供一种系统的、科学的，又具体又有普遍适用性的方法。当然，在使用这样的方法时，要注意予以唯物主义认识论的分析，经过自己的思考。所以，我又深感自己在一般原理方面的局限和不足。也就是说，哲学人类学研究必须同时追踪两个方面的发展，即一般方法论研究的新成果和具体科学资料的新发现。

问　您近来又在思考些什么？

答　除上述方法论问题之外，我还常常思考怎样对中国汉民族进行文化人类学研究的问题。汉民族有极其深厚、连贯至今的文化遗产，现在又正在进行现代化建设，怎样将优秀的文化遗产熔铸于现代化建设之中是一个有深刻意义的大题目。我最近在想，对传统文化进行符号学研究，也许可以找到两者之间的衔接点，但还是没有把握。我很希望能与同道者经常切磋，向各方面专家学习，增长见识，弥补自己的不足。

问　这次也是一个机会。

答　是的，我非常感谢您给这样一个机会讨论哲学人类学问题。

（原载《哲学动态》1993年第5期）

学者近况

蔡俊生（1939—　），1964年本科毕业于中国人民大学哲学系，1986—1987年在苏联进修文化学。中国社会科学院哲学研究所研究员，哲学人类学、文化学专家。享受国务院政府特殊津贴。20世纪80年代主要从事哲学人类学研究。在第一届全国民族学学术讨论会上发表论文《人类从前存在过血缘家庭吗？》，对恩格斯肯定的摩尔根婚姻家庭发展模式首次提出质疑，引起与会者极大关注。其后，在各大学术会议以及其他出版物上发表的学术论文，以及其专著、译著彻底纠正了摩尔根模式的过时和不足，并依据新资料构建了新的婚姻家庭发展模式。这场学术讨论推动了中国文化人类学研究与世界文化人类学研究的接轨。20世纪90年代以后，转入文化学和文化模式研究。主要学术成果有：《人类社会的形成和原始社会形态》《文明的跃升——社会信息的形成和发展》《文化论》《追寻远古释秘现代——人类学文化学论集》《婚姻和家庭的起源》《原始社会史》《论群婚》《人类思维的发生和幻想思维形式》《文化模式与文化交往》《俄罗斯文化模式及其转型问题》《公社、氏族、家庭——三个相递出现的历史范畴》《简述文字的形成》《文化产品商品化的积极意义和消极意义》。英文成果有：*Group Marriage, Myth and Reality: The Projection of Gender Relations in Prehistoric China*等。

拓展历史唯物主义研究的印迹

——访赵家祥

学者简介

赵家祥，1937年生于天津武清。时任北京大学哲学系教授，中国历史唯物主义学会副会长。主要著作有：《马克思主义的社会形态理论简论》、《唯物史观的核心与当代现实——论生产关系必须适合生产力性质的规律》、《新技术革命与唯物史观的发展》（合写）、《哲学原理疑难问题探讨》（合写）、《历史唯物主义原理》（合写）等。

问

近年来，您陆续出版了几本有一定影响的历史唯物主义专著，最近又主编了新编本《历史唯物主义原理》。拜读了“新编本”，觉得很有特色。通过它，可以说把您十多年来的研究成果得到了较全面的反映，您能否把这部“新编本”及您的一些新见解介绍给读者？

答

有机会通过贵刊向读者介绍我们的新编本教材，我感到十分高兴。

最近我与李清昆、李士坤合作主编的《历史唯物主义原理》（新编本），已由北京大学出版社出版。这是一本供哲学专业本科生使用的基础课教材。其所以叫“新编本”，是相对于1982年出版的我与赵光武、李清昆合写的《历史唯物主义原理》而言的。这本教材不是对1982年版的修改，而是重新编写的，所以不叫“修订本”，而叫“新编本”。

它主要有四大特点。最显著的特点是从根本上改变了原来教材的框架结构。除“概论”外，全书分7编26章，合计47万字。第1编“人·自然·社会”，包括“人和自然”“人和社会”“实践——人、自然、社会统一的基础”三章。第2编“社会生产”，包括“社会的物质生产”“社会的人口生产”“社会的精神生产”“社会生产的整体结构和功能”四章。第3编“社会结构”，包括“经济基础和上层建筑”“人群共同体的历史形式”“阶级和国家”“社会意识及其形式”四章。第4编“社会运行机制和社会发展动力”，包括“需要和物质利益在社会发展中的作用”“分工在社会发展中的作用”“革命和改革在社会发展中的作用”“科学在社会发展中的作用”“人民群众和个人的历史作用”“社会发展的动力体系”六章。第5编“社会形态及其发展过程”，包括“社会形态的划分”“社会形态的发展是一种自然历史过程”“社会形态发展的统一性和多样性”三章。第6编“人的本质和人类解放”，包括“人与人道主义”“人的价值和人生观”“社会进步及人类解放”三章。第7编“历史唯物主义与现代西方历史哲学”，包括“历史哲学与历史唯物主义”“文明形态历史观与历史唯物主义”“分析的批判的历史哲学与历史唯物主义”三章。

问

可以看出，这个框架结构确实很有特色、很有新意。请您谈谈第二个特点是什么？

答

我对第一个特点的介绍中，已经蕴含或体现了第二个特点，这就是广泛吸收了近十多年来中国历史唯物主义研究（包括我个人研究）的积极成果，回答了世界新技术革命和中国改革开放中提出的一些重要理论问题，写进了一些原来教材中没有或很少涉及的新内容，充实和完善了历史唯物主义学科体系，使得原来显得十分贫乏的历史唯物主义教材体系，变得丰满了。

问

读了您的著作后，确实有这种感受。您能做些具体说明吗？

答

可以。马克思主义哲学，特别是其中的历史唯物主义部分，从总体上说，就是研究在实践基础上人与世界的关系问题。历史唯物主义的其他内容，可以说都是这个问题的进一步展开和具体化。人与世界的关系包括人与自然的关系和人与社会的关系，两者在实践基础上互为中介。实践作为人、自然、社会统一的基础，充分体现了实践观点在马克思主义哲学中的地位，它不仅是马克思主义认识论的首要的和基本的观点，而且是马克思主义自然观与历史观的首要的和基本的观点。过去的历史唯物主义教科书，很少讲或不专门讲人与自然的关系、人与社会的关系，以及人、自然、社会在实践基础上的统一，因而不能从总体上把握历史唯物主义的基本内容，不能充分体现实践观点在马克思主义哲学中的重要地位。

问

您如此强调实践观点的重要性，那么，您是否赞同马克思主义哲学是实践的唯物主义这种观点呢？

答

对这个问题要全面理解。从实践在人类改造自然、改造社会中的重要作用和实践观点在马克思主义哲学体系中的重要地位来看，把马克思主义哲学称为实践的唯物主义是很恰当的、正确的。但是，我不赞成把实践的唯物主义的提法与辩证唯物主义和历史唯物主义的提法对立起来，用前一种提法取代后一种提法。辩证唯物主义和历史唯物主义的提法，体现了自然观和历史观、唯物论和辩证法的内在统一，表明马克思主义哲学是完备而彻底的唯物主义哲学，既和唯心主义划清了界限，又和旧唯物主义划清了界限。一种哲学可以同时有几个名称，不同的名称从不同角度、不同侧面反映这种哲学的本质，它们是互补的，而不是互相对立、互相排斥的。

问

十分理解您的看法。请您继续介绍这本教材中的新内容。

答

过去的历史唯物主义教材，只讲社会的物质生产，不讲社会的精神生产，又把人口生产放在社会物质生活条件中讲，这样就把三种生产割裂开来了，使人无法看到三种生产在实践基础上的统一。“新编本”则在分别论述物质生产、人口生产、精神生产的基础上，论述社会生产的整体结构和功能。从起源上看，三种生产都植根于物质生产实践活动，离开了物质生产实践活动，人口生产和精神生产都不可能存在。从发展上看，人们只有在实践活动中，才能创造出物质财富和精神财富，维持人自身的存在和发展。归根结底，三种生产都是人类通过实践创造和发展自己的历史活动。在中国现实条件下，把三种生产作为一个整体，使三种生产协调发展，发挥三种生产的整体功能，显得十分重要。

问

我很赞成您的看法。在您的“新编本”中，我觉得“社会运行机制和社会发展动力”这一编最有新意。是这样吗？

答

可能是这样的。在这一编中，除去论述了“需要和物质利益在社会发展中的作用”“分工在社会发展中的作用”等一般历史唯物主义教科书没有讲到或涉及很少的问题外，还把社会发展的各种动力综合在一起，论述了社会发展的动力体系。不过，对这些问题的具体说明，已经属于“新编本”的第三个特点了。即根据时代的特点和实践的需要，我提出了一些新的概念和新的观点。比如，提出社会的运筹性因素及其在社会发展中的作用的观点。我认为，构成人类社会的各种要素，大致可以分为三种类型。其一，构成人类社会的基本层次，包括生产力和生产关系、经济基础和上层建筑、社会存在和社会意识。其二，各种人群共同体或社会组织，包括氏族、部落、部族、民族、家庭、阶级、国家以及各种党派组织和社会团体。其三，运筹性因素，包括需要和利益、分工和协作、社会管理、社会预测和决策、计划和市场等。运筹性因素的作用，在于通过选择、调动、处置、匹配等手段，使前两类因素做到合理结合，构成人类社会整体，使其成为活生生的社会有机体。离开运筹性因素，人类社会的各个基本层次和各种人群共同体、各种社会组织，就成了彼此孤立的静止的单子，无法构成人类社会。我们常常说，人类社会是运动、发展、变化的，这当然不错；可是，如果离开运筹性因素，就无法说明社会是何以能够运动、发展、变化的。在某种意义上甚至可以说，不了解运筹性因素在社会发展中的作用，就不能掌握社会生活的本质及其发展规律。

又如，提出科学技术是推动社会发展的特殊力量的观点。自然科学推动社会发展的特殊性，我认为集中表现在两个方面。第一，自然科学作为生产力系统的要素之一，它对生产关系、政治上层建筑以及其他各种社会意识形式具有一定程度的决定作用；而自然科学作为一种社会意识形式，对社会存在的发展又具有反作用。自然科学所具有的决定作用和反作用这种“二重作用”，表明了它在推动社会发展作用方面的复杂性。第二，自然科学在社会发展中的反作用与社会科学在社会发展中的反作用不同。前者的过程或途径一般为：自然科学→技术→生产→社会进步；后者的过程或途径一般为：社会科学→政治关系→生产关系→社会进步。自然科学一般通过技术中介物化为生产力，从而形成社会向前发展的物质基础，推动社会进步；社会科学一般通过政治中介（在阶级社会里通过阶级斗争）反作用于生产关系，推动生产力发展和社会进步。

在当代，科学、技术、生产在现实的生产过程中形成一个互相渗透、互相联系、互相转化的有机整体。在这个有机整体中，科学和技术的联系与统一表现得尤为突出。科学技术化，技术科学化，任何现代技术都是科学技术，任何科学活动都要以现代技术为其手段。正是在这个意义上，国内外许多学者都把“科学技术”看成一个整体。

科学技术作为社会发展动力体系中一个相对独立的动力，与社会发展的其他动力既有联系，又有区别。首先，科学技术动力可以归纳到社会基本矛盾这个社会发展的根本动力之中，受社会基本矛盾特别是生产力发展水平的制约；同时，它对生产力的发展又具有主导作用和超前作用。其次，科学技术具有广泛的渗透性，它不仅渗透于生产力的各种要素之中，而且渗透于社会生产关系、政治上层建筑和各种社会意识形式之中，是社会发展的一种直接动力；同时，它又与阶级斗争这个直接动力有本质区别。阶级斗争的产生和发展是以人们物质利益的对立为基础的，而科学技术则是由生产力发展水平决定的，一般说来并不反映人们物质利益的对立和在生产关系中的不同地位，与阶级斗争没有必然联系。最后，科学技术本身不是纯粹的物质形态，它与生产力、生产关系等物质性动力有区别；同时，科学技术也不是纯粹的精神形态，与社会意识这种精神性动力也有所不同。它兼有物质形态和精神形态二重特性，是集物质性动力和精神性动力于一身的一种综合性动力。

问 您的这些看法很有新意。关于社会形态两个序列划分的观点，中国理论界公认是您最先提出的新观点。您可否对此也作些说明？

答 我认为，社会形态是一个反映社会整体特性，研究社会发展阶段、社会类型及社会结构的社会历史观范畴。人类社会是一个内容丰富、结构复杂的系统，因而我们可以根据研究问题的不同需要，运用不同标准划分社会发展阶段和社会类型。根据这种理解，我提出了经济社会形态和技术社会形态两个序列划分的观点。

经济社会形态是指以经济为基本标志划分的社会形态。在这一范围内，又有两种基本的划分法：一种是根据生产关系的不同性质，把人类历史划分为原始社会、奴隶社会、封建社会、资本主义社会、共产主义社会这五种依次交替的社会形态；另一种是分别以自然经济、商品经济、产品经济这三种宏观的经济形式为基础，把人类历史划分为自然经济社会、商品经济社会和产品经济社会这三种依次交替的社会形态。五形态划分法和三形态划分法都是马克思提出来的，它们的作用是互补的，而不是互相对立、互相排斥的。

技术社会形态是指以生产力和技术发展水平以及与此相适应的产业结构为标志划分的社会形态，其发展序列为渔猎社会→农业社会→工业社会→信息社会。在历史唯物主义教科书体系中补充技术社会形态概念具有重要的理论意义和现实意义。就其理论意义而言，它丰富和发展了马克思主义的社会形态划分理论。就其现实意义而言，它有助于说明当代世界社会主义和资本主义两种社会制度并存的局面和处于同一经济社会形态的国家生产力发展不平衡的实际情况，有助于全面科学地评价西方学者提出的信息社会概念和信息社会理论。

问

“新编本”的第三个特点我们已经谈了不少，请您再谈谈第四个特点。

答

第四个特点是不回避难点和有争论的问题。我们对有争论的重大理论问题，都在介绍争论各方观点的基础上，谈了我们自己的见解。我们对有争论的问题所持的基本原则是：力求全面性和科学性，力戒片面性和走极端。

例如，关于什么是历史唯物主义的出发点问题，有人主张“人”是历史唯物主义的出发点，有人主张“物质生产”是历史唯物主义的出发点，两种观点互相对峙，争辩得不可开交。在我看来，马克思既讲过“人”（当然是“现实的人”）是历史唯物主义的出发点，也讲过“物质生产”是历史唯物主义的出发点。因为现实的人和物质生产是交融在一起的，现实的人就是从事物质生产活动的人，物质生产就是现实的人所从事的获取物质生活资料的活动。所以这两个关于历史唯物主义的出发点的提法是一致的。抽象地争论这个问题没有什么实际意义。

再如，对“人是历史唯物主义的中心”这个命题，中国理论界争论也很大。我认为，这是一个十分抽象的命题，它可以容纳或蕴含极不相同的历史观。既可能在这个命题之下坚持历史唯物主义，又可能在这个命题之下背离历史唯物主义，滑向历史唯心主义。所以，对这个问题，不能简单地作“非此即彼”的回答，而应该在人们对社会历史研究的由表及里不断深化的过程中来回答。“历史是人创造的”或“人是历史观的中心”这类命题，对中世纪的神学历史观来说，无疑是一个革命。但这只是历史的表层，对于深层的历史过程本身而言，这个命题什么也没有说明。因此，与其争论这个命题是否正确，不如脚踏实地地深入研究历史过程本身。

问

您在本书中讲了历史主体和历史客体及其相互作用，但却没有讲“主体性原则”。那么，您对“主体性原则”是怎么看的？

答

我不仅不一般地反对讲“主体性原则”，而且认为应该讲“主体性原则”。但是，我不赞成离开“客观性原则”孤立地讲“主体性原则”，不赞成无限抬高“主体性原则”。“主体性原则”和“客观性原则”是人类认识和改造世界的实践活动中应该坚持的互相对应的两条基本原则，两者互相依赖、互相制约、互为前提。与此相类似或属于同一序列的互相对应的范畴还有：“能动性原则”和“受动性原则”，“内在尺度”和“外在尺度”，“价值尺度”和“科学尺度”，“为我关系”和“从他关系”。片面强调任何一个方面而忽视另一个方面，都是不正确的、有害的。

问

您讲的这四对范畴，前三对范畴是常见的。不知您讲的“为我关系”和“从他关系”的具体含义是什么？

答

马克思恩格斯在《德意志意识形态》一书中说：“凡是有某种关系存在的地方，这种关系都是为我而存在的；动物不对什么东西发生‘关系’；对动物说来，它对他物的关系不是作为关系而存在的。”“为我关系”就是从这句话中提炼出来的，它讲的是主体性原则，即主体根据自己的目的，采取适当的手段和形式改造客体对象，使之满足自己的需要。但是，人类为了有效地改造客体对象，必须了解客体对象的状况和属性、本质和结构，必须遵从客体对象自身固有的规律，否则就会到处碰壁。这就是我所说的“从他关系”，亦即“客观性原则”。“为我关系”和“从他关系”紧密相连、相辅相成、不可分割。人类认识和改造世界，必须同时遵循这两条原则。

问

我对您的这个看法很感兴趣，您能再作些进一步的说明吗？

答

马克思在《1844年经济学哲学手稿》中说：“动物只是按照它

所属的那个种的尺度和需要来建造，而人却懂得按照任何一个种的尺度来进行生产，并且懂得怎样处处把内在尺度运用到对象上去。”所谓“按照任何一个种的尺度来进行生产”，就是按照客体对象的属性和规律，亦即按照外在尺度进行生产；所谓“把内在尺度运用到对象上去”，就是人根据自己的目的、需要进行生产，通过对客体对象的改造，创造出适合自己生存和发展的新对象。人类改造客体对象的实践活动，是将内在尺度和外在尺度结合在一起的。遵循人自己需要的内在尺度，就是“为我关系”；服从客体对象的属性和规律的外在尺度，就是“从他关系”。人类改造客体对象的任何实践活动，都是“为我关系”和“从他关系”的统一。

（原载《哲学动态》1993年第8期）

学者近况

赵家祥（1937.6—　），1964年本科毕业于北京大学哲学系。北京大学哲学系教授。曾任北京大学哲学系马克思主义哲学原理教研室主任、系教学秘书、系副主任、系党委书记、系学术委员会主任等，以及中国历史唯物主义学会副会长、顾问。全国优秀教师和北京市优秀教师。马克思主义理论研究和建设工程重点教材《马克思主义哲学史》课题组首席专家。主要研究方向是：马克思主义哲学和科学社会主义理论。主要著作有：《马克思主义的整体性研究》（北京大学出版社，2018）、《东方社会发展道路与社会主义的理论和实践》（商务印书馆，2017）、《马克思恩格斯的哲学变革之路》（中国社会科学出版社，2016）、《马克思主义历史哲学》（5卷本，主编，吉林人民出版社，2006）、《马克思主义哲学教程》（北京大学出版社，2003）、《历史唯物主义教程》（主编，北京大学出版社，1999）、《历史唯物主义原理》（新编本，主编，北京大学出版社，1992）、《唯物史观的核心与当代现实——论生产关系必须适合生产力性质的规律》（天津人民出版社，1987）、《历史唯物主义原理》（合著，北京大学出版社，1982）、《马克思主义的社会形态理论简论》（北京大学出版社，1985）。发表学术论文250余篇。

立足科学前沿，发展哲学理论

——访胡文耕

学者简介

胡文耕，1929年生于江西波阳。时任中国社会科学院哲学研究所研究员。主要从事生物学哲学研究。著有《分子生物学中的哲学问题》《信息、脑与意识》，合译有《生物学思想的发展》等。

问

胡先生，每次来访，都看到您不是写作，就是看书。您真是锲而不舍，孜孜不倦！

答

搞科学工作，没有一种甘于寂寞、乐以忘忧、锲而不舍的精神怎么行呢？哲学要面向时代，时代需要哲学。目前我们正处在社会大转折的时代、自然科学巨大发展的时代，许多新问题，需要从哲学上探索、反思、概括、总结，我总是感到时间不够用呢！

问

可是，目前人们都在谈论哲学面临“困境”“危机”“市场萎缩”，等等，您怎么看？

答

我不认为哲学面临危机，相反，我认为哲学将有个大繁荣时期。

问

当前哲学书籍市场萎缩，哲学系毕业生在供需见面时受到冷遇，这如何与繁荣联系起来？

答

目前学术著作出版难，出版了印数也有限，这是事实。哲学系的毕业生分配存在不少问题，也是现实。这是由许多因素造成的，需要从政策上加以解决。这与“困境”是两回事。

问

为什么这么说？

答

这里涉及对繁荣与困境的理解。似乎哲学工作者队伍大、在校学生人数多，哲学书籍销路好，就是哲学繁荣，否则就是困境。其实用这两个指标来衡量学术的繁荣与发达，对自然科学与工程技术也许可以，对社会科学特别是对哲学就不一定妥当。

问

为什么？

答

因为学术著作的印数与价值并不是等价的。黑格尔的《精神现象学》初版仅1 000册而且生前没有再版过，迈尔的《生物学思想的发展》中译本才800本，能说它们的价值不大吗？相反有些不好的书、格调低下的书销路很大，还有些书印数多，也并非由于它们的价值而是有市场之外的因素起了作用。至于说哲学专业学生毕业分配遇到些困难，有的哲学工作者改行、“下海”，哲学工作者的队伍会缩小些，那也无妨。因为从来“哲学家的成长不会像雨后春笋那样”（马克思语）。因此，单纯用从事哲学工作的人数来衡量一个民族的哲学是否繁荣与发达并不恰当。依我看，真正热爱哲学事业的人是不会改行的，即使生活清苦一些，仍然会孜孜不倦地工作。

问

那您认为哲学繁荣的标志是什么？

答

我认为哲学将有一个繁荣时期。繁荣的标志主要有两条：有一批献身于哲学事业的、有较高造诣的哲学家（人数不在多），有一批体现时代要求的、经得起时间检验的哲学著作。人们经常说哲学是自己时代精神的精华，可是谈到时代精神时，人们却很少注意马克思在谈到时代精神时很强调：人民最精致、最珍贵和看不见的精髓都集中在哲学思想里。所谓看不见的，就是说不是表面现象，而是深层的、本质的东西，是要花大力气才能把握、才能体现的时代脉搏。重复一些套语，不能给人以新的信息；就某个热门话题发表几句感想、意见，并不就体现时代精神。真正体现时代精神的论著，定会经得起时间的检验。因此，我认为从这两个方面来判断哲学是否繁荣较妥。

问

您预计哲学将有个繁荣时期根据何在？

答　根据是当代社会主义建设的实践与自然科学的发展都提出了许多新问题，对这些新问题作出科学的回答，定会丰富哲学，带来哲学的繁荣。因为推动哲学家前进的主要是自然科学和工业的强大而日益迅速发展。中国目前正处在各方面蓬勃发展的时期，因此，可望有个哲学的普遍繁荣时期的到来。

问　您的近著《信息、脑与意识》（以下简称《信息》）一书提出了许多新见解，是否就是在这种指导思想下写的？

答　完全正确。没有生物化学与神经生理学的进展，不可能提出从物质到意识转化分成六个具体阶段；没有裂脑人实验的成果，对思维、意识的若干环节不可能像现在这样清楚。《信息》一书之所以能够提出一些新观点、新思想，主要归功于当代自然科学的发展。当然，前人在这方面所做的工作（包括失误的探索），对我也是很有启发的。

问　这本书学术界反应很好，能否谈谈您的思想过程？

答　对《信息》一书，哲学界的反应我自己也听到一些，但不多，心理学界的反应比较强烈。他们认为心理学的许多理论问题，在这里都得到了令人信服的论述。其实，我写这本书时，并没有直接针对争论双方的观点，而是从当代科学的视野就问题本身的逻辑的、历史的发展，展开分析、论证。“历史的发展”有双重含义，一是人类对脑与意识关系问题的认识的历史进展，一是指心理过程、观念、意识如何伴随着认识的物质器官的发展而发展（包括心理过程的前史）。心—身关系，或脑与意识的关系问题，是个老问题。从笛卡尔到狄德罗，从黑格尔到当代马克思主义者，许多优秀的思想家都力图解决这个问题。我能有所前进，主要是由于我没有囿于某一具体学科，而是采取综合观点，从信息科学到人工智能，从脑科学到生理心理学的成果，从生化材料到病理生理报告，只要有助于阐明问题，我都兼收并蓄，因而能够提出一些有别于前人的见解。

问　能否说皮亚杰的工作也是想从历史的、逻辑的观点来研究心理的发生与发展？

答　可以这样说，而且他在这方面作出了出色的贡献。不过，心理的发生与发展，这个问题也有两个方面：一方面是心理的系统发生，即从完全没有感觉的物质如何发展出具有鲜明感觉的物质，再到意识与自我意识；另一方面是心理的个体发生，即从没有主观心理状态的新生儿怎样发展为具有成熟的心理过程。皮亚杰的《发生认识论》只研究了后一过程，尽管他想把两者包括进来，但他感到系统发生的材料太少，于是放弃了原来的想法。同时他关于儿童的心理运演、概念形成的大量研究，仍然停留于外部描述上，至于内部的神经学基础，他并未考虑。

问　从物质到意识的转化，您的论述很有新意，能否谈谈您的想法？

答　从物质到意识的转化，从心理的系统发生上看，我将其划分为六个阶段，即：(1)从普遍的相互作用到选择性反应；(2)从选择性反应到“分子识别”；(3)从“分子识别”到“细胞识别”；(4)从“细胞识别”到明显的感觉；(5)从明显的感觉到主观映象；(6)从主观映象到意识、思维。这与传统的看法不一致。我认为传统的对这个发展过程的解释若明若暗，并不明确，同时论述时也遇到一些困难。另一方面今天的自然科学已为揭示这个转化过程准备了一些必要材料（尽管还须在此后不断丰富），因此有条件把这些阶段划分出来。自然科学已发展到20世纪末期，我们总不能老停留于“反射”（17世纪的概念）、“应激性”、“激动性”（18世纪的概念）这类概念。人们都承认哲学要随着自然科学的发展而发展，可是实践上把自然科学此后获得的一切进步，只作为对传统论点的证明，这怎么行呢？马克思主义是科学，科学不能发展，就无法坚持。我提出从物质到意识的转化存在六个阶段，主要是为了解决三个老哲学问题。

问 哪三个问题？

答 我所指的是感觉的起源、意识的起源与动物抽象问题。在这些问题上，自17世纪以来进展不大。如，感觉是动物所特有的；动物没有抽象；意识是人所独有的，等等。洛克的这些观点，直到今天的心理学教科书上人们还一再重复。当然，正确的观点，即使是2 000年以前的学者提出的也要坚持。问题是在这三个问题上，从达尔文以来积累了大量的材料，动物心理学的研究、海洋哺乳动物的信息交流的实验、灵长类认知符号处理的研究，都表明这些高等动物的通信能力与对特定符号的加工能力都很发达，在一定程度上，可以说它们具有抽象能力和低层次的意识。我在书中提到的那些实验是有说服力的。我们强调人与动物之间的本质差别是完全正确的。人为万物之灵，人的思维与意识是独树一帜的。可是，完全不分析、不研究人的心理过程与动物心理过程两者之间在哪些层次上存在质的差别，哪些层次上具有共同性，否认它们之间有任何连续性，我看也不符合辩证法。须知，不了解人类精神的前史，能思维的人脑的存在只能是奇迹。

问 关于原始思维，您的论述也与众不同。

答

最近几年，原始思维问题受到我国学术界的重视，这是一个好的现象，不过在《信息》中原始思维问题是被作为人类认识发展的一个环节来处理的。初生的人类，刚从动物分化出来的人类，从理论上来讲，思维水平应低于现代人。可是要直接证明这一点却困难得多。如果我们把它限定于真正的原始人的思维，就更是如此。因为我们没有直接的观察材料可凭，只能借助于类比推理和从间接材料来推论。因此，对有关原始思维规律的一切言论，都须持慎重态度。我想我已经证明：诸如“原始思维是原逻辑思维”，它服从于“互渗律”等观点是不妥的。我提醒人们注意不要相信诸如中国人的思维是原逻辑思维，处处都受“互渗律”支配之类的论调。因为它与事实不符，与科学成果不符。如果说逻辑思维的生理基础是人的大脑左半球的发展，那么统计表明：亚洲人（中国与日本）左脑优势的百分比高于西欧与北美，又作何解释呢？世界上总有那么一些人，以西方文明傲视一切，力图找到一些“科学”材料来证明，东方的落后，是由于东方人的思维仍然停留于原始思维阶段。黑格尔就认为中国人的思维只达到“感性或象征阶段”，“只停留在最浅薄的思想里”。列维·布留尔不过是继承了这个衣钵而已。其实，在原始人那里思维类型是共同的，此后东西方文化出现差异，不是由于人类学上的原因，而是由经济、文化、教育、语言等社会因素造成的，在脑神经科学上找不到这种差别。

问

原始人思维类型既然有共同性，您何以对讨论原始思维规律问题持那么慎重的态度呢？

答

有共同性应有规律可循。可是目前条件下，讨论起来显然材料不够，无据之言不免流于空论。为了使讨论深入进行，我认为有赖于右脑研究的进展、儿童思维研究的深入，以及逻辑思维形成的条件的研究，等等。这些方面材料积累多了，那时再来概括原始思维规律，就有比较坚实的基础。

问

后两条比较好理解。您为什么特别重视右脑研究对原始思维的认识？

答

正是因为人们没有看出两者之间有联系，我需要把它突出出来。我无意把原始人的大脑等同于现代人的右脑。原始人的左脑已有明显的语言中枢，而且左、右两半球是统一的、协调活动的。显然不同于病理或手术分离后的现代人的右脑。可是从系统发生上看，人脑左半球的优势是逐步建立的，是在语言的使用和工具的制造推动下逐步确立的。对孤立的右脑或对与左脑联系较弱条件下的右脑的研究，可望提供反映原始人思维规律的某些重要材料。

问

关于“选择论”与“反映论”的争议，您也提出了自己的见解，请谈谈您的想法。

答

选择论者把自己与反映论对立起来，是不妥的。另一方面我也感到过去我们在阐述反映论时，有点机械论的色彩，从概念到概念，不考虑现实的过程。人的认识过程是十分复杂的，反映客观现实时，有巨大的能动性。因为我们拥有如此发达的大脑，人脑作为信息加工系统，主要借助于语言信息进行，即使对一个简单事件的认识，也是通过一系列选择、加工、整合、抽象与重建过程实现的。把这个多层次、多环节的复杂的网络过程，仅仅归之于“选择”或“建构”，倒不如用能动的加工或能动的反映更为恰当。关于这个问题，在即将出版的《自然科学与哲学》一书中，我有进一步论述。

问

在主、客关系问题上，您的论点也别具一格……

答

我从信息加工角度考虑心—身关系、脑与意识的关系。这里实际上经常涉及的是外部世界、脑与意识三方面。这本来是马克思主义一贯的观点。我所强调的只不过是，此三项之间的相互作用，都需要以信息为中介，或可称之为以信息为中介的三角关系。

问

看来，立足于自然科学，哲学工作者是大有作为的。

答

当代自然科学的发展的确十分迅速。我所耕耘的范围极其有限，只是其中的少数分支。我希望有更多的优秀的理、工科学士与硕士，关心自然科学成果的哲学意义，共同把科学哲学推向前进。

问

胡先生，您近来在科学工作方面有何计划？

答

从去年开始，我正忙于一个新的课题，写一本《生物学哲学》专著。这是国家“八五”项目之一，得到了中华基金的资助，目前我正忙于整理材料和撰写初稿。

问

这本书是不是《分子生物学中的哲学问题》的续篇？

答

不是。《分子生物学中的哲学问题》是在20世纪70年代末的论文基础上写成的。当时只是为了引起学术界的重视，对生物学中的哲学问题只作了一些初步的探讨。今天，由于生物学的发展，生物学哲学受到国内外学术界更大的关注。我自己的思想也有所发展，现在有条件写出一本概括层次较高、涉及面更广的生物学哲学著作。

问　我想这本书一定会受到学术界的欢迎，祝您工作顺利！

答　谢谢。

（原载《哲学动态》1993年第9期）

学者近况

胡文耕（1929—2009），中国社会科学院哲学研究所研究员，中国著名科学技术哲学家、生物哲学家。曾任中国自然辩证法研究会第二、第三、第四届理事会理事，原生物哲学委员会主任委员。中国生物哲学研究主要学术带头人。坚持用马克思主义立场观点指导科学研究，在生理学、遗传学、心理学、中医学、分子生物学、科学史、自然科学哲学等诸多学术研究领域都颇有建树。发表数十篇重要学术论文，包括《关于自然科学的唯物主义》《自然科学与哲学的关系》《生命的本质是什么》《遗传物质认识史》等。另外，积极承担《中国大百科全书》的条目编撰、恩格斯《自然辩证法》注释等工作，发表了《生命起源》《实验、解释与方法》《雅克·莫诺》《发现DNA双螺旋结构的方法论问题》等论文。出版专著《分子生物学中的哲学问题》等。其专著《信息、脑与意识》对心身问题、脑与意识的复杂关系进行了科学分析与讨论，阐发了自己独到的见解，是中国生物哲学研究中不可多得的学术精品。由其担任课题组组长、组织研究人员合作编写的《科学前沿与哲学》（中共中央党校出版社，1993）曾获得中国社会科学院优秀科研成果奖；其著作《生物学哲学》（中国社会科学出版社，2002）获得中国社会科学院老干部局2007年优秀科研成果二等奖。

回顾与商榷：历史唯物主义在中国十五年

——访王锐生

学者简介

王锐生，1928年生，祖籍广东台山，出生于澳门。时任首都师范大学教授，中国社会科学院研究生院博士生导师。从事历史唯物论研究。著作有：《商品经济与精神文明》、《马克思关于人的学说》（合写）。论文有：《效率第一、兼顾公平》《哲学理解的个性——个体主体性》等。

问

您从事历史唯物主义研究已有30多年了，又是本刊的老作者。迄今，您仍然在这方面不断辛勤探索。请您对改革开放以来中国的历史唯物主义研究状况谈谈个人的看法。

答

15年来，历史唯物论的学术研究有了不少进展。很难在短短的篇幅里列出这些成果。再说，对这一学科发展具有决定性影响的成果，也不纯粹是学术界提供的，而是党中央的决策（例如对阶级斗争为纲的否定和对市场经济的肯定）。我只能从学术探讨的角度谈谈，这些成果的获得表明了人们在探索上成功的方向是什么。我以为，这就是对实践、人和价值等问题的重视。如果把15年来的学术进展比作一篇文章，那么它的“关键词”就是这些。

当然，在这些问题上，始终存在着学者们之间的争论，有是与非的对立。而真理性的认识就是在对各种“热点”问题的争议中获得推进的。以人的问题来说，从80年代初的人性（人的本质）、异化和人道主义到80年代末的人的主体性的争论以及人权和人的个性的讨论，难道不是给历史唯物论增添了新的理论财富吗？

对人的问题的重视，在很大程度上促进了对价值问题和实践问题的研究。以往的哲学读本是不谈“价值”的。但只要你研究人的需要及其满足，就不能不涉及价值主体与价值客体的关系、价值评价和价值标准以至价值观念等一系列问题。历史唯物论不仅要有社会本体论和社会认识论，而且要有社会价值论。把价值论纳入历史唯物论中，是一大进步。顺便说，价值问题得到重视，不是单纯靠学者们的研究，时代的需要是推动着学术界进展的深层原因。改革开放中，如何评价改革的成果就引出关于姓“社”、姓“资”和“生产力标准”的激烈争论。社会各阶层的人都意识到：我们正处于一个价值观念上变革的年代。据说，一位企业家根据这一认识，主动找上门来，掏出一笔钱请某哲学家开办一个专门研究“价值”的民间学术团体。其实，价值论对马克思的哲学来说并非异端。马克思对共产主义社会的论证既立足于客观的历史规律（生产力与生产关系、经济基础与上层建筑的矛盾运动），又建立在人的劳动异化的消灭和人的个性的全面发展即人类解放的基础上。前者是本体论的论证，后者是价值论的论证。离开了后者，社会主义的价值如何得到体现？

人的一系列问题和价值问题的说明，都离不开实践。现在，人们承认，实践也是历史唯物论的首要和基本的问题。这是真正回到了马克思。把马克思的历史唯物论称为实践唯物主义，是再准确不过的了。

历史唯物论的研究还有许许多多的学术成果，如对社会发展中客观历史规律与人的活动的关系的探讨，对历史决定论的探讨，对精神文明和文化的研究，等等。但与改革开放以前的版本相对比，对历史唯物论的学术进展起决定性推动作用的，难道不是人、价值和实践这几个方面的问题吗？

问　强调这些问题，会不会导致忽视物质世界及其客观规律？

答　任何一个概念、命题，如果脱离开它与其他概念、命题的内在关系，都可能因被推向极端而得出荒谬的结论。拿人的主体性来说，必须把它同客观性、实践性结合起来。离开了后两者，对主体性的强调就有可能导致忽视客观世界及其规律。有人这样讲主体性："在当代中国就必须建立这样的意识：我上天，我入地，全取决于我自己。"这就是脱离客观性、实践性来讲主体性的结果。但反过来说，离开人的实践活动，离开对主体性的确认，又怎么可能在社会历史领域坚持唯物主义？

问　您对历史唯物论今后的发展有何见解？

答　尽管15年来这门学科取得了一些进展，但展望未来，考虑到历史唯物论在新纪元中可能面对的种种挑战，我们决不能掉以轻心。问题在于，我们的历史唯物主义研究在许多方面落后于客观实际。因此必须使我们的思想来一个大解放，从一切过时的、陈旧的思维框架中解放出来，真正做到实事求是。

马克思主义哲学的最终目标是解放全人类。在今天的中国，就是要建设有中国特色的社会主义。这一社会主义理论的提出本身就是彻底的思想解放。历史唯物主义研究在今天中国的命运，首先，在很大程度上要取决于它能否为这一理论的实现服务，能否为它的实现提供适当的概念和思维方式。

其次，要拓宽历史唯物主义的研究领域，这是推进这一学科的学术研究所必需的。之所以要拓宽，是因为原来的研究领域过于狭隘了。当代科学发展的特点是学科的不断分化和出现新的综合。在社会科学方面，新出现的学科越来越多，而留给历史唯物论的地盘就显得日益狭小。在这种情况下，它必须开拓属于它自己的新的研究领域。近年来，国内一些同仁在做这方面的工作。除了上面所说的人的学说、价值理论外，还有社会认识论、社会交往论、社会系统论等课题的研究。此外，社会时空的研究也是一个值得注意的课题。

不断拓宽历史唯物主义的研究领域，会不会使它变得不再仅仅是一种历史观，而接近于实证科学呢？我以为，在这种情况下，不妨把它称为社会哲学——马克思主义的社会哲学。社会哲学是一个中性概念，它的对应物是自然哲学。恩格斯曾经把傅立叶的学说称为社会哲学。法兰克福学派也把自己的社会批判理论称为社会哲学。普列汉诺夫在《“共产党宣言”俄文第二版序》中认为，马克思恩格斯在《共产党宣言》中讲的是他们的“社会哲学”。但是普列汉诺夫把“社会哲学”同《共产党宣言》的“基本思想”（即唯物史观）区别开来，认为前者比后者“更广泛”。我同意普列汉诺夫的这种区分，认为不妨把大大拓宽了研究领域的历史唯物主义叫作马克思主义的社会哲学，其核心思想仍是唯物史观。

再次，要学会运用新的视角。过去，历史唯物论的视线几乎全部聚焦在阶级和阶级斗争上面。恩格斯在《社会主义由空想到科学的发展》中就是这样解释历史唯物主义的。列宁也把阶级斗争视为帮助人们从社会生活的“迷离混沌的状态中发现规律性”的“一条指导性的线索”。把阶级斗争当作“聚焦点”是阶级斗争与革命时代的需要。在和平与发展成为时代的主题的今天，在国内以经济建设为中心的条件下，历史唯物论者也要学会从“历史向世界历史转变”的参照系来观察问题。要看到与阶级分野并存的世界一体化的趋势。从这一趋势来看，在一定的问题和一定的范围内，例如在保护和改善全球的生态环境的问题上，各民族、各阶级“风雨同舟”。又如，在同是华夏子孙的范围内，海外华人与大陆同胞有一致的文化认同，要承认在他们之间存在着一种中华民族的凝聚力。当然，在另外一些问题和别的范围内，各民族、各阶级之间的对立和斗争依然存在，有时甚至也很激烈。即使在生态环境这类所谓全球性问题上，也并不是只有“同舟”的一面，而没有互相争吵的一面。这就是社会（历史）辩证法——在同一中把握对立，又不因对立而忽视同一。没有这种视角的适时转换而又不放弃原则，历史唯物论研究就很难适应和应付新纪元到来时的挑战。

最后，要从现代新科学技术成果和世界各国的先进文化中吸取营养，形成新概念、新理论。这一点说来容易，做起来难。原因是熟悉自然科学技术的哲学工作者（尤其是老一辈人）并不很多。不过，现在中青年这一代就好得多了。现代科学技术的发展日新月异，迫使我们要不断地审视哲学教科书中的许多命题和原理，看看究竟有哪一些在科技发展面前经不起实践的考验。例如，恩格斯在1894年致瓦·博尔吉乌斯的信中说过这样一段话：“如果像你们断言的，技术在很大程度上依赖于科学状况，那么科学却在更大程度上依赖于技术的状况和需要。社会一旦有技术上的需要，则这种需要就会比十所大学更能把科学推向前进。”人们据此概括出“生产——技术——科学”的系统，认为它反映了生产对科学的决定作用的原理，而相反的系统（“科学——技术——生产”）则是历史唯心论。但这样的论断在现代科学技术发展面前经受不起检验。恩格斯所说的情况只符合于科学史的部分事实（主要适合于19世纪中叶以前），并不符合科学技术史的全部事实。在现代，科学技术发展的一个主要特点是科学走在技术前面，科学为技术开辟道路。“科学——技术——生产”才是现代的普遍情况，承认这一点，才能真正懂得“科学技术是第一生产力”的正确性。又如，同是研究社会认识论，有人把它理解为认识论与历史唯物论的结合，或者说，历史唯物论就是社会认识论。这样的思路自然也是可以成立的。但有的同志却有另一种思路：把社会认识看作一个系统，而整个社会认识系统又是立足于科学内部的统一和科学与非科学的统一之上的。这样的思路就必须概括现代各门科学的成果，但由此也会有新的意料不到的收获。

以上是我个人在展望未来时，对发展历史唯物主义的一些肤浅的设想。恳望学术界同仁不吝指正。

（原载《哲学动态》1993年第10期）

学者近况

王锐生（1928—　），中国科学院哲学研究所第一届研究生毕业（1957—1959），导师吴传启。曾任中国社会科学院哲学研究所研究员、博士生导师，历史唯物主义研究室副主任、主任，首都师范大学教授（1989—1998）。1998年起离休。主要研究领域为：人、价值、实践，社会哲学和现代性。主要学术贡献是对传统历史唯物论作过若干思考。主要著作有：《王锐生文集》、《马克思关于人的学说》（合著）、《社会哲学导论》（合著）、《商品经济与精神文明》（合著）。发表的重要论文有：《论人的全面发展：历史与现实》《唯物史观：发展还是超越？》《人类21世纪价值观》《作为现代性的以人为本》等。

毛泽东思想研究在不断深化

——访石仲泉

学者简介

石仲泉，1938年生，籍贯湖北红安。1956年就读于北京大学哲学系。长期从事理论研究和宣传工作。时任原中共中央文献研究室科研局长。主要著作有：《毛泽东的艰辛开拓》（增订本）、《毛泽东思想方法导论》、《建设有中国特色社会主义理论是毛泽东思想的新发展》、《毛泽东研究述评》等。

问

今年是毛泽东诞辰100周年纪念，对毛泽东思想的研究将达到一个新的高潮。您是长期从事毛泽东思想研究的专家，请您谈谈十一届三中全会以来国内毛泽东思想研究的状况。

答

国内对毛泽东的研究已历时半个多世纪。虽然从40年代到60年代都有过不少著述宣传和介绍毛泽东，但是，真正把毛泽东的生平与思想作为一门学问来进行科学研究，则主要是在十一届三中全会特别是《关于建国以来党的若干历史问题的决议》发表以后。这十多年来，无论是就研究的广度、深度和力度来看，还是就研究的视野与方法、效能与成果来看，都获得了巨大的进步。据不完全统计，截至今年初，已发表的文章有12 000多篇，出版的专著达600多本。随着毛泽东诞辰100周年纪念活动的广泛展开，今年下半年发表的文章和推出的著作将会更多。

问

请再作些具体介绍。

答

自十一届三中全会以来，对毛泽东思想的研究大致经历了五个阶段：（1）1978年12月十一届三中全会至1981年6月十一届六中全会前，这是毛泽东思想研究的拨乱反正阶段。研究的主要课题是：如何科学地评价毛泽东及毛泽东思想的历史地位；毛泽东晚年犯了严重错误，毛泽东思想还能否作为党的指导思想等。（2）十一届六中全会至纪念毛泽东诞辰90周年后的1984年，这是毛泽东思想研究的开拓发展阶段。由于《关于建国以来党的若干历史问题的决议》科学地评价了毛泽东的历史地位，精邃地阐述了毛泽东思想的理论体系，对毛泽东思想的研究有了明确指针，于是，其研究在各个领域普遍展开，研究著述获得“大面积丰收”。（3）1985年至1989年政治风波前，这是毛泽东思想研究出现某些曲折的发展阶段。一方面，研究思路、研究方法和研究对象都得到了若干拓宽，研究成果在深化；另一方面，极少数研究者发表了一些带有错误倾向的著述，造成了一定的思想混乱，但这属于支流，有的是潜流。（4）1989年政治风波至1992年初邓小平视察南方谈话发表以前，这是毛泽东思想研究的整顿发展阶段。严肃的科学研究以更加稳健的步伐向前推进，重新审视毛泽东晚年的理论与实践成为研究热点之一。（5）1992年初迄今，这是毛泽东思想研究再度活跃、走向高潮的发展阶段。为了纪念毛泽东诞辰100周年，研究者们正在献上一份份厚礼，出版部门隆重推出一套又一套研究丛书。其特点是：对毛泽东思想的整体研究进一步加强，专题系列化、体系化的著述问世较多；对毛泽东思想和邓小平建设有中国特色社会主义理论的关系的研究成为重点，不少著述很有见地。由于这个课题研究的极端重要性，因而这个时期毛泽东思想的研究也进入了一个新的阶段。

问　　您能否再从各个研究领域的横向方面介绍一下具体进展？

答　　人们常说，毛泽东思想博大精深。15年来，对毛泽东思想的研究应当说是全方位地展开了，并且新见、新识、新意迭出。我只能介绍一些主要方面的重大进展。

首先，毛泽东早期思想研究有了重要进展，主要表现为：（1）实事求是地研究了中西文化的诸子各家对早年毛泽东的思想影响，尤其是从各个不同的层面和角度分析了中国传统文化对毛泽东早年思想的发展所起的主导作用。（2）翔实地研究了早年毛泽东的思想转变历程，基本上廓清了毛泽东在政治上由一般民主主义者到激进的革命民主主义者，再到“初具共产主义觉悟”的共产主义者的思想发展脉络；以及与此相应的在哲学观上由唯心主义到“心物二元论”，再到马克思主义唯物论的思想飞跃过程。

其次，毛泽东思想史的研究占有显著地位，目前已基本形成为一个新的分支学科。主要成果是：澄清了“毛泽东思想”概念提出的历史过程；拓展了对毛泽东思想理论来源的认识；深入地考察了党的领导人（包括早期的马克思主义者）对毛泽东思想的形成和发展作出的巨大贡献；深刻地分析了毛泽东思想活的灵魂的基本内容，基本讲清了三个基本点之间的内在逻辑联系和三位一体的依存关系；基本理出了毛泽东思想的发展脉络，初步地建构起毛泽东思想发展史的体系框架。近年出版的毛泽东思想发展史专著已形成单卷本到多卷本的序列。

问　关于毛泽东思想“论”的方面的研究，是否要首推新民主主义理论的研究呢？

答　是这样。在我看来，对毛泽东新民主主义理论的研究一直是研究者们的重点。这是开发最早的一个领域。这些年的研究取得了较大的突破。一是考察了毛泽东以区分中国资产阶级两个部分为基础的统一战线的理论、政策的形成和发展过程；二是初步地建构了以研究武装斗争理论为基础的毛泽东军事思想学科体系，多层次和多侧面地阐述了毛泽东军事思想的基本内容；三是基本理清了农村包围城市的中国革命道路的思想发展脉络；四是深入地研究了新民主主义革命理论的艰苦认识过程，毛泽东从30年代后期始建新民主主义革命理论体系到40年代后期最终形成新民主主义革命总路线，整整花了10年时间；五是强调了“新民主主义社会论”的理论价值，认为它作为两个革命阶段的中介，解决了实现革命转变的具体途径问题，理论上是对科学社会主义学说的巨大丰富，实践上则为不发达国家进行民族民主革命、实行革命转变和进入社会主义提供了一个具体模式。

问　毛泽东的“新民主主义社会论”好像后来没有坚持。新中国成立后没多久，毛泽东即改变了初衷，是这样吗？

答

是的。毛泽东新民主主义社会理论在全国范围内全面实践的时间仅仅三年。按照“新民主主义社会论”的思路，革命胜利后经过新民主主义建设阶段，先实行国家工业化，后进行社会主义改造，但在1952年下半年，毛泽东的认识发生了变化，他严厉批评“巩固新民主主义秩序”，提出过渡时期总路线，工业化与社会主义改造同时并举。这样，在指导思想上就由“将来突然转变论”改成了“现在逐步过渡论”。这就涉及毛泽东社会主义改造理论研究的进展。这是目前毛泽东研究中争议较多的一个领域。我认为这方面的研究成果是：首先，考察了上述毛泽东关于向社会主义过渡的思路变化的历程，对新民主主义社会理论与过渡时期总路线这两条思路作了比较研究。其次，研究了过渡时期总路线提出的历史过程，认为毛泽东提出新的思路是当时客观历史条件使然。再次，正确说明了农业合作化争论的历史始末，认为建国后的多次争论都不是什么路线斗争，而是工作方针之争。毛泽东的一些认识虽不无道理，但在一些认识的主导方面超出了客观条件提供的实际可能性。最后，科学地总结了毛泽东领导社会主义改造的经验教训，分清了对社会主义改造进行历史评价和总结其经验教训是既联系又不能混同的两个问题。既不能因肯定社会主义改造的方向而否认1955年下半年掀起的“社会主义高潮”的急躁冒进错误，也不能因有此错误而否定社会主义改造的历史作用。

问

您对毛泽东探索社会主义理论与实践的研究较早，写的文章有较大影响，能否谈谈这方面的研究状况？

答

可以。这个问题从80年代中期起渐渐成为研究重点。其重要进展概括地说有以下几点：（1）提出了以毛泽东为首的党中央的指导思想在“八大”至“文革”前的10年间有两个发展趋向（正确的与错误的）的观点，这两个趋向相互渗透、交织发展。（2）考察了毛泽东探索中国社会主义建设道路的理论贡献，大致包括：社会主义社会矛盾论、正确处理人民内部矛盾论、中国工业化道路论、经济体制改革的地方分权和企业自主权论、社会主义商品生产论、社会主义发展两阶段论、四个现代化两步发展战略论，等等。（3）对毛泽东在探索过程中的失误作了科学分析，绝大多数研究者认为，他有两大理论失误，即政治方面的“以阶级斗争为纲”直至认同“无产阶级专政下继续革命”的理论和经济建设方面的超越历史发展阶段的“空想论”。（4）正确地论述了毛泽东的探索与新时期探索的关系，认为毛泽东的探索可视为新时期探索的“前奏曲”，既要反对否认两者之间联系的非历史主义倾向，也要反对否认两者之间的重要区别、否认新时期探索的伟大历史意义的错误观点。

问　您过去是学哲学的，毛泽东研究的一个重点也在毛泽东哲学思想方面。能否谈谈毛泽东哲学思想研究的状况？

答　毛泽东是个大哲学家，其哲学著作具有特殊魅力。对毛泽东哲学思想的研究几十年来在国内一直长盛不衰。它比对毛泽东的其他任何思想的研究更早地形成为专门学科。这些年来，这方面的研究进展也非常显著。在我看来，主要取得了这样一些突破：（1）明确了“毛泽东哲学思想”的科学定义，即“马列主义普遍原理和中国革命具体实践相结合的经验的哲学概括”，并为广大学者认同。（2）正确地说明了《实践论》《矛盾论》与苏联30年代哲学教科书的关系。即一方面承认毛泽东利用苏联哲学教科书作为思想资料，吸收其精华作为思想营养；另一方面通过毛泽东的哲学批注进行比较研究，指出“两论”并非苏联教科书的中国版。“两论”的宗旨是要用马克思主义哲学观点对中国现实的革命运动进行总结，提出了一系列新思想，发展了马克思主义哲学理论。从根本上说，“两论”是个伟大的理论创造工程。（3）系统地总结了毛泽东哲学思想的巨大贡献。绝大多数研究者认为，从宏观言，毛泽东哲学思想至少有三个序列的贡献：一是在本体论、认识论、发展观和社会历史观等诸多方面提出的许多重要思想观点，丰富和发展了马克思主义哲学的基本理论；二是把马克思主义哲学原理化为科学的思想方法、领导方法和工作方法，创立了具有中国共产党人鲜明特色的立场、观点、方法论系统，使马克思主义哲学所具有的世界观、认识论和方法论在理论上具有统一性，在实践活动中真正融于一体。三是把哲学从哲学家的课堂里解放出来，在异常广阔的领域里实现了马克思主义哲学与广大劳动者的结合，开创了千百万人民学哲学、用哲学的伟大奇观。（4）毛泽东哲学思想体系化的工作成绩斐然，在出版物方面初步形成了毛泽东哲学思想通史、断代史和概论三个系列，各种著作在百本以上。

问

您的介绍，使我们对毛泽东思想研究在总体上有了基本了解。据我所知，这几年您在倡导建立“毛泽东学”，您对这个问题是怎样考虑的呢？

答

我认为毛泽东同志的思想是座丰富的精神宝库。尽管他晚年犯了严重错误，但其主体部分是好的和比较好的宝藏。即使那部分不好的，也是一种特殊的财富，通过认真反思，总结出教训，可以使错误成为“正确的先导”。提出建立“毛泽东学”，就是想对这个伟大历史人物进行全方位研究。因为“毛泽东学”（以下简称“毛学”）的涵盖面很广。我们通常讲的毛泽东思想，往往着重在毛泽东的思想方面，生平活动就不是其主要部分。而且研究毛泽东思想，主要是研究毛泽东正确的思想，他的早期思想只能作为其正确思想发展的历史背景去研究，他的晚年错误也只能放在“陪衬”位置来研究。建立“毛学”，就不存在这些问题了，有关毛泽东的，包括对毛泽东研究的研究，都可以容纳在“毛学”之内。事实上，10多年来，“毛学”已经作为一门学问建立起来了，有些研究已取得了丰硕成果。

问

您认为，当前毛泽东思想的研究应注意什么问题？

答

当前毛泽东思想研究呈现出从未有过的好势头。为了迎接毛泽东诞辰100周年，大家都在努力攀登毛泽东思想研究的珠穆朗玛峰。目前研究的一大热点，就是如何正确认识毛泽东思想与邓小平建设有中国特色社会主义理论的关系。在当前学习马列主义毛泽东思想，中心内容是学习建设有中国特色社会主义理论。这是正确认识两者关系的“纲”。

问

听说您在最近的有关学术讨论会上对毛泽东思想与邓小平理论的关系作过精彩发言，获得普遍好评。您能否讲讲您的基本观点？

答

我认为可以从理论认识发展的连续性与阶段性的统一关系的角度分析两者之间的继承与发展关系。所谓继承，就是指它们之间存在着连续性和共同点。这主要表现为：(1)理论的创立者之间的连续性。毛泽东思想和邓小平理论可视为两代中央领导集体智慧的结晶，而这两代领导集体的人员构成上存在着连续性，像邓小平、陈云等就起着承前启后和继往开来的作用。如邓小平所说，三中全会以后，“就是恢复毛泽东的那些正确的东西”，把毛泽东提出但没有做或没有做好的事情做好，“今后相当长的时期，还是做这件事”。这是对两者连续性的最好说明。(2)理论大思路的连续性。这是指马列主义原理和中国实际相结合的原则，即“实事求是”思想。邓小平说，这是“毛泽东思想的精髓”，“出发点，根本点”，“过去我们打仗靠这个，现在搞建设、搞改革也靠这个”。这说明两者的大思路一脉相承。(3)理论性格的连续性。这是指两者都强调“中国特色”，都强调发展马克思主义理论。(4)理论内容的连续性。从思想史高度看，邓小平理论的一些观点都可以从毛泽东对社会主义道路的探索中找到渊源，只要将十四大概括的一些理论内容同毛泽东思想的一些相关思想（不是全部）加以比较，就不难发现两者理论内容的连续性。

问

您从宏观上对两者加以比较来说明继承关系，是个新的视角。那么，怎样说明两者的发展关系呢？

答

我是从历史发展的阶段性反映到理论认识形成阶段性的质的飞跃这个角度来进行分析的。具体来说：（1）建设有中国特色社会主义理论实现了由以政治革命为中心而建立起来的理论体系到以经济建设为中心而建立起来的理论体系的飞跃。毛泽东思想的主要内容是围绕着推翻反动政治阶级的政治革命展开的，建国以后虽然也曾努力实现党的工作重点的转移，但由于种种原因未能实现。只是在十一届三中全会以后拨乱反正，才真正实现了这个战略转移，并围绕着以经济建设为中心这个根本任务建构起了建设有中国特色社会主义理论。（2）建设有中国特色社会主义理论实现了以毛泽东为核心的第一代中央领导集体关于社会主义建设的若干重要的但还不清晰、没有展开的认识，到较为完整、严密、属高层次的系统化认识的飞跃。如毛泽东在1956年12月关于只要社会有需要，资本家拿出定息可以开私营大厂，华侨投资一百年不没收，可以在消灭资本主义之后又搞资本主义的谈话，是个很好的思想。但这个思想在毛泽东那里像流星似的闪亮了一下，转瞬即逝。邓小平理论则从总结新的实践经验出发，同时也把毛泽东的这个思想作为一个重要政策来提出。这是理论认识的一个很大飞跃。（3）建设有中国特色社会主义理论实现了由计划经济理论向社会主义市场经济理论的飞跃。毛泽东思想关于经济建设的某些理论是基于计划经济体制形成的，虽然从50年代中期起就探索了使之具有一定的灵活性和机动性的改革，但并没有要从根本上去突破计划经济。只是在十一届三中全会以后才逐步地对它有了较大突破，并在十四大确立了社会主义市场经济体制的目标模式，实现了重大飞跃。（4）建设有中国特色社会主义理论改变了马列主义毛泽东思想关于社会主义的许多传统观念，对社会主义建设道路的探索更加符合中国实际，实现了对社会主义理论整体认识的飞跃。现在，在所有制、分配原则、经济形态、经济运行机制，以及人们的行为方式、生活方式等方面发生的政策变化以及观念上的相应变革，都是很大的。这些变化不是倒退而是前进。如十四大报告所说，它"符合最广大人民的利益和要求"，符合"当代中国实际和时代特征"，使社会主义制度深深地扎根于中国大地了。这在科学社会主义理论的发展史上同样构成了巨大飞跃。

问　您认为应当怎样估价邓小平理论的发展程度？

答　邓小平理论既可视为毛泽东思想的一个部分，又是毛泽东思想发展的新阶段。所谓"当代中国的马克思主义"，在我看来就是发展到新阶段的意思。对邓小平建设有中国特色社会主义理论的意义一定也要有足够的认识。随着《邓小平文选》第三卷的出版，对于这一点我们将会认识得越来越清楚。邓小平理论既是对毛泽东思想的巨大发展，同时又没有也不可能完成对中国如何建设、巩固和发展社会主义的认识。同马列主义毛泽东思想是开放型的思想体系一样，邓小平建设有中国特色社会主义理论也还要在研究新情况、解决新问题的过程中，在实践的不断检验中继续丰富、完善和发展。对中国共产党人来说，努力建设好我们的国家，不断发展毛泽东思想，就是对毛泽东最好的纪念。

（原载《哲学动态》1993年第11期）

历史唯物主义研究中的观念变革

——访刘福森

学者简介

刘福森，1943年生，祖籍河北玉田。时任吉林大学哲学系、吉林大学现代哲学研究所副教授。近年来发表了关于马克思主义哲学研究的50余篇论文，参加了《马克思主义哲学基础》(上下册）的撰稿和统稿工作，以及《中国大百科全书》(哲学卷)、全国高校八个博士点合作编写的《马克思主义哲学原理》的编写工作。专著《社会发展问题的哲学探索》(与人合作）即将由吉林大学出版社出版。

问

近年来您发表了不少关于历史唯物主义的论文，对于历史唯物主义所涉及的重大问题研究得比较深入，有独到见解，也很有新意。听说您最近又完成了一本专著，能否把您的主要思想介绍一下？

答

这几年我除了做一般的教学工作之外，主要从事历史唯物主义的研究，由于种种原因，其成果主要是以论文的形式发表的。此外，我还从事了两个国家社会科学基金项目的研究，其中一个项目已经完成（与张维久教授合作），专著由吉林大学出版社出版。

问

这本专著的主要内容是什么？

答

书名为《社会发展问题的哲学探索》，其指导思想是：依据当代科学与实践的发展，立足于当代所形成的文化观念，对历史唯物主义理论所涉及的重大问题进行探索性研究。主要涉及下面一些问题：一是历史唯物主义研究与文化观念变革问题，包括马克思主义哲学变革的实质、当代科学与实践的发展给历史唯物主义研究提出来的问题、历史唯物主义研究应当坚持的几个方法论原则，等等。二是对社会历史形成的前提进行了考察。过去我们把物质生产劳动作为社会历史的基础和起点，这当然是正确的。但是，对于形成社会历史的自然前提缺乏应有的重视，因而对下面一些问题不能作出很好的回答，如：为什么人以外的其他动物没有采取社会历史的进化方式，而人类则必然采取社会进化方式？为什么人类必须进行生产劳动而其他动物则不必要？过去我们是把这些问题当作不证自明的前提，没有作出理论上的论证。我在这本书中，从进化方式的变革的视角，对这个问题进行了一些探索。再一个重要问题就是当代生态科学、生态伦理学与历史唯物主义的关系问题。中国当前的研究状况是：研究生态学的人抛开历史唯物主义，只讲生态学观点，而研究历史唯物主义的人则回避生态学提出的问题，或简单地把两者说成是没有矛盾的，忽视或者否定两者的理论冲突。生态科学提出了一种与传统发展观相对立的生态决定论的发展观，提出了一种与传统价值观相对立的生态决定论的价值观。在这两种体系之间存在着人类中心论与自然（生态）中心论的冲突。人能否完全抛开人类中心而完全转向自然中心？站在历史唯物主义立场上应当如何解决这个理论冲突？回避或否定这个冲突都是不能解决问题的，它需要我们从人与自然、科学与价值等视角对这个问题进行全面研究。例如，生态问题到底是一个科学问题，还是一个价值问题？对于生态伦理学的几个基本理论原则也应作全面考察。如，生态伦理学提出人是自然界的普通一员，如果人只能做普通一员，那么人类是否应当消除自己的主体性，重新回到动物世界？生态伦理学提出物种无高低等级之分，如果这样，我们应当怎样看待进化论？生态伦理学提出每一物种都有生存的合法权利，如果这样，老虎吃鹿是否违反生态伦理？人类是否应当消灭害虫？总之，生态伦理学提出的这些理论原则，从一定意义上有合理性的一面，但是它如何同历史唯物主义基本原则相统一？历史唯物主义不能回避这些问题。此外，这本书对当代生产发展的特点、生产力发展演变的逻辑及其未来发展趋势，对社会历史过程的主体选择性与客观决定性，对社会规律与历史决定论等问题都作了较全面的探讨。

问　这几年您对社会历史的主体性问题作了较全面的研究。您认为中国学术界对历史主体性问题的探讨有什么理论意义？

答　我认为，主体性问题，不是历史唯物主义理论中的一个具体的、个别的问题，而是关系到能否从总体上科学地把握社会历史的本质和规律的大问题。中国的传统历史唯物主义研究的一个根本缺陷，就是排除了主体性，把历史过程看成像无机的自然过程一样的纯粹自在的过程，因而抹杀了社会历史过程区别于自然过程的特殊本质和规律。因此，对主体性问题的探讨，对于我国传统的历史唯物主义研究来说，是一个根本观念和思维方式上的变革。

在关于主体性与历史客观性、主体性问题与历史唯物主义的关系问题上，很多人自觉或不自觉地存在着这样一种观念，即把主体性与历史客观性、主体性问题与历史唯物主义对立起来，认为谁强调主体性，谁就是在否定历史客观性，谁就是在偷运唯心主义。根据这种观念，似乎只有把主体性从社会历史中排除干净，才会有历史客观性；谁排除得越干净，谁就越“唯物”。虽然很少有人公开坚持这种观念，但这种观念在人们的心灵深处始终作为一个理论支点自觉或不自觉地起着支配作用，即使某些承认主体性的人也摆脱不了这种观念的影响，在讲主体性时，左顾右盼，提心吊胆，好像做了什么错事一样。可见这种观念影响之深，影响之大。而在我看来，历史客观性不仅不是与主体性外在对立的，而是内在统一的，离开了主体性，就不会有什么历史客观性。历史客观性的形成机制有两个：第一是“社会决定性”机制。就是人们常说的，历史是人们相互作用的结果，它反映了社会整体、社会关系对个别主体活动的客观决定性。相互作用形成了一个“历史合力”，这是一个客观过程。但是这种客观性本身就是主体活动的结果，其中包含了主体性。正如恩格斯所说，这些意志并不等于零，“相反地，每个意志都对合力有所贡献，因而是包括在这个合力里面的”。它不仅包含了主体性，而且还产生了一种“社会集体力”，扩大地实现了主体性。这个“历史合力”本身就是一种“主体合力”。社会本来就是主体存在与自我实现的形式，而不是束缚主体性的形式。在相互作用中，只是抵消了那些在个人意志中违反社会及人类整体发展需要的东西，而在相互促进中，个人意志中潜在的符合人类及社会发展需要的方面则扩大地实现了出来。第二，历史客观性形成的机制还有“历史决定性”机制。

即，历史客观性又根源于前后代之间的历史联系。每一代人进行活动时所凭借的客观条件都是前辈们活动的结果，这一结果对后代来说是客观的，不能自由选择的，因而使后代活动也具有客观性。这种客观性也是由主体活动之间的关系形成的，其结果也不能排除主体性。实际上，作为全部社会基础的物质生产力就是物质的主体力量，而非一般的自然物质力量；它反映的是社会对自然的主体性关系，而非一般的自然物质关系。在生产力基础上形成的一切社会关系就是主体得以发挥主体性的社会形式，我们怎么能从社会历史运动中排除主体性呢？因此，历史客观性本来就是以主体性存在为前提的，排除了主体性的客观性只能是自然客观性而非历史客观性。

问

您提出的“历史客观性”是“自为客观性”，就是这个意思吧？

答

是的。这种提法意在把历史客观性同自然客观性区别开来，以强调历史的特殊的客观性本质。自为客观性首先是一种客观性，具有自在性；但它又不同于自然界的客观性，它是主体社会活动进化的客观性，是一种由主体性活动造成的其中包含着主体性的客观性，因而与外在的自然客观性相区别。传统观念的错误，正在于把历史客观性等同于或还原为自然客观性。如人们在解释生产力的客观性时，就企图用生产力构成要素的自然物质性来说明生产力发展是客观的。人们说，由于工具是铁的，劳动力是生物体，它们都是物质的，因而生产力是客观的。其实，用生产力要素的自然物质性说明不了生产力的客观性。因为生产力要素只有在投入现实的生产过程并在主体意志的支配下运动起来时，才是现实的生产力要素。一旦它们摆脱了主体意志的支配而离开生产过程时，它们也就退出了社会生产力，又成为一些服从自然规律的自然物质了。因此，这种观点没有超出近代以来形成的机械论的解释框架。

问 在中国传统历史唯物主义研究中，这种机械论的思维方式有哪些表现？

答 以教科书为代表的中国传统历史唯物主义研究，在观点和结论上，总的来说是正确的。但是，由于受到机械论思维方式的影响，在对具体问题的理解上存在很多问题。它没有正确理解社会区别于自然的特殊本质，没有正确理解马克思的历史唯物主义的精神实质。教科书使用的是一种单纯的因果解释框架，这是机械论的解释框架。一般认为近代机械论世界观是笛卡尔创立的，而完成、实现了这次科学变革的则是牛顿。在那个时代，科学尚处于对无组织的无机界的简单的研究阶段，机械力学是这种世界观的主要科学基础。这种世界观描绘的是一个无机的世界图景，因果规律被看成是规律的唯一形式，一切联系都用因果联系去解释。这种解释框架只能说明无机界的运动，却不能解释有机体、社会历史的进化与发展。这是因为，单纯的因果联系只是用过去的状态说明现在和未来，而如果现象的变化标准仅仅取自过去，过程就会形成一种没有进步的循环。在过去的原因中所没有的，在未来的结果中也不会有。如果一切变化皆取决于过去，世界上就不会出现新东西，一切都是旧的变种。单纯的因果解释框架是“过去→现在→未来”，而有机体和社会进化的模式则是“过去←→未来→现在”，即每一个现在的状态，都是由过去和未来两种因素相互作用造成的。在这里，“过去”对过程的规定是一个因果规定，而“未来”的规定则是一种价值的规定，它通过合目的性表现出来。当一个胚胎卵连续不断地进行分裂，遵循着一定目标去构造有机体的结构和功能不同的各种器官的时候，我们看到了单纯的因果性说明不了的东西。在这里，每个细胞都好像了解自己的使命，根据生命整体的需要去改变自己，并发挥相互协调的功能。这里就有了（引申意义上的）价值规定。有机体似乎是一个（引申意义上的）主体，它根据自身的“价值目标”，进行自组织，使其各个不同器官协调起来以实现这一目标。这是有机体的合目的性，它说明，有机体不仅为过去所规定，而且为未来所规定。正因为有机体中引进了非因果的（价值的、未来的）规定，它才能超越过去，才形成了进步和进化。社会也是一个有机体，而且是比生命有机体更高的有机体，仅仅用因果性就更不能解释了。任何社会存在都是主体活动的结果，其中都不仅包含了因果规定，而且包含了价值规定。在这里，价值的规定是主体性的规定。排除主体性，就没有历史的进步。因此，历史唯物主义研究必须抛弃机械论的单纯的因果解释框架，在观念上有一个变革，把价值关系、主体性关系引进对社会历史的研究。

问

您提出社会规律是“自为规律”，也是与上述理解直接相关吧？

答

是的。社会规律是人的活动规律，它内在地包含着价值规定的规律，是因果规定和价值规定的统一，所以是自为规律。使用“自为规律”这一概念，主要是要把社会规律同无机界的自然规律区别开来，以便抓住社会规律的特殊本质。如，“生产关系必须适合生产力发展的要求”是社会的基本规律。这个规律中既包含着自在的因果规定，即“只有适合生产力发展要求的生产关系才能促进生产力发展”；也包含着价值规定：即“为了使生产力得到发展，生产关系必须适合生产力”。社会规律的这种性质，是由社会区别于自然（特别是无机界）的本质决定的。无机物遇到什么样的外部条件就发生什么样的运动，它没有对“存在”的追求，因而没有“需要”。而社会（乃至生命有机体）运动的“时间之矢”是向上的，即生存与进化。运动方向的唯一性，产生了对生存与进化的需求，因而只有能够满足其需求的联系，才是它的本质联系。在社会中，必要的才是必然的；那些不必要的（无价值的）联系是偶然的联系；那些反价值的联系（如生产关系不适合生产力）更不能成为社会规律。只有在规律中包含着价值规定，才有社会向上的发展。当然，生产关系不适合生产力要求的现象也会在社会中出现，但它不是社会的本质联系。也正因为如此，它才迟早要被适合生产力要求的生产关系所代替。如果否定社会规律中的价值规定，就无法理解落后的生产关系为什么必然要被先进的所代替了。

问

有的学者对您讲的“社会历史过程有合目的性”的观点提出异议。请您说说您的看法。

答

因为存在着观念、思维方式的冲突，因而在每一个问题上都会有不同看法。合目的性是生命有机体和系统运动的基本属性，这对于生物科学和系统论来说都已不是什么问题了。社会是不是有机体？是不是系统？如果承认社会是有机体（当然不同于生物有机体），承认社会是系统，就否定不了它的合目的性。我在1988年的一篇文章中把社会历史过程的合目的性概括为以下两种表现：第一，社会总是自动趋向于适合生产力要求的社会结构。当某种社会结构已经不适合生产力发展的要求时，社会就会发生激烈的震荡，寻求、探索适合生产力要求的新的社会结构。建立这种新的社会结构就成为社会有机体运动追求的目标；而当这种新的社会结构一旦形成，巩固、完善它又成为社会运动追求的新的目标。第二，社会历史运动的总趋势是趋向于人的主体性的提高和自由的全面实现，这也是合目的性的表现。这里必须指出两点：第一，历史过程的合目的性，是社会规律中的价值规定在历史过程中的表现，它是社会系统的自组织特性。第二，合目的性不等于合乎个人的主观目的，它也不是社会整体的现实目的。在自发运动的社会中，人们并没有自觉地意识到社会整体存在与发展的需要，因而没有社会整体的自觉目的。因此，合目的性不是主观性。

问

承认历史过程的合目的性，能否导致唯心主义的目的论？

答

在我看来正好相反。唯心主义目的论，不论是主观目的论还是客观唯心主义的目的论，都是机械论世界观的产物。机械论世界观的单纯因果解释框架，只能说明无机界的简单运动，它无法说明有机体的“目的性”和“组织性”。但是，在生命有机体和社会中，合目的性联系又是客观存在的，因而在因果解释框架下，人们只好把它排除在科学领域之外，用人的主观目的性或神秘的外在目的去解释这种真实的合目的性联系。因此，唯心主义的目的论是机械论世界观的必然产物和反面表现，是对单纯的因果解释框架的一种惩罚和补充。唯心主义的目的论同机械论是一对孪生姐妹。机械唯物主义只有在自然观上才能坚持唯物主义，一旦涉及历史就陷入了主观目的论，充分体现了目的论与机械论的“血缘关系”，只要科学不能解释生命的和社会的有机体中现实存在的合目的性联系，就消灭不了唯心主义的目的论；一旦科学（当代系统论和历史唯物主义）对真实的合目的性作出了科学解释，唯心主义的目的论就会不攻自破。

问

从思维方式变革的角度去探讨历史唯物主义中的那些争论问题，看来是很有意义的，它为我们统一认识提供了一个深层的理论支点。

答

是的。思维方式在更深的层次上影响着我们对每一个具体问题的理解。要做到具体观点的统一，首先必须在思维方式上统一起来。要理解马克思的历史唯物主义理论，就必须使用马克思的思维方式。如果我们用机械论的思维方式去理解马克思的历史唯物主义观点，就只能曲解它。最后我需要指出两点：第一，我这里讲的“观念变革”，并不是说在历史观发展史上曾经有过一个机械论阶段，而只是说，我们的历史唯物主义研究，由于受到近代机械论世界观的影响，在一些问题上没有正确理解历史唯物主义观点，因而我们应当肃清这种思维方式的影响。第二，我这里讲的历史唯物主义研究中存在机械论影响，只是就我国的历史唯物主义研究状况而言的，而不是说马克思创立的历史唯物主义本身存在机械论倾向。相反，我认为，只有清除机械论思维方式的影响，才能正确理解和坚持真正属于马克思的历史唯物主义。

（原载《哲学动态》1993年第12期）

学者近况

刘福森（1943.8—　），吉林大学哲学社会学院教授、哲学基础理论研究中心专职研究员。曾任中国自然辩证研究会理事、中国自然辩证法研究会环境哲学专业委员会副主任。主要研究方向为哲学观、马克思哲学、生态哲学和发展哲学。在哲学观研究中，批判了作为主流观点的形而上学本质主义的哲学观，对马克思哲学观作出了全新的理论概括；关于马克思哲学总体性质的研究，早在1991年就提出了历史唯物主义不仅是马克思哲学的新历史观，而且是马克思哲学的新唯物主义世界观；1995年提出了“发展伦理学”概念，对发展的合理性作了专门研究；在生态哲学和生态伦理学的研究中，超越了西方形而上学的自然中心主义与人类中心主义两极对立的思维方式，探索了一种新的实现人与自然和谐相处的新道路。主要著作有：《社会发展问题的哲学探索》（合著，1994）、《西方文明的危机与发展伦理学》（2005）、《马克思哲学的历史转向与西方形而上学的终结》[2017，被选入国家社会科学成果文库，并入选2018年国家社会科学基金中华学术外译（英文）项目]、《我们时代需要什么样的哲学》（2018）等。在《中国社会科学》《哲学研究》《哲学动态》《自然辩证法研究》等重要刊物发表学术论文130余篇，多篇被《新华文摘》《中国社会科学文摘》等杂志全文转载，被《中国社会科学》（英文版）翻译转载。

现实的哲学必须研究现实的矛盾

——访王伟光

学者简介

王伟光，1950年生于辽宁丹东，祖籍山东海阳。哲学博士，教授，时任中共中央党校教务部常务副主任。主要论著有《经济利益，政治秩序，社会稳定——社会主义社会矛盾的深层反思》、《社会主义矛盾·动力与改革》、《社会生活方式论》（主编）、《社会利益论》（合著）等七本，主要译著有《历史与阶级意识》（合译）等四本。

问

听说您一直致力于现实问题的哲学研究，尤其对社会主义初级阶段的社会矛盾问题有一定造诣。那么，您为什么要选择这样的研究方向？您已经开展了哪些方面的研究？

答

说我有志于现实问题的哲学研究，这倒是真的，但“造诣”却谈不上。

我之所以选择现实问题的哲学研究，是基于这样两个方面的考虑。其一，哲学应当面对现实，只有回答现实提出的重大问题，它才有生命力，也只有从现实生活中捕捉出重大课题，加以深入的开拓发展，才能真正地发展哲学。黑格尔曾从唯心主义观点出发，揭示了哲学和时代的关系，他说：“哲学的任务在于理解存在的东西，因为存在的东西就是理性，就个人来说，每个人都是他那时代的产儿。哲学也是这样，它是被把握在思想中的它的时代。”哲学的生命力在于它是时代精神的概括，现实的哲学就是时代的哲学。时代哲学是时代矛盾的理论结晶，任何社会历史的哲学命题，都是基于该时代矛盾的尖锐化而提出来的。对该时代矛盾的正确认识和科学抽象，正是对该时代特征、规律的把握，也就是该时代的时代精神——时代哲学。资本主义自由竞争时代所特有的矛盾是唯物史观产生的客观条件，唯物史观主要就是在对资本主义内在矛盾的理论概括和科学说明的基础上形成的时代哲学。中国现实的社会主义正处于其发展的初级阶段，它在发展过程中存在着一系列的社会矛盾。因此，发现和认识中国社会主义初级阶段社会矛盾的新特点，揭示中国社会矛盾和矛盾动力作用的客观规律，正是马克思主义哲学在中国所面临的重大的时代哲学课题。

其二，社会主义在中国及别国所走过的曲折历程，尤其是它在苏东所遭受的重大挫折，也充分说明了正确认识社会主义初级阶段的社会矛盾之必要。

关于我近几年结合现实生活提出的重大问题所进行的理论探讨和研究，主要有以下一些课题：社会形态理论及社会形态演变规律；社会主义初级阶段的利益群体和利益矛盾；社会主义初级阶段的基本矛盾、主要矛盾；人民内部矛盾和社会主义的发展动力；社会主义初级阶段的意识形态等。

问

您是否认为，回答了社会主义初级阶段的社会矛盾问题，也就为建设有中国特色的社会主义理论提供了哲学基础？

答

是的，在我们这样的大国实现社会主义的现代化，谈何容易！从主观上看，恐怕必须要解决好对中国社会发展规律的认识。毛泽东同志指出："辩证法的宇宙观，主要地就是教导人们善于去观察和分析各种事物的矛盾运动，并根据这种分析，提出解决矛盾的方法。"认识事物规律，就是认识事物内在矛盾的特殊性；认识中国社会主义现阶段的国情，就是认识它的内在矛盾的特殊性。只有深刻认识社会主义现阶段社会矛盾的特殊性，才能认清中国社会现阶段的社会本质，认清有中国特色的社会主义的发展规律。

问

认清了中国社会主义现阶段的国情、本质，把握了有中国特色的社会主义发展的内在规律，也就可以制定指导中国社会主义现代化建设的正确的路线、方针、政策和措施了。

答

是这样的。正是从这个角度讲，对中国社会主义初级阶段社会矛盾的科学认识，为建设有中国特色社会主义理论提供了一定的哲学依据。建国40多年来的实践表明，每当党和国家的领导人对社会矛盾的判断和处理失误，就会严重影响社会主义民主和法制的建设，就会给社会主义中国带来不应有的损失。社会矛盾是一个复杂的系统，只有正确处理中国社会存在的各类矛盾，才能按照中国现阶段社会矛盾运动的客观规律，建立起能够有效地调节社会矛盾的民主体制和法制体制，保证有中国特色的社会主义协调发展。

问

您对社会主义现阶段社会矛盾问题的研究进展如何?

答

驾驭社会主义初级阶段的社会矛盾这样一个重大课题，是有很大难度的。我分三个阶段开展对该课题的研究：一是收集综合资料阶段，二是专题研究阶段，三是完成研究成果阶段。在第一阶段，我收集了国内外理论界关于社会主义国家内部矛盾的有关研究资料和社会主义各国的国内矛盾的现实状况，以及东欧演变过程中和事变之后的社会矛盾演变情况，出版了一些资料汇编性的成果。如《论社会主义社会的矛盾和发展动力》等。在第二阶段，分门别类地进行专题研究，出版了《社会主义矛盾·动力与改革》《社会利益论》等论著。第三阶段，是科研最终成果，出版了《经济利益 政治秩序 社会稳定——社会主义社会矛盾的深层反思》这一专著。现在我正准备在现有研究的基础上，进一步拓宽深化这个课题的研究，如对社会主义初级阶段的利益群体及群体矛盾的研究。

问

关于社会主义社会的矛盾问题，一直是中国理论界普遍关注的重大理论课题之一，请问您在第三阶段完成的这本书，在理论探索上有哪些新方法、新思路?

答

以往对社会主义社会矛盾的研究，侧重于从政治思想方面来分析，而从经济事实出发，分析社会主义社会矛盾产生、发展和解决的根源则不够。我力图跳出旧的思路，打破脱离实际、套用辩证法的矛盾范畴、给实践贴标签的做法，确定了新的研究视角，这就是立足经济分析，从实际出发，注重从现实的社会主义国家实际存在的矛盾出发，考察中外社会主义建设的历史经验和教训，进行具体的、缜密的分析研究。在进行矛盾分析时，我采取了从经济利益入手，再进入政治、思想、文化领域的思路。全书按照这一思路分为六章，分别探讨了社会主义国家的经济矛盾、利益矛盾、商品经济矛盾、社会结构矛盾、人际矛盾，最后探讨了社会动力和体制改革。本书循着这一思路坚持以唯物史观的基本观点为指导，比较系统地概括了中国和其他国家的社会主义实践经验，比较完整地展现了社会主义社会矛盾纵横交错的生动图景，并提出了解决这些矛盾的原则性意见。

问 能否介绍一下这本著作在理论观点方面有哪些新的见解？

答 社会主义国家的社会矛盾是一个“老问题”，社会主义建设的历史有多长，这个问题的讨论时间就有多长。我力图在坚持马克思主义基本原则和坚持社会主义的前提下，解放思想，力求在理论上有所创新。主要有以下内容：

认真分析了社会主义现阶段商品生产的内在矛盾（在我写这个问题时，社会主义市场经济概念还没有成为全党的共识）。我认为社会主义商品（市场）经济的内在矛盾表现为：社会劳动和个别劳动的矛盾。这个矛盾具体表现为社会整体联合劳动、局部联合劳动、联合劳动成员个人劳动之间的矛盾；社会生产目的的两重性，经济运行的两重形式和社会分配的双重矛盾关系；社会主义商品（市场）经济的有计划性和一定的盲目性的矛盾，这对矛盾在社会主义生产力和生产关系的运动中展开为：一定程度的相对发展的生产社会化同不同所有制经济成分及公有制基础上不同层次的经营主体的相对独立性之间的矛盾。这个分析较好地揭示了社会主义商品（市场）经济发展的客观规律，预见了社会主义国家在发展商品（市场）经济的过程中可能出现的问题和困难，提出了如何发展社会主义商品（市场）经济的建设性的意见。

在分析了社会主义现阶段商品（市场）经济的基本经济关系之后，提出了经济利益问题，提出了在社会主义现阶段，在剥削阶级作为整体阶级已被消灭的前提下，怎样认识不同利益群体之间的利益矛盾问题。我认为，人民内部利益矛盾是一切人民内部矛盾存在、发展和解决的总根源，是制约其他各类矛盾发展的主导性矛盾；必须按照历史唯物主义的原则正确划分人民内部的利益群体，人民内部不同利益群体之间存在着群际矛盾；在一定条件下，人民内部的利益矛盾可转化为对抗性的利益冲突；必须加强民主制度和法制制度建设，用经济办法和思想政治工作来处理好人民内部的矛盾；等等。

本书还对社会主义基本矛盾和主要矛盾等概念作了明确区分，提出社会需要和社会生产的矛盾，渗透到社会主义社会生活的各个领域、各个方面，贯穿于社会主义历史发展全过程，起着根本的作用，构成社会主义基本矛盾的实质和核心；可以从生产力、生产关系（经济基础）、上层建筑和制度、体制、机构这两个层次上来认识社会主义的基本矛盾；等等。

这本书是在两年多前写的。我通过对社会主义国家内部和外部矛盾的交叉状况，经济、政治和思想矛盾的交叉状况，以及人民和敌我两类矛盾的交叉状况的分析，预见到社会主义国家内部有可能出现对抗性的矛盾，出现社会冲突和政治动乱，乃至出现社会危机现象，并且提出了预防与制止动乱和危机发生，保证社会正常秩序的根本措施和应急办法。在全面分析社会主义国家内部矛盾的基础上，还从主体和客体两个方面揭示了社会主义社会的发展动力，认为必须从物质利益和精神鼓励两方面来调动劳动者的积极性和创造性，必须通过改革，建立适当的利益刺激体制和经济政治体制，充分调动起群众的劳动热情，最大限度地发挥出社会主义社会发展动力的作用，在经济发展上最终超过资本主义，真正体现出社会主义制度的优越性。

问

在加快社会主义经济建设和改革开放的新时期，人民内部的矛盾有哪些新的特点？正确处理人民内部矛盾的意义何在？

答

新时期的人民内部矛盾，呈现出更加复杂的状态，其主要特点是：

（1）物质利益矛盾更为尖锐、更为突出。

（2）人民内部矛盾大量地、经常地发生在分配领域，集中表现为群众收入的差距，表现为收入差别所引起的矛盾。中国改革开放以来，社会分配格局发生了新的分化和组合，一方面，分配上的平均主义尚未完全打破，分配的合理格局远未完全形成；另一方面，又出现了收入差距过大和不合理的现象。因此，虽然群众的收入总体上增加了，但又引起群众新的不满情绪，加剧了群众之间的摩擦和矛盾。

（3）人民内部利益矛盾以直接冲突的形式表现出来。如一些群众之间会因为财产纠纷、资产分配、土地使用等问题，爆发激烈的纠纷和暴力冲突。如果对这些问题缺乏警惕，处理不当，就会影响社会稳定。

（4）人民内部利益矛盾往往集中通过干群关系表现出来，相当一部分群众的意见指向所在地区和单位的直接领导。

（5）人民内部利益矛盾冲突双方的群体界限十分清楚，群体意识十分明确。例如，中国知识分子具有明确的建立社会主义民主政体的政治意向，具有改善本利益群体生活待遇和工作条件的强烈的群体要求；普通职工群众的注意力则更多集中在工资、物价和福利待遇的物质利益要求上。

（6）目前正在进行的社会主义市场经济体制改革，使人民内部矛盾又出现了一些新情况。首先，社会主义市场经济体制改革一方面繁荣了社会主义经济，另一方面又使人民内部的利益矛盾更加普遍和明显。比如，由于把企业推向市场，进行了以增强企业活力为重点的改革，给企业“松绑”，这既调动了企业的积极性，使企业之间发生了广泛的横向经济联系，同时又使得社会主义的经济关系趋于复杂化，有可能促使企业更多地注重自身的效益，使生产和分配领域内的利益矛盾更突出、更复杂。又如，由于逐步培育了各类市场，利用市场机制进行经济调节，一方面搞活了社会主义经济，另一方面又使得社会主义的市场关系复杂化、矛盾多重化。其次，社会主义经济体制改革的发展，提出了政治体制改革的任务，使政治生活中的各种关系和矛盾明朗化、突出了。比如，如何处理党政关系、政企关系、党同民主党派的关系、中央同地方的关系，等等。再次，社会主义市场经济体制改革深刻地改变了人们的思想观念，改变了社会主义的人际关系结构，使得人民内部的人际关系更为复杂化、多层次化。总之，社会主义市场经济体制改革所带来的社会生活的深刻变化，赋予人民内部利益矛盾以新的内容和形式。

（7）在复杂的国际国内因素的综合作用下，人民内部利益矛盾同敌我利益矛盾，同一定范围内的阶级斗争交叉在一起，使人民内部利益矛盾表现出错综复杂的状况。

在新时期，正确处理人民内部矛盾，调动一切积极因素，化消极因素为积极因素，是中国当前政治生活的主题，也是维护社会稳定、发展社会主义市场经济的重要的基础，我们必须结合新的实际，认真研究和正确处理新时期人民内部矛盾。

问

通过您的介绍，我体会您的基本观点是，哲学研究必须紧密结合实际，分析现实矛盾，回答从现实中提炼出来的重大课题，这就是哲学面临的现实任务。

答

您理解得很对。哲学只有说明现实才有生命力，只有揭示时代矛盾才有理论上的彻底性。哲学要具有生命力，在理论上必须有现实感和时代感。哲学只有从现实中提炼问题，才能升华，才能发展。而且，哲学所概括的问题必须是该时代的重大课题，是时代矛盾的集中反映。拿马克思主义的历史唯物主义来说，要发展，就要解决三个层次的问题：一是善于概括历史唯物主义的基础理论，如社会发展规律论、社会矛盾论、社会动力论、社会利益论、社会价值论等；二是善于回答时代和现实提出的重大理论问题，如社会主义发展的规律问题、社会主义改革问题、人民内部矛盾问题等；三是善于解决当前历史唯物主义研究中的难点、热点问题。做好这三个层次的概括，才能从时代高度发展马克思主义的历史唯物主义。

（原载《哲学动态》1994年第1期）

学者近况

王伟光（1950.2— ），1981年毕业于北京大学哲学系，获哲学学士学位；后考入中共中央党校理论部，获哲学硕士和哲学博士学位。中国共产党第十七届中央候补委员、第十八届中央委员。曾任中国社会科学院院长、党组书记，学部主席团主席，中共中央党校副校长。现任第十三届全国政协常务委员、民族和宗教委员会主任，中国社会科学院大学校长，教授、博士生导师。兼任中国马克思主义研究基金会理事长、邓小平理论研究会会长、中国辩证唯物主义研究会会长。马克思主义理论研究和建设工程咨询委员会主任委员、首席专家，马克思主义理论一级学科、哲学一级学科学术带头人。中国共产党第十六次、第十七次全国代表大会代表，第十届全国人大代表、全国人大法律委员会委员。1987年获国务院颁发的“国家有突出贡献的博士学位获得者”荣誉称号。享受国务院政府特殊津贴。主要研究领域为：马克思主义哲学和马克思主义基本理论、马克思主义中国化和党的理论创新、中国特色社会主义重大理论与实践研究等。出版学术专著30余部，主要有：《社会矛盾论》《利益论》《科学发展观基本问题》《社会主义和谐社会理论基本问题》《王伟光自选集》《王伟光论文辑》《党校工作规律研究》《王伟光讲习录》《中国道路与马克思主义中国化》。主编著作主要有：《马克思主义基本问题》、《“三个代表”重要思想概论》、《“三个代表”重要思想研究》、《科学发展观概论》、《建设社会主义新农村的理论与实践》、《社会主义通史》（八卷本）。在国家级报刊发表论文400余篇。

改革传统的哲学模式势在必行

——访辛敬良

学者简介

辛敬良，1928年生，原籍浙江黄岩。时任复旦大学哲学系教授、博士生导师、马克思主义哲学教研室主任，中国历史唯物主义研究会理事。代表论著有：《马克思主义哲学导论》《历史唯物主义教程》《预成论与历史唯物论》《历史过程的主客体及其相互关系》《马克思主义的社会形态理论与市场经济》等。

问

您是国内在马克思主义哲学研究方面颇为知名的年长学者。由您主编的《马克思主义哲学导论》一书别具一格，富有开拓精神，能否谈谈有关哲学改革方面的构想？

答

好的。过去，我国的社会主义建设一直遵循苏联的模式。党的十一届三中全会以后，实行了两次大的战略转变：一是从以阶级斗争为纲转到以经济建设为中心，二是从计划经济向市场经济转轨。这表明我们在实践上冲破了苏联的模式，并取得了举世瞩目的成功。但是，在思想理论方面仍明显落在实践的后头，至今，我们的哲学仍在苏联的模式中徘徊。这不仅与蓬勃发展的社会主义改革实践相脱节，而且相冲突。

问

具体表现在哪些方面？

答

首先，邓小平和党中央根据我国社会主义建设的具体实践，提出并强调要建设有中国特色的社会主义。这是为中华民族在当代世界历史中定位，并突出了中华民族这一历史主体的创造力。目前正在推行的各项改革措施，从哲学上讲，就是弘扬主体性的实践。制定这一重大决策的理论依据，我认为正是实践的唯物主义。对于长期受苏联哲学模式禁锢的人们来说，这是难以接受的，他们固守着“唯物质论”（或唯客观主义），认为主体是“物质”，把“实践的唯物主义”和弘扬主体性视为“异端”或“资产阶级自由化”倾向，而加以反对，结果使自己的理论与当前蓬勃发展的社会主义改革实践格格不入，以致相冲突。其实，马克思主义哲学创始人早就抨击过这种“唯物主义”是“敌视人的”。众所周知，《关于费尔巴哈的提纲》第一条就是批评“唯客观主义”的，指出旧唯物主义的主要缺点就在于对事物不从“主观方面”去理解，“不当作实践去理解”。整个旧哲学的根本缺陷就是不能正确理解“实践”，这是“费尔巴哈和我们的敌人的共同之点”。哲学看起来很抽象，可是一旦禁锢了人们的头脑，就不易解脱出来。

其次，党的十四大作出要在中国建立社会主义市场经济的决定，这不仅在社会主义改革实践上是一大创举，而且是对传统哲学教科书社会发展五形态理论模式的重大冲击和突破。按照这个理论，社会主义只能搞计划经济，不能搞市场经济。不久前发生的一场脱离实际的姓“社”还是姓“资”的抽象争论，正是反映了这个问题。其实，历史和现实早已向我们指明：自从资本主义出世开拓了世界市场以后，每个民族和国家都已无法将自己封闭起来，拒绝外来的交往势力，这使得各民族、国家的发展和变革都有着依存关系。随着世界交往的普遍化，历史愈来愈成为世界史，从而每个民族和国家不会再完全重复走别国所走过的同样的道路。历史的本质是人们实践活动的结果的总和，不顾创造历史的主体的实践活动，用一个抽象的历史演变公式往各民族、国家头上套，这不是历史唯物主义，而是唯心主义的预成论。说到这里，应当指出，马克思关于三大社会形态发展的理论恰恰为建立社会主义市场经济提供了有力的论据。这一理论的特点是把社会发展同创造历史的主体——人的发展统一起来思考，明显地优于传统的五形态理论。

问　听了您的这些意见，很有启发。

答　问题当然不止这一些。又如精神生产在社会主义现代化中占有极重要的地位，“四个现代化”的关键是科学技术的现代化，这直接涉及精神生产问题。可是，按苏联的哲学模式就无法包容精神生产这个范畴，因为在那里，只有社会意识—社会存在、上层建筑—经济基础、认识—实践这类两极对立的范畴。而精神生产不仅是人的内在的主观意识活动，而且是外在的客观的社会活动，它不等于精神活动。在现代社会中，精神生产是一个重要的独立的社会生产领域，无论从产品、结构、生产要素的配置，还是从时空方面来说，都同物质生产有明确的区分，不属于物质生产过程。事实上，精神生产正是从物质生产实践活动中历史地分化出来的一种特殊的实践活动，随着社会的发展，其地位将日益显得重要。如按苏联的哲学模式，只能将它归属于“社会意识”范畴，既然只是“社会意识”，那就是所谓“软任务”。因此，在实际生活中轻视精神生产和精神文明建设是必然的，从而也就不可能认真贯彻“尊重知识，尊重人才”的方针。现实状况不正是如此吗？

上述这些问题，对于实践的唯物主义来说，则是题中应有之义。所以，在我们编写的《马克思主义哲学导论》（以下简称《导论》）中，全部包容了这些内容。

问　您作为主编，请谈谈《导论》的主要特点。

答　此书本名“实践的唯物主义导论”，由于众所周知的原因，出版时才改名为“马克思主义哲学导论”。虽然我是主编，但应当说，主要是复旦大学哲学系一批学者特别是中青年学者集体创作的成果。要说特点的话，主要是我们把唯物史观作为马克思主义哲学体系的核心，唯物史观部分在全书占的比重也最大。

问　这是个新思路，请说具体些。

答　长期以来，我们习惯地称马克思主义哲学为“辩证唯物主义与历史唯物主义”，用这个名称来区别于形而上学唯物主义，表示马克思主义哲学是彻底的唯物主义，这是无可非议的。但是，这个名称是否充分反映了马克思主义哲学的本质特征和社会功能，以及马克思在哲学上作出的主要贡献？我认为至少可以说是不够的。尤其值得注意的是，人们常常从这个名称中推导出历史唯物主义是从属于辩证唯物主义的观点。这就贬低了历史唯物主义在马克思主义哲学体系中的地位。事实上，马克思在哲学上的主要贡献以及由此而导致的哲学革命，不是别的，正是唯物史观的创立，恩格斯称这是马克思一生的两大发现之一。他强调指出，唯物史观的创立开辟了哲学发展新道路，并不止一次地称唯物史观为“新的世界观”。在《德意志意识形态》一书中，两位导师共同声称，对实践的唯物主义者即共产主义者来说，“全部问题都在于使现存世界革命化，实际地反对和改变事物的现状”。接着又指出，“正是共产主义的唯物主义者看到改造工业和社会制度必要性和条件的地方，他却重新陷入唯心主义”。从他们强调“使现存世界革命化”“改变事物的现状”“改造工业和社会制度”中，可以清楚地看出马克思主义哲学的立足点是人们的实践和面向未来。实践的唯物主义正是站在唯物史观的高度上提出来的。唯物史观是这一哲学的核心，因为离开唯物史观，就不可能有马克思主义的实践观，也不可能有这种崭新的哲学。

问

那么，自然观与唯物史观是什么关系？

答

在传统的哲学教科书中，辩证唯物主义部分大体上相当于旧唯物主义的本体论或自然观，其中的自然概念大体上又相当于物质概念。这部分的内容主要是论述自然界是“自因”的存在，人的出现对自然界的“本来面目”并无影响，这些观点同旧唯物主义没有本质上的区别，距离马克思的唯物主义甚远。在马克思那里，自然观的中心内容是阐述人和自然的关系，自然不仅是人赖以生存的条件，更重要的是人的实践活动的对象，即与作为主体的人相对应的自然客体。自然界本身不能满足人的需要，人通过生产劳动去改变自然，使之适合人的需要，从而使自然进入人类历史过程，成为历史的自然和人的作品。这样的自然不再是外在于人的活动、与人无关的“自因”的存在，而是和人的实践活动密切相关的属人的自然，向人生成的自然，或人化的自然，即人类学意义上的自然。事实上只要人类存在着，自然史和人类史总是互相交织在一起的，人类史正是自然生成为人的历史。因此，在实践的唯物主义中，自然观不仅和历史观相统一，而且将自然观统一于历史观中。因为只有立足于唯物史观的高度，才能正确理解人和自然的关系。

问

您说得很有道理，那么辩证法，特别是自然辩证法与唯物史观又是什么关系？

答

按马克思的观点，辩证法在本质上也是实践的，因为事实上只有在人类实践活动中，才能产生和形成科学的辩证法——自然辩证法、历史辩证法和思维辩证法。在传统的哲学教科书中，把自然辩证法视为纯粹外在于人的实践活动的东西，似乎自然规律就是自然辩证法。这种理解招来了不少西方学者对恩格斯自然辩证法的责难。事实上这是对恩格斯的误解。我们大可不必把教科书上的某些失误推给恩格斯，这种责难是不公正的。众所周知，正是恩格斯在批评某些自然科学家的自然主义观点时说，“它认为只是自然界作用于人，只是自然条件到处决定人的历史发展，忘记了人也反作用于自然界，改变自然界，为自己制造新的生存条件。日耳曼民族移入时期的德意志与‘自然界’现在只剩下很少很少了”。在另一处，他又指出，自从人类产生以后，自然界的变化总是同人的活动分不开的，自在的自然不断变为历史的自然。问题的关键在于自然辩证法并不是无中介地对自然界进行直观的结果或摹写，不是自然“本来面目”的直接反映，更不等于自然规律本身，它是以工业和科学技术的成果为中介的，真正的自然辩证法乃是自然界的客观规律性和人的合目的性活动相交织的产物。即一方面，它是以属人形态出现的自然规律；另一方面，它是“打开了的人的本质力量的书”。自然辩证法的主体不是外在于人的自然界，而是以人的实践活动为中介的自然界，它体现着自然尺度和社会尺度、客观尺度和主观尺度的统一。因此，离开唯物史观就不能正确理解自然辩证法。

问　请再谈谈认识论与唯物史观的关系。

答　这两者的关系就更密切了。人们创造历史的过程，同时即是认识发生和发展的过程，因为创造历史活动的过程是离不开认识活动的，所以历史观同认识论同样古老。毛泽东在《实践论》的开端就指出，考察认识的发生和发展不能脱离人的社会性和历史发展。事实上，人的认识的发生从一开始就具有社会历史性。劳动在从猿到人的转变中起着决定作用，它是一种有意识有目的的活动，这表明人从生态自然界中分化出来的同时，就发生了人对自然的意识和认识。在动物中只有萌芽状态的意识和认识，从这种萌芽状态的意识和认识过渡到人类的意识和认识是一个漫长的历史过程，这一过程始终受劳动（实践）发展过程的制约。通常在讲认识论时忽视对原始思维的考察，我们从布留尔、皮亚杰、弗雷泽等人的著作中，到处都可以找到人类认识在发生学意义上所具有的社会实践性原理的注脚，即意识在任何时候都是被意识到了的社会存在。马克思始终不离开人自身的历史发展去考察认识问题，他认为包括人的认识器官在内，都是历史的产物。恩格斯强调指出，“我们只能在我们时代的条件下进行认识，而且这些条件达到什么程度，我们便认识到什么程度”，又说思维的科学和其他科学一样是历史的科学。这些都是众所熟知的，无须多说。

综上所述，我认为马克思主义哲学的基本内容应是阐明自然、社会、人这三者的统一关系，为此，就必须立足于唯物史观的高度，并以它为核心。只有这样，才能深刻地揭示出自然、社会、人的三位一体的关系；也只有以唯物史观为核心，马克思主义哲学的各个组成部分才能构成有机的统一体。我们编写的《导论》，仅仅是一种尝试，提出一个框架，还很不成熟。

问

谈得很好，您今后有什么打算？

答

我想对唯物史观的有关问题，特别是一些被忽视的和与当代现实生活密切相关的问题作较深入的研讨，争取出一个集子。

（原载《哲学动态》1994年第2期）

面对现实的探索

——访黄楠森

学者简介

黄楠森，1921年生，祖籍四川富顺。时任北京大学哲学系教授。主要著作有：《〈哲学笔记〉与辩证法》、《哲学的足迹》、《〈哲学笔记〉注释》（主编）、《马克思主义哲学史》（8卷本，主编）、《马克思主义哲学史》（3卷本，主编）、《人学词典》（主编）、《列宁传》（合著）。

问

您近年在学术方面主要从事哪些研究项目？

答

近年来我在学术方面的任务比较重，主要精力放在如下四项工作上：一是继续编好《马克思主义哲学史》[以下简称《马哲史》(8卷本)]。该书现已出版5卷，还有3卷（第4、5、8卷）打算今年出齐。这方面我花了不少力气，它是我学术工作的一个重要组成部分。二是受教委委托，主编《马克思主义哲学史》[以下简称《马哲史》(教材)]，供全国高校哲学专业使用。我们力求反映当代的学术成果和现实实践的要求，使教材能以新的面目出现。基本思路是：在“8卷本”的基础上编写，力求简明扼要。全书分9章，约45万字，从马克思主义哲学诞生以来每50年写3章；重点放在20世纪马克思主义哲学的发展上。现在《马哲史大纲》已完成，不久将出版，教材可望1994年正式出版。三是以北大人学研究中心为依托，力图在人学理论、人学实践和人学体系建设方面做些工作。重点是加强对人的问题的综合研究和现实研究，以克服以往的人学研究的分散状况。四是研究中国特色的社会主义理论，探索哲学和社会主义市场经济的关系问题。也就是说，面对当今我国现实进行一些哲学思考。

问

《马哲史》(8卷本)研究力量雄厚，成果卓著，得到了中国学术界的肯定，对推动中国马克思主义哲学史的学科建设有重要作用。《马哲史》(新教材)在汲取《马哲史》(8卷本)研究成果的基础上，力图反映现实的要求。那么，它在反映当代现实方面做了哪些工作？

答

新教材力图反映两方面的现实：一是当代马克思主义哲学的发展这一意识形态方面的现实，二是当代中国改革和有中国特色社会主义建设这一社会实践方面的现实。目前我正着力于后一方面的工作。

问

您近年来较为关注改革和建设有中国特色的社会主义及市场

经济体制等方面的现实问题，发表了一些研究成果。请问您在这方面主要思考了哪些问题，您的主要观点是什么？

答

十四大报告提出中国经济体制改革的目标模式，是建立社会主义市场经济体制。这一新体制的建立，必将引起中国经济生活、政治生活和文化生活的巨大变化，同时也必将引起哲学观念的变化。面对现实，哲学怎么办？这对每一个哲学工作者都是不可回避的问题，与此同时也给哲学发展提供了一个大好时机。我以为，面对市场经济体制建设这一现实，哲学要抓如下三件事：一是从建立市场经济的实践中作出新的哲学结论；二是使哲学工作者适应建立社会主义市场经济的需要；三是运用马克思主义的观点和方法，研究社会主义市场经济建设中提出的与哲学有关的新问题。前两件事做起来较难，后一件事我们每个人都应该做，也可以做。

对于第三件事，我最近着重思考的主要问题有：社会主义市场经济的本质，建设社会主义市场经济过程中的矛盾，社会主义市场经济与人的主体性等。

关于社会主义市场经济的本质问题，我的看法是：应遵循马克思主义哲学关于普遍性和特殊性的辩证关系的原理，来把握社会主义市场经济与资本主义市场经济的共同性和差异性。市场经济确是在私有制特别是资本主义私有制条件下充分发展起来的，但不能认为只有资本主义才能利用市场经济。市场经济的普遍（一般）本质，是生产的社会化，它以市场作为资源配置的基本方式，企业根据市场需要决定生产什么、生产多少、怎样生产。资本主义市场经济和社会主义市场经济的不同，在于市场经济所依赖的社会条件不同：（1）经济活动的目的不同。前者的目的在于获取最高利润，后者不仅是追求利润，更根本的是满足人民的物质和文化的需要。（2）市场活动的主体不同。前者的主体是私有企业和个人，后者虽然也有私有企业和个人，但它以公有制企业为主体。（3）分配方式不同。前者实行按资分配，后者以按劳分配为主，共同富裕是长期目标。由此可以说，社会主义市场经济的本质就是在社会主义条件下提高生产社会化的程度，实现生产的现代化。

关于建立社会主义市场经济过程中的矛盾问题，我认为，建立社会主义市场经济是一个复杂的社会系统工程，要处理和解决好一系列的矛盾才能建立起来。其中首先要处理计划和市场、公有制和私有制、社会主义和资本主义、所有权和经营权这四对矛盾。市场和计划是共存的，同时也具有矛盾。计划经济以计划为主，并没有完全废除商品，其中就存在着计划和商品的矛盾，两种价格（双轨制）就是计划和市场的矛盾的表现。计划与市场的矛盾贯穿整个计划经济时期和整个市场经济时期，而市场经济的确立将为这一矛盾的解决提供更加有利的条件。一般认为在社会主义市场经济中，“计划是指导，市场是基础”，即在市场的基础上制订计划，在计划指导下培育和发展市场，如此把计划和市场结合起来，就能较好地处理市场经济中计划与市场的矛盾。在市场经济中，公有制和私有制当然是互相结合、互相补充的，但它们之间的矛盾又是多方面的，在货源、技术、人才、市场等各方面都有矛盾，这些矛盾都可以通过互相协商、互相让步、互相支持来解决，但最主要的矛盾是：发展下去，公有制究竟能否保持自己的主体地位？我们认为，只要搞活和加速发展国有大中型企业，其主体地位是可以保持的。对于社会主义和资本主义的矛盾的处理，既要坚持社会主义的主体和主导地位，又要充分利用资本主义的有用的、先进的东西。所有权和经营权的矛盾，主要存在于国有企业内部，解决得好不好，将直接影响国有企业的兴衰成败。

关于社会主义市场经济与人的主体性问题，我以为：不能说计划经济是人的主体性的失落，因为计划性就是人的主体性之一；但应该承认，在计划经济体制下，国家的主体性得到了充分发挥，而企业的主体性和个人的主体性确实受到多方面的压抑，因为在计划经济体制下，个人和企业的劳动与物质利益联系不起来。但在市场经济条件下，国家、企业和个人的主体性都能得到较好发挥。

问　除上述问题外，目前您还在思考哪些新问题？

答　目前我还在思考的新问题主要有三个。

一是经济体制的含义及与生产关系的关系问题。人们最早提出“经济体制”这一概念，是试图把经济体制与基本经济制度区别开来，指明我们要改革的不是社会主义基本经济制度，而是经济体制。但对两者究竟有什么区别和联系，认识上并不十分清楚。社会主义市场经济体制这一概念提出以后，人们试图把市场经济体制和社会主义基本经济制度区别开来，认为市场经济本身是中性的。当然人们也谈论到市场经济体制同社会主义制度的联系，认为两者可以结合，即“社会主义市场经济”。但它既然是中性的，怎么又是社会主义市场经济呢？问题在于它们是怎样结合的。有人解释说，社会主义市场经济不是指它本身是社会主义的，而是说它是社会主义条件下的市场经济。这种解释似乎也不能令人满意。总之，人们对市场经济体制与社会主义制度的联系的认识并不是十分明白的。过去，在政治领域，我们讲过政体和国体，但在经济领域里只讲过生产关系（所有制关系，人在劳动过程中的关系，分配关系）。从近年经济学的讨论来看，人们所讲的经济体制，大多是从生产关系的意义（角度）上着眼的。如有人提出，经济体制指的是劳动者与生产资料的具体结合形式，即生产资料所有制的结构和形式，还指经营管理方式和分配的具体方式（形式）。还有人指出，产权关系是经济体制的主要内容。那么，究竟什么是经济体制？它究竟属于生产力范畴，还是生产关系范畴？不弄清这一问题，我们就难于深入理解经济制度、生产关系、产权关系和市场经济的关系问题，也会造成改革的盲目性。我初步认为，经济体制属于生产关系范畴，它是生产关系的内容的实现形式。

问　您思考的第二个问题是什么？

答

是市场（商品）经济的等价交换原则的作用范围和限度问题。市场（商品）经济的一个基本原则是等价交换。我认为，在经济领域内，等价交换原则应充分发挥作用。经济活动是人们的基本活动，它对人们的其他社会活动，如政治活动、文化活动都有影响。问题在于，等价交换原则能否在社会生活各领域同样起作用？如果应有区别，区别何在？对这些问题，我们并不是十分清楚的。认识上的模糊必然导致行为上的混乱。在政治领域，显然不能实行等价交换原则，然而近年来，等价交换原则却渗透进了政治领域，有的搞权钱交易或者权物交易，有的搞权权交易，这是政治腐败现象日益严重的原因之一。新闻领域中有些活动是可以实行等价交换原则的，例如刊登广告，但新闻报道的任务是向社会报道真实信息，记者搞有偿新闻就违背了记者本职的要求。精神生产与等价交换原则之间的关系是十分复杂的。有些精神产品可以成为商品，如发明创造的专利、学术研究成果等。但是否一切精神产品都可以用等价交换原则来衡量呢？不一定。对有的精神产品，无法规定它的社会必要劳动时间，因而很难确定它的交换价值。有的精神产品有极高的社会效益，却无人能买，或无人愿意买。有的精神产品没有什么社会效益，只是由于它的稀缺程度或者仅仅由于人们需要，就可以卖很高的价钱。如果一切精神产品都用等价交换原则来衡量，都变成商品，那么，某些精神生产就会萎缩，如哲学、历史学等。在精神生产领域，商品经济的等价交换原则确实有一个运用范围和限度问题，弄清这一问题十分重要，它关系到社会的稳定、发展和国家的前途命运问题，因而有必要加以探究。

问

请再谈一谈您思考的第三个问题。

答

三是主观因素在建立社会主义市场经济中的作用问题。这里的“主观因素”主要指人的精神状态、意识和观念等。在当前中国建立社会主义市场经济的过程中，人的主观因素的作用越来越显得重要。具体表现为：（1）在传统的计划经济体制下，社会呈现稳态，人们的心理形成了一种定势。改革和市场经济的建立引起社会状况不断变化，对人的心理定式产生冲击，发生动荡，近年来常谈论的“心理不平衡”就是其表现。如人们对物价上涨议论纷纷，这首先不一定是人们的经济承受能力问题，而是心理承受能力问题。这样，主观因素在人的活动中就显得突出了。（2）人的心理的变化滞后于社会的变化，对社会感到不适应，从而使人们对许多事情看不惯或不满，以致引起人们精神上的躁动和焦虑。这是社会变革和转型时期通常都会出现的现象。（3）价值观引导显得日益重要。在新旧体制转型期，许多事物都处在变动（变革）之中，支配人们行动的价值观尤其如此。这难免导致在价值观上的观念冲突，出现思想混乱、是非不分和易走极端等现象。比如：“一切向钱看”反映了市场经济中企业追求利润最大化的倾向，有其合理性，但这个提法本身夸大了经济效益，否定了社会效益。特别是在政治、文化领域，经济效益和社会效益的关系十分复杂，决不能“一切向钱看”。总之，主观因素在市场经济体制下的作用已越来越突出。

问

主观因素在建立社会主义市场经济中的作用问题涉及人的问题。近年来，您一直关注人学问题，尤其是在人学学科建设方面，您是积极的倡导者之一。您能否就中国人学研究的现状和问题谈些意见？您牵头成立的“北京大学马克思主义人学研究中心”有何打算？

答

我对人学的研究刚刚开始，一些观点不一定成熟。但觉得这是一个世界性的前沿课题，很有发展前景，也是一个具有重大理论意义和现实意义的课题。但对我国来说，却是一项需要进一步开拓的工作，尤其需要青年学者承担这一历史使命，填补这一空白，所以近几年，我让我的几个博士生从事人学研究。可以回顾一下，自80年代初的人道主义和异化问题讨论以来，人的问题引起了理论界的重视。人性、人的本质、人的异化、人的价值、人的需要、人的主体性、人权、人的自由和人的全面发展等问题都提出来讨论过，但这些讨论仅仅分散地涉及人的某一方面，为了把讨论和研究深入下去，有必要把人的各方面的问题综合起来进行研究。此外，过去对人的问题的研究还多停留在抽象的层次上，没有回到现实中来；把它与社会主义市场经济联系起来，从市场经济角度研究人的问题，是一个有待开拓的“处女地”。近来有人开始这方面的工作，很有意义。

对人的问题进行综合研究，就是要建立科学的人学理论体系。人学理论体系比较抽象，不易被人们理解，再加上这门学科需要综合各门学科关于人的知识，建立起来难度很大，所以至今还没有引起学术界的广泛重视。但不管怎样，这是我们理论工作者的使命，也是我们人学研究中心的主要任务之一。我们的人学研究中心已把首都学术界对人学有一定研究的专家学者组织起来，协同攻关。“中心”发展的基本思路，是以对人的问题的现实研究带动人学理论体系的建设。

（原载《哲学动态》1994年第3期）

学者近况

黄楠森（1921.11—2013.1），中国哲学家、哲学史家、哲学教育家，北京大学资深教授，中国马克思主义哲学史学科和人学学科开创者。1981—1987年任北京大学哲学系主任。在对马克思主义哲学理论的开拓性研究上，致力于创建马克思主义哲学科学理论体系。出版专著《〈哲学笔记〉和辩证法》（1984）、《有中国特色社会主义文化建设研究》（合著，1995）等，主编《〈哲学笔记〉注释》（1981）、《人学词典》（1990）、《马克思主义哲学史》（8卷本，1996）、《人学原理》（2000）、《马克思主义哲学体系的当代构建》（2011）等。曾获全国“五个一工程”奖、中国人民大学吴玉章奖、北京大学蔡元培奖、北京大学哲学教育终身成就奖。

历史唯物主义与当代社会

——访杨耕

学者简介

杨耕，1956年生，安徽合肥人。哲学博士。时任中国人民大学哲学副教授。主要著作有：《马克思的社会发展理论及其当代意义》、《马克思的社会研究方法及其当代意义》（即将出版）、《历史唯物主义研究概览》（合著）、《当代社会科学方法》（合著）、《邓小平与当代中国》（合著）等，参加编写《历史唯物主义原理》（哲学专业教材）等。发表论文100余篇。

问

从您近年来出版的论著看，您的研究领域较广，涉及唯物史观、马克思主义史、历史哲学以及社会发展理论，您的研究主题是什么？

答

我的研究主题是历史唯物主义的当代意义。具体来说，就是力图站在当代实践的基础上重新审视历史唯物主义，反思历史唯物主义在当代面临的问题，探寻历史唯物主义的当代生长点，建构历史唯物主义的当代形态。我的百余篇论文都是围绕着这个主题展开的，研究成果主要凝结为三部著作：《马克思的社会发展理论及其当代意义》《马克思的社会研究方法及其当代意义》《马克思的历史认识论及其当代意义》。

问

在对马克思主义社会发展理论的研究中，各种观点不一致甚至很不一致，那么，您是如何探讨和理解马克思的社会发展理论的？

答

对社会发展问题的研究，不同的学科有不同的角度，由此产生了发展经济学、发展政治学、发展社会学，等等。马克思的社会发展理论属于社会哲学范畴，它的研究主题是社会发展的规律、机制、类型和道路，其基本内容涉及社会发展和自然环境、社会发展和人的发展、社会发展和经济发展的关系，社会发展中的稳定与发展、公平与效率、理想与现实、传统与未来、个人与社会的关系，社会发展中的评价标准问题，社会发展的类型以及历史向世界历史、农业文明向工业文明、传统社会向现代社会的转变问题。当代社会发展理论对许多重大问题的探讨都是在马克思社会发展理论的基础上展开的。马克思是社会发展理论的真正奠基人。

在我看来，马克思社会发展理论的基本特征是：（1）确认实践是社会的本体和存在方式，实践是人类发展的空间。（2）从客体的角度把社会发展区分为原生形态、次生形态（包括奴隶社会、封建社会和资本主义社会）和再生形态，从主体的角度把社会发展区分为人的依赖形态、人的独立形态和自由个性形态。（3）从社会需要如何产生和满足的角度揭示了社会发展的内在机制，即物质生产、人的生产和精神生产维系着社会的生存和发展。（4）指出了从传统社会转向现代社会的途径，即从自然经济转向商品经济、从个体生产转向社会化生产、从简单的劳动过程转向科学的生产过程、从民族历史走向世界历史。（5）揭示了社会发展的基本类型，即“内源”发展、“派生”发展和“超越”发展。

问 您的见解颇有新意，请您具体谈谈“内源”发展、“派生”发展和“超越”发展的问题。

答 所谓内源发展，是指外部因素和关系对该社会发展的影响极小甚至没有影响，发展主要是由该社会内部的因素和关系决定的。古希腊罗马的奴隶制、中国的封建社会和西欧资本主义社会均属于内源发展型。当各个民族处于封闭孤立状态时，社会发展以内源发展模式出现，或者说内源发展是这一时期社会发展中的主导类型。当交往尤其是世界交往出现后，社会发展的内源发展模式便被摒弃了，“派生形态”、“超越”发展开始出现，并逐渐成为社会发展中的普遍现象或常规现象。“派生形态”是指某种社会关系在某个民族那里不是“自然形成”的，而是从其他民族那里“转移来的”，或者是外来民族“带来”的、“导入”的。任何一种社会关系的派生形态都在不同程度上偏离了“原生形态”，并“有所变形”。马克思就认为，“导入”英国的封建关系要比在法国“自然形成”的封建关系较为完备。“超越”发展是一种跳跃的发展形式，即在发展过程中跨越了一种甚至几种社会形态。尽管不同民族超越的对象及其途径都是特殊的，但是，只要在同一时代存在着不同的社会形态，只要处于不同社会形态的民族之间进行交往，那么，在交往相关性的作用下，超越现象就会不断发生。奴隶社会、封建社会以及资本主义社会在不同的时期、不同的地区都被不同的民族不断地超越过，所以，“超越”并非像通常所说的那样，是社会发展中的个别或特殊现象，相反，它是一种常规现象。也就是说，社会发展中存在着一般规律，但不存在一般道路。规律总是抽象的，道路却是具体的。与一般规律相对应的并不是一般道路。

问

您曾就马克思的世界历史理论写过不少文章，听说您最近对这一问题有了新的见解，请您谈谈这方面的问题。

答

好的。在马克思的社会发展理论中，世界历史的形成标志着世界的整体化，然而这只是问题的一个方面；另一方面，资产阶级开创世界历史的过程实际上造就了资本主义世界体系。这是一个“中心—卫星”式的资本主义体系，即从事工业生产的国家居于中心，从事农业生产的国家则属于卫星国。马克思指出，在世界历史中，农业民族从属于工业民族，东方从属于西方；工业国和农业国之间存在着“不平等交换”，中心国家残酷地剥削卫星国；中心国的发展是以卫星国的不发展为代价的，这是一种使卫星国中的个人和民族“遭受流血与污秽、穷困与屈辱”才能达到的发展。马克思的这些观点在当代“世界体系”理论中得到了深化、具体化和系统化。正因为如此，沃勒斯坦的“世界体系”理论被称为“20世纪80年代的马克思主义”。

问

据我所知，您即将出版的《马克思的社会研究方法及其当代意义》一书，得到了有关专家的好评。在选择这一课题时，您是如何考虑的？

答

唯物史观本身就是一种方法，即“唯物主义方法”。马克思恩格斯的这一论断经常被各种哲学、史学论著引证，但是，对于这一论断的理论内涵及其真实意义，迄今尚无系统性的论著；在引证这一论断的著作中，又往往把方法理解为唯物史观的一种功能，而不是把方法视为唯物史观的本质规定。在我看来，方法犹如一个能聚集光至燃点的特殊透镜，没有科学的社会研究方法，就不可能有唯物史观及其所造成的革命变革；反过来说，唯物史观本身也是一种方法，科学的社会研究方法。社会本体论和社会方法论的统一，是唯物史观的客观的安身立命之本。把握了这个根本也就把握了唯物史观的生命线。所以，我写下了《马克思的社会研究方法及其当代意义》。这部著作从社会有机体分析法、交往分析法、阶级分析法、实践反思法、科学抽象法、解释法等方面较为系统地探讨了马克思的社会研究方法。这里的基本思路就是：唯物史观的每一个原理同时又是方法。

问　您是如何理解唯物史观的每一个原理同时又是方法的？

答　马克思的社会研究方法以及唯物史观都不是从“辩证唯物主义”中推导出来的，社会研究方法有其内在发源地，这就是社会本体论。社会研究方法的“原型”就在社会关系、社会活动的“格”中。这是其一。其二，从历史上看，社会科学方法的演变总是与对社会的思维模式联系在一起的，社会研究方法实际上是社会本体论的工具化、操作化。其三，社会研究方法是知识生产和知识分析的统一。作为知识生产，方法是分析社会的手段，形成关于社会的某种观点；作为知识分析，方法是概念内在关系的分析，是形成理论体系的过程。我正是从这三个方面来理解这一问题的。

例如，马克思的社会有机体理论同时又是方法，即社会有机体分析法。列宁就认为，马克思的辩证方法正是社会学中的科学方法，这种方法把社会看作是活动着和发展着的机体。马克思把社会看作“一切关系在其中同时存在又互相依存的社会机体”，他的社会有机体理论因此就蕴含着结构分析法、同构分析法、再生产分析法、交往分析法、个人—社会分析法、自律—他律分析法、总体—要素分析法、基础—新层次分析法以及“社会人的生产器官”分析法。这本身就是一个方法系统。

问 您如何看待社会科学方法系统的基本内容？

答 从当代的知识结构来看社会科学方法系统，它们包含着三方面的内容：(1) 科学抽象系统，这是揭示社会“是什么”，并把社会运动规律逻辑地表述出来的方法；(2) 科学解释系统，即对“是什么”进行“为什么”的解释，是对社会系统及其事件、现象进行“理解”和“解释”的方法；(3) 科学实证系统，这是对上述的抽象和解释进行检验的方法。只有在具备抽象、解释和实证三大方法系统后，社会科学方法才是具有自身特殊性的科学方法。然而，我们目前对社会科学方法的探讨还停留在科学抽象系统上。实际上，这只是社会科学方法的组成部分之一。

问 马克思社会研究方法和当代西方社会科学方法的关系是什么？

答 当代社会科学方法的一个显著特征，就是“范式”的并存、对立和交叉。从总体上可以把当代社会科学方法划分为八种“范式”：(1) 实证主义的范式；(2) 解释学和人文主义的范式；(3) 社会唯实论的范式；(4) 社会唯名论的范式；(5) 结构—功能主义的范式；(6) 社会生物主义的范式；(7) 社会活动论的或行为科学的范式；(8) 当今马克思主义者运用的马克思主义的方法范式。马克思主义的方法范式强调从实践出发来理解社会以及社会与人的关系，它抓住了人类社会的核心，即生产力和生产关系的矛盾，并以这一核心为基础形成一种“核心发散式”的社会研究方法，即从社会的内核、本质、深层结构向外层及其各个侧面、各种关系发散。而其他方法范式只是抓住了社会的某一侧面，只是从这一侧面出发并把一切归结到这一侧面，它们在本质上属于“局部收敛式”的社会研究方法。

当然，从某一方面来研究社会又是必要的，因而其他方法范式系统又是局部合理的。实际上，当代西方社会研究方法都可以在马克思的社会研究方法中找到萌芽或源头，但它们的走向却是相反的：前者是一派否定另一派，后者则是从自身的内核中不断发散出去，本身就是一个整体。造成这种现象的根本原因就是：马克思抓住了社会的根本，从这一根本出发自然会辐射到社会的各个侧面、细部、环节中，从而形成一个整体；当代西方社会科学其他流派则从社会的各个侧面、细部、环节出发，因而它们的联系运动表现为只有不断地相互否定才构成整体。肖前教授对此评价道：“这是对马克思社会研究方法的科学性极其简要而又十分准确的概括，同时又是对当代西方其他社会科学方法中肯而又切中要害的批判。”

问

您在开始时提到探寻历史唯物主义的理论生长点问题，在您看来，历史唯物主义在当代的理论生长点是什么？

答

历史唯物主义在当代的理论生长点是历史认识论。这是因为：（1）历史认识论是马克思有所论述但又未具体展开详加探讨的问题，或者说是以萌芽、胚胎形式包含在历史唯物主义中的问题；（2）这一问题又是当代社会实践和历史科学、历史哲学所突出的问题，即“热点”问题；（3）当代社会实践以及哲学、历史学、心理学、思维科学等又为解决这一问题提供了现实的可能性。我正在撰写的《马克思的历史认识论及其当代意义》就是力图建构马克思的历史认识论。

问

可是，通常认为从历史本体论转向历史认识论标志着西方历史哲学的没落……

答

不能这么说。从总体上看，当代西方历史哲学的确没有解决历史认识论问题，但这并不是说转向历史认识论研究本身就是错误的。历史是已经过去的存在，在认识历史的活动中，认识主体不可能直接接触认识客体，认识对象的这种特殊性给认识带来了一系列的特殊困难，并使历史认识论的研究具有必要性；历史本体论的真正确立有赖于对人们认识历史能力的分析，历史本体论如果与历史认识论“绝缘”，其结论必然是独断的、不可靠的。人们认识客体的活动发展到一定阶段，就会在某一时刻不多不少地转变为对这种认识活动本身的批判。换言之，研究重心从历史本体论转向历史认识论完全符合认识规律，所以在我看来，从历史本体论转向历史认识论研究绝不意味着历史哲学的没落，相反，却意味着历史哲学的成熟。

问

那么，构成马克思的社会发展理论、社会研究方法和历史认识论相统一的基础，以及历史唯物主义的根本特征是什么？

答

统一的基础是科学的实践观。全部社会生活在本质上是实践的，历史不过是实践活动在时间中的展开。从根本上说，历史唯物主义是实践本体论。抽去这一点，历史唯物主义就成为无根的浮萍。

问

您目前的理论兴奋点是什么？

答

中国现代化的问题。中国的现代化可谓“九死一生”，从总体上把握中国现代化的历程，由此引发对民族生存方式、社会发展的哲学思考，是哲学工作者应有的良心和使命感。哲学需要思辨，但哲学不应是脱离现实的玄思。它必须关注现实，将理论触角伸到现实的深处。现代化运动是当今中国的最大现实，我们应为之呐喊、努力、鸣锣开道。关于中国现代化研究的主要成果，将是我的《东方的崛起》。这部著作以较大的历史跨度再现中国现代化的历程及其内在逻辑，其意在于："让历史告诉未来"。

问　您的理论研究确有自己的特色，那么，您追求的理论境界是什么？

答　建构理论空间，雕塑思维个性。

（原载《哲学动态》1994年第4期）

学者近况

杨耕（1956.2—　），北京师范大学哲学学院教授、博士生导师。教育部长江学者特聘教授。国务院学科评议组（哲学）组长，教育部社会科学委员会学部委员，北京市社会科学界联合会副主席，中国辩证唯物主义学会副会长。曾任北京师范大学党委常委、副校长，中国人民大学哲学系教授、博士生导师。先后出版学术著作18部，代表作为：《为马克思辩护：对马克思哲学的一种新解读》《危机中的重建：唯物主义历史观的现代阐释》《重建中的反思：重新理解历史唯物主义》《东方的崛起：关于中国式现代化的哲学反思》。先后在《人民日报》、《光明日报》、《求是》、《中国社会科学》、《哲学研究》、《唯物论研究》（日本）等报刊发表学术论文200余篇，代表作为《重新理解唯物主义的历史形态及其革命性变革》《当前马克思主义研究中的五个重大问题》《后马克思主义：历史语境与多重逻辑》。先后主持国家社会科学基金重大项目、国家出版基金重大项目、教育部哲学社会科学重大课题攻关项目等7项。先后获国家级教学成果奖、国家精品课程、中国出版政府奖图书奖等国家级奖8项；个人先后获评中国出版政府奖优秀人物奖、韬奋出版奖等。

走向现代伦理

——访万俊人

学者简介

万俊人，1958年生于湖南岳阳。时任北京大学哲学系教授。主要著作有《萨特伦理思想研究》、《现代西方伦理学史》（上、下卷）等，参与编著《西方著名伦理学家评传》《人学词典》等，译著有《自为的人》《主体的黄昏》《道德语言》等。发表学术论文60余篇。

问

您是研究西方伦理学的，在这一领域有不少著述。可我发现，自1990年以来您似乎开始把学术研究的重心逐渐转移到伦理学基本理论特别是新伦理理论的构建上来了。您是否有意识地在进行一种由史及论的学术转向？若是如此，又是基于一种什么样的考虑呢？

答

不错，您的揆测是准确的。我是1983年投入周辅成老先生门下攻读西方伦理学史的。在此之前的大学时代我便开始对这一专业抱有浓厚兴趣。1986年留校执教后也一直在为伦理学专业研究生开设“西方古典伦理学史”“现代西方伦理学”等课程。但我并不想终生拘囿于这偏僻一隅。我的设想是由西入中，进而由史入论，甚至于由伦理学拓展到其他相邻学科，比如价值哲学等。所以，1990年，在我完成两卷本《现代西方伦理学史》一书的初稿后，便把精力逐步转向了中国伦理学史和伦理学基本理论的研究。

至于说到我作出这种转向的考虑，可以说一半是适应学理本身的要求，一半是由于理论现实和生活现实的促动。我很欣赏史学大家克罗齐的一句话：一切历史都是现代史。研究西方伦理学史也是为了研究伦理学，具体地说是为了现代中国的伦理学理论建设。我以为，要较好地实现这一学术目的，首先必须较为系统地研究中西伦理学史，而不能总停留在几个一般性的概念注解甚或几个问题的争辩层面。史论无界，没有深厚的专业历史知识，就很难有深厚的学理知识和理论创造。所以，我一开始便有一个计划：先穷西方伦理，后返中国传统伦理，再达现代伦理理论。这是基于我对国内伦理学理论现状和现实生活需求的认识而制订的计划。依我所见，我们现在的伦理学是急待改进的。您也知道，现在哲学界有一种看法，认为中国现在没有真正的伦理学，只有道德概论。这种看法有些偏颇，但也从侧面反映了现行伦理学在学理建构上的重大欠缺。而另一方面，现实生活的急剧变化却又对伦理学提出了愈来愈强烈而严格的要求。科技的高度发展、经济生活的革命性变革、人们生活方式和价值观念的巨大变化，等等，都以其现代化的时代节律催促和呼唤着新伦理的诞生。

问

这正是我想问您的。有人说，现代中国，生活正走向火热，而哲学却正在走向孤寂，这其中也包括道德哲学。

答

是的！道德哲学或伦理学的情形也许更严峻。依上述说法，可以说伦理学正在走向危机。因为它本来的学理基础就较为薄弱，在以社会主义市场经济为主体目标的改革开放浪潮中，它所受到的现实冲击和理论挑战显然更强烈更严峻。

问

您是如何看待这种冲击和挑战的？

答

这是进步时代的进步要求，既不应回避，也不应悲观，更不应采取消极否定的态度。唯一的办法是，脱出伦理学的理论困境，走向现代伦理，迎接新生活。

问

您说的“走向”是什么意思？

答

重建！现代伦理的重建！

问

这是否就是您在《北京大学学报（哲学社会科学版）》1990年第1期上发表的那篇《论中国伦理学之重建》所提出的见解？听说美国密西根大学伦理学教授D. J. 芒罗（Donald J. Munro）称您这篇文章“为未来中国伦理学研究制订了一个广阔而又平稳的日程”，是这样吗？

答　是的。不过，芒罗教授对拙文的评价有过誉之处。实际上，那篇文章是不太成熟圆满的，其中的设定仅仅属于我个人的考虑。

问　*这是否意味着您现在有了更成熟更系统的思想？我很想听听这方面的见解。因为我们了解到，目前国内哲学界包括伦理学界都对新的社会条件下的哲学和伦理学改革抱有浓厚的兴趣，社会也对此寄予热切的期望。另一方面，人们又多少有些忌讳“重建”这个字眼。*

答　谈不上成熟和系统，只是在进行一种阶段性的思想厘定工作。对“重建”，不同的人有不同的理解和规定。我的理解是，“重建”主要意味着某种理论的更新和超越。但它既不是简单地撇开乃至抛弃传统的或既定的理论，也不是用某种域外理论简单地取而代之，而是立足于原有基础上的更新改造，使理论推陈出新，适应新的时代要求。

问　*那么，您理解的现代中国伦理究竟是怎样的呢？*

答　我所谓的“现代中国伦理”有两层含义：第一，它应该是与社会生活的现代化要求相吻合的具有现代文明品位的伦理价值精神，这就要求它必须能够真实而深刻地反映人类现代道德生活的内在要求，具有开放性的世界性视境，并在社会主义现代化进程中合理地确立自身的理论方位。只有这样，才能与现代化经济建设（以现代市场经济为核心）、现代民主政治和现代文化秩序相适应，保持其应有的理论生命力。这就叫作现代社会需要现代伦理精神。马克斯·韦伯所说的“新教伦理”改革与资本主义揭示了西方近代文明化行程中现代伦理重建的宗教方面。我们现在是搞社会主义现代化，性质有别，但理论内容上同样存在重建的客观需要，这是无可否认的事实。

第二，现代伦理是相对于传统伦理而言的。中国是以“礼义之邦”著称于世的文明古国，孔子及其所创立的儒学是人类文明历史上最为珍贵的道德文化遗产之一。但这既是我们的优势和幸运，也是我们的劣势和不幸。过于丰厚的伦理文化遗产既可以成为我们进行现代伦理创建的丰富资源，也可能成为沉重包袱。自19世纪末以降，我国社会的现代化变革崎岖坎坷、一波三折，其间最为艰难复杂的关键，就在于伦理价值观念的变革。从“物器（物质科学技术）”到“政制（社会制度）”再到“道统（文化道德）”的中国近代化历程显示，“伦理觉悟”确乎是我们“最后之觉悟”（陈独秀语）所在。这至少说明了一点：某一传统要素愈深厚，其现代变革就愈艰难，因之也愈深刻、愈痛苦。今天，我们重提现代伦理，其基本含义也在于实现传统伦理的“创造性转化（creative transformation，林毓生语）”。不过是在新的更高的理论层次上的创造性转化，是在坚持和发展马克思主义的前提下，批判地改造传统伦理文化遗产，吸纳现代文明观念的新营养，创造性地构建反映着中国社会主义现代化道德价值观念取向的新伦理学体系。

问

您能否谈得更具体一些？比如说您对现代新伦理学体系的基本构想，等等。

答

我认为，中国现代伦理学的理论构建应当是综合创造性的、全面的和长远的。它至少包括三个基本层次结构：（1）伦理学本体或道德形而上层次。在这一层面，应从人、价值和文化之交叉视境来解决好伦理学作为一门特殊人学、一门特殊价值学（善恶论）和一种文化精神内核的理论特性问题，以建立起道德的人性理论、道德主体性原理、价值（善）原理和文化预制理论等深层理论系统。这是保证伦理学具有现代精神气质的理论必需，也是改造传统伦理文化，使之脱出常识化经验化层面的有效途径。

（2）道德规范系统及其操作系统的建设层次。这一层次的关键是解决好道德规范系统的合理性和规范操作系统的有效性问题，这是我们原有理论在现实生活中遇到的最大困难所在。我个人认为，这一层次应以社会主义功利与公正两个基本原则为基点，以健康合理的集体主义和人道主义为价值规范导向，以健全的社会主义现代民主与法制建设为外在保障，以现代道德意识观念、心理情感和理想道德人格的培育为内在条件，最终达到道德规则的合理性与道德主体的自觉主体性的契合、内在转化和有效运作。这中间，教育将占据越来越重要的地位。（3）现代日常生活伦理的建设层次，即日常人伦、家庭、职业、公共道德以及社会风俗、习惯、节期礼仪、民俗风尚等具体经验生活领域的道德现代化文明化建设。这一层面既是现代伦理道德观念生长的土壤，也是现代伦理价值精神得以最终落实的广阔基地。

问　您的这些设想很有意思，也颇为宏大，是否是您最近研究的课题总结？

答　不敢妄称宏大，只是作一种新的理论探索而已。这些观点确实是我新近研究课题的主要内容。我最近投笔的一部专著就叫作《走向现代伦理》，那里面有较详细的表述。

问　这部新著就是您所谈到的“阶段性厘定”的成果吗？

答　不是全部，但是主要部分。

问　能否预先给我披露一下新著的某些内容，抑或是它的风格特点？

答　　没有什么值得保密的。只是时间有限，不能详谈。在这部探索性的专著中，我尝试着以史思兼顾的学术表达方式，陈述我对现代中国伦理构建的基本思路和初步观点。我把主题的展开置于19世纪中叶以来中国伦理在历经由传统社会向现代社会的转变过程中起伏递嬗的历史视境之中，同时也以相当篇幅考察了西方近现代伦理与其现代化进程之间的配应关系，以期使我对现代中国伦理的思考获得一种更广阔的世界性视境，从而仰仗着较为全面和丰厚的历史解释，表达和确证我对现代中国伦理学理论构建的设置方案……

问　　对不起，打断一下，您两次提到“世界性视境”这一新概念，请解释一下，这个概念对您的现代中国伦理之设置有什么特殊意味？

答　　如果一定要说有什么“意味”的话，那就是它表达了我对中国伦理学所处现代背景的一种强烈感悟。

问　　您是指现时代的改革开放之于伦理学研究的特殊背景意义？

答　　正是。

问　　这种现实背景的特殊意义何在？

答　　至少有三个方面。第一，它标志着中国真正转入了社会现代化的崭新历史时代。以经济建设为中心的社会主义改革开放特别是社会主义市场经济的建立，使我国社会的现代化转型得以最终落实，从而现代中国伦理的构建问题才被提上议事日程，有了较为充分的社会客观条件。第二，社会主义现代化绝不只是经济的现代化单面突进，它必然是社会主义政治、经济、文化、道德等方面的整体现代化。而现代化的根本特征之一便是其开放性。也就是说，它不仅要求经济生活的国际化（即所谓“加入国际经济循环”），同时也要求文化和道德价值观念摆脱狭隘的地域封闭，具有开放的精神胸襟。第三，随着人类现代化文明的迅疾进步，越来越多的具有全球性的道德问题突显出来，如生态伦理、生命伦理、医学伦理、民族伦理、人权问题等。这些都必须纳入我们的伦理学研究视域。

问

不过，按您的上述解释，必然会衍生出这样一些问题：以您所说的“世界性视境”，如何看待和处理民族传统伦理文化在现代中国伦理中的地位，以及它与域外伦理文化的关系？如何坚持我们所遵奉的马克思主义伦理学？又如何避免道德价值观念上的“全盘西化”之错误倾向？

答

这些问题的确是非常严肃而复杂的，直接关涉我所提出的“走向现代伦理”之设想能否成立的问题。让我分步回答您的问题吧：首先，关于“世界性视境”与民族传统伦理文化的现代化问题。我要强调指出，现代化或世界化（“世界性视境”所内含的要求之一）与民族化或民族性并不是截然对立或此消彼长式的关系。我很欣赏文艺评论家们常常论证的一个观点，文学作品的民族性愈突出，其世界性也就愈强（大意如此）。道德伦理同样也有这一相辅相成的特点。现代伦理并不是在传统伦理的废墟上另起炉灶，而是对传统伦理的翻耕和重构，重构的过程也就是使它越来越适应现代开放性生活要求，越来越具有与域外伦理文化相互沟通的过程，并不意味着失去自存的个性。恰恰相反，沟通和对话的深入只会强化民族伦理文化的生存与发展能力。试举一例，在几次国际性学术会议上，我与一些西方学者在探讨现代社会生活秩序中人与自然的道德关系问题时，他们对中国传统儒家所提出的“天人和谐”观念就十分膺服，甚至认为它可以消除在现代工业社会和后工业社会条件下出现的人类生态危机。

其次，我们也用不着担心民族伦理会隐没于现代“世界性视境”之中。我历来反对所谓“全盘西化”或“食洋不化”的片面性做法。我也多次提出过，中国哲学和伦理学的现代化并不在于“中西体用”之争的落实，而在于实现其真正的创造性理论转型。所以，我所谓的“世界性视境”绝不是一种简单的理论基础的移位，而是指理论研究的层次和境界，是指认识和研究伦理问题的视点要更高些、更广阔一些。在这里，研究境界和视点的提升与拓展，非但不是抛弃民族伦理的精神之根，而恰恰是为了让她吸纳更充分更新鲜的文化营养，使之根深叶茂，常葆青春。

最后，应当特别指出的是，中国伦理的现代化是与坚持和发展马克思主义伦理价值观原则相互统一的。马克思主义不是僵化的教条。我们应从现实生活中去探索、总结新的理论，以丰富和发展马克思主义。我所理解的马克思主义伦理观，更多的是一种科学辩证的方法、一种对社会“恶”的历史唯物主义批判精神、一种充满共产主义理想的道德精神、一种以人类普遍利益和幸福为最高目的的价值观念，而绝不只是一部道德箴言集或者是一套凝固不变的伦理教条。因此，主张现代伦理的“世界性视境”和现代化的目的，正是为了更好地坚持和发展马克思主义伦理学的基本精神。

问

谢谢您的解释，使我大致理解了您提出的“走向现代伦理”的基本见解。我希望您的研究新成果能更加完美，并早日问世。

答

谢谢！

（原载《哲学动态》1994年第5期）

学者近况

万俊人（1958— ），曾为北京大学哲学系教授。现为清华大学首批文科资深教授。教育部长江学者特聘教授。兼任中国伦理学会会长，国家“马工程”之伦理学首席专家兼召集人。曾先后赴哈佛大学、剑桥大学等访学讲学。著有《萨特伦理思想研究》、《现代西方伦理学史》（上下卷）等20余部；参与编著《西方著名伦理学家评传》《人学词典》《中国道德大百科全书》等；译著有《自为的人》《主体的黄昏》《道德语言》《政治自由主义》等20余部。在海内外发表中英文学术论文300余篇。

社会实践呼唤人学

——访韩庆祥

学者简介

韩庆祥，1957年生，河南孟县人。获北京大学哲学博士学位。时任中共中央党校哲学教研部副教授，中国马克思主义哲学史学会副秘书长、理事。主要著作有：《马克思主义人学思想发微》、《社会主义市场经济与人》、《马克思主义个人观引论》（合著，获吉林大学优秀著作奖）、《马克思人学思想研究》。论文《能力本位论》获“奥克杯”一等奖。

问

人学研究是一个世界性的前沿课题，在中国也是一个具有重大现实意义和理论意义的课题。您近年致力于这方面的探索，尤其对“个人”以及“社会主义市场经济与人”的探索取得一些可喜成果。您能否谈谈，为什么人的问题是各个时代都回避不了的一个重要主题？

答

人的问题是个既古老又常新的问题，各个时代的思想家都予以关注。远古时代人们就开始思考人是什么、人怎样生活这类人的问题。往后的各个时代，尤其是在社会历史转折时期，人的问题总是不断地被尖锐地提出来。其所以如此，是因为，人是一切社会活动、社会关系的承担者和主体，是社会历史的创造者，要认识社会生活、社会关系和社会历史，就必须认识人，而且因为越是在社会历史转折时期，历史的目标和任务就越宏伟，人的文化价值观的变革就越迫切，千百万人以主体的态度积极参与这些目标的实现就越重要。在这种情况下，社会实践必然把人的问题突出出来。比如，西方的文艺复兴、18世纪法国启蒙运动和第一、第二次世界大战等历史转折时期，人的问题都很突出。在中国，五四运动、当今改革开放、由计划经济体制向市场经济体制转型等时期，人的问题同样不可避免地突出出来。

问

人的问题是各个时代都回避不了的问题，那么，不同时代、不同国度对人的研究是否有不同特点？

答

是的。从近代资本主义社会、现代资本主义社会和中国共产党的十一届三中全会以后对人的问题的研究中的不同特点，我们就可以看清这一点。

近代资本主义商品经济的生产方式的孕育、产生和确立，是对封建主义经济制度和生产方式的革命。这一全新的时代背景向当时的思想家提出一个根本任务，即确立一种反映资本主义商品经济生产方式内在本质要求的文化价值观。文艺复兴时期的一些人文主义者，在对自然界、世俗生活和社会实践的关注中发现了“人”。他们要解决的主要问题是人怎样才能成为外部世界的中心。就其对人的问题的特殊解决方式及内容实质来讲，在思想观念上，以人的思想独立和精神自由的名义反对教会独断及神学奴役；在能力素质上，以造就多才多艺、学识渊博和具有冒险精神的人，替代中世纪知识贫乏和循规蹈矩的人；在道德上，以个人利益和个性的名义反对封建社会的人性压抑；在主体性上，以人要成为“自然界的主人和征服者”的名义反对超自然势力；在存在—行为方式上，以人的理性的名义反对盲目信仰。所有这些，都是以“文艺复兴”的人文主义运动的方式来实现的。文艺复兴实质上是人的文化和人的主体精神的复兴，是人的文化价值观的革命。其目的在于为新兴资本主义商品经济的生产方式提供新的文化基础——人的基础。自文艺复兴以后，一种以“人是改造和征服自然界的主人”、注重人对外部世界的能动的主体性、从正面反映和揭示资本主义商品经济发展要求为特征的人学观逐渐形成了。

问

那么，现代资本主义社会对人的问题的研究有什么特征？

答

在现代资本主义社会，有三种现实摆在人们面前：（1）近现代西方科技和工业的巨大发展付出了沉重代价；（2）当代资本主义危机和战争带来了严重问题；（3）新时代和社会实践向人们提出了新要求。近代资本主义增强了人改造自然的主体性，带来了科学技术及生产力的大发展，但同时也带来了人可能控制不了的、破坏人的生存基础的现象，产生了对人的全面的异化。当代资本主义的危机和战争也给个人和人类的生活及发展带来许多灾难。这些现实要求人们进行深刻的反思，在反思中，提出了变革传统文化价值观，进行人的革命，重新制订人创造世界的价值准则等任务。它提问题的方式是：人应以怎样的价值准则进行活动？当代思想家对问题的特殊解决方式及内容实质是：通过研究资本主义社会中个人的内心生活以及物质生活条件对人的异化，来揭示人生的意义，促使人们关心和注重人本身的发展；重新确立人的价值及人在世界中的地位；建立一种以人支配自身及其创造活动的主体性为核心的新的文化价值观，这种价值观是重建个人主体性，寻找个人摆脱现代文明“困境”，进而获得解放和自由发展的根本途径；强调社会生产力和科学技术的属人性，将人道主义注入科技进步之中。所有这些做法的主要目的，在于重新选择和确立资本主义社会发展的人的基础。这样，现代西方人学观便具有以下主要特征：它在外部世界对人的意义的关系中研究个人，注重外部世界的属人性，着眼于人支配自身的主体性，反映资本主义商品经济和科学技术发展带来的负面效应。

问

自十一届三中全会以来，人的问题也成为中国学术研究的热点。那么，中国的人学研究又有什么特征？

答

人的问题在中国学术界成为一个热点，有其社会历史背景。1978年开始的真理标准讨论以及中国共产党的十一届三中全会的召开，带来了人的思想的大解放，它对意识形态领域产生了三方面的影响：（1）人们勇于反思“文革”十年一些非人性的现实；（2）敢于反思传统的马克思主义体系；（3）以开放的眼光吸收现代西方思想文化中的一些积极成果。基于这种背景，便在20世纪80年代初掀起了人性、异化和人道主义的全国性大讨论，并开始重视人的问题。之后，中国的改革开放、现代化建设、商品（市场）经济建设和科学技术推广运用的社会实践，把人的现代化、人的能力素质、人的主体性、人的价值和人的全面发展等问题提了出来，其中，如何确立人在社会现实（实践）中的主体地位问题，是中国人学研究要解决的主要问题。中国的人学研究，由于国情和时代特征所致，表现出如下特点：现代西方人学多注重人的个性、为我性、主体性和应当性这些价值因素，而中国人学研究较注重人的个性和社会性、为我性和自在性、主体性和客观性、应当性和现实性这些价值因素和科学因素的统一；前者的立足点是主观化的个人，后者的立足点是人的社会关系；前者旨在反对近现代资本主义社会发展所产生的异化，后者旨在批评旧的计划经济体制对人的发展的压抑、教条主义对人的个性的泯灭和传统马克思主义教科书对个人的忽视；前者多把人的问题和资产阶级各种流派的学说结合起来，后者强调研究人的问题要以马克思主义为指导；前者多把社会问题归结到人的问题上，后者多把人的问题归结到社会问题上；前者认为人学就是一门独立科学，后者多把人学看作历史唯物主义的一个组成部分；前者浓墨重彩地讲个人，后者“轻描淡写”地谈个人；前者多注重个人的主观存在，后者多注重个人的实践存在；前者多注重批判把人视为世界中心所造成的负后果，后者多注重确立人在现实社会中的主体地位，等等。

问　您研究人学多年，提出了一些自己的见解，已引起学术界的关注。请谈一谈您近年来研究了哪些课题，在方法上有什么特点。

答　我是在中国哲学先辈的启蒙和指导下，于1985年开始研究人学的。针对中国人学研究的现状，我着重把个人问题、人学基本理论和方法论、马克思的人学思想、西方人学理论、社会主义市场经济与人的关系，作为近年研究的课题。

我研究人学的方法或思路是：第一，以人的价值因素和科学因素的统一为方法论。“人的价值因素”，是指在客体适合主体的价值关系中所表现出来的人的应当性、为我性、主体性和超越性，它在人和外部世界的关系中注重人的主体方面。“人的科学因素”，则是指在主体反映客体的“真理性”关系中表现出来的人的现实性、自在性、受制约性和适应性，它在人和外部世界的关系中注重人的现实世界方面。这两个因素在实际中或在马克思理论那里，本是结合在一起的。可在以后的研究中，两者往往被分离了：第二国际的一些理论家和苏联的教条主义者往往夸大人的科学因素，忽视人的价值因素，把马克思主义解释成经济或社会决定论；一些现代西方马克思主义者则注重人的价值因素，忽视其科学因素，把马克思主义人道主义化。现代西方哲学中呈现出的科学主义和人本主义两种相对立的思潮，也大体如此。在中国，十多年来，一些较注重人的价值因素的学者，也往往说马克思主义实质上是人道主义，说人是马克思主义的出发点。另一些注重人的科学因素的学者，则往往把马克思主义看成是与人道主义格格不入的，说只有社会关系才是马克思主义的出发点。可以说，在许多有关人的重大理论问题上出现分歧的重要原因之一，就在于割裂了两者的辩证统一关系。把两者有机地统一起来，正是我多年研究人的问题所坚持的一个重要方法。

第二，从人的三种基本存在形态——人类、群体和个人——的统一入手研究人。在讨论中，有些学者由于没有把握人的三种基本存在形态及其区别和联系，结果使讨论出现一些混乱。我在谈到“人”时，总是首先弄清这里的“人”是指个人，还是指群体或人类，然后在三者的区别和联系中研究这里的“人”。

第三，在借鉴近现代西方人学和马克思人学思想的基础上，从人的存在、发展和自由的统一，从人在需要、生产劳动、社会关系和个性的统一的角度，把握人的完整内容。

第四，从发展与人的关系、文化与人的关系、价值与人的关系、人与人的关系中研究人，力图追踪人学研究的前沿。

第五，紧紧把握时代脉搏和社会实践的要求，从哲学和经济学结合的角度，把对人的问题的形而上学思考和实证分析结合起来，以人的问题的现实研究带动和促进人的基础理论研究以及人学理论体系的建设。

问 那么您的“人学观”主要是什么？

答 很难说已形成什么“我的人学观”，因为有些观点不一定成熟，欢迎批评。我提出的主要观点是：（1）人学应着重运用上面提到的研究方法，在对各门有关人的科学知识进行综合的基础上，研究完整的个人图景及其本质、存在和历史发展。它既不同于研究人的某一个别属性的“人的科学”，也不同于研究人的“一般”本质、存在和发展规律的“人的哲学”，而是介于人的科学和人的哲学之间的一门相对独立的交叉科学、综合科学。我以为人学理论体系要包括以下内容：绪论（人学研究的对象和方法）、人的科学认识成果的整合、完整图景的个人（人学体系的形成）、个人的完整本质、个人的普遍存在、个人的历史发展、人学实践等七大块内容。人学作为一门学科来建设，已具备条件，但目前尚处于起步和准备阶段，它将有可能成为21世纪的一门新兴学科。（2）人的存在有三种基本形态：人类、群体和个人。（3）人的全面发展是人的类特性、社会特性和个性在个人那里的全面发展，分别与这三种发展相对应的，是个人的应有发展、和谐发展和自由发展。（4）人的主体性有本原（自在）意义和能动（自为）意义两个基本层次。前一层次意义上的主体性把主体性看作世界和事物的本原性，在哲学史上常用主词、实体和本体来表达。因此，它表征的是“实体—属性”结构。对这层意义上的主体性之不同规定，决定着唯物主义和唯心主义的区分。后一层意义上的主体性把主体看作活动的发动者和推动者，主体性就是人的自由自觉活动在主客体关系中表现出来的基本性质。它表征的是作为对象性关系的“能动—受动”结构。对这层意义上的主体性之不同态度，显示出机械唯物主义和实践唯物主义的区分。这种主体性得以确立的主体根据是人的能力。（5）历史唯物主义所理解的个性，有三层基本含义：作为个人在外部世界的个别存在形式的个性，作为特定社会群体成员的个人所具有的社会特征的个性；作为人类对外部世界的主体倾向性的个别表现方式的个性。（6）人道主义在思想史上有两种基本存在形态：作为历史观的人道主义和作为价值观、伦理原则的人道主义。马克思摒弃了人道主义历史观，创立了唯物主义历史观，并以此来分析、说明和解释社会历史。但他把作为价值观和伦理原则的人道主义批判继承了下来。马克思的作为价值观的人道主义，有四个基本内容：对人的需要的肯定，人的个性的充分发挥，社会关系的属人性质，人的创造能力的充分发挥。（7）调动人的积极性的机制及一般原则是压力、动力、助力、能力和承受力的“五力”统一。压力使人必须积极工作，动力使人愿意积极工作，助力使人顺利积极工作，能力使人能积极工作，承受力使人正常积极工作。（8）能力是最大的社会财富和社会生产力，社会主义市场经济内在要求确立一种与权本位相对立的、以能力本位为核心的新文化。

问　您对今后的人学研究有何看法和打算？

答　目前，中国学术界对人学研究还存有种种疑虑，比如，有些人认为研究人易陷于抽象的道德伦理说教；有人说，研究人易滋长个人主义，影响执行政策；还有人认为苏联社会主义之所以出现曲折和演变，是由于它太强调人了。我认为，问题不在于应不应该研究人，而在于怎样研究人，在于是具体地、现实地和科学地研究人，还是抽象地研究人。如果我们能以历史唯物主义为指导来研究人，就决不会陷于抽象的说教，相反，必将有助于促进中国改革开放，促进社会主义市场经济的建设。苏联之所以出现曲折，其原因是多方面的。就其人学研究而言，它背离了唯物史观的基本原理，忽视了人所处的现实社会及所面临的社会物质生活条件，抽象地谈论人。当然，我们也反对借对人的研究达到某种不正当的目的。在人学研究中，我们还必须进一步解放思想，实事求是，以马克思主义为指导。

以往，我着重从基础理论上研究人的问题，今后几年，我准备走出学院和书斋，转向对人的问题的现实性研究，以对人的现实性研究带动和促进人的基础理论研究，具体点说，就是要进一步研究社会主义市场经济建设实践提出的人的问题，为此，我们正在筹备“市场经济与人研究中心”，组织有关力量对社会主义市场经济建设中提出的重大问题进行多学科的综合研究。近期研究的主要问题是：国家（政府）、集体（企业）和个人（职工）三者的关系及其在社会发展中的地位和作用；体制建设与人的塑造的关系；人力资源的开发、配置和利用；企业对劳动者个人的激励；人在建立现代企业制度中的地位和作用，等等。

（原载《哲学动态》1994年第6期）

学者近况

韩庆祥（1957.12—　），1989年获北京大学哲学博士学位。曾任中央党校校委委员、副教育长。现任中央党校一级教授、中央党校专家工作室首席领衔专家。马克思主义研究与理论建设工程专家，国务院马克思主义理论学科评议组成员。兼任中国人学学会副会长、中国马克思恩格斯研究会副会长、中国马克思主义哲学史学会副会长，北京大学、复旦大学、北京师范大学、吉林大学、中国社会科学院有关学术机构教授。第十三届全国政协委员。浙江大学求是讲座教授，郑州大学首席专家。十八届中央政治局第11次集体学习主讲专家。中央组织部联系的高级专家。主要研究领域为：马克思主义哲学、马克思主义理论、马克思主义人学、能力问题、结构理论、习近平新时代中国特色社会主义思想。在《中国社会科学》《哲学研究》《哲学动态》《马克思主义研究》《马克思主义与现实》《求是》《人民日报》《光明日报》等报刊发表论文190多篇。主持国家社科基金重大项目“中国特色社会主义理论体系基本原理研究”“改革开放以来中国特色社会主义发展逻辑研究”等6项。2004年入选“新世纪百千万人才工程”国家级人选。2008年入选全国宣传文化系统“四个一批”人才。2014年入选国家“万人计划”第一批哲学社会科学领军人才。论文《社会主义市场经济与人的塑造》获“全国首届胡绳青年学术奖”、全国哲学社会科学优秀成果一等奖；著作《社会层级结构理论》获教育部优秀成果二等奖。

实践是马克思主义哲学的出发点范畴

——访肖前

学者简介

肖前，1924年生，湖北沙市人。时任中国人民大学哲学系教授。主要著作有：《哲学论稿》、《关于中国社会主义现代化的哲学反思》、《当代认识论》、《辩证唯物主义原理》（主编）、《历史唯物主义原理》（主编）、《马克思主义哲学原理》（主编）。

问

由您主编，黄楠森、陈晏清副主编的《马克思主义哲学原理》，已经由中国人民大学出版社出版。您能否谈谈这本书创作前后的情况？

答

《马克思主义哲学原理》是由全国高校马克思主义哲学专业的博士点共同承担的一本哲学专业教材，它历经了10年的研究创作过程。由于当前世界格局发生了巨大变化，和平与发展成为时代的主题，新技术革命迅速发展，中国改革开放和社会主义现代化建设也获得举世瞩目的进展。在这种形势下，马克思主义哲学教学体系如何变革，就成为一个重要的课题，我们正是抓住马克思主义哲学与时代的关系来展开我们的研究的。

具体地说，十年前，也就是1985年，国家教委确定“马克思主义哲学原理体系改革”为“七五”规划重点课题，翌年又提升为国家“七五”规划重点课题。我们这本新教材就是这一课题研究的主要成果。在课题研究中，为了更深刻准确地把握马克思主义哲学的精神实质及其与现时代的关系，我们曾组织了一系列学术研讨会，其中较为重要的有1987年在苏州举行的“哲学与时代精神”研讨会，1988年在天津举行的“马克思主义哲学体系改革”研讨会，1989年在北京与中国自然辩证法研究会联合举行的“马克思主义哲学与现代自然科学的关系”研讨会，以及中国哲学家与苏联哲学家关于当代哲学问题的研讨会等。为了更好地把握现时代的时代精神，汲取中国改革开放与社会主义现代化的实际经验，由本课题组主要成员组成中国哲学家考察团，先后赴广东、江苏、上海、四川、天津、北京、湖北等省市和香港、澳门等地进行了考察。在经过充分讨论、考察的基础上，我们才写作了这本有一定新意的哲学教材。

问

几十年来，您主编过几套哲学教材，都产生了很大影响。您认为哲学教材最大的特点是什么？

答 我认为，哲学教材是对马克思主义哲学的一种解释系统。作为一种解释系统，它既要忠实于马克思主义哲学的“原本”，又要反映马克思主义哲学在现代条件下发展的新成果。当然，忠实于马克思主义哲学的“原本”，并不是停留于对马克思主义哲学某些原则、某些本本的教条式理解，而是要准确把握马克思主义哲学的精神实质。同样的，反映马克思主义哲学在现代条件下的新发展，也决不是任意地模糊或改变马克思主义哲学的精神实质，而是结合新的实践经验，结合哲学和科学发展的新成就，去阐明体现马克思主义哲学精神实质的基本原理和基本原则。总括起来，就是对马克思主义哲学既要坚持又要发展，这也是我们编写这部教材的指导思想。

问 这本教材是如何理解马克思主义哲学精神实质的？

答 这便是坚持实践的观点是马克思主义哲学的出发点。应该说，如何理解和表述马克思主义哲学精神实质，是近年来哲学界普遍关注并有所争论的问题。我认为，马克思主义哲学的产生是哲学史上的伟大变革，而实现这一变革的关键就在于科学实践观点的确立。实践的观点是全部马克思主义哲学的首要的和基本的观点，实践范畴是马克思主义哲学体系的核心范畴。只有立足于实践的观点，才能阐明和把握马克思主义哲学的精神实质，才能理解和说明马克思主义哲学在现代生机勃勃的新发展。

当然，坚持实践范畴是马克思主义哲学的核心范畴，并不要求我们去构建一个范畴演绎系统，也不是要求刻板地体现在每一章每一节内容的叙述上。要真正做到把实践观点贯穿于马克思主义哲学体系中，这在理论上、逻辑上以及表述上，都还存在不少矛盾和困难，需要哲学界进一步共同探讨才能逐步地加以解决。但我确信，这是哲学教学体系改革的方向。

问

您能否具体谈谈实践的观点是马克思主义哲学出发点这一思想?

答

我认为，实践观点之所以是马克思主义哲学的出发点，首先在于实践的观点规定了马克思主义哲学解决哲学基本问题的独特方式。在解决思维与存在的关系问题上，古代唯物主义是独断论的，只是提出了解释世界的原则，而没有证明这种原则的合理性；近代唯物主义已经清楚地意识到思维与存在的对立，力图以经验论去解决思维与存在的关系，但经验只是一种主体的内部状态，在不能证明其客观性的情况下便不可能超越这种内部状态。与此不同，在实践概念的基础上，思维与存在的关系就不仅仅被理解为一种存在于主体内部的状态，而首先直接地就是一种客观存在。在这种理解中，思维与存在的统一既非旧唯物主义所坚持的那样，是被动地统一于外部自然，亦非唯心主义所主张的那样，是自然统一于精神，而是思维与存在通过社会实践辩证地、现实地统一于物质存在。对哲学基本问题的这种解决方式，使马克思主义哲学超越了旧唯物主义而成为现代唯物主义，而且以实践范畴为基础去解决哲学基本问题，把思维与存在的统一理解为人与自然相互作用的现实历史过程，揭示出人的实践的本质和人类社会生活的实践本质，也就必然地要将唯物主义的原则贯彻于社会历史领域，使哲学唯物主义彻底化，成为完备的唯物主义。

实践的观点之所以是马克思主义哲学的出发点，还在于实践范畴是马克思主义哲学的核心和基础范畴，只有在实践范畴的基础上，马克思主义哲学才构成了一个唯物论与辩证法相统一、自然观与历史观相统一、本体论与认识论相统一的完整严密的理论体系。

问

实践是人以一定手段改造外部世界的能动的物质活动，为什么您又把这种活动看作人类的存在方式?

答

从形式和静态上看，实践只是人与世界之间的一种中介关系，即人以一定的手段去改变外部世界的物质活动关系；从构成要素上看，实践活动过程只是目的、手段、结果三个基本要素相互作用的过程。如果仅仅停留在这一角度，我以为还没有把握实践的本质关系。

在我看来，实践活动的本质是对外部世界的一种否定性的客观物质活动，也就是说，实践是人对外部自然界的一种物质性的否定关系。自然界作为先于人类的存在，其直接的存在形态是不完全合乎人的生存需要或目的的。人类要以人的方式生存，就必须以自己的物质性活动在一定程度上否定外部自然的直接的存在形态，使之成为合乎人的目的的存在，成为人类存在的一种要素。于是，这种表现为人对外部自然的物质性的否定性关系的实践，也就成了人类存在的本质，构成了人类的存在方式。这也就是说，人类存在是人在实践中创造出来的一种主体性存在，是一种文化意义上的存在。当然，我还可以从各个方面来论证，比如，实践是社会历史的基本存在，是人化自然的内在本质，也是人的本质，等等。但是，最根本的是，实践是体现人的目的的对外部自然界的物质性否定关系，人类不同于动物的存在方式也根源于此。因此，只有从动态上、社会历史过程以及人对世界的否定性关系上去把握实践，才能把握人类社会、人类的生存和发展，才能理解实践活动是人类的存在方式。

问

您为什么特别强调实践是人对外部世界的一种物质性的否定关系呢？

答

这一基本观点并不是我的创造发明，马克思的《关于费尔巴哈的提纲》的第一条，讲的就是这一点。对现存事物从主体方面去理解，也就是要从人与对象的否定性关系上去理解。现存感性世界是人类世世代代实践活动的结果，又是人类实践活动的前提和对象，它在人类实践活动中不断地、永远地经历革命性的改造和变革。因此，从人与对象的否定性关系去理解现存事物，也就是把现存事物作为人类实践活动进程中的一个暂时性环节去理解。我认为，这不仅是一个世界观或存在论的原则，而且也是根本的方法论原则。这是马克思主义哲学革命的批判的本质之所在。马克思说过："实际上和对实践的唯物主义者，即共产主义者说来，全部问题都在于使现存世界革命化，实际地反对和改变事物的现状。"马克思的实践唯物主义是对人与对象的物质性否定关系的理论升华。

问

实践与主体性是什么关系？

答

实践与主体性是相互依存、相互包含的，它们构成了马克思主义哲学的两大理论基石。因此，我们在编写这本教材时，一方面强调"实践是人特有的存在方式"，另一方面又强调"人是进行自我创造的主体性存在"，正是突出这两个范畴对马克思主义哲学的重要理论意义。

人的主体性是在实践中形成的，是对实践这种实在的否定性活动的人格定型；反过来，人的主体性使实践成为一种有方向的社会历史活动，实践是人的主体性活动的展开，二者相互促进着。主体性离开实践，成为无源之水、无根之木；实践离开主体性，成为无目的、无方向的运动。强调实践，就一定要突出主体性，否则便没有实践的本质和灵魂；强调主体性，也一定要强调实践，否则就不能与抽象的主体性区别开来。特别是实践的最主要形式是生产实践，而生产实践所包含的生产能力正是人的主体性的最本质的体现，二者是统一的。

问

您能否谈谈您对主体性范畴的理解？

答

人是一种主体性的存在，而要把握这一点，就必须把主体性看作是一种活动或者一种方式，而不能仅仅看作是特点。在我看来，主体性本质上是人类的一种赋予外部世界以合目的性形式的创造性活动，主体性是一种动态的、功能性的范畴。常规的看法都把主体性看作主体的特性。我以为问题应该反过来看，主体只是主体性活动的人格体现，不是主体决定主体性，相反是主体性活动展开的广度和深度决定了主体的历史形式。换句话说，主体必须在主体性活动中生成、发展和进化，离开了主体性活动，主体也就成为抽象的人。所以我们常说主体是社会历史中的人，其内涵也就是展开着主体性活动的具体的人。

问 请您具体谈谈主体性活动这一哲学范畴。

答 马克思主义哲学的主体性范畴本质上便是主体性活动范畴，它是不断赋予外部世界以合目的性形式的创造性活动。这也就是说，人的活动是一种主体性的活动，而动物的活动则是无主体性的受动的活动。人超越于动物之处，在于他不仅拥有一个客观世界，而且拥有一个主观世界以及从主观世界走向客观世界的手段——中介世界。人有思想，就可以超出现存事物的思想范围，即在对现存事物直接存在状态实行实在否定之前，实行观念的否定。而观念的否定是实在的否定的先导，或者说，观念的否定性活动是构成实践这种实在的否定性活动的一个内在环节。当然，活动的目的的确立必须立足于反映论的基础上，立足于对客观规律正确认识的基础上。人们以其所选择的目的为范型而进行实践活动，将目的实现于外部世界，就是对于现存事物的实在否定。所有这些环节相联结便构成了人的主体性活动。显而易见，主体性作为一种活动范畴包含着主观性，但主观性仅仅只是主体性的一个环节，不能把主体性归结为主观性；同时，主体性作为一种活动，很有可能产生负效应，这也就是说主体性的发挥并非都是正确的，特别在阶级社会里，由于阶级的主体性，人的主体性的随意发挥完全可能产生一些破坏、倒退的负效应。但是，主体负效应的存在并不是否定历史过程中主体性活动的理由，只是提出了这样的要求，即人类的主体性要作更有效、更合理、更全面的发挥，其中包括正确反映客观世界规律和主体活动规律的认识过程。

问

您对主体性原则怎么理解？

答

我认为，以内含否定性、革命性规定的实践范畴为基础的马克思主义哲学，必然高度尊重和弘扬人的主体性。现实的而非抽象的主体性原则，当然是马克思主义哲学的一个基本原则。而主体性原则的具体内容无非是从主体角度去理解和把握现实事物，这当然是马克思主义哲学的一个世界观和方法论原则。

问

你们这本教材还有什么其他特点？

答

我们这本教材是在反复讨论和研究的基础上产生的，它有许多新的地方。从知识结构来说，它比较充分地反映了现时代的时代精神、现代科学技术革命的进展，同时也广泛联系了中国的改革开放的实际和建设有中国特色的社会主义理论；从章节内容来说，有不少新的东西，比如把哲学的发展与文明的创造联系起来，强调了马克思主义哲学是以实践范畴为核心的理论体系，马克思主义哲学与现代世界的关系，实践范畴与物质观的关系，世界发展的方向性、过程性；引进了一些范畴，如整体与部分、相对与绝对、个别与一般，突出了人是进行自我创造的主体性存在、社会交往与社会有机系统、人类的精神生活、科学技术是第一生产力、现代认识的特点、实践理念、现代思维方式、现代科学思维方法、价值和人的价值，等等。

问　你们这本教材有没有以前教材所没有的全新章节？

答　这本教材每章都有内容的变化和更动，每一章都有一些新的章节。其中“文化”这一章是全新的。在“文化”这一章里，我们从广义的文化范畴探讨了文化理论。我们认为，广义的文化即人化，它体现的是历史发展过程中人类的物质和精神力量所达到的程度、方式和成果；提出了“文化存在”范畴，解剖了文化的发生和发展，揭示了文化的实质、结构、功能，以及传统文化与民族精神、现代化的关系，并把马克思主义的文化理论与西方各种形式下的文化理论作了广泛的比较。总之，作为主编，我认为，这本教材的信息含量比较大，体现出我们对马克思主义哲学的一种理解和解释。

问　除了这几本教材外，您还研究了什么问题？

答　这几年我比较集中研究的主要是两个问题：一是“当代认识论”。我主要是从以下几个方面来论述的：当代认识论的发展，认识的发生，认识的本质，认识的结构，认识的过程，认识与真理，认识与价值，认识和符号，认识和理解，认识和效率以及认识的社会化。我以为，认识论应该是一种全面的认识论，是一种社会历史的认识论，同时又是科学的认识论。关于这一问题的著作已经完成，即将出版。二是“关于中国社会主义现代化的哲学反思”，主要是把哲学与社会主义现代化的实践结合起来，作理论上的再认识和反思。关于这一问题的专著已经出版。

问　作为博士生导师，您今后准备带哪些方面的博士生？

答　我以前一直带的是辩证唯物主义和历史唯物主义方向的博士

生。明年我招收博士生的方向有变化，主要招三个方向的博士生，即社会发展理论、社会科学方法论、哲学与建设有中国特色社会主义理论。我作为教授和博士生导师，最主要的工作是培育学生，几十年来我把主要精力倾注于培养学生上。今后这仍然是我的主要工作。我希望我们的国家人才辈出。这样，我们的民族才有希望，现代化才能早日实现。

（原载《哲学动态》1994年第7期）

学者近况

萧前（曾用名肖前，1924.7—2007.8），中共党员。著名的马克思主义哲学理论家。1944年就读于昆明国立西南联合大学物理系，1946年到晋冀鲁豫解放区北方大学文教学院学习，后合并入华北大学。1947年留校工作，曾任艾思奇的行政和学术秘书。自1950年起，在中国人民大学任教。中国人民大学资深教授、博士生导师。曾长期担任国务院学位委员会哲学学科评议组成员、召集人、特邀成员，中国辩证唯物主义研究会会长、名誉会长。为最早享受国务院政府特殊津贴的专家。1981年受教育部委托，牵头与李秀林、汪永祥共同主编《辩证唯物主义原理》《历史唯物主义原理》，由人民出版社出版并多次再版，多次获国家奖励，成为中国高校哲学专业和党政干部学习马克思主义哲学的主要教材，产生了巨大的社会影响。主要著作有：《哲学论稿》《马克思主义哲学原理》《实践唯物主义研究》《马克思主义认识论研究与我国社会主义现代化建设》《关于中国社会主义现代化的哲学反思》《新大众哲学》等。

把价值论研究提到历史观的高度

——访刘奔

学者简介

刘奔，1942年生于日本长野。时任《哲学研究》常务副主编、编审。国家级有突出贡献中青年专家。主要研究成果有：《认识你自己》（合著），夏甄陶主编《认识发生论》第二、三章。发表《试论真理观与价值观的统一》（合作）、《唯物史观不是超历史的"一般历史哲学"》、《社会时空特性初探》、《实践·历史必然性·价值》（合作）等学术论文40余篇和评论性文章10余万字。有译著《人的尊严、价值及自我实现》及译文10余篇。

问

从您发表的论著看，您一直比较注重哲学价值观问题。1982年您和李连科合写的《试论真理观与价值观的统一》这篇获奖文章，就已经讨论了这个问题。

答

那篇小文还主要是提出问题，现在看来，那时的看法是很肤浅的。十几年来，中国哲学界关于价值论的研究，有了很大的进展，对哲学研究的各个领域都发生了或者说正在发生着深刻的影响。

问

您能否谈谈这些影响的主要表现？

答

例如实践和主体性问题就与价值问题有着非常密切的关系；还有文化问题，这是大家都清楚的。在认识论研究方面，有相当长一段时间多半只限于概括自然科学成果和方法，这就使我们的认识论研究成果不能不带有某种程度的唯科学主义倾向（当然，在历史观的研究中也存在这个问题）。价值论的研究使人们开始关注人文科学、社会科学中的认识论问题，并出现了有关“社会认识论”的专著。这是一个很重要的变化，对于实现自然科学和人文科学的统一，具有重大意义。

问

您认为价值论研究影响到哲学研究的各个领域，是否也包括中外哲学史的研究？

答

当然包括。这里不妨举出几个例子。

关于“应如何”的价值判断能否从“是什么”的事实判断中推导出来，是自休谟以来西方哲学史上困惑了不少哲学家的一个难题。其所以成为难题，根本原因是由于单纯认识论的和形式逻辑的狭隘眼界的局限。目前，有些研究者对此已有所突破，例如朱葆伟的《关于真理与价值关系的两个基础问题》一文，就力求从社会历史实践活动的逻辑揭示事实、真理和价值之间的内在联系和过渡，使人豁然开朗。

问

这类例子是否可以给人这样的启发：价值论研究的深入确实有助于解答哲学史上的一些“老大难”问题？

答

我以为是这样的。这不禁使人想起马克思的一个警句：“世界史本身，除了通过提出新问题来解答和处理老问题之外，没有别的办法。”

中外哲学史上的许多问题和争论，原本就是从价值论的视角提出来的，而在后人的研究中却依然因袭本体论、认识论的固定格式，很容易望文生义，造成误解。近些年来，有些研究者已在实现视角转换上作了可贵的尝试，例如黄克剑的《康德哲学辨正》一文，就是从认识和价值的关系这个新视角揭示了康德哲学以往未被注意的特色。陈静的《试论王充对“天人感应论”的批判》一文，则揭示了中哲史上有关“天人关系”的宇宙论观念的“人文化”或价值论特点，也是突破单纯自然观和认识论视角的一个有启发性的尝试。尽管在这类问题上还会有争议，但不能否认，这个研究视角的转换是哲学史研究方法论的一种积极变革，意味着正在实现一种突破性的进展。

问

说到“突破”，我想起您和方军发表在《哲学研究》1993年第11期的论文《实践·历史必然性·价值》中谈道：“我国学术界关于价值论的探讨正在突破单纯认识论的框架，向着哲学历史观的高度提升。”在该文的另一处，谈到历史决定论和价值选择的关系时又说：“要突破唯科学主义或自然主义理解社会规律的狭隘眼光。”您能否对此作些说明，这两个“突破”和您刚才说的“突破”是什么关系？

答

我刚才说的“突破性的进展”和那篇论文说的两个“突破”是一种递进关系，两者是有联系的。刚才说的“突破”，是说对于许多涉及价值观的哲学问题（如中国思想史上的“天人关系”、康德哲学中的“上帝”等），不能仅限于从认识论的视角去审视，而要突破唯认识论的观点，注意到价值的方面，注意认知因素和价值因素的关系。而《实践·历史必然性·价值》这篇论文说的那两个突破是指：要深化对哲学价值概念本身的理解，也要突破唯认识论的眼界，把价值的本质提到历史观的高度来把握；而所谓从哲学历史观的高度来把握价值的本质，就是要从历史的本质和规律的高度，揭示价值作为实践中主—客体关系的特定方面同历史规律（或者说历史必然性）的内在联系。为了做到这一点，就要弄清历史规律和自然规律的本质区别。这当然就要求我们突破单纯认识论的观点，上升到历史观点的高度。因为正如我刚才所说的，以往的认识论研究往往只注意自然科学中的认识论问题，因而多少带有唯科学主义或自然主义倾向，所以要深刻把握价值的本质，就必须突破这种唯科学主义或自然主义的狭隘眼界。

问

这是否意味着，哲学价值观问题，不是过去那种单纯的认识论研究所能解决的，它本质上是个历史观的问题？

答

是的，我们想强调的正是这一点。哲学价值观应该是哲学历史观的有机组成部分。例如唯物史观，就是无产阶级的真理观和无产阶级的价值观的有机统一。过去，由于受唯科学主义的影响，自觉不自觉地单纯从认识论的观点去解释唯物史观，而忽略甚至无视其中的价值因素，这就造成了公式化、僵化理解，把一个充满批判精神、革命精神的能动的历史观曲解成了没有生气的、类似于机械论和宿命论或预成论的甚至敌视人的历史观。从这种扭曲了的历史观出发，常常陷于理论上的困境，对许多现实重大问题都不能作出令人信服的科学说明，更不要说解决了。

问

为什么说价值问题从本质上说是个历史观问题，而不能单纯从认知的观点来看呢？请作些进一步的说明。

答

举个过去哲学争论的例子就好理解了。大概你还会记得，80年代初，哲学界曾发生一场关于“衡量实践成败的标准”问题的争论。这个争论是由实践是真理标准的大讨论引出来的。既然应当用实践的成败来检验认识的真理性，那么很自然地就发生了一个问题：用什么来衡量实践的成败呢？

问

我记得，争论的一方主张实践的目的是衡量实践成败的标准；另一方则认为目的是主观的东西，用主观的东西来衡量实践的结果，会导致主观唯心论，会最终否定实践标准。

答

是这样的。你还记得很清楚。这本来是一场很有意义的争论，可惜双方刚刚交锋就不了了之。单从理论上说，这场争论之所以没深入下去，主要原因恐怕是因为双方都没超出单纯认识论的眼界。其实，判断实践成败是个价值评价问题。对历史事件作价值评价，必然要涉及评价的尺度问题，这就进到历史观的领域了，不同的历史观会拿出不同的评价尺度。显然，对于这种历史观问题，局限在认识论的范围是无法解决的。

问

您的意思是不是说，价值评价尺度问题上的分歧来源于对价值本质的不同理解；而对价值本质的不同理解，归根到底是历史观上的分歧所致?

答　是的。过去的认识论研究不大考虑价值这个因素，对评价和认识这两者也不加以区分。20世纪60年代，苏联有些学者把评价从认识中区分出来，提出用“认识—评价—实践”三分法来取代以往“认识—实践”的二分法。这是一个历史的进步。但这个三分法的公式最终并没有完全超出唯认识主义的局限，因而对价值的本质就很难作出科学的规定。按照这个公式，评价仍然是外在于实践的东西。有的学者根据这个公式把价值定义为“评价的产物和结果”。按照这个定义，价值不过是观念的产物，因为评价是一种观念活动。这样一来，价值的客观性就大成问题了。对同一个事件，不同的人、不同的集团、不同的阶级会作出不同甚至完全相反的评价。如果价值果真是评价的结果和产物，就会引出互相矛盾的诸多价值尺度，这就很容易导致多元论的相对主义价值观，在价值观上贯彻唯物主义一元论原则就成为空谈。有些人对唯物史观发生怀疑和动摇，恐怕和价值概念的这种观念论的理解有一定的关系。

问　那么，从唯物史观的观点来看，应当怎样理解价值的本质呢?

答　这就谈到问题的关键之处了。从唯物史观的高度来把握价值的本质，我们的那篇文章中列出了五层意思，这里不必重复，但不妨着重强调两点：一是价值和实践的关系。价值的形成虽然和评价不是无关，但从根本上说，价值不是单纯观念的产物，而是实践的产物。二是价值和历史必然性的关系。我把价值理解为历史必然性中固有的人道因素在主客体关系中的体现。

问　第一点比较好理解，您能不能着重谈谈第二点，为什么说人道因素是历史必然性所固有的？在你们的论文中还谈到历史必然性有其客观的价值取向，这是什么意思？

答

把这个意思换一种说法，就是：如果说自然必然性在其自在形态上是价值中立的，那么历史必然性则不是价值中立的。也就是说没有什么历史必然性对人本身的发展不发生肯定或否定关系。有的历史必然性在直接意义上是否定性，但在其间接性上则是肯定性的。如资本主义异化的历史必然性，从直接意义看是对人本身的否定，但从间接性上是为人的解放奠定基础，达到否定之否定，即最终达到肯定。所以，从这种否定性辩证法观点来看，人道因素是历史必然性所固有的。

问

任何历史必然性都是这样的吗？比如经济学讲的价值规律也是这样的吗？

答

这乃是一切历史必然性共有的属性。经济学上的价值规律也是这样一种历史必然性。在马克思看来，价值规律的存在取决于一种永恒的历史必然性，马克思称之为“按一定比例分配社会劳动的必要性”，它“决不可能被社会生产的一定形式所取消，而可能改变的只是它的表现形式”。而价值规律不过是这种永恒的历史必然性在特定历史时代的表现形式。从这个例子就可看出，所谓历史必然性，实质上体现的是对社会与人的生存和发展来说的某种必要性，因而它不可能是价值中立的。再如，关于交往方式和一切社会形式必须适合生产力发展的历史必然性，马克思是这样表述的：“为了不致丧失已经取得的成果，为了不致失掉文明的果实，人们在他们的交往方式不再适合于既得的生产力时，就不得不改变他们继承下来的一切社会形式。”这段话中的两个“为了”也正体现了历史必然是对人本身的发展而言的某种必要性。这种必要性，我把它称为历史必然性所固有的人道因素。这是历史必然性区别于自在的自然必然性的一个本质特征。

问

可是，自然界的自在必然性就不和人发生这样那样的利害关系吗？

答

当然不是。人既然首先是自然存在物，那么自然必然性当然不能不与人发生利害关系。例如制约地壳变动的自然必然性所导致的地震灾害。但这种利害并没有超出自然界的范围，是自然界本身的事情，就像对动植物发生利害一样，本质上没有区别。所以我们没有必要对这种自然的利害关系加之“价值”大字眼。例如人作为自然生物对阳光、空气和水的需要，和狭义动物并没有本质不同。而一旦阳光、空气和水进入社会生活的领域，打上实践的印记（如太阳能的科学利用），就有了价值的属性。因此，我们说价值的属性不是自然物在自在形态上固有的，而是实践的产物，是对于作为社会存在物的人的一种实践的关系。历史必然性和自然必然性之所以有这种区别，是因为前者是在人的实践活动中形成的，这种必然性作为历史过程中本质的、稳定的联系，内在地包含了人的价值选择的必然性；而后者是在没有人类干预的情况下自在自发地形成的，因而是价值中立的。

问

可不可以这样说，照您的这种理解，真理的因素和价值的因素，历史过程的客观规律性和人的实践的主体性（或目的性）之所以能够统一起来，归根到底就在于历史必然性既是客观的，又不是价值中立的？

答

我理解是这样的。探讨历史必然性区别于自然必然性的特点，其意义正在于揭示马克思主义哲学中真理观和价值观统一的内在根据。揭示价值与历史必然性之间的内在联系，也正是把价值论研究提到历史观的高度的根本意义所在。

问

价值论研究的这个突破，对整个哲学研究恐怕具有全局性意义。

答

不错，这个问题在整个哲学研究中之地位，真是太重要了。如果这个问题能够引起广泛注意，有可能在哲学及其各分支学科之间引起“连锁反应”。从刚才我列举的中外哲学史研究中的几个例子，已能看出这种趋向。哲学史研究的视角转换所带来的成果，肯定会对原理研究产生积极影响，或者是丰富原理的内容，或者为原理研究提供新的课题。

在原理研究中突破单纯认识论的框架，注重从历史观的高度探讨价值问题，有助于冲破学科之间的壁垒，将摆脱原理研究“道路越走越狭窄”的困境。例如，马克思所强调的否定性的辩证法，在其合理形态上，是否仅仅是认知意义上的方法论，应否同时理解为辩证的价值观？很值得深入探讨。

再如，以往哲学原理研究不太关注伦理学和美学研究中的问题，这就不得不限制了哲学价值论研究的深化。而伦理学和美学研究由于不注重从历史观高度来探讨伦理价值和审美价值的本质，也很难摆脱唯认识论观点的束缚。例如关于美的本质的三派意见（主观论、客观论和主客统一论），虽然各有长短，但共同的弱点是忽视对价值本质的研究。伦理学基本原理研究如果不能从历史观的高度深刻揭示伦理价值的本质，那么道德的能动作用就会被消解，甚至使道德变成为现存的一切作消极辩护的工具。因此，哲学原理和哲学各分支学科都面临着把价值论研究提到历史观高度的问题，需要打破不合理分工界限，加强协作共同攻关。

研究现代外国哲学也应站在这个高度。例如，有人从单纯的认识论观点分析海德格尔哲学，认为他的哲学前提是唯物主义的。实际上，对海德格尔哲学来说，实质的问题在于他的价值观是以什么样的历史观（即唯物史观还是唯心史观）为前提的。还有人认为在价值观上不存在唯物主义和唯心主义的对立，这也是没有从历史观高度来看待价值论问题得出的结论。

总之，我认为，哲学原理研究是否关心上述这些问题，是一个有没有时代感的问题。

（原载《哲学动态》1994年第9期）

学者近况

刘奔（1942—2007），中国社会科学院哲学研究所编审、博士生导师，《哲学研究》前执行主编，著名的马克思主义评论家。1992年获国家人事部“有突出贡献的中青年科学、技术、管理专家”称号。致力于重构马克思主义的现实批判精神，倡导“以关注现实问题为主，以现实问题研究带动基础理论研究”的办刊方针。其学术论文反映了中国改革开放以来学术中的重大理论问题和经济社会文化发展中的重大现实问题，其创造性探索对中国哲学界产生了深远影响。

实学研究的现状与展望

——访葛荣晋

学者简介

葛荣晋，1960年生，河南济源人。时任中国人民大学哲学系教授、博士生导师，东方文化研究所所长、中国实学研究会常务副会长、中华孔子学会学术委员会副主任、中华炎黄文化研究会理事兼学术委员、台湾《海峡评论》编辑顾问，韩国栗谷思想研究院特约研究委员等。主要著作有：《王廷相》《王廷相生平学术编年》《王廷相和明代气学》《中国哲学范畴史》《中国哲学范畴导论》，主编《中国实学思想史》《道家文化与现代文明》《中日实学史研究》《老子还活着》以及《明清实学思潮史》（主编之一）。

问

近年来，对中国思想史的研究无论在方法上还是内容上，都有较大的突破。同时，现实的需要又迫切要求我们重新审视传统文化，以期对当今社会变迁提供可资借鉴的思想资源，而在这之中传统的经世致用思想，特别是明清时代的崇实黜虚的思想得到了重视。依我看，“实学”概念的提出和对中国实学研究的展开，正是这种方法论的突破和文化视角转换的产物。您作为致力于实学研究的主要人物之一，请先介绍一下中国实学研究的概貌。

答

实学研究在中国的确是一门新兴的学科。20世纪80年代初，随着改革开放的深入发展，有的学者开始用“实学”概念来概括明清时期的一种思想流派。如张显清先生发表了《晚明心学的没落与实学思潮的兴起》一文，对晚明实学作了系统的论述；赵宗正先生发表了《清初经世致用思潮简论》一文，阐述了他对清初实学的看法。1985年，为了编写《明清实学思潮史》一书，我们在北京召开了第一次明清实学研讨会。1986年在成都召开了第二次研讨会，讨论编写《明清实学思潮史》的指导思想和整体框架。1987年夏，由陈鼓应、辛冠洁和我主编的，三十余位专家学者参加编写的《明清实学思潮史》（三卷）正式出版，这标志着中国实学研究在更大范围内展开。从此以后，“实学”概念和“明清实学思潮”的提法，逐渐为多数学者所认同。越来越多的学者都参加到“实学”研究这一新的领域中来，出现了一大批富有建设性的科研成果。如张岂之教授的《儒学·理学·实学·新学》，冯天瑜等的《中华文明史》中实学部分，台湾学者詹誉海云在他的《清初学术论文集》中也设专章论述“清初的实学思想”，另外，海内外报刊上发表的实学论文也大约有几百篇。

问

从您近年来出版的论著看，有关实学研究的内容占了很大的比重，能否具体说明一下？

答 好的，从1985年开始，实学一直是我的研究重点之一，除了和陈鼓应、辛冠洁先生合作主编《明清实学思潮史》一书之外，我还主编了《中日实学史研究》（中国社会科学出版社1992年版），承担了国家社科项目“中国实学思想史”的研究任务，该项目成果现已由首都师范大学出版社出版。目前，我正在撰写《中国实学导论》一书。

问 “实学”在治思想史的人眼里，虽已经是一门“显学”，但因起步较晚，还不像“理学”“佛学”那样为人所熟知，请您说明一下“实学”概念的基本内容，由哪些方面组成。

答 什么是实学？这是一个很难回答的问题，中、日、韩三国学者理解不一样，中国学者之间的理解也各有千秋。在我看来，所谓“实学”就是宋元明清时期学者们所推崇的“实体运用之学”。

具体说来，实学是一个多层次、全方位的概念，它既包括实体哲学、道德实践之学，又包括经世实学、实测实学，还有考据实学和启蒙实学等。其中经世实学是中国实学的主流和核心，其他层次的意义都是围绕这一核心而展开的，都是从不同的层面来说明经世实学的。

经世实学的基本精神就是主张“经世致用”。它既表现为揭露和批判在田制、水利、漕运、赋税、荒政、兵制、边防、吏治、科举等诸方面的社会弊端，又表现为推出与实施各种旨在改革时弊的救世方案。同时，在学术上也包括“明经致用”和“史学经世”论，把治经和治史看作是经世的重要思想武器。

实体哲学和道德实践之学，是就中国经世实学的哲学思想基础而言的，它包括：以“气”（或“实理”）为本的本体论，以“实践”（力行、践履）为基础的认识论，以“实性”为基本内容的人性论，以“实功”为主要修养方法的道德论，以利欲为基础的理欲统一论（包括义利统一论）等内容。

实测实学是就中国经世实学的科学内容和基础而言的。它既包括中国传统的古典科学，也包括从欧洲输入的西方近代科学；既包括天文、历法、数学、音律，又包括地理、农业、水利、生物及各种技艺等多种学说。实测实学从事探索自然奥秘，是为经世实学服务的，是经世的一种重要手段。

考据实学是就中国实学的经学内容而言的，是相对于以“六经注我”为特征的实学而产生的一种专事训诂名物的具有求实精神的治经之法。启蒙实学则是指明中叶到晚清随着资本主义萌芽和西学大量输入出现的一股与地主阶级改革派不同的，具有近代启蒙主义意识特征的流派。它既表现为社会政治领域的经世之学，又表现为在哲学与文艺领域的某些启蒙因素，是市民阶层的经世意识的反映。

问

对于明清时期的社会思潮，前人也有过各种概括，为什么您认为用“实学”来涵盖更具合理性呢？

答

关于明清学术思想的本质与特点，近几十年来有多种说法，影响很大的就有：（1）侯外庐先生的“早期启蒙思潮”；（2）人文主义个性解放思潮；（3）反理学思潮；（4）地主阶级的自救思潮；（5）经世致用思潮。这些概括各有其合理之处，但都不够全面。从明清学术思想的社会背景来看，它既有地主阶级改革派的进步思想，又包含有市民阶层的启蒙意识。同时，明清学术思潮又是中国传统观念和西学东渐共同影响下的产物。所以，我认为，前述诸多提法不能全面地反映与概括明清思潮的本质与特点。经过多年的研究，在吸收前人研究成果的基础上，我们从明清思想家的著作中选择“实学”这一概念来概括，其涵盖面更宽，也适合中国传统的表述方式，因而我认为用“实学”概念比较合适。

问

实学的内容的确是十分丰富的，那么，中国实学思潮的时代范围和历史阶段是如何确定的呢？

答

这个问题，目前学术界有不同的看法。由于实学思潮有着丰富的包涵性，因此，人们对于实学思潮的历史沿革也提出了多种观点。有人认为起于先秦，有人认为始于汉唐，还有人认为发于明中叶。在我看来，先秦以来虽有“实学”的某些思想内容，但是，实学作为一种学派或思潮，则起于北宋以降儒家学者继承了儒家的内圣外王之学，并且吸取了佛老的“体用不二”的本体化新角度，将儒家传统的“内圣外王之学”上升为“实体运用之学”，从而建构了中国实学的理论框架。而中国实学的终期我们则定之于清末的洋务运动。它是封建社会地主阶级的最后自救运动，随之就兴起了康有为、梁启超的近代新学，这已属另一社会思想范畴了。

中国实学的发展大致可分为三个阶段：从北宋至明中叶，是中国实学的创始与发展阶段；从明中叶到清乾嘉时期是中国实学的鼎盛时期；从清道（光）咸（丰）年间到同（治）光（绪）年间，是中国古典实学向近代新学的转型时期。

问

您把实学的开端确定于北宋时期，那么二程、朱熹的实学思想与“宋明理学”又是一种什么样的关系呢？

答

我认为，实学与宋明理学是既相对立又相联系的两种不同的学术思潮。不管是程朱理学还是陆王心学，在他们的理学思想体系中，都既有“虚”的一面，也有“实”的一面，是“虚”与“实”的有机统一。由宋明理学的二重性必然引出实学与宋明理学之间关系的二重性，即既有继承，又有排斥，它们之间是一种对立统一的辩证关系。中国实学是对宋明理学的经世传统及其蕴含的实学思想的继承，同时又是对它特别是理学末流的空谈心性之学的否定，既是“接着讲”，又是“对着讲”，把实学与宋明理学完全对立起来或者完全等同起来，都是不妥的。

问

您曾在文章中多次提到“时代呼唤实学”，那么研究实学对于现代社会有什么现实的意义呢？

答

从现代的观点看，中国实学作为中国古代的文化形态虽早已成为历史的陈迹，但是它并没有死亡，在中国思想史上它是属于最接近于现代的文化，它的原典精神仍然深深地扎根于现代人的文化心理结构之中，具有超时空的普遍性。所以，现代人可以通过古代实学原典去领悟它的精神实质，并以现代人的心态和需要去转换中国古典实学，将中国实学与现代沟通起来，努力寻找两者的衔接点，由传统走向现代化之路。

（1）实事求是的崇实精神。中国实学的基本特点是“崇实黜虚”，处处突出一个“实”字。

（2）追求真理的科学精神。中国儒家“重道义、轻技艺”的思想传统对弘扬科学精神有一定的制约作用，但是在中国实学史上却始终注意弘扬追求真理的科学精神。

（3）“兴利除弊”的改革精神。一部中国实学史，实际也就是一部“兴利除弊”的改革史。每当中国历史上出现“内忧外患”之时，也就必然会引发实学思潮。而每一次实学思潮的出现，其历史使命总是“兴利除弊”，以达到挽救社会政治危机之目的。

（4）放眼世界的开放精神。中国实学具有一种开放性格，它既善于吸收外来文化的精华，同时也将实学思想观念推广到国外。

问

据了解，东亚地区尤其是韩国和日本对实学研究比较重视，能谈谈中、日、韩三国学者之间的交流吗？

答

的确，韩国和日本对实学的研究已有半个多世纪了，比我们起步早。不可否认，我们对实学的研究，从某种程度上受到韩国和日本的影响。虽然在对“实学”这个概念的理解上，中、日、韩之间有较大的差别，但这并不妨碍我们之间展开学术交流。这些年来，东亚各国之间关于实学研究的交流一直进展很顺利，除了学者个人之间的交流外，1990年在汉城举行了第一届东亚实学国际研讨会，1992年在中国山东举办了第二届东亚实学国际会议，1994年10月将在日本举办第三届东亚实学国际学术研讨会，这一定期在三地区轮流举办的学术会议对推进东亚地区的实学研究有很大帮助，所取得的成就也是十分令人鼓舞的。1992年出版了《中日实学史研究》，今年将出版《中韩实学史研究》。同时，第一届、第二届东亚实学会议的论文集的出版，更体现了三国学者合作的诚意。

问　您对中国实学研究有什么展望呢？

答　中国实学研究是顺应时代的需要而兴起的，今后除了继续在基础的理论工作上下功夫外，我想更重要的是探索古代的实学精神的现代转换问题。发掘实学精神中的现代价值，了解当时的求实、重利、科学、民本思想何以不能开展出近代的思想体系，这些都是有很大理论和现实意义的课题，也是如何真正理解民族文化的优良传统的问题。同时，实学研究也要继续开展与日、韩同行的合作，尽快成立东亚实学联合会。

问　葛教授，您从中国实学研究到道家思想研究，包括此前对王廷相和中国哲学范畴史的研究，都有建树，这是否与您的治学方法有关，在这方面，您有什么体会呢？

答　应该说，勤奋加刻苦永远是成功的前提，不过，我在从事学术研究时，始终坚持三个原则：创新、求实、开放。

创新讲起来很容易，但做起来并不简单。在这方面我的体会是创新首先在于引进新方法，发掘新人物、新材料，敢于在前人没有涉足的领域进行探索。如我对王廷相的研究，王廷相本来在中哲史界是个不受重视的人物。经过仔细研究，发现他是由张载到王夫之之间的一个关键性的人物，从而填补了宋明哲学史的一个空白。其次是要敢于在观点上创新。如对明清思潮，学术界一直很重视。但对明清思潮的概括一直见仁见智，难有一致的观点，我和同仁们在深入研究的基础上提出了“明清实学”概念，由于比较正确全面地概括了这一历史时期思想发展的实际情况，逐步得到了多数学者的赞同。

求实是一种治学态度。搞学术研究不能只从二手材料出发，只有掌握原始资料，在认真思考的基础上，才能独立地提出新观点，对当前流行的观点正确与否作出判断，否则便会陷入人云亦云。

开放是一种治学境界。任何一位学者，如果把自己封闭起来，即使很刻苦，也难以取得很大成就。具有开放思维的人，善于在国内外的广泛学术交流中捕捉新的选题，引进新的研究方法；敢于在各种不同学术观点的讨论中，吸取最新的研究成果，不断更新和补充自己的知识结构；敢于抛弃自己旧的学术观点和研究程式，这样才可能在学术上取得新的成果。

（原载《哲学动态》1991年第10期）

学者近况

葛荣晋（1960— ），中国人民大学哲学系教授、博士生导师，东方文化研究所所长。1993年被评为国家级有突出贡献中青年专家。享受国务院政府特殊津贴。兼任中国实学研究会会长、中华孔子学会副会长兼学术委员会主任、中国孔子基金会理事兼学术委员、国际儒学联合会理事、中华炎黄文化研究会理事兼学术委员、中国哲学史学会理事、开封大学宋文化研究所名誉所长、香港道教学院客座教授、韩国栗谷思想研究院特约研究员。曾讲授马列主义经典著作、中国哲学通史、中国古典哲学名著、中国哲学范畴史、中国实学思想史等课程。著有《王廷相生平学术编年》、《王廷相和明代气学》、《中国哲学范畴导论》、《儒道智慧与当代社会》、《陆世仪评传》、《一代儒宗顾亭林》(合著);主编《明清实学思潮史》(主编之一)、《中日实学史研究》、《道家文化与现代文明》、《中国实学思想史》。在中外报刊发表学术论文200余篇。

我的哲学思路

——访高清海

学者简介

高清海，1930年生，黑龙江虎林人。曾任吉林大学哲学系主任、现代哲学研究所所长、副校长等职，时任吉林大学社会发展研究所教授、博士生导师。主要代表著作有：《哲学与主体自我意识》、《哲学的憧憬》、《唯物辩证法的实质与核心》、《马克思主义哲学基础》（主编，上册获国家优秀教材奖）、《欧洲哲学史纲新编》（主编）等。

问 高老师，十多年来，您一直活跃在哲学研究的前沿阵地，观点鲜明，论著甚丰，是一位很有个性的著名哲学家。那么，您是如何概括和评估自己所走过的道路和工作的呢？

答 回顾近些年来我走过的道路和所做的工作，在总体上可以用这样的一句话来概括，就是：推动哲学观念变革，探求理论创新之路。说得具体一点，我主要做了三件事情：（1）突破僵化的哲学体系，改革教科书哲学模式；（2）克服“本体论化”思想倾向，推动哲学思维方式变革；（3）适应时代要求转变哲学观念，探索现代中国理论创新道路。这是我对自己所做工作的估价，也可以说是我为自己确立的目标；至于别人如何看待我的工作，以及我究竟做得怎样，那当然要另当别论。

问 从您的论著来看，您的哲学观念也在不断更新，请就此谈谈您的体会和您的思路。

答 我的体会是，要推动哲学观念转变，首先是推动自己的思想不断变化。我一直坚持主张，哲学的生命在于创新，哲学的功能也首先在于推动创新。我自己的思想就是这样，我从本体论学习哲学，尔后沿着哲学基本问题走向认识论，当进而提升到实践论的观点之后，自己感觉就像进入了一个新的天地，我现在立足于人去审视哲学、发挥实践观点的思维方式，更有赫然柳暗花明之感。我走过的这个道路是否是对的，这可以研究，但我自认为它是合乎思维和历史发展的逻辑的，这就意味着从虚幻抽象之人逐步走向现实具体之人的路程。我深切感到，我如果不能再超越我自己，尽去重述既有的东西，那大概就是我哲学生命的终点了。

问 您主张改革哲学教科书体系旧模式的目的、动机是什么？

答

20世纪80年代初期我从事这项工作，从一开始目的就十分明确，我并不想用一种新的标准模式去束缚人们的思想，恰恰相反，我的目的正是为了打破那种具有永恒性质的公式化的体系和模式，即冲破牢笼、解放思想，以便推动人们去重新理解马克思的哲学实质。我不相信对马克思的哲学就只能用苏联学者给定的观点、模式去理解，不能以另外的观点、模式去表述。我坚信，换一种方式，一定会比它们更能体现马克思的哲学思想精神。

问

那么哲学体系的改革与哲学思维方式的变革及哲学观念的转变是什么关系呢?

答

我那时凭直觉已经意识到，两种不同的模式实际是表现着传统和现代两种哲学思维方式的对立，只是对于它的根源理解得不深，所以当时只是限于理论范围内的论证，很少涉及现实的社会历史问题。

现在这个问题比较清楚了。“教科书哲学”体现的那种前定论哲学、顺从论哲学、客体决定论哲学、替天行道论哲学的思想倾向和理论体系，是适应苏联集权中央、计划指令的政治经济体制需要的产物，而苏联实行的政治经济体制又同沙皇俄国专制的文化政治历史传统有着密切联系。那种“教科书哲学”为计划经济体制服务得那样好，能够给它的各项政策、方针提供那样得力的论证，说明它在形成教科书哲学的过程中已经按照传统的哲学观念把马克思的理论改铸过了。

我们学过那种教科书，印象最深的几个词是“物质”“运动”“必然规律”，感受最强烈的一句话是一切“不以人的主观意志为转移”。从那里我们学不到主观与客观的复杂的对立统一关系，它把一部分主观化为客观，另一部分则作为“主观主义”完全排除在哲学之外。至于讲到“主观能动性”，不过就是要人主观符合客观、行动服从规律、自由服从必然，即一切服从于物质运动的必然法则。在这种服从哲学中，个人当然不会有独立的人格性和价值性。

在走向社会主义市场经济之后，这样的理论难道不应该“改革”吗？“体系改革”从今天看来就是适应社会经济政治的转轨所需要的理论转型，而在内容方面就表现为哲学观念的现代变革。

问 请具体介绍一下您关于哲学思维方式变革的有关思想。

答 要改变理论现状，关键是突出和发挥马克思“实践”观点的理论意义。在这点上，我与国内主张“实践唯物主义”“实践本体论”的学者们在思想倾向上是一致的。不同的是在，我主张从哲学思维方式的意义上去理解马克思提出实践观点的意义。因为在我看来，是否从实践观点去看待哲学问题，这意味着是从什么样的观点去看待人、看待人与世界的关系、看待世界对人的存在性质的问题，它表现的是新与旧、现代与传统这两种不同哲学观的根本变化，绝不只是物质与实践这两个概念的哲学位置的摆法问题。旧哲学贯彻的本体论化的思维方式，是把人及其世界的两重本质抽象化，从两极对立去寻求单一本性的思维方法，所以哲学观点总是陷入两极的抽象对立；而实践观点正是对这种哲学模式的否定，它意味着为人们贯彻人的观点、观察世界事物提供了一个崭新的视角，即从人与自然、主体与客体、主观与客观的现实的双向作用关系出发的思维方式。这里表现的是两种哲学性质、哲学思维方式的根本对立。

在我看来，旧教科书的作者们在世界观中丢掉了马克思的实践这样一个关键性的概念，决不是由于“疏漏”，而是因为他们的哲学思维方式没有转变。固执于本体论化的思维方式，是决不可能理解并接受“实践观点”的。相反，要在哲学中贯注实践的观点，也就意味着根本转变哲学的思维方式，想不触动旧理论的思维模式，额外添加进去一个实践概念，在我看来是不大可能的，即或加进去了也是两层皮，甚至会把“实践”也“本体论化”，使它失去原来的意义。

问

请具体说明一下您刚才所说的："是否从实践观点去看待哲学问题，这意味着是从什么样的观点看待人"。

答

在我看来，“实践”作为人所特有的生存活动方式首先是用来理解“人”的一个基本概念。从实践观点理解人，就意味着从人之为人的自身根源去把握人，从人的基本生存活动的性质去理解人的本性，从人历史地生成变化性中去把握人的存在，从人对外部世界的肯定与否定的双重性质中去把握人与世界的关系，从人自身的多重矛盾本性中去把握人的多义属性，等等。实践观点也就是把握并贯彻活生生的具体的和现实的人的观点的一种哲学思维方式。

把人看成什么样的性质，即从什么样的人的观点出发，就会把世界看成何样的存在，形成何样的世界观。过去哲学关于世界本性的争论，实际说来只是人的不同观点的争论。正是从这里我得出了人是哲学的奥秘，哲学不过是人的自我理解和自我意识的理论的看法。

问

请再谈谈实践哲学与人的哲学的关系。

答

从实践的哲学必然要引申到人的哲学，我觉得这个变化是完全合乎逻辑的。因为实践的本性是“创造性”，这是只属于人的本性。从实践的观点出发，就意味着不仅把人看作是人自身活动创造的产物，也要把人的对象世界看作人在自身创造活动中建立的；这样哲学的立足点就必然会从过去抽象的上帝（精神）和抽象的自然（物质）转移到作为二者具体统一的人的身上。从这种观点看来，上帝（精神）和自然（物质）都不过是人的抽象化的两极观点的表现；而人的抽象化，也就是人的失落，就是人的世界的虚拟化和片面化。

问

在您看来，过去的哲学往往脱离现实生活，这是否与对人的抽象理解密切相关呢？

答

是的。我从研究中发现，过去的哲学包括我们的教科书哲学所以总是脱离现实生活、具有独断的教条主义性质，根源就在于它失去了通向现实生活的人的中介。从抽象的人出发，必然会把人们引向抽象彼岸世界，以虚假生活取代真实生活。今天，我们虽然已经回到了此岸世界，但如果在理论上不回到现实的人，那就是并未杜绝走回头路的可能。

问

请再谈谈马克思的实践观对我们了解人、把握人的意义。

答

人是人最难于了解和把握的对象。不能认为人最了解自己，其实恰恰相反，人最不了解的正是人自己。在历史上可以说人们已经尝试过从多个不同角度去了解人，这就是各家各派的哲学观点。这些观点应当认为对于了解人都是有作用的，但却没有抓住根本。这里充分显示了马克思的实践观点的伟大意义。它的最为重大的意义就在于为我们把握人的两重性本质提供了一个真实基础。人的两重性本质是人难于被理解的主要之点。人出现前的世界是大自然一统天下，可以认为是一重性的；人出现后就把天下的秩序搅乱了，处处出现两重性的矛盾。过去的哲学由于不懂人的实践本质，所以总想把两重性合并为单一性，一直在追究人的单一本性，因而陷入两极化的抽象对立观点，长期争执不休。这些问题当然只有从实践的观点才能解决，因为人的实践活动正是肯定与否定、顺应与超越、分化与统一即以两重矛盾为本性的一种活动。这也就是人的本性。

所以贯彻实践观点并不是抽象的，实际就是贯彻人的两重本性的观点，即贯彻把人理解为多重规定具体统一的观点。

问

从实践本性去理解人，“人”的观念会发生怎样的变化？

答

在我看来，如果从实践本性去理解人，“人”的观念就会发生一个重大的甚至根本性的变化。

依通常看法，“人”是和人的生命肉体分不开的，对人来说自然、社会、世界都被看作人的“外部”关系。这是关于人的狭义观点，这种观点实际并未超出生物学的理解方式。从实践本性去看人就不同了。人从非人发展为人，人的特性正在这一点上，他最善于吸纳非人力量，总是把非人存在转化为人的存在，使之变成如马克思所说的“人的无机的身体”。从这一意义说，人是世间唯一的自我中心主义者，同时又是本性外投的最大的开放主义者。人在外物中投进自身的本质，他把什么变成自己的对象，什么对象也就“成了他自身”。从人发展的可能性说，世上没有什么不能成为人的对象，人因而也就是一个世界性的存在，总有一天会达到这一步——世界即人、人即世界，实现中国哲学追求的“天人合一”、马克思所说的“自然主义与人道主义的彻底统一”。

问

请问人的理论与哲学世界观是什么关系？

答

人的本质不限于生命本质，还有超生命本质；人的存在不限于个体存在，还有超个体存在；人的身体也不限于有机肉体，还有无机的甚至无形的身体；因此“人”的概念也就不限于“小我”，而且是一个“大我”。所以从哲学去理解，人的理论也就是世界观的理论，世界观理论也就是关于人的理论，这二者是完全同一的。

当然，这样的人不是一蹴而就的，而是一个无尽的发展过程；人的多重规定也不是一开始就完备的，而是在分化发展中逐渐完备的。马克思曾把人的发展历程归结为三个大的阶段，即“人的依赖关系”、“以物的依赖性为基础的人的独立性”和“建立在个人全面发展和他们共同的社会生产能力成为他们的社会财富这一基础上的自由个性”三个阶段。我觉得马克思的这一分析对于了解今日现实的发展问题具有重大的指导意义。过去我们没有重视这段话，我们重视的是社会五形态的论述。现在看来，人的发展问题更为根本，社会的发展归根结底也就是人的发展。

从现代哲学的发展说，人文化是一个根本趋向，不只是哲学，还有科学，整个现代文化都是如此。这说明现代的人已进入自觉发展自己的历史阶段。恩格斯曾经称马克思的哲学为“关于现实的人及其历史发展的科学”。在这一意义上，我们完全应当认为马克思就是开创现代哲学新世纪的奠基人，他的哲学思想与现代西方哲学思潮有某些相通和相同之处，并没有什么可奇怪的。但他们的哲学本质，即理解和表达人的哲学思维方式又根本不同。所以，我们今天虽然也强调要立足于人去审视一切哲学问题，但并不能就简单地归结为是“人本主义”。“人本主义”作为专用名词，特指从抽象化的人即生物学的人或抽象化的个人出发的哲学观点或派别。马克思曾经批判过费尔巴哈的“人本主义”。但我们也要明确，马克思批判的“人本主义”的错误，并不在于它从人出发、以人为本这一点，恰恰在于它把人抽象化了，没有从人出发、以人为本。我从实践观点引申到人的哲学，正是为了发挥马克思从现实和具体的人出发的哲学观点。

问

您近期思考的主要问题是什么？

答

近期通过对人的问题的思考，我愈来愈感到，如果我们认真贯彻了上述观点，哲学其实离我们的生活最为贴近，它与我们面临的各种重大的现实问题都是息息相关的。反过来说，现实社会出现的那许多问题，看来很具体，仔细去思考，也都同抽象的哲学原则关联着。今天存在的问题，从总体来说，我认为还是一个如何适应社会和人的转型，从传统前定本质的抽象理性原则彻底转到表达现代人的生活实践的思维方式上来的问题。这就是我近期考虑的主要问题。

问

您目前写作的主题是什么？

答

从世界范围说，今日的时代已是以独立个人为本位的时代，而且从个人本位表现的大量矛盾中已显露出向类本位的发展趋向。但中国的情况却有所不同。过去中国长时期的封建宗法统治造成我们一向只有三六九等的达官贵人和布衣小人，从未形成个人相互平等的独立人格。而近几十年由于计划经济体制，人们又养成一切依赖群体、听从命令照章办事的行为习惯。所以在我看来，培植个人独立人格、充分发挥每个人作为独立主体的积极性、主动性和创造性，是我们的当务急需。在中国目前情况下，解放生产力首先就是解放个人，实行市场经济体制最根本的一点也是培植独立的个人主体，中国的现代化，首要的就是人的现代化。不抓住人这一根本，我们的改革就难见实效，也会失去保障。这就是我目前写作的主题。

（原载《哲学动态》1994年第11期）

学者近况

高清海（1930.1.4—2004.10.14），当代中国著名哲学家、优秀教育家。曾任吉林大学哲学系主任、现代哲学研究所所长、副校长，吉林省社会科学界联合会副主席兼党组书记，第一、第二届国务院学位委员会学科评议组成员。主要著作有：《哲学与主体自我意识》、《哲学的憧憬》、《唯物辩证法的实质与核心》、《马克思主义哲学基础》（主编，上册获国家优秀教材奖）、《欧洲哲学史纲新编》（主编）等。早在20世纪50年代就明确提出“历史唯物主义”马克思主义的社会学的学术观点，为马克思主义哲学发展作出了重要贡献；改革开放以来长期致力于哲学体系改革和哲学思维方式变革，探索符合时代要求的转变哲学观念和现代中国哲学发展的道路，为当代中国哲学的发展作出了突出贡献。

道家是中国哲学史的主干

——访陈鼓应

学者简介

陈鼓应，福建长汀人，1949年随父母赴台湾。曾任台湾大学哲学系教授；1979年赴美，任加利福尼亚大学研究员。时任北京大学教授、《道家文化研究》主编。主要致力于尼采思想和道家思想的研究。主要著作有：《庄子今注今译》《老子注译及评介》《悲剧哲学家尼采》《老庄新论》等。

问

长期以来，哲学史界都认为儒家思想是中国哲学的起源和主流思想。这几成学界之定评。所以几年前当您提出“道家是中国哲学史主干”的论断时，学界的反应非常强烈，从1992年起，您又创办了《道家文化研究》，积极地申说此论。在此请您概要地介绍一下“道家主干说”的主要依据。

答

的确，目前通行的观点认为儒家思想是中国哲学史的主体构成部分，其实这种看法缺乏足够的论据，我想可以从两方面加以说明。

其一，老子是中国第一位哲学家，因为老子第一个建立了相当完整的形而上学体系。老子提出的“道”的概念，开创了中国哲学本体论和宇宙论的先河。尽管中国没有西方哲学那样的认识论系统，但是老子开创的直觉思维方式，一直是最典型的中国哲学思维方式。而儒家思想在形而上学方面几乎是一片空白。即便有，也只是些片言只语，形不成一种系统性的观点，还谈不上是一种哲学。至于人生哲学，则老庄思想远比孔孟深刻，是无待争论的。

其二，如果从哲学的专业方向来看，所谓哲学是一种对宇宙、人生问题的整体性思考，是对究竟意义的探讨。从几大文明发源地像希腊、印度来看，其哲学的开端都是从宇宙论问题出发。从这个角度看老子的“自然主义”及其对宇宙人生所作的“普遍性解释”，就足以使老子成为中国哲学之父。

问

我注意到，很多学者在称赞先生敢于用新视角、新方法突破学界崇儒黜道的成见的前提下，认为“道家主干说”“没有突破西方思维哲学的框架，没有深入发现中国哲学的特殊性和儒家以政治伦理安顿社会人生主张背后所包含的哲学精神”。对此质疑，您有什么看法？

答

“道家主干说”提出以来，有很多人表示赞同，也有很多学者对此提出了异议，这都是很正常的。在此我首先要解释的是，我提出的“道家主干说”仅限于中国哲学的范围，而非指中国文化。显然“文化”是一个远比“哲学”要宽泛得多的概念。有的学者在提出批评时往往忽略了这个前提，混淆了“中国哲学”和“中国文化”的界限，以致有些批评成了“无的放矢”。

至于说到中国哲学的特殊性，我不否认而且强调一个民族的哲学思想从思维方式到关注的问题都有其特殊性，但其之所以称为“哲学”，便自有其共同性。我不否认我对哲学的观点受到了西方哲学的影响。“哲学”这一概念本来就是现代才从西方引入的。因此，我们不能一强调哲学的特殊性就不关注哲学的普遍性。所谓哲学就是一种对宇宙、人生的普遍性看法。况且，我主张“道家思想是中国哲学史的主干”并非只就宇宙论而言，从人生哲学来看，道家也远比儒家深刻。如“境界哲学”就为庄子所首开。原始儒家思想的精华只是政治伦理而已。纵观中国哲学史，大部分形而上的概念、范畴，如先秦的“道论”，魏晋玄学探讨的“有”“无”与“言”“意”，宋明理学探讨的“理”“气”“太极”“无极”“动静”等都为道家所首创，而这些概念正是中国哲学史的核心概念。

问 要确定“道家主干”地位，文献上的论据是十分重要的。前几年您曾著文阐述《易传》中的核心部分《彖传》《系辞》深受道家思想影响的文章，并断定这两篇系道家系统的作品。由此引出了一系列文献学上的论争。对于先秦文献的厘定一直是聚讼纷纭。但是《系辞》和《彖传》一直被认定是儒家的著作，对它们的思想归属的确定，对于确定何种思想是中国哲学史的主干无疑具有一种决定性意义。您能讲一下文献方面的情况吗？

答 由于儒家思想长期居正统地位，所以许多有关道家的事件和道家著作常被判定为伪托和伪作。像《列子》《尹文子》《文子》《鹖冠子》等长期被断定为伪书的先秦著作，都有重新考订的必要。

由于近26年有大量的文献出土，如马王堆出土的《老子》帛书甲、乙本，1973年河北定县出土的《文子》残篇，特别是《黄帝四经》的出土，使我们可以把黄老思想追溯到战国中期，并且形成了一条以《黄帝四经》《尹文子》《慎子》《管子四篇》《文子》《鹖冠子》为代表的从战国中期至战国末期的黄老思想的发展线索。而且，从思想内容来看以《黄帝四经》为代表的黄老学派无疑是正统道家之外的一个较为积极的入世道家派别，它对汉初政治、社会有着巨大的影响。

先秦思想是诸子百家互相争鸣、互相吸收的时代，而道家思想则居于主导地位。很多习惯上认为归属于儒家典籍的思想属性都被发现受到道家思想的影响或属于道家系的作品，如《易传》就是一部以老庄或稷下道家为主体而融合各家于一炉的著作。其中《彖传》主要是借老庄自然观来解释易学，因此属于楚文化作品。《系辞》则无论是依据它的精气论或它的开阖思想格局，都近于稷下道家范围。它由天道推及人道的思维方式显然属于道家的思维方式。一直将《易传》视为儒家著作，显然是只注意到了其伦理道德方面，或是受“孔子作易”的传闻的误导。

问

如果说《系辞》和《彖传》深受道家思想影响，那么您是如何看待先秦时期儒家思想的呢？

答

儒家思想的最大特色就是伦理学，但是儒家思想从创始阶段起就受到道家思想的影响，在孔子思想中就带有道家的痕迹。如孔子的“无为”思想。《论语·宪问》中谈到“以德报怨”时还引述《老子》六十三章的文字。而孟子的思想与庄子颇有契合之处。有的学者指出：孟子虽生长在邹鲁，但一直在齐的学术思想背景下成长，因此受稷下道家的思想影响很大。而荀子思想之儒家道家化，则为当前学界所共知。最近很多学者通过稷下道家的研究发现，《大学》《中庸》都受到道家思想的深入影响。我认为从孟荀开始，儒家就开始了道家化的倾向。

问

汉魏晋时期的中国哲学的道家倾向或许比较明显，但是习惯上宋明理学被称为继先秦、魏晋之后的中国思想的又一个高峰，学界习惯上称之为新儒家，而且宋明时期也被看作是儒学复兴的一种标志。如宋明理学家都自称接续孟子以来的“道统”。那么如何看待宋明理学中的“道家主干”呢？

答

宋明理学虽被称作新儒家，但究其实，宋明理学并不是纯粹的儒家，它是儒、释、道三教合流的产物。所以从哲学论题看，宋明儒家多为继老庄接着讲或照着讲，同时宋儒注《四书》主要用的也是道家的观点。从思辨哲学来看，则理学与道佛二家较为接近。宋儒使用的一些重要概念如“无极”“太极”“无”“有”“道”“器”“动”“静”“常”“变”“天”“理”等大都来自道家的传统。即使是程颢认为是自家体贴出来的“天理”范畴，最早也见于《庄子·养生主》。而程朱论天理，更与老庄论“道”无大殊异。明儒王廷相就指出：“老、庄谓道生天地，宋儒谓天地之先只有此理，故乃改面目立论耳，与老庄之旨何殊。”（《雅述》上）颜元也有类似看法。而陆王心学受禅宗思想影响，前人早有明述。庄、禅相通更是不争之事实。

因此，就中国哲学的发展来看，虽然自战国之后就形成了道、儒、墨、法、名、阴阳等各家思想互渗的局面，但道家思想一直起主导作用。即便某些思想体系因其伦理道德方面具有明显的儒家倾向而被指认归属儒家，如《易传》和宋明理学，构成其道论的理论构架、思维方式仍为道家所确立。这种情形充分说明道家是中国哲学史的主干。

问

不论如何，“道家主干说”仍是一种处于争论之中的论说，有待于进一步的丰富。那么，陈先生目前正在做哪些工作呢？

答

我目前正在撰写《先秦道家主干论》，先秦是中国哲学的开创期，梳理先秦道家思想犹如正本清源，可以为“道家主干论”打下坚实的基础。

（原载《哲学动态》1991年第11期）

学者近况

陈鼓应（1935—　），1956—1963年先后就读于台湾大学哲学系及哲学研究所，师从著名哲学家方东美、殷海光。1979年离台赴美，任美国加州大学柏克利校区研究员。1984年到北京大学任职。1997年到台湾大学任教，直至退休。2010年起受聘为北京大学哲学系“人文讲座教授”。为享誉国际的道家文化学者。其撰写的《老子注译及评介》《庄子今注今译》已行销40余年，成为人们研习老庄的经典读本，并被翻译为十多种语言在世界范围出版发行；提出《易传》哲学思想属于道家的观点，一反2000年来《易传》思想属于儒家的旧说；其主张的“中国哲学道家主干说”影响日益广泛。主要著作有：《悲剧哲学家尼采》《尼采新论》《古代呼声》《庄子浅说》《老子注译及评介》《庄子今注今译》《中国哲学创始者——老子新论》《庄子的开放心灵与价值重估——庄子新论》《管子四篇诠释》《黄帝四经今注今译》《易传与道家思想》《道家易学建构》《周易今注今译》《道家人文精神》《庄子人性论》《道家哲学主干说》等。1992年创办《道家文化研究》学刊，入选CSSCI来源期刊，已出版至第三十二辑。2015年，所著《道家的人文精神》获全球华人国学大典“子部学奖”。2016年，获文化部主办的CCTV中华之光“传播中华文化年度人物奖”。

开拓文化哲学的新领地：日常生活批判

——访衣俊卿

学者简介

衣俊卿，1958年生于黑龙江虎林。1982年1月毕业于北京大学哲学系，1987年1月获贝尔格莱德大学哲学博士学位。时任黑龙江大学哲学系主任、教授，《求是学刊》主编。主要著作有：《实践派的探索与实践哲学的述评》《东欧的新马克思主义》《现代化与日常生活批判》，译著有《日常生活》。发表学术论文80余篇。

问

从您近年的学术成果和办刊实践来看，您似乎把自己的研究重点放在文化哲学领域中，这是否与您对哲学本身的理解有关？

答

的确如此。近年我所从事的青年马克思的思想、西方马克思主义、东欧新马克思主义、发展哲学、交往理论等方面的研究，都是从文化哲学的视角进行的。此外，我主编的《求是学刊》从1992年起一直开设“文化哲学：跨世纪的思考”专栏，力图对人类精神和人类历史的演进作大尺度的、广义的文化哲学透视，从而揭示世纪之交人类精神和人类历史演化的新态势、新发展和新突破。

在我看来，真正的哲学应当是人类文化精神的外显。20世纪的人类学、文化学、人本主义思潮、新马克思主义等从不同侧面揭示着这样的主题。文化所昭示的是人的世界和历史的最深层的东西，即人的生存模式或生存方式。所以，文化哲学研究不再停留于历史的表层，而是切入它的深层和内核。这样的研究可以把对人及其世界的形而上的理性反思和实证的文化历史思考结合起来，为面临困境与挑战的中国哲学提供真正的生长点。

问

文化哲学是一个很宽泛的领域，您是否把日常生活批判当作文化哲学的一种特殊形态来加以研究？

答

是的。进入20世纪90年代后，我有意识地把自己的全部研究都集中到日常生活批判领域，我承担了国家教委人文·社会科学规划课题“社会文明与日常生活哲学研究”，先后在《中国社会科学》《哲学研究》等多家刊物上发表了有关日常生活批判的系列文章，黑龙江教育出版社最近出版了我的专著《现代化与日常生活批判——人自身现代化的文化透视》。经过四五年的研究，我初步完成日常生活批判的奠基工作。

日常生活批判并不是关于生活中某些具体哲理的阐发，而是一种植根于人类历史和生活世界的哲学立场，是文化哲学的一种新视野或特殊领域。我对人类社会结构作了一种新的划分，把它当作一个金字塔式的三层结构：（1）处于金字塔顶部的是科学、艺术和哲学等活动的领域，是非日常的自觉的人类精神和知识领域。（2）处于金字塔中部的是非日常的社会活动领域和制度化领域，它主要由政治、经济、技术操作、经营管理、公共事务、社会化大生产等构成。（3）处于金字塔底部的是以个体的生存和再生产为宗旨的日常生活领域，它主要包括衣食住行、饮食男女等以个体的肉体生命延续为目的的生活资料获取与消费活动，婚丧嫁娶、礼尚往来等以日常语言为媒介和以血缘和天然情感为基础的个人交往活动，以及伴随上述日常活动的重复性的日常观念活动。在这个金字塔结构中，前两个层面构成了非日常生活世界。而日常生活批判就是对处于金字塔底部的，与每个人的生存息息相关，但又不为传统理性所关注的日常生活世界的文化哲学思考。

问　那么，您是如何走向这一研究领域的？

答　这是一个很复杂的问题，促使我开始日常生活批判的理论动因主要是我的文化哲学研究的内在逻辑要求。在文化哲学研究中，我始终追求“总体的人”在理论上和实践上的生成。为此，我力图对人的生存方式或文化模式作出总体性的揭示。80年代后期，我主要做了两方面的工作：一是用马克思的实践哲学构想来展示人的实践本质，即自由自觉的存在方式；二是通过对新马克思主义的研究，来揭示和分析批判20世纪的人类文化—历史困境和技术世界中现代人的异化受动的生存方式。但我发现，自由自觉的和异化受动的两种生存方式并不能涵盖人的全部文化模式，人的另外一种生存方式，即自在自发的生存模式同样左右着人类历史的演化。这一发现把我推向日常生活领域，因为在日常生活中占主导地位的行为模式正是自在自发的生存方式。

问

除了这一理论动因，是否还有现实的动因驱动您展开日常生活批判研究？

答

毫无疑问，文化哲学绝不是一种纯粹学斋式的理论探讨，中国现代化的历史任务比理论的逻辑更强有力地推动我走向日常生活批判这一领域。从本质上讲，现代化绝不简单意味着财富的增长和技术的改进，它应当是人的生存模式的根本性转变或重塑。这正是问题的关键，因为对于中国这样处于由农业文明向工业文明转型进程中的发展中国家而言，人们生存方式的本质特征既不是自由自觉性，也不是异化受动性，而是自在自发性。即是说，未经过市场经济和工业文明大潮洗礼的人们，其生存活动既很少体现为自由自觉的创造与建构，也较少体现为异化受动的非本质的存在，而是表现为一种原初未分化的、自在自发的、重复性的生存态。在这种情况下，现代化理论与实践的主要任务不是揭露和扬弃普遍的、人们已自觉地体验到的异化，而是促使这些自在自发的活动主体走向自由和自觉。

问题在于，是什么因素塑造了人的自在自发的存在方式？我以为，是体现农业文明基本精神的自然主义和宗法伦理主义的传统文化塑造了人的自在自发的存在方式，而这种生存模式是这些民族由传统农业文明向现代工业文明转型的主要羁绊之一。正因如此，过去百余年关于中国现代化的诸多争端大都是在文化层面上展开的。然而，过去的许多激进的文化启蒙运动大都流于表面化和形式化。为什么会出现这样的情形？在我看来，根本原因在于，这些文化启蒙并没有真正触及传统文化的根基。对于传统农业社会而言，文化传统的真正寓所或深刻根基不是由政治、经济等社会活动领域和科学、艺术、哲学等精神生产领域所构成的非日常世界，而是人们习以为常、熟视无睹的日常生活世界。

经过这样一种特殊的文化哲学探索，我得出这样一个结论：要扬弃人的自在自发的生存方式，即实现人自身的现代化，就要实现传统文化的转型；而传统文化的转型落到实处，应当是传统日常生活的批判重建。

问

通过您的分析，可以清楚地看到，无论为了建构关于总体的人的完整理论，还是为了促进人自身现代化的进程，都十分有必要建立以日常生活批判为具体形态的文化哲学。您能够概要地描述日常生活批判的主要内容和基本思想吗?

答

我是从两个大的方面来规定日常生活批判的内容的。一是建构日常生活的理论范式，包括从内涵与外延、时间与空间、结构与图式诸方面对日常生活领域的界定；进而从分类学的角度分别阐释日常消费世界、交往世界和观念世界的内涵；并从总体上揭示日常生活的一般运行特征，如日常生活的一般满足与高峰体验、冲突与裂变、中断与灾变等。通过这些分析，使日常生活得以在理论上显现。二是构造日常生活批判重建的模式，从文化学的视角揭示传统日常生活作为传统的、自在的文化的寓所的地位，从历史学的角度阐释日常生活世界从传统向现代的嬗变，从价值学的角度揭示日常生活结构与图式对人的存在和社会发展的正面与负面效应，从而把日常生活的变革与重建作为现代化进程的本质内涵而加以展示与阐发。

在上面我所列举的日常生活批判的各方面内容中，对于日常生活的内在结构和图式的分析至关重要，它直接决定着我们的日常生活批判的价值取向。经过分析我发现，日常生活世界的内在结构和基本图式主要由四个方面的要素构成：(1)自在的活动方式：重复性思维与重复性实践；(2)经验主义的活动图式：传统习俗、经验、常识；(3)自然主义的立根基础：生存本能、血缘关系、天然情感；(4)自发的调控系统：家庭、道德、宗教。

依据对日常生活世界的内在结构和图式的分析，我这样提炼出日常生活批判的基本思想：以衣食住行、饮食男女、婚丧嫁娶、礼尚往来等日常消费活动、交往活动和观念构成的日常生活世界，是一个凭借给定的归类模式和重复性思维以及血缘、天然情感、经验常识、传统习俗等加以维系的自在的、未分化的、近乎自然的领域，它直接塑造了自在自发的活动主体。这种自发的日常主体是农业文明条件下的典型的活动主体，它与工业文明条件下以技术理性和人本精神为基本素质的自由自觉的和创造性的非日常活动主体格格不入。因此，对于一个民族而言，要实现文化的转型和人自身的现代化，必须经历日常生活世界的批判重建过程，使人超越传统日常生活结构和图式对人的创造活动的束缚，由自在自发的日常生存状态向自由自觉的非日常存在状态跃升。这是日常生活批判的宗旨，也是现代化进程的重要的内在机制。

问　从您的论述中，的确可以看出日常生活批判重建对于现代化进程的重大实践意义，问题在于，应如何准确地把握日常生活世界批判重建的具体含义？

答　这应当从对日常生活的内在结构和基本图式的价值学分析谈起。从个体生存和社会发展的角度看，日常生活及其自在自发的活动图式具有两重性。在积极的意义上说，衣食住行等日常生活为个体的生存提供必备的基础，为人提供熟悉感、安全感和“在家”的感觉，同时，日常生活的自在性图式和重复性思维与实践可以造成经济化效果，这是政治、经济等社会活动与科学、艺术和哲学等精神生产得以进行的重要条件。但是，在消极的意义上说，日常生活的自在自发的图式和结构又具有压抑人的主体意识和创造性的倾向，使人处于一种未区分和无名分的存在状态，处于自然的和自在的存在状态。当人们以这种日常生存方式去从事政治、经济等社会活动和自觉的精神生产时，整个社会就会缺乏足够的发展动力和内在活力。这往往是农业文明时代的真实写照。因此，所谓日常生活的批判重建，并不意味着人可以抛开日常生活而存在，也不是说要每个人均成为政治家、科学家、艺术家和哲学家，而是要打破传统日常生活结构和图式对人的生存和社会活动的过分统治，从而通过科学、艺术和哲学等自觉的人类精神来增强主体的自我意识和批判意识，使人由自在自发的存在状态进入自由自觉的存在状态。其结果是个体完成独立化过程，无论在日常活动中还是在非日常活动中，都既能适度地运用日常生活图式和重复性思维，又能自觉地求助于创造性思维和创造性实践。可以断言，自由自觉的主体与充满竞争和创造性的开放社会的二位一体，才是真正意义上的现代化社会。

问　您认为目前的中国社会非常需要经历一场日常生活世界的批判重建吗？

答　毫无疑问。业已完成现代化进程的民族都经历过日常生活世界的改造与重建，如市场经济大潮斩断了人对土地的依赖和人身依附，技术理性和人本精神改变了人自在自发的生存方式。相比之下，对日常生活世界的改造与重建对于中国的现代化更为重要，这是因为，同其他民族相比，中国这一古老的农本社会具有过分强大与沉重的日常生活结构。我们可以从几个主要之点加以说明：(1) 中国几千年的农本社会是以血缘为纽带的宗法社会，它本质上是一个自在的日常生活世界，其中绝大多数人口是传统农民，他们终生被封闭在家庭与天然共同体中，凭借着自发地融入血脉之中的传统、风俗、习惯、经验、天然情感、血缘等文化基因而自在地生存。(2) 以儒家和道家为代表的中国传统哲学植根于原始的、自在的“天人合一”观念之上，其主要导向不是超越自然关系，把人从日常生存中提升出来，而恰恰是对自然的肯定与回归。儒家通过对君臣、父子、兄弟、夫妻、朋友等基于血缘宗法关系的伦常的强调，道家通过对“自然无为”的赞美，大大地强化了日常生活的自然主义色彩和自在性、重复性、封闭性等本质特征。（3）至关重要的是，中国日常生活结构不但自身十分强大与沉重，而且具有蚕食自觉的精神活动和社会活动领域的倾向。这一倾向至今十分严重，例如，在现实社会活动中，经验主义、教条主义和官僚主义盛行，人情关系在经营交往与社会活动中横行，连哲学和艺术这种最需要自觉性和创造性的活动，也常常变成按固定模式和框架进行归类与复制的重复性活动。这些都说明，中国社会所面临的人自身现代化的历史任务十分繁重。

问　可以看出，您的工作已经在中国哲学界的文化哲学研究中开拓了一块新的领地，不知日常生活批判在国外的研究情况如何？

答　应当指出，向日常生活世界的回归是20世纪西方哲学中的一个重要导向，如胡塞尔晚年对“生活世界”的回归，维特根斯坦晚年对“生活形式”的思考，海德格尔对“日常共在”的批判，列菲伏尔对现代日常生活的剖析，等等，从不同侧面涉及日常生活批判的主题。但是，他们的这些思想还不够系统，其价值取向又各异，因此，虽然可以作为重要的理论参考，但无法现成地接受。我的研究除了参考这些文献外，更多地依据现代哲学、文化学、人类学、社会学、历史哲学、民俗学，尤其依据对人类文化和中国文化演进的思考。

问　真诚希望您的日常生活批判能取得更深入的成果，能谈一下您今后的打算吗？

答　我准备分两步走。近期打算是，对中国的日常生活世界的历史沿革和当代变化做实证性研究，从日常生活批判的角度具体揭示中国现代化的内在文化阻滞力。远期打算是，把我在实践哲学、异化理论、日常生活批判等方面研究中所形成的关于人的自由自觉的、异化受动的、自在自发的三种生存模式的见解整合起来，尝试建构起以人为核心的现代哲学人类学。

（原载《哲学动态》1995年第1期）

学者近况

衣俊卿（1958.1— ），1982年1月毕业于北京大学哲学系，1987年1月获贝尔格莱德大学哲学博士学位。先后任职于黑龙江大学、黑龙江省委宣传部、中央编译局等单位。教授、博士生导师。主要研究领域为：西方马克思主义、东欧新马克思主义、文化哲学。出版《历史与乌托邦》《现代化与日常生活批判》《现代化与文化阻滞力》《20世纪的新马克思主义》《西方马克思主义概论》《文化哲学》《现代性的维度》《东欧新马克思主义精神史研究》等著作，以及《日常生活》《卢卡奇再评价》《作为社会现象的异化》等译著，共计20余部。在《中国社会科学》《哲学研究》《哲学动态》等刊物发表论文200余篇。先后承担和主持多项国家社会科学基金项目、国家出版基金项目。连续5次获教育部人文社会科学奖，先后6次获黑龙江省社会科学成果一等奖，并获得霍英东教育基金会高等院校青年教师奖，入选国家级有突出贡献的中青年专家、国家“百千万人才工程”、教育部“新世纪优秀人才支持计划”、全国留学回国人员“先进个人”、全国宣传文化系统“四个一批”人才培养工程、全国“杰出专业技术人才”等。

心灵与境界

——访蒙培元

学者简介

蒙培元，1938年生，甘肃庄浪人。1963年、1966年先后毕业于北京大学哲学系本科和中国哲学史专业研究生。时任中国社会科学院哲学研究所研究员、博士生导师，中国哲学史研究室主任。国家级有突出贡献的专家。主要著作有：《理学的演变》、《理学范畴系统》、《中国心性论》、《中国哲学主体思维》、《中国传统哲学思维方式》（主编）等。发表论文80余篇。

问

首先祝贺您的《理学的演变》一书获得中国社会科学院首届优秀学术论著一等奖。不过，您最近发表的论著更多的是关于思维方式和境界方面的问题。似乎您的研究重点和兴趣发生了一些变化？

答

是的，自20世纪80年代以来，我从事中国哲学史研究大体可分为四个阶段。第一阶段是80年代前期，以宋明理学研究为主，《理学的演变》和《理学范畴系统》是这个时期的研究成果；第二阶段是80年代中期，主要从事心性论研究；第三阶段是80年代末期，主要关注中国传统思维方式的问题；第四阶段是90年代初期开始，着重于心灵与境界、哲学与宗教方面的研究。

问

依我看这四个阶段大致是循着由点到面、由个别向一般的路径发展的。您刚才谈到心性问题，显然是中国哲学的核心问题之一，也可以称为中国哲学的重要特征。但您的《中国心性论》一书是在台湾地区出版的，很多人并没有见过，请介绍一下这方面的观点。

答

我写《中国心性论》一书，主要有两个考虑。一是觉得这个问题很重要，而大陆过去对这个问题几乎没有研究。当我完成理学研究的两本书之后，我发现理学家大谈心性，除了同佛学的挑战有关之外，确实同整个中国哲学传统有关。理学心性论固然有一个历史的发展和建构的过程，但它的根源存在于中国传统哲学之中。事实上，佛教心性论的盛行，已受到儒学与道家学说的某种程度的“同化”，而理学又重新回到儒家，并吸收了佛、道哲学的成果。心性论问题对中国文化乃至中国人的民族性格产生了实质性影响。二是对海外新儒家所作的一种回应。大家都知道，1958年海外几位学者联名发表过一篇哲学宣言，宣言中特别提出心性问题，认为这是中国哲学的真精神。此后，牟宗三先生出版了三大本的《心体与性体》一书，对理学（即新儒学）心性论进行了系统梳理。这本书在海外影响很大，遂成为牟先生最具理论性的代表作。我写《中国心性论》时无疑受到它的影响，其中有许多观点我是赞同的，但也有些重要问题我是不同意的。

我认为，海外学者提出心性问题，并进行如此深入的研究，应该说是对中国哲学作出了重要贡献。但牟先生的《心体与性体》作为这一研究的重要成果，只局限于讨论理学心性论，最多联系到儒家孔、孟及《中庸》《大学》等书，并没有对整个中国心性论进行系统研究。更重要的是，这部著作具有明显的“道统”观念，这表现在两个方面。一是争儒家“道统”。他要建立当代新儒学，建立新的“道德形上学”，就必须以儒家哲学为立足点，道家和佛学自然被排除在道统之外了。二是在儒家内部争“道统”。他认为，只有陆、王直承孔、孟，再加上大程、胡宏到刘宗周一系，都是“纵贯系统”，是道德自律论者；而小程、朱熹则是“别子为宗”，上承《大学》，代表了“横贯系统”。他虽然承认程、朱一系有其理论贡献，但毕竟不是儒家真传，不是道德自律论者而是他律论者，偏离了儒学正宗。他甚至把朱熹说成“横摄”的存有论者，这同冯友兰先生的看法不谋而合了。我在书中全面论述了儒、道、佛各家的心性论思想及其发展、演变和相互关系，同时也突破了所谓程朱、陆王之争。理学中固然有程朱、陆王之分，但不可将他们的区别看得过于严重，以致将朱熹说成西方式的实在论者或存有论者。朱熹作为理学集大成者，虽有自己的独创和发明，但他并没有离开中国传统哲学，特别是儒家哲学的根本立场，他的心性学说同样是道德主体论或道德形上论。今日研究中国哲学，应当有一种包容、综合、选择与批判的态度，不应再有“道统”观念。

问

学术研究尤其是中国人对中国哲学文化的研究，客观性立场是十分重要的。港台一些新儒家由于对儒家抱有过分同情的立场，这必然会产生某种程度的“遮蔽”。不过用某些西方化的概念来概括中国哲学的内涵，是否也会出现一些问题？比如最近听到有些关于您的新著《中国哲学主体思维》的议论，我也抱有这样的疑问，即用“主体思维”来解释中国传统思维方式是否合适？

答

首先，有一个概念界定的问题。我所理解的主体思维，不是以西方传统哲学中所谓主体—客体等为依据的，而是在中西哲学对比中提出来的。“主体”这个词无疑是从西方移植过来的，但这是不是说，讲中国哲学的主体问题必须按西方哲学的概念去讲呢？我以为不能。这里有一个方法问题，也就是普遍性与特殊性的关系问题。谁都知道，主体是对客体而言的，讲主体必须涉及主客体的关系问题。但是，同样是解决主客关系问题，却有不同的解决方式。西方传统哲学的特点是主客分离、主客对立，这一点许多中外学者都是承认的。西方哲学讲主体，着重于“心智”，即认知方面。无论是主体“感知”客体，还是主体“思维”客体，或主体“设置”客体，“赋予”客体以意义，等等，都是在这种主客相对的意义上说的。这种主体性可称之为相对主体性。中国哲学也讲主客关系，但它的特点是主客结合，而不是主客分离，是主客统一，而不是主客对立。主体性的特征不仅表现在认知方面，更主要的表现在情感、意向、意志等方面。比如心物关系，就是一种主客关系，“万物皆备于我”“心外无物”“尽其性以尽物之性”，等等。并不是如同某些人所说，是“存在即被感知”的主观唯心论，也不是主客不分、物我混同的无主体哲学。它虽然讲主客统一（统一于主体），却并没有将两者混同，抹杀两者的界限。这种主体性可称之为统一主体性或绝对主体性。我正是在这个意义上提出并使用主体思维这一概念的。把这种统一主体性与所谓主客不分、混沌一片混为一谈，可说是极大的误解。

其次，主体思维是我在研究中国传统哲学思维方式的过程中提出来的。中国哲学思维方式，不限于主体思维，还有其他方面的特征，比如整体思维、意象思维、直觉思维、辩证思维等，但我认为，主体思维是最根本的特征，从一定意义上说，主体思维支配、决定了其他思维方式。中国哲学中常为人所引用的“人能弘道”“参赞化育”“不诚无物”“为天地立心”等重要思想，都表现了主体思维的特征。

过去对中国哲学思维方式研究不够，涉及这个问题者，往往以主客不分、缺乏主体性视之。我之所以提出主体思维，正在于破除以西方传统哲学观念为标准的解释模式，突显中国哲学的特点。如果说，在主体问题上有认识主体与价值主体之分，那么，中国哲学确实没有对两者进行严格区分，而是将两者统一在一起。但事实上，它更重视价值主体（而不是认识主体），也就是通常所说的德行主体或道德主体。应当承认，在认识主体方面，中国哲学的贡献是有限的，甚至是缺乏的，这一点我在书中和有关文章中已经指出了。

问

如您所言，中国传统思想更重视价值主体或者说道德主体。而主体完善地体现某种价值理想或道德理想，往往被视为达到某种境界。您最近十分关注境界问题是基于什么方面的原因呢？

答

境界问题实为中国哲学的精髓或精神所在。冯友兰先生生前说过，中国哲学的永久性价值，就在于能提高人的精神境界。这是一个非常深刻的洞见。但是冯先生讲境界问题的方法，受西方哲学影响太多，以致使中国哲学的特色未能充分显示出来。

究竟什么是境界？研究者没有共同的看法，甚至很少有明确的说法，事实上，很难用概念语言表述清楚，因为它不是概念的问题。它是精神生活的问题，是心灵的问题。可否说，境界是心灵“存在”经过自我提升所达到的一种界域和境地。界域有大小，境地有高低，但它又不是纯粹的思维空间和时间。它是精神的，但又不离肉体；是心灵的创造，但又不完全是主观的，只要成为境界，便有其客观普遍性。任何人的境界，都是个人的境界，不同于其他人；但它又有共同性、一致性（不是“脾性相投”），因为人有共同的本性。如同语言一样，它是客观化的主观性，或主观性的客观化。如同人的情感，既是个人的，又有共同性；既是主观的，又有客观性；既是相对的，又有普遍性。境界之不同于单纯认识，就在于它有情感因素，其中既有道德情感（儒家讲得最多），又有审美情感（道家讲得较多），还有宗教情感（佛教是代表，但各家都讲）。如果说，美学情感有所谓“有意味的形式”，那么，道德情感也可以有某种有意义的形式，宗教情感可以有某种永恒的形式。这些都是心灵的体验和创造，同认识不可分，但不能归结为单纯的认识问题。中国哲学很重视人的心灵问题，特别是情感问题，不能离情而言理、离情而言性，这当然不是说，中国哲学提倡“情感主义”，但它提倡情感的自我体验、自我提升，以实现某种境界。境界也可以说是意向活动所造之地，同行为、实践有密切联系；它不是靠理论思辨实现的，而是靠实践功夫实现的，中国哲学之所以强调“功夫”，意义即在于此。所谓完成“理想人格”，实际上就是实现某种理想境界。这是心灵自身之事，不是依靠外在的某种东西。

境界问题不是我提出来的，当代学者早有人提出过，但我重新提出这个问题，是试图在已有成果的基础上继续前进。冯友兰先生讲境界（有“四境”之说），强调“意义”的认识，即认为境界是对人生和世界的“意义”的认识，因此，他晚年提出，“概念就是境界”，“宇宙概念”就是“宇宙境界”。但我认为，境界决不单纯是概念认识问题，它还有生命体验和实践问题。唐君毅先生也讲境界（有“九境”之说），他用主观、客观、主客合一的三分法，有似于黑格尔的精神现象学。他本来很重视宗教体验，但如此讲法，未免把境界问题泛化以至逻辑化了，以致把所有哲学都归入各种境界，这样反而失去了中国哲学的特点。牟宗三先生讲心性，也讲境界，他主要是同康德进行比较，提出“智的直觉”，这当然有很大前进。但他还是理智主义的讲法，强调直觉的理性化，并说成是“完全理性的”。这种理智化、理性化的倾向，是不是中国哲学的精神，值得再研究。我以为中国哲学境界说，固然有很强的理性特征，但不可用“理性”概括之，其中还有非理性，甚至超理性的因素。情感体验与理性有紧密联系，但不等于理性，“大而化之之谓圣，圣而不可知之之谓神”（孟子语），就不是理性所能概括的。总之，精神生活、心灵境界的问题，不只是认识问题，也不只是理性问题，它还有情感需要、直觉体验、目的追求、意向活动、修善功夫等多方面的问题，从感性直观到超理性的神秘体验都是境界问题所关心的。

问

谈到“境界”问题，自然会使人联想起中国哲学另一重要命题即“天人合一”，现今有很多学者对这一命题作了许多发挥。那么这一问题的原初含义是什么？我们吸收古人思想资源时，是否应注意随需要而发挥的倾向呢？

答

“天人合一”作为中国哲学的基本问题，是大多数学者都承认的。当然，也有不同看法。这是正常的，应该提倡的。中国哲学从一开始就是探讨“天人之际”问题的，这一点大概没有什么争论，而中国哲学的主流派是主张“天人合一”的，这也是一个事实。当然也有一些思想家如荀子讲过“制天命而用之”的思想，但这是不是今人所理解的“天人相分”，即认识和改造自然的思想呢？这是需要讨论的。荀子还说过“唯圣人不求知天”，这又怎么理解呢？又如刘禹锡讲过“天人交相胜”，但是不是主张认识和改造自然，也是大有问题的。荀子、刘禹锡等人也代表中国哲学一个方面的传统，也有值得反省之处。但这一派的主要思想是，天有天之事，人有人之事，天有“天之能”，人有“人之能”，人不必去管天之事，只要把人事管好就行了。这同西方哲学所说的，人把自然作为对象去认识、利用和改造的思想，并不是一回事。

“天人合一”是讲什么问题的，是什么性质的问题，现今确有不同理解。

一种观点认为，“天人合一”是讲人与自然的关系。这里的自然就是自然界，包括自在的自然与属人的自然。有的把“天人合一”理解为人与自然不分，没有从自然界分离出来，也没有把自然界对象化，因此不主张认识自然，更谈不上主宰自然，可以说人与自然处在原始未分化状态，有似于西方结构主义所说的原始思维阶段。还有一种理解，就是追求一种美学式的和谐统一，融入大自然中，体验自然界的伟大，发出一种兴叹而已，这即是所谓“移情说”。再有所谓“投射说”，把人的愿望投射于自然界，反过来由自然即天来解释人间一切。

另一种观点认为，“天人合一”是讲生态伦理，海内外都有这种看法。当代生态伦理学出现之后，有人很自然地想到中国的“天人合一”说，认为它是讲人与环境（即属人的自然）保持平衡，在当代社会具有现实意义。当西方有人提出“回到大自然”的口号时，“天人合一”说的意义就更加明显了。

我认为，“天人合一”是一个内容广泛而有不同层次的命题或观念，可容纳上述部分内容（不是全部），但它的真正含义并不在此，或主要不在于此。从根本上说，它是讲心灵境界的，不是讲认识问题或其他问题的。“天人合一”固然反映了农业自然经济社会人与自然和谐相处的要求和愿望，但它的根本意义在于解决人的心灵问题，在于安排人的精神生活问题。在中国哲学发展中，“天”确有“自然”义，但不是与人相对而存在的自然界，主要是指世界本体（包括道德本体、美学本体等），因而具有形上意义。这就是所谓“天道”“天德”。但“天道”是内在于人而存在的，是由人来体现或实现的，离了人，所谓天便毫无意义。“人物皆禀天地之理以为性”，“在天为命，在人为性”，“道生之，德畜之”，如此等等，都是讲天人合一之学的。道家讲“体道”，儒家讲“与天同德”或“合天德”，都是经过自我体验、自我超越，实现本体存在的心灵境界。这种境界是整体性的，也是有不同层次的，其中有美学境界（如道家所谓“天地之大美”“至乐”，儒家所谓“圣人之乐”）、道德境界（如道家所说的“德”，儒家所说的“仁”）、真理境界（如道家所说的“真”，儒家所说的“诚”），甚至包括宗教境界（如道家所说的“神人”，儒家所说的“神圣”）。因此，在中国哲学看来，不需要上帝那样的人格神，即可解决“安身立命”的问题。只要达到最高的心灵境界，就能在有限的人生中实现无限与永恒。这就是中国文化没有宗教的真正原因。

问　说到中国文化没有宗教，我倒想提一个老问题，儒家是一种宗教还是哲学？在现阶段如何看待儒家在未来社会尤其是现阶段的作用？

答　这是一个大问题，对于从事中国哲学与文化研究的人来说，更是不能回避的问题。我已说过，中国哲学的根本精神在于境界说，其中包括儒家哲学，而儒家境界说包括了宗教境界。也就是说，儒家哲学中有一种宗教精神。但能不能把儒学归结为宗教，这就不是一个简单的问题了。

有人把儒学称为“儒教”，特别在海外，这种说法比较流行。其实，中国早就有“儒教”之说，不过它不是宗教的意思，而是说教、教化的意思。《中庸》所谓“天命之谓性，率性之谓道，修道之谓教”，就是从这个意义上说的。但是确有人把儒学当宗教看待的，还有人想建立儒家宗教，他们不仅对儒学充满崇敬之情，而且把孔子当成耶稣一样的教主。近代的康有为等人不必说，据说在韩国也确有一种“儒教”，不过流行在乡村，一般学者所说的，尚不是这种意义上的儒教。我认为，儒学基本上是一种人文主义哲学，而不是宗教，但是确有一种宗教精神（能不能称为人文主义宗教，可研究）。它既不同于西方的人本主义，也不同于西方的宗教。它具有人本精神与宗教精神这样一种双重性，保持了一种内在张力，儒学可以说就是在这种张力中发展的。说它具有一种宗教精神，主要是说，它要找到“安身立命”之地，要解决人生的归宿问题，即所谓“终极关怀”的问题。但它不是到神圣彼岸去寻找，而是在心灵自身中去寻找；不是通过绝对实体去解决，而是通过心灵境界去解决。但是在现实层面上，它具有人文主义精神。

这样一种学说，在未来社会中必有其积极价值，尤其在当今人们普遍感到“精神家园”失落的情况下，儒学能不能提供一种精神资源呢？我的回答是肯定的。但这决不是什么用“国粹”填补价值真空。我们需要扫除一切形式的民族虚无主义，但也反对国粹主义。我们不能忽视中国哲学与文化还有其历史性局限和结构性缺陷，我们只有站在时代的高度，以开放的心胸，对传统哲学包括儒学不断进行理解、解释、选择和批判，它的时代意义才能显示出来。这种主体的理解与实践活动才是最重要的。

问　最后请您谈一下您近来研究的重点和今后的设想。

答　近来主要研究“心灵境界”问题以及“儒学与宗教”的关系问题。曾陆续发表过一些文章，比如对先秦的孔子、魏晋的郭象、宋代的朱熹、近代的冯友兰，都作过一些个案研究，也写过一些总论性的文章。但是还没有写出著作。这些问题比较复杂，但又十分重要；似乎远离现实，其实与现实关系很密切。作为一个现代人，还要不要提高精神境界？要不要高尚的情操、情趣和情调？心灵境界与市场竞争是不是不相容？人的价值究竟是什么？这类问题正是中国哲学能够切入现实的焦点问题，具有深层意义。最近一个时期，我考虑较多的是情感问题，正如我在一篇文章中所说，情感问题能不能作为哲学问题去研究，或者只是心理学的问题？中国文化是重情的文化，它与中国哲学有何关系？而中国哲学所说的情，又是什么意思？我觉得，这是需要重新思考的问题，甚至涉及什么是哲学的问题。通过这一类的研究，或许能揭示中国哲学的某些特点，也有助于解决中国哲学走向未来的问题。

（原载《哲学动态》1995年第3期）

学者近况

蒙培元（1938.2— ），著名中国哲学史家、哲学家，当代儒家代表人物之一，宋明理学研究代表性人物之一，中国哲学范畴研究主要开创者，中国哲学主体性研究、“心灵哲学”开创者，“情感儒学”创立者，“生态儒学”开拓者。1963年从北京大学哲学系本科毕业；随即师从冯友兰先生，1966年从北京大学中国哲学史专业研究生毕业。曾任教于天津中学，任职于北京大学出版社。1980年转至中国社会科学院，曾任中国社会科学院哲学研究所研究员，中国哲学研究室主任，研究生院教授、博士生导师，中国社会科学院高级职称评审委员会委员。国家级有突出贡献专家。中国哲学史学会副会长，《中国哲学史》杂志主编。美国哥伦比亚大学、哈佛大学访问教授，台湾“中央研究院”文哲所访问教授，香港中文大学客座教授。主要著作有：《理学的演变》、《理学范畴系统》、《中国心性论》、《中国哲学主体思维》、《中国传统哲学思维方式》（主编）、《心灵超越与境界》、《情感与理性》、《人与自然——中国哲学生态观》、《国学举要·儒卷》（合著）、《蒙培元讲孔子》、《蒙培元讲孟子》、《朱熹哲学十论》等。

社会哲学：哲学改革的一条新思路

——访陈晏清

学者简介

陈晏清，1938年生，湖南新化人。时任南开大学人文学院院长、哲学系主任、博士生导师，中国辩证唯物主义研究会常务理事，天津市哲学学会会长。主要著作有：《“四人帮”哲学批判》（1979）、《论自觉的能动性》（1983）、《马克思主义哲学纲要》（1983）、《马克思主义哲学纲要》修订本（1988）、《当代中国社会哲学》（1990，主编）、《中国现代化之哲学探讨》（1990，主编之一）、《马克思主义哲学原理》（1994，副主编）、《哲学思想宝库经典》（1994，主编）等。

问　近年来您和您所领导的学术群体的研究方向似乎有了很大的变化，您能给我们谈谈这一变化吗？

答　不错，我们的研究方向在这些年中的确有了很大的变化，由以往主要地注重哲学基础理论的研究转向了对于社会现实生活的关注，转向了对于具有直接现实意义的理论问题的研究。实际上，不只我们这样做，哲学界的不少同行在近几年也转向了对现实问题的研究。从某种意义上说，这是当今中国哲学的一个基本趋向，恐怕也是我们的哲学走出低谷、重新获得生命力的一条道路。有人将这一转向称为社会哲学的转向，我以为不无道理。近年来，各类学术刊物上研究社会现实问题的哲学论文明显增多，这是有目共睹的。就我们自己而言，早在20世纪80年代中期以来就开始关注社会现实问题的研究，从1993年起，我所招收的博士研究生的研究方向也改变为社会历史哲学，还在本学科的硕士研究生教育中增设了社会哲学这一新的方向。

问　您提到社会哲学的转向，我觉得这是一个很有意思的提法。但我也注意到，人们对于社会现实问题研究的意义、应当主要关注的对象以及研究的方法等都有不同的看法，甚至对于社会哲学这一概念的理解也不尽相同。那么，您所理解的社会哲学研究是什么呢？

答　社会哲学到底包括哪些内容，人们历来有不同的理解。就国外的情况而言，可以称之为社会哲学研究的，有法兰克福学派的社会批判理论，杜威等人对于社会问题的哲学研究，以及某些哲学家对于社会科学的逻辑与方法论的研究，等等；此外，我以为从19世纪以来的诸多社会学大师们关于人类社会的一般理论也可视为社会哲学的内容。而在国内，自从20世纪80年代后期特别是90年代初期哲学界逐渐转向对当代中国社会现实问题的关注以来，我们也能看到不同的趋向。例如，有的侧重于吸取国外发展理论或现代化理论的成果，来描述并预测中国现代化的进程；有的倾向于重新阐述马克思主义经典作家关于社会发展的有关论述。我们自己这几年所进行的研究则是试图立足于中国作为后发展国家这一现实，考察现代化进程所必然导致的社会结构以及文化结构的变化，特别是市场经济的建立所导致的社会结构与文化结构的变化。就此而言，我们所理解的社会哲学主要地就是对于市场经济所导致的社会结构与文化结构的转变的研究，或者可以说是对转型社会的研究。当然，这种研究是一种哲学层面的把握。

问

您对于社会哲学的理解的确是不同于他人的，这自然有您的考虑或理由。那么，您为什么作这样的理解，或者说，您所理解的社会哲学研究的意义是什么呢？

答

这个问题，说来话长。我们也不是一开始就这样理解社会哲学的。前面说过，我们对社会现实问题的关注始于20世纪80年代中后期，当时主要是出于哲学工作者的一种社会责任感去关心现实的，是想将马克思主义哲学的一般原理运用于当代中国现代化进程研究，从而为中国的现代化事业贡献一点力量。但随着研究的深入，特别是随着社会主义市场经济在中国的逐步建立，我们越来越清楚地认识到，社会哲学的研究决不仅仅是便于理论联系实际的一种方式，或者如有的学者所说的那样，是哲学研究从高层次、高级位向低层次、低级位过渡的一种方式。从根本上说，这是时代给哲学提出的首要的课题。市场经济社会与以往的社会有着根本性的不同，以往社会的人们依据习惯和传统而生活，市场经济社会则是一个空前注重创新的社会，因而市场经济的建立必然要导致社会结构的巨大变化和复杂化，使社会和个人及群体的行动具有更大的不确定性和可选择性。这就对哲学和社会科学提出了全新的要求，要求它们能够把握社会结构的变化和市场经济社会运行的规律，为政府的决策及各种社会群体和个人的行动提供科学的理论依据。换言之，市场经济社会需要一种新的哲学研究方式，即社会哲学的研究。

同时，这也意味着我们的各门社会科学面临一个重建的任务。从社会科学的发展史来看，社会科学的兴起与市场经济的兴起是密切相关的。中国市场经济的建立所导致的社会结构及文化结构的根本性变化，也要求和必然导致中国社会科学的根本改造，或者叫作重建。而社会科学的重建是离不开哲学的支持的。我们认为，社会哲学的研究能够最有效地提供这种支持，其首要意义恐怕正在于它为重建中国社会科学提供概念框架或一般原理。如能做到这一点，将是它最大的成功。

问　*您刚才谈的社会哲学研究对于重建各门社会科学的意义，非常深刻。那么，它对于哲学学科本身是否也有着重要的意义呢？*

答　这是不言而喻的。一个社会的经济、政治、文化领域是密切相关的。社会的经济结构改变了，政治、文化便不可能不随之发生变化。哲学作为一种文化活动自然也不例外。我们常说哲学是时代精神的精华，正是说的哲学应当表达出一个时代的基本意蕴来，而不应当成为脱离时代精神基本趋向的明日黄花。但哲学要能够做到这一点，就必须首先把握住时代精神的脉搏，把握住现今社会的经济、政治、文化活动的基本趋向，而这正是社会哲学给自己提出的任务。换句话说，经济结构的巨大变化，给作为一种文化活动形式的哲学提出了重新定位的要求，而社会哲学的研究就正是表现出实现这个要求的一种努力。这种努力，当能为我们的哲学研究标示出一个与社会结构变化相适应的范围或方向来。在这个基础上，我们的哲学研究便有可能改革自身，使之真正成为时代精神的精华。

问

如您所说，您所进行的社会哲学研究目前主要是对于转型社会的研究，那么，它同历史唯物论是一种什么关系？是否可以把社会哲学理解为历史唯物论的一个特定方面或特例？

答

从一定角度上看，这种说法是有它的道理的。社会哲学作为对于转型社会的研究，自然是一种特定的理论，而如果我们将历史唯物论理解为一种一般的社会发展理论或历史哲学的话，那么，它们之间的确是一种特殊与一般、部分与整体的关系。但是，在这里我想说的是，我们以往对马克思的唯物史观在理解上是存在一些问题的。马克思并不是一个书斋式的哲学家，他并不企图关起门来构造一个适用于一切时代的抽象的理论体系。马克思把实践的观点作为自己哲学的首要的和基本的观点，马克思的理论是与现实生活实践之间保持着紧密的联系或者说保持着强大的张力的理论，而绝不是一些脱离现实生活的抽象原则。仔细阅读马克思主义创始人的著作，我们就会发现，他们所关注的问题，正是作为市场经济社会的一个特殊类型的资本主义社会的运行规律以及对于这一社会的扬弃。因此，按照我们的理解，马克思的唯物史观理论首先便是一种社会哲学。后来的一些马克思主义研究者将它抽象化为一种一般的历史哲学原则，本以为这样可以提高它的普遍性，但往往在很大程度上使它丧失了同现实生活之间的密切联系。当然，马克思的唯物史观理论确实是一种普遍性的理论，它揭示了人类历史的一些最重要的一般发展规律，但是，这种具有普遍性的一般原理绝不是脱离开对于马克思生活于其中的资本主义社会这一特殊社会的研究而构想出来的。而且，它不是僵死的，它只是为人们研究社会历史提供了一般的观念框架，只有当人们借助于这个观念框架去研究各个特殊的社会时，才能使它成为活生生的东西，也才能显示出它的普遍性的意义。就此而言，我们今天倡导社会哲学的研究，并不是标新立异，并不是脱离马克思所开拓的哲学道路，而恰恰是向马克思哲学基本精神的回归。当然，马克思所着重研究的是那种原发性的市场经济社会，而我们今天的社会哲学研究则面临着后发展社会这一特殊事实，这就需要我们依据新的历史条件去丰富和发展马克思的社会哲学。总之，不能认为，把社会哲学规定为主要是对于转型社会的研究，特别是规定为对于中国转型社会的研究，就好像不算一种哲学的研究了。

问

您的上述见解颇有启发性。但社会哲学还有一个与各门社会科学之间的关系问题，请您谈谈这个问题。

答

这个问题实际上也就是哲学和具体科学之间的关系中的一个方面。我的看法是，社会哲学与各门具体社会科学之间当然是有区别的，但要在它们之间划出一条非此即彼的严格界限却不容易，甚至不可能。西方科学哲学界关于划界问题争论了几十年，还是不了了之，就足以说明这点。因此，我们不能执着于两者之间的绝对区别，而只能就其相对的区别或分工来考虑。就其相对的区别而言，可以说，各门社会科学是从不同方面对于社会结构及其变化的实证的、具体的研究，而社会哲学则是一种总体上的把握。但毫无疑问，两者之间是互相渗透的。一方面，各门社会科学不可能不预设某些一般前提；另一方面，社会哲学也不可能不涉及一些具体的、实证的内容。在各门社会科学的发育阶段，两者之间的相互渗透尤为明显。这里，我还想顺便说说，我们的社会哲学和社会科学的研究都必须立足于中国。由于社会现象的极端复杂性，社会科学与自然科学是很不同的。不同国家、地区的不同学派之间往往有着巨大的差异，而这些差异总是与其独特的社会历史条件、文化、哲学传统密切相关的。这种关联既是一种客观的制约，同时也是一种客观的需要。这就是说，只有密切相关于本国社会历史条件和哲学文化传统的社会科学才是有效的和富有生命力的。因此，当今中国社会科学的重建固然必须充分吸收国外社会科学的成果，但更加重要的却是要把握住中国社会的总体上的独特性。这当中，社会哲学的研究，由于它立足于本国，又由于它研究方法的总体性特征，当能作出自己的贡献。

在社会科学成熟之后，社会哲学的主要任务将转向社会研究的一般方法论和对于各门社会科学基础的分析批评，但目前中国的社会哲学研究恐怕还只能主要地致力于对于当今中国社会变革的总体把握，以期能更有效地支持社会科学的重建。

问　最后想请您谈谈近期的研究计划或设想。

答　我们近期的研究是从两个方面进行的。一是立足于当代中国社会现实探求市场经济所导致的社会结构变化的一般特征或规律，以期能对当代中国社会结构的变化有一个总体上的把握；二是试图基于这种总体把握而对于社会主义市场经济建立过程中的一些重大理论问题进行研究，以期能直接有助于现实实践。就长远一点的设想来说，我们希望经过数年的研究，能够初步建立起一个具有中国特色的社会哲学理论体系来。现在我们的研究自然还是相当初步的，我希望有更多的同行投入这一研究。

（原载《哲学动态》1995年第4期）

学者近况

陈晏清（1938—　），南开大学荣誉教授。1962年毕业于中国人民大学哲学系。曾任南开大学哲学系系主任、人文学院院长、社会哲学研究所所长，天津市哲学学会会长等。现任南开大学当代中国问题研究院学术委员会主任、天津市哲学学会名誉会长等。主要研究领域为马克思主义社会政治哲学。主要著作有：《“四人帮”哲学批判》、《论自觉的能动性》、《现代唯物主义导引》、《辩证的历史决定论》、《陈晏清文集》、《陈晏清哲学文集》（八卷本）等。

从研究实践的唯物主义到研究中国社会主义的实践

——访陆剑杰

学者简介

陆剑杰，1935年生，江苏海门人。时任中共南京市委党校教授，江苏省社会科学院特约研究员，南京市哲学社会科学联合会党组书记，《南京社会科学》杂志主编。著有《实践唯物主义理论体系的历史逻辑分析》、《19—21世纪的中国之命运——中国近现代社会运动基本规律研究》(待出版)，主编《科学的世界观和方法论》《思想政治教育多学科透视》《实践的唯物主义和中国社会主义的实践》。发表《历史创造活动中的选择机制》《社会生产结构学说的选择论内涵》《社会主义市场经济的哲学思考》等学术论文80余篇。

问

近年来，您一直致力于马克思主义哲学体系的研究，形成了您的独到见解。能否向读者作一介绍？

答

众所周知，中国哲学界对马克思主义哲学的总体特质和体系结构有两种基本的见解：一种认为，我们所面对的“世界”是无人的宇宙，这个世界是物质的，人们用唯物主义来反映它，这个物质世界又是运动的，人们用辩证法来说明它，合起来，唯物主义和辩证法的高度统一是正确全面的科学世界观，按照这样的理解，人们建构了一个辩证唯物主义阐释体系。另一种认为，我们所面对的世界是人在其中生活的现实世界，无人宇宙是这个世界的先在，而现实世界是以人的实践为基础的，由此，现实世界的内在关系是人和外部世界的主客体关系，揭示这一主客体关系并说明它们的运动，才是马克思主义哲学的真正特质，从而马克思主义哲学体系应是“实践唯物主义”体系。我本人是持后一种见解的。

问

许多人认为“辩证唯物主义”体系是由恩格斯发其端的，是与他对“自然辩证法”的研究联系在一起的。听说您对《自然辩证法》一书有自己独特的见解。请您谈谈这个问题。

答

恩格斯在1871年巴黎公社起义失败后，用很大精力研究自然科学的辩证法。研究中，恩格斯建立起“运动形式”范畴，确认物质世界由低级到高级的无限运动。这一研究使恩格斯对于哲学对象的理解发生了变化：从《德意志意识形态》中所说的研究以人的实践为基础的感性现实世界，转变到研究“永恒运动的物质”，前者只是后者的一个短暂的阶段。恩格斯在讨论永恒运动的物质时，仍以实践为立足点，这一点是可取的。我曾撰文指出，用实践唯物主义的观点来考察《自然辩证法》可以看出，它实际上是写了实践唯物主义的自然史导论、自然环境分论和实践的自然过程论。

但问题在于：由于建立了“自然辩证法”，也就相应地建立了“历史辩证法”和“思维辩证法”，把辩证法在外延上“一分为三”，从而在内涵上制定了这样的定义：辩证法是关于自然、社会、思维运动发展的一般规律的科学。应该说，这个定义只说明了辩证法的一种规定，而不是辩证法的全部。因为这个定义形成时所进行的抽象，把马克思主义哲学的核心理论——实践论抽象掉了，把实践中的主客体辩证关系抽象掉了。“辩证唯物主义”阐释体系的根本问题正在这里：它大大缩小了实践论的范围，也大大贬低了实践的地位，远未充分地论证人的实践的主体性和创造性，使历史规律外在于人的实践，变成抽象的绝对物。

问

哲学界有些学者把“辩证唯物主义”和“实践唯物主义”看成势不两立，但听说您则在寻找两者的统一性。请介绍一下您的看法。

答

鉴于“辩证唯物主义”阐释体系存在着上述根本问题，它同“实践唯物主义”是不一致的。我认为，要恢复和发展马克思哲学的基本精神，必须以实践唯物主义为马克思主义哲学的逻辑构架。但这并不等于说“辩证唯物主义”体系在内容上就一无是处。辩证唯物主义同实践唯物主义的区别在于：（1）前者把物质第一性、意识第二性原理当作逻辑基础和中心原理；而后者只把它当作哲学史前提和逻辑学前提，它的逻辑基础和中心原理是科学的实践原理。（2）前者把对立统一等辩证规律当作辩证法的全部；后者则认为，辩证法的主线是主体、客体的有中介的辩证关系，对立统一诸规律则是从中抽象出来的哲学原理，也是包含着自觉能动性的实践规律。（3）唯物主义和辩证法的结合被认为是物质第一性原理和对立统一诸规律的统一，这是“辩证唯物主义”阐释体系的理解，而把实践的唯物主义与实践的辩证法结合起来，则是“实践唯物主义”的理解。

由此可见，承认物质和运动统一的辩证唯物主义，是实践唯物主义的前提，实践唯物主义哲学是以特定的方式包括了唯物主义和辩证法高度统一这个特点的。在这个意义上，实践唯物主义也可以叫作“实践的、历史的、辩证的唯物主义”。

问 您最近出版的约50万字的专著《实践唯物主义理论体系的历史逻辑分析》，是否系统地陈述了您的上述见解？

答 是的。我的这部书对实践唯物主义作了历史分析和逻辑分析，并且按照历史与逻辑统一的原则，把两者密切结合起来。我的历史分析从马克思一直写到邓小平。读者可以看到，指导着无产阶级革命运动、民族解放运动、建设社会主义伟大事业的马克思主义哲学，一以贯之地发扬着实践唯物主义的哲学精神。马克思直到1879年还尖锐地批评阿·瓦格纳关于人对自然的关系首先不是实践的即以活动为基础的关系，而是理论的关系的观点。对于马克思之后的哲学发展，我作了详尽的分析，认为列宁、毛泽东、邓小平的哲学，就精神实质而言，是对实践唯物主义的继承和发展。

读毛泽东的哲学，我特别注意他的这样几个反复强调的观点：第一，他指出，“辩证法最重要方面是能动性”。马克思主义辩证法，主题是人作为主体与人身处其间的现实世界的辩证关系，在这一辩证关系中，人的主体性是最重要的。第二，他反复论证：人在发挥自己的能动性时，必须尊重自己所处的客观环境。有一次，他还说，“马克思主义是按情况办事的，情况也包括客观效果”。第三，他反复说明，认识论的根本原则是理论和实践、主观和客观的具体的历史的统一。而这两对矛盾又共同发轫于主体和客体的矛盾。其间，认识经过三个节点：一是建立作为反映性认识的“理论”，二是完成作为规范性认识的“决策”，三是作为付诸兑现的行动的“实干”。因此，上述具体的、历史的统一的原则也就是主体、客体的辩证统一的原则。毛泽东在把握这个统一时，十分强调“决策”这样的规范性认识，强调在建筑以前“画图”这种实践观念的建立过程，把它看作是主体（共产党）的“生命”。第四，他的历史观的最基本观点是“人民群众是历史创造者”，创造历史是人民群众“实践、认识、再实践、再认识”的过程。这样，在毛泽东那里，实践论的认识论和实践论的历史观就统一起来了。由此可见，毛泽东哲学的基本点就是：人民群众作为历史创造者，如何把发挥自己的创造历史的伟大能动性和严格尊重既成的客观环境和历史条件，具体地历史地统一起来。这个基本点是马克思《关于费尔巴哈的提纲》在20世纪中国的发扬光大，其精神完全是“实践的唯物主义”。

邓小平的哲学是毛泽东哲学的继承和发展。邓小平最重视的哲学观念是什么？无疑是实践。他在规定新时期党的思想路线时，把实践是检验真理的唯一标准当作一个基本点，并且提出，实践不仅检验着理论，首先是检验着政策。他特别强调尊重和发挥人民群众的主体创造精神，敢于去实践、去创造，善于通过实践检验去总结、去提高，形成一套中国现代化的正确战略。这些，完全符合“实践的唯物主义”的精神。

问 自1840年以来，中国进行着一场实现民族解放和人民解放，然后实现中国现代化的空前壮阔的实践。这个实践是世界范围内展开的人类实践的极其重要的组成部分。这个实践证明了些什么，无疑是十分重要的。

答 您说得很对。中国一个半世纪以来的历史证明：中华民族的解放和振兴的哲学武器，不是中国的古代哲学如儒学，也不是西方资产阶级哲学如实用主义，而是马克思主义哲学，是与中国现当代实践相结合、与中国优秀传统文化相结合、与中国人的智慧相结合的中国化的马克思主义及其哲学。

马克思主义哲学的实践唯物主义特质，在中国共产党的思想路线中得到最有力的证明。实事求是的思想路线的哲学基础正是实践唯物主义。我们作为出发点的“实际”，不是抽象的物质世界，而是作为人的实践条件的既成环境。它并不排斥主体性，恰恰是一个主体性和客体性相结合的命题，它要求人们大胆地开拓和创造历史，在进行这种创造活动时，又必须严格地尊重和冷静地考察人的实践的客观环境。我们作为认识过程的“理论联系实际”，不以理论地说明世界为目的，而以实践地改造世界为目的，这就要求人们不仅研究反映论，而且研究评价论和规范论（研究决策、设计等规范活动）。作为认识环节的“实践检验”，更表现出实践论哲学的价值。如果用“辩证唯物主义”阐释体系解释实事求是思想路线，那就会强调世界的非人的抽象的客观性，而忽视对作为实践结果和实践条件的具体环境的研究，就会抹杀发挥人民群众的历史创造力这一实事求是思想路线的题中之义；那就会片面强调认识的反映性而忽视认识的评价性尤其是规范性；那就会把实践仅仅看作是检验反映性认识是否具有真理性的标准，而不像毛泽东、邓小平所说，它同时而且首先是检验规范性认识（党的路线、政策）是否具有有效性的标准。这就不是毛泽东所说的共产党人在实践中“创造新局面”的思想路线。

问　请再谈一谈对于实践唯物主义理论体系的逻辑分析。

答　我研究了实践唯物主义理论体系的合理的逻辑建构问题，遵循的原则是从抽象上升到具体。实践唯物主义的总问题是人在实践中实现自己作为主体、周围世界作为客体的两者统一问题。如何从抽象上升到具体地回答这个总问题呢？第一层次是要揭示以人为中心、以人的实践为基础的感性现实世界的一般本质，解决这个世界的实践性、辩证性、客观性等一系列问题。这是实践唯物主义理论的世界观层次。第二层次是把人的实践活动加以展开，阐明如何动态地解决主体与客体（在此基础上的主观与客观、理论与实践）的关系问题。这是认识论层次。认识论也是世界观，是进一步具体阐述的世界观；世界观也是认识论，它以抽象形态把认识论包括在自身之内。第三层次是引入“社会历史”范畴，把“主体”“客体”“主客体关系”的社会历史含义揭示出来，使之上升到最终的具体。在这一层次上，认识论中关于认识本质的原理具体化为社会历史本质的原理，认识论中关于认识形成的原理具体化为社会意识诸形式及其物化形态的原理，认识论中关于认识过程的原理具体化为历史过程论。在逻辑终点上，实践唯物主义揭示了历史成为“世界历史”之后的总体规律性。我一直认为，认识论是抽象的历史观，历史观是具体的认识论。

问

在您的这部著作中，未写单独的辩证法部分，这在逻辑上是怎么考虑的？

答

对于辩证法的逻辑，我提出了“经纬交织论”。这也是马克思辩证法的原意。所谓“经线”，是指贯穿辩证法逻辑进程的范畴系列。我认为，这是实践中客体、主体及其辩证关系的逻辑展开。在传统教科书体系中，这条辩证法的经线被漠视了。黑格尔逻辑学的“经线”实质上正是这样的。它的“客观逻辑”部分写的是客体规定性诸范畴；“主观逻辑”部分先写主体规定性诸范畴；最后写主客体的辩证统一诸范畴，结束在理论理念与实践理念和作为两者统一的“绝对理念”上。所谓“纬线”是指横断辩证法诸逻辑段落的基本方法，这就是人们熟悉的对立统一规律、否定之否定规律和它们作为方法论的价值。在传统教科书中，辩证法的“经线”遮蔽在认识论的篇章中，辩证法的“纬线”则被写成单独篇章，却脱离“经线”。卢卡奇们只承认辩证法的纬线，强调辩证法就是社会历史中主客体关系的辩证法，而不承认辩证法诸一般规律的意义。这些理解都不符合马克思著作的本意。

根据我对辩证法的理解，它的“经线”已在上面所说的“世界观——认识论——历史观”的由抽象到具体的逻辑进程中展开；它的“纬线”则在它的“世界观”部分作了基本的阐述，而在“经线”上的各个阶段中得到运用。所以，未列专门的辩证法部分。全部实践唯物主义哲学也就是实践辩证法哲学。

问 您在研究哲学体系的同时，也很重视哲学原理的研究，请您谈谈这方面的工作。

答 在辩证法方面，我很重视中介论。我认为它是我国哲学界未予充分重视而又对辩证法之是否被正确理解具有决定性意义的理论环节。“中介”具有广泛的规定。在对立统一的意义上，对立面的相互联系和渗透，构成了在对立面之间“亦此亦彼”、居间联系的环节；在否定之否定的意义上，作为中间环节的“否定”正是居间联系的中介；在普遍联系和系统结构的意义上，间接联系极为重要，而间接性正是“中介”的本质规定。在认识论方面，我很重视规范论。实践论所理解的认识任务有相互联系、构成链环的三项。第一项是“描述”，即说明实践主体所面对的既成事物状态；第二项是“评价”，研究主体与客体间的价值关系；第三项是“规范”，即确立主体所要求的应有状态的实践观念。我们的教科书忽视对规范性认识的研究和论述，这是必须予以补足的。在历史观方面，我很重视选择论。选择是建立规范性认识的必有活动，是决定历史创造活动成败的关键，一说“选择论”就批评为唯心主义，这没有道理；对选择问题完全应当作马克思主义的理解。我在《中国社会科学》1991年第1期发表的《历史创造活动中的选择机制》一文中详尽地阐述了实践唯物主义的选择论。

问 您撰写了《19—21世纪的中国之命运》一书，研究并力图揭示中国自19世纪中叶封建社会解体到21世纪中叶以后成为中等发达的社会主义国家这200年间中国社会运动的基本规律，这是一件很有意义的工作。您能介绍一下这项研究工作的情况吗？

答

写这部书，也是由中介论、选择论的研究导出的。中国自封建社会解体后，逐步陷入半封建半殖民地社会的惨境。“半封建”“半资本主义”社会，是一个具有“亦此亦彼”中介性质的社会形态。中介状态一旦形成，要摆脱它就要有一个很长的过程。关键是要使二元性、中介性的生产力，通过一个现代化过程，“化”作一元性的生产力。这个过程没有百年以上的时间是实现不了的。由于生产力的二元性，生产关系也就具有二元性、中介性，要经过几种二元性、中介性经济结构的交替，才能转变成现代化的、一元性的、具有相当发达程度的社会主义社会。这就构成了中国近现代社会发展相当特殊的规律。简单地说是这样：“封建社会——诸中介性社会形态（半封建半资本主义社会——半资本主义半社会主义的新民主主义社会——社会主义成分居主体地位，又有资本主义成分的社会主义初级阶段）——社会主义社会”，我把它叫作“中国由封建社会经过中介过渡到达社会主义社会的规律”，也可以称为“用三个中介性社会替代一个完整的资本主义社会的替代发展规律”。

问

您上面所说的中国从19世纪中叶到21世纪中叶的社会运动规律同选择论又有什么联系？

答

如果说，非中介性社会的相互更替具有一义性的话，那么，中介性社会的相互更替则具有很大的不确定性。每一中介性社会，正因为是两种对立的经济成分并存的社会，就具有两种以上的发展可能性和发展方向。中国半封建社会中，此种状况十分明显：可以搞改良，也可以搞革命；可以搞资产阶级领导的旧式的资产阶级民主革命，也可以搞无产阶级领导的新式的资产阶级民主革命即新民主主义革命；这一革命可以走城市暴动的路线，也可以走“农村包围城市、最后夺取城市”的路线。这就使中国人民面临选择，并且不断地面临选择。中国共产党领导的革命其进程艰难曲折，由于坚持实事求是的思想路线，在各个转变阶段都作了正确选择，才取得了革命和建设的胜利。中国马克思主义哲学的选择论，正是在这个过程中产生的并且引导革命和建设从胜利走向胜利。这就是中国革命的实践规律，而实践规律的形成就包括着主体的选择和选择的被检验。现在，我国正处在社会主义初级阶段，社会主义经济成分和资本主义经济成分依然二元并存，前者为主体。中国人民今天和今后，仍面临两条发展道路的选择。在中国的条件下，社会主义发展道路是已被历史地择定的现实的发展道路，这制约着中国人民今后的选择。无疑，只要我们沿着建设有中国特色的社会主义道路走下去，就一定能够胜利地到达现代化的目的地。我把200年来的这种过程，概括为“中国社会多种发展可能性、两条发展道路，而社会主义道路占优的规律”。

问

感谢您对我作的长篇介绍。我听了以后觉得，您的研究工作，虽然涉及面颇广，但似乎存在一条贯串其间的线索。

答

是的。我立足于20世纪人类实践，特别是中国人民的革命、建设的伟大实践，重新考察马克思恩格斯所创立的哲学，力求对它作出既符合他们的原意又经过实践检验证明其正确的“实践唯物主义”理解，然后用这个哲学的基本观点和方法去思考中国近代以来的社会实践，揭示其基本发展轨迹，转过来证明“实践唯物主义”的伟大生命力，进而解释建设有中国特色社会主义事业中遇到的各项基本问题，以有助于正在进行的改革、开放和现代化事业。“实践——理论——实践——理论——实践”，在这样的反复中推进我的学术工作。

（原载《哲学动态》1995年第5期）

学者近况

陆剑杰（1935.1—　），中共南京市委党校教授。享受国务院政府特殊津贴。1950年12月参军并在军校获大专学历。少立哲学旨趣，经年攻读有成，转业获得教席。因1991年在《中国社会科学》上发表的《历史创造活动中的选择机制》一文反响强烈，1992年破格晋升为教授并被东南大学聘为客座教授。曾任南京市哲学社会科学联合会常务副主席、党组书记（厅级）。1993年后，出版《实践唯物主义理论体系的历史逻辑分析》《19—21世纪的中国之命运》《掌握命运创造历史的哲学》等8部著作；发表哲学论文150余篇，其中人大复印报刊资料收录60篇，《新华文摘》等三大文摘刊物转摘12篇。主要学术贡献有：对马克思主义哲学坚持实践唯物主义解读，形成诠释体系，并在其中阐发了“选择论”“中介论”“命运掌握论”“历史创造论”等一系列原理；论证毛泽东、李达等人构成“学术共同体”，评断他们建构了“中国马克思主义哲学”，倡议整合1937年至今的研究成就，建立其学科体系；运用实践唯物主义方法揭示中国近现代社会运动基本规律和中国特色社会主义建设实践规律，诠释以市场经济范畴中性化为基点的社会主义市场经济辩证法。因上述贡献，荣获江苏省哲学社会科学优秀成果奖一、二等奖各2项，全国“五个一工程”奖，并入选南京市首届“十大文化名人”。

关于中西哲学、文化的比较研究

——访王树人

学者简介

王树人，1936年生。1962年毕业于北京大学哲学系。时任中国社会科学院哲学研究所研究员、研究生院教授、博士生导师，中华全国外国哲学史学会理事长。长期从事西方哲学史特别是德国哲学的研究，近十多年来还致力于中西哲学、文化的比较研究。主要著作有《思辨哲学新探》、《历史的哲学反思》、《中国传统智慧引论》（德文版）和即将出版的《传统智慧再发现》（2卷本）等。

问

王先生，七年前本刊曾发表过您给研究生的一封信，陈述了您对于中西哲学、文化比较研究的看法。在此后这段时间里，听说您一直在从事这方面的研究，肯定会对您以前的看法有进一步的深化和升华。能否请您谈一谈？

答

好。不过，这是一个很大的题目。就按您美言的，所谓“深化和升华”，谈一点我的新体会吧。中西哲学、文化的比较研究，是一种跨文化的研究。在这种研究中，有一个值得注意的方法论问题。中国从近代以来，自从“西学东渐”，在接受西方文化的挑战中，形形色色的比较研究就产生了。大体上，可以分为三个层次：其一是类比的比较研究，其二是借鉴西方种种学说的方法所作的比较研究，其三是以西方文化为大背景或参照系所作的比较研究。

问

对不起。请允许我插问几个问题：比较研究这三个层次的划分，是否由于方法论的不同所形成的？它们在比较研究中各有什么意义？从目前这种研究的情况看，我们应当强调哪种比较研究？

答

您的问题提得非常好，可以使我思考更集中。有一种著名的观点，认为“方法是体系的灵魂”。就是说，一种新观点、新思想、新体系的提出，都取决于新方法的创造或运用。同一个研究对象，不同人的研究往往取得不同水准的成果。可以说，这主要是由于方法不同，因而，研究的起点、角度、视野、能否深入实质等，也必然是不同的。在比较研究中，类比的研究是不可缺少的。通过类比，可以从现象上找出异同点。这对于透过现象，进一步探索对象的本质，是有意义的。但是，类比研究，在比较研究中毕竟属于浅层次。如果说，我们现在的比较研究存在需要解决的问题，那么，停留在类比的水准，而不能使研究深入，就是比较突出的一个问题。

问

我很同意王先生的看法。现在，有些标榜比较研究的著述，确实是停留在类比层次的。那么这种“停留”的原因是什么？难道是研究者不想深入吗？

答

当然不是。而想深入又不能深入的原因，是复杂的。不过，可以指出几点主要原因。虽然“条条大路通罗马”，但是，由于长期以来在思想方法上的单一性，形成了一种僵化的思维定式。这恐怕是最主要的原因。当然，这些年通过知识更新在克服学术研究简单化、肤浅方面已经取得进步。但是，知识更新不是短时间突击所能解决的，而是需要几代人的努力。例如，我们现在称为大师的一些学者，胡适、陈寅恪、汤用彤、金岳霖、冯友兰等，他们之所以能够创新、划时代，完成知识更新，乃是经过他们之前，例如从魏源到康、梁几代人努力的结果。

问

王先生谈到大师级的学者，我想联系我们谈话的主题提这样一个问题：您所提到的这些大师，他们的学术创新的成就是否与中西哲学、文化的比较有关系？如果有关系，那是什么关系？或者说，这种比较研究在他们能成为大师学者的研究中占有何等地位？

答

这些大师，不仅与我们所说的比较研究有密切关系，而且可以说这种比较研究乃是他们能成为大师的重要条件。从清王朝闭关锁国的大门被西方列强的炮舰打开以后，“西学东渐”就成为不可逆转的趋势。或者说，从这时起，中西文化的冲突，西方文化对中国传统文化的挑战，就开始了。我们在这里，不可能详细分析这些大师的研究情况。但是，可以概括地说，他们勇敢地接受了这种挑战。我所说的意思，是指他们对于西方文化和中国传统文化都采取了今天仍然值得学习的正确态度。这就是从民族振兴与创造民族新文化出发，他们对于西方文化，不是简单排拒，而是首先学习研究，并从中寻求方法论的借鉴和知识的扩展。同时，他们对于中国传统文化，不是采取民族虚无主义的简单否定，而是抱有珍视并在反思和扬弃中寻求创新的态度。即使一度标榜“全盘西化”的胡适，在他的实际研究中，在崇拜实用主义的同时，也并没有完全否定中国传统文化。例如，他关于中国哲学史和《红楼梦》等主题的研究，恰恰表明他试图借鉴实用主义等西方的方法论，对于中国传统文化的研究加以改进或创新。胡适的《中国哲学史》只写了上卷，为什么没有写下卷，有种种说法。但是，冯友兰在30年代，却借鉴新实在论的方法，完成了中国哲学史新体系的创造。由于这部著作在40年代译成英文在西方出版，从那时至今，它一直是西方学者研究中国哲学史的重要参考书。还有上面提到的诸位大师，他们的创作，例如汤用彤的《汉魏两晋南北朝佛教史》《隋唐佛教史稿》，金岳霖的《论道》，等等，他们之所以能开风气之先，写出承上启下并具有创新性的传世之作，从比较研究的角度看，就在于他们超越了类比的比较研究层次，而能够进入我在前面所说的比较研究的第二和第三个层次。例如，金岳霖的《论道》也很独特，他讨论的是地道的中国哲学问题，但是，他所用的研究和表述方法，却是中国哲学史上看不到的精密的逻辑分析法。有的学者说，金先生的这种分析水准足以和西方有关研究的大家媲美。在汤用彤的佛教史著作中，可以看到对于史料严谨考据的朴学精神，但是就体系整体构造而言，又可以看到他对于白璧德新人文主义社会学方法的借鉴，也具有比较研究的特征。

问

听王先生谈大师们的创作，令人崇敬，也很受启发。但是，根据王先生所谈，我感到，他们所做的，与其被称作比较，还不如称作融合更为贴切。不知我这种看法对不对？

答

您的感触，说明您的眼光敏锐，悟性也高。您道出了比较研究的实质。比较研究，已经成为通行的提法。并且，它的初级阶段或层次，开始于类比，所以被称作比较研究。但是，这种研究的实质或目的，确实是推进以本土文化为根基而与外来文化的融合，并借此来促进本土文化的创新和发展。

问

不过，关于文化融合，我还有些问题。王先生在谈大师时，讲了融合的事实。时下，许多著述，也提到融合。但是，如何从理论上理解融合的本质或作出说明？这个问题，我感到，在学术界还是不清楚的。能否请王先生谈谈您的看法？

答

的确，在文化著述中，谈融合已经成时尚。似乎融合是一个已经在理论上得到解决的问题。不过正如黑格尔所指出的那样，熟知并不等于真知。文化融合，就是这样一个熟知而没有在理论上得到解决的问题。就像汉字作为书面语言，已经使用了几千年，但是关于汉字的理论，直到现在还是一个有待解决的问题。在20世纪初，其所以出现延续很长时间的“废除汉字”思潮，就是与汉字理论没有得到解决密切相关。由此可以看到，理论解决的重要。任何问题，只有从理论上得到科学的解决，才能把握住它们的本质和规律。在中国历史上，最成功、最典型的文化融合，就是从印度传来的佛教文化与中国传统文化的融合。从这个文化融合的过程，似乎可以看到这样几点。第一，文化融合的前奏是文化的冲突。佛教传入中土初期，受到冷遇，在传播中受到排拒，产生过多次激烈的冲突。但是“不打不相识”，就是说，正是在冲突中，相互增进了理解，产生了相互的需要。不少僧人开始接受中国传统文化的教养，许多当时作为文化人的士大夫也开始研究佛经。第二，这种相互理解和需要，最终就使佛教文化与中土文化得到融合。这个融合的标志，就是产生了以禅宗为主要代表的中国佛教。从禅宗产生及其对于中国传统文化的影响，可以看到，就禅宗作为佛教而言，它已经经过中国传统文化的洗礼，并以中国传统文化为根基，所以已经不同于原来的印度佛教，或者说，是对于印度佛教的一种扬弃和革新。而禅宗的产生，作为中国传统文化的一朵新花，又极大地丰富了中国传统文化的内涵。实际上，从魏晋、隋唐经过宋元一直到明清，中国的哲学、文学艺术等文化的各个领域，无不受到禅宗的影响而展现出新的面貌。从这个过程看，似乎可以说，文化的融合，必须以本土文化为基础，经过“不打不相识”的相互理解，而到达双向扬弃。就是说，融合的实现，必须是既扬弃外来文化，使之在本土文化的基础上得到革新，同时，本土文化在融合外来文化的过程中，也使自身得到革新。就哲学的发展而言，宋明理学作为儒学发展的新阶段，它的创新就是与禅宗的影响分不开的。

问　王先生通过禅宗的产生及其影响，对于文化融合的分析，给我很大启发，使我对文化融合在理论上有了新的认识。特别是，对于文化冲突的肯定，意味深长。由此可知，那种把文化冲突简单地看成相互排拒，是太肤浅了。我体会，您在这里所强调的是，通过不同文化的双向扬弃而达到融合，有一个重要的前提，那就是相互理解。作为力图使本土文化发展的文化使者，就是要知己知彼。我想再提一个问题：从近代中国传统文化面临西方文化挑战以来，虽然中西文化已经产生不少的融合，但是至今还没有达到历史上佛教与中国传统文化融合的高度和取得那样丰硕的成果。这是不是与您所说的在冲突中“相互理解”不够有关？

答　是的，关系极大。而且，主要是我们作为本土文化的使者，“知己知彼”不够。有一位西方学者曾对我说，中国“五四”时期，其所以会对中西文化作出简单肯定或简单否定的结论，充分表明当时中国的学者无论是对西方文化的理解，还是对中国传统文化的反思，都还是不成熟的。我想，这位旁观者的看法，是有道理的。最初，这种不成熟，是不奇怪的，也是必然的。但是，令人遗憾的是，曾长期盛行的极“左”思潮，阻碍了我们更快地从不成熟走向成熟。

问

那么，应当如何认识、理解和把握中西文化的本质呢？现在，有些学者指出，西方文化的本质表现为逻辑中心主义或语言中心主义。请问这种看法正确吗？

答

根据我的研究体会，这种看法是正确的。问题是中国传统文化的本质如何界定。我认为，与西方不同，中国文化表现为“象思维”的形象中心主义。当然，这是就中西两种文化各自的主导规定性来说的，绝不是说西方文化里完全没有形象思维，也绝不是说中国传统文化里完全没有逻辑思维。最近有的学者说，中国传统哲学是“半哲学”。我想，这种看法也是源于对中西文化本质不同的认识。就是说，按照西方从亚里士多德开始对于作为形上学的哲学的界定，依此标准衡量中国哲学，确乎可以说中国传统哲学是“半哲学”。就是说，中国传统哲学体系，确实没有如西方那样从概念出发，经过判断、推理、分析综合所形成的具有比较严密逻辑的思想体系。即使说老子的《道德经》形上学的水准比较高，也是指它的内涵，而不是表现形式。如果说《道德经》也有形上学的形式，那只能是现代人所作的分析。因为它本身基本是用诗的形式写成的。

问

造成中西文化这种差别的根源是什么？如何评价这两种文化在世界文化发展中的现实意义？

答

说来话长。这里，我只能略谈几点。就原始思维而言，中西不会有明显差别。就是在标志真正进入文明阶段的文字产生初期，中西思维也没有明显差别。因为西方最初创造的文字，也是象形字。中西思维明显差别产生的根源，在于作为成熟形态的文字不同。西方成熟形态的文字，是符号化的拼音文字。就是说，是完全抛弃象形性而以声音为基础，并在形态上显现为一维的线形文字。这种文字有比较严密的语法结构即逻辑结构。中国的汉字，其成熟形态，是在符号化中扬弃地保留有象形性根基的拼形文字。就是说，汉字作为形音义的统一体，乃是以形或象为基础从而显现为二维的方块字。汉字的语法比较简单，但词序严格。思维产生在语言之前，语言又产生在文字之前。这是没有问题的。但是，一旦文字产生和成熟起来，则它对于民族的思维发展就具有决定性的制约作用。因此可以说，这两种不同的文字系统，造成了中西两种不同的思维性格。一般来说，西方的思维方式，长于理性思维；中国的思维方式，则长于悟性思维。当然，对此也不能作绝对化的理解。

谈到中西这两种文化的现实意义，我认为，它们都曾在世界历史发展中各领风骚。它们可以互补，而不能互相取代。从中国的历史发展过程来看，我们确乎缺乏西方那种发达的理性思维，特别是近代以来高度发达的工具理性思维。在这一点上我们应当取西方之长。而对于西方来说，在理性发生异化，例如出现唯科学主义或技术主义的情况下，中国整体、直觉、体悟的悟性思维，也是他们补自己之缺时所需要的。实际上，从19世纪末以来，西方的思想家、科学家们，都在他们的研究和创造中有意识地借鉴中国传统的思想文化，从《周易》、孔孟、老庄一直到禅宗，几乎都能给他们以创造性的启迪。由此可见，在面向21世纪时，无论是中国文化的发展，还是西方文化的发展，都需要两种文化的会通、融合，以在互补中求得自身文化的创新与发展。全球一体化的发展，在思想文化上并不意味着把多样性变成单一性。恰恰相反，不同民族思想的会通、融合，必将会在已有的世界文化百花园里培育出更多更新的文化的奇葩。说到这里，我还要强调，比较研究或称融合研究，是一个很复杂的问题。前面讲的，难免挂一漏万。如果你有兴趣，可在今后读读我即将出版的《传统智慧再发现》一书。我想，我们今天暂时先谈到这里。好吗?

（原载《哲学动态》1995年第6期）

学者近况

王树人（1936.11—　），1962年毕业于北京大学哲学系，同年攻读中国科学院哲学社会科学部哲学研究所西方哲学史专业研究生，师从杨一之先生，1965年毕业后留所工作。1986—1988年在德国慕尼黑大学、波鸿大学、波恩大学作访问研究。中国社会科学院哲学研究所研究员、博士生导师。1996—2006年间任中华全国外国哲学史学会理事长，现为该学会名誉理事长。长期从事德国哲学研究，20世纪90年代以来从事中西哲学和思想文化比较研究。主要著作有：《思辨哲学新探——黑格尔哲学体系研究》（1985）、《历史的哲学反思——黑格尔〈精神现象学〉研究》（1988）、《中国传统智慧引论》（德文版）、《传统智慧再发现》（1997，2卷本）、《回归原创之思——象思维视野下的中国智慧》（2005）、《感悟庄子——象思维视野下的庄子》（2006）等。《回归原创之思》（2018）英文版由国际知名学术出版机构Springer出版。

十年磨一剑，欲破自然谜

——访柳树滋

学者简介

柳树滋，1937年生，湖南长沙人。1963年毕业于复旦大学物理系，1966年作为自然辩证法专业研究生毕业于中国科学院哲学研究所，并留所工作。时任海南省行政学院教授，中国自然辩证法研究会科学方法论委员会副主任。主要论著有：《重要的思维法则：从抽象上升到具体》（合著）、《自然辩证法总论》（合著）、《物理学的哲学思考》（论文集）、《大自然观：关于绿色道路的哲学思考》等。发表论文约200篇。

问

您的《大自然观》一书于1994年4月获海南省首届社会科学优秀成果一等奖，1995年5月，中国自然辩证法研究会又就此书专门召开学术研讨会，说明学术界对您这本书的关注。请您谈谈这本书的主导思想和写作经过。

答

首先感谢诸位学长和学界朋长对我的鼓励与支持。至于这本书的写作经过和宗旨，可以用一句话来概括，那就是“十年磨一剑，欲破自然谜”。

问

十年前您就已经形成“大自然观”的基本思想了吗？

答

大体上可以这样说。“大自然”概念和“大自然观”的基本思路，是1985年在我和赵红洲的多次交谈中逐步形成的。那时红洲应《瞭望》杂志之约，组织一批文章作为“干部现代化知识讲座”在杂志上连载，并推荐我写“大自然观”的四讲，即天然自然与人工自然、自然界的层次结构、自然界的辩证发展和自然界的规律。对这些问题恰好我已经作过一些研究，便欣然承诺，并按期完成，先后发表在该刊1986年第2—5期上。在此前后，由赵红洲、刘吉、查有梁等学长撰写的“大科学观”“大经济观”“大教育观”“大生产观”“大军事观”也陆续在《瞭望》上发表。这几个“观”实质上是通向“马克思主义与现代科学”这一总目标的几个关隘。当这组文章在杂志上连载时，人民出版社即约请上述作者，将有关内容扩充改写为六本书。赵红洲的《大科学观》于1988年2月率先出版。由于种种原因，我的《大自然观》交卷晚了，直到1993年9月才正式出版。

问

您的《大自然观》一书，许多地方谈及马克思主义的物质概念和物质观。请问物质论研究与大自然观的形成有何联系？

答

可以说，我是从物质范畴的讨论和物质论研究入手，进入到马克思主义自然观的研究，进而提出“大自然观”的。1980年，我的导师于光远在《自然辩证法通讯》第2期上发表《关于“物质”概念的对话》一文，引起一场全国性的讨论。我以极大的兴趣参加了这场讨论，发表了几篇文章。接着，我于1983年前后，配合赵凤岐研究员主持和参加了“六五”国家社会科学重点项目“物质论研究”；同时，我又作为《自然辩证法百科全书》自然界辩证法分支副主编，参加了有关辩证自然观条目的框架设计、撰写和编审。这几项研究工作对我的“大自然观”的形成起了决定性的作用，有关研究成果大多以转述或浓缩的形式体现在《大自然观》各章节之中。这里我只想概略地提一下对物质问题的研讨给予我的自然观的几点启示：（1）列宁给物质范畴下定义的那种方式极为高明。他不是以种加属差的方式给物质范畴下定义，而是从对于人的意识的本质性的角度给物质范畴下定义。这一点不仅对于确立马克思主义的物质观具有决定性的意义，而且使我深深地意识到，离开了人的有意识的实践活动，是不可能深刻地、完整地把握自然奥秘的。（2）在物质问题的探讨中，我结合现代科学材料，重新阐述和进一步发挥了列宁关于“实体也是相对的”观点，提出并论证了“相对实体”范畴，确认物质实体及其属性对于参考系和观测仪器的相对性。这一点对于我从“人类学”的视角去看待自然、自然科学具有重要的意义。（3）我在《关于物质定义和物质论的若干问题》等论文中，将物质范畴与物质实体、物质属性、物质关系、物质存在方式、物质层次结构等概念区分开来，形成一个相互关联的整体，既澄清了一些物质悖论，又为构建大自然观的理论体系作了必要的准备。

问

除了物质论的研究，还有哪些方面对您的大自然观的形成有重要影响？

答

在大学，我学的是物理学，在十几年的自然辩证法研究工作中，我涉及了以下几个方面：（1）物理哲学。它曾是我从事研究工作的起点和重点，我先后发表的《福克和布洛欣采夫关于量子力学解释问题的争论》《现代物理学的革命与危机》《两位科学巨人的论战及其哲学意义》《量子力学的人类学特征》等数十篇物理哲学方面的论文，为我的“大自然观”奠定了自然科学的基础。特别是相对论和量子力学作为现代物理学的两大支柱，确证了科学认识的主体性原则和自然科学所具有的人类学特征，从而令人信服地确证和丰富了马克思在《关于费尔巴哈的提纲》和《1844年经济学哲学手稿》中的思想，于是又为我的“大自然观”提供了哲学的基础。（2）科学方法论。它是我长期研究工作的重点，在我主持的国家“七五”社会科学重点项目“科学方法论研究”中，最重要的一项工作是向前推进了苏联学者提出的“间隔性原则”，我把它重新表述为“科学抽象的前提之一”，即作为对“科学抽象是何以可能的”问题的回答。我还与人合著、撰写了《重要的思维法则：从抽象上升到具体》一书。这些工作不仅成为大自然观的组成部分，而且成为构建大自然观理论体系的方法论原则。（3）1980年，我同朱新民、申先甲、赵红洲等创办了《潜科学杂志》，开创了“潜科学学”这一新的研究领域。我们认为，新的科学发现、技术发明作为认识现象有个由“潜”到“显”、由不成熟到逐步成熟的过程，作为社会现象有个突破传统习惯势力的阻挠得到社会承认并转化为直接生产力的过程。潜科学研究对于揭示自然界存在的逻辑：从潜存到实存，也提供了重要的依据。（4）我一直关注苏联自然科学哲学研究。我通过翻译、阅读获得有关自然观方面的大量文献资料，并且从1988年至1991年先后三次访问苏联。尤其值得一提的是，我的导师之一龚育之和我主持编译了《历史的足迹：苏联自然科学战线哲学思想斗争的历史资料》一书，并且我参加翻译过十余本苏联自然科学哲学论著。这些方面的收获也以不同的形式体现在我的《大自然观》一书中；（5）从1984年到1992年，我为研究生开设过几门以自然辩证法原理为核心的马克思主义理论课，并参与主编《自然辩证法总论》一书。这些工作对于我将自然观的多方面研究内容系统化，起了重要的作用。

问

看来，您的“十年磨一剑”，不只是磨一把剑，而是同时磨好多把剑。

答

这样说不完全准确。从自然观这个角度来看，其他方面的研究都是磨破自然之谜的这把剑所必需的各道工序。不经过多方面的磨炼，我的这把“剑”肯定起不到破自然之谜的功效。

问

现在就请谈谈，您如何立足于马克思主义与当代科技的结合探讨大自然观的种种问题，破解了哪些自然之谜。

答

只能说“探讨了”，而不能说“已经破解了”种种自然之谜。首先我想谈谈“大自然”概念同人们通常所说的“自然”概念的主要区别。在我看来，自然概念有广义和狭义之分。狭义的自然，是指与人类社会相区别、相对立的物质世界，它包括一切天然自然物，历来是各门自然科学、技术科学的研究对象；广义的自然，是指整个物质世界及其一切表现，它除了包括尚未为人类实践活动所触动的天然自然物以外，还包括血肉之躯的人和由人组成的社会（天然自然自身发展的高级阶段的产物），并包括人类实践活动所变革或创造的人工自然（或称人化自然）。从外延来看，大自然比通常所理解的自然要广；从内涵来看，由于它把人化自然包括在内，所以比通常所理解的自然要更为丰富；从发生学来看，人、社会和人化自然都是天然自然数十亿年演化的产物。大自然则是上述一切自然的总称。所谓大自然观，就是以大自然为对象的观念体系。在特定情况下，比方说在探讨自然界同社会的相互关系问题时，大自然概念就自动地转化为狭义的自然概念，即关于社会存在的自然环境的概念。

问 与旧自然观相比，大自然观的主要特点是什么？

答 我认为最大特点是，它始终以人与自然的关系作为自己的核心，始终围绕着这个关系中人的主体性的发展这个中心展开其无限丰富的内容。人的自然意识是从人意识到自我，意识到自己的主体性，从而能够区分主体和客体的时候开始的。这个自我意识着的主体还有一个由低级发展到高级的过程，还有一个不断克服主客对立而求得统一的过程。伴随着主体性的发展，人的自然概念也就不断地丰富，不断地具体化，直到马克思主义的产生和现代科学技术的长足进步，为形成当代的自然观奠定哲学的和科学的基础。

人类自然观的发展历程可以作这样一个概括：它由古代有机自然观，通过中世纪神学自然观过渡到近代机械的自然观；再通过德国古典哲学的自然观过渡到现代马克思主义的大自然观。如果略去两个过渡性的形态，那么，自然观从古代到近代再到现代的发展，恰好就是一个从混沌的直观到抽象的规定，再由抽象的规定上升到思维中的具体的过程。其中贯穿着自然观发展的内在客观逻辑。

问 大自然观与旧自然观有哪些具体区别？

答 这种区别有五个方面：（1）旧自然观把自然界看成是纯客体性事物的集合，似乎客体的一切性质都是可以独立于主体而存在的。大自然观则断言，我们只能从相对的意义上说，某种性质是不是物体所固有的。凡是我们在经验中直接感知到的东西，都是自在客体和认识主体相互作用的结果。不能离开人的生物学存在和社会学存在，来谈论纯粹客体的自然界。

（2）旧自然观把眼前所见和经典物理学概念所描述的世界看作是唯一可能的世界。大自然观则断言，由于人的实践活动的介入，自然界分裂为两个世界：可见可道的实存性世界和不可见不可道的潜存性世界。前者是由人的实践所定域的那个方面；后者则是潜在地蕴含着无限多的方面，只要具备一定的条件，它们会突现为一个个实存的世界。

（3）旧自然观把自然界客体从一种实存状态到另一种实存状态的过渡，看作连续的、绝对必然的过程，遵循着拉普拉斯决定论的原则。大自然观突破了这种机械决定论的观点。一方面，它吸收了由统计力学、量子力学和混沌理论所提供的统计决定论因素，把机械决定论作为一种特例包含于自身；另一方面，它把某种实存状态的出现和由一种实存状态到另一种实存状态的过渡，看作潜存世界中某一种成分在一定条件下的突现，或在条件变化时另一种潜存状态的实存化。因此，大自然观不仅拓展了决定论的范围，而且把条件选择的因素引入决定论。由于许多条件可以由人来选择、调节和控制，于是人的实践活动和人的主观能动性便切入到自然界的运动变化之中。

（4）旧自然观把人和社会同自然界对立起来，不懂得人类社会系统本质上是大自然这个系统中的一个子系统，社会发展必然受有关的自然规律的制约。大自然观则明确地把人类社会看作自然界演化的产物和大自然的一部分。社会系统存在和发展的基础是自然界，具有自然的本性；同时，作为特殊的自然系统，它又有自己独特的系统新质——社会性。人、社会的双重本性及其相互关系，是揭示人类社会奥秘的关键。

（5）旧自然观由于把人同自然界对立起来，因而自觉不自觉地把自然界当作人类单纯索取的对象，片面地主张剥夺自然、征服自然，导致生态平衡的破坏，激化了人与自然的矛盾。大自然观清醒地看到旧自然观在理论上的错误和实践上的恶果，提出了正确处理人与自然、人与人这两对矛盾，使人、自然与社会持续协调发展的战略思想。

问

您前面提到马克思的“巴黎手稿”，那么其中有哪些可作为您的大自然观的理论根据呢?

答

在“巴黎手稿”中，马克思系统地论述了人化自然的思想。在他看来，“抽象的、孤立的、与人分离的自然界，对人来说也是无”。现实的自然界是“人的无机的身体”，是“人化了的自然界”。人化自然的形成，从一个方面看是自然界被人化，从另一个方面看是人的本质力量对象化。由于自然界被人化的过程是逐渐加深的，于是形成人化自然由低级到高级的发展序列。我在《大自然观》一书中首次作了这种系统分类的尝试：观察所及的自然、实践所及的自然、人造自然、人工智能，以及作为人化自然整体的文明和智慧圈。由于自然界被人化的结果对人的作用而言有积极和消极的区别，所以人类在通过自己的劳动创造丰富的物质文明和精神文明时，也造成了双重的异化：在人与人关系中的异化即剥削制度的产生，在人与自然关系中的异化即环境污染和资源枯竭。马克思所主张的共产主义就是对这样双重异化的扬弃，他的“巴黎手稿”中一个最重要的思想是：劳动的双重异化是互相关联的，因此，对劳动异化的扬弃，也应当是互相关联的。我们应当从这样一个高度来理解马克思关于共产主义的概述：共产主义，作为完成了的自然主义，等于人道主义，而作为完成了的人道主义，等于自然主义，它是人和自然之间、人和人之间矛盾的真正解决……它是历史之谜的解答，而且知道自己就是这种解答。这里包含着协调人与自然、人与人双重矛盾的深刻见解。从根本上说，共产主义，既是对剥削制度的扬弃，从而协调人与人的关系；又是对生态危机的扬弃，从而协调人与自然的关系。这两个扬弃是互相关联、互相促进的。只有两者的统一，才是人类的真正解放。

问

马克思提出共产主义思想的时候，主旨是扬弃异化劳动，使人从非人的关系中解放出来。当时生态环境问题并不突出，何以见得马克思关于共产主义的学说中也包含着解决人与自然矛盾的深刻见解呢？

答

这个问题可以从理论和实践两个方面来看。从理论上看，“巴黎手稿”中提出了“人是类存在物”的论点，即认为人不仅以自身的类为对象，而且以任何物的类为对象。否则，人类就不可能生存和发展。这里包含着只有协调人与自然的关系才能协调人与人的关系的深刻见解。许多人却忽视了马克思共产主义学说的这个前提。从实践上看，当今世界上占主导地位的市场经济模式，并不能从根本上扭转生态危机不断加剧的总趋势，因为市场经济所固有的追求利润最大化的自由竞争原则，必然加速不可再生资源的消耗与向大自然排放废弃物的规模和速度。而实行计划经济模式的国家，即使有重视环保的宏观调控政策，但由于国际竞争的压力，为了富国，也不惜以加快开掘自己资源和破坏自身环境的办法穷追不舍。事实表明，人类在自身的发展中形成并激化了人与自然、人与人的矛盾；也只有在人类自身的进一步发展中，才能扬弃和解决这两对矛盾。其实现过程和最终结果就是共产主义。在那里，社会化的人，联合起来的生产者，将合理地调节他们和自然之间的物质交换，把它置于他们的共同控制之下，而不让它作为盲目的力量来统治自己；靠消耗最小的力量，在最无愧于和最适合于他们的人类本性的条件下来进行这种物质交换。

（原载《哲学动态》1995年第7期）

学者近况

柳树滋（1937.12— ），1963年毕业于上海复旦大学物理系，1966年研究生毕业于中国科学院哲学研究所自然辩证法专业。中共党员。曾任中共海南省委党校研究员、中国管理科学研究院教授、中国自然辩证法研究会理事。享受国务院政府特殊津贴。主要研究领域是：物理哲学、科学方法论、辩证自然观、知识经济学、可持续发展理论、海南绿色发展战略。主编、撰写的著作有10余部，其著作《春风吹又生——通向21世纪的绿色道路》为“人与自然丛书”的一本，该套丛书获1997年全国“五个一工程”奖。译著有《物理学的方法论原理》《历史的足迹：苏联自然科学领域哲学争论的历史资料》等10部。在《中国社会科学》等期刊发表《两位科学巨人的论战及其哲学意义》《现代物理学秘认识的主体性》等论文200余篇。主持完成“百县市经济社会调查·儋州卷”，完成国家社会科学研究课题5项。曾获海南省哲学社会科学优秀成果奖一等奖1次、二等奖2次，编著奖2次。

传统文化、哲学与美学

——访刘纲纪

学者简介

刘纲纪，1933年生于贵州普定。1956年毕业于北京大学哲学系。时任武汉大学哲学系教授。主要著作有：《艺术哲学》、《美学与哲学》、《中国美学史》（已出第一、二卷）、《周易美学》、《现代西方美学》（主编）。论文有《实践本体论》《马克思主义哲学的本体论》等。

问

您刚从德国讲学回来，能否谈谈东西方的文化交流、中国和西方思想的特征？

答

我对您提的这个问题很有兴趣，常常在思考它。我感到中国的原始氏族社会大约延续了很长的时期，并且发展到非常完善的程度；在进入阶级社会之后，原始氏族社会的观念、风俗仍然大量地保存了下来，人、个体尚未完全割断与自然、群体天然联系的脐带。因此，自古以来，中国人就充分肯定人与自然、个体与群体必须统一、应当统一和能够统一，两者之间不存在什么难以逾越的鸿沟。这是中国思想的制高点，也是它的伟大的地方。因为它肯定了人、个体只能存在于与自然、群体的协调的联系之中，而不能脱离自然和群体。这种思想在加以改造和发展之后，是能够与马克思主义相连接的。但这种思想又存在着为历史所决定的不能忽视的缺陷。第一，它所说的人与自然、个体与群体的统一，是在小农自然经济基础上的统一，因而带有狭隘性、封闭性、停滞性。第二，个体是依附、依赖于群体的，尚未取得对群体的应有的独立性。第三，群体意识还是一种与宗族血缘、地域观念密切联系在一起的意识，尚未产生超血缘、超地域，以法制为基础的公民意识。西方则不同，古希腊时期已经很彻底地清除了氏族血缘观念和地域观念。除奴隶之外，人与人的关系变为以国家的政治法律为基础的公民之间的关系，个体取得了充分的独立性，不再是依附于氏族群体的一员。在原始氏族社会中形成的那种人依赖于自然的观念也被商品生产、科学的发展打破了。如果说中国古代思想文化的出发点是尚未完全割断与自然、氏族群体的天然联系的脐带的人，那么西方思想文化的出发点则是割断了这种脐带而充分独立了的人。这是西方思想文化优于中国的地方。但西方这种以个体为本位的思想又长期陷入了人与自然、个体与群体的尖锐的矛盾冲突之中，找不到解决这种矛盾冲突的道路，只好诉诸宗教和各种神秘的哲学思辨。到了各种手段都不能解决问题时，于是就只好对一切都加以“解构”，宣称不仅“上帝死了"，"人也死了"。面对这种情况，反观中国自古以来就确信人与自然、个体与群体必须统一、能够统一的思想，我觉得真是伟大、弥足珍贵。我们今天的课题，就是要消除上述这种思想的不可避免的历史局限性，在现代化大生产的基础上重建人与自然、个体与群体的统一。但这又不只是一个生产力发展的问题，还有一个社会制度问题。只有社会主义的现代化才能重建这种统一，走出西方思想文化的死胡同。我这次到德国，强烈地感受到西方经历了工业革命洗礼和实现了高度现代化的国家与中国这样一个长期是小农自然经济占统治地位的国家的巨大差别，感到我们有许多要努力向西方学习的地方。但另一方面，我也强烈地感受到，中国思想文化自古以来站在不倦地追求人与自然、个体与群体的统一这个制高点上，使中国思想文化有一种西方难以企及的宏伟气魄。这是黑格尔在《哲学史讲演录》中论及东方哲学时也指出了的。当然，黑格尔还说东方对"无限"的追求，最后只得到了一个"渺茫的无限"。这是因为中国古代的思想文化存在着我在上面所说的历史局限性的缘故。一旦这个局限性被克服，"无限"就决不会再是"渺茫的"。

问

儒家哲学强调整体利益，以儒学为主流的中国传统文化强调群体本位主义，而西方文化则强调个体本位主义。现在中国提倡商品经济，建立在个体本位基础上的契约观、平等交换、合作互利的思想必然会悄然兴起，而社会主义文化价值观一般都认为是一种群体的价值观，这两种价值观显然有矛盾，如何才能统一呢？

答

我对于说"社会主义文化价值观是一种群体的价值观"这种看法，一向持怀疑和保留态度。依据马克思恩格斯有关群体与个体的关系的论述，他们已在历史唯物主义的基础上克服和解决了个体与群体的抽象对立。我认为社会主义的文化价值观，是在生产力高度发展的基础上，个体与群体协调发展、彼此一致的价值观。一方面，群体的发展是与个体的发展相一致的；另一方面，个体的发展又成为群体发展的动力与条件，最终实现《共产党宣言》所说的“每个人的自由发展是一切人的自由发展的条件”这一共产主义理想。由此可见，认为马克思主义深受黑格尔主义影响，因而只讲群体，否定个体（其实黑格尔也没有在根本上否定个体），这是不对的。另外，看到马克思主义高度重视群体、社会，因而把马克思主义混同于中国儒家的群体本位主义，也是不对的。但我们又要看到，社会主义所追求的个体与群体高度协调发展的实现，需要经历一个漫长而艰难的历史过程。按照马克思的说法，“只有通过一个以个人为牺牲的历史过程才能获得”。这看起来很残酷，没有读资产阶级人道主义的美丽词句那么舒服，但历史的事实就是如此，无法改变。我们只要想一想近代以来，中国人民为了争取中国的独立与富强曾经牺牲了多少人，就可知马克思所言不虚。由于付出了这许多牺牲，今天在我们的国家中，可以说在根本上已进入马克思所说的群体的发展与个体的发展相一致的历史时代了。但我们的生产力的发展还是落后的，仍然需要提倡艰苦奋斗与奉献精神。这与社会主义所追求的个体与群体的协调发展并不矛盾，而是完全一致的。当前，中国实行了社会主义的市场经济，这可以说是中国几千年来前所未见的最为深刻的变化。它一举从根本上克服了中国古代思想文化的一个重大缺陷，即个体尚未取得对群体的独立性，从而使个体取得了独立自由地发展自身的可能，并为在社会主义现代化大生产基础上重建人与自然、个体与群体的统一开辟了广阔的道路。

市场经济使个体取得了独立，于是历史就立即提出了一个巨大的问题：这个个体究竟是走向西方的个体本位主义呢，还是走向马克思主义所说的个体与群体的协调一致的发展？围绕这一重大问题，中国思想文化界必然会产生种种不同的看法与争论。原来长期生活在小农自然经济、计划经济条件下的人被投入市场经济的环境后，一切肯定个体对群体应有的独立性的观念的兴起，如你所说的契约观、平等交换、合作互利的思想的兴起，都有重要的进步意义。我深感在几千年来的中国思想文化中，个体对群体的依赖观念是太深了，个体的独立意识是太弱了。为了解决这个问题，有必要借鉴、学习西方个体本位主义中所包含的一切合理的东西，打破儒家思想中那些固守个体对群体的依附性，漠视以至否定个体的独立性的观念。但与此同时，又必须防止因强调个体的独立性的建立而走向漠视、否定群体的个体本位主义，导致极端的个人主义、利己主义、享乐主义、拜金主义的泛滥，或走向类似于后现代主义的虚无主义。在这方面，儒家思想重视群体和谐，推崇个体为群体而献身的崇高道德精神，又是我们应当批判继承的。

问 您主张弘扬中国古代文化，不知您对"五四"怎么看？

答 在对待中国古代文化的问题上，我一向是与西化派对立的。我写作《中国美学史》的一个重要目的就是弘扬中国古代文化。我感到中国古代美学与中国哲学以及整个中国思想文化有极为直接而密切的联系，弄清了中国美学有利于充分了解中国古代思想文化。谈到"五四"，我认为"五四"对中国古代文化特别是儒学的批判有过火、偏激、片面的地方，缺乏具体、历史的分析。但它终究又高举科学、民主的大旗，对儒学不利于现代化和束缚中国人民个性发展的方面进行了批判，起了不能否认的解放思想的作用。"五四"过火、偏激、片面的地方必须改正，但它的那种起了进步作用的批判精神不能丢。今天我们对儒学的继承仍然是批判地继承，不是回到国粹主义。因此，我对海外某些学者对"五四"持强烈否定态度的看法不以为然。我也不相信日本、新加坡的现代化是靠儒学起家的。它们实际是通过学习西方的资本主义而走向现代化，后来看到资本主义的发展所引起的思想文化上的问题，才大讲儒学的重要性，想依靠儒学来加以缓解。但能否真正解决问题，我是持怀疑态度的。此外，讲到"五四"，还应当看到“五四”以来，以中国共产党人为主体的革命者虽然对儒学持批判的态度，有时还批得过了头，但又正是他们真正继承了儒家的“民本”思想和以治国平天下为己任的思想，经过艰苦奋斗，使中国从帝国主义、封建主义的压迫下解放出来，走上了独立富强的道路。有时还可看到这种情况，即有意无意地用中国儒家的观念去解释马克思主义，在某些方面造成了对马克思主义的误解。自“五四”以来，在如何解决中国的问题上，基本上不外是三大派：西化派、儒学派、马克思主义派。直到现在也仍然如此。20世纪80年代西化派上升，90年代以来儒学派复兴，唯独马克思主义派在思想文化界及青年中实际处于被冷落的地位。这不是因为马克思主义本身不行，而是由种种原因造成的。重新研究与发展马克思主义，在马克思主义的基础上整合中西思想文化，以建构中国当代的思想文化，我认为是一条可行的正确的道路。这实际也就是对西化派与儒学派加以扬弃，但又不是定于一尊，根本排斥这两个派别的存在。

问　您长期研究美学，能否给我们介绍一下您的美学思想？

答　我对美学的研究主要是一种哲学的探讨，我对哲学的兴趣实际超过了对美学的兴趣。马克思主义哲学是批判继承与改造了德国古典哲学，特别是黑格尔哲学的产物。而美学在德国古典哲学中又占有十分重要的地位，是德国古典哲学的一个有机组成部分。因此，马克思主义的美学也必然是批判继承与改造了德国古典美学，特别是黑格尔美学的产物。根据这样的思路，我对美学的研究经历了一个从马克思到黑格尔、席勒、康德，又从康德回到马克思的过程。研究的结果使我认识到马克思的美学与黑格尔的美学有最为密切而直接的关系。马克思是通过对人类劳动实践的本质的深刻阐发，吸取改造黑格尔美学而建立自己的美学的。此外，他也受到席勒以至费尔巴哈美学的影响，而康德的影响则是很微弱的。马克思多次指出，劳动既是人满足自身生存需要的活动，同时又是与动物活动不同的、有意识有目的地改造自然的创造性的活动，因而是一种能从自然取得自由的活动。这看来好像很简单，实际上它正是解决"美之谜"的秘密所在。正因为满足人类生存需要的劳动实践同时是一种创造性的自由的活动，因此人类的劳动实践及其产品在满足人类的生存需要之外，又能引起一种由于看到自己创造的自由获得实现而产生的精神快感。这就是最本质意义上或原初意义上的美感，而那感性生动也体现了人的创造的自由的活动和产品，就是人类称之为美的对象。从劳动再推而广之，人类的整个生活都是人类实践的自由创造所产生的"作品"。对这样的"作品"去加以观照，它就是审美与艺术的对象。所以我把美定义为人在改造世界、创造生活的实践中取得的自由的感性表现，并对审美意义上的自由的特征作了三个方面的规定。这是从人类历史的发展提出的哲学性质的定义。在达致这个定义的历程中，我又产生了以物质生产实践为人类社会生活的本体的思想，并自以为是符合马克思的思想的。集中论述了我的美学观点的《艺术哲学》一书，实际是我后来明确提出的"实践本体论"在美学上的表达。这个实践本体论绝不否认自然物质本体论，而是以它为前提的。但马克思的主要贡献不在阐明自然物质本体论，而在从自然物质本体论进展到实践本体论。从本体论的角度看，历史唯物论即是实践本体论。从美学角度看，实践所显示的，既是社会的又是个体感性存在的人的自由，就是美与艺术的本体。过去的一些马克思主义美学研究者，如普列汉诺夫，由于忽视了马克思对人类物质生产实践的本质的极为重要的阐明，因此他虽然正确地肯定了功利先于审美，却始终不能说明功利与审美的联系，即原先是功利的对象后来何以能转化为审美的对象。卢卡奇的美学同样没有真正解决审美、艺术如何从物质生产劳动中产生出来的问题。除对马克思主义美学原理的研究之外，我对中国美学史的研究的结果已写在《中国美学史》《周易美学》以及其他一系列论文中，这里不详谈了。

问

您觉得中国美学研究的现状如何？前景如何？

答

面对中国当代社会所提出的与文艺、审美相关的种种问题，以及西方现当代美学所提出的种种问题，再加上不少人认为马克思主义早就没有什么搞头了，所以我估计中国当代美学将会进入一个寻求各种新的观点的时期。而这种寻求基本上又不外是按研究者的不同想法，从西方现当代美学中引入某些观点。各种不同的新观点的出现对推动美学的发展是有益的。但依我的可能是保守的看法，要真正取得有重要意义，甚至产生世界影响的成果，还是要走在马克思主义的基础上整合中西美学、解决当代的美学问题这样一条道路。近年来有的同志提出“超越实践美学”的看法。如果“超越”是指抛弃马克思主义所讲的实践这个根基，我估计很难搞出确有重要理论价值的东西来；如果“超越”是指超过马克思主义实践观的美学目前已达到的水准，更为具体、深入、细致地展开对美与艺术和人类实践的联系的研究，并吸取、改造西方现当代美学一切合理的思想，回答当代美学提出的问题，那就是大有可为的，一定会取得重要的成果。

问

您自己还打算研究哪些问题？

答

可研究的问题很多。目前我想结合对中国当代思想文化的思考，比较集中地研究一下马克思主义和马克思主义的哲学。

（原载《哲学动态》1995年第8期）

廓清理论地平　走向时代精神的深处

——访张异宾

学者简介

张异宾（笔名张一兵），1956年生于江苏南京，祖籍山东茌平。1981年8月毕业于南京大学哲学系，获哲学硕士学位。时任南京大学哲学系教授、哲学原理教研室主任。主要学术成果有：《马克思历史辩证法的主体向度》、《折断的理性翅膀》、《西方人学第五代》、《马克思主义哲学的历史与现状》（第3卷，合作）等8部论著，以及130余篇学术论文。

问

记得以前您写的一些文章中，比较多地关注哲学研究的一些前沿问题，如科学认识论、当代人本主义和西方马克思主义等问题，也提出过诸如“实践场”“实践格局”“实践构序”“科学人本主义”“隐性文化心态圈”之类十分标新的概念。本刊摘要过您不少这一类的新观点。而近几年，在您的论著中似乎出现了一种向马克思等经典作家原著研究的转变，不知何故？

答

你的观察是对的。我读研究生时的主攻方向是马克思主义哲学原理。毕业论文的题目选了唯物辩证法的否定之否定学说，从肯定（由事物的质、量、度依次进入结构性矛盾本质，再由本质生发出去，从共时性关联达及系统整体），否定（事物矛盾本质的历时性展开，新质的否定性量变与旧质惯性维系间的消长，终而发生质变的革命性现实否定同时也是新质之肯定），一直到否定之否定（历时性矛盾的重新统一以及否定链导致的事物动态发展过程），构造了一个我自认为挺漂亮的唯物辩证法的逻辑体系。但在文章写作过程中，我已经有一种感觉，似乎自己这个叫作唯物主义辩证法的体系更像黑格尔！后来，我给自己提了一个问题：在唯物主义辩证法理论中那种逻辑递进关系（如从现象到本质、从质到量的进入），究竟是不是客观事物本然的结构？特别是马克思对黑格尔唯心主义辩证法的改造，是否仅仅将“绝对观念”换成了“物质”？长时间思考的结果是令自己吃惊的：在黑格尔那里，他将人类主体认知客体过程中积淀下来的主观认识结构（后来列宁在《哲学笔记》后半部分实现的认识飞跃中，精当地将其评点为实践积淀为逻辑的“格”），直接武断地客体化为世界的本质。如果我们只是用“物质”或“客观事物”的概念去替换一下，这并没有改变这种辩证法逻辑的唯心主义本质。也就是说，当我直接将从质到量、从现象到本质的“格”等同于客体的本然结构时，我无意识地犯了一种隐性唯心主义错误。

问

对不起，如果我没有听错的话，刚才您是说自己的观点中有唯心主义？

答

是的。后来我才发现，问题就出在我忽视了作为马克思哲学新视界入口的实践。费尔巴哈以一般唯物主义去颠倒黑格尔时，自以为重新摆正了物质与意识的关系，可是他没有想到，他误认为是客观本体自然物的东西不过是特定历史条件下人类的一定认知结果，并且是直观的产物。如果说康德与黑格尔将这种认知结果与结构直接作为世界的基础，那么费尔巴哈则把这种结果的一个方面（物相）等同于世界。这种直观唯物主义，实质上可称其为隐性唯心主义。1843—1845年间已经转到一般唯物主义立场上的青年马克思，也没有真正自觉意识到这一点。1845年4月马克思《关于费尔巴哈的提纲》的革命意义，就在于他发现了人的认知结果并不直接映照客体对象，而是通过一定的历史性的人类感性活动——实践——的中介后的结果。接着我上面的思路就是说，从现象到本质、从质到量的这一进程，并不是客体的本然结构，而是客观实践的带向量的有序结构。人只能在一定条件下的实践棱镜中，才能历史地、现实地、具体地反映客体对象，我们获得的世界图景永远只能是透过实践之序的历史认知结果。这样，客观辩证法就一分为二，前提是客体辩证法，而中介是实践辩证法，主观辩证法是通过客观实践结构才有限地反映客体辩证法的。也因此，一段时间里实践结构就成了我的主要关注对象。加上当时我对自然科学哲学问题的关注，这才有了实践格局、实践构序之类的系列观点。

问

我读过您的几篇此类文章，不过坦率地说，那些文章看起来似乎是将自然科学中的一些观点与马克思的哲学嫁接在一起的产物，并且还有新概念大战的嫌疑。可我感兴趣的还是后来您为什么又中断了这种研究，回到马克思、列宁的原著中去了？

答

我并没有放弃上述研究，更不认为提出一些新概念是错误。看一下思想史我们就会知道，人类认识的进步正是通过新思想新范畴的出现才实现的。之所以在我的研究中常常会有新术语（不少甚至是我自造的），主要是我感到传统哲学解释框架中相当多概念的含混性，无法精确地表达我的观点。当然必须承认，我的思想变化的确是由于某种自我反省，是我发现自己的研究中还更深地存在着某种对马克思哲学新视界的方向性的误释。

问

您能对自己的研究作自我反省并公开加以转变，很值得提倡。您能具体谈一谈吗？

答

我也并不是一开始就能这样做的。20世纪80年代末，我的上述研究与国内实践唯物主义讨论是接轨的。正是在这场讨论中我察觉到，在同一个回到马克思的“实践唯物主义”的口号下，不同论者要表达的理论倾向是大相径庭的。一些论者正确地批评了传统哲学解释框架忽视人类主体在社会历史发展中的作用，将马克思主义哲学变成一种机械决定论的旧唯物主义的错误，提出强调人的主体性，并认为这恰恰是马克思“从主体出发”的要义。但是他们主张马克思主义哲学就是一种以主体性为核心的价值哲学，这自然会进而确证一个我们的世界——“实践一元论”或“实践人道主义”（实践是初级的人类中心主义）。而另一些论者则认为实践唯物主义是可以与传统哲学解释框架统一的，实践唯物主义并没有放弃马克思历史唯物主义的客观前提，所以不能从主体性走到世界是人造的人本主义逻辑中去，主体价值论不是马克思主义哲学。在讨论中我发现，自己以前的研究在逻辑重心上与后一种观点是接近的，实践格局仍然是强调一种社会历史中的客观结构和客观必然性。可是这的确无法直接面对现实的人类主体的被奴役和解放问题。马克思主义哲学如果仅仅是一种指认社会客观结构存在和运动的理论，我们就不能解释俄国和中国的革命，也不能面对今天仍然在向前发展的当代资本主义客观进程。马克思主义哲学应当有它的人学指向和对不公正社会状态（哪怕是客观存在的！）的科学批判，但这不是人本主义，而是追求人类现实解放的科学人道主义。而这正是我原先研究中缺失的向度。

问　刚才您说的意思有些费解，能不能再表述清楚一些？

答　我是想说明，在当前国内关于马克思主义哲学本质的讨论中，存在着重视客观性和强调主体性两种倾向。我的原有研究可能离前者更近一些。而在马克思那里的确十分重视历史的主体方面，但这肯定不是1845年他解构的人本主义。我发现自己对马克思主义哲学的整体把握是不全面的，于是我下决心重读马克思主义的经典文献。这也就是你注意到的最近一段我的研究方向。“回到马克思”在我这里不是一句空话，而是以通过对马克思文本的重新解读为开端的，一种我称为“廓清理论地平”的努力。以我之见，回到马克思首先是解读方法的重建。传统原著研究通常是用传统哲学解释框架的“原理”去构析文本，而我恰恰把传统哲学解释框架“搁置”起来了，在意识到自己的解读背景的情况下，尽可能真实地使马克思文本的原初视界呈现出来，就像我在研究《哲学笔记》和《德意志意识形态》第一章手稿等文本时所做的那样。

问　说一句不一定恰当的话，您这样读马克思，会不会有“原教旨主义”的嫌疑？并且在方法原型上带有解释学的影子？

答　第一种担心是多余的。因为任何人都不可能简单地达及马克思的文本。而我这里则是通过对第一手文本的精心解读，摆脱传统哲学解释框架的教条，寻找到新的真正来自马克思哲学新视界的理论立足点。传统哲学解释框架最大的问题，就在于这一诠释体系不是建立在对文本的历史的具体的精心解读之上的。只有去掉这一特殊时期留下的“违法建筑”，使马克思恩格斯建构哲学新视界的原初地平显现出来，我们才有可能回到马克思的真实出发点，再由此向前走。比如，我发现马克思恩格斯哲学新视界的意义，恰恰在于宣判了一切哲学本体逻辑体系的非法性。马克思主义哲学是一种活的功能方法。这实际上也是说，一切想建构马克思主义哲学逻辑体系的冲动都可能是一种理论僭妄。第二点，解释理论的方法是我自觉借用的。我注意到俞吾金先生最近也指认了这一点。我以为，从海德格尔、伽达默尔到姚斯的释义理论，除去其中的本体论夸张，对于我们达及马克思文本的真境是一种有效的手段，况且在我研读方法层面上的支持背景，远非是单一性的。

问

那么，是不是从西方借来一些“方法”，就能实现您所说的“回到马克思”？再说，用一些所谓的新方法来重读马克思，好像是从西方马克思主义开始的。

答

问题远非这么简单。这里还有一个整个研究逻辑思路的指认问题。除去以什么样的方法来解读马克思的文本，可能更重要的是如何面对马克思主义哲学创立和发展的基本模式问题。格式塔心理学、库恩和解释理论的研究成果表明，在不同的认知模式中同一文本却会呈现完全不同的解读结果。以我的看法，自20世纪以来在如何认识马克思哲学发展上起码存在五大解读模式：一是20世纪30年代西方“马克思学”的“两个马克思”说，即以《1844年经济学哲学手稿》的人道主义的青年马克思否定《资本论》的老年马克思的观点；二是西方马克思主义人本学家的“一个马克思”说，即以突现1844年“手稿”中人本主义异化史观的马克思，使全部马克思主义哲学人本化的做法（这实际上也是国内那些所谓“实践人道主义”者临摹的原帖）；三是60年代阿尔都塞、科莱蒂等用结构主义、实证主义等深层构架法呈现的“断裂说”，即以1845年《关于费尔巴哈的提纲》界划人本主义意识形态的青年马克思与科学历史唯物主义的马克思主义；四是前苏东学者在70—80年代的发展进化说，即马克思恩格斯在1843年已经开始创立马克思主义哲学，不过到1845年《德意志意识形态》才告完成，这是一个量的渐进。这也是我们马克思主义哲学史研究中的一个传统套路。但用这种“进化论”式的解释方法对马克思早期论著进行研究，这是误将猴体直接当作了人体！如果说这在弗洛姆那里是自觉的，而在我们一些学者那里则是不自觉和隐性发生的。

最后是我的老师南京大学孙伯鍨教授20世纪70年代末提出的两次转变论和两种逻辑互动说，即1843年马克思恩格斯的确发生了第一次思想转变：从唯心主义转向一般唯物主义，从民主主义转向一般共产主义，但这不是马克思主义的发生。在《1844年经济学哲学手稿》中，虽然已经出现了从现实着眼的客观逻辑，但这是面对经济史料中的受动性结果，此时占主导地位的仍然是劳动异化史观的人本主义逻辑。马克思主义哲学的自觉建构即第二次转变是在1845年春天才发生的。这一论点在孙先生《探索者道路的探索》一书中有完整的阐述，这也是我的近著《马克思历史辩证法的主体向度》一书的基本思考逻辑，当然我更侧重在肯定马克思历史辩证法的客体向度基础上，从科学的角度确证马克思1845年春天以后，在科学的视界中对现实主体解放的关注。在这本书中，我纠正了自己先前研究中的逻辑失重，即既承认实践结构的历史性客观制约，同时又关注马克思恩格斯在历史唯物主义基础上，对人类主体解放问题的重新解决。由此我提出了一个马克思科学的社会批判理论问题，主要由似自然性、物役性和拜物教三大理论组成。为了一种精确的指认，我没有用人学，甚至没有用主体性，特意界定了一个马克思历史辩证法的“主体向度”。

问

是的，似自然性、物役性等范畴已经在您最近的一些文章中读到过，但我有一个疑问，马克思自己并没有直接提出过这些概念，如果用这些概念指认马克思，是否也有一个合法性问题？还有，提出一些马克思著作中并没有出现的概念，这难道也是您对马克思文本“地平”的解读？

答

你的问题是尖锐的。的确在马克思写下的文本中，并没有直接出现上述范畴，这是我自己的显性概括。但是这些确定的隐性语境却是马克思的。这一点我在书中有具体的说明。还要交代的一点是，提出似自然性和物役性，并不是简单地阐释马克思的文字，更主要地还是在界划我们与西方马克思主义、新马克思主义的异质性，是主要回答弗洛姆、阿尔都塞、沙夫、克西科和广松涉的。在这一点上，我的一些研究又不仅仅与国内某种讨论相结合。

问

您的意思是说，物役性等概念主要是与国外马克思主义对话的？

答

可能有这个意思。记得冯友兰先生曾经将学问之法分为“照着说”和“接着说”两类。我们原来的马克思主义哲学研究大概多是照着说，现在在一些学者那里还是照着说。又有两种照着说：照着马克思说与照着传统哲学解释框架（教科书）说。我的那种对马克思主义哲学经典文本的释义学研究可能是一种照着说，但这当然不是目的，而是真实的起点。因为我们的研究更重要的是能够接着说。我以为，今天我们在说话、写文章的时候，首先应该对自己提个问题：你是接着谁往下说？马克思是在19世纪资本主义发展的现实中，接着当时的自然科学和法国大革命、英国经济学以及德国哲学往下说的；而列宁、毛泽东和邓小平都是在特定的历史条件下，接着现实无产阶级革命实践将马克思主义往下说的。卢卡奇、阿尔都塞、阿多诺和广松涉在当代讨论马克思主义哲学的时候，大多也知道接着谁提出问题和解决哪一层面上的问题。今天的德里达、福柯、杰姆逊、罗蒂等人之所以在哲学学理上有大的进展，很重要的一个因素就是他们知道自己是接着谁往下说的。

问　您的这个观点是有意义的。这可能是一个梳理社会科学学术讨论尺度的问题。

答　对。“文革”以后相当长的一段时间内，我们的一些同志时常会不自觉地怀着某种激愤来治学，却没有内省过自己的深层语境和理论逻辑的基本语法结构，这其实仍然是一种一元中心主义。而实际上，无论是早一些的解释理论还是新近的后现代思潮，都已经界定了这种中心论的非科学性和不合法性。

问　我发现，您的论说本身就暗含着一种独特的理性运作方法，而且暗含了不少没有说出来的意思。很希望在您以后的一些论著中能有进一步而且尽可能通俗一些的说明。

答　是的，这些问题都需要充分展开。我刚出版的《马克思历史辩证法的主体向度》一书、近期已经发表和即将发表的一批论文会有一些初步的答案。

问　您今后有何打算？

答　首先是继续完成上述研究。已经开始的研究新专题是“马克思与晚期资本主义文明批判”。这一课题是对马克思以后，西方学者关于晚期资本主义—后工业文明理性逻辑的批判与反省的思考。我可能会从作为马克思对资本主义批判的反命题——韦伯对西方资本主义文化的肯定逻辑入手，经由尼采、后期海德格尔、后期法兰克福学派（主要是阿多诺的无调哲学），最后面对西方今天的后现代思潮，特别是今天的西方马克思主义的生态哲学、新女权主义与文化霸权理论。这也是我命名为马克思“物役性”理论的一种逻辑延伸，我将其称为是从物役性到自拘性的转换。当然，我还得坦率地说，这一课题与上述我的其他研究一样，都不是我的终极目的，而至多是自己弄清问题的一个个逻辑台阶；以后，我希望自己能实现一种真正的哲学创造：以民族文化为本，以马克思的方法为主导，以当代科学和哲学的成果为接口，找到今天我们民族走向现代化进程中属于自己生命跃动的精神。在这一点上，我很赞成刚刚去世的日本当代哲学家广松涉的思路。他开始是一个自然科学家，后来转向马克思主义哲学。他在70年代对马克思主义哲学文献学式的解读是很有见地的。后来，他以日本民族文化为基底，以马克思为逻辑中轴，广收当代科学和西方哲学的成果，创立了一个很具东方（大和）特色的广松哲学。我们的哲学家应该有自己的梦。固然这可能会以一代或几代人的艰辛和幻灭为代价。

（原载《哲学动态》1995年第9期）

学者近况

张异宾（笔名张一兵，1956.3—　），1981年8月毕业于南京大学哲学系。哲学博士。南京大学特聘教授、马克思主义社会理论研究中心主任、哲学系博士生导师，兼任中国马克思主义哲学史学会副会长、江苏省哲学社会科学界联合会主席、江苏省哲学学会会长。主要研究领域为：马克思、列宁、海德格尔、福柯哲学文本学研究，当代国外马克思主义，当代西方激进哲学，认识论与人本主义，构境理论。主要著作有：《回到马克思——经济学语境中的哲学话语》(江苏人民出版社，2013，第3版)、《回到列宁——关于“哲学笔记”的一种后文本学解读》(江苏人民出版社，2008)、《回到福柯——暴力性构序与生命治安的话语构境》(上海人民出版社，2016)、《回到海德格尔——本有与构境》(第1卷，商务印书馆，2014)、《文本的深度耕犁》(中国人民大学出版社，第1卷，2004；第2卷，2008；第3卷，2019)、《技术义肢与数字延异——斯蒂格勒〈技术与时间〉的构境论解读》(上海人民出版社，2018)、《发现索恩雷特尔——先天观念综合发生的隐密社会历史机制》(北京师范大学出版社，2018)等。

在科技与经济社会的交叉领域开拓

——访黄顺基

学者简介

黄顺基，1925年生，广西昭平人。1951年毕业于复旦大学。先后从事形式逻辑、数理逻辑、高等数学、自然科学史、自然辩证法、科学哲学、科学技术社会学的教学与研究工作。时任中国人民大学哲学系教授、博士生导师，中国管理科学院科学技术社会学研究所所长，中国自然辩证法研究会常务理事。合著《论辩证思维和它的范畴体系》《科学的哲学反思》，主编《自然辩证法教程》《大杠杆——震撼社会的新技术革命》《自然辩证法发展史》《大动力——科学技术动力论》《科学技术的前沿和进展》《科学技术引论》《科学论》《中国管理科学导论》《大创新——企业活力论》。发表论文60余篇。

问

您最初从事逻辑学的教学与研究，在20世纪50年代的逻辑讨论中，您的观点曾受到毛泽东同志的重视。那么，您是如何从逻辑学转向自然辩证法的？

答

我大学的专业是数学，到中国人民大学马克思列宁研究班学逻辑。50年代我国逻辑学界争论的一个主要问题是：形式逻辑是否只管对错，不管真假？当时苏联流行的观点认为，形式逻辑是哲学的一门学科，它不能只管形式，不管内容，否则就是康德的形式主义的逻辑。我和王方名教授认为，形式逻辑是研究思维形式的学科，它的规则和语法规则相似；这门学科抽去思维的具体内容，只研究思维的形式，回答思维形式是否正确（validity）的问题，至于思维内容的真假（true or false）与否，由与内容有关的其他学科来解决，所以，形式逻辑不属于哲学学科。这个观点与周谷城先生的看法不谋而合。毛泽东同志看到我们在《教学与研究》上发表的文章，曾于1957年4月22日邀请我们和几位学术界前辈，到中南海讨论逻辑学问题。

1978年，自然辩证法领域开始大量介绍现代西方科学哲学。这门哲学分支以物理学和数理逻辑为基础，发端于逻辑实证主义。开始时它主要研究科学理论的逻辑结构问题，因此，我从逻辑学转向科学哲学，从而踏入自然辩证法的教学与研究。

问

十多年来，您一直活跃在自然辩证法领域，请介绍一下您在这个领域中的主要成果。

答

我的工作，概括说来，主要有以下四个方面：（1）自然辩证法教材的建设。我们根据不同读者对象的需要，已编写出一系列教材。（2）自然辩证法学科的基础建设。我们先后编写了《自然辩证法发展史》和《科学技术的前沿和进展》。（3）科学技术哲学博士点的建设。1979年以来，我已带出硕士生24人，博士生12人，现在还在带5名博士生。（4）独立地开展科学哲学的研究。20世纪70年代以来，现代西方科学哲学在我国广为流行，如何正确看待这门哲学学科？在我看来，西方对科学的整体进行研究，基本上是从两个方面进行的：一是从科学的内部，即从科学理论的逻辑结构、发展模式、思想理论背景等方面；二是从科学的外部，即从科学理论产生的社会条件（特别是社会制度）、民族文化传统、当时的生产力发展水平等方面。前者是科学哲学，属科学的内史；后者是科学社会学（包括科学学），属科学的外史。从辩证法的观点看来，内史与外史是相互联系、相互补充和相互促进的，必须找到联结内史与外史的中间环节。我认为，在科学—技术—生产日益一体化的新形势下，技术就是联结两者的中间环节，必须以技术为中介，从科学对提高生产力、对变革社会的巨大作用这个基本点上，去把握科学哲学和科学社会学之间的辩证联系。这一观点，在《科学的哲学反思》中得到了表述。后来，在《科学论》中，我们又进一步对科学进行了全方位的、分层的研究。这时候我已产生了要建立和发展科学技术社会学这门学科的设想。

问

在刚才的谈话中，您同时用了“自然辩证法”和“科学技术哲学”这两个名词。那么，如何看待这两者的关系呢？

答

《自然辩证法》是恩格斯生前留下的一部未完成的手稿，它探讨了自然科学的历史发展、自然科学和哲学的关系、自然界发展的辩证法、辩证法的规律和范畴、认识论和辩证逻辑问题、物质运动形式、数学和各门科学中的辩证法等，后来，在苏联以《自然辩证法》的名称出版。传播到中国、日本等国家之后，就逐渐形成了这样一个共识：自然辩证法作为一门学科，它的主要内容包括马克思主义的自然哲学，自然科学的认识论与方法论，以及自然科学观。在中国，经过几次广泛的讨论，大家认为：自然辩证法属于马克思主义哲学的重要组成部分；它的研究任务是用唯物辩证法的观点和方法研究自然界发展的最一般规律，研究自然科学发展的最一般规律；它的学科体系包括自然界的辩证法、自然科学认识的辩证法和自然科学发展的辩证法。

20世纪70年代以来，新技术革命蓬勃发展，新问题、新领域不断出现，在这种情况下，应该把哲学与自然科学相交叉的学科——自然辩证法推向前进，建立科技革命时代的自然辩证法，这就是科学技术哲学。一般来说，它是由自然哲学、科学哲学、技术哲学、科学技术社会学构成的一个完整的体系。它是哲学性质的交叉学科，它的内容十分丰富，在当前，特别要抓住“一观三论”，即自然观、认识论、价值论和实践论，这是我们分析与解决现代科技革命提出的问题时，必须牢牢掌握的最根本的和最普遍的观点、理论和方法。按照这个要求，科学技术哲学的总体框架可以分为如下四个部分：科学技术自然观、科学技术认识论和方法论、科学技术价值论与科学技术管理论。

问　您是中国最早开拓科学技术社会学这一新领域的学者之一，想当年《大杠杆》一书出版后，曾引起强烈反响。钱学森同志认为：“《大杠杆》比时下流行的、中外关于新技术革命的书都更完全，所以是本好书。”能否谈一下您在科学技术社会学领域开展工作的情况？

答　早在20世纪70年代末、80年代初，在研究自然辩证法的发展方向时，我们就提出了加强科学技术社会学的研究的问题。我们认为，自然辩证法有两个重要的方向，一是自然科学本身的哲学问题，二是自然科学与社会之间的关系的哲学问题，这两大领域是自然辩证法的核心部分，是自然辩证法的发展的主流。后一个领域应以历史唯物主义为指导，研究和借鉴西方与苏联的科学学的成果，从不同的哲学观点、不同的社会制度、不同的历史发展阶段等方面，研究科学、技术、生产、经济的相互关系，研究整个科学技术发展的规划、政策、组织体系。按照这一想法，我们开始了科学技术社会学的研究工作。这几年来，大体上进行了以下几个方面的工作：

第一，组织了一个科学技术社会学研究的“共同体”。在中国管理科学院下面，成立科学技术社会学研究所。我兼任所长，核心成员有李庆臻、卢继传、刘大椿、李春国等同志。

第二，开展关于科学技术社会学的系统研究。特别是从科学技术社会学的角度研究了新技术革命。通过撰写一系列著作，基本上构筑了一个具有中国特色的科学技术社会学体系。

第三，开展了对企业社会学的研究。近几年来，适应当代社会发展和学科发展的需要，我们开始走向社会，和一些企业开展了多种形式的合作。

第四，研究了一些与科学技术社会学有关的问题，如管理哲学、西方未来学理论等。

问

科学技术社会学是一门什么样的学问？您在这个问题上的基本观点是什么呢？

答

科学技术社会学是科学技术哲学的一个基本组成部分，它把唯物史观推广应用到科学技术与社会的相互关联和相互作用上，从而实现自然观（自然辩证法）与历史观（唯物史观）的有机结合，由此解决当代人类面临的重大的经济社会问题。

在人类历史上，马克思第一次响亮地提出：“科学是一种在历史上起推动作用的、革命的力量。”他和恩格斯一道，深刻地揭示了科学技术的发展与生产方式的发展之间的关系，特别指出了科学革命与技术革命对变革社会生产方式的巨大作用。马克思主义的科学技术观是其唯物史观的重要组成部分，应当把它推广应用到考察现代科学技术与现代社会相互影响、相互促进的历史进程中去，回答建设有中国特色社会主义的伟大实践中面临的新问题，如科学技术与市场经济的关系、科学技术与精神文明的关系、科学技术与未来社会的关系、科学—技术—经济—社会的协调发展、科学技术的发展战略等，迎接新时代向我们提出的挑战。

在多年研究的基础上，我最近形成了三个基本想法：（1）社会科学也是第一生产力的观点；（2）制度创新（生产关系的变革）与技术创新（生产力的提高）的辩证统一，是企业活力的源泉，是企业发展的动力；（3）“劳动者共同所有制”是在社会主义初级阶段上，多种经济成分并存的条件下，消灭剥削、实现共同富裕的一个基本的所有制形式。

问　我们注意到您是较早地系统阐述“社会科学也是第一生产力”观点的学者之一，能否对这个观点作进一步的说明？

答　这个问题不仅是逻辑的推理问题，而且是极为重要的理论与实际问题，它关系到“科教兴国”战略的成败。关于这个问题，可以从以下三个方面来考虑：

1. 科学当然包括社会科学，这是最近召开的全国科学技术大会上一致认同的；技术也包括社会技术，社会技术是介乎社会科学与社会系统工程之间的一门技术科学，它的门类很多，如计量经济学、人口统计学、组织行为学等都是社会技术。

2. 社会科学是研究社会的，其研究的对象是一定社会中的人以及人与人的交互作用。在现代社会化大生产中，人的素质、人与人之间的交往关系、人与人之间的相互影响和相互作用，是提高生产力、提高经济效益的首要课题，从而是管理的首要课题。没有科学的管理不仅不能形成生产力，甚至会破坏生产力。第二次世界大战后，管理在提高生产力、振兴经济中，可以说起了决定性的作用，它带来了1945—1970年整整四分之一个世纪西方发达国家的经济发展和繁荣。仅仅是这方面就已充分证明了，管理科学也是生产力，且是第一生产力，更不用说经济学、行政学、人口学、社会学、市场学与行为科学等其他社会科学了。

3. 首先，人在生产力诸要素中占首要地位，这是马克思主义的基本观点。因此，研究社会生产过程，以及直接或间接和它有关的过程（如交换、消费、运输和服务等过程）中活动着的人，研究他们的相互关系和相互作用的社会科学，在发展社会生产力中理所当然地要起首要作用，成为第一生产力。

其次，在任何社会中，劳动者和生产资料始终是生产的要素，“但是，两者在彼此分离的情况下只在可能性上是生产因素”，就是说，要使它们变成现实的生产力，就必须把它们结合起来。如何结合？采取什么所有制形式？这在不同的社会制度下是不同的，在社会主义初级阶段多种经济成分并存的条件下，如何把劳动者和生产资料结合起来，形成现实的生产力，并大大提高劳动者在生产过程中的积极性、主动性和创造性，这是社会科学的任务。劳动者和生产资料不能结合，或者结合的形式不好，不仅不能形成生产力，甚至还会破坏生产力。中国农村改革前的经济体制束缚了农民积极性，而在经济体制改革中，实现家庭联产承包经营责任制后，农民的生产积极性空前高涨，农村经济取得了举世瞩目的成就，就是有力的证明。

问　近年来，您特别关注企业的创新问题，能否谈一下您新近的研究成果？

答　从科学技术社会学到企业社会学，这是学科的深入和发展。企业是现代经济的基本单位，它既是生产力的组织，同时又体现一定的生产关系。生产力的变革靠技术创新（包括生产技术创新与管理技术创新），生产关系的变革靠制度创新（首要的是产权制度，此外还有领导制度、组织制度、人事制度、劳动制度、分配制度等）。技术创新与制度创新的矛盾运动，实质上是生产力与生产关系的矛盾运动，这是企业发展的动力，是企业活力的源泉。

在经济体制改革过程中，两种创新相互依存、相互促进和相互作用，离开其中哪一方都不行。我主编的《大创新——企业活力论》一书，就是论述这个问题的。

问　最近，中共中央提出了“科教兴国”的战略，全国科学技术大会讨论了如何贯彻落实这一战略的问题，在这个新的形势下，请您谈一下对科学技术社会学前景的看法。

答　“科教兴国”战略的实施，必将带动中国经济的腾飞，推动中国社会迅猛前进，这就为科学技术社会学提供了广阔的活动场所。当前，我们要抓住现代科学技术革命在经济发展与社会进步中提出的新问题，作出马克思主义的回答，主要是：

1. 在自然观方面，我们应该加强对“人工自然”和“可持续发展”的研究。人工自然的研究，是当代科学、技术、经济与社会发展的关键问题，这方面有广阔的国际合作的前景，如日本学者村上阳一郎最近提出“人工物研究工学”这一领域，欢迎中国学者参与合作。人口、环境与发展是我们时代面临的几个主要问题，在我国经济发展过程中，这些问题非常突出，我们一方面要消除科学技术的负面影响，另一方面又要用科学技术来解决我们面临的种种现实问题，以保证中国的持续发展。

2. 在认识论与方法论方面，近代以来，学者对科学的认识论与方法论进行了广泛而且深入的研究，发展出科学哲学这一新的哲学分支学科。随着当代新技术革命的兴起，科学、技术与生产日益一体化，科学技术要面向经济建设和社会进步，这就要求我们在科学的认识论与方法论的基础上，进一步加强对技术的认识论与方法论的广泛而深入的研究，这是开展对技术的价值评估、技术创新、反向的工程技术（reverse engineering）等重大问题研究的理论前提。

3. 在价值论方面，1959年英国最有影响的作家之一斯诺（C. P. Snow，1905—1980），首先指出了存在着人文文化与科学文化之间的对立，这个问题在政界和学术界引起了极为强烈的反响，发生了一场激烈的争论。现在，当代科学技术革命浪潮冲击着整个世界，两种文化之间的冲突问题已经成为当代世界性的问题。在中国，自鸦片战争以来，这个问题先是表现为中西文化之间的碰撞，到了现阶段则表现为传统文化与现代化之间的关系的热烈讨论。我们要在加强对科学技术与人类命运、科学技术与人类文明的关系的研究的基础上，根据建设有中国特色社会主义的需要，有分析有选择地吸取中国传统文化与西方文化的优秀成果，并根据现代科学技术的新成就与新进展，建设社会主义新文化。

4. 在管理理论方面，新技术革命改变着世界的面貌，也改变着传统的管理思想、管理方法和管理手段。这主要表现在：管理的范围扩大了，凡是有组织的机构，都需要管理。管理的任务深化了，通过管理，不仅要完成本组织的任务，而且要承担组织对社会的责任和义务；通过管理，不仅要发挥本组织所有资源的力量，而且要进行创造性的活动，特别是要进行技术创新与制度创新，为经济发展与社会进步作出贡献。管理的重点转移了，在管理工作中，不单纯重视体力劳动，更要重视脑力劳动；重视研究与开发，重视战略决策与长远规划。摆在我们面前的一项迫切任务，是要结合中国的国情，吸收外国管理科学的成就，特别是要学习钱学森教授建立和倡导的系统科学与系统工程，努力把中国的科学技术和管理提高到现代化水平，迎接新世纪的到来！

（原载《哲学动态》1995年第10期）

学者近况

黄顺基（1923—2016），曾任中国人民大学哲学院教授、博士生导师，中国人民大学荣誉一级教授，中国人民大学国家发展与战略研究院社会系统工程研究中心研究员，中国自然辩证法研究会常务理事和教学委员会主任。抗日战争时期从航空学校毕业后到空军部队服役，做检修维护飞机发动机的机械工程师，空军上尉。1951年从复旦大学数学系毕业后被分配到中国人民大学马列主义研究班深造，专业方向为逻辑学。1952年留校任教。先后从事过高等数学、形式逻辑、自然科学史、自然辩证法、科学哲学、科学技术社会学的教学与研究工作。主要著作有：《论辩证思维和它的范畴体系》(合著)、《科学的哲学反思》、《大杠杆——震撼社会的新技术革命》、《自然辩证法发展史》、《大动力——科学技术动力论》、《科学技术的前沿和进展》、《科学技术引论》、《科学论》、《中国管理科学导论》、《大创新——企业活力论》。发表论文70余篇。

繁荣逻辑科学　促进哲学发展

——访周礼全、张家龙、张清宇、刘培育、王路

学者简介

周礼全，1921年生，湖南湘西人。时任研究员、博士生导师，中国逻辑学会会长。主要著作有：《模态逻辑引论》、《逻辑——正确思维和成功交际的理论》（主编）等。

张家龙，1938年生，江苏江都人。时任研究员、博士生导师，逻辑室主任。主要著作有：《数理逻辑发展史》《艾耶尔》等。

张清宇，1944年生，上海人。时任研究员。主要著作有：*A Weak Paraconsistent Conditional Logic*、《所有非Z_类的类的悖论》等。

刘培育，1940年生，吉林扶余人。时任研究员、博士生导师。主要著作有：《中国逻辑史》（第2卷）、《中国古代哲学精华》（主编）等。

王路，1955年生于北京，祖籍山西定襄。时任副研究员。主要著作有：《亚里士多德的逻辑学说》《弗雷格》等。

问

1995年是中国著名哲学家、逻辑学家金岳霖诞辰100周年。金岳霖先生对中国哲学特别是逻辑学作出了巨大的贡献，他极其重视逻辑的研究和应用。在纪念大会上，金岳霖学术奖的获奖者代表在发言中也谈到现代逻辑对于哲学的重要性。因此我们今天请你们几位专家，特别是有幸请来周礼全先生，作集体采访，请以围绕逻辑与哲学的关系为主发表高见。是不是可以先介绍一下国际上逻辑研究的现状？

答

张家龙：联合国教科文组织曾公布过一个学科分类，逻辑是与数学、物理、化学、天文、地理、生物并列的七大基础学科之一，这一分类已得到广大学者的认同。国际哲学界对逻辑十分重视，国际上有两个大型的哲学会议，一是国际逻辑学、方法论和科学哲学大会，二是世界哲学大会。我曾参加过这两种大会，周先生曾参加过第17届世界哲学大会，王路今年参加了第10届国际逻辑学、方法论和科学哲学大会。这两个大会对逻辑十分重视，国际逻辑学、方法论和科学哲学大会设有现代逻辑、逻辑史、逻辑哲学等各个组，世界哲学大会设有数学哲学、逻辑哲学组。

在国外大学哲学系中，开了许多现代逻辑课程，现代逻辑不但是大学生的必修课，而且是硕士生和博士生的必修课。这与我国大学哲学系的情况大不相同，在中国，现代逻辑还不是大学生的必修课。这与改革开放、进行学术交流的形势是极不适应的。

中国社会科学院哲学研究所逻辑学研究室确定以哲学逻辑和逻辑哲学为重点，并投入一定人力研究中外逻辑史。这也是把逻辑作为一门基础学科来对待的。

张清宇：逻辑是研究推理的一门基础学科，它描述推理实践，也编制推理系统。由于不断地进行推理是科学赖以生存的根本，因而逻辑学的概念和方法在其他许多领域中都有用。伴随科学、技术和生产的发展，逻辑也在不断地发展着。现代逻辑科学发展极其迅速，今天已成为一门具有众多分支的学科。它在科学技术和哲学发展的洪流中不断革新内容，开拓领域，并且日益显示其重要的理论意义和实用价值。今天，逻辑在数学、哲学、语言学和计算机科学中有着广泛而重要的应用。为了促进哲学学科解决现实中带有理论性的深层次问题，我们必须加强哲学各分支学科的基本理论研究，更要加强现代逻辑基本理论的研究。没有现代逻辑理论的武装，要想培养出学贯古今中外的大哲学家是不可能的。

问　关于现代逻辑，能不能谈得稍微详细一些？

答　**张清宇：**现代逻辑基本理论是多方面的，大致可以从以下四方面来看。一是数理逻辑方面，包括一阶逻辑、高阶逻辑、模型论、证明论、递归论和公理集合论。二是哲学逻辑方面，包括经典逻辑的各种扩充和各种非经典逻辑，例如模态逻辑、时态逻辑、条件句逻辑、多值逻辑、相干逻辑、直觉主义逻辑和弗协调逻辑等。三是逻辑学与数理语言学的交叉方面，包括逻辑句法、蒙太古语法、范畴语法和自动机理论等。四是逻辑学与计算机科学的交叉方面，包括动态逻辑、逻辑程序和人工智能中的逻辑等。

数理逻辑方面的分支相对来说是比较成熟的分支，但仍然也有一些新的发展。哲学逻辑方面的分支一般都以命题逻辑、谓词逻辑为基础，与传统哲学中的概念、范畴和问题有直接或间接的联系。从目前来看，计算机科学中的逻辑学研究虽很引人注目，各种系统五花八门，但研究大都还不很成熟。因此，哲学逻辑仍可说是各种非经典逻辑分支的统称。

非经典逻辑的门类很多，大致有两大类。一类是在经典逻辑中增加其他初始概念，成为经典逻辑的扩充系统。例如，模态逻辑中有模态词“必然”“可能”，时态逻辑中有关于时态“过去”“将来”等的算子，认知逻辑中有关于“知道”“相信”等的算子。属于这一类的还有道义逻辑、条件句逻辑、问句逻辑和动态逻辑等。另一类主要是对通常所说的逻辑常项（命题联结词和量词）的解释不同，而成为与经典逻辑不同的逻辑。例如，直觉主义逻辑对联结词和量词都作构造性解释；相干逻辑认为蕴涵的前后件应当相干，也就是说将蕴涵解释成相干蕴涵；弗协调逻辑虽是为了处理不协调性而提出来的，但在具体系统的建立时往往是将否定解释成弗协调否定，故也可以看成属于这一类的。属于这一类的还有多值逻辑，包括模糊逻辑（建议用“异释逻辑”作为该类的通称。）

问　关于逻辑和哲学的关系，是不是可以谈得具体一些？

答　**周礼全：**我来简单地谈谈两者的关系问题。我这里所说的哲学，是指形上学、认识论、伦理学和美学等，而不是古希腊人们所说的那种内容极其广泛的哲学。我这里所说的逻辑则包括了古典传统逻辑和现代逻辑的各个分支。

逻辑和哲学的关系，可以从两方面来看。首先是从这两门学科的研究对象看，逻辑的有些研究对象和哲学的有些研究对象是相同的或是密切联系的。例如，同一律、矛盾律、排中律，既是逻辑研究的对象，也是形上学研究的对象；必然、可能，既是真值模态研究的对象，也是形上学研究的对象；应当、义务，既是规范模态逻辑的研究对象，也是伦理学的研究对象；知道、相信，既是认知模态逻辑的研究对象，也是认识论的研究对象……当然，对于同一的研究对象，逻辑研究的侧重点和哲学研究的侧重点可能有所不同，但这两种研究至少是密切联系的。对于上述这些研究对象，如果一个哲学工作者缺乏必要的逻辑知识与逻辑训练，他是很难取得高水平的成果的。

其次是从逻辑作为工具来看。逻辑是一门工具科学，比如张家龙就称它为基础科学。任何一门学科，不论是人文科学或社会科学或自然科学，都是一个思想体系，都是通过思索和思维得出的结果，而逻辑就是以思维形式为研究对象的科学。因此，逻辑是各门学科的工具。只有掌握了必要的工具并且善于应用工具，才能创造好产品。同样的，只有掌握了必要的逻辑知识和逻辑训练，才能创造出高水平的理论。这是显而易见的道理。对于哲学来说，逻辑这一思维工具尤为重要。哲学理论是概括范围很广和抽象层次很高的理论。要理解或构造这样的理论，就特别需要借助逻辑知识和逻辑训练。

王路：逻辑从一诞生，就与哲学结下了不解之缘。现代逻辑和哲学的关系则更加密切。我在刚刚发表的论文《论逻辑和哲学的融合与分离》(《哲学研究》1995年第10期）中，详细论述了这个问题。我们都知道，在现代哲学的讨论中，弗雷格、罗素、维特根斯坦、卡尔纳普、塔斯基、克里普克、斯特劳森、奎因、戴维森和达米特等人的哲学思想是人们研究和讨论的热点。我们直接阅读和研究他们的哲学成果。但是必须清楚，他们都是现代逻辑大师。虽然他们的哲学著作中很少有或几乎没有现代逻辑的公式和符号，但是，他们的哲学成果都是建立在现代逻辑基础之上的，是应用现代逻辑的深刻体现。如果没有现代逻辑知识，就等于我们在传统知识的基础上，跳过现代逻辑这一层次，直接去理解这些哲学成果，这样肯定会造成理解上的差异。(张清宇插话：一定会造成曲解，因为这样是读不懂原著的。）张家龙在他的书里批评过人们对于塔斯基关于真这一概念的理论的曲解。最近我看到一些关于戴维森的文章，发现错误很多，原因就在于不懂现代逻辑，因而根本就没有读懂人家的思想。

张家龙：是这样！现代逻辑与当代分析哲学、语言哲学、数学哲学、逻辑哲学有密切联系。吸取这些哲学成果也是发展马克思主义哲学的一个必要条件。如果不懂现代逻辑就无法研究这些哲学，当然懂得现代逻辑也并不一定能把这些哲学研究好。我在写作关于分析哲学的书《艾耶尔》时就有这个体会。如果不懂命题演算，就很难了解艾耶尔的“证实原则”及其在逻辑上的困难。

问　能不能举一两个例子来具体证明一下现代逻辑的重要性呢？

答　**王路：**先举一个简单的例子，哲学上总讲："事物是相互联系的"，但是这句话是什么意思呢？根据现代逻辑，这句话至少可以分析为：（1）对任何x而言，对任何y而言，x和y是相互联系的；（2）对任何x而言，存在一个y，x和y是相互联系的；（3）存在一个x，对任何y而言，x和y是相互联系的；（4）存在一个x，存在一个y，x和y是相互联系的。看来，"事物是相互联系的"应当取第二种含义。这说明，这实际上是一个关系命题，这样的分析只有现代逻辑的量词理论可以做到。

再举一个例子，存在是哲学中的一个基本概念，也是一个十分重要的问题。围绕它有许多研究和争论。中世纪关于"上帝存在"进行了大量的本体论的证明。许多现代逻辑学家都认为中世纪的这些证明是错误的，因为存在不是一个谓词。这个观点实际上是来自弗雷格。他认为，"存在"是一个二阶概念，只能作用于一个概念词，因而说"上帝存在"时，"上帝"不是一个个体，而是一个概念，而一个概念只是一个函数，是需要补充的。因而"上帝"不可能是一个个体。所以"上帝存在"的本体论证明是不成立的。无论人们认为弗雷格的这种解释对不对，首先都必须理解它，而这里理解的关键就是弗雷格的量词理论。根据弗雷格的量词理论，存在不能作用于个体，因此他会得出这样的结论。也就是说，他的逻辑理论刻画了"存在不能作用于个体"这样的性质。

周礼全：这里实际上也有学习逻辑知识和应用逻辑的本领这样两个问题。研究一门学问需要有两方面的条件。一方面需要这门学问的知识，另一方面需要研究这门学问的能力。知识与能力当然是有联系的，但还是有区别的。具有一门学问的知识，并不一定就具有研究这门学问的能力。具有逻辑的知识，并不一定就具有应用逻辑的能力。从逻辑作为研究哲学的工具来说，逻辑能力比逻辑知识更加重要。逻辑的能力，必须在具有逻辑知识的基础上通过刻苦的大量训练才能得到。我们必须在平日读书的过程中，在研究工作中，在讨论哲学问题的过程和在写作过程中，有意识地刻苦培养和提高自己的逻辑能力。

有些同志，平日勤勤恳恳地学习和研究哲学，但又忽视逻辑这一必要的锐利的工具，这实在是很可惜的。特别有不少在哲学教学机构任领导工作的同志，竟然忽视逻辑的重要性。这实在是令人十分遗憾的。

问

请再简要地介绍一下中外逻辑史研究状况。中国逻辑史的研究好像成果很多？中国在这方面是很不错的吧！

答

刘培育：20世纪80年代到90年代，中国逻辑史研究是比较活跃的，成绩也是显著的。中国逻辑史研究会依靠集体力量完成了国家“六五”重点科研项目成果《中国逻辑史》（5卷）和配套工程成果《中国逻辑史资料选》（5卷6册），出版了两部中国逻辑史教材，几位专家还出版了个人的专著。对这些成果我们必须予以充分的肯定。从著作的门类和内容看，有一定的开拓性，填补了某些空白；从学术成果看，基本上是对近百年来中国逻辑史研究的一个全面系统的总结，而不是新阶段的开始。为什么这么说？因为前十年的研究工作主要还停留在、局限在用传统逻辑方法去挖掘和阐释中国古代有关传统逻辑思想的资料的阶段（个别论文除外），还没有出现学术上的重要突破。19世纪末至20世纪60年代前的中国逻辑史研究也基本上如此。

当前，中国逻辑史研究到了一个重要的时期，即如何使它提到一个新高度，有较大的突破。新任务是很艰巨的。我个人主张，（1）要研究与逻辑、因明相匹配的中国名辩学和名辩学史。正如因明不等同于逻辑一样，中国名辩学也不等同于逻辑。我们需要先弄清楚中国古代名辩学的真实面貌，回头再来阐释中国名辩学中的逻辑问题，揭示中华民族在世界逻辑史上的重要贡献以及它可能给予现代人一些什么样的启示。这样做有助于展现中华民族思维传统的特点。我的体会是，中国人民的逻辑思维传统不同于西方，它以譬喻推理为基本推理形态，往往用有具体形象的个例“代替”一般，用譬喻进行推论。见拙作《譬喻古论》(《哲学研究》增刊，1990)。(2) 在研究方法上，一要实事求是地从原始文献的整体上去研究名辩学体系，注意各部分内容的关联，而不是以某个已有的模式为范式，从原始文献中东抽一点、西抽一点，去拼凑出一个什么体系来。二要借助现代逻辑工具去研究名辩学中的逻辑思想，武器精良才能敏锐地发现古文献中的逻辑史料，才能准确地阐释和评价中国古代的逻辑成果。

王路：史的研究从原著出发，从整体考虑，显然是正确的。此外，总还有一个逻辑观的问题。否则，遇到一个问题，依据什么来说它是逻辑问题或不是逻辑问题呢?

张家龙：我在从事西方逻辑史研究时曾提出了一个方法论原则，这就是采用马克思在研究古典政治经济学时提出的“人体解剖法”，具体说来，在西方逻辑史领域要采用数理逻辑的工具研究古典逻辑，这是著名学者卢卡西维兹首创的。用这种研究方法才能取得成果。一方面，用这种方法可以看出逻辑史上的成果达到何种高度；另一方面，可以看出这些成果还有哪些不足，从而为丰富和发展现代逻辑提供资料。我在研究亚里士多德逻辑、中世纪逻辑时采用了这种方法，取得了一定成果。我认为，对中国逻辑史和因明研究也必须用“人体解剖法”。用数理逻辑研究因明不是中国人的首创。已故的巫寿康用类演算研究《正理门论》，取得了可喜的成果；张清宇借用墨经的逻辑概念构造了墨经名辞逻辑系统，也值得重视。

问

从你们的谈论可以看出，中国目前现代逻辑的教学和研究状况是比较落后的，你们认为怎样才能改变这种现状呢?

答

张家龙：应该在大学哲学系中把数理逻辑作为必修课确定下来，使大学毕业生受到正规逻辑训练，从知识结构上改变目前的落后状况。此外，我们至今没有一个正规逻辑刊物，现代逻辑的成果没有地方发表，中国逻辑学会每年自筹资金办一期《逻辑学研究专辑》出版，至今已有三期，尽管困难重重，我们一定要尽力坚持编下去。

刘培育：应该重视现代逻辑方面人才的培养和成果的交流。金岳霖学术基金会举办的第一次金岳霖学术奖评奖活动就是针对逻辑学科，一、二等奖都是现代逻辑的研究成果。基金会还奖励了逻辑学专业的优秀学生。虽然奖金有限，但我们还是要尽力推动逻辑学的研究工作。

王路：关键在于领导重视，特别是国家教委要规定现代逻辑为高校必修课。

张清宇：如果教委规定现代逻辑为高校必修课，则可以出面组织全国大学哲学系选派教师办现代逻辑进修班，我们可以为教委做培训工作。一两年一期。师资问题短期内就可以解决。

问

周先生，您一向提倡研究自然语言逻辑问题，您能不能就这方面谈一谈？

答

周礼全：自然语言逻辑（或自然逻辑）是近几十年来在现代逻辑、现代语言学和符号学（Semiotics）的基础上形成的一个非标准逻辑分支。目前还处于初创阶段。自然语言逻辑不仅关注语言表达认知内容的功能，而且也关注语言表达情感内容（态度、评价、意向等）的功能；不仅关注语言的表达功能，而且也关注语言的传达功能和交际功能。而哲学是应用自然语言做载体的，哲学（主要指形上学）所表达和传达的，并不总是纯粹的认知内容，也包括或隐含了感情的内容。由于自然语言逻辑的这种特殊性质以及它和哲学之间的特殊关系，我以为，哲学工作者应学习一下自然语言逻辑。它将会为我们理解哲学和进行哲学创造提供一个新的视角和一个新的锐利的工具。

（原载《哲学动态》1995年第12期）

学者近况

周礼全（1921.12—2008.6），中国著名逻辑学家和哲学家，中国社会科学院哲学研究所研究员、博士生导师。曾任中国社会科学院哲学研究所逻辑学研究室主任和所学术委员会主任、中国逻辑学会会长等。主要研究领域为哲学和逻辑学。著有《模态逻辑引论》《黑格尔的辩证逻辑》，主编《逻辑——正确思维和成功交际的理论》。

张家龙（1938.6—　），中国社会科学院哲学研究所研究员、博士生导师。曾任中国社会科学院哲学研究所逻辑学研究室主任、中国逻辑学会会长、国家社会科学基金哲学评审组成员。主要研究领域为现代逻辑、逻辑史和逻辑哲学。著有《数理逻辑发展史》《从现代逻辑观点看亚里士多德的逻辑理论》《逻辑史论》等。

张清宇（1944.4—2011.10），中国社会科学院哲学研究所研究员、博士生导师。曾任中国社会科学院哲学研究所逻辑学研究室主任。主要研究领域为哲学逻辑和逻辑哲学。著有《弗协调逻辑》、*A Weak Paraconsistent Conditional Logic*、《所有非Z_类的类的悖论》、《名辞逻辑》等。

刘培育（1940.4—　），中国社会科学院哲学研究所研究员、博士生导师，中国社会科学院老专家协会会长、金岳霖学术基金会副会长、玄奘研究中心副主任。曾任中国逻辑学会副会长兼中国逻辑史专业委员会主任。合著《形式逻辑原理》《先秦逻辑史》《中国古代科技文化及其现代启示》，主编《中国逻辑史》（第2卷）、《中国古代哲学精华》、《创新思维导论》、《金岳霖思想研究》、《金岳霖全集》。

王路（1955.2—　），清华大学人文学院哲学系教授、博士生导师、学术委员会委员。曾任中国社会科学院哲学研究所研究员、学术委员会副主任、逻辑研究室主任，中国社会科学院研究系列高级专业技术资格评审委员会委员，中国社会科学院研究生院教授、博士生导师，中国逻辑学会秘书长、副会长，中国逻辑学会现代逻辑专业委员会主任，北京市逻辑学会副会长。曾在德国明斯特大学、英国圣安德鲁斯大学、美国哈佛大学、法国巴黎第一大学、荷兰阿姆斯特丹大学、比利时卢汶大学、日本东京都立大学、韩国首尔大学学习或访问研究。主要研究领域是逻辑和形而上学。主要著作有：《亚里士多德的逻辑学说》《弗雷格思想研究》《逻辑的观念》《"是"与"真"——形而上学的基石》《逻辑基础》《逻辑与哲学》《寂寞求真》《逻辑方圆》《读不懂的西方哲学》《解读〈存在与时间〉》《语言与世界》《一"是"到底论》等。主要译著有：《弗雷格哲学论著选辑》《算术基础》《分析哲学的起源》《真与谓述》《真之追求》《逻辑大全》《第一原理》《经院辩证法》《亚里士多德》等。

关于社会哲学的对话

——访王锐生

由王锐生、陈荷清等著的《社会哲学导论》一书，已由人民出版社出版。它是中华社会科学研究基金会资助的研究项目。日前，记者就社会哲学研究的有关问题采访了该课题的负责人王锐生（现为中国社会科学院研究生院博士生导师、首都师范大学教授），现将访谈录发表如下，以飨读者。

问 由您牵头，以中国社会科学院哲学所历史唯物主义研究室成员为主体承担的《社会哲学导论》一书已出版。请问，这一成果有何特色？

答 20世纪80年代末，我曾担任中国社会科学院哲学所历史唯物主义研究室主任。那时，我与该室成员有一个共同心愿——把历史唯物主义研究扩展成为社会哲学研究。目前的这本书就是该项研究的初步成果。它的最主要特色就在于此。我用“扩展”这个词，正是要表明：社会哲学同历史唯物主义，对于我们来说，不是两种哲学。后者是前者的核心内容。《社会哲学导论》在以下几个方面超出了当前国内哲学教科书所阐述的历史唯物主义的内容。

第一，它力求拓宽研究的领域。

历史唯物主义本身给我们提供的只是以唯物主义方式解决社会历史问题的理论框架，而不是提供解决社会生活各个领域中社会问题的现成答案。把唯物史观的理论框架广泛应用于社会生活各个领域，是马克思主义社会哲学的任务。我们就是这样理解社会哲学的。读者从《社会哲学导论》各章的题目就可以看到，除了第二、三章（社会起源论、社会实践论）外，其余各章（社会系统论、社会价值论、社会交往论、社会认识论、社会整体论）都是以往国内的历史唯物主义研究较少触及的领域。这里所涉及的不是某个新概念、新范畴，而是一些相对独立的崭新研究领域。

第二，它在研究方法上力求与现代科学认识相一致。

读者在本书的各章中可以看到，作者不但重视运用各门学科所发现的最新资料（例如在“社会起源论”中运用了民族学所发现的大量原始部落的资料），而且注意用系统方法观察社会，因为现代科学所认识的社会有机体是一个包括自然事物和社会事物在内的高度复杂系统。作者把社会整体论当作自己的研究课题，也是基于这样一种认识：现代科学越来越证明，生命世界以其独特的整体性区别于非生命世界。而人类社会的整体性是在生物整体性的基础上形成和发展的。所以社会哲学应当把整体主义当作一种社会科学方法论来研究。总之，注意从现代科学认识中汲取新的方法，是社会哲学应当特别重视的。

第三，它注意通过对日益丰富的社会生活的概括和汲取其他哲学学派的一切理论成果来丰富社会哲学自身。

在这方面，我们认为，可以做的事情很多。比如说，马克思曾经给我们留下关于社会交往的重要论述。还有，当今西方社会科学中的交往理论同样是当代西方社会生活的概括。无视后者的存在，抹杀其理论成果的价值，是不对的。本书的“社会交往论”一章比较好地解决了这两者的关系，作者细心地发现了马克思对社会交往概念的理解与现代西方社会科学中的交往理论的某些融合之处，汲取还有其研究中的科学成果，以便从理论上丰富和发展马克思主义的社会哲学。

问

您所理解的社会哲学在哲学体系中占有什么样的地位？它同历史哲学、自然哲学的区别何在？

答

我认为，对于各种哲学派别来说，“社会哲学”这个词是中性的。霍布斯最早使用“社会哲学”一词。后来，恩格斯用“社会哲学”来称呼傅立叶的社会理论。当代西方马克思主义中的法兰克福学派也用“社会哲学”来称呼他们的“社会批判理论”。至于马克思主义的社会哲学的提法，可以追溯到普列汉诺夫。他曾经认为，《共产党宣言》是马克思恩格斯的“社会哲学”。由此可见，任何一种哲学学派都可以用社会哲学来表述该学派关于社会发展的观念。从实质上看，马克思恩格斯创立的唯物史观也就是他们代表的这一哲学学派特有的社会哲学。马克思主义的社会哲学同其他哲学学派的社会哲学的根本区别在于：前者是唯一一种把唯物主义在社会历史领域中贯彻到底的社会哲学。

如同历史唯物主义是与自然唯物主义相对应的，社会哲学是与自然哲学相对应的。社会哲学在哲学总体系中占有的地位是：它是在社会历史领域中贯彻这一总体系的哲学观。实践唯物主义是马克思主义社会哲学在社会历史领域所贯彻的哲学观。

社会哲学与历史哲学所探讨的都是追求自己目的的人的活动。当我们从历时态看人的活动时，呈现在我们思维中的是“历史领域”；如果我们考察的是现时态的人的活动，那么使用“社会领域”就比较恰当。假如撇开时态的不同，就区别于自然界的领域来说，“历史的”也就是“社会的”。例如恩格斯曾经说：“历史思想家（历史在这里只是政治的、法律的、哲学的、神学的——总之，一切属于社会而不仅仅属于自然界的领域的集合名词）……”在上述意义上，社会哲学与历史哲学——就其以揭示人的社会（历史）活动的规律为自己的任务来说，并无本质区别。能够把社会哲学与历史哲学区别开来的界限，无非是观察人们的实践活动的不同视角而已。比如说，《共产党宣言》是马克思恩格斯在19世纪中叶观察欧洲的资本主义和共产主义时所表达的一种社会哲学思想。而在今天的马克思主义哲学史研究者看来，《共产党宣言》所阐述的，又是一种历史哲学。

问

目前，在国内学术界，社会哲学这个概念已经为许多研究者所接受。问题在于，各人所理解的社会哲学的内涵远不是一致的。对此，您有何见解？

答

我认为，这种现象是正常的。没有必要强求一致。且不说不同哲学派别所理解的社会哲学有天壤之别，即使在同一哲学派别之内，各个人对社会哲学的理解也有很大差异。近年来，有的“社会哲学”论著，其内容只不过是原有的历史唯物主义概念、范畴和规律的重新排列组合。另外，有的学者把“社会哲学课题”理解为论述中国社会转型时期的哲学问题。这自然比把原有范畴、规律作重新排列组合高明得多，但我认为，这种理解并没有赋予社会哲学以它在当代哲学发展中应有的地位。

我们知道，社会发展的研究，特别是对有中国特色的社会发展的研究，是近年来理论研究的一个热点。这种研究可以相对地划分为三个理论层次：社会哲学研究的层次，理论社会学（元社会学）研究的层次，具体社会问题的实证研究层次。上述关于中国社会转型时期的哲学问题研究可以纳入第一个层次。但这并不能涵盖社会哲学层次的全部。我以为，近代哲学发展史表明，康德哲学不仅使近代哲学主题由本体论向认识论转变，而且首先开启了近代哲学主题由认识论向历史观的转变。我们今天的任务则是重视近代哲学的这一发展趋势，通过马克思主义社会哲学的理论形式，全面地丰富和发展马克思恩格斯所开创的社会历史观。社会哲学研究当然包括现实问题的哲学研究，但不能把马克思主义社会哲学仅仅理解为把唯物历史观运用于解决某一些具体社会问题。社会哲学研究的意义首先是：在总结当代社会现实和概括各门科学最新发展成果的基础上，发展理论本身。就社会哲学理论来说，有许多理论问题是马克思恩格斯仅仅触及（例如社会时间与社会空间）而没有形成系统理论的；有许多理论问题是当代现实生活提了出来（如信息时代的世界一体化以及与此相联系的一系列全球性问题，特别是全球经济的哲学问题等），而经典的马克思主义社会哲学由于种种原因并没有把它们纳入自己的考察范围的。总之，我所理解的社会哲学首先是对构成它的核心的唯物史观的丰富和发展，而不是仅仅把唯物史观应用于社会实际问题的解决。

问

您认为《社会哲学导论》仅仅是走出了第一步，那么进一步的研究是什么呢?

答

首先是继续拓宽研究的领域。目前可以开展研究的新领域还有不少，比如社会公平、社会选择、社会文化、社会传统、社会习惯等。光是在其中某一个领域中作出可观的成绩，可能就要耗掉一个人的大半生时间。因此我以为，与其把有限精力耗费在社会哲学“体系”的构造上，不如在拓宽研究领域，深入探讨问题上下功夫。

其次是开展社会哲学思想史的研究。了解马克思以前的社会哲学思想，可以使我们更深刻地理解马克思所实现的哲学革命的历史必然性，也可以由此更好地把握马克思主义社会哲学往后进一步发展的前景。

（原载《哲学动态》1996年第1期）

跟踪科学前沿的哲学探索

——访林夏水

学者简介

林夏水，1938年生，福建安溪人。时任中国社会科学院哲学研究所研究员、科学技术哲学研究室主任，中国自然辩证法研究会理事兼数学哲学专业委员会副主任。

问

“科学前沿与哲学”是中华社会科学研究基金会“七五”规划重点课题。它完成后又作为国家新闻出版署“八五”国家重点图书选题“当代哲学前沿问题研究丛书”之一，由中共中央党校出版社于1993年出版。此书出版后得到学术界的好评。您作为该书的副主编，请您谈谈申请此课题的动机和目的是什么，完成此课题有何意义。

答

科学技术哲学是以科学技术为研究对象的，或者说是研究科学技术中的哲学问题的。因此，深入研究各门科学技术的具体哲学问题，特别是科学技术前沿的哲学问题，是本学科的重要内容，或者说是本学科的基础研究。所以，我们室历来特别重视研究各门科学技术的哲学问题，形成一些专门化研究方向（如数学哲学、物理学哲学、生物学哲学、医学哲学、生态学哲学、人工智能哲学等），并取得了大量成果，在学术界产生了一定影响。为了把每一个专门化方向的研究成果特别是其前沿哲学问题的研究成果集中起来，我们认为有必要申请“七五”中华社会科学基金项目“科学前沿与哲学”，以反映当代科学技术最新发展所提出的哲学问题及我们的研究成果。这就是当时申请本课题的动机和目的。

恩格斯说过，“随着自然科学领域中每一个划时代的发现，唯物主义也必然要改变自己的形式。”20世纪以来，科学技术的迅速发展为哲学提供了大量新材料，提出许多新问题，甚至是挑战性的问题。作为马克思主义的科学技术哲学工作者责无旁贷，应该进行深入研究，作出新的哲学概括，回答新问题，以丰富和发展马克思主义哲学。可以说，这就是完成本课题的理论意义。就现实意义来说，一方面，哲学是社会科学和自然科学的总结与概括，而中国哲学工作者大多缺乏自然科学专门知识，即使掌握某一门自然科学，也很难深入到各门自然科学，特别是科学的前沿。另一方面，哲学教科书的内容往往落后于科学技术哲学的研究状况，需要一部反映当代科学技术前沿的哲学问题及其研究成果的补充读物或参考书。我们希望本书的出版能够在这两方面起到一点作用。但限于我们的水平，不可避免地会有缺陷甚至是错误，希望读者批评、指正。

问 请谈一谈本书有些什么特点。

答 我想本书大致有三个特点：系统性、新颖性和客观性。先说系统性。本书的每一章节都是由个人完成的。为了避免变成一本论文集，我们反复讨论全书的框架以及各章的提纲，然后才分头执笔。所以它又是集体的创作。就本书框架来说，细心的读者会发现，本书的构架贯穿一条线索：从数学和无机自然界到有机自然界，然后过渡到人工智能，最后是科学技术的伦理、价值的问题。由这条线索组成一个比较完整系统的知识体系。

所谓新颖性是指反映当代科学技术前沿的新情况、新问题和新成果、新观点，特别是我们自己研究的新成果。例如：

第一章是关于现代数学研究对象是什么的问题，作者依据数学研究对象的历史演变，从抽象性的角度，提出并论证了数学对象（量）具有层次性的观点，说明现代数学的研究对象是结构；回答了量与结构的关系问题，即结构只是量的一个层次。数学对象进入新的抽象层次后，随之而来的是它的客观性问题，并成为柏拉图主义与形式主义争论的焦点。本书认为：数学对象就其反映现实的内容来说，它是存在的、客观的；但就其经过人脑加工制作而言，其表现形式又是主观的。但对具体数学对象又必须作具体分析，有的数学对象的存在性和客观性只具有相对的意义，或是一种逻辑上的可能性，有待于证实，才能由可能性转化为现实性。

第二章着重探讨了相对论和量子力学的创立如何改变人们的世界图景。相对论的建立变革了人们的自然观：以原子为世界最小基石的物质观，已为场的物质实在性所代替；绝对的时空观为四维的时—空—物质统一观所否定；机械决定论的因果观为统计的、相互作用的因果观所代替。在探讨量子力学的哲学意义中着重分析量子概念体系中的实在观特征，指出量子论的实在论是由四个基本概念组成的：以不可分割的跃迁观念代替轨迹的实在观，以统计因果观代替精确决定的因果观，实在的潜在可能性，分离的客体让位于不可分割的整体。

第三章评价了量子关联的几种整体论诠释，说明量子关联的实验结果所显示的宇宙本体论的若干新特征：世界是一个不可分割的整体，“可分离性原则”和“定域性原则”已遭到破坏；世界是一个互相联系的网络，相互关联和相互作用是世界整体的存在方式；关联着的各部分处于不断转化之中。最后，本章指出，物质世界的物理结构是多层次的，不同层次有各自起作用的规律，那么适用于某一层次的规律，是否带有普适性？这是需要进一步研究的课题。

第四章探讨了由现代宇宙学的发展重新引起的有限、无限、有限无界的争论。作者指出，康德对宇宙有限与无限的二律背反问题的论证并不完备，二律背反问题可以分别从时间上和空间上来考察。时间上的二律背反涉及认识论和本体论问题，而空间上的二律背反涉及自然观问题。本书认为，由于人的时间性存在，时间上的二律背反问题无法最终消除，但空间上的二律背反却是可以消解的。因为当代物理学已经创立一个概念框架，即以广义相对论为基础的内禀、弯曲空间概念，使得消除空间上的二律背反成为可能。

第五章通过考察自组织理论中必然性与偶然性的复杂关系，获得一些新的观点：在自组织系统的演变过程中，偶然性自身可以转化为一种必然性、一种严格的确定性，但这种转化本身仍然具有自身的偶然性，即受到一种统计规律的必然性的约束；当自组织系统呈现向混沌转化之后，从严格意义上的必然性中又产生一种偶然性，但这种偶然性又关联到一种必然性，即由普适常数确定的必然性；在比较复杂的自组织过程中，即在超循环和生命系统的催化网络中，极大的偶然性转化为很强的必然性，在一连串的偶然事件中贯穿着一种必然性。

第七章立足于脑科学的新进展，提出并论证了两个基本命题：人的认识是人脑对外部世界的信息选择、加工、整合与重建的结果；观念依存于以信息为中介的脑与实在之间的相互作用。选择有多种层次；抽象随加工层次的上升而递增，即使同是大脑皮层的信息加工，由于操作的编码不同，抽象层次也有别。与传统的认识论只着眼于主客体关系的考察相反，该章以信息三角关系表示实在、脑与观念之间的相互作用。这种作用之所以可能，在于其以信息为中介，并在此基础上考察了认识论基本问题的确切含义。

第八章基于认知心理学的成果，通过分析心理的功能结构，认为：计算心理（包括从感知、记忆、思维到作出决定、解决问题及推理等）的输入系统、输出系统和中心加工系统都是组合性的。在意识与计算心理的关系上，通过详细考察杰肯道夫新近提出的关于意识的“中间水平理论”及其应用，并以神经病理学材料为依据，说明该理论的合理性，肯定了人脑与心理都具有相当程度的组合性。构成这种组合性组件的操作是不受意愿控制的，意愿也不能完全跟踪这些操作的过程和内容。

第九章考察了认知科学的产生和发展，分析了经典还原主义和经典认知科学说明纲领的局限性，探讨了认知科学从经典认知主义到联结主义的转变及其哲学意义。在认知科学历史的逻辑重建中，展示了人类与认知有关的各学科之间的确切联系，强调心灵、认知本质的揭示，认为采取多途径、多层次的共同协作是必要的。作者提出一个心灵结构假说：没有符号“指导”的认知过程是盲目的，没有亚符号“支持”的认知过程是空洞的。这一假说对建立统一的认知科学具有启发意义。它既维护了心理学的自主性，也表明当代科学理解心理现象是如何可能的。

第十一章主要探讨人工智能及其社会后果。本书通过考察计算机革命与机器人革命认为，迄今为止的电子计算机，本质上都是属于冯·诺依曼计算机，只能算作第一代计算机，以知识智能机为代表的将是第二代计算机，其后的各代将是：神经智能机、生物智能机、辩证智能机……机器人方面的革命也与此类似。这两种革命的汇合，将产生新一代生产力的基本形式：人—机智能系统。它的两个基本要素是高智力与智能机。这种新生产力将引起社会的伟大变革，开创人类后文明史，形成智能社会。如果把人类社会的原始工具作为第一代生产力（与之对应的是采集社会），简单工具则是第二代生产力（与之对应的是农业社会），复杂机器是第三代生产力（与之对应的是工业社会），那么，第四代生产力的代表将是智能机（与之对应的是智能社会）。本书还认为，当前流行的所谓“信息社会”，它并非是一种独立的社会形态，而只是工业社会转向智能社会的一个过渡阶段。

关于客观性的特点，这有两方面的含义：一是我们的分析、研究是从客观实际出发的。记得列宁曾经讲过，辩证法不是实例的总和。这就是说，我们只有从客观实际存在的事物出发，进行深入分析，才能揭示存在于其中的辩证法，避免把主观认识强加给客观事物。因此，我们本着实事求是、追求真理的精神，从当代科学技术发展中提出的问题出发，以辩证唯物主义的观点，深入分析客观事物，然后得出我们的观点；对于形成观点尚不成熟的，我们把问题摆出来，介绍当前研究的进展，以便引起理论界的重视和他人研究的借鉴。当然，这只是我们的主观努力。事实上，限于我们的能力和水平，有些观点可能不成熟、不全面，甚至是错误的。希望读者批评、指正。客观性的另一个含义是，当我们评论他人的观点时，必须客观地介绍其论点和论据，不作断章取义，更不是简单否定，而是分析其中错误所在。

问　科学与价值的关系问题，是国内外学术界普遍关注的一个重大问题。本书是怎样看待和处理这个问题的？

答　20世纪中叶以来，科学技术的迅速发展，显示了人类改造自然界的巨大能力，使得人们逐渐认识到科学技术是第一生产力，同时也看到了科学技术的发展带来的负面影响（如核威胁、大气污染、生态失衡以及生物、医学的发展所产生的伦理道德等问题）。由此产生两种对立的科学价值观：唯科学的技术决定论与反科学的悲观论。因此，为了使科学技术更好地造福人类，就必须考虑科学的价值问题。在这个问题上，我们的研究刚刚起步，本书只就当代提出的和本室研究所及的一些具体问题作一些探讨和介绍。例如：

第十二章探讨了环境污染、生态危机的根源和解决办法。作者认为，造成环境污染和生态危机，是因为在人统治自然界的思想指导下，把自然界当作可以任意索取的仓库和任意排放的垃圾场；同时，传统经济学不把自然资源看成经济资产，不承认其经济价值，听任自然资源被无偿使用。因此本书认为，要解决环境污染和生态危机问题，必须在人与自然的关系上改变价值观，即从人统治自然的价值观转变为人与自然和谐发展的价值观；同时，应该承认自然界的经济价值。自然界的价值是自然界物质生产过程创造的价值，应当通过自然资源的经济评价，对其实行有偿使用的经济政策。作者在人—自然系统整体观下，探讨了自然界的经济价值、生态价值、美学价值和道德价值，力求为自然资源的利用、开发和保护提供科学依据。

第十三章考察了遗传学、基因工程所形成的巨大生产力，以致人们可以对生物品种进行改造，同时也提出一系列社会伦理道德问题。比如，生育权、血缘关系以及无性繁殖的道德问题等。本书强调新技术可以为善也可以为恶，我们应该兴利除弊；同时强调建立社会监督机制的必要性，以防新技术被用于作恶。

第十四章考察了医学和生殖技术的发展所带来的对生、死概念的冲击，以及随之而来的法律、道德问题。还介绍了西方学者对这些问题的哲学反思，其主要代表观点是以卡斯为代表的强调自然的标准和价值观，以恩加尔哈特为代表的价值判断和价值协商原则。

第十五章评价了两种对立的科学价值观：唯科学主义的技术

决定论与反科学的悲观论。作者着重指出，考察科学的社会价值时不能离开社会，不能离开社会的具体发展阶段。

问 此书出版两年多来，又出现了哪些科学前沿的哲学问题？

答 本书作为课题立项是在“七五”中期，即1987年。近十年来，科学技术的迅速发展继续向哲学提出一些新问题。这可以分为各门科学技术提出的具体问题和带普遍性的问题。具体问题如，混沌、分形、孤立波以及研究它们的共性问题的非线性科学的哲学问题，信息高速公路的哲学问题等。通信技术与计算机的结合，出现互联网络和信息高速公路。它可以使人们及时掌握全球的最新信息和实现信息资源共享，促进经济、文化的交流和发展，但它又涉及伦理道德和不同文化传统的冲突和融合问题。这里既有技术问题又有社会问题。研究其中的社会问题正是哲学工作者的任务。带普遍性的问题如科学技术与社会、自然哲学等问题。我在讲到科学的价值时说过，20世纪中叶以来，科学技术的迅速发展显示了它的双重效应，因此，为了更好地发展科学技术，造福人类，就必须研究科学的价值问题。这是问题的一面。问题的另一面是，我们应该从更高层面上、从总体上研究科学技术与社会的关系以及协调发展的动力学机制，研究科技发展战略和政策等问题。所以，20世纪70年代初，在美国出现一门新兴的学科——科学技术与社会（简称STS）。近年来，中国也开始着手研究。1993年，我们所成立“STS研究中心”。1994年，中国成立“中国STS研究会筹委会”。高科技发展的负面影响，迫使人们重新认识人与自然的关系。在这一理论反思的过程中，将形成新的自然观，所以自然哲学是一个值得研究的新方向。

问 对于今后拓展、深化此课题有何设想？

答 我刚才讲到，科学技术发展提出的哲学问题可以分为两类：具体问题和普遍性问题。我们完成“科学前沿与哲学”课题后，大家又根据学科的发展和自己的具体情况，分别对这两类问题进行研究。我们正在研究的课题有：生育健康与伦理学、生命伦理学、心智哲学、信息高速公路的社会意义、物理实在论，现代科学技术与自然观的发展、当代中国STS发展的特色、重建自然哲学等。这些研究应该看作是对原来课题的拓展和深化。当前，非线性科学的发展提出诸如自然观、必然与偶然、有序与无序以及方法论等一些新情况和新问题。在这些方面，什么时候形成集体成果，这取决于我们研究的成熟程度。

（原载《哲学动态》1996年第3期）

学者近况

林夏水（1938.7— ），1964年本科毕业于福州大学数学系，被分配到中国科学院哲学研究所自然辩证法研究室从事数学哲学研究，后涉足非线性科学哲学问题。曾任中国社会科学院哲学研究所科学技术哲学室主任、研究员、博士生导师，中国自然辩证法研究会数学哲学委员会主任及其下属数学方法论研究交流中心主任。享受国务院政府特殊津贴。主要著作有：《数学的对象与性质》（1994）、《分形的哲学漫步》（合著，1999，国家社科基金项目成果）、《数学哲学》（2003）、《非线性科学与决定论自然观变革》（2013，国家社科基金后期资助项目成果）、《数学与哲学——林夏水文选》（2015，中国社会科学院老年科研基金资助）、《科学前沿与哲学》（副主编，1993，国家哲学社会科学“七五”规划重点课题兼国家“八五”重点图书选题）、《新自然观》（主编之一，1998，国家社科基金项目成果）。在《哲学研究》《理论视野》等期刊发表的重要论文有：《论量的层次性》《实践检验的两种功能》《论数学的本质》《非线性科学与决定论自然观的变革》。

关于人·文化·实践唯物主义

——访陈先达

学者简介

陈先达，1930年生。江西波阳人。1953年毕业于复旦大学历史系，1956年毕业于中国人民大学马克思主义研究班哲学分班，毕业后留哲学系任教。时任中国人民大学哲学系主任、国务院学位委员会学科评议组哲学组成员。代表性专著有：《走向历史的深处》《陈先达文集》，合著有：《马克思早期思想研究》《被肢解的马克思》《马克思恩格斯思想史》《马克思恩格斯哲学思想总览》等。

问 我读过您的一些文章，发现您对人、文化、实践唯物主义都有一些不同的看法，能否谈谈？

答 你提的这些问题，都是当前哲学中的难点和热点，分歧很大。我的看法不一定对。只要发现错误，我一定改正。我一直认为，哲学研究应当求真，而不能仅仅求新。新与旧并不是正确与错误的界线，可以有古老的真理，也可以有最新的谬误。

问 请您先讲讲哲学与人的问题。您认为马克思主义哲学应不应该研究人，应不应该提倡尊重人、关心人、爱护人？

答 我认为人和人本主义是两个不同的问题。尊重人、关心人、爱护人不等于人本主义；反之，批评人本主义的哲学错误，并不是主张不要尊重人、关心人、爱护人。应该把作为研究对象的人同作为哲学的人本主义区别开来。人并不是人本主义的专利品。围绕人存在各种不同的哲学观点。按照王国维先生关于哲学的分类，人本主义应该属于“可爱而不可信”一类。正因为它“可爱”，使人感到“温暖”，因而往往使人忽略它的理论上的非科学性和实践上的不可行性。

马克思主义批判抽象人本主义，但并不忽视对人的问题的研究。和抽象人本主义不同，马克思主义关于人的学说，可以说既可爱又可信。马克思主义代表占人口绝大多数的劳动者的根本利益，包含着对人的自由、人的全面发展和人类彻底解放的追求。马克思主义不仅可爱而且可信，因为马克思主义关于人的全面发展、关于人类彻底解放的学说，不是建立在抽象的人性基础上，而是以客观的规律为依据。

抽象人本主义的信奉者们以尊重人标榜自己，攻击马克思主义是见物不见人，是重物轻人的物本主义。这当然是望文生义的解释。辩证唯物主义和历史唯物主义的确是“唯物”。但唯物不是重视物不重视人，而是就解决存在和思维关系的哲学路线而说的，是和唯心相对立，而不是与唯人相对立。马克思主义在世界观上坚持实践的、辩证的历史唯物主义路线，而在价值观上重视人和人的价值，认为“世间一切事物中，人是第一个可宝贵的”。这两者并不矛盾而是统一的。马克思主义的价值观是以科学世界观为依据的。

问　您对哲学应以人为中心有什么看法？

答　我不同意这种说法。第一，就研究对象而言，不能说哲学的对象只是人，哲学就是人学。毫无疑问，人学是哲学，但不能说哲学就是人学。《道德经》说：“域中有四大，而人居其一焉。”马克思说：“人不是抽象的栖息在世界以外的东西。人就是人的世界，就是国家、社会。”人既然生活在世界上，就应该对其生存的世界有个看法；既然生活在社会中，就应该对生活于其中的社会有个看法。因此不可能从哲学中排除世界观、自然观、历史观而只剩下“人观”。

人们直观中看到的人都是个体，而人只有在与自然和社会的关系中才是一个整体。就人与自然关系而言，人是自然存在物，人作为类存在物，表现了人的自然本性的同一性；就人与社会的关系而言，人是社会存在物，表现为以生产关系为中介的社会整体。人的自然性和社会性是统一的、不可分的。离开了自然、社会，就无法理解人。片面强调哲学是人学，应以人为中心，实际上是以个体为中心，以自我为中心；面对人，就是面对个人，面对自我，面对自我的内心苦闷、焦虑、忧郁。这走的完全是历史上以及当代西方形形色色的抽象人本主义的道路。历史和现实证明，对于哲学而言，这并不是一条通向真理的道路。

第二，就人与自然、人与社会的关系而言，也不能说人是哲学的中心。认为人自身蕴涵着自然和社会的奥秘，一切都可以从人和人自身得到解释，是重复唯心主义拟人观和天人合一观点中的神秘主义因素。

其实，自然界自身的奥秘、它的规律并不能从人身上得到解释。人当然要按照自己的目的、需要来改造自然，使自然打上人的烙印，但人要在改造自然中实现自己的目的和要求，必须遵循自然规律，服从自然规律。所以人与自然的关系是双向制约的关系，而不是单向的、片面的关系。自然主义和唯心主义都是错误的。

就人与社会的关系而言也是如此。社会是人的活动产物，可社会又制约人、产生人。“人们自己创造自己的历史，但是他们并不是随心所欲地创造，并不是在他们自己选定的条件下创造，而是在直接碰到的、既定的、从过去承接下来的条件下创造。”所以人既是剧作者又是演员。人与社会的关系也是双向的、互动的关系。

所以我不赞成哲学就是人学，人是哲学中心的观点，而主张唯物辩证地理解人在世界中（包括人在自然、在社会中）的地位以及正确处理人与世界的关系。

哲学不是人学，但人学是哲学。当代人们越来越注重对人的问题的研究。可我认为没有抽象的人，因而不存在以抽象的人为对象的人学。实际上所谓的人学，并不是也不可能是超出哲学范围之外的独立形态，而是哲学研究的一个重点问题、重点领域或范围。在当代对人的问题的研究中，存在着不同的哲学路线。

问　现在请您谈谈对文化本质的看法及其与人的问题的关系。

答　我是按照唯物史观来理解文化的本质的。

文化就是人化，这是国内相当流行的一种关于文化本质的看法。从人的角度考察文化，把人与文化结合起来，原则上是正确的。文化是人创造的，而人又是文化的产物，把人与文化割裂开来，既不能正确理解文化也不能正确理解人。可如果我们仅仅在人—文化的两极结构中思维，脱离人与文化借以存在的社会，往往陷入循环论证的怪圈：用人来解释文化，又用文化来解释人。

文化是人类社会特有的，是自然物与社会存在的分界线。但不能说文化是人的本质的展示和显现，因为人并没有永恒不变的抽象本质。人在展示自己的精神世界，展示自己的创造力，展示自己的价值观念和审美观念之前，必须获得这些。为了从内到外，必须从外到内。因此在考察人与文化的关系时不应以人的抽象本质为中介，而应充分考虑到人的社会性和实践性。离开这个基点，把文化回归为人的本质，回归为人的自我意识合理性，不可能说明人的精神活动的社会制约性和文化延续性，因而对人与文化相互关系的理解难以突破抽象人本主义的樊篱。

我以为要正确理解文化的本质，科学地、历史地把握人与文化的关系，应该摆脱大文化观即把人的一切创造物都称为文化的观点的束缚，把文化看成是由知识、信仰、哲学、法律、道德、艺术、风俗习惯等组成的观念形态。文化当然是人创造的，但它是处于一定社会形态中的人，直接或间接、自觉或自发地为适应和改造自己生存的环境（自然环境和社会环境）而进行的精神生产的产物。

问

如果文化是观念形态，那么如何解释文明可以区分为物质文明和精神文明呢？

答

在这里，关键是文化和文明的区别。这两者可以交叉和部分重叠，但不等同。文明是标志社会进步的范畴。物质文明是以生产工具和物质产品表明社会进步的程度。由于衡量社会进步的标志是多方面的，所以文明区分为物质和精神两个方面。文化则不同。文化是表示社会形态结构的概念，它从精神生产的角度表明社会的构成和层面。如果将文化泛化，把人类所创造的一切都称为文化，势必混淆物质生产和精神生产的界限，使整个社会结构模糊不清，难以分辨。

或许有人说，文化不限于观念，它有其物质表现，例如故宫的建筑、苏州的园林、龙门的石窟、普陀的庙宇、王羲之的书法、齐白石的绘画。的确如此。文化不是完全存在于人的头脑之中的，它有物质载体。这种载体不仅是语言、文字符号系统，而且表现为实物。但实物之所以表现文化不在于实物自身，而在于它所表现的文化观念。建筑的文化价值不在于砖头瓦块、钢材木料，而在于它的风格；书法的文化价值不在于文房四宝，而在于透过文字所表现的风骨和神韵。离开了作为观念形态的文化，所有的实物无非是僵死的材料，并不具有文化价值。这种看法不同于大文化观。因为在这里，物质仅限于文化观念的载体或外部表现，而不是泛指社会物质生产方式和人类的一切物质活动。人类社会的经济关系不属于文化范畴，而是作为观念形态的文化借以产生的经济结构。

问

我们要坚持马克思主义的指导地位，又提倡弘扬中国传统文化，这两者是不是对立的，关系怎样摆？

答

又要坚持马克思主义，又要弘扬中国传统文化，似乎两者如冰炭同炉，不可得兼。这种看法的一个理论误区，是把马克思主义和中国传统文化的关系看成是两种文化即外来文化和本土文化的关系。其实，马克思主义和中国传统文化是属于不同范围的问题，各有其不同的地位和作用。马克思主义同中国实际相结合，就包含着同中国的经济、政治和文化状况相结合。中国传统文化是中国马克思主义分析中国实际的一个很重要方面，也是必须与之结合的一个重要方面。但这种结合不是两种文化的结合，而是运用马克思主义的科学理论和方法，对中国传统文化进行批判继承。一个是指导思想，一个是具体的文化形态。中国革命者接受马克思主义，并不是作为一种文化，而是像毛泽东指出的那样，把它作为“科学的宇宙观和社会革命理论”，“作为观察国家命运的工具”。对于中国而言，马克思主义不是简单的外来文化，而是立国之本。

当然，马克思和恩格斯是德国人，他们有自己的文化传统，他们的思维方式、语言风格都具有德国人的特色，材料的运用也受到时代和地区的局限。但不能说马克思主义是德国文化，更不能因为中国人接受马克思主义是通过俄国人的中介，是十月革命一声炮响送来的，从而说马克思列宁主义是俄国文化。

马克思列宁主义的科学体系是“放之四海而皆准的普遍真理”。辩证唯物主义和历史唯物主义揭示的自然、社会和人类思维发展的普遍规律，马克思主义经济学揭示的资本主义生产方式的本质和剩余价值规律，科学社会主义揭示的人类最终要消灭私有制、消灭剥削，由阶级社会过渡到无阶级社会的规律，都是科学真理，而不是哪一个民族的文化。

马克思列宁主义是我们的立国之本，是指导思想。民主革命时期、社会主义革命时期以及在当前建设有中国特色的社会主义的伟大实践中始终如此。邓小平同志正是在把马克思列宁主义与当代实际相结合中提出了建设有中国特色的社会主义理论，他明确地宣布：“我是个马克思主义者。我一直遵循马克思主义的基本原则。”

问

最后我还想问个问题：您对当前国内实践唯物主义与辩证唯物主义之争的看法有无改变？

答

我曾在《哲学动态》1988年第12期发表过一篇文章：《关于实践唯物主义的几点想法》。事隔多年，我读过一些阐述实践唯物主义的文章，受益颇多。但我的基本看法没有改变。

我并不一般反对把马克思主义哲学称为实践唯物主义。马克思恩格斯对自己创建中的哲学用过多种名称：科学的唯物主义、现代唯物主义、新唯物主义、实践的唯物主义、共产主义的唯物主义以及辩证的自然观和唯物主义历史观，等等。我也很赞同结合当代科技发展深入研究实践的本质，以及实践在辩证唯物主义世界观、认识论、历史观中的作用，以便进一步推进马克思主义哲学。对如何改进原有的辩证唯物主义和历史唯物主义体系的探讨是必要的、有益的。但我一贯反对在恢复实践唯物主义的名义下制造马克思与恩格斯的对立，排斥、摈弃辩证唯物主义和历史唯物主义基本原理。争论的关键不是名称，没有一个名称是完美的，能充分表现某一种理论的全部观点，而只是相对的；关键是坚持什么样的哲学观点。根本改变或抛弃马克思主义哲学的基本观点，无论怎样称呼，都只能是名存实亡。

我不同意某些实践唯物主义的主张。我认为以下观点是值得商榷的：

第一，在世界观上用实践本体论取代物质本体论。把唯物主义的原则，作为可以存而不论、无关紧要的甚至是形而上学来排斥，这表明这种实践唯物主义是置身于唯物主义派别之外的。

第二，在自然观上用人化自然取代整个自然；而又认为人化自然就是社会，用社会吞并自然，宣称自然只是社会范畴，否定自然辩证法，只承认人学辩证法、社会辩证法，或者叫作主客体的辩证法。

第三，在认识论上用重构论取代辩证唯物主义的能动的反映论，以新的形式重复康德的观点。

第四，在历史观上用主体选择论取代历史规律论，否认历史规律的客观性。

马克思主义哲学一贯重视实践的作用，但从来没有因此而否认世界的客观性和自然界的优先地位。实践的作用是改造世界，而不是从虚无中创造出一个世界。人类化的自然界是无限世界中的有限世界，它随着人类实践的深化而不断扩展，但任何时候都留下一个人类尚未实践的世界，它的存在为人类实践和认识的扩展与深化提供了无限的可能性。我们不能把自在之物和为我之物、未知世界和已知世界割裂开来，不能把尚未认识的客观世界排斥在马克思主义哲学视野之外。我以为不能把马克思主义哲学说成是以人为中心，以实践为半径，在无限世界中画出一个小小圆圈即人化自然的哲学，其实马克思在《1844年经济学哲学手稿》中说的“被抽象地孤立地理解的、被固定为与人分离的自然界，对人说来也是无”，是针对黑格尔说的。因为在黑格尔那里主体是绝对观念，而不是现实的人。因此黑格尔的自然界是绝对观念的外化，是与人分离的，因此是“无”。至于在《德意志意识形态》中，把实践说成是“现存感性世界的深刻基础”，是针对费尔巴哈的直观唯物主义说的。因为费尔巴哈根本不知道他直观中所见到的世界并不是永远如此的，而是在实践中形成的。马克思并没有否定在实践范围之外的世界的客观性，相反他强调了“自然界的优先地位”。把暂未进入实践范围之内的世界称之为无，把承认人的实践范围尚未到达的世界仍然是物质世界称为“拜物教”，把自然界在人类之前存在这一事实说成毫无哲学意义，我以为是不正确的，因为它违背常识、违背实践历史，也摒弃了唯物主义的共同原则。

辩证唯物主义和实践唯物主义之争，仍在继续。这并不奇怪。从20世纪20年代卢卡奇开始，经过西方马克思主义某些学者到南斯拉夫“实践派”以及东欧的新马克思主义者，这争论已存在了半个多世纪以上，看起来还会争论下去。这并不坏。这有利于推进我们对马克思主义哲学的认识和探讨。

（原载《哲学动态》1996年第4期）

学者近况

陈先达（1930.12— ），中共党员。中国人民大学一级岗位教授。当代著名马克思主义哲学家、教育家，新中国培养的第一批马克思主义理论家的代表人物。享受国务院政府特殊津贴。曾任中国人民大学哲学系主任、第三届国务院学位委员会学科评议组哲学组成员、全国哲学社会科学规划哲学组组长、北京市哲学学会会长、中国历史唯物主义学会会长。现任中国人民大学学术委员会主任，兼任教育部社会科学委员会委员兼哲学学部召集人、中国历史唯物主义学会名誉会长、北京市社科联顾问等。著有《陈先达文集》（14卷本）、《马克思主义和中国传统文化》、《文化自信的传统与当代》、《可信可爱的哲学》、《马克思主义十五讲》、《马克思主义信仰十讲》、《哲学与人生》等。曾获全国“五个一工程”奖、教育部优秀著作奖、北京市哲学社会科学特等奖、中国人民大学吴玉章著作奖、中国人民大学吴玉章人文社会科学终身成就奖等多种奖项。

史论结合　反思前进

——访朱德生

学者简介

朱德生，1931年生于江苏武进。1951年入南京大学哲学系，1952年随全国院系调整并入北京大学，1953年入北京大学哲学系研究生班，1956年毕业后留系任教，曾任系主任等职。时任北京大学哲学系教授，中华全国外国哲学史学会会长。主要学术观点散见于论文，如《形而上学的召唤》《为我关系浅议》《唯物辩证法是改变世界的方法》等。专著有：《实践、异化与人性》、《西方哲学名著菁华》（主编），合著有：《欧洲哲学史》《简明欧洲哲学史》《欧洲认识论史纲》等。

问

您读研究生时的专业不是马克思主义哲学吗，为什么后来改攻西方哲学史了呢？

答

是的。我当研究生时的专业是马克思主义哲学。当时也不可能有别的专业。1952年夏，全国的哲学系虽然都并到了北大，但专业建设还刚刚开始。1953年下半年成立北大研究生班时，本科的基础课还没有开齐，如西方哲学史还没有开设。所以，这届研究生也是1949年以后北大哲学系的第一届研究生。

1956年夏毕业时，我之所以选择了西方哲学史作为工作专业，是因为我觉得当时的马克思主义哲学的教学与科研太教条化、太政治化了，按此实在不可能有任何独立的科研可言。但是，我对马克思主义哲学又学出了一点兴趣，不愿放弃。所以，选择了与之比较接近的西方哲学史作为新的学习途径。

严格说来，当时，我没有条件以此作为工作专业。因为，我读本科时系里还没有开这门课。研究生时，虽然听了导师格·萨布什尼柯夫讲授的哲学史课程，但也是听听而已，既没有记笔记，也没有看书。要以此为工作专业，一切都得从头学起。有两段时间是我学习西方古典哲学的黄金时代。一是1961年6月到1964年初，我受命到中央党校参加全国高校统编教材的编写，并协助主编任华教授工作，有机会念了一批书。当时国内是经济困难时期，但是住在中央党校的编写组成员的生活是有充分保证的，能安下心来钻研自己的业务。二是70年代，为了教学的需要，先是受命负责组织《马克思主义哲学史》的编写，不久又参加《欧洲哲学史》的编写（此稿后由商务印书馆出版）。此时的学术气氛虽然没有60年代前期那样自由了，但在起稿过程中，还是重读和新读了一批书。所以，我很怀念这两段时间。

问

“文革”后，您发表的学术论文，似乎偏重于原理方面，是不是又回过头来专攻原理了呢？

答

并不完全是这样。就认识来说，是有一个变化。1956年夏，我决定攻西方哲学史时，曾认为一般的学者实在没有条件去研究马克思主义哲学，它只能是政治领袖的专利。但是，经过了所谓“文化大革命”，特别是其中的所谓“批儒评法”，使我清楚地看到，古典哲学也可以被歪曲来为特殊的政治目的服务；显然基本原理还是最根本的。基本理论搞不好，哲学史也不可能搞好，甚至社会也安定不了。因为不管从什么角度去研究历史，其最终目的都不是为了死人，而是为了活人；不是为了昨天，而是为了今天。例如，考证、校勘等，似乎目的仅在于弄清历史的本来面目。但是，所谓弄清楚历史的本来面目，不就是为了弄清楚历史过程的来龙去脉吗？而理论恰恰就是这种来龙去脉的总结与概括。从这个意义上说，历史本身便是理论。

正因为认识上有这个变化，在“文革”前后的学术论文中，当然会有所反映，即“文革”前偏重于哲学史的介绍，“文革”后重视“史论结合”的研究。

就工作来说，其实并没有什么变化。20世纪五六十年代在特殊条件下形成的把原理和历史割裂开来的“分工”，是不合理的。它不利于哲学的发展。正如恩格斯所指出的，哲学是一门历史性的科学。脱离了以往哲学发展的历史，不可能充分理解当前的哲学。否定历史的人，最后必然将成为淹没在历史尘埃中的小丑。关于这点，已充分反映在“文革”的教训中了。任何创新，固然都是对前人的某种否定；但这种否定又是在肯定前人的基础上提出的。否则它就不是创新，而是闹剧。

这种历史性，在哲学学科中表现得比在其他任何一门学科中更为明显。例如，在柏拉图、亚里士多德时代，哲学家们在讨论哲学研究什么，直到今天仍然在讨论哲学研究什么。这一现象，难道说明哲学一直处在原地踏步中吗？当然不是。无非说明哲学要不断地反思既往罢了。因为谁也无法否认几千年来哲学有了很大的进步和发展。不过这种进步和发展，恰恰是在不断反思既往中实现的。

因此，我并不认为自己的工作有什么转向性的变化。只是抛弃了以为研究历史就可以避开理论界的风风雨雨的幻想，更自觉地走上了把历史与理论结合起来的哲学发展的必由之路。

问　您对我国哲学界的现状和前途有什么看法？

答　关于我国哲学界的现状，既令人鼓舞又令人担忧。这里不可能全方位地来讨论这个问题。我只能偏重于从“如何才能使我们的理论更顺利地发展”的视角来提点问题。

对此，我以为有三种现象值得重视：一曰“始皇”现象，二曰“二世”现象，三曰“阿Q”现象。

问　您的比喻很形象。请问什么叫“始皇”现象呢？

答　所谓“始皇”现象，这是借用“秦始皇”的“始皇”。春秋战国时群雄并举、逐鹿中原，公元前221年，秦国的嬴政统一中国，建立秦朝，自称“始皇”。中国哲学界也有过这种大一统的局面，而且发挥了很大的作用。因此使不少人产生了错觉，老想重建大一统的理论。政治上的大一统是好事，学术上却要允许百家争鸣。这两件事不能混为一谈。诚然，马克思主义是我们的指导思想，这是没有疑问的，应该坚持。但学术上不能只此一家，别无分店。在任何一个学科领域内，真理都不可能由一个流派或一种理论来穷尽；任何一个对象都可以从多种角度与层次上去研究它。

目前仍然有一部分人认为自己所主张的理论，应该是一统天下的理论。实际上是还没有从混淆政治问题和理论问题的噩梦中醒来。这从他们对不同意见的人的批评中可以看出。不同意他们的意见，在他们看来便是背叛。似乎只有“天不变，道亦不变”才是百分之百的马克思主义。可这种人在别的方面往往又是最善于随机应变的。

但也有些人看到了新情况，主张要研究新问题，提出新理论，不过仍然想一统天下。对这种人，首先应理解和支持。在马克思主义哲学处于低潮的情况下，仍然坚定地主张坚持和发展马克思主义哲学，这是不容易的。他们的弱点是：还没有走出自我封闭的小天地。如果他们能放眼世界，多看看外面的世界，就会更懂得如何来坚持和发展马克思主义哲学了。

问　看来您对理论上的“大一统”是持否定态度的。那么什么叫“二世”现象呢？

答　历史上的帝王有“威廉一世”“威廉二世”这类称呼，以表明大统尚存，天道有序。这种现象，在以往中国的哲学界也有。改革开放，打破了闭关自守，有不少人到国外去学习；在国内学习的，也不是只知道一个主义了。这是好事。我们再也不应夜郎自大、故步自封了。不过，也不可因此全盘否定自己。但是，现在有的青年人在向国外学习时，学什么便信什么。例如学了某某人的理论，便信仰某某人的理论；自己的科研任务似乎就在于“百分之百”地忠实地介绍这一理论。这些朋友们的刻苦钻研精神很值得我学习，我从他们的论著中也学到了不少知识。可是，我仍然觉得他们少了一种“彼可取而代之”的精神。我称这种倾向为“二世”现象。当然，这不是要鼓吹盲目的自高自大，而是要看到，哲学家们不仅要解释世界，更重要的是要改造世界。马克思主义哲学的这一根本精神，仍然是别的流派无法替代的时代课题。

问　您说的“阿Q现象”又是指的什么呢？

答　在生活中，我主张要有点“阿Q精神”。因为在现实生活中，常会遇到一些十分不合理的事。要认真的话，真能把人活活气死。这就要看什么事了，如果是关乎个人利害的小事，不能什么事都斤斤计较，而要随遇而安。我常对自己说，现实之所以叫现实，永远是不理想的；理想之所以叫理想，就在于它还不是现实。这也算是一种自我安慰。20世纪80年代以来，特别是八九十年代之交，人们特别热衷于郑板桥的名言“难得糊涂”。许多场所（当然不会是公共场所）都悬有此名句。“难得糊涂”的人，当然是很清醒的，却要对自己（其次才是对别人）糊涂，我看是难以做到的。如果是为了装给别人看的，那自我心理上仍平衡不了。只有实际上是糊涂的人，却自以为很清醒，这在生活中则常能遇到。阿Q便是典型。骂一句“老子被儿子打了”，似乎比还对方一拳更痛快些。

但是，理论上却不能随遇而安，要有进取性。比如在传统文化的研究中，有些人看到（或听说）了西方文化面临着诸多困难和矛盾，他们很高兴，并宣布，这些困难和矛盾，我们的老祖宗早就解决了。如西方主张“天人之分”，结果把人类自身的生存环境也破坏了；我们的老祖宗是主张“天人合一”的，不正好对症下药吗？欧洲人曾自以为了不起，原来还不如我们。对这些人的爱国心理，我们应该理解。对自己的传统也应重视。不重视传统的人，特别在人文、社会科学中，便是一种轻薄与无知。但是，对待传统要有科学精神，商业市场上的投机行为，在这里是一定要碰壁的。如果人们的意识至今没有达到自身与自然之分，会有科学吗？今天我们所要求的人与自然的和谐，是古代的“天人合一”吗？如果老祖宗已经解决了我们今天面临的问题，那还有什么历史，还要马克思主义干什么？

总的来说，我的结论是两点：第一，真理只此一家是不可能的。正如古希腊哲学家所表明的，哲学家不是绝对真理的占有者和推销员，而是探求真理的鼓吹者。哲学的精神不是要穷尽真理，而是要热爱真理（爱智）。第二，我们面临的问题，固然要充分借鉴古人和今人的经验教训，但是最终还是要靠我们自己来解决。不深入研究当前的现实问题，便不会懂得如何借鉴别人的和古人的经验教训。要更多地想着解决面临的现实问题，而不是整天去想着创造新体系。新体系只能是解决问题的结果，而不是出发点。

再说一遍，我们理论的现状是有喜有忧，我主要谈了些问题，是希望我们的理论发展得更顺利些。

（原载《哲学动态》1996年第5期）

学者近况

朱德生（1931—2019.3），1951年夏入读南京大学哲学系，1952年随全国高校院系调整并入北京大学，1953年入北京大学哲学系研究生班，1956年夏毕业后留系任教至1997年退休。曾任北京大学哲学系书记、系主任等，兼任中华全国外国哲学史学会理事长、北京市哲学学会副会长等。主要从事西方哲学的教学与研究，形成了史论结合的个人研究方向。专著有《实践、异化与人性》、《燕园沉思》、《形上之思》、《西方哲学名著菁华》（主编），合著有《欧洲哲学史》《简明欧洲哲学史》《欧洲认识论史纲》等。发表学术论文《形而上学的召唤》《为我关系浅议》《唯物辩证法是改变世界的方法》等100余篇。

探求文化价值与时代视野的融合

——访邹广文

学者简介

邹广文，1961年生，内蒙古赤峰人。哲学博士。时任山东大学哲学系副教授。有专著《文化·历史·人——文化哲学导论》《文化哲学的当代视野》《让美附丽你的人生》，合著《孔子精神与基督精神》。另在《哲学研究》《文艺研究》《读书》等杂志发表论文100余篇。

问

近年来您围绕文化哲学问题，较为系统地推出了一批研究成果。请谈谈您致力于文化哲学研究的主要动机。

答

如果从我1986年在《学习与探索》杂志发表第一篇文化研究论文算起，迄今为止我的文化哲学思考已有10年时间。这期间我最深刻的感受就是，中国的社会生活变革及与之相适应的时代精神，推动着哲学去反思文化。因为文化是一个时代、一个民族乃至个体精神生活的符号表征。当一个社会发展较为平缓的时候，文化的作用往往不被人注意。然而，当一个社会出现急剧变革时，文化问题就突显出来。回首中国改革开放的历程，文化问题的讨论一刻也没有间断过，这从一个侧面说明了这一点。而从当代中国文化研究的走向看，经历了一个由自发到自觉的过程。近年来文化哲学研究的兴起，体现了一种从学理层面系统思考文化的诸多问题的努力。总之，在全球人类文化发展一体化的今天，我们必须对现实人类实践生活葆有一种自觉意识，以规范导引人们的文化实践。

问

众所周知，“文化”概念是一个包容性非常强的概念，正因为如此，也容易导致使用上的混乱。从文化哲学的视角该如何梳理辨析“文化”概念呢？

答

我们通常所言的“文化”概念，自表及里应包含如下三个基本层面：第一层面，文化指涉的是人类全部的创造物，即人们通常所说的物质文明和精神文明的总和；第二层面，文化指涉的是人类精神领域里的创造物，其中主要包括人文科学、社会科学、自然科学和艺术等；第三层面，文化表征的是人的主体精神世界，在此层面，文化作为匡正人类行为的内在整合力量，它是人的自由追求、创造能力和超越意识的集中体现，在此意义上，可以将文化的第三层面内涵视为体现文化内在灵魂的“人文精神”。近年来学术界所关注的“人文精神”讨论，就体现了在文化核心层面对文化的关注意识。因而我在有关论著中也认为：人文精神正是文化哲学研究所谋求的中心价值。

问

文化研究作为一种世界性的哲学思潮勃兴于20世纪，这是否与20世纪的人类实践生活有直接的关系？

答

的确如此。就20世纪人类文化发展的特点来看，可以说，文化几乎全方位地涵盖了人类社会的发展本身，人们感到科技理性主导下的物质文化的进步，并没有相应带来人的精神生活的充实，甚至产生了种种与人们的幸福观念和理想相抵触的现实文化困境，阻碍了人类实现其价值目标的种种努力。而对这种文化危机和困境，人类的积极反应是选择。这种选择是对新的文化发展模式的一种探索，并在各种方案中进行筛选。就世界范围而言，随着世界文化一体化时代的到来，文化危机具有共同的价值危机背景，这种共同背景是导致文化反思全球化态势形成的根本因素；而从另一方面看，文化危机对于不同区域、有着不同历史以及不同文化传统的国家而言，其程度、内容和特征是有区别的，因而，对于文化危机作出的适应性选择应是多元的。说到文化哲学产生的共同性文化背景，我想至少可以列出三个方面：第一方面是全球范围内的现代化发展浪潮。现代化进程在全球的推进使人们认识到，现代化本质上是一种文化生长，每个民族的现代化进程折射着各个文化层面的价值转换，并伴随着文化的反思与重建，其中最突出的问题就是如何达到文化的民族性与时代性的统一。第二方面是20世纪人类对科学理性的反思与检讨。近代以来的科学理性精神在极大地促进了物质文明进步的同时，也带来了诸多社会问题，如环境污染、技术异化、生态失衡等。当代文化实践的重大使命就是对科学发现和创造的人文价值进行重新思考，即不能把人类的文明活动视为一种纯理性的知识化现象，理性应该以人的全面发展作为其追求的目的。第三方面是当代科学精神与人文精神的融合态势。弥合科学精神与人文精神的鸿沟，这是随着人类文化整合时代到来的一种必然趋势，这种融合标示了人的文化实践在确立人的理性思维和改造自然伟大力量的同时，还应展示人的尊严与价值，展示探索人的生命本体、探索人的全面发展以及探索人对环境的需求和适应能力的各种可能性。从以上三个背景我们可以看到，当代文化哲学研究视野的确立从根本上说是现实人类实践意识的一种必然要求。

问

您这里提到每个民族面对文化危机所作出的适应性选择具有多元性和特殊性，那么就文化哲学研究说来，建立当代中国的文化哲学与西方文化哲学是否也有特殊性，两者的区别在哪里？

答

这里我首先说明一点，在世界文化融合的今天，每个民族的文化发展不应回避共同的文化背景，只有看到这一点，强调民族文化实践的特殊性才有意义。当代文化哲学在其研究品格上，首先应该关注当代人类发展所产生的共同文化难题，并以此为参照去考察梳理每个民族具体的文化实践课题。从这一视角看，我认为建构“当代中国的文化哲学”这种思路，本身就是在面对人类共同文化课题的“文化哲学一般”中突显出价值和意义的。质言之，我们唯有对作为“文化哲学一般”的人类共同的文化难题有一种自觉意识，才能对当代中国的文化实践有一个深刻的体认和思考，并在此基础上建构当代中国的文化哲学。

说到建构当代中国文化哲学，这的确是一个富有魅力的课题，但也是一个艰深的课题。对于进行这一课题我感到有两个前提性问题需要解决：第一，对当代中国文化与社会发展的特殊历史境遇的自觉认识。关于这一点我曾在《文化哲学的当代视野》中指出，中国的现代文化重建有三重文化背景：西方近代科学理性文化、中国传统文化以及20世纪人类文化精神。由于这三重文化背景的因素使得中国现代文化重建呈现出复杂的态势——我们需要对作为历时性文化形态的三重背景进行一种共时性的消化和吸收，因此文化价值取向上的复杂性是可想而知的。第二，哲学思维方式的变革和转变。面向现实文化实践，当代文化哲学理解不应企求哲学体系建构上的一劳永逸，而应面向当代人类实践的文化困境和问题，去发现和追寻现代人应具有的人文精神。进一步说，我们的文化哲学思考不能只在解释文化的本质、文化的功能和文化的模式等形而上层次游弋，而必须面向当代中国的现实文化生活去开掘文化哲学的理想。因此我认为今后中国的文化哲学研究应该是有特色的，这种特色倒不是因为哲学工作者的有意为之，而是由当代中国文化实践的现实展开所决定的。

问

见到您在许多文章中强调，人文精神的重建是当代文化哲学研究的中心议题，对此能否具体谈谈您的观点？

答

前面我在对“文化”概念的梳理中已说明，文化在其核心指向上必然是人的主体精神世界，因此，自觉弘扬人文精神就成为文化哲学研究的题中应有之义。尤其是在物质文化越来越充斥于当代人类生活的今天，营造人类心灵的充实就变得更加迫切。西方近百年的文化哲学思潮流变中，弘扬人文精神、提升人的主体自我意识一直是其主旋律。中国当代文化哲学研究的兴起，其核心价值取向亦在于此，即如何在经济发展与社会进步的同时，实现真正的人的现代化，促进中国国民精神素质的现代化生成。历史发展表明，每当社会转型时期，伴随物质文化层面的巨大变革，人的主体精神世界都要经历一场阵痛与更新。自20世纪80年代初中国改革开放以来，如何面对新时代去重建人文精神就渐渐成为人们社会生活的重要课题，它的显层表现就是这场历10余年而不衰的“文化热”，只不过随着讨论的深入，人们才逐渐感到应从文化哲学层面去体认人文精神重建这一历史课题。所以我认为，文化哲学研究不应该也无法回避这种人文关怀。然而我们也遗憾地看到，近年来兴起的“人文精神”问题的讨论，文学界表现得最为自觉和热烈，而哲学界却显得较为迟钝，这应该说是一种不太正常的现象。我们常讲“哲学是时代精神的精华”，但我们漠视了经济社会发展中人文精神重建这一重要的哲学课题，这从一个侧面说明当代中国的哲学研究还没有自觉地贴近时代精神。其实，面向现实生活，文化哲学关注人文精神可以引申出一系列重要哲学主题，如市场经济与人的发展问题，社会发展中的人格塑造问题，当代大众文化建设问题，中国当代文化的主体性价值及其培养问题，市场经济条件下的人文学术发展问题，等等。总之，我认为只要我们站在时代的高度去关注人的发展，我们就会感到人文精神重建是一个常新的哲学主题。可以说，认识到这一点，我们也就找到了哲学贴近现实文化生活的契合点。

问

面向时代重铸人文精神，这的确是一个饶有兴味的话题。几年前您出版的《文化·历史·人》一书，侧重的是文化哲学之“学理”的探究，而新近出版的《文化哲学的当代视野》一书，则侧重对文化哲学诸多现实问题的考察，不知这种变化意味着什么？

答

我认为没有必要将文化哲学研究的“理”与“事”分得那么清楚。马克思讲任何真正的哲学都是“思想集中表现的时代”，时代向哲学提出问题，而符合时代的哲学也必然随着生活前进并指导生活前进。文化的发展表征着人与对象世界的动态联系，文化哲学正应该通过追踪时代、把脉时代去阐扬人类的价值理想，进而表达面向未来人类文化之不可回避的精神关怀。基于这种考虑，我的文化哲学研究力求贯彻这样一个理解原则：文化价值与时代视野的融合。

问

是否可以说，因为如此，您提出了一系列引人深思的命题，如“社会发展中的文化含量”“市场经济的文化生长”等。说到市场经济与社会发展问题，目前已引起多学科的注意，那么，从文化哲学视野审视这一问题，有哪些独特的价值倡导呢？

答

诚如您所言，市场经济与社会发展问题，的确引起国内学界的注意，我认为它将是中国世纪之交人文学术的一个主导性话题。从文化哲学的角度思考这一课题，当然应该与其他学科的研究视角有所区别，我感到最明显的区别恐怕还是“现实关怀”与“人文关怀”的区别。例如从社会学和经济学的视角谈及“市场经济与社会发展”，重点仍是社会保障、社会稳定、利益结构调整和规范经济秩序、社会秩序等；但是从文化哲学视角看“市场经济与社会发展”，则主要思考的是市场经济与人的价值实现、社会价值与个性解放的关系，经济行为中的人文因素影响，社会正义与社会责任，经济实践中人的尊严感和成就感的培育，人的素质与社会风气的优化，等等。总之，这种文化哲学视角关注的基点仍是人文精神的现代重建，这是指向人的价值与理想层面的一种人文关怀，体现了一种形而上的精神追求。这种人文关怀的最高目标必然是指向人的全面发展的。而人的全面发展一方面意味着社会每个成员通过健康向上的文化实践去认同和拥有表征文化整体的类特性，并同当代社会生活达成一种全面的联系；另一方面意味着个体在类实践的基础上，系统协调地发展自我的全部潜能和个性，如想象力与创造力、自由与超越意识、审美意识与道德情感等，以真正实现文化创造的主动性与自觉意识。

问

说到市场经济对当代中国文化与社会生活的影响，这也许是今后中国学界一定时期内重要的研究课题。不知您近期正从事什么课题研究？

答

前面我只是从几个角度谈了我对文化哲学的一些思考和理解，

应该说这还是比较初步的工作。的确，市场经济机制的运行已充分表明，它绝非一种单纯的经济行为。市场经济对当代文化的影响就在于，它使现实文化的生产目标、实践方式、传播手段及其消费环节等，都从市场、社会和公众的需要出发来运作。这一方面给文化的发展带来新的契机，另一方面也向现实文化提出了挑战，即我们的文化发展如果没有一种自觉的人文精神支撑，则很可能成为市场的附庸，而文化一旦失去个性和价值理想，则后果是不堪设想的。因此我感到围绕市场经济与文化建设的关系进行更深层面的文化哲学思考，是十分必要的工作，今后我对文化哲学的研究，拟围绕这样的总目标展开。近期我从事的研究课题是“市场经济条件下的人文精神培育”，先期着重研究的是“市场经济与大众文化建设”课题。因为我感到随着中国市民阶层经济地位和个性意识的上升，一种反映他们的利益要求、满足他们精神生活需要的市民文化即大众文化也必然随之兴起。这相应给文化思考带来诸多新的课题，如究竟应该怎样用现代人文精神导引大众文化的发展走向？市场经济法则对文化制作领域的介入将会造成什么样的后果？如何寻求一种大众文化与人的全面发展的有机契合？等等。尤其是目前大众文化建设中所出现的一系列问题，亟待理论工作者通过自觉的文化反省与批判来予以矫正。德国学者阿多诺曾认为，“形象化是商品经济时代最突出的特征”。在目前商品原则无孔不入的背景下，许多大众文化产品以华丽的外表消解了文化的深层含义，以经验的直接性取代了价值的超越性，以瞬间的感官享受取代了永久的回味与思考。这种拒绝思考、回避严肃人生意义的倾向，无疑是不利于大众文化的健康发展的。所以我们所从事的课题研究就是试图对上述问题进行分析，以求得当代中国大众文化建设在一个健康的人文氛围中展开。

（原载《哲学动态》1996年第7期）

学者近况

邹广文（1961.10—　），哲学博士。1986年7月至1999年6月任教于山东大学哲学系，1988年被聘为讲师，1992年破格晋升为副教授，1996年破格晋升为教授。其间曾任山东大学研究生培养处处长、山东大学学位委员会办公室主任。1999年7月至2015年10月在清华大学人文学院任哲学系教授、哲学系副主任。2000年起任博士生导师。现任清华大学马克思主义学院教授、博士生导师。兼任中国经济哲学研究会副会长、中国残疾人事业发展研究会副会长、中国辩证唯物主义学会常务理事。韩国成均馆大学、美国哈佛大学访问学者。享受国务院政府特殊津贴。主要研究领域为：马克思主义哲学、文化哲学与社会发展。主要著作有：《文化·历史·人——文化哲学导论》《文化哲学的当代视野》《社会发展的文化诉求》《当代文化哲学》《乡愁的文化表达》等。在《人民日报》《光明日报》《中国社会科学》《哲学研究》《马克思主义与现实》《学术月刊》等报刊发表学术论文200余篇。承担国家社科规划重点课题、教育部重点课题和北京市重大课题等多项。曾获省部级哲学社会科学优秀成果奖一等奖。入选国家“万人计划”哲学社会科学领军人才、文化名家暨“四个一批”人才。

追逐现代科技革命的浪潮

——访齐振海

问

“现代科学技术革命与社会发展”是您主持的国家社会科学基金“八五”重点项目，其最终成果《未竟的浪潮——现代科学技术革命与社会发展》已由北京师范大学出版社于1996年5月出版。请您先谈一谈研究此课题有何重大理论和现实意义。

答

追踪当代世界科学技术革命的步伐，反思现代科技革命与社会发展的关系，是一项重大的哲学研究课题。

一方面，这是哲学自身发展的要求。马克思曾经指出，科学是“历史的有力的杠杆”，是“最高意义上的革命力量”。现代科技革命更是在世界范围内发生的一次深刻的科技革命，它为哲学研究提出了许多新的甚至是根本性的问题；而且，伴随技术、信息、经济的“全球化”，整个世界的联系加强了，使我们对当代社会的认识能具有更广阔的视野，这些都为我们在新的历史条件下丰富和发展马克思主义唯物史观提供了有利的条件。

另一方面，这是探索有中国特色社会主义道路的一个重要组成部分。科学技术的发展在中国社会主义物质文明和精神文明建设中占有重要地位，起着巨大的作用。在当今世界上，科学技术已成为“第一生产力”，科学技术的进步越来越成为物质文明建设的重要条件。生产力水平和生产效率提高的关键就在于科学技术的进步。科学技术的进步和发展，又有利于人们破除迷信，解放思想，开阔视野，促进精神文明的发展。列宁曾说过，不掌握人类迄今为止的一切优秀的科学文化成果，就不可能成为真正的共产主义者，不可能真正具有共产主义的思想觉悟。一个民族的科学技术水平，实际上就是这个民族社会文明程度的一个标志。

本课题的研究，从其现实意义上说，就是为了提高我们对科学技术在社会主义建设事业中的地位和作用的认识，就是为了探讨怎样充分利用现代科学技术的成就促进中国经济、社会和文化的发展。应把学习和运用先进的科学技术，看作关系到社会主义事业成败、中华民族能否振兴的大事。

本课题的研究，也是为了坚持马克思主义，批判资产阶级错误思潮。关于现代科技革命对人类社会发展前景的影响，西方资产阶级思想家提出了形形色色的理论。但是，不管是悲观论者还是乐观论者，都直接或间接地否定马克思主义，特别是马克思主义的社会革命理论和阶级斗争学说。他们企图用科技革命替代和取消社会革命，宣扬资本主义永恒论和社会主义终结论。对这些错误思潮，很有必要根据现代科技革命的实际予以坚定的回击和批判。

问 您以上的分析很有道理，请再谈一谈这本书有些什么特点。

答 总的说来，本书有三个最主要的特点。

首先，它从物质功能与文化功能的统一中来全面地把握现代科技革命的社会过程和社会作用。在以往的研究中，人们偏重于科学技术作为物质力量和工具手段对社会发展的单向作用。当然，这是问题的一个重要方面；但是，现代科学技术发展的现实过程和作用还要复杂得多。科学技术的研究、发现或发明的过程，也是新的文化发展的过程；科学技术的社会作用也不只是表现在物的、经济的方面，特别是现代科学技术的发展和进步波及社会生活的方方面面，对人们的价值观念、思维方式和日常生活都已经发生或将要发生重大的影响；而且，科学技术与文化、价值的关系是一个双向互动的过程。在出现“全球性危机”的现时代，如何对现代科学技术的发展作出合理的价值评估和价值调节，使现代科学技术的发展达到合规律性与合目的性的统一，也是一个重要的理论和现实课题。以上这种理解，扩展了我们关于现代科技革命的研究视野。

其次，由于研究视野的扩展和转变，本书还力图作一些开拓创新的理论探索，提出了一些自己的看法。本书不仅对现代科技革命发生的社会原因、现代科技革命对价值观念和生活方式变革的影响等国内学者较少论述的问题作了比较深入的探索，而且对现代科技革命对经济发展、社会变革、管理工作、教育改革、自然环境、思维方式等方面的影响，也从新的视角提出了自己的见解。

最后，本书力图依据马克思主义的科学技术观，对现代科技革命的新成就及其在社会运用过程中已经产生、可能产生的积极和消极后果作出辩证的思考。

我们认为，科学和技术进步就其本质来说，是符合人类整体利益的，是有利于人类社会的存在和发展的。在现代科技革命中出现的人类与外部世界关系的一些不协调，也要通过科学技术的进一步发展来解决；幻想抛弃或抑制科学技术的发展，从“返朴归真”中探求人类社会的前途，才真正会把人类引向末日。科学技术的发展没有也不可能有一个人为的界限或终点，它的无限的发展潜力正是人类社会具有光明前途的希望所在。科学技术永远是推动人类社会不断进步的革命力量。

问　请具体介绍一下本书的主要内容，尤其是书中在哪些方面有所突破。

答　全书由绪论和九章构成，从哲学上比较全面地总结和分析了现代科技革命与社会发展的辩证关系。

先说绪论。它一般地探讨了现代科技革命的内容、特点，现代科技革命发生的社会原因以及现代科技革命的重要的社会历史作用。本书认为，现代科技革命发生的根本原因是人们的社会实践的进步。现代社会是分工和专业化高度发展的社会，是经济文化联系错综复杂的社会，随着人们实践活动范围的扩大和深入，被改造客体的日益复杂，亟待处理的社会信息量的增加，出现了人脑这个天然信息处理机无法及时处理大量信息的尖锐矛盾。以微电子学和电子计算机技术为主要标志的现代科技革命，反映了人们需要利用机器来处理大量社会信息的客观需要。因此，现代科技革命实质上是一次智能革命，是人脑的一次解放。此外，现代科技革命还表现出科学革命和技术革命结合在一起，科学与生产一体化的特点，这使得现代科技革命直接成为生产力的革命，给社会物质生产过程带来了深刻的变化，科学技术成为“第一生产力”。

第一章从生产力结构和生产结构的变革入手，探讨了现代科技革命对经济发展的促进作用以及中国经济发展的必然选择。本书认为，现代科技革命使劳动资料（特别是生产工具）、劳动对象、劳动者的素质以及生产过程的管理等都发生了深刻的变化。它对生产结构的根本变革作用是使知识和技术密集的新兴产业部门迅速崛起，同时也使传统产业部门获得了新的技术基础，从而获得了新的发展可能性和新的前景，还带来第三产业的大发展和企业规模的变化。此外，在现代科技革命的推动下，国际分工不断发展和深化，国家之间、地区之间的经济联系越来越密切。任何一国的经济发展都必须逐步地由原来在一国范围内组织生产和建立市场，向在全世界范围内组织生产和开拓市场转变。参与国际市场，参加国际分工与协作，已成为现代生产和经济的前提条件。由此，出现了从商品、劳务到资金（资本）再到技术和信息的全球化。可以预见，信息和信息产业在未来的经济活动中将占越来越重要的地位，信息全球化将成为未来21世纪经济和社会发展的根本特征，21世纪将是一个“信息时代”。面对现代科技革命的挑战和机遇，中国经济发展的必由之路就是依靠科技进步，改造传统产业及其设备，发展高新技术产业，不断扩大国民生产总值中的科技含量。

第二章探讨了现代科技革命在社会生产关系、阶级关系、政治体制等方面的变革和推动作用。在马克思看来，科学是一种在历史上起推动作用的革命力量。这一伟大的思想在今天仍然没有过时。现代科技革命虽然没有从根本上改变当今世界社会生产关系和阶级关系的性质，但是，无论在资本主义国家还是社会主义国家，现代科技革命都推动了它们的调整和改革。当然，这里有必要指出，现代科技革命对社会历史的作用呈现复杂的局面，需要加以认真研究。例如，在资本主义国家，由于科技发展及其在生产中的广泛应用，工人阶级绝对贫困化减少，工人阶级生活和生产的条件得到改善，白领工人增多，这些都在一定程度上调整了现代资本主义国家的阶级关系和缓和了阶级矛盾。但是，与此同时，垄断资本家与国家政权的结合，资本家阶级寄生性的充分显现，以及工人阶级队伍的壮大和整体素质的提高，又使资产阶级和无产阶级的关系与矛盾存在着激烈对抗的可能。由此可见，在今天的资本主义世界中，资产阶级与工人阶级基本对立的格局并没有从根本上改变。所谓“工人阶级消失”的观点是站不住脚的。

第三章论述了现代科技革命带来的管理方式的科学化和现代化。首先，由于信息技术的发展，使决策方式发生了根本变革，预测和决策从手段到过程都能真正做到科学化、定量化；其次，现代科技革命引起组织结构形式的改变，使管理信息系统的地位更加显著，组织过程的计划职能和执行职能达到了新的统一；最后，现代科技革命还使传统的高度集中的控制方式转变为等级控制和参与式管理，自我控制式的目标管理成为普遍的现实。

第四章探讨了现代科技革命所引起的教育功能的变化以及新教育模式的产生。现代科技革命也可以说是一次智能或知识的革命，其目的在于充分利用最先进的科学技术知识，使之及时地转化为生产力。这样，通过教育使最新科学技术知识得到传授和发展，并在人类活动的各个领域中加以运用，就成为经济发展和社会进步的主要因素。现代科技革命不仅极大地提高了教育的社会地位，丰富了教育的功能，也深刻地改变着教育的观念、内容、方法、手段。在迎接21世纪的挑战，筹划“走向未来”的教育事业时，我们必须适应现代科技革命的需要，改革游离于生产、经济和科技之外的传统学校教育，使之变为与现代生产、现代经济和现代科技紧密联系的“大教育”；同时，又必须注意克服科学技术的负面影响，使受教育者在“学会生存”的同时，“学会关心”人类的共同和长远的利益。

第五章讨论了现代科技革命对人们日常生活方式的影响和作用。现代科技革命引起人们生活观念的嬗变，引起对生活质量的重估和对旧的生活方式的反思，进而导致现代生活方式的多样化。

本书具体探讨了在现代科学技术条件下劳动生活方式、消费生活方式、家庭生活方式、交往生活方式、政治生活方式、个人生活方式和闲暇生活方式的新特点；并且强调，适应现代科技革命的需要，立足中国优秀文化传统，建立科学的、文明的、健康的生活方式，是建设有中国特色的社会主义的一个重要组成部分。

第六章探讨了现代科学技术的发展对自然环境的影响，以及解决环境问题的手段和途径。毋庸讳言，现代科学技术的发展，在大大提高人们认识和改造世界能力的同时，也增强了人们破坏自然环境的能力。先进的科学技术既可以被用来为人类造福，也可以被用来给人类制造灾难，因而有必要对现代科技革命的消极社会后果给予高度的重视和密切的关注。但是，先进的科学技术带来消极社会后果的原因不在于科技本身，而在于人及其如何应用现代科学技术。生活在具体历史条件下的人们，他们的认识都是有局限的，往往着眼于眼前或较近的利益，而难以完全预见到运用科学技术可能带来的长远的、更深一层的后果；但更重要的还是社会的原因，社会中阶级对立的存在，使先进的科学技术有可能被用来达到某一阶级的私利，而不是为全人类造福。现代资本主义私有制的存在，资本家竞相追逐高额利润，是造成或者加剧资源枯竭、生态环境破坏、核战争威胁等消极社会后果的根本原因，也是解决这些问题的关键所在。

第七章在事实与价值、求“真”与求“善”、科学精神与价值需求的辩证统一中，探讨了现代科技革命与价值观念变革的互动过程。一方面探讨了现代科学技术的发展在哪些方面、以哪些方式推动着价值观念的变革，另一方面又探讨了价值观念为什么以及怎样影响科学技术的进步；并且认为，先进的科学技术与正确的价值观念相结合，会有效地推动社会发展。

第八章探讨了思维方式与科技发展的相互作用，并具体论述了现代科技革命所孕育的新的思维方式的特征，即整体与部分相统一、定性与定量相统一、决定论思维与非决定论思维相统一、现实分析与未来预测相统一。

第九章以马克思主义的历史唯物主义和科学技术观为根本的立场和方法，对西方有关新科技革命的思潮，如梅多斯、西蒙、贝尔、托夫勒和奈斯比特等人的思想，进行了比较系统的分析和批判。

当然，应该承认，本书相对于现代科技革命的广泛而深远的社会历史过程和作用来说，仍然只是一个初步的研究成果。即使就本书现有的体系和结构来说，也仍有需要开拓和深化的地方。

问 那么，您认为，本课题还有哪些需要开拓和深入研究的问题？

答 现代科技革命对现代社会变革和进步的影响是多方面的，需要深入研究的问题还很多。比如，虽然本书中探讨了现代科技革命对人的价值观念、思维方式和生活方式的影响，但却没有从总体上探讨现代科技革命已经或者将怎样影响人的全面发展和人的解放。再比如，本书把科技革命同时看作新的文化发展的过程，但是，现代社会中的文化很大程度上是以民族文化的形式存在的，这样，现代科技革命与民族文化（中国文化）的关系就是一个应该探讨的重大理论问题。最后，还应该指出，现代科技革命的浪潮并没有停息和终止，还会产生新问题，需要我们持续努力，不断追踪科学技术革命的新的浪潮。

（原载《哲学动态》1996年第8期）

学者近况

齐振海（1924—2016），山东寿光人。生前曾任北京师范大学哲学系教授、马克思主义哲学专业博士生导师，兼任中国辩证唯物主义研究会常务理事、中国认识论研究会会长、全国哲学社会科学“八五”规划哲学学科评审组成员。在20世纪70

年代末关于真理标准问题的讨论中，坚持实践是检验真理的唯一标准，为理论界的“拨乱反正”作出了一定贡献。20世纪80年代主编的《认识论新论》一书，推进了关于马克思主义认识论的研究。主要著作有《人为什么犯错误——真理的探索》《认识论新论》《管理哲学》《中国当代哲学问题研究》《未竟的浪潮——现代科学技术革命与社会发展》《21世纪中国文化走向》等12部。在《人民日报》《光明日报》《红旗》《哲学研究》等报刊发表哲学论文70余篇。

马克思主义哲学史学科建设的新篇章

——访庄福龄

学者简介

庄福龄，1929年生于江苏镇江。时任中国人民大学马列主义发展史研究所教授、博士生导师，中国马克思主义哲学史学会会长。主编并参与撰写的主要著作有：《马克思主义哲学史稿》、《马克思主义哲学史纲要》、《马克思主义哲学史教学资料选编》、《毛泽东哲学思想史》（3卷本）、《马克思主义哲学史辞典》、《马克思主义哲学史》（8卷本）、《马克思主义史》（4卷本）等，合著有《中国体制改革的哲学探索》。

问

我们很高兴地看到，人们期待了多年的《马克思主义哲学史》八卷本，终将于今年底由北京出版社全部出齐。作为这套书的主编之一，请您先谈谈这套书的成书情况。

答

早在全国社会科学的“六五”计划中，一套大型的《马克思主义哲学史》就被列为重点项目。但是，这一计划的真正实施始于“七五”，完成于“八五”。从总体设计、组织队伍、撰写初稿到反复修改、最终定稿，先后用了近十年的时间，集中了全国58名专家学者参加全书编写，最后形成了近500万字的八卷正文和一卷《索引》。这套书作为马克思主义哲学的通史，其覆盖面之广、参加编写人数之多、耗费时间之长、成书篇幅之大，是国内外前所未有的。

问

这套书自1989年开始分批出版，请简要介绍一下国内对此书的出版有些什么反响。

答

此书所引起的反响是巨大的，它赢得了人们的普遍关注和理论界的众多好评，首都的主要报刊，如《人民日报》《光明日报》《求是》等都分别发表了报道、书评和座谈纪要，同时也获得了各种奖励，如1989年出版的第六、第七卷先后获北京市优秀科研成果特等奖、第四届中国图书奖一等奖，1991年出版的第一、第二、第三卷获北京市第三届哲学社会科学优秀成果奖特等奖。

问

主编如此浩大的科研工程，一定积累了丰富的经验，请谈谈这方面的有关情况。

答

这确实并非易事。我们的经验主要可以归纳为这样几点：第一，全面发挥作者的积极性。在编写过程中始终贯穿着尊重作者、维护团结、保证质量的原则。我们所邀请的作者都是学有专长、拥有丰硕成果的专家，同时又是各具自己的研究思路和研究习惯的学者。来自五湖四海而又共同投入一项工程，最需要的是相互尊重、平等协商，寻求共同点，保证按时地出好每一卷，这一点应当成为大家的共识，尤其要成为全书主编和各卷主编工作的准则。第二，在调查研究的基础上确定各卷的具体要求和奋斗目标。各卷都要在其研究范围和研究领域内摸清底细，哪些材料、论点和问题是别人研究过的，哪些迄今尚未研究或研究不足。要避免内容上简单重复、文字上重新组合而实质上却毫无新意的作品，对于需要引用和补充的史料文献，需要填补的某项空白，需要深化和剖析的某些问题，都要精心安排、逐一落实，否则就很难超过已有的成果，很难写出有深度、有新意的著作。第三，完成八卷本的较长过程同撰写每一卷的一气呵成相结合。作为一套四五百万字的多卷本专著，没有较长期的积累和研究过程是难以完成的，但是具体到每一卷的写作，又必须一鼓作气，绝不能拖拖拉拉。

问

马克思主义哲学产生于150年之前，国内外理论界、哲学界都从不同角度对它进行了大量的研究，八卷本与国内外的同类著作相比较，有些什么特色？

答

马克思主义哲学史作为一门学科，在中国起步较晚。在教学和科研上开展比较系统的研究，大概起始于20世纪70年代末、80年代初。最早产生的是1981年的全国高校统编教材《马克思主义哲学史稿》，然后有多种教材和著作陆续问世。从国外来看，主要是苏联做了大量工作，提供了不少成果，如关于马克思恩格斯早期哲学思想的研究，对某些原著的研究，等等。这其中，《十九世纪的马克思主义哲学》是他们集中了相当数量的权威学者集体编写的，这套书虽然比较全面地研究了马克思恩格斯的哲学思想，但也留下了一些薄弱环节和空白，如19世纪50年代和60年代除

《资本论》以外的哲学思想、恩格斯的军事哲学思想、马克思晚年笔记中的哲学思想等，有些哲学思想的研究，如自然观、历史观、方法论等都还有待深化。而后来拟编写的四卷本《马克思主义史》也因苏联解体而中途夭折，只出了两卷。同上述国内外研究成果相比较，《马克思主义哲学史》八卷本具有这样一些特点：第一，它根据目前所能收集到的翔实史料，全面地研究了马克思主义哲学从19世纪形成到20世纪80年代以来的全部历史，涉及众多的历史人物、历史事件和历史文献，其覆盖面之广、篇幅之大，在国内外同类著作中是领先的。第二，从八卷本的各个组成部分看，也具有领先和开拓的特点：前三卷以150万字的篇幅阐述了马克思主义哲学在19世纪的发展，不论在内容的全面性、系统性和篇幅的数量上都超过了国内外同类著作。第四、第五卷以百万字的篇幅阐述了马克思主义哲学在俄国和苏联的发展，阐述是从回顾和总结历史经验的角度提出的，反映了我们的观点。第六、第七卷以百万字的篇幅系统地阐述了马克思主义哲学在中国的传播和发展，从五四运动到中国社会主义跨入新时期，历史跨度达70多年，史料翔实系统、观点明确、不回避难点。第八卷由于涉及世界上众多国家马克思主义哲学的历史和现状，在邀集作者、选择国度、分析评论上都有相当的难度。对此，我们遵循的原则，一是作者应能掌握第一手资料，熟悉该国情况；二是力求作出客观公正的评论，避免简单地肯定和否定；三是在难以评论的情况下要如实地介绍其论点和论据。这一卷与原苏联哲学研究所于80年代集体编写的《当代国外马克思列宁主义哲学》相比，我们不仅在篇幅上有所超过，对于亚洲这一重要地区的空白有所填补，在立论的客观、公正上也有自己的特色。第三，八卷本是以揭示辩证唯物主义和历史唯物主义的形成、发展为主，但又从更广阔的视角、更广泛的意义上研究马克思主义哲学的历史。对于自然辩证法、军事辩证法、美学、伦理学、逻辑学、人学、哲学史观等，也都结合一定的历史人物和历史著作作出适当的介绍和评析，为读者了解马克思主义哲学及其交叉学科提供了必要的历史背景和历史文献。

问

您刚才谈到八卷本各个组成部分的特点，现在我还想就这些部分分别提出一些问题。首先，前三卷是如何立足历史、面向现实的？

答

“史”的研究从来都是与现实密切相关的，历史是按照客观规律发展演变的。马克思的两个伟大发现之一就是发现了唯物史观，科学地揭示了人类历史发展的规律。前三卷的许多内容都是围绕着这一发现而展开的。针对国内外“早期热”、“手稿热”、“异化热”和对马克思恩格斯思想转变的不同评价，我们都提出了自己的分析、评论，并旗帜鲜明地提出了自己的观点。关于历史发展的曲折性，突出了1848年欧洲革命和1871年巴黎公社的总结，分析了如何对待革命失败、如何对待政治冷淡主义等。关于马克思主义的历史决定论，着重阐述了马克思恩格斯关于历史主客体的思想，论证了马克思恩格斯并没有把历史规律看作是独立于历史主体活动的某种先验的存在，历史规律体现在历史主体的活动之中，历史的必然性正是历史主体得以能动地表现自己的客观依据。因此唯物史观的决定论有别于机械决定论、宿命论，它所强调的历史必然性体现于主体的能动作用之中。关于马克思主义是否存在“人学空场”的问题，通过对《资本论》的剖析，阐明了马克思在这部著作中已经对人性和人的本质概念作了明晰的区分，人性（Die Humanität）是一种直接性的范畴，它与人的存在是直接同一的；人的本质（Das Wesendes Menshus）则是间接性的范畴、反思的概念，两者的相同点在于它们都是“人的规定性”，《资本论》中所涉及的“人”的问题，正是建立在这种区分之上的。这一思想的发掘有力地驳斥了西方某些学者关于马克思主义哲学存在着“人学空场”的诘难。其他如关于马克思恩格斯的军事哲学思想、科技哲学思想、美学思想、伦理思想等，也都不同程度地填补了某些空白，加强了某些薄弱环节。

问 请您谈谈第四、第五这两卷的研究提出了哪些有创见性的或新的观点。

答 马克思主义哲学在俄国和苏联的发展经历了极为艰难曲折的过程，无论是最早将马克思主义哲学传入俄国的普列汉诺夫，还是将马克思主义的基本原理同俄国的具体实践相结合的列宁、斯大林等，他们在坚持和发展马克思主义哲学的过程中都面临着许多前人未曾遇到的新情况、新问题、新挑战。第四、第五这两卷从20世纪末的视角对上述历史经验和是非得失力求作出客观的分析和评介。我们既注意摆脱苏联长期存在的个人迷信的影响，避免那种肯定一切的倾向，也注意摆脱西方某些思潮否定列宁、否定斯大林的倾向。对于列宁有关社会主义建设和新经济政策的哲学思想等，作了比较充分的挖掘和展开，对于其中有待发展的论点则结合当时的历史条件予以说明和分析。针对有关列宁认识论思想的争议，则从历史联系的角度，把《唯物主义和经验批判主义》与《哲学笔记》作为整体进行分析，从中探索列宁认识论思想发展的全过程，指出列宁全面地阐述了认识论中的唯物论和辩证法思想，只是在不同时期、不同场合强调的重点不同，那种指责列宁的认识论是机械反映论的观点是错误的。

问 请再稍为具体地谈谈第六、第七这两卷的内容在真实地再现历史的过程中，提出了哪些具有开拓性的见解。

答 要实事求是地反映马克思主义哲学在中国传播发展的历史

画面，既要如实地反映众多历史人物作出的贡献，包括一些资产阶级代表人物在翻译和理论研究上作出的贡献，更要突出毛泽东哲学思想在中国革命和建设中的主导作用，同时还要反映马克思主义哲学同诸多哲学思潮相论争的情况。对此，我们作了两方面的努力。一是尽量收集和利用各种史料文献。例如，对于周恩来、刘少奇、朱德、张闻天等作出的重要贡献当然需要突出，对于李大钊、陈独秀、瞿秋白、蔡和森等人的历史贡献要充分肯定，对于李达、艾思奇、杨献珍、冯定等人的学术活动和学术贡献要给以充分的历史评价，对于胡适、戴季陶和胡汉民等也应给予恰当的历史分析。这样，不仅把马克思主义哲学的传播纳入中国特有的历史文化背景之中，而且对毛泽东哲学思想在各种思潮的激荡和碰撞中产生的必然性作出了符合实际的分析，这有力地论证了毛泽东哲学思想既是马克思主义哲学对中国实际经验的哲学概括，又是中国人民集体智慧的结晶。这一研究成果对过去思想史研究中那种简单化、片面性的倾向是一个突破。二是不回避历史的难点和新问题，力求向读者提供翔实的史料，尽可能地作出实事求是的分析。例如，对于十年“文化大革命”，我们本着科学的态度，对毛泽东晚年的错误作了客观的分析，总结了具有启发鉴戒意义的经验教训。比如，如何正确认识社会主义时期的阶级斗争？如何正确处理社会主义条件下生产力与生产关系的矛盾？如何正确对待马克思主义？如何正确对待革命领袖？等等。对于新时期的成就，既要突出马克思主义的继承，又要突出马克思主义的发展和创新；既要总结历史的经验教训，又要面向当代中国和当代世界的实际；既要从理论上搞清楚什么是社会主义，又要从实践上解决怎样建设社会主义。只有这样，才能科学地阐明当代中国的马克思主义，即建设有中国特色社会主义的理论。为此，我们在第二版中又为第七卷加写了一章，对于从党的十三大到十四大期间马克思主义哲学的发展，特别是邓小平建设有中国特色社会主义理论的形成和系统化，作了历史性的分析和阐述。

问

自第二次世界大战以来已有半个世纪的历史，在这段当代历史中，马克思主义哲学呈现出极其错综复杂的情况，请您谈谈第八卷对此取得了哪些研究成果。

答

第八卷根据内容需要，篇幅较大，约80万字，共设置了13章。其中第一章对全球马克思主义哲学的概况作了综合性的介绍和评析，分别概述了发达资本主义国家、原社会主义国家和亚非拉美地区发展中国家的有关情况。其余12章则分别对美国、加拿大、英国、法国、原联邦德国、原民主德国、匈牙利、意大利、日本、波兰、苏联和南斯拉夫的马克思主义哲学的历史和现状作了客观的介绍和述评。

针对国内外相关著作所存在的局限和不足，本卷阐述的重点，一是根据当代马克思主义哲学研究突破单一模式，日益呈现出多样化格局和不同思潮流派争先出现的情况，对于它们各自产生的背景和演变过程，对于各个代表人物的理论观点，力求作出较系统、较详尽的介绍和论述；二是对半个世纪以来各国研究的热点问题，历次论争的缘起、发展和不同见解，力求作出如实的介绍和评论；三是对马克思主义哲学真谛的多样化解释，对马克思主义哲学在现实中的引申发挥和扩展应用，也力求客观地作出反映和评述。

问

您作为《马克思主义哲学史》八卷本的主编和新时期马哲史学科建设的带头人，近年来又编写出版了多部有关马克思主义史的专著，那么，您今后在学科建设上还有哪些设想和打算？

答

学科建设是没有止境的。八卷本虽然已出版，但它还要随着形势的发展和学科建设的深化，及时地修改补充。我个人的其他论著，也只是为学科建设打下了一点基础。对我们来说，从当前世纪之交的国内外形势出发，并以此作为马克思主义哲学史学科建设的基本出发点，是极为重要的。由此我认为，马克思主义哲学史今后的学科建设，首先要用科学的态度回顾和总结20世纪马克思主义哲学的发展历程及其经验教训，总结它在百年历程中所面临的多次挑战和兴衰起伏的特点。这是一项需要集中相当人力、物力和浩繁史料，而同时又必须分段分类、彼此协作、精心研究的巨大工程。其次，要面向当代，从历史的发展上把当代中国马克思主义作为研究的重点，或者说把建设有中国特色社会主义理论作为研究的重点。在当代中国，研究马克思主义哲学，应当同研究社会主义理论结合起来。当代中国哲学如果脱离了中国人民和世界人民所关注的建设有中国特色的社会主义事业，那就会失去时代的光彩和中国的特点。再次，跨世纪的形势和任务要求有跨世纪的人才。要刻不容缓地培养一支有良好基础和素质的专业队伍，他们应具有在市场经济和国际上风云变幻的形势下沉着冷静、刻苦钻研、博学多闻、矢志不渝的精神素养。随着时间的推移，必将有更多的理论著作、历史文献和历史资料要求新一代专业工作者去熟悉、去驾驭、去运用。新一代人才将不断面临着新的课题、新的起点，要攀登新的高峰。

马克思主义哲学史学科建设还要与教学紧密结合，要研究教学思想、教学方法、教材建设如何适应社会主义建设新时期的需要，要开创科研与教学相结合的新体制，为马克思主义哲学史学科建设增添新的活力，并培养和输送源源不断的后继人才。

（原载《哲学动态》1996年第9期）

学者近况

庄福龄（1929.1—2016.11），生前为中国人民大学荣誉一级教授、博士生导师，是中国马克思主义哲学史和马克思主义发展史学科开拓者之一，长期担任中国马克思主义哲学史学会会长。参与策划、主编中国第一本马克思主义哲学史教材——

《马克思主义哲学史稿》；参与策划、主编《马克思主义哲学史》（8卷本）；主编《马克思主义史》（4卷本）、《简明马克思主义史》、《中国马克思主义哲学传播史》、《毛泽东哲学思想史》（3卷本）、《马克思主义中国化研究》（3卷本）、《毛泽东思想概论》；著有《中国体制改革的哲学探索》（合著）、《庄福龄自选集》、《荀子新注》等。其中，《马克思主义哲学史》（8卷本）荣获全国“五个一工程”奖，《马克思主义史》（4卷本）荣获全国“五个一工程”奖和国家图书奖。

宗教·生活·文化

——访方立天

学者简介

方立天，1933年生于浙江永康。1961年毕业于北京大学哲学系。时任中国人民大学哲学系教授、宗教研究所所长，中国宗教学会副会长，中国哲学史学会副会长，《中国哲学史》主编。专著有：《魏晋南北朝佛教论丛》《佛教哲学》《中国佛教与传统文化》《中国古代哲学问题发展史》《中国佛教研究》等。

问

近年来，全国各地信仰宗教的人不少，似乎存在一种宗教热，您对这种现象怎么看？

答

的确，中国近年来信教的人数呈上升趋势，在一些地区如广东、福建、浙江等更为突出，有的地方教徒十年内翻了好几番。不过这股宗教热是在特定的历史条件下产生的，是对于“文革”在“破四旧”旗号下变相实行消灭宗教的一种反弹现象。有一种现象倒应引起学术界的注意，即在经济发达地区，宗教几乎同步兴盛，台湾的情况也相类似。

问

那么，您认为其中有什么心理原因呢？

答

这可从两方面来思考、探讨。一是经济发展以后，一部分人手头有了钱，而钱怎么花呢？这是个问题。人总是需要精神寄托乃至终极信仰的，这样就会有人把钱回馈给宗教团体或宗教场所，以求心灵的抚慰和满足，这也为宗教活动提供了物质基础。二是市场经济使经济活动带有一定的不可预测性和风险性，这就可能会使有些赚了大钱的人以为是神灵在冥冥之中保佑自己；也有一些没赚钱而急于赚钱的人则想通过崇拜神灵，祈求神灵保佑自己发财。这也反映了一些中国人对神灵崇拜的功利性心理基础。

问

我们以前常说，宗教产生于愚昧和落后，而现在反倒是相对发达地区的宗教信仰更活跃一些。这其中又有哪些理论问题值得我们反思呢？

答

人们信仰宗教的原因很复杂，物质生活和科技发展的水平对于消除宗教只具相对意义。人和动物不一样，人是万物之灵，人具有理性和自我意识，这样人的生命活动就包含两个方面：一是按照人的自然本性进行的种种活动，二是按照人的超自然的精神本性展开的活动。这两种本性及其活动之间存在难以调和的冲突，这就是人的宗教信仰的总根源。一般说来，我们可以把宗教产生的原因归结为下面三个方面，即人所内在的三种矛盾：一是人与自我的矛盾，即人的自我存在的有限性与人的自我意识的无限性之间的矛盾，如生与死、精神与肉体、理想与现实等。人人必须对生死有所安顿，可以说，仅是对人的死亡的畏惧、无奈，就会导致一些人信仰宗教。二是人与人的矛盾。作为个体的人的能力的有限性与作为类的人的能力的无限性之间存在的矛盾，会使个人深感无能、无力、软弱、渺小，进而产生自卑、畏惧、失落、孤独的痛苦。人在社会中生活，有幸福也有痛苦，如战争所带来的生灵涂炭等，这都会使一些人疏离世俗生活，转而皈依宗教。三是人与自然的矛盾。在初民社会，由于认识水平的限制，人在自然面前完全是自在的，因此把一切现象都归结为某些神秘力量的安排。随着科技的发展，许多自然奥秘被打开，但人类对自然的了解还是很有限的。许多自然现象还得不到合理的解答，对于大规模的自然灾难还难以抗拒，对有些疾病还无能为力，人与自然环境的矛盾还难以解决……自然是无限的，人类永远不能穷尽自然之奥秘。周恩来说过，只要人还有些思想问题不解决，宗教就不会消亡。这有助于我们正确理解宗教，制定正确的宗教政策。

问 宗教产生的原因的确非常复杂，科学进步也不能从根源上完全消除产生宗教的基础。总之，必须用客观分析的态度对待宗教。目前，我们国家采取了正确的宗教政策，提倡信仰自由。我们应怎样理解宗教的作用呢？

答 宗教的社会作用比较复杂。从人类的发展史来看，宗教的产生是人类的一大进步，标志着人类思维水平的提高。另外，宗教是人类文明的重要组成部分，能给人一种安慰，帮助人们解脱苦恼。宗教确立了人类的一些基本的道德原则，有助于使人心向善、向上。宗教信仰实际上是以超自然的神秘方式实现社会控制，从而有助于维持和稳定社会秩序。但宗教的消极作用也是显而易见的：宗教漠视人们的物质生产活动；会对人产生一种消极作用，使人消沉，不关心现实；宗教活动消耗大量的人力、物力。从历史上看，有些宗教和教派之间缺乏宽容，引发了对于异教徒的迫害和以此为名义的对科学家的迫害、对科学的压制，这些都不利于社会的进步。

问　但现在有些现象值得我们注意，如封建迷信借宗教信仰自由的政策而有所回潮。我们应如何看待宗教与迷信之间的关系呢？

答　宗教与迷信密切相关，但迷信不就是宗教。如现在街上看手相、算命等就并非宗教。而一些正当宗教仪式如佛教的烧香、拜佛，基督教的礼拜活动，则不能笼统地视其为迷信活动而予以取缔。关于宗教和迷信的关系是一个很大的问题，就两者在早期的产生根源、部分内容和某些表现形式方面来看，确有相似乃至相同之处，但两者之间也确有区别，并不能等同，也不能混同。迷信有广义和狭义之分。广义的迷信是泛指对某一对象的绝对信仰、盲目崇拜，如个人崇拜、拜金主义等就是。通常我们讲的是狭义的迷信，是指神汉、巫师、算命先生等从事抽签、打卦、算命、看风水、驱鬼、跳大神等活动。封建迷信和迷信也有一定的区别，封建迷信是指以恢复封建专制统治为目的的迷信活动，与群众中的一般迷信活动不完全相同。至于宗教则是一种系统的思想信仰，有规范化的宗教仪轨，并有严密的组织系统，是与迷信有重大区别的。在政策实践上，政府要保护正常的宗教活动而取缔迷信活动。对一些人因一时无法分清而参与迷信活动，要加以引导。其实，中国人信仰宗教有很大的功利性，这与国外的情况有所不同。

问

关于中国人宗教信仰的功利性问题是一个十分复杂的学术问题，今天暂不展开。我想您还是先着重谈一下中国当前宗教研究的情况吧。

答

中国的宗教研究一直很薄弱，改革开放以后，学术环境比较宽松，宗教研究才逐渐展开与深化。这些年来的宗教研究热也与传统文化热有很大的关联，因为中国传统文化主要就是儒、释、道三家。不研究佛教、道教，传统文化的研究就既谈不上全面，更不用说深入。由于传统的原因，佛教研究的人数最多。不过，目前各个宗教的研究呈全面开展的态势，道教研究也改变了过去比较落后的局面。当前，宗教杂志也很多，高等学校有宗教系或专业，宗教界也有学院培养专门人才。总之，当前宗教研究已形成了包括学术界（高等学校和社科院系统）、宗教界和宗教工作者几方面力量团结协作的良好局面。当然宗教研究也存在着一些误区，如：（1）宗教迷信等同论；（2）突出宗教和主流思想对立论；（3）把宗教人士视为异己力量；（4）宗教速亡论等。这都应在研究中认真对待。

问

佛教是您的研究重心，有一个问题一直引起我的思考，即同样是外来宗教，佛教与中国文化互相融合，促进了中国文化的发展，而明末的基督教却没有做到这一点。这其中有什么原因，留给我们什么样的启示呢？

答

这个问题确有意义。佛教传入中国之初，与中国文化也有冲突，特别是其出家修行的教规与中国固有伦理中的忠、孝观念存在着尖锐的对立，且佛教与道教、儒家在争夺最高统治者的支持方面也针锋相对。但三教之间又有互补性。如儒家注重生，“未知生，焉知死”，“子不语怪力乱神”；而佛教则有着丰富的死亡哲学内容；道教求长生，试图一举解决生死问题。因此有儒治世、佛治心、道治身的说法。理论上存在的互补性是三教合流的理论基础。这种合流最终是归结于心性，因为儒家把治世归结于治心，道教（以成仙为目的）治身不成最后也转向治心。另外，佛教一切皆苦、一切皆空的人生观与儒家乐观、入世的观念又互为补充。尤其要指出的是，佛教持一种开放性的传教路线，随机施教，即所谓“方便法门”，根据情况调整教义。如中国佛教徒宣扬他们比不出家的人更孝，理由是一人出家造福全家。而基督教一直采取比较严格的传教路线，且在如上帝创造世界和不能拜祖先等问题上不作让步，因而难以与中国传统文化相结合。从中国文化和外来文化交流的历史中我们可以得出这样的观点，即对其他文化不能持先入之见而拒之门外，而应当综合百家之长，经消化、提高，再创造新文化。佛教就是一种外来文化，当初如将之拒之门外，中国古代文化可能就没有这么丰富多彩。因此，不论何种文化，只要它对发展新文化有利，符合时代的要求，对提高国民素质有好处，我们都应在马列主义的指导下吸收之、融合之。

（原载《哲学动态》1996年第10期）

学者近况

方立天（1933.3—2014.7），著名哲学家、哲学史家、宗教学家。中国人民大学首批一级教授、哲学院博士生导师，为中国人民大学宗教学和中国哲学学科的创立、建设与发展作出了重大贡献，是中国人民大学宗教学与中国哲学学科的重要奠基人。曾任中国哲学史学会副会长、常务副会长、顾问，《中国哲学史》杂志主编，中国宗教学会副会长、顾问，《宗教研究》主编，教育部人文社会科学重点研究基地中国人民大学佛教与宗教学理论研究所创所所长，中国人民大学宗教高等研究院创院院长，中央文史研究馆馆员，国家哲学社会科学研究专家咨询委员会委员，教育部社会科学委员会委员，中央统战部马克思主义理论工程“马克思主义宗教理论若干重大问题研究”首席专家，国家宗教事务局宗教工作专家库特聘专家，中国佛教协会顾问。享受国务院政府特殊津贴。主要学术领域为宗教学与中国哲学。出版著作21部，合著18部。发表文章420余篇。有《方立天文集》12卷本（中国人民大学出版社，2012）。所著《佛教哲学》荣获中国图书奖荣誉奖（1986）、国家教委首届人文社会科学优秀成果一等奖（1995）;《中国佛教哲学要义》荣获第六届国家图书奖（2003）、北京市第八届哲学社会科学优秀成果特等奖（2004）、首届中华文化优秀著作奖一等奖（2004）等，入选“中国文库”，被誉为中国佛教哲学研究具有里程碑意义的集大成之作;《中国佛教与传统文化》《中国文化与中国宗教》等入选原国家新闻出版广电总局“经典中国国际出版工程”;《中国古代哲学问题发展史》被张岱年先生誉为“内容博雅，探索深切，诠释精确”。其学术论文《论中国化马克思主义宗教观》2006年获北京市第九届哲学社会科学优秀成果一等奖，被视为我国“十五”期间全国高校基础性理论研究的重要标志性成果，在学术界和社会上产生了重要影响。被评为“全国先进工作者”“全国模范教师”“北京市人民教师”，获得全国五一劳动奖章、中国人民大学校长特别奖（终身成就奖）、中国人民大学第五届吴玉章优秀科研奖。

在前提批判中寻求崇高

——访孙正聿

学者简介

孙正聿，1946年生，吉林省吉林市人。哲学博士。时任吉林大学哲学社会学院院长、教授、博士生导师。主要著作有：《理论思维的前提批判》《现代教养》《哲学通论》《崇高的位置：世纪之交的哲学理性》等。

问

20世纪90年代初，您在自己的学术论著中提出，哲学是对理论思维的前提批判。近年来，您又从许多方面发挥了这种理解。请您首先简要地解释一下这种哲学观。

答

在所有的哲学问题当中，我最感兴趣的，莫过于对哲学本身的追问。这种追问，可以说是我的哲学研究的主旋律。在20世纪80年代末撰写博士学位论文的过程中，我以重新理解辩证法的批判本性为突破口，以深入反思辩证法与哲学基本问题的关系为主要内容，比较系统地探索和阐释了哲学的批判本质，从而提出了哲学是对理论思维的前提批判的基本认识。

这种认识直接源于对哲学基本问题的理解。恩格斯曾经提出，思维和存在“服从于同样的规律”，这是理论思维的“不自觉的和无条件的前提”。这个“前提”蕴含于人类的全部活动之中，并以“不自觉的和无条件的”方式规范人们的全部思想与行为。由此我提出：人类运用理论思维去认识世界和改造世界，从而创造人类的物质文明和精神文明，哲学则把“思维和存在的关系”作为“问题”，批判地反思理论思维的“前提”，追究全部知识的基础，沉思生活信念的根据，探索历史进步的尺度，审视评价真善美的标准，从而变革人们的思维方式、价值观念和审美意识，为人们提供历史地发展的世界观理论。

在1992年出版的《理论思维的前提批判》一书中，我以这种哲学观比较系统地考察了辩证法对形式逻辑、常识、科学和哲学的前提批判，并以辩证法的批判本质的历史发展为主线，论述了本体论追究的辩证法、认识论反省的辩证法、逻辑学反思的辩证法、实践论批判的辩证法以及现代文化批判的辩证法，从而系统地提出和形成了前提批判的哲学理论。

问

这种前提批判的哲学理论所要解决的主要问题是什么？

答

在我看来，提出哲学是对理论思维的前提批判，首先是揭示了人类思想的哲学维度。人们经常用“反思”来说明哲学的特性，然而，哲学反思的根据、对象、方式、特性与功能到底是什么？我认为，人类的任何思想都隐含着构成其具体内容从而也是超越其具体内容的根据和原则。这种思想构成其自身的根据和原则，是思想中的一只“看不见的手”，它以文化传统、思维模式、价值尺度、审美标准、生活信念、行为准则和终极关怀等方式构成思想的逻辑支点，规范着人们想什么和不想什么、怎么想和不怎么想、做什么和不做什么、怎么做和不怎么做，也就是规范着人们的思想内容和思维方式、行为内容和行为方式。哲学的“反思”，则是以构成思想的根据和原则为对象，历史地揭示“隐匿”在思想当中的“前提”，进而“解除”这些“前提”对思想构成自己的逻辑强制性，修正或者转换构成思想的前提，并以新的逻辑支点去建构新的思维模式、价值尺度、审美标准、生活信念和终极关怀，永远敞开人类思想自我批判和自我超越的空间。这就是人类思想的“反思”的维度，也就是我所说的哲学对思想的“前提”批判。

问

根据您对人类思想哲学维度的解释，能否说哲学反思的对象就是“思想”？

答

我有一个比较通俗的比喻：当着哲学企图坚守自己的固有领地的时候，它越来越感到自己“无家可归”；当着哲学被“驱逐”出全部世袭领地之后，它却真正实现了“四海为家”。这是因为，“思想”是关于世界的思想，人们正是在思想中才能达到对世界的把握、理解和解释。通常说“哲学是理论化的世界观”的时候，不也是强调这种“理论化的世界观”是对各门知识“思想”（或科学）的“概括和总结”吗？这不同样是肯定哲学是以知识（或科学）为直接对象吗？提出哲学是对理论思维的前提批判，在于强调这样几个方面：其一，哲学的“反思”是批判地揭示隐含于思想之中的“前提”；其二，“反思”的目的是历史地重构思想的“前提”，也就是历史地重构思想的逻辑支撑点；其三，“反思”的社会功能在于它的巨大的思想解放作用以及它的塑造和引导新的时代精神的作用。

问 您主要在哪些方面展开了这种哲学的前提批判？

答 90年代以来，我主要是展开了对哲学的终极关怀、哲学的生活价值、哲学的表征意义、哲学中的科学主义思潮、辩证法的当代理论形态以及哲学的常识化等问题的前提反思。这些研究成果，可以说是我的哲学前提批判的主旋律的多重变奏。

对本体论的诘难与辩护、拒斥与重建，是现代哲学进程中的旨趣迥异的两种倾向。我从哲学的前提批判的视角对本体观念和本体论作出了新的阐释。在我看来，哲学本体论的产生与发展，首先是与人类独特的存在方式密不可分的。人类作为改造世界的实践主体，其全部活动的指向与价值，在于使世界满足人类自身的需要，把世界变成对人来说是真善美相统一的世界。具有历史展开性的实践活动是人类思维的最本质、最切近的基础。基于人类实践本性的理论思维，总是渴求在最深刻的层次上或最彻底的意义上把握世界、解释世界和确认人在世界中的地位与价值。理论思维的这种渴求，是一种指向终极性的渴求，它的理论表达构成贯穿古今的哲学本体论。

然而，哲学的本体论追求，本身就具有悖论的性质。哲学作为“思想中所把握到的时代”，它所承诺的“本体”及其对“本体”的理解和解释，都只能是自己时代的产物，而哲学本体论却总是要求最高的权威性和最终的确定性。因此，本体论作为一种对人和世界及其相互关系的终极关怀，它可能达到的目标，并不是它所追求的“本”或“源”；它的真实的意义，也不在于它能否达到它所指向的终极存在、终极解释和终极价值；本体论追求的合理性在于，人类作为理想与现实的矛盾统一的存在，总是悬设某种基于现实而又超越现实的理想目标，否定自己的现实存在，把现实变成更加理想的现实；本体论追求的真实意义就在于，它启发人类在理想与现实、终极的指向性与历史的确定性之间，既永远保持一种“必要的张力”，又不断打破这种“微妙的平衡”，从而使人类在自己的全部活动中永远保持生机勃勃的求真意识、向善意识和审美意识，促使人类走向更加理想的崇高的境界。

问

按照您的说法，能否认为哲学的前提批判就是为了推进人类对崇高的追求？

答

这正是我的基本意识。在我看来，哲学作为理论形态的人类自我意识，它一向以阐扬崇高和贬抑渺小作为自己的追求目标和理论使命。然而，哲学史告诉我们，哲学对崇高的追求，又总是让自己所确认的崇高异化为某种超历史的存在，这就是马克思所批判的超历史的“神圣形象”以及形形色色的超历史的“非神圣形象”。正因如此，哲学又总以哲学前提的自我批判去实现对崇高的新的追求。哲学对崇高的追求和哲学对崇高的异化形态的前提批判，构成了哲学的艰难曲折的发展史。盛行于当代的所谓后现代主义思潮，从根本上说，是对各种超历史的“非神圣形象”的消解运动。它在哲学层面上挺立了个人的独立性和文化的多样性，也在哲学层面上破坏了人类存在的崇高感和终极关怀，它在消解种种被异化了的崇高的过程中，又造成失落了崇高的种种精神困倦。“生命中不能承受之轻”的“存在主义的焦虑”，需要当代哲学进行深沉的哲学前提的自我批判。因此我提出，世纪之交的哲学理性，正在工具主义的泛滥与存在主义的焦虑中徘徊，寻找意义和重建崇高成为当代的哲学的主题。

问

前不久您提出，哲学是“意义”的社会自我意识，寻找“意义”是哲学的真正的生活价值，这是否也是您的哲学前提批判的重要内容？

答

我在建构前提批判的哲学理论的过程中，不断地深化了对哲学自身的理解。我在1996年第3期《中国社会科学》上发表的《寻找“意义”：哲学的生活价值》一文中提出，追问“哲学究竟是什么”，合理的提问方式应当是：在人类创造自己的“生活世界”并实现人的自我发展的诸种基本方式中，哲学的不可或缺和不可替代的特殊作用和独特价值是什么？正是从这种提问方式出发，我具体地考察了哲学与人类把握世界的其他基本方式的关系，“意义”的个体自我意识与“意义”的社会自我意识的关系，时代精神与哲学作为其“精华”的关系。通过对这三种基本关系的反思，我得出如下基本认识：其一，人类以其把握世界的各种基本方式和世世代代的“生活活动”去创造自己的“生活世界”的“意义”，哲学则以前提批判的方式去反思渗透于人的全部生活并贯穿于人类生活始终的“意义”；其二，个体性的关于生活“意义”的自我意识不可逃避地具有“意义”的社会内容、社会性质和社会形式，哲学就是既超越于个体自我意识之外又内在于个体自我意识之中的“意义”的社会自我意识；其三，所谓“时代精神”就是标志社会不同发展阶段的、具有特定历史内涵的生活世界的“意义”，哲学作为时代精神的“精华”则是时代“意义”的社会自我意识，也就是对时代性的生活世界的“意义”的理论把握。

由此我进一步提出：真正的哲学并非仅仅是时代精神的“反映和表达”、“总结和概括”，更重要的是时代精神的“反思和表征”、“塑造和引导”；它以自己提出的新的问题、新的提问方式以及对新问题的新的求索，批判性地反思人类生活的时代意义，理论性地表征人类生活的矛盾与困惑、理想与选择，从而塑造和引导新的时代精神。这是哲学作为“意义”的社会自我意识和时代精神的“精华”的真义之所在，也是哲学在人类把握世界的全部方式中的不可或缺和不可替代的生活价值之所在。

问　您对自己的上述思想是否作出了系统的论证？

答　近年来我完成了四部著作，从不同的侧面论证和深化了这些思想。

为了发挥哲学在社会主义精神文明建设中的作用，以哲学的方式去激励人们对真善美的渴望与追求，我在《现代教养》一书中探索了现代的思维方式、价值观念和审美意识，具体地分析了现代人的求真意识、理论意识、创新意识、批判意识和主体意识，考察了现代人的人类之美、真情之美、崇高之美、逻辑之美与自然之美。

《哲学通论》一书系统地阐述了哲学的自我追问、哲学的自我理解、哲学的思维方式、哲学的生活基础、哲学的主要问题、哲学的派别斗争、哲学的历史演进以及哲学的修养与创造，从而对哲学的对象、性质、内容、变革与功能等问题作出了比较全面的论证。

我以自己所承担的关于后现代主义研究的“八五”国家社科基金课题为基础，撰写了《崇高的位置：世纪之交的哲学理性》一书。这部著作比较深入地分析了现当代哲学对超历史的“非神圣形象”的“消解”，并对这种“消解”的前提进行了比较系统的批判思考，从而提出了关于寻求“意义”和重建“崇高”的当代哲学主题。

辩证法理论一向是我的主要研究方向。作为国家教委人文社会科学“八五”项目的研究成果，我完成了《辩证法理论的当代阐释》一书。这部著作以重新阐述辩证法与哲学基本问题、辩证法与辩证思维方式、辩证法与认识论、辩证法与本体论、辩证法与人的存在方式等关系为基础，集中地研究了辩证法理论的当代社会生活基础和辩证法的当代理论内容，其中特别探索了对语言、科学、文化、意义、价值的辩证理解问题。这种探索使哲学的前提批判获得了当代的理论内容。

问 最后，请您谈一下对哲学未来的展望。

答 我觉得，在现代哲学的自我理解中，在未来哲学的自我展望中，我们都需要不断地重温和思索马克思的一句名言：未来的哲学是世界的哲学，未来的世界是哲学的世界。这句名言所蕴含的哲学智慧告诉我们：人的全面发展的生活世界，也就是“意义”的社会自我意识获得人类性自觉的世界。在人类追求崇高和实现自身崇高的过程中，哲学家需要以高举远慕的心态、慎思明辨的理性、体会真切的情感、执着专注的意志和洒脱通达的境界，去批判性地思索诸种前提性的问题，这样才能真诚地思考现实、真切地提出问题和真实地发展哲学，从而推进社会的进步和人类的发展。

（原载《哲学动态》1996年第12期）

学者近况

孙正聿（1946.11— ），哲学博士。曾任教育部哲学学科教学指导委员会主任、吉林省哲学学会理事长、吉林大学学术委员会主任。现任教育部人文社会科学重点科研基地吉林大学哲学基础理论研究中心主任，吉林大学哲学社会科学资深教授、博士生导师。第十、第十一、第十二届全国政协委员。兼任国家哲学社会科学专家咨询委员会委员，教育部社会科学委员会委员，教育部习近平新时代中国特色社会主义思想研究中心专家委员会顾问，教育部“长江学者奖励计划”评审委员会委员。主要研究领域为马克思主义哲学和哲学基础理论。主要著作有：《哲学通论》、《理论思维的前提批判》、《马克思主义基础理论研究》（上下卷）、《哲学：思想的前提批判》、《思想中的时代》、《崇高的位置》、《马克思主义辩证法研究》、《改革开放以来的当代中国哲学史》、《孙正聿哲学文集》(9卷本)等。在《中国社会科学》《哲学研究》等刊物发表论文近300篇，28篇论文被《新华文摘》全文转载。《马克思主义基础理论研究》《哲学：思想的前提批判》收入"国家哲学社会科学成果文库"。荣获"全国先进工作者"荣誉称号，获得首届国家级教学名师奖、"全国教书育人楷模"提名奖、首届宝钢优秀教师奖、吉林大学(力旺)终身成就奖、全国"五个一工程"奖，获国家级教学成果奖3项、高等学校科学研究优秀成果奖(人文社会科学)5项。《人民日报》《光明日报》《中国教育报》《中国社会科学报》《中国大学教学》《哲学动态》等报刊曾先后对其学术研究和教学的成果进行报道与访谈，认为其在繁荣中国哲学社会科学、推进中国高等教育改革、培育和弘扬社会主义核心价值观中发挥着重要作用。

解释生活：从思想史研究说起

——访陈少明

学者简介

陈少明，1958年生，广东汕头人。时任中山大学哲学系副教授。著作有：《儒学的现代转折》《都市墓志铭》《汉宋学术与现代思想》。合著有：《反本质主义与知识问题》《被解释的传统》等。

问

近几年来，您在学术界比较活跃，连续出版几种不同题材的著作，同时还有不少介入思想学术争议的评论，能否就您自己的工作及背景向读者作一概括的介绍?

答

我的学术训练是从20世纪80年代开始的，但“文化热”时我发表的文字较少，主要是个旁观者。90年代出版的书中，有些是80年代后期积累或准备了的。粗略地说，我的工作大致可以分几个方面的内容：(1)关于中国思想史（包括哲学史）的研究，重点在近现代方面；(2)对思想史与人文科学方法论的分析；(3)哲学方面特别是价值哲学的初步探讨。这些工作开始时并非预设好不同的框架，而是相互联系的。有些问题本是从另外的课题延伸出来，后来再下点功夫，便独立发展起来。这造成了我做不成“专家”的局面。

问

请您具体谈一下，在这些研究工作中，不同课题之间是如何联系的。

答

我得先把范围缩小一些，从思想史方面说起。我起步是阅读康有为、梁启超，顺延下来便做了有关现代新儒家的课题，成果以“儒学的现代转折”为题出版；考察新儒家时，又想回溯其所承接的传统，焦点又移到宋明理学；而要理解宋明理学在传统中的位置，则不能不提及汉宋学术的关系……这些延伸或转移是自然而然的，但随着范围的扩展及问题的深入，回过头来，便有一些整体性的看法形成。例如，受周予同的启发，我通过历史与逻辑相结合的分析，从经学史中区分出分别以政治、历史及哲学为主要特征的三种解经学。然后再运用这个概念框架，分析清末民初今古文之争、汉宋之争的思想和学术意义，以及“五四”以后的后经学时代，现代史学（如古史辨）与哲学（现代新儒家）同汉宋学术传统的关系，使这段纷繁多变的思想学术史显出些脉络来。这些努力体现在《汉宋学术与现代思想》及与友人合作的

《被解释的传统——近代思想史新论》二书中。

问

《汉宋学术与现代思想》中有不少与方法论有关的论文，从中也可以看出您对自己工作的说明。但有一个问题，方法热似乎出现在20世纪80年代，90年代谈方法的少了。您为什么对此这么有兴趣？

答

20世纪80年代的方法热是在科学哲学的领域煽起来的。但哲学史方法论方面的讨论，多纠缠在日丹诺夫式的话题上。不过，与50、60年代相比，80年代表现出的不是强化而是要挣脱框框的冲动。有些学者在研究的实践中打破框框，但方法论上实际建树不大。我的兴趣不是炒80年代的冷饭，而是源于研究对象的启发，以及对自己工作的思考。我把广义的思想史（包括哲学史）从功能上区分为两个类型，一是挖掘价值源泉，二是提供思想知识。前者是哲学家的使命，后者是史学家的事业，狭义的思想史指后者。对前一问题的探究是由对现代新儒家的研究所引发的。解答的问题是：从方法上讲，现代新儒家为何能是“新”“儒家”？《思想史解释：逻辑与逻辑之外》是一种解答的尝试。文中结合语言哲学与解释学的方式，以中国经验为对象，对解释中规则与创新的关系作出分析。我自己认为它也可以看作对冯友兰先生提出的“抽象继承法”的新论证，但拓展了原有问题的内涵。后来，我又把它运用到对宋学“六经注我”的思想方法的分析中。后一问题实质上也可以看作对自己工作的辩护，它是针对史学方法的实证主义倾向而提出的。我强调狭义的思想史不只是提供思想素材，而应重视其解释功能。如从经学史中提取三种类型，并用于解释思想史的变迁，在经学家看来肯定是“不通家法”，但它可以深化对思想史的理解。这是否“合法”，就关系到对解释框架同思想史经验的关系性质的分析。我从韦伯的“理想类型”中得到启发，对此提供自己的答案。方法当然不能代替具体的研究，但说一句也许不是武断的话，今日哲学史甚至思想史弄得十分单调、贫弱，与大多数研究者的方法意识不自觉有很大的关系。

问

韦伯的“理想类型”，只是一般社会科学方法，而且它是否具有普适性也是有争议的。这个问题不知您怎么看？

答

不错。我与张志林合作的《反本质主义与知识问题》一书也试图解决这一问题。该书的副题是“维特根斯坦后期哲学的扩展研究”。我不是治西学的，敢于“越轨”的原因主要是有张志林为我壮胆。他在分析哲学，尤其是维特根斯坦哲学上有独到的功夫。同时，我想“扩展”的内容，也非攀附在维特根斯坦的思想线索上不可。全书在方法上有一个关键环节，就是通过引入维特根斯坦的“家族类似”概念作本体论依据，从而证明“理想类型”在方法论上具有普适性。不过这种方法的功能在大多数情况下只是解释或启发性认识，而非形成有预测功能的“规律”性知识。后者存在于自然科学中，是理想类型的特例，而前者则是社会科学或人文学术知识的正常状况。这样，我们也就扩展了“理想类型”的原有含义，其对思想史的适用性也就不言而喻了。这也是我从思想史方法进入人文科学方法，最后竟变成对知识以至理性的探讨的学术路径。

问

理性可是个大问题，很想听听您的见解。

答

我们在反本质主义的基础上，提出相对理性（或有限理性）的观念，它是相对于绝对理性（或无限理性）而言的。我还是用我们在该书余论中的概括来回答：“绝对理性主义，也是无限理性主义，它在本体论与方法论上都是本质主义。相对理性主义，也是有限理性主义，则持反本质主义立场。但请注意，相对理性反对绝对理性，同时也拒斥非理性。它还有别于非理性主义的反本质主义。非理性失却秩序感，放逐确定性，对认知的功能及行为规范化没有能力予以解答，实际是否定文明的成果，也回避生活的现实性。相对理性或有限理性是以现象世界的家族类似特征为依据强调对象在总体上是无序的。有序只是其中局部的情形，这个局部正是理性的用武之地。同时，在有序与混沌的过渡领域，努力用有序的眼光加以把握，这就是对理想类型方法扩展运用的强调。相对理性主义要求更全面地理解生活与知识的相互关系。”我撰写的《价值图式》一文，正是这种观点在价值分析中的运用。

问　这样说，您的价值理论是以反本质主义为基础的。尽管您要同非理性主义划清界限。但我还是想问一下：这样做，是否会导致一种一切行为意向都无是非、无对错的结论？

答　不会。我的基本观点是，形形色色的价值现象总体上没有统一的本质，因此不同的价值形态有不同的规则或评价尺度。有些价值是自然统一的（如功利），有些价值是难以统一的（如审美），有些价值是非统一不可的（如伦理）。有限理性就是要求在必须统一的地方确立合理的统一标准，而在没法统一的地方任其自然。这也是自由与秩序的关系问题，用中国哲学的范畴表达，即“心”与“理”的关系问题。1995年8月，我在波士顿举行的第九届国际中国哲学大会上提交的论文《从性理到理性》，就借对“心”与“理”的分析，提出圣、凡这两种道德的区分，在伦理领域中对有限理性的观点作了进一步的阐释。

问　除有专业性的学术论著外，最近两年，您还发表了不少介入社会、文化问题的评论文章，有的还引起了争论。您自己是如何看待这种工作的？

答　我先后参加讨论的问题有：人文精神、思想与学术、社会科学规范化、激进与保守、民族主义，等等。其中反响最大的是《对规范的疑虑——从90年的学术转向读起》，大概是同时触动了多种问题的缘故吧。《中华读书报》也对争论作过报道。我想，笼统地说，这种工作就是文化评论。文化评论很难归结为哪一个具体的专业，它是一种独立的思想或知识活动，但它与不同的专业学术研究有联系。我从事文化评论是自觉的行为。有两方面的理由使它有存在的必要：其一，任何社会文化现象的出现，总需要有人从不同角度对之加以分析、评论，以促使人们对其有一种自觉。而这种工作不能依赖单个学科的知识去完成。其二，许多专业学术成果一般只在同行中流传。但如果借助于对人们瞩目的社会现象的评析，部分思想成果可以由之传播到社会，从而扩大学术的社会影响。20世纪90年代以来，由于社会转型，新现象层出不穷。同时，由于商业化的影响，纯学术越来越变成大洋的孤岛。这种情况使文化评论更值得提倡。可惜我的评论还远未能触及更大众化的问题，但我坚信它的意义。

问　再提一个问题：在您的工作中，您如何摆好思想史、哲学及文化评论的关系？

答　思想史是我整个学术训练的基地，它训练我提出更有意义的问题以及用更合理的方式来解答问题。但我做学问的兴趣在于理解现代生活。思想史也可解释当代，但毕竟是间接的。而从哲学入手，便可减少历史的隔阂，对生活加以整体性的把握。但哲学的优点与缺点都在于抽象，一抽象，就没法处理对具体问题的认识。文化评论就有把抽象转化为对具体现象的把握的特点，同时，在具体的批评中又会有新问题的灵感。所以，问题都是互相转化的。不过，这纯粹是个人的经验，没有普遍性。

（原载《哲学动态》1997年第1期）

学者近况

陈少明（1958— ），哲学博士。从1986年起任教于中山大学哲学系，现为哲学系教授，兼哲学系学术委员会主任。先后入选广东省珠江学者特聘教授（2009.9—2014.8）、教育部长江学者特聘教授（2015.1—2019.12）。兼任第七届国务院学位委员会学科评议组哲学组成员、第八届中国哲学史学会副会长。曾为哈佛—燕京学社、台湾大学人文社会科学高等研究院、香港中文大学中国文化研究所访问研究员，香港中文大学哲学系访问教授，湖南大学岳麓书院朱张客座教授，并为北京大学高等人文研究院、复旦大学中华文明国际研究中心兼任教授。主要研究领域为：中国哲学、中国的经典解释传统、人文科学方法论等。主要著作有：《儒学的现代转折》（辽宁大学出版社，1992）、《汉宋学术与现代思想》（广东人民出版社，1995）、《被解释的传统——近代思想史新论》（合著，中山大学出版社，1995）、《反本质主义与知识问题——维特根斯坦后期哲学扩展研究》（合著，广东人民出版社，1995）、《等待刺猬》（上海三联书店，2004）、《〈齐物论〉及其影响》（北京大学出版社，2004）、《经典世界中的人、事、物》（上海三联书店，2008）、《做中国哲学：一些方法论的思考》（生活·读书·新知三联书店，2015）、《仁义之间》（孔学堂书局，2017）等。

在史与思之间

——访杨国荣

学者简介

杨国荣，1957年生于上海，浙江诸暨人。哲学博士。时任华东师范大学哲学系教授、中国哲学史教研室主任、博士生导师。著作有：《王学通论——从王阳明到熊十力》、《孟子评传》、《善的历程——儒家价值体系的历史衍化及其现代转换》、《实证主义与中国近代哲学》、《心学之思》、《理性与价值》、《胡适与中西文化》（合著）等。

问

自20世纪80年代以来，您在中国哲学史方面的研究工作颇为引人瞩目，能具体介绍一下您在这一领域的研究情况吗？

答

在中国哲学史领域，我的研究兴趣首先指向古典哲学。不同的文明形态都曾有过自己的原创时代，中国古典哲学亦以其独特形式体现了这种原创性，正是这种原创性，吸引着后人不断向它返归并加以回省。我总认为，研究中国古典哲学，不能仅仅就史而论史，重要的首先是把握其中具有原创意义的思想资源，后者既可以使我们重新经历古代先哲的智慧之路，亦能为今天的哲学思考提供无尽的启迪。从先秦到明清，哲学史上不同的经典、人物、流派，往往都以其一家之言、相反之论，表现了对普遍之道的独特理解，具体地阐释和澄明这种理解，无疑是一件有意义的工作。自80年代初开始，我便从不同侧面对中国古典哲学作了若干疏解和诠释，涉及的范围包括先秦诸子（儒、道、墨、法等）、汉代儒学、魏晋玄学、宋明理学、清代朴学等。

问

除了中国古典哲学，您对近现代哲学也十分关注，在这两个领域中，您的研究角度是否有所不同？

答

中国哲学步入近代以后，其形态也随之发生了变化。中西文化的相遇，是近现代的一个基本事实。中国哲学与西方哲学本来一直在各自不同的文化历史背景中衍化发展，除明清之际等短暂、零星的接触外，在近代以前，很少有实质性的交流。然而，近代以降，中西哲学的碰撞和互动已成为一个无法回避的问题。如果说古典哲学主要展开于相对单一的传统，那么，近现代哲学则在不同层面上表现为中西哲学交融的产物。相对于古典哲学研究中主要关注于其原创性的思想资源，对近代哲学，我更多地着重于分析中西融汇这一独特的哲学史现象。当然，这并不是说，近现代哲学家没有新的哲学建树，我想强调的只是这种建树始终以中西哲学的互动激荡为其背景。离开了这一背景，便无法理解中国近现代哲学。

问

从近现代进而延伸，对当代哲学家特别如冯契等人的工作，您也发表了不少文章。中国现代哲学又有什么明显的特点呢？

答

当代哲学是近现代哲学的继续。不过，从总体上看，当代哲学虽然并不沉寂，但自成体系的哲学家似不很多。这一时期值得特别注意的是冯契先生的工作，他以智慧说沟通本体论、认识论、价值论，既体现了真善美统一的悠远哲学传统，又展示出超越科学主义与人本主义对峙的独特思路。这种哲学思考以马克思主义为出发点，同时又吸纳了中国哲学与西方哲学的思维成果，因而可以看作是近现代中西哲学交融的历史延续。它的意义，也许会随着时间的推移而逐渐显示出来。作为冯契先生的学生，我自然对他的工作尤为关注。

问

谈到中西哲学，我注意到，您虽然主要研究中国哲学，但对西方哲学也下过相当功夫。您是否也有会通中西哲学的旨趣？

答

功夫和会通还谈不上。但我确实对西方哲学十分重视。中西哲学在尚未相遇时，曾经过了不同的发展历程并形成了各自的传统，两者的这种发展基本上并不以彼此的影响为背景。步入近代以后，中西哲学相互隔绝的历史便逐渐终结，对中国哲学来说，西方哲学的存在，已成为一种本体论的事实：无论是对古典哲学的诠释，抑或哲学的重建，都无法绕过这一事实。历史地看，与形式逻辑未受重视相应，中国哲学所展开的主要是实质的体系，而在形式的体系化这方面则显得较为薄弱。相对而言，西方哲学从早期开始便较为注重形式的体系化，对概念的界定、命题间的逻辑关系的阐释等亦往往比较清晰，在现代的分析哲学系统中，这一点表现得尤为明显。对传统哲学的任何阐释，都在不同程度上表现为一个逻辑重建的过程，后者总是涉及形式的体系化，而西方哲学在这方面无疑可以提供某些范式。当然，以西方哲学为研究背景以及运用比较研究的方式，如果处理不当，也可能带来某些问题，如比较导向比附、古人思想被现代化等，这种偏向无疑应当抑制。但是，不能因此而完全拒斥西方哲学的背景和比较研究的方法。在中西哲学的相遇已成为一种本体论事实的历史条件下，以纯化的方式来研究中国哲学，只能是回到传统的经学式的疏解，这显然既不合理，也缺乏历史意识。事实上，人类思维固然因东西方的不同历史背景而呈现不同的特点，但它面对的问题往往又有相近之处；或者说，提问的方式及解决问题的理路有所不同，但问题的内涵又常常相通，后者为中西哲学之间的深层面的比较与对话等提供了可能。就此而言，西方哲学作为一种背景，不仅为“形式”的体系化提供了某种范式，而且在“实质”的方面亦构成了研究的参照系。早在20世纪初，王国维等已提出学无中西的看法。学无中西所体现的，是世界哲学的视域。我认为，哲学研究中应有世界哲学这样的眼界。在历史已经进入世界历史、中西文化已经彼此相遇的背景之下，中国哲学需要融入世界哲学之中，并在与不同哲学传统的互动中形成新的形态。

问

您对西方哲学的以上态度，已不仅仅涉及哲学史，而且关联着一种哲学的立场。事实上，在您的哲学史研究中，往往不仅包含着史的考察，而且渗入了某些哲学原理的思考，这里似乎蕴含着哲学与哲学史的关系。您是如何看待这两者的？

答

哲学与哲学史事实上很难截然分离。从现实的形态看，哲学史是在历史过程中展开的哲学，离开了从古希腊到现代西方的诸种哲学体系，也就没有西方哲学；同样，在先秦以来的百家众说之外，也不存在另一种中国哲学。撇开哲学的历史，便无法解决哲学究竟是什么的问题。就哲学思考与研究而言，一方面，哲学不能凭空构造，任何新的哲学建构都要以以往哲学提出的问题或积累的思维成果为出发点；另一方面，对哲学史的梳理阐释也总以研究者的哲学观为“先见”，并渗入了研究者的哲学见解，在此意义上可以说，哲学史的研究同时也就是哲学的研究，历史的分疏与理论的阐发难以彼此相分。基于这一看法，我在肯定学无中西的同时，又一再强调哲学与哲学史的统一，后者也可以理解为史与思的融合。

问

确实，从您的研究中，我们可以看到史与思融合的趋向。特别是近几年，您的研究涉及了不少哲学的理论问题，并表现了您对这些问题的独特理解。您对主体间性的看法，便是其中一例。

答

主体间性是一个关乎多重领域的问题：认识过程中的意见争论，道德实践中主体间的互动，价值领域中的人我关系，乃至广义的社会交往行为的问题。而从哲学史，包括现代西方哲学看，对这一问题的理解往往存在不同的偏向，这也是我之所以对它重视并加以讨论的原因。我认为，主体间关系有其内在性的一面，关系的这种内在性或内在关系展示的是：作为关系项的主体只能存在于关系之中，而不能存在于关系之外。存在主义虽然并不否定主体间性，但似乎未能注意这种关系的内在性：他们往往以现象学的方式把主体间关系悬置起来并以此作为达到本真之我的前提，而其结果则是导向自我中心或“我”的封闭化。当然，主体间关系不仅仅是内在的，它同时也有外在性之维。主体固然不能离开主体间关系而存在，但主体总是包含着不能为关系所同化或消融的方面。关系相对我而言，具有为我而存在的一面。主体之间总是存在某种界限，这种界限不仅表现在时空上，而且具体化为心理距离、利益差异等；“我”承担的某些社会角色固然可以为他人所替代，但我的个体存在却具有不可替代性。存在与角色的差异从一个方面表现了主体不能完全为关系所同化。布拉德雷、维特根斯坦、哈贝马斯等在强调主体间关系的内在性的同时，对关系的外在性未免有所忽视。在布拉德雷那里，自我往往被消融于大全或关系世界；在维特根斯坦那里，以生活样式为背景的游戏，取代了“我”的内在意识过程；在哈贝马斯那里，主体的向外敞开，或多或少导向了主体的对象化：我的内在世界被外化为他人的对象。合理的思路应当是将主体间关系理解为内在性与外在性的统一，关系的内在性意味着超越封闭的我，从主体走向主体间；关系的外在性则要求肯定主体自身的存在意义，避免以关系消融自我。

问　由主体间性引向具体的伦理关系，您近来似乎表现出对德行伦理的注重，并亦论及德行与德行等的关系。能否谈谈这方面的看法?

答　就中国哲学史而言，德行问题与成人学说相联系，一直备受关注，从先秦到宋明，德行与人格始终是道德哲学关注的重心之一，其论析思考，在今天仍有多方面的启示意义。在西方哲学史上，亚里士多德已提出了一个德行伦理的系统，在义务论、功利论（或更广义上的consequentialism）、元伦理学等各领风骚之后，当代一些西方哲学家如A.麦金泰尔、B.威廉姆斯等又提出了回到德行伦理的要求，这种趋向无疑是值得注意的。从伦理关系与道德实践上看，每一个体都是特定的历史存在，他所处的社会关系、所面对的环境往往各异，所从事的活动也常常变换不居，带有不可重复的特点。如何使不同境遇中的行为保持统一性或一贯性?逐一地为每种行为规定苛严的细则显然行不通，就道德领域而言，内在的德行和人格无疑有其不可忽视的作用。相对于行为的不可重复性与多变性，主体（行为者）的德行作为实有诸己的真诚人格，具有绵延的统一性（在时间中展开的统一），它使主体在各种境遇中都能保持道德的操守，并进而扬弃行为的偶然性，避免自我在不同情景中的变迁分裂，超越道德与非道德之间的徘徊动荡。因此，如何形成完美的德行，是道德哲学应当正视的重要问题。

问

德行与德行相联系，您对德行是如何理解的？

答

完善的道德行为应当具有何种品格，这是中西哲学很早就开始探讨的问题。亚里士多德与早期儒家都已注意到应该将理性的自觉与意志的自愿选择结合起来。不过，理性的权衡和意志的选择在某种意义上都是有意而为之。休谟曾区分了两种德行，即人为的德行（artificial virtue）与自然的德行（natural virtue）。人为的特点在于以思想或反省为媒介，亦即有所为而为；自然的特点则是“不经思想或反省的媒介”。借用休谟的术语，似乎可以说，理性与意志的活动仍带有某种人为的性质。对规范的理性接受和服从，总是经过权衡思考而为之，同样，道德实践中的意志活动，也往往是勉力而为：意志的选择在此意味着主体决定遵循某种规范，意志的努力则表现为自我在行为中坚定地去贯彻这种规范。在人为的形式下，理性对规范的自觉接受与意志对规范的自愿选择确乎有相通之处，也正是以此为前提，一些哲学家（如朱熹）常常以自觉消解自愿。在理性的自觉接受与意志的自愿选择中，行为固然也可以取得自我决定的形式，但这种决定往往仍不免带有勉强的性质，而且如上所述，其所接受、所选择者，仍不外乎一般规范，因而它似乎也很难摆脱行为的他律性：自我的决定在某种意义上成了外在命令的转换形态（外在命令取得了自我命令的形式）。如何抛弃行为的他律性？在此显然应对行为的情感维度予以特别的关注。如果对现实的道德实践作一较为完整的分析，便可注意到，除了理性的权衡与意志的选择之外，具体的道德行为总是同时包含着情感认同。相对于理性接受与意志选择的人为倾向，情感认同更多地表现出自然的向度。休谟已对此作了反复的论述，认为对善恶的情感回应，是一种出于天性的自然过程。休谟对情感的理解不免有其经验论的局限，但他肯定情感与自然的联系，却并非毫无所见。就道德行为而言，情感的认同确乎不同于人为的勉强，而具有自然的趋向；正如好好色、恶恶臭总是不思而为一样，道德行为中的好善恶恶也并非有意为之。这种自然的趋向，使道德中的情感认同表现为自我的真诚要求：见善则内在之情自然契合（恰如好好色），见恶则内在之情自然拒斥（恰如恶恶臭），这里没有勉强的服从与人为的矫饰。完善的道德行为总是理性的判断、意志的选择、情感的认同之融合：如果说，理性的评判赋予行为以自觉的品格，意志的选择赋予行为以自愿的品格，那么，情感的认同则赋予行为以自然的品格。在我看来，完善的道德行为应当是自觉、自愿与自然的统一。

问

除了道德哲学外，您近期的文章似乎对本体论也表现出某种兴趣，可以谈谈这方面的看法吗？

答

哲学总是无法回避存在问题。从巴门尼德到海德格尔，尽管发问的方式不同，但对存在的追问却绵绵相续。实证主义拒斥对存在的探索，只能使哲学变得贫乏化。当然，对存在的追问，并非仅仅是一种抽象的玄思。对存在的探寻总是与人自身的“在”联系在一起。相对于本体论意义上的“存在”（being），人自身的“在”更多地展开于人的生存过程：它在本质上表现为一种历史实践中的“在”（existence）。离开人自身的“在”，存在（being）只具有本然或自在的性质；正是人自身的“在”，使存在向人敞开。因此，不能离开人自身的“在”去对存在作思辨的悬想。当然，人自身的“在”，也并非处于存在之外，它总是同时具有某种本体论的意义。这样，人一方面在自身的“在”（existence）中切入存在（being），同时又在把握存在的过程中，进一步从本体论的层面领悟自身的“在”。

从以上的前提出发，我认为，本体论的研究也许可以有两种进路：其一，本体论、认识论与逻辑学的结合，亦即在广义的认识过程中把握存在的意蕴，从康德、黑格尔到马克思，都已在不同层面上展示了这一思路，而其内在的理念则是存在（或本体）与方法的统一。当康德提出人给自然立法时，其内蕴的前提即是存在与方法的统一（亦即认识的工具与存在规定的统一）。其二，本体论、伦理学与价值论的结合，亦即在人自身存在意义的追求与实现中，来不断敞开存在，而它所指向的，则是存在与境界的统一，这一理路较为典型地体现于中国哲学。存在与“在”的双重追寻，总是不断将人引向新的境界。境界既蕴含了对存在的理解，又凝结着人对自身生存价值的确认，并寄托着人的“在”世理想。与存在和“在”的探寻相联系，境界无疑表现了对世界与人自身的一种精神的把握，但这种把握并不仅仅以思辨地言说为其形式，它更多地以实践精神的方式展开。境界既展示了人所达到和理解的世界图景，又与人自身的“在”融合为一。当然，以上二重路向尽管侧重不同，但并非彼此悬隔，在求真、向善、趋美的过程中，本体与方法、存在与境界统一于对存在的终极追问中。

我在哲学理论方面的后续研究，将进一步指向形而上学、意义世界、行动理论与实践智慧等问题，其体现的，在总体上依然是学无中西、史思统一的观念。

（原载《哲学动态》1997年第4期）

学者近况

杨国荣（1957.10—　），1988年获哲学博士学位，1991年破格晋升为华东师范大学哲学系教授。现任华东师范大学人文社会科学学院院长、校学术委员会副主任。教育部长江学者特聘教授。第五、第六届国务院学位委员会学科评议组哲学组成员。兼任国际形而上学学会（ISM）主席，国际哲学学院（IIP）院士，国际中国哲学会（ISCP）副会长，中国哲学史学会副会长，中华孔子学会副会长，*Dao: A Journal of Comparative Philosophy*, MIMESIS International-World Philosophies Series编委等。主要研究领域为：中国哲学、中西比较哲学、伦理学、形而上学等。出版学术著作10余种，多种论著被译为英文、德文、韩文在Indian University Press、Brill等出版社出版。

理性与西方文化：现代性或后现代性

——访江天骥

学者简介

江天骥，1915年生。1942、1947年先后毕业于西南联合大学外语系和美国科罗拉多大学波尔德（Boulder）研究生院哲学专业。时任武汉大学哲学学院哲学教授、博士生导师，《国际科学哲学杂志》编委。主要著作有：《当代西方科学哲学》、《西方逻辑史研究》（主编）、《科学哲学名著选读》（主编）、《归纳逻辑导论》、《波普在中国》（英文、意大利文版，与牛顿-史密斯合作主编）等。另有中英文论文80余篇。

问

从您最近发表的文章看来，您好像近来主要关心文化哲学或文化问题的讨论。

答

是的。有趣的是，英美大学一般没有文化哲学这门课程，却普遍地开设社会与政治哲学，这是文化哲学的重要部分，而实用伦理学也应当属于文化哲学的范围。就哲学史来讲，从康德、黑格尔以来不少哲学家都是或主要是文化哲学家。

问

目前西方和西方之外（包括我国）关于现代性和后现代性的论争是非常重要的文化问题，您可否谈谈各家的看法，这也是我国读者所关心的。

答

很好。这个问题很复杂，我国有些读者似乎对于后现代和现代都欠缺较全面的了解，甚至有不少误解。我这几年很关心这个问题。我可以把我的想法比较粗略地谈一谈。

70年代法国产生了许多后现代主义哲学理论家：利奥塔、德勒兹、德里达、鲍德里亚等。他们的理论不仅彼此不同，他们关于后现代性（文化或社会）的解释也各不相同，正如现代主义哲学理论和它们对现代性的解释大不相同一样。但每一方成员之间并非没有共同点。

我们可用“现代”和“后现代”分别泛指现代主义与现代性以及后现代主义与后现代性。为便于理解，我们首先指出其共同点：从文学批评到哲学、社会科学的这个论争，其焦点是合理性问题。现代派相信有某种普遍的合理性。反之，后现代派则主张合理性是多元的，进而揭发合理性概念是掩饰权力和压制的假面具。

问

要是以普遍理性为现代性的界定特征，那么很多现代哲学家都否认普遍理性，承认理性是历史地变化的，是否他们都反对现代性呢？

答

您说得很对。不能以这个单一特征作为区别现代性和后现代性的标准，否则就会导致错误的分类，后现代主义者就太多了。而且我自己还有一个与众（中外哲学家）稍为不同的看法：同样承认理性的非普遍性和历史性的哲学家也未必同属一类，例如历史主义者库恩是现代派，而历史主义者福柯则既非现代派，亦非后现代派，而是反现代派，尽管不少中外学者把他归于后现代派之列。国内有更多的人把罗蒂当作后现代派，这也是不恰当的。罗蒂是不折不扣的现代派改良主义者。下面我要详细地讲一讲我的理由。现代派的主张一般都耳熟能详，我觉得以似是而非的后现代派来说明现代性和后现代性的对比与区别，会更鲜明和更有教益。

要说明罗蒂何以不是后现代主义者，得首先简单谈一谈西方文化史中划分时代的“一个框架”：这个框架由世界、自我和社会或文化三个位置构成，它们相互间的地位与决定力的消长便成为划分时代的标准。当然在框架之外还有一个终点：上帝。

现代性的本质特征就是实在世界的消失或世界魔力的解除（disenchantment of the world），而后现代的界定特征则是主体的消失或主体魔力的解除。

在古希腊时代，世界具有普遍性、必然性、种类、本质等（亚里士多德的世界）。到中世纪，由于上帝具有绝对的自由意志与决定一切的力量，世界丧失以上特性，成了唯名论者的世界。从17世纪起，人的主体是绝对的，是统一性、确定性、必然性、秩序和价值的源泉，上帝的自由意志与创造力等这时属于主体所有。主体构造一个可供操纵和利用的现象世界，作为自然科学的研究对象。到了20世纪，主体丧失了以上特性，心智和意义界域复成为唯名论的，是个别项目或记号的集合，没有确定的种类和意义，它们是什么完全决定于社会文化实践或解释活动。

问 西方文化的这个框架和中国文化的框架——天、地、人——不同，一般用中国的“天人合一”和西方的“天人分离”（自我和世界的矛盾）来说明中西文化的区别，您认为恰当吗？

答 我觉得这个说明还很不完全。主要问题是“天人合一”的“人”是自然界的一部分，并不是西方的自我（现代“自我”到17世纪时才出现）。中国也没有绝对自由决定一切的上帝。

现在回到罗蒂的归属问题。罗蒂本人是接受上面那个框架的。我们可以指出他不是后现代主义者的如下理由：

第一，罗蒂的世界是唯名论者的世界，没有任何形而上学深度的、十分稀薄的世界，它是我们的语言游戏的活动场所，非语言的东西只有痛觉和因果关系。

第二，语言并非外物的表象，它只是行动的规则。“要从我们的语言游戏外边到达一个以语言为框架和以世界为内容之间关系的描述是无路可走的。”

第三，自我之对世界的决定力和创造力。依罗蒂看，不受传统约束的自信其是（self-assertion）的自我模式便提升到意识的层面。于是现代自我开始认识到合理性的意志基础，依靠“自信其是”成为现代自我的界定特征。

第四，现代文化的原动力。罗蒂赞同布鲁曼伯格（Hans Blumenberg，参见《现代的合法性》，麻省理工学院出版社，1976）的观点：现代性的原动力是“自信其是”，意志的力量是现代性的界定特征。

第五，文化进步的观念。依罗蒂看，现代文化的特征是由宗教到科学到哲学到文学的运动，换言之，是由以哲学和科学过渡到以文学为文化的建构性要素。而文学文化最好依照实用主义对词汇用途的关切这一观点表达出来。

第六，对启蒙运动的理性评价。罗蒂认为这理性是由模糊隐喻到精确的科学术语的运动，这是对启蒙运动的肯定。而哈贝马斯对启蒙运动还是持批评态度的，主张以对话、交流意见的合理性代替启蒙运动的主体中心的合理性。

第七，他反复表明对现代民主政治的坚定信心，并且承认工具理性的兴起乃是为了增强民主政治的自由与自主权而付出的代价，是可以接受的。这完全违反后现代派彻底反对工具理性的态度。

以上七点可以证明罗蒂不是后现代主义者。至于他类似于或令人误解他属于后现代主义的论点大致有以下三点：

第一，他主张自我不是实体，只是语句态度的集合。自我的“自信其是”即是自己信念和欲望的创造和/或表达。这样，现代主体不过是没有中心的信念或欲望的网络，而且在不断重新编织的过程之中。但是这种把主体稀薄化的看法并非后现代主义。对后现代派来说，人的主体是否存在乃问题所在。他们对主体是存疑的。这和福柯的“自我有深刻真理”更不相同。

第二，反对笛卡尔的基础主义和康德的基础哲学（fundamental philosophy），这一点和后现代主义与后结构主义都相同，但当代大多数英美哲学家都有如此看法。如果有此观点就是后现代主义者，那么当代哲学就是后现代派的天下了。在英语国家，后现代派不但不是主流，而且连一个支流都说不上。

第三，以叙述或叙事体（讲故事）替代哲学理论或论证。这是后现代派的主张，罗蒂也很赞同。这一点是否能决定罗蒂是他们的同类呢？我认为不能。因为若以这一点决定罗蒂的归属，那么那些在方法论上强调说明和理解有根本区别的解释学者便都可以属于后现代派，因为说明方法依靠理论和论证，不能用叙事体，理解则不必论证，而强调文本的解读为哲学的主要任务。这样古典解释学者可以放弃理论。而认为这两种方法没有根本区别，即文本解释仍需要依靠逻辑论证，以证明当代解释学者（例如利科）还不能放弃理论，因而一定属于现代派，这样的结论是不合情理的。

所以，就以上三点来说，罗蒂也并不是后现代主义者。

问

要是您的论敌认为，决定一位哲学家的归属，起决定作用的应是他的哲学观点，而不是其他主张，那么，您如何反驳他们呢？

答

当然哲学上的归属问题是很难有定论的。如果你把标准放宽，后现代派可以显得势力相当大。反之，结果就不一样。或者如果你主张在英语国家可以用不同于大陆的标准来决定归属，例如按照墨菲的说法（Nancy Murphy, "Postmodern Nonrelativism：I. Lakatos, T. Meyering and A. MacIntyre", *Philosophical Forum*, Fall 1995），那么就可以把奎因、拉卡托斯、麦金太尔等都归于后现代派之列。但我认为这样做是不合情理的（unreasonable）。如果使用不同标准得出不同结论，这虽然是合理的（rational），但仍不合情理。比方说，奎因、麦金太尔等人很不认同法国当代著名的后现代主义者。而且他们另有归属，乃众所周知。硬把他们归入他们本人不认同的派别，于情不合。而就整个西方文化的状况（主流和支流究竟在哪里）而言，也于理不合。别的我就无话可以反驳了。

问

是否把现代性的一般特征的描述和后现代性的特征描述相比较，便可以得出辨别哲学家的派别的较好标准呢？

答

可惜任何特征描述都只是某个人或某些人对于现代性或后现代性的解释，甚至是对他人的解释加以再解释的结果。我们不可能找到现代性或后现代性的原本特征（更准确地说，并没有这样的原本的未经解释的特征）。所以我只能把个别的现代主义者、后现代主义者和我所谓的反现代主义者的观点相比较。当然这些观点也是我个人对他们的言谈实践（discourse practice）加以解释的结果。

现代派的观点大家一般都较熟悉（详见我即将发表的《现代西方文化的危机及其出路》一文），这里只谈公认为后现代主义者的利奥塔和德里达，以及反现代主义者福柯的观点，也就是对他们的一些言谈实践作出我的解释。

（1）利奥塔有关知识的言谈是对知识价值的讨论，是他的伦理学说。他指出，在后现代知识的地位发生了变化，知识/无知的区别让位于知识支付/知识投入的区别，知识像货币一样，被投入流通网之中了。

（2）他认为科学知识击败了叙事知识，把后者视为野蛮、落后、习惯性、权威、成见、无知、意识形态等，但事实上科学知识的根源是叙事知识，例如关于观察证据的描述。

（3）利奥塔、德里达等人把现代西方文化的危机归咎于普遍理性的信念。德里达指出，启蒙运动实际上把白人或欧罗巴的理性当作普遍的标准以判定世界上其他文化的理性观念，这是不合理的。

（4）后现代主义者否定“唯一”的理性、唯一的“主叙事体”（master narrative），一律接受可能无穷多的、相互矛盾的叙事体，认为它们不分高下，也并无任何真理或基础为它们的叙述的根据。

（5）他们指出后现代从强调目的到强调手段的变化。纯手段知识以效率代替真、善、美的合理性标准。对科学仪器的依赖表明没有金钱就没有真理。科学语言变成商人的语言游戏。权力=真理=合法=正义。这是道德虚无主义和价值相对主义。但利奥塔并不反对价值本身。

（6）他们强调公平和正义。指出要实现正义，第一步必须承认异型之物（heteromorphic），第二步必须产生多样的元叙述（meta-narratives）并坚决否认元叙述的普遍性，认为任何“意见一致”必定暗地含有政治暴力和非正义。

（7）德里达特别激烈地攻击启蒙运动理性，称之为印欧神话，白人的帝国主义和种族主义的逻各斯，即它自己的民族语言的神话，它把这一重新集结和反映西方文化的神话作为理性的普遍形式。

（8）德里达指出，解构并不放弃理性，而是令其分裂、移位，把它当作根深蒂固的幻想公之于世。其真正的目的是将内在于理性运动的暴力曝光。

（9）后现代主义者集中攻击的目标是“逻各斯中心主义”。这是指西方形而上学传统的“在场哲学”（philosophy of presence），即渴望“存在”（Being）在“存在者”（beings）中出现。这种在场哲学的偏见企求真理、存在、本质或逻辑结构的在场。它要把一切事物的“真理”（Truth，大写的真理）予以特征描述的企图就是现代性的核心。这一企图的失败或挫折即是现代性的挫折。后现代派的宗旨在于发展“别异哲学”（philosophy of difference）。他们指出人们无能力在最一般的意义上思考“别异”是对整个西方形而上学的威胁。这便导致黑格尔之后的许多哲学家（克尔凯郭尔、尼采、弗洛伊德、海德格尔、维特根斯坦、福柯等）异口同声地呼喊“哲学的死亡”。

福柯同样激烈地批评现代性，但他的观点和后现代派的观点大不相同。

（1）他强调康德的观点——人是先验的知识可能性条件兼经验的知识对象——在认识史上的重要性，他并不主张取消知识、理论和逻辑论证。

（2）他指出理性是多元的，例如古代斯多噶主义的实体理性（substantial reason）同康德以后的调节理性（regulative reason）大有区别。他并不否定理性。

（3）他反复地谈到实在世界，也提及“深刻的自我”（deep self）。但他强调主体和对象、世界和自我的不可分性，认为这是究极的一元论哲学真理。

（4）他反对生命权力（Biopower）对人的统治、压制与支配。福柯的权力体制系谱学以现代生命权力的出现达到顶点。这种权力不是消极压制的，而是积极扩张的，追求越来越大的最优化的压力，资本主义工厂的合理化运动是最好的例子。但他客观地描述权力的地位、作用与方式的历史变化，从暴力到非暴力的变化，并不奢望把权力根除，指出这既不可能，也不需要，甚至承认每一权力体制都有其长处和伴随的危险性，没有任何体制是理想的。

在本质上君主制同民主制没有区别，但当代权力体制以崭新的技术使人服服帖帖，从而支配生活的一切方面，并且不断地扩张其控制权，危险性最大，最终将导致人的消灭。所以在政治上他坚决反对现代西方文化，这是和后现代派一致的，因此他往往被归入后现代派之列。

现代主义者、后现代主义者和反现代主义者各自的观点我们都谈过了。在当今英美思想界，现代主义者哈贝马斯和罗蒂在哲学和社会科学方面，反现代主义者德里达和解构派在文艺批评和艺术理论与创作方面，后现代主义者海德格尔、人本主义的反现代主义者伽达默尔和反人本主义的反现代主义者福柯在哲学和一般社会科学方面都产生了较大影响。其中特别是福柯以其渊博的历史知识、深刻而惊人的创见引起现今西方（包括英美）知识界的浓厚兴趣。这一点表明现代西方文化确实处于混乱和深刻矛盾的状态中。我个人觉得福柯的思想特别值得研究，很可能它对于21世纪的未来哲学和社会科学将产生很大的影响，很可能像斯宾格勒一样是“西方之衰落”的预言，当然这两位历史哲学家无论就其思想内容或研究方法来说都是完全相反的。

（原载《哲学动态》1997年第5期）

求索科学活动　追寻哲学辉煌

——访刘大椿

学者简介

刘大椿，1944年生于贵州安顺，江西于都人。1965年毕业于江西师范学院数学系，1981年在中国人民大学获哲学硕士学位。时任中国人民大学哲学系主任、教授、博士生导师。主要从事科学哲学、科学方法论、科学技术社会学等的教学与研究。出版学术专著、合著、译著共10余部。发表100余篇论文。

问

应《哲学动态》编辑部之约，今天对您进行采访。首先我想问，由学数学出身而执掌作为全国哲学重点学科基地之一的重点大学哲学系的主任重任，恐怕您是第一位。对此，您有何感想？

答

历史上身兼数学与哲学二任的不乏其人，有笛卡尔、莱布尼茨、罗素等。我虽然在大学时学的是数学专业，但由于客观和主观的原因，失掉了专心从事科学研究的机会，从攻读自然辩证法专业研究生开始步入哲学的殿堂。科学与哲学的交缘是深厚的，我属意于在两者的交叉处漫步耕耘。至于出任哲学系主任，乃是工作安排。我愿与同仁一起，尽力办好中国人民大学哲学系，为使其成为中国名副其实的哲学学科建设和人才培养的基地、成为在国内外有重大影响的世界一流哲学系而效力。

问

在您的学术生涯中，科学活动论的观点很引人注目。要改变传统的观点确实不容易，您是如何进行的呢？

答

客观而言，活动论的观点在国际上算不得时髦。1954年英国学者贝尔纳在《历史上的科学》英文初版中提出了科学多种形相说，作出了开拓性的贡献。长期以来，国内外学术界都习惯于把科学当作既成的东西，看作精致的、完善的、可以称之为真理的知识体系。我在对科学进行哲学反思的过程中萌生了一种想法，即应把科学视为一种特殊的人类活动，不能仅仅把它们局限为一种知识体系；不仅看作既成的东西，还看作活动的过程；不仅考虑到科学活动的内在方面，还考虑到它与其他人类活动的关系及其在整个人类活动中的地位。拙著《科学活动论》（人民出版社，1985）正是在国内首先系统地阐述了这一观点，并且从实验、理论、确认、发现、科学家、科学增长、科学价值等层面展开了一种新的科学观。

问

《科学活动论》的主旨是谈自然科学，而社会科学是否也应从活动论的观点去看？

答

是的。1987年之后，我感到应当正视曾经为了方便起见有意暂时回避的社会科学，应当把社会科学作为一种特殊的人类活动来论述，把社会科学活动及其精神产品从自在走向自为作为一个过程来刻画。恰巧我参与主持方华教授牵头的一项国家“七五”规划社会科学基金项目，关注社会科学活动论的观点，形成一个研究成果，这就是《走向自为——社会科学的活动与方法》（重庆出版社，1992）。我认为，研究社会科学，首先要对社会科学活动的性质、特点进行概括；分析社会科学活动与自然科学活动的联系与区别，注意两者之间相互渗透的趋势与互补作用；探讨当代社会科学研究的焦点、社会科学的活动结构以及研究机制。无论如何，应当把社会科学活动作为对社会活动的自觉把握去理解，这种活动的主体遵循特定的社会规范，形成一个社会科学家共同体，并以其社会科学活动去认识和改造社会。由此可以发现，社会科学活动仿佛是一般科学活动和一般社会活动的叠加。

问

英国作家斯诺在1959年首先指出了存在着人文文化与科学文化之间的对立，在政界和学术界引起了强烈的反响。近来，科学精神与人文精神是学界讨论的一个热点，您怎么看？

答

与曾经流行的一种观点相反，我认为，科学精神与人文精神在理论上不是对立的，在实践上更是相容的。要注意，不能把科学主义与科学精神、人文主义与人文精神等同起来。支撑科学活动的科学精神与科学主义是两码事，它同时也是其他人类活动的必要支柱。在希腊神话中，太阳神阿波罗精神关注真理、理性，象征着科学精神；酒神狄奥尼索斯精神重视价值、自由，象征着人文精神。这两者密不可分，并不存在谁高谁下、谁是谁非的问题，它们都是人类精神的内核。

问

科学活动本身有个方法问题，从社会科学活动到干预社会活动也有方法问题。那么，怎样才是正当的方法呢？

答

方法论研究正是我偏爱的一个领域。我注意到，任何方法都有一定的作用和局限性。从对先后流行的各种方法论思想和问题的比较研究中，我发现有一个重要的有关方法论的客观规律，即从不同的视角出发，难以避免地会提出内容或形式恰好相反（互斥）的方法论思想或体系，它们之间存在着一种互相补充的关系，也就是说，互斥的方法论或体系之间会呈现出某种互补性。比如在机械观和系统观、演绎模式和归纳模式、唯理论和经验论、实证科学方法和哲学思辨方法、认识论问题和社会学问题、自然科学方法和社会科学方法、解释性研究和运作性研究等之间，正好具有某种互补性。这就是我最近一部专著《互补方法论》的主要内容，该书1994年由世界知识出版社出版。在书中自然触及了许多方法论思想，我想它们各有所长，并希望它们各得其所。我无意推荐某种特定的方法论。对任何方法论和思想体系而言，企望君临一切的局面都是既狂妄又短浅的。从宏观上把握方法论，应十分注意不同倾向间相互补充的关系，并在其间保持恰当的、必要的张力。

问

您提出当代社会科学活动有两个焦点：解释性研究和运作性研究。您为什么偏重于运作性研究？

答

因为对于处于剧烈转型期的中国而言，社会运作性研究更为迫切，更具实践意义。所谓解释性研究，是致力于对社会活动及其产物的理解，探究其中的意义；而运作性研究，是为社会活动提供预测、评价和方案，注重可操作性，特别重视那些可以用经验加以检验的命题，注意对现实社会问题的探讨，为社会政策的目的服务。

问 相对来说，运作性研究似乎更容易产生卓越的成果。我们注意到，近年来您主编的几本书，选题都贴近现实，如《科技生产力：理论和运作》《中国科技体制的转型之路》《环境问题：从中日比较与合作的观点看》等。您是如何组织这一类研究的呢？

答 这与我主持承担的研究课题有关。一个是国家哲学社会科学的“八五”规划重点项目“科学技术是第一生产力的理论和实现机制研究”。我设计了这个课题研究的整体框架，组织部分博士生、硕士生广泛搜集资料，分别进行专题研究，多次讨论，集思广益，理清思路，数度推倒重来，最终形成《科技生产力：理论和运作》这本书，1996年由重庆出版社出版。该书力图在理论上有新的开拓，对科学技术是第一生产力这个马克思主义命题及其现实意义进行深入的、别开生面的论述，重点放在我国科技活动内部的运行机制以及科技活动与生产活动的连接机制上，对若干现实问题着眼于从运作层次进行系统的、实事求是的分析。我主要撰写了导论，并负责全书的统稿。另一个课题是与日本东京大学先端科技研究中心合作的项目“中日环境问题”，形成《环境问题：从中日比较与合作的观点看》一书，1995年由中国人民大学出版社出版。

问 关于中国的科技体制改革与社会转型，有什么值得记取的经验和教训？

答 以史为镜，鉴往知今，如实地把握变迁的脉络，为的是对未来有一种前瞻。最近，我主持撰写了两本书，一本是《新学苦旅——科学、社会、文化的撞击》，通过回溯近现代中国科学文化体制化的历史轨迹，重温新学脱颖而出的苦难与卓越，试图为求解“李约瑟难题”提供一种思路和比较方法；另一本就是《中国科技体制的转型之路》，回顾了新中国科技体制经历的道路，剖析了旧体制的不适应，探讨科技体制改革的基本设想，分析了当代中国科技发展的基本态势，力图提供一条发展线索、一个参考框架，以唤起更多的人关心科技体制转型中的取向和运作问题。

问

在集体研究项目中，首先需要有高屋建瓴的宏观把握，又要有具体分工和组织协调，您是如何掌握的呢？

答

在具体运作中，我主要抓整体框架，定下基调，并和同仁、学子相互磋商，教学相长。得天下英才而教之并学之，此乐何极！在切磋、磨合过程中，必然会有长进。

问

在教材建设和专业前沿领域，您也有不少成果，这方面的工作是如何开展的？

答

相对来说，教材要求规范、严谨，学术著作要求广博、深入、有创见。我参加主编的《自然辩证法教程》《现代科学技术导论》等，可以说都是阶段性的成果，把中国人民大学乃至国内学界此前的教学与研究进行了有自己特点的归纳，成为基本教学参考书。而《科学技术哲学引论——科技革命时代的自然辩证法》则更重视当下国内外的研究，既可作为研究生教材，又是一本学科专著，它同《科学技术哲学的前沿和进展》一起，为科学技术哲学在理论上做了清理门户的工作，确立了科学技术哲学的理论构架，为这个哲学的新型分支打下了学科建设的基础。当然，这些都是统一计划、相互协作的产物，没有同事、同仁们的精诚合作，是不可能完成的。

问

在中国，科学哲学从无到有，经历了一个曲折的发展过程。那么，中国的科学哲学应该如何定位呢？

答

总的说来，作为科学技术哲学的基本理论，科学哲学在中国尚未完全成熟，表现在引进翻译介绍居多，深入扎实的研究功夫较欠缺，科学哲学无论对科学实验还是对一般哲学的影响都不太够。目前最大的困难，是如何将科学哲学同科学技术的现实发展接口，同时提高科学哲学的基础水平，包括某些必要的技术性处理能力。中国的科学哲学应当关注、参与和概括科学社会学研究、科技战略和政策研究特别是科学技术与社会（STS）研究。

问

以马克思主义为指导的社会主义运动和科学技术革命，是我们这个时代的重要特征，这方面的研究有什么进展？

答

国家教委委托中国人民大学主办的《教学与研究》杂志新近开辟了一个专栏，就叫“当代科技革命与马克思主义”，我在其中发表的几篇文章，论述了马克思主义对科技革命作出的积极回应。在当代科技革命条件下，社会主义面临着生产力迅速发展的机遇与挑战，必须明确科学技术是第一生产力，这个命题准确地抓住了当代新科技革命条件下社会生产力在结构上表现出来的新特征，使马克思主义理论与当代科技革命实现了融通。如果说近现代科学革命的实质是思想革命，那么，当代科技革命的实质是生产力革命。我们要抓住这个机遇，把“科教兴国”作为我国社会发展的一条战略方针，加强科技与经济一体化，实现经济增长方式的根本转变，向现代化迈进。

问

在经济改革和科技革命浪潮汹涌的形势下，哲学发展面临什么问题？

答 在21世纪即将到来之际，我国的哲学研究和哲学教育正面临严峻的挑战。比如，社会经济、政治的迅速发展和巨大变迁，暴露了某些原有哲学理论和课程内容与现实生活的隔膜；过去流行的纯哲学的教育模式，面对当代人类在实践领域提出的充满变数的全球性问题，显得知识面狭窄、敏感性很差；目前哲学理论课的教学内容，与丰富的中国传统文化遗产基本脱节；在市场经济条件下，部分人耐不住寂寞，心态失衡，队伍中亦不乏浮躁习气，等等。

问 *据您看来，哲学还能不能走向辉煌？*

答 哲学在某种意义上决定一个民族的精神风貌，决定一个国家未来的兴衰。在当前，哲学研究和教学也面临难得的发展机遇。就马克思主义哲学方面来说，可以从以下几个方面去努力：第一，贴近当代世界特别是当代中国社会主义现代化的实践；第二，与悠久的中国文化传统特别是丰富的哲学遗产连接起来；第三，追踪当代科学技术的重要发展，分析它们对经济结构、社会转型、思维方式的重要影响，并在哲学上作出恰当概括；第四，对哲学研究和哲学教育重新恰当定位。所幸的是，大部分哲学同行坚持操守，淡泊名利，执着于精神的追求，并为现实社会运作服务。我相信，只要方向正确，齐心协力，一定能够再造哲学的辉煌！

［采访人：林坚，中国人民大学出版社］

（原载《哲学动态》1997年第7期）

学者近况

刘大椿（1944.5—　），中国人民大学哲学院教授、科学技术哲学专业博士生导师。曾任中国人民大学哲学系主任、研究生院常务副院长、校长助理、图书馆馆长，第四、第五届国务院学位委员会学科评议组哲学组成员，中国自然辩证法研究会副理事长。现任中国人民大学一级教授、学术委员会副主任、学位评定委员会委员、人文社会科学发展研究中心主任、中国科学技术哲学史专业委员会主任委员。主要研究领域为：科学哲学、科学技术与社会、科技思想史、创新方法、人文社会科学评价等。主要著作有：《科学活动论》、《互补方法论》、《科学哲学》、《科学技术哲学导论》、《人文社会科学研究成果评价体系研究》、《从中心到边缘：科学、哲学、人文之反思》、《范例研究——科学大师与创新方法》、《思想的攻防——另类科学哲学的兴起和演化》、《人文社会科学主旨问题报告》、《科学之审度——刘大椿自选集》、《一般科学哲学史》、《分殊科学哲学史》、《审度——马克思科学技术观与当代科学技术论研究》、《西学东渐——中国近现代科技转型的历史轨迹与哲学反思》（第1卷）等。发表论文170余篇。2004年获人事部、教育部“全国模范教师”荣誉称号，2014年获中国科学技术协会“全国优秀科技工作者”荣誉称号。

阐扬马克思哲学的当代意义

——访吴晓明

学者简介

吴晓明，1957年生于上海。1982年毕业于复旦大学哲学系，获硕士学位。后获哲学博士学位。时任复旦大学哲学系教授、人文学院副院长，中国辩证唯物主义研究会理事，上海市哲学学会常务理事。专著有：《历史唯物主义的主体概念》《马克思早期思想的逻辑发展》《科学与社会》《马克思主义社会思想史》《西方十大思想家》等。

问

较长一段时间以来，我们注意到您在马克思主义哲学领域做了一些很有价值的研究工作。请问，您是如何理解马克思哲学的时代性的？

答

谢谢你对我工作的肯定。我想真正重要的是，马克思的哲学对于深入理解我们自身所处的时代以及当代社会发展的实质具有极大的启发意义；越来越多的人终将认识到这种哲学不仅远未过时，而且仍然是影响当代社会实践的主要基石之一，是当代精神的主要灵感源泉之一。这一点，特别由于20世纪社会生活的实际经验，由于我国目前的社会主义建设实践和当代西方社会所面临的重大问题，而得到更加明确有力的凸显。我个人对马克思哲学的基本判断是：它本质上属于当代哲学。换言之，不能对它作近代的哲学（旧哲学）的解释——但遗憾的是，这样的解释实在是颇普遍的。在马克思的学说中，不仅包含着一种综合理解当下生活的基本方案和超越现存世界的实践纲领，而且还包含着一种为十分深刻的思想所贯彻的世界观——它的核心乃是一种真正当代性质的本体论（存在论）。即使就理论方面来讲，这后一个方面恐怕也尚未得到充分的理解和发挥。我希望很快能有机会来详细研究这个主题，特别是探讨马克思哲学本体论的当代意义。

问

这是否意味着涉及两方面的问题：（1）在当代的基础上进一步理解和消化马克思的哲学；（2）又从马克思的哲学去领会当代发展的实质以及当代问题的核心？

答

是的，大致上是这样两个问题。这两个问题可以概括为一个提法，即“马克思哲学的当代性”；而这种当代性同时也就是它的真正的历史性。随着当代生活的剧烈变动，特别是随着我国社会主义建设事业的实际进展，进一步理解和消化马克思主义哲学已成为一个紧迫的任务和普遍的要求了。至于我个人，一开始主要是从理论上接触到问题的。有一个时期，我曾服膺于普列汉诺夫和梅林对马克思主义哲学基础的解释；但不久以后，对于普列汉诺夫把马克思的认识论等同于费尔巴哈的认识论、梅林把马克思主义哲学的决定性根基归诸自然科学唯物主义的立场，感到颇为困惑。为了解决这样的困惑，我作了一些进一步的研究，同时也接触到20世纪的各种思想理论对于马克思主义哲学所持有的种种对立的理解形式。撇开其他冲突不谈，第二国际的理论家和西方马克思主义者之间的对立就是异常尖锐的。我开始猜想，这是否意味着在他们那里马克思的哲学唯物主义基础被分裂了——或者用一种有表现力的说法，“从中间爆裂了”。无论如何，这种对立的尖锐性、普遍性及其所具有的时代内涵，使我确信有必要进一步理解和消化马克思的哲学；如果我们联系着时代性来思考问题，那么甚至可以说，有必要对马克思哲学作出积极的“当代发现”。作为入门的准备，我尝试探索了马克思哲学同其思想传统的基本关系，并且特别探讨了这一哲学在思想逻辑上的展开过程。

问 您在一些著作中致力于梳理马克思思想的逻辑—历史进程，但是您同时也指出，不能单纯从理论关系和逻辑进程中去理解马克思的哲学。为什么这样说呢？

答 因为这恰好就是马克思哲学之当代性的所在，是它所揭示的最具当代意义的见解之一。从某种意义上来讲，这一哲学就是使思想和生活水乳交融，使思想从单纯的理论关系和逻辑关系中解放出来。唯其如此，才有可能做到如海德格尔所说，“比理性主义者更深刻地思想”。就理论方面而言，马克思哲学的当代性特别地表现为：破除在黑格尔那里发展到极致的理性专制主义和逻辑图式主义，并且在本体论的基础上真正实现对于任何一种理智形而上学抽象性的瓦解。消除一切虚假观念，返回事物本身，以及进入生活世界之中——这样一些基本思想，马克思在150年前，就以一种罕见的彻底性在进行探索和贯彻了。也许可以说，从《1844年经济学哲学手稿》开始，马克思在哲学上所力图体现的正是一种崭新的、属于当代的本体论思想。它首先诉诸感性—对象性，用以彻底摧毁理智形而上学所树立起来的层层壁垒（亦即以往全部哲学作为哲学的虚假观念）。如果说费尔巴哈的“对象性直观”远不足以完成这一任务，那么马克思的“对象性活动”原则在其展开过程中却不仅能够而且实际地引导了本体论思想的决定性转折——它在瓦解诸如主体和客体、灵魂和肉体、实体和自我意识等抽象分离和对立的同时，建立起关于存在世界之有机的、总体的和真正历史的理解方案，并用以把握对象性活动中的关系存在，或感性多样性纽带中的具体存在。只有在这样的本体论视野中，感性世界才能被理解为“构成这一世界的个人的共同的、活生生的、感性的活动”；人和自然界的实在性，才能够被理解为“人对人说来作为自然界的存在和自然界对人说来作为人的存在”。

问

我知道，在当代哲学思潮中有一种复兴本体论的强烈趋向，这与马克思哲学有何区别呢？换句话说，马克思哲学的当代意义如何通过这种区别而得到表现呢？

答

这是一个很复杂、专业性又很强的问题。由于在这方面实质性的对话还很不够，我自己的学养也不充分，所以无法有一个令人满意的回答。但是我想，恐怕有一点至关重要，而且也是马克思本体论思想的本质特征，即：它坚定不移地主张，存在世界之真相的发现，与存在世界之真理的重建，是密切地交织在一起的，或者毋宁说是同一个过程。在这个意义上，共产主义对于马克思来讲，首先具有实践的意义，即重建存在世界的真理；而这个“重建”（同时作为“发现真相”的过程）乃是普遍的，如马克思所说，共产主义不仅是人向自身的复归，而且是自然界的“真正复活”。此外，理智形而上学的一切抽象性、意识形态的全部虚假性，亦非单纯的思想谬误，而是与生活本身的异化相表里的。因此，为当代哲学思想所意识到的一切抽象分离和对立的解除，在这种意识要求学会更深刻地思想的同时，本质上乃是一个现实生活本身的任务。如果说，观念中的各种抽象劈分和对立乃是历史地形成的社会生活本身分裂的伴生物，那么，很显然，重要的事情就在于真正理解和实际地改造这个现存世界本身。虽然我们从当代的一些卓越思想家那里见到了摈弃虚假观念的紧迫呼声和积极努力，但除非现实的生活世界本身能够起而实现这样的愿望和要求（从而使之成为人类精神的共同财富），否则的话，支撑虚假观念的一切抽象对立都是不会最终被根除的。在这里我们所遭遇到的正是马克思哲学之强大的生活—实践原则。

问　总体来说，进一步深入研究马克思主义哲学，进而与当代哲学思想形成有益的对话和论战，这是您近年来工作的基本思路。那么，您认为这一工作的进展和前景如何呢？

答　就我个人而言，这项工作还只是开了个头。但我对前景持非常乐观的态度。这不仅是因为我们目前正在进行的伟大建设实践是以马克思主义哲学为根基的，而且还因为这一哲学仍然同人类的当代命运保持着最为内在的、高度紧张的关系。归根到底，这样的工作之所以在今天显得特别有价值，完全在于马克思哲学本身不可遏制的生命力，在于它通过当代的现实生活也通过当代的哲学思想所展现出来的巨大意义：正是人们当下的生存状况、20世纪所谓问题所在的核心，将使我们不可避免地去重新领会和汲取这一伟大的精神源泉，去不断地揭示和发现它的当代意义。我希望和每一位关心我国的经济发展和精神文化事业、关心当代生活和思想之发展前景的同志一道，来把这项研究工作持久地开展下去。

（原载《哲学动态》1997年第8期）

建设中国特色的新伦理学

——访周辅成

学者简介

周辅成，1911年生于四川江津。国立清华大学哲学系毕业。曾任金陵大学、武汉大学教授。时任北京大学哲学系教授。著有《戴震的哲学》、《论董仲舒思想》、《西方著名伦理学家评传》（主编）等，编译有《西方伦理学名著选辑》（上、下卷）、《从文艺复兴到十九世纪资产阶级哲学家政治思想家有关人道主义人性论言论选辑》等。

问

您近年来特别关注伦理学的发展，提出要建设中国特色的新伦理学，首先请您谈谈“中国特色”的意义，好吗？

答

好的。我以为邓小平同志提出的“中国特色”原则，是向前看，而不是向后看，也不是左顾右盼的意思。他是想现代中国应该走出一条适合自己条件的大道，并不是想找一个已存的模式来学习。正如他在讲教育时说的：教育要面向现代化、面向世界、面向未来。中国近百年来，为了振兴中华，抵抗帝国主义，虽提出或指出种种模式，要中国人民学习，但百多年过去了，并未取得很大成绩。例如，最早的洋务派冯桂芬就提出“今必胜古”，因而要“鉴诸国”，“以中国伦常名教为原本”，直至张之洞总结为“中学为体，西学为用”。他们虽比国内一些极端顽固派略懂一点西方技术，实际是以“发扬中国传统道德、文化”为名的保守派，与清朝宫廷内的顽固派互相呼应。这可算是当时朝野为国家与人民建立的一种模式。可惜这个模式被辛亥革命和五四运动彻底推翻了。继承的第二个模式是向西方学习。在有些人看来，似乎西方什么都优胜，我们只要能学到十分之一，就不错了。他们中有的人不仅骂中国传统道德与文化“满口仁义道德，一肚子男盗女娼”，而且还骂中国人民“愚、穷、贫、弱、私”。然而不到30年，这个从西方模式铸造出来的制度和文化，便在蒋家王朝的手中落幕了。

问

那么，您是否认为西方模式全无是处呢？

答

平心而论，西方模式，并非全无是处，但是我们做了它的奴隶，便大成问题了。1949年新中国成立，这是政治上的大解放，也是过去奴役状态的大解放。迎来的苏联模式，学习它应该说是必要的，但是，他们这个模式，有它的特殊的历史和现实的背景，我们决不能完全照搬。然而，有的懒人，却一丝不苟地搬来了，例如教育制度。

我们今天所谓“中国特色”，就是要自己创新：不是资本主义的创新，更不是封建主义的“中学为体，西学为用”的创新，以及乡愿式的或各方讨好的综合创新，而是真真实实的独立自主的社会主义创新。在这里，我们并不是要故意标新立异，而是现实的社会，迫使我们不能不标新立异。只要是在向往社会主义社会的前提下，一切初步想法与做法，都是允许的，也是正常的。现在有的人，左顾右盼，看到没有良好的、适合自己的模式，于是转而求之于我国古人，把注重中国特色解释为：注重中国传统，发掘发扬中国传统，我认为，这不是做学问的方法。况且，任何国家的传统，都随环境或历史实际，时时在变化。再说，传统也还要分统治者的传统与在野的人民的传统，如何能笼统地言民族传统！

问 听了您对“中国特色”的理解，很受启发。是否请您再具体谈谈中国特色的伦理学应有哪些特点？

答 我认为，要研究哲学或伦理学，(1)决不可将中国特色的哲学、伦理学与社会主义分开。离开社会主义来讲哲学或伦理学，就等于离开当前社会的实际来作空谈。我们不愿遵循过去与现在的其他模式，但须紧密地和时代主流保持密切关系，以真正的社会主流为师。(2)决不可只讲爱祖国（或祖国传统），而不讲爱人民、爱国际主义。爱国主义，不可不讲，还必须大张旗鼓地讲，但是，根据近200年社会主义的实践经验，还必须补上国际主义，才是全面的，否则我们很容易流于狭隘的民族主义或集权主义。政治上如此，学术上、哲学上也应如此。(3)凡够得上称“特色”的，总必有自己的创造在内；一切被称为某模式的产品，不论古代的或现在的，都只能算是仿制品，而不可称为特产。

问 您提出“特色”必有自己的创新，这一点非常重要。但是对创新有各种理解，您能具体谈谈自己对创新的看法吗？

答

20世纪就要过去了，到了21世纪，我们不能不振作起来，我们既然有挤入强林的能力，也应该有独立自造适合现代社会的模式的本事。在物质上能做到，在精神上也一定能做到。这就不能不要求有敢于独立创新的气魄。有人提出“返本创新”，接着又有人提出“综合创新”，用意是好的，但还不能说是适合当今现代化的要求。社会主义的创新，依然是有革命的意义。我想，我们要把“中国特色的社会主义”的意义说清楚，否则，就有“复古”或“追逐西风”的危险。

问

周老，还想请您谈谈如何建设中国特色的新伦理学，可以吗？

答

我认为，新伦理学的大方向要有健全的哲学基础。伦理学，作为21世纪哲学的一部分，应该有所创新，才不愧对祖国的现代化主潮。这里，有一个偏向，应该纠正。现在，有一些人有意想争取伦理学和哲学脱离关系或闹独立。这对二者都有害。西方有人曾比喻古代哲学是一个大家庭，包括多种学科，譬如一群子女，后来都一一长大了，都出嫁了或长大独立成家了（即各专科独立了），只剩老两口，一是宇宙论，一是人生论（包括道德论）。但不能再分，再分便不能成家，也不能独立生存。这说明哲学就是以自然哲学与人生哲学为根本。最后这两部分，一点也不能分离。“离婚”就是死路一条。这并不是说反对将哲学内容分为本体论、宇宙论、认识论、美学、伦理学来研究。但必须注意它们相互间的关系，只有相对的独立性，相互依存还是重要的一面。

我想，我们今后讲哲学或伦理学，决不能忘记这点。如果我们的哲学没有讲好，伦理学也不会讲好。反之，伦理学没有讲好，哲学也不能讲好。因为哲学，终必归结到人生哲学（主要是伦理学与社会哲学）。人生哲学，也应有健全的宇宙哲学（或狭义世界观）作基础。

问

您对建设我国21世纪新伦理学的指导思想讲得比较明确了。但是究竟如何具体建立呢？

答

至于如何建立新的道德论或伦理学，我还是几句老话：21世纪新伦理学，不管是以中国伦理传统名辞为准，还是以西方伦理学名辞为准，凡建立体系，都将要以义（The Right，Righteousness，Justice）与仁（Charity，Benevolence，Love）为中心。但这两个基本概念或范畴，在各时各地，意义都有变化，这点不能不注意。在孔子之前约100多年，时人就区分了"爱亲之谓仁"和"利国之谓仁"，以后统治者想把它统一于"孝悌也者，其为仁之本欤"，但"孝悌"观念，也随时代变化而有变化。大氏族变为小氏族，小氏族变为大家庭，大家庭又变为小家庭，都影响仁的观念的变化，再加以经济中心从游牧变为农业，由农业变为工业，这更使伦理观念复杂化。尽管我们可以举很多理由或事实来说明变中有不变，相对中有绝对，多中有一，但这种不变、绝对、一，仍必须联系到变与多，才有意义，否则只是一堆抽象概念而已。伦理学，决不能只在抽象概念上兜圈子，它要改变时代、环境、生活，但也要受时代、环境、生活的约束。我也不反对用某一民族的道德传统上的名辞来讲普遍的伦理学，只要能讲出其共通意义就可以了。最怕的是，自夸自己的伦理学理论及其概念，认为其他民族的道德传统，都不如我们的丰富而又深刻。例如说，"我"重仁义，别人都重利害；"我"重公义，别人重私利。这等于"王婆卖瓜、自卖自夸"。这不是老老实实、诚诚恳恳求真理的学者所采取的态度。

问

您提出建立新伦理学要以义与仁为中心，那它们孰重孰轻呢？

答

我认为，21世纪的新伦理学，特别是中国的新伦理学，虽然仁与义都要讲，但是，首先，不是把仁或爱（或利他、情爱、自我牺牲等）讲清楚，而是要先把公正或义（或正义、公道）讲清楚。在此，我们的中国青年学者已作出巨大的贡献，到21世纪必将继续下去，放出更大的光彩。西方人五体投地崇拜耶稣基督，因为他注重爱（charity），但西方人讲伦理道德，从《圣经·旧约》、柏拉图，直到今日美国的罗尔斯（Rawls），多半是以讲义或公正开始的。或者以义为中心，辅之以仁。这不是偶然相同，而是伦理学如要成为一门独立学科，就应该遵循这种秩序或架构。爱而不公正，比没有爱更为可怕、可恨！

问

您所讲的“义”或“公正”，具体包括哪些内容呢？

答

重义或重公正，就不能不尊重每个人的自由和意志，即人的主体或人格的价值。不是因为我们有爱别人的感情，便成为德行，而是因为我们善于待人、善于尊重人的人格（自己的人格与他人的人格）。道德或德行，也许是一个奇异的东西，你会尊重别人的人格及其价值，也会尊重自己的人格及其价值。换一个说法：你如能真正尊重自己的人格，你就会尊重别人的人格及其价值，这就是正义感的来源，也是道德的来源。讲伦理学就应该从这里开始，然后可从个人道德开展社会道德、社会公正。另一方面，人也会从被动变为主动，从客观的东西变为主观的东西，从实际的存在变为理想的存在、合理的存在。实然与应然一致。

问

由此看来，您更看重“义”在新伦理学中的地位，那么，以“义”为中心，这条路该如何走呢？

答

至于说，以“义”或“公正”为中心，这条路该如何走，我以为，义与仁，从几千年的中外道德经验看，都是密切不可分的。可以分在前与在后，但不可分裂为对立或对抗。一个人能有正义感或公道观，他就必定同时有仁爱之心、休戚相关之心，否则他在人与人交往之间，不会有公德的念头。这在个人，就是爱人之心；在社会，就是互助互爱。换言之，个人道德与社会道德，本来一致。可是常常有人把道德看成就是个人修养，道德即修身，乃是不充分的，也许是错误的。个人修养，离开社会道德，决不能成为道德，至多是宗教上所谓的“坐禅”之类，也许不会做坏事，但决不会做好事、做公正事，决不会是真正的道德行为。我这样说，不是说个人不需要修养，而是说个人修身，只能在社会道德中去锻炼。个人的正义感、道德感，不会从天而降；你必须真正地先爱人，真正地先爱人民，别人或人民才会爱你。你有正义感，人家见你受不平等待遇，才能为你抱不平。古人说：爱人者，人恒爱之；敬人者，人恒敬之。实际上，古往今来，那些品德高尚的人，以及为正义牺牲自己的人，无一不是从社会中锻炼出来的。我希望中国特色的未来伦理学，一定要从这类事实中去寻找道德规范和道德原理，不要只从书本或死教条中去找道德的原理和规范。应该记住：仁义是合一的，个人与社会是合一的，内心与外界也是合一的。道德、社会公正，是活的，不是一堆死概念，更不是一堆“定义”或“主义”之类就可概括尽的。

所以，中国特色的新世纪伦理学，不能只讲爱人之学、利他之学，这样讲，很容易把伦理道德变为一番空谈、套话。它还应当成为社会公正之学，重正义感、培养正义感，发展人类互相间的休戚相关，任何人都是道德的实践者，也是道德规范的立法者。社会主义的新道德，如果不包括这种意义，那就不能说是道德行为，只能称为风俗习惯，至多只能说是消极的道德。

问　　您能否再谈谈如何结合当前的社会实际建立新伦理学？

答

伦理学是一门注重实践的学问，主要还须理论联系实际。中国特色的伦理学，一定要以改革开放、面向世界与未来的现实为基础。早已见成效的现代化开放社会，自有其道德原理与规范，决不能再从封建社会去推演当时的仁义礼智作为今日的道德原理，更不能推演当时的忠孝节义等规范作为今日的道德规范。我们必须从今日的社会主义工业化的社会中去找今日的道德原理与规范。社会主义市场经济必须以自由、平等、民主、公正作为行为的准则，这些准则本身就有其道德根据或原理。这些准则，曾推翻了封建等级制下的道德原则，也推翻了资本主义社会以贫富为等级的道德基础。现在有的伦理学学者，好似除了为苏联赫鲁晓夫的道德法典或中国的封建传统道德作宣传外，没有其他可行的道德，这完全是脱离实际、丧失进取心的表现。有的人，存心反对改革开放，把近年来的社会道德腐败，如拜金、享乐，几乎全归之于开放，而看不出社会风尚的转好方面。或者至多承认物质文明有进步，但认为精神文明却反不如前。这种向后看的态度，绝不是社会主义态度。近代西方工业社会（或开放的社会）的先进分子早已把封建社会、奴隶社会的道德传统，抛之九霄云外。我们却回过头去在被抛弃的东西中寻找补药治疗虚弱的身体，这是不健康的心理。我们要建立中国特色的新伦理学，首先要承认新社会自有新伦理学的精神与内容。

问

对于建立新伦理学，您还想说点什么吗？

答

一门学科，如果要有新的发展，必须经过各方面人士的平等的、谦逊的讨论。21世纪的新伦理学，更应该有这种讨论风气。学术上的讨论，最怕的是：（1）动辄无限上纲、倚势凌人；（2）自己总觉得自己是掌握了真理的，自己是革命的，凡不同意自己意见的人，都是“狗嘴里吐不出象牙”，甚至是反革命或反动的。这种不可一世的态度，是不能使理论有新发展的。现在，是我们应该自觉地抛弃这种不谦逊态度的时候了。

（原载《哲学动态》1997年第9期）

学者近况

周辅成（1911.6—2009.5），1929年考入清华大学哲学系，1933年入清华大学国学研究院，1936年毕业。离校后，曾受聘于原国立四川大学、南京金陵大学，任副教授；后又受聘于中山大学、武汉大学哲学系，任教授；1952年调入北京大学哲学系，任教授，直至终生。1980年率先组建北京大学哲学系伦理学教研室，任室主任。20世纪80年代初，参加创建中国伦理学会，曾任学会副会长、名誉会长、顾问。1987年因故办理退休。退休后，多次应邀赴印度、法国、香港等地，参会、访问、讲学，进行学术交流。学生时期，曾任清华大学文科理论刊物《清华周刊》的编辑及副主编；发表《伦理学上的自然主义与理想主义》《格林的道德哲学》《康德的审美哲学》等多篇论文。抗战时期，辗转重庆、成都，编辑《群众》月刊，与唐君毅、牟宗三先生合编学术期刊《理想与文化》；1940年出版《哲学大纲》一书。20世纪50年代，出版《戴震》，同冯友兰等人编著《中国近代思想史论文集》。20世纪60年代，先后编辑出版《论董仲舒思想》、《西方伦理学名著选辑》（上、下卷）、《从文艺复兴到十九世纪资产阶级哲学家政治思想家有关人道主义人性论言论选辑》。20世纪80年代后期，主编《西方著名伦理学家评传》，参与编译《大不列颠百科全书》与《中国大百科全书》（哲学卷）。20世纪90年代末，出版《论人和人的解放》。2011年3月，北京大学出版社编辑出版《周辅成文集》（第Ⅰ、Ⅱ卷）。

敏求于知　鞠躬于行

——访袁贵仁

学者简介

袁贵仁，1950年生，安徽固镇人。1984年底在北京师范大学哲学系获硕士学位并留系任教。时任北京师范大学教授、博士生导师，国家“百千万人才工程”第一、二层次人选，兼任国家教委高等学校哲学学科教学指导委员会副主任、中国辩证唯物主义研究会常务理事、国务院学位委员会学科评议组哲学组成员、北京市哲学社会科学界联合会副主席等。专著有《价值学引论》《人的素质论》《马克思的人学思想》《当代中国的唯物辩证法——邓小平著作中的哲学思想》等，主编《人的哲学》《管理哲学》《对人的哲学理解》等8部，合著多部。

问

您从事哲学工作以来，敏求于知，鞠躬于行，是国内第一个获霍英东研究基金（哲学）的青年学者，也是较早以哲学著作获中宣部“五个一工程”图书奖的大学教授。请您谈谈从事哲学工作的体会。

答

我概括地谈一下。哲学是一门特殊的学科。一个民族要想立足于世界民族之林，一刻也不能脱离哲学思维。当今世界许多问题的解决，都依赖于哲学观念的转变，以及正确的哲学方法论的指导。我1968年高中毕业，十年后考进北京师范大学，自觉选择了哲学专业。这么多年我一直坚守这样一个信念：学好哲学，终身受益；选择哲学专业，终生不悔。我真诚地希望有更多的人喜欢哲学，研究哲学，善于从哲学层面、哲学角度思考问题。

问

您的哲学研究是从认识论开始的，您从认识论转向价值学的动机是什么？

答

认识论是哲学原理中的重要组成部分，也是新时期哲学研究的热点之一。我在读本科时就开始对认识论发生兴趣，思考认识论问题，发表了数篇论文。研究生时，我以认识论为研究方向。1984年完成了硕士论文《价值与认识》，这既是我自己认识论研究视野的拓展，也是我转向价值学这一新领域的开端。应该说，从认识论转向价值学是学术思路的转变，这种转变是自觉进行的。我正是在对认识论问题的思考中确立了价值学的新方向。究其动机，主要是意识到，在当时，价值与评价是马克思主义认识论中被长期忽略的问题。而事实上，价值理论既是一个重大的哲学理论问题，也是一个重大的社会现实问题。人所生活的世界是一个人化的世界、文化的世界、价值的世界。人类对任何事物的完整认识，都包括客体本身“是什么”和客体对人“怎么样”这样两部分内容。没有价值意识，人类就根本不可能给自己提出认识世界和改造世界的任务。

问

您在1992年第2期《哲学研究》的一篇文章中说过，摆在理论界面前的迫切任务是：如何选取一个新的问题，从一个新的角度切入，把中国价值理论研究推上一个新的阶段。那么，在目前价值理论研究已经取得不少成果的情况下，您认为应选取什么样的角度深入下去呢？

答

我还坚持我以往的观点，即价值学研究的价值在于建构正确的价值观念体系。从1991年开始，我把研究重点由价值学基本理论转到对价值观念的进一步讨论上。其理由有三：（1）从价值学的角度看，价值观念是价值学研究的起点和终点，也是价值学理论体系的中心。从价值的本质、作用到价值的创造、认识、实现，其中每一个部分都离不开价值观念。也可以说，价值学的每一个部分都在阐述和表达一种价值观念。价值观念为确定人与世界的价值关系提供尺度，为人的实践、认识活动提供导向，为人的社会生活、文化选择提供依据。研究价值观念，有助于明确价值学研究的目的，强化价值学的社会功能，从整体上推动价值学向前发展。（2）从哲学的角度看，哲学是世界观和方法论的统一，是科学性和意识形态性的统一，而价值观念就属于世界观，属于意识形态。这就决定了价值观念是哲学研究的主要内容之一，是哲学教育的主要目的之一，是哲学理论转向社会实践的主要环节之一。（3）从社会需要看，价值观念的研究具有现实性，它关系到中国社会主义现代化建设。所谓现代化，最根本的是人的思想观念的现代化，一个重要内容就是实现从传统价值观念向现代价值观念的转化。研究价值观念，建构并完善有中国特色的社会主义价值观念体系，帮助中国公民特别是青年一代以崭新的、正确的价值观念走向21世纪，这是摆在中国马克思主义哲学工作者面前的一个重要课题。

当然，价值学理论远不止一个价值观念问题，但在目前的情况下，如果我们经过努力能够在此问题上取得较大进展，我相信它将会有力地促进中国价值理论的发展并由此推动中国社会主义现代化建设。

问

在您近几年的哲学研究中，您更注重从人学角度阐释各种哲学问题，可否这样说，您的价值学理论是“人学的价值学”，您的文化学观点是“人学的文化学”？

答

这样说也许不是很精确。但我确实在经过从认识论到价值学的转变后，又进一步转向对人学的研究。

每一个历史时期的哲学研究都有自己的热点。我认为中国新时期哲学研究的热点是人、文化和价值三个方面。它们相互影响，其中又以人为中心。文化理论和价值理论在一定意义上可以说是人的理论的扩展和深化。这个看法哲学界未必人人都同意，但我是这么认识的，也就照着这个认识去做。十几年来，我从价值学的角度研究认识，从人学的角度研究价值，从历史观的角度研究人，大致经历了从认识论经过价值学到人学，然后达到历史观这样一个发展过程。回顾走过的道路，我的哲学研究虽然涉及较多领域，但到目前为止，最主要的还是人学和价值学，归根到底是人学。

问

《马克思的人学思想》一书主要是从基本理论出发来分析问题的。在当前哲学基本理论不断被解构、淹没的情形下，您为什么对此仍很关注？

答

确实是这样。人学研究，包括基本理论、现实问题和历史考察三个层次。它们相互制约，其中又以基本理论为基础。基本理论是观点也是方法，观点、方法不同，对现实和历史的认识与理解也不同。这些年，我比较关心当代人类，特别是中国社会主义现代化建设新时期、社会主义市场经济新阶段中人的现实问题，也比较重视学习和吸收历史上优秀的人学思想遗产，但这些始终都是围绕深化基本理论研究进行的，重点仍然放在人学基本理论方面。

研究人学基本理论，有马克思主义哲学、中国哲学和西方哲学三个思路。它们相互作用，其中又以马克思主义哲学为主导。当代中国人学理论的发展，要高度重视不同人学思想之间的继承积累、开放交流，不断融合会通。但无论对中国哲学还是西方哲学的解读和评析，都离不开马克思主义哲学的指导。研究、掌握中国哲学和西方哲学中的人学思想，特别是马克思主义经典作家的人学思想，是当代中国人学研究者的基本功。

问

以上您谈了人学基本理论和历史考察两个层次的问题，关于现实问题层次，您是怎样理解的？

答

人学的现实问题也很重要。在我看来，这个现实问题就是研究“现实的人”。当前研究“现实的人”的一个关节点是社会主义现代化建设中的“人的素质”问题。它既是基本理论和实际相结合的一个结合点，也是深化人学思想的一个生长点。因为人的素质问题看似简单，实际上却很复杂。它离不开人文社会科学乃至某些自然科学的观点、材料的支持，也时时处处涉及对人性、人的本质、人的主体性、人格、个性，以及人的能力、人的自由、人的价值、人的发展等许多人学理论基本问题的理解。研究人的素质，是人学发展的理论需要，也是社会发展的现实需要。

问

您是从事高校教育和管理的，能否从教育的角度谈谈提高人的素质的重要性和途径？

答

好的。从党的十一届三中全会确立以经济建设为中心到十四大提出建立社会主义市场经济体制，人们越来越深切地感到人的素质问题的重要性。十五大报告明确提出：中国现代化建设的进程，在很大程度上取决于国民素质的提高和人才资源的开发。现在，人们已经意识到：世界范围的经济竞争、综合国力竞争，实质上是科学技术的竞争和国民素质的竞争；科技的发展，经济的振兴，乃至整个社会的进步，都离不开劳动者素质的提高和大量合格人才的培养；中国现代化建设还存在许多问题，原因固然很多，但一个重要的原因是劳动者素质低；而且，资金、技术、管理经验都可以从国外引进，唯有国民素质不能引进。因此，加强素质教育，在提高人的素质上下功夫，已是不容置疑。

在提高和改善人的素质的过程中，教育具有特别重要的作用。事实说明，教育对于人的发展比生理遗传的作用大得多。而且，社会对人的影响，主要是通过学校教育的渠道进行的。教育过程，实质上是个体的社会化过程，人的素质的提高和改善，从根本上取决于教育。

“百年大计，教育为本”。教育是未来的事业。现在教育所培养的主要是21世纪的人才，教育改革和发展应当主动适应21世纪人才素质的要求，“素质教育”正是适应了这个时代发展的要求。我认为，素质教育要突出以下特点：第一，教育内容：从专才到通才。通才并不是全才，它是一种复合型人才，即“一专多能”，富有创造性；通才也不仅是个知识面宽窄、文理科渗透的问题，它实际蕴含着一种以人为主体的教育思想，使人具有更高更强的主体意识和主体性。第二，教育时限：从职前到终身。也就是摆脱那种把人的一生分为学习和工作两个独立阶段的传统观念，把教育贯穿于人的整个一生。第三，教育空间：从学校到社会。学校教育是一种有限的教育力量，必须有意识地把社会文化机构纳入教育系统，以满足学生走向社会、了解社会、参与社会变革的需要，巩固、扩大学校教育成果，提高学生综合素质。

问

我还想问一个问题，您在治学方法上同别人有所不同，主张建立一种贴近大众的哲学，您在这方面是怎么考虑的？

答

我是专门研究哲学原理的，我自己有志于对一些哲学基本理论作深层次的探讨，写出一点有一定深度的东西。近年来我也同时深感人民群众需要哲学、呼唤哲学。当今人们读书有两个热点，一是散文热。散文是人生的感悟与体验，好的散文已达到哲学的层次，散文热其实就是哲学热。二是宗教热。宗教也是一种人生观、世界观。它的整体是不科学的——从根本上说没有上帝存在。但一些宗教故事讲述人生，强调修行，评点善恶，背后蕴含着哲理。散文可亲，宗教可近，占据着广大的阅读空间。这说明我们缺少那种以喜闻乐见、深入浅出的形式，为人们提供正确的世界观、人生观、价值观的贴近大众的哲学读本。哲学工作者有义务做点这方面的事，普及哲学知识。对整个民族来说，哲学需要提高，也需要普及，两者不可或缺。

问

那么，您的《当代中国的唯物辩证法——邓小平著作中的哲学思想》一书，五次印刷仍供不应求，是否就是您这种方法的具体体现？是否昭示着广大群众迫切需要这种不是端起“哲学架子”的著作？

答

可以这么说。这本书是我应北京市委宣传部、市哲学社会科学规划办公室之约，作为北京市干部学习邓小平理论的参考读物而写的。具体地说，就是想把邓小平著作中散见的哲学观点集中起来，使之更有条理；把邓小平著作中新颖的哲学思想凸显出来，使之更加鲜明；把邓小平著作中蕴含的哲学方法揭示出来，使之更为突出。书出版后，社会反响较好。作为一个哲学工作者，我为一本哲学著作受到社会欢迎感到欣慰。

问　说到普及哲学，您平时直接接触更多的是青年学生，您是否打算给青年在哲学修养方面提供一点帮助？

答　我现在已经开始做这方面的工作。我认为，哲学教育，主要对象是干部和青少年。对青年人讲哲学是当前重要的课题，问题在于以什么形式、以什么方法才能使他们容易接受。在这个充满了物质诱惑的时代里，为了净化青年的精神生活，提高他们辨别善恶、美丑的能力，需要进行必要的哲学启蒙。

目前，我正在组织编写一套适合中学生阅读的哲学书籍。我国的基础教育，在学生能力、方法、智慧和品德的培养与训练方面还有欠缺。学生虽然学了不少现成的书本知识，但其适应力、创造力受到不同程度的束缚。因此，在这套书中，我们将用通俗易懂的语言，从人与自然、人与社会、人与自我三个方面，深入浅出地谈世界、谈人生、谈理想，引导他们从通俗中寻求深刻。

另外，我还准备结合自己现在所担负的学校管理工作，给大学生写一套人生哲学丛书。我的目的在于使大学生能够顺利地度过四年大学生活，并在毕业后能够迅速地适应社会、改造社会，以健康的人生观面对现实生活。

（原载《哲学动态》1997年第10期）

学者近况

袁贵仁（1950.11—　），1984年在北京师范大学哲学系获硕士学位并留校任教。教授、博士生导师。现任全国政协常委，教科卫体委员会分党组书记、主任。曾任教育部部长、党组书记，北京市市长助理兼教委主任，北京师范大学党委书记、校长。中央马克思主义理论研究和建设工程咨询委员会委员、审议专家；《马克思主义哲学》（重点教材）与《马克思主义哲学十讲》（党员干部读本）首席专家。著有《价值学引论》《人的素质论》《马克思的人学思想》《当代中国的唯物辩证法——邓小平著作中的哲学思想》《价值观的理论与实践》《教育—哲学片论》《袁贵仁自选集》等，主编《马克思主义哲学原理》《人的哲学》《管理哲学》《对人的哲学理解》《邓小平理论概论》等。曾获全国“五个一工程”奖（1996）、全国普通高校优秀教材一等奖（2002）、北京市社科成果一等奖（2000）等。曾被评为“安徽省优秀教师”（1977年12月）、“北京市优秀教师”（1989、1991）、国务院学位委员会“做出突出贡献的中国硕士学位获得者”（1991）、“全国优秀博士论文指导教师”（2000）等。

周易：中国文化之源

——访刘大钧

学者简介

刘大钧，1943年生，山东邹平人。60年代曾师从外祖父王恭甫先生治汉《易》，从此确立起学术上的专攻方向。时任中国周易学会会长，山东大学周易研究中心主任、教授，《周易研究》学刊主编，北京大学哲学系兼职教授，北京大学国情研究中心太极科学研究所名誉所长。多年从事易学的研究，尤着力于象数易学的研究。专著有《周易概论》《易经全译》《周易讲座》《周易经传白话解》等。主编《大易集成》、《大易集要》、《象数易学研究》（第一、二辑）等。

问

周易研究自20世纪80年代以来，一直是学界极为关注的热点。您是蜚声海内外的著名易学家，对国内易学研究的状况也比较了解，请您先简要介绍一下国内易学研究的状况。

答

国内的易学研究，经历了一个相当曲折的发展历程。改革开放之前，国内易学研究的成就，集中体现在李镜池、高亨诸先生的相关著述上。以李镜池、高亨为代表的老一辈易学研究者，冲破传统经学的樊篱，以新的研究视野，剥去蒙在《周易》经传之上的层层历史积尘，为揭示《周易》经传的异同与关联，还《周易》经传各自的“本来面目”，作出了重大贡献。但老一辈易学研究者研究的对象，主要是《周易》经传，他们对易学发展的历史，对易学这一专门之学的独特学术品格，却很少触及，因而局限性是相当明显的。这一时期，学界虽曾一度就《周易》的思想内涵及学术定性问题，展开热烈讨论，但不久即因“文革”的开始而中断。“文革”中，《周易》的学术价值基本上被否定，动辄被戴上“封建迷信”之类的帽子，象数易学更是成了学术研究的“禁区”。改革开放以后，伴随着思想的解放和学术“禁区”的打破，学界以现代文化和现代知识体系为背景，对围绕《周易》及易学的一系列课题，展开了全面的探讨。从《周易》传统到历代易学，从象数易学到义理易学，从易学与中国传统文化的关系到易学的现代价值及未来意义，都有专人进行研究，并且取得了可喜的成就。近年来，由于考古新发现，尤其是帛书《易经》、帛书《系辞》、帛书其他释《易》论《易》之文的出土，以及大量数字卦符和类似通行易卦符的出土，使人们对八卦与六十四卦的起源与演变、三《易》之说、《周易》古经的成书年代、卦序、《易传》的成书年代及今本《易传》的形成过程等重大问题，形成了全新的认识，解决了许多长期萦绕人们心怀的聚讼不休的公案。

就易学研究的进程而言，应当说，1987年由山东大学主办的“首届国际《周易》学术研讨会”，引发了全国范围内的“周易热”。“周易热”形成后，易学的学术研究迅速向前推进，同时还出现了两个令人关注的热点：一是个“算卦热”，一个是“科学《易》研究”。在“算卦热”下，一些江湖术士为适应经济大潮而纷纷改头换面，将自己的卜卦算命之术美其名曰“预测学”；一些粗制滥造的占卜之书大量充斥图书市场，更有人假借《周易》之名而行其骗财之实。这种人为数不少，破坏力极大，严重破坏了《周易》的声誉，妨碍了正常的易学学术研究。而在“科学《易》研究”的热点下，许多学者对易学与自然科学的关系进行了严肃、深入的学术探讨，并取得了相当的成就；而另外一些学者，则以现代自然科学对《周易》、易学进行无端比附，号称破译了这个或那个“千古之谜”，这种做法，不利于为易学找到新的理论生长点，不利于易学的新发展。

问

请再谈谈《周易》这一部书的性质和它在传统文化发展史上的地位。

答

《周易》一书由《周易》古经和《易传》两部分组成。古经成书于西周时期，《易传》各篇则相继问世于战国中后期。古经本系一部卜筮之书，《易传》则将其改铸成了“极天地之渊蕴，尽人事之终始”的哲学宝典。可以说，《周易》是中国文化史上最古也是地位最显要的一部典籍。因为它最古，自然对中国传统文化的形成起到了“源头活水”的作用；因为它地位显要，所以传统文化的诸多方面都受到它的影响而与之交融会通。在《周易》思想的启迪、促发下，形成了一股蔚为大观的易学的活水长流，这股活水长流“致广大而尽精微”，几乎渗透到了传统文化的各个层面。正如《四库全书总目提要》所评价的那样：“《易》道广大，无所不包，旁及天文、地理、乐律、兵法、韵学、算术，以逮方外之炉火，皆可援《易》以为说。”《周易》的阴阳之道与生生之理，以及以此为基础的象数模式，作为一种在《否》《泰》《剥》《复》中不断追求开放平衡与发展的高层次动态智慧，成为中华传统文化的思想宝库，展示了传统文化迁衍变化的过程。它那深沉的忧患意识以及由此所激发出的“天行健，君子以自强不息”的刚健精神，对中华民族精神的形成产生过深远的影响。儒学、道学、佛学……皆程度不同地打上了《易》的印记。什么“魏晋风度”，什么“宋人气象”，皆得泽于《易》。因此，自汉代始，《周易》即当之无愧地被誉为“大道之源”。

问

您是象数易学专家，尤精于汉《易》。您在1986年出版的《周易概论》，是新中国成立37年来第一部正面介绍并肯定象数易学的专著，当年许多人正是因为拜读了这部专著才走上了易学研究之路。请问，您是如何看待象数易学与义理易学以及两者间的相互关系的？

答

在《周易》古经原有学说框架的基础上，《易传》最终建立起了《周易》的独特理论模式，即象数、义理合一模式。在此模式中，象数为根基，义理为归宿。本乎象数而引发义理，着眼义理而解读、阐衍象数之所蕴。此一理论模式为历代易学家奉为圭臬，成为易学的基本理论模式。象数学派持象数优先的观念，偏重于象数学的建构或《易》之象数学内涵的诠释，发展了象数易学；义理学派持义理优先的观念，偏重于《易》的义理学内涵的诠释与阐扬，发展了义理易学。无论是前者还是后者，皆有其丰富的哲理内涵和文化内涵，都值得我们研究。正是由于象数易学与义理易学间相反相成式的互动，才促成了易学的繁荣与发展。多年来，我一直致力于象数易学的研究，尤其是汉代象数易学的研究，主要是出于这样的考虑：象数是易学之根，不通象数即难以精通易学这一专门之学。正是基于这种考虑，我们才在《周易研究》中专门开辟了“象数易学研究”专栏，并着手编辑出版《象数易学研究》专辑。因而，我之研究象数易学，并不意味着偏爱象数易学而轻视义理易学，我并不带有传统象数学派的狭隘门户之见。

对于义理易学，我同样是十分重视的。

问

《周易》本系一部卜筮之书，与《易》有关的占筮之术已流传了几千年。请您谈一下对占筮之术的看法。

答

《周易》古经是古代占筮活动的产物，是一部内蕴丰富哲理的筮书。但《易传》问世后，它已不仅是一部筮书，而成了“极天地之渊蕴，尽人事之终始”的哲学典籍。易学从此有了“学”与“术”的划分。从高层学理的角度解读、阐发《易》的归于“学”，专于占筮的则归于“术”。占筮之术，属于象数易学之末流，与“学”自不可同日而语。当然，与《易》相关的占筮之术，作为一种已经流传了几千年的文化现象，也应从学术的角度对其进行研究。正如冯友兰先生在给1987年济南国际《周易》学术讨论会的贺信中所曾说过的那样：“我有个建议，研究《周易》当然以《周易》哲学为主，但《周易》本来是一部筮书，《周易》的哲学思想有些与筮法有关，因此对筮法也要做调查研究工作。”况且古代举凡易学大家，亦皆精于筮法；占筮之术中，也含藏有一些精妙可取的智慧因子。正是基于这种考虑，我也对纳甲筮法进行了专门研究，并撰写了《纳甲筮法》一书。但易学研究中，应以“学”为主，“学”“术”兼顾。那种只研究“学”而不准研究“术”的态度固然不足取，但目前民间所出现的以“术”取代“学”的倾向，则更是错误的，确应引起人们的注意。在现代文明已经高度发达的今天，仍然大肆宣扬占筮之术的“灵验性”，无疑是一种现代愚昧。

问

较长时期以来，您一直试图以义理与象数结合的方式研究周易，并形成了一系列独到的见解，可否择要作一些介绍？

答

我虽对易学研究多年，但还说不上有什么独到见解，只是有一些自己不很成熟的看法。归纳起来，约有以下数点：其一，本人认为,《周易》古经中据象系辞的现象到处可见，其中，古经的作者肯定使用了《易》象中的“反对之象”，因此，今天讲解经文，应以训诂为主，又要兼顾一些从经文自身中仍可看出的取象。其二，在《易传》各篇的成书及其学术思想的归属问题上，本人受张岱年、侯外庐等先生的启发，认为《文言》早于《系辞》,《彖》又早于《文言》,《大象》更早于《彖》,《说卦》早于《系辞》，各篇基本是战国初期至中期写成的；《易传》中的《彖》《象》《文言》为思孟学派所整理、润色,《系辞》中亦有思孟学派的内容，当是比较清楚的事实。其三，据“立天之道，曰阴与阳”释《说卦》“参天两地而倚数”，本人认为，“参”即三,三中有一、二,一阳而二阴，天道有阴阳也。其四，在卦序问题上，本人认为，京房八宫卦次，2 000年来对人们一直是个大谜，马王堆帛书《易经》的出土，终于帮助我们揭开了这个谜底：原来京氏八宫横向的八组卦（由“本宫”八个卦至“归魂”八个卦），都是由四对互“变”的卦组成，而这些互“变”的卦，在帛本卦序中有着完全相同的卦序差数，这就揭示了京氏八宫的特殊卦变方式与卦次排列，乃是由帛本卦序演变而出，从而证明了帛《易》在汉初并非一种上有所承而下无所传的孤本；而今本卦序的构成，亦与帛本有关，确曾受过帛本的影响。其五，本人认为，汉代盛极一时的“卦气说”，实非汉人所首创，“卦气说”产生较早。今本卦序即与“卦气说”有关，甚至“卦气说”在前，今本卦序在后。《易传》曾受“卦气说”的影响，对比《礼记·月令》，尤以《大象》最为明显。其六，通过点校《周易折中》一书，本人发现，精通宋代义理易学的李光地，对象数易学亦甚精通，其解《易》亦使用了汉易中的连互之象。其七，对“中医”一词，本人有新的看法。本人认为，“中医”并非“中国医学”的简称，“中医”的基本内涵乃是以《周易》的“中”这一思想来医疗、平衡人体，以恢复健康，它是一个医、《易》结合的概念，是对中华医学理论最高度、最简洁的概括。其八，针对今天大自然的生态平衡因人类无节制的索取而遭到破坏的严重局面，本人认为，《周易》中天、地、人互应的“三才”思想可供今人借鉴。过去人们使用“环境”一词，总是把它看成人类周围赖以生存的条件与背景，把人看成舞台的主人，似乎环境只是周围的布景。其实，人与环境是一个不可分的整体，人也是环境的一部分，只有用《周易》中的“三才”思想重新对人与自然的关系进行宏观决策、规划，才能从根本上解决这一问题。

（原载《哲学动态》1997年第11期）

学者近况

刘大钧（1943— ），著名易学家，中央文史研究馆馆员，山东大学终身教授，教育部人文社科重点研究基地山东大学易学与中国古代哲学研究中心主任，《周易研究》学刊创办人、主编，中国周易学会会长，第十、第十一、第十二届全国政协委员。长期致力于中国传统易学研究，以弘扬大易文化为己任，于20世纪80年代率先倡导并开展了传统象数易学研究，是山东大学易学学科的创建者和领导者，中国易学研究的领军人物。30多年来，筹备召开了十余届国际易学与海峡两岸易学及儒学学术研讨会，有力地推动了国际易学与两岸易学及儒学的交流与发展；主编“大易”系列历届易学儒学研讨会论文集十余部，主编跨越百年的大型文献《百年易学菁华集成》（30册，精装），在学界产生了重大影响。主要著作有：《周易概论》《周易经传白话解》《今、帛、竹书〈周易〉综考》等。先后在《中国社会科学》《哲学研究》《文史哲》《周易研究》等刊物发表论文数十篇。承担国家社科基金重大项目、教育部哲学社会科学重大课题攻关项目经部易类专题、教育部人文社科重点基地重大项目等多项。

科学实在论的进步及其走向

——访郭贵春

学者简介

郭贵春，1952年生，山西沁县人。1981年毕业于山西大学哲学系，获硕士学位。时任山西大学常务副校长、哲学系教授。代表性专著有：《当代科学实在论》《科学知识动力学》《后现代科学实在论》等，合著8部。发表论文近80篇。

问

从您的著述来看，您似乎对科学实在论（其中包括语言哲学和后现代科学哲学）情有独钟，并进行了长期的研究和积累。您能否谈一谈在您自身的学术成长中这一特色或学术风格是如何形成的？

答

我对于科学实在论确实是由衷地热爱，而且在将来很长的一个时期里，它仍将是我的主要研究方向。至于我个人的这种研究趋向是如何形成的，原因很多，但主要根源于我两次赴英国剑桥大学留学和深造。1986—1988年，我留学于英国剑桥大学科学史和科学哲学系，受到了英美科学哲学传统的强烈震撼；特别是接触了许多著名的科学哲学家，如M. Hesse教授、M. Redhead教授、M. Hoskin博士、N. Jardine教授和D. Parpineu教授，等等，尽管他们有着各自不同的特点，但基本上都是科学实在论者或倾向于科学实在论。因而，剑桥大学科学史和科学哲学系里那些著名学者们的整体风格和研究趋势对我产生了极大的影响。对此，我还是要深深地感谢他们。

问

那您当时是怎样看待科学哲学，特别是科学实在论的呢？

答

从总体上讲，我觉得，随着当代自然科学越来越远离经验的发展，科学理论的构造、解释和评价问题便在科学哲学研究中愈来愈具有了突出的地位。在这样一个总体框架中，科学实在论作为当代西方科学哲学发展中的一种最有前途的哲学运动，已成为科学理性发展历程中自然而又必然地要加以面对的一种思潮。而且，无论是在国内还是国外，科学实在论都越来越受到更多的科学家、科学哲学家以及哲学家们的重视。正是在这个意义上，客观地去介绍当代科学实在论的历史和现状，系统地评述它在科学发展中的理性地位，具体地分析它与其他科学哲学流派之间的相互批评和相互借鉴的趋势，内在地揭示它作为一种方法论原则在科学研究中的意义，合理地阐述它所具有的科学认识论的特征，深刻地批判它所存在的褊狭、缺陷和谬误，便成为我研究科学实在论的一个宗旨。

另外，从更广阔的视角看，对科学哲学及科学实在论的研究，对促进整个民族的科学理性思维，加强自然科学家、科学哲学家和哲学家之间的联盟，激励我国科学哲学的研究走向世界，推动东西方科学文化思想之间的相互了解和交流，均是十分有益的工作。

问

的确是非常有意义的。那么，科学实在论是什么时候产生的？您又如何看待它的发展呢？请谈谈您的见解。

答

像许多西方科学哲学流派一样，科学实在论的产生与发展同样有着它孕育和生成、进步和曲折、批评和反批评的复杂而又生动的历史。正是在这样的历程中，它形成了自身独特的特征、形式和发展趋向，从而将坚持和弘扬科学理性作为其奋进的一项重要的历史使命。

原子实在论作为19世纪科学哲学运动中的一个重要流派，是继古希腊的素朴实在论、中世纪的经院实在论和近代以牛顿为代表的机械实在论之后，历史地产生出来的第一个真正的、科学的实在论形式。它一出现，便在19世纪的科学发展中显示了自身独特的意义和影响，并为尔后科学实在论的发展奠定了一种确定的方向。

但是，由于不同的科学实在论者研究、解释和评价科学理论的角度和方法不同，叙述各自立场和观点的体系之间的差异，以及科学实在论理论内容和层次结构的区别，导致了科学实在论自身在形式上的多样性，从而在其发展过程中，特别是在与反实在论的长期惊心动魄的论争中，显现出科学实在论生长的生命力及其进步的丰富性，同时也形成了波澜壮阔的科学哲学运动的历史。

问

科学实在论的发展对其自身来说有什么意义呢?

答

科学实在论发展的历程深刻地表明，科学实在论的对象领域不是狭隘的，而是广阔的，从可直观的客体一直到现代科学、数学、逻辑学、语言学、社会学和精神哲学，都在拓展了的实体概念的基础上，构成了它的研究范围；科学实在论的表现特征不是单纯的，而是丰富多彩的，例如它包括本体实在论、认识实在论、目的实在论、方法实在论、指称实在论、语义实在论、关系实在论以及系统实在论等；科学实在论的本质不仅仅表现于可观察的物质实体，更重要的是它一方面表现于抽象的形式化体系，另一方面表现于远离经验的微观世界之中；科学实在论的理论不是纯粹地以归纳逻辑为方法的思想体系，而是一种容纳各种科学方法的、立体网状结构的科学哲学体系。一句话，朝着立体的、整体的和综合的方向发展，是科学实在论的时代特征。

问

根据您的见解，伴随着原子实在论的诞生开始了真正的科学实在论发展的历史。那么，在科学实在论运动到目前为止的进程中，它的进步和曲折是不是共生的？或者说，是否也经历了某些不同的发展阶段呢?

答

的确如此。但这是一个“仁者见仁，智者见智”的问题。就我个人的拙见，到目前为止，科学实在论的发展经历了三个重要的阶段：

一、从原子实在论诞生到19世纪和20世纪之交。这一阶段，科学实在论以“不要怀疑实在”作为反对一切反实在论者的鲜明旗帜，在牛顿的经典理论框架内，将原子论作为一种有效的科学方法论运用于化学、物理学及其他学科之中。这一方面促进了化学、物理学及整个近代科学的进步，准备和酝酿了即将到来的物理学革命；另一方面拓展了科学理性思维的深度，为抛弃旧的理论框架，接受新的观念，既催化着科学武器的批判，又锻造着批判的哲学武器。

二、从20世纪初期到逻辑经验主义的全面衰落。这一阶段，伴随着“语言学转向”，是以逻辑经验主义为核心的分析哲学运动如日中天的“统治”时期，科学实在论处于被压抑的状态，它不得不在相对论和量子力学理论的全新基础上去改变自己原有的存在方式和形态，作出其发展趋向的新抉择。无论如何，“语言学转向”运动播下了科学实在论全面复兴的星火，激发了科学实在论者抛弃传统实在论的机械性和教条性的决心，促进他们从反实在论及其他哲学派别中汲取合理的方法论成分，从而不断地变更自身的理论形式。尤为重要的是，对形而上学本体论的反思以及对语义分析方法在实在论立场上的移植、运用和批判性借鉴，表明了科学实在论是在比较成熟的科学主义的理性基点上迈开了它全面复兴和发展的步伐。

三、从20世纪中叶的“解释学转向”到90年代中后期。这一阶段，“解释学转向”的宗旨，就是要把人类的行为、科学、文化或整个历史时期作为文本来阅读，强调对话的个体和共同体之间的协调和互补，从而在一切文本的社会性意义上超越“语言学转向”的狭隘性和片面性。“解释学转向”作为一种运动的深入发展，在更广阔的时间序列和社会空间上影响了科学实在论的进步。特别是科学实在论者们更自觉地意识到，在科学哲学与社会科学哲学、语言分析与解释实践、科学技术与人类知识的社会化等之间存在着结构统一性和意义的一致性。因而，许多科学实在论者选择了知识整体化和自然主义的认识论趋向，强化了科学实在论与社会语言学、认知心理学和科学社会学相互融合的研究趋势。由此，科学实在论作为一种科学哲学思想和科学方法论的形式，不断地扩张并越来越渗入人类知识的更为广阔的领域中。“解释学转向”深刻地表明，由逻辑经验主义“统治”的衰退而逐渐全面展开的科学实在论的“复兴时期”已经历史地结束，一个将从结构、功能和意义上对整个西方科学哲学的进步产生重大影响的“后现代发展时期”已经自然而又必然地开始了。在这里，从某种意义上讲，科学实在论“全面复兴”的完成和逐步走向后现代发展的趋势是一体化的。

在此，必须强调指出的是，以上这三个阶段的划分并不具有绝对的意义，它只是相对地表明了在科学实在论发展历程中不同时期的几个总体发展趋向。事实上，它们之间存在着相互交错、相互渗透发展的状况。

问　*近年来，您对科学实在论及整个科学哲学发展的后现代趋向尤为关注。对这一点，您能不能作些说明？*

答　1992—1993年，我以访问学者身份第二次到英国剑桥大学深造。在这一年多时间里，我的导师剑桥大学达尔文学院院长J.劳埃德教授对传统科学主义的批评和对后现代人文主义的热情，对我有某种程度的感染。

更主要的是，当我对当代科学实在论的发展趋向作进一步的深入研究时，发现80年代末90年代初出现的20世纪哲学发展中的第三次转向——“修辞学转向”，酿就了科学哲学领域中的“科学修辞学转向”。这一转向的目的，是要把科学修辞学作为一种确定的科学研究方法，充分地揭示科学论述的修辞学特征，从而在科学论述的境遇、选择、分析、操作、发明和演讲中，给出战略性的心理定向和更广阔的语言创造的可能空间。这一转向作为一种运动的兴起，促使科学实在论者们更进一步排除存在于理性与非理性、语言的形式结构与心理的意向结构、逻辑的证明力与论述的说服力、静态的规范标准与动态的交流评价之间的僵化界限，进一步消解单纯本体论立场的独断性，强调心理重建与语言重建的统一。这深刻地表明，科学实在论在已经相当进步了的基底上，正不断地充实和完善自己，特别是在研究的视界上，正在更自觉地由外在走向内在，由宏观走向微观，由粗犷走向细腻，由狭隘走向广阔，显示了科学实在论自身所具有的创造性的生命力。更重要的是，它显示了科学实在论在反本质主义、基础主义和表征主义的基础上，进一步推动了英美哲学和大陆哲学、科学主义和人文主义相互渗透、相互融合的后现代科学哲学的发展趋向。这一点，激发了我对科学实在论及整个科学哲学后现代发展趋向进行研究的愿望。

问

当前，后现代主义是一个十分引人注目并众说纷纭的话题，那么，您认为它与科学实在论及科学哲学的后现代发展之间是一种什么样的关联呢？怎样理解后现代性呢？

答

这的确是一个关键性的问题。简单地讲，要注意这样几点：

第一，从本质上讲，后现代主义是一种反科学主义的“理智运动”，一种新的“文化经验”，一种批判性的“解构战略”。“后现代主义”一词就是表征文化领域中的这种后现代性运动及其现象，以区别于现代性的运动及其现象。后现代科学实在论就是这种普遍的后现代运动在科学哲学领域中的某种渗透和映射的结果，它与后现代主义是有联系的，但又不等同于后现代文化或艺术中的任何特殊的人文主义流派，它有着其自身独特的性质、形式和特征。

第二，后现代科学实在论及后现代科学哲学意指科学实在论及科学哲学发展中的后现代趋向，而不是任何确定的“组织形态”或贴有标签的“理论模式”。事实上，它是一种“无形的”思想倾向或方法论趋向，它的存在性恰恰就在这些倾向或趋向之中。

第三，评价当代科学实在论是否具有后现代趋向性的标尺，是看它在发展中是否产生或具有某种渗透着后现代性研究方法的转换、趋向的调整及认识论基点的重新定位。所以，后现代科学实在论仅仅是一种科学哲学的“研究战略”，而不是任何固定不变的教条或模型。

第四，提出“后现代科学实在论”及“后现代科学哲学”的概念，是为了把科学实在论及科学哲学的发展放到整个后现代科学、文化和社会的大背景中去进行思考，从而更准确地把握当代科学实在论进步的某些时代的本质特征，而不是其他。

问

当今，后现代主义受到了来自各个方面的批评，这除了其理论的歧误之外，一个重要的原因就是忽视了科学所具有的时代特征。那么，您如何评价后现代主义的现状和科学实在论的后现代走向呢？

答

尽管后现代主义如日中天的辉煌时期已经消逝，但后现代主义的浪潮并未完全退去，它对人类理智运动所产生的那些时代的影响，将会继续发生它潜在的正负方向的效应。从我们所谈论的问题的视角看，后现代主义导致了这样几种倾向：（1）极端的相对主义。后现代主义以朝向元叙述的怀疑为基底，在多维的和不稳定的空间中，将叙述与科学认识割裂开来，使任何事件都自主地运行，完全是一局没有规则的游戏。（2）具有某种古代诡辩论的特征，溢发着对哲学理性的嘲讽和亵渎。（3）反实在论的立场。后现代主义从否定中性存在的视角出发，认为一切表征、一致和指称都依赖于概念框架而生成和变动，而且这些变动本身并非朝向实在的收敛运动，而是根据文化发展的趋向而社会地发散的。

科学实在论的后现代发展具备“体系开放”、“本体弱化”和“意义建构”这三个最基本的趋向性。这既是后现代科学实在论所具有的“后现代性”的时代特征，又是其得以生存和发展的途径。后现代科学实在论的各种弊病、特征及其有意义的前景，均体现在这些趋向的统一之中。尽管科学实在论也不可避免地存在着某些需要加以分析和批评的时代缺陷，尤其是内在化的和片面自然主义的趋向，但在这一过程中，它没有导向狭隘的解构主义，也从未放弃对于真正科学理性的追求，这是值得我们借鉴的。这也从一个方面喻示我们，在泛文化主义盛行之时，仍然保持理性的头脑，高举“科学与民主”的旗帜，是一项多么必要而又必然的事业！

（原载《哲学动态》1998年第3期）

学者近况

郭贵春（1952.8— ），山西大学哲学系硕士研究生毕业，留学英国剑桥大学。曾任山西大学党委书记、校长，中共山西省委第九届委员会委员，第十届全国人民代表大会代表。现任教育部普通高校人文社会科学重点研究基地山西大学科学技术哲学研究中心主任、教授、博士生导师，《科学技术哲学》杂志主编，中国自然辩证法研究会副理事长，全国高校哲学社会科学研究工作高级咨询机构委员，教育部社会科学委员会委员，国家社会科学基金项目评审委员会委员。享受国务院政府特殊津贴。先后赴美、日、英、德、法、加、澳、瑞士等国和港台地区著名大学作高访研究。出版《当代科学实在论》《科学知识动力学》《后现代科学实在论》《科学实在论教程》《语境与后现代科学哲学的发展》等20余部著作。在国内权威杂志发表学术论文近300篇。主持国家社会科学基金重大项目、国家软科学项目、国家教委“七五”重点项目、教育部哲学社会科学重大课题攻关项目、教育部人文社会科学重点研究基地项目等30多项。曾被评为“国家有突出贡献的归国留学人员”“全国优秀党务工作者”“全国先进工作者”“百年三晋人才”“山西省‘五一’劳动奖章获得者”“山西省优秀专家”等。

探索科学时代思的可能性

——访吴国盛

学者简介

吴国盛，1964年生于湖北武穴。1979年考入北京大学地球物理系，1983年获理学学士学位；同年考入北京大学哲学系，1986年获哲学硕士学位；同年进入中国社会科学院哲学研究所，1997年破格晋升为研究员。著有《自然本体化之误》《希腊空间概念的发展》《科学的历程》《时间的观念》等。

问

首先祝贺您破格晋升为研究员，这使您成为我们中国社会科学院这个老研究机构里最年轻的研究员。我们注意到，《科学的历程》一书近几年影响颇大。1996年获评中宣部“五个一工程”奖，前不久又获评第二届全国青年社会科学优秀成果奖和胡绳青年学术奖，人们因此把您视为一个出色的科普作家。我们可否把您的破格晋升归功于《科学的历程》一书的重大影响呢？

答

《科学的历程》确实给我带来了名声，因为它毕竟是普及读物，但评价一个学者的主要依据不应该是其社会名声，而应是他的那些也许鲜为人知的学术工作。中国社会科学院是一个学术机构，职称评定当然主要以学术研究工作为依据。

问

听说您本科是学物理的，研究生开始转学哲学，是什么促使您走上了哲学研究的道路？

答

主要原因是对思考基本问题或者叫哲学问题的强烈爱好，但现在看来，很长一段时间也许直到现在，我实际上还在哲学的大门外徘徊，还根本没有踏上哲学的道路。这有两方面的意思：表层的意思是说，这些年下功夫最多的是在科学思想史方面；从深一层看，研究的领域并不唯一地决定其工作的哲学性质，而更为要紧的是哲学标志着某种独特的思想方式，我必须承认我虽一直独自摸索，但始终未能找准一种哲学的运思方式。

在北大哲学系上研究生时，我念的是自然辩证法专业科学史和科学哲学方向。对我而言，这个良好的专业配置只是在日后潜移默化地发挥作用，当时我依着自己的“哲学兴趣”继续“钻研”科学前沿的哲学问题，特别是热情参与了20世纪80年代理论界、哲学界如火如荼的思想解放运动，跟着讨论宇宙的有限无限问题、物质的可分性问题，等等，而对科学哲学文献阅读不够。那时我也试着把“分析”的利器引入哲学讨论中，在讨论问题时着力对哲学命题进行语义分析和逻辑分析。今天看来值得肯定的一点是，尽管我对分析哲学的文献并不很熟悉，但我确实是自觉地将分析的精神贯彻运用于当时哲学界的学术争论中的。很自然，同所有逻辑实证主义者一样，我相信，哲学的任务就在于澄清命题和问题，澄清之后就可以交由自然科学来解决。问题是，这样的思路并不能推进多久。一个现实的情况是，由当时特定的历史背景衍生出的“宇宙的有限无限问题”和“物质的可分性问题”“澄清”完了，它们都相应地交由自然科学家去解决了，我作为一个搞哲学的还能干些什么呢？

所幸的是，这个时候我正好受命翻译英国历史学家柯林伍德的《自然的观念》，结果把我的视野引向了哲学史和科学思想史领域。我从阅读和翻译这本自然哲学史纲中，深入体会了“哲学史本质上就是哲学”这句从前只是听说过的黑格尔名言。我意识到，哲学尚有一个广阔而又深邃的天地，过去自己那种从事哲学的方式是太浅了。只有在哲学史和科学思想史方面下功夫，才有可能搞出一些像样的哲学工作来。

问　在思想史研究方面您做了哪些工作？

答　我主要在自然科学的基本概念史方面做了一些工作。写了《宇宙论的历史与哲学》《论宇宙的有限无限》《希腊空间概念的发展》《时间的观念》《自然哲学的复兴》《自然的退隐——科学革命与世界图景的诞生》《科学的历程》等论著。

问　您刚才提到，研究工作的哲学性并不完全取决于其领域，那么您在思想史或者说概念史的研究过程中，您所谓的“哲学的运思”有什么长进吗？

答　说起这个方面，就得提到我这些年大力鼓吹的复兴“自然哲学”。翻译《自然的观念》这件事情产生了两方面的后果，一是刚才讲到的对历史的重视，再就是促使我考虑重建“自然哲学”的可能性。

问 您把“自然哲学”建设成为一种“哲学”，有何进展？

答 我自以为取得的第一个进展是，把“重建自然哲学”与“维护哲学的自主性”联系起来，从而主张“超越科学”，明确地反对科学主义。经常听到说，哲学要适应时代发展的需要，要适应科学技术发展新形势，我认为这是哲学缺乏自主性的表现。为什么哲学就不能关注自己的问题，按照自己的发展逻辑走呢？缺乏自主性当然是因为中国当代哲学根本没有自己的问题，没有自己的发展逻辑，所以要跟着外部环境走。

问 如何在重建自然哲学中实现哲学的自主性呢？

答 我在《重建自然哲学》一文中提出“超越科学”和“诉诸历史”两大方案，在《自然本体化之误》一书中对这两个方案有更详细的实施。

超越科学，因为科学解决不了哲学问题，相反，科学的基础问题倒是要靠哲学去解决。这一想法，我在早期对宇宙有限无限问题的历史探讨中就已萌生。当时对科学的宇宙学很信任，认为宇宙的有限无限问题可以交给它去解决，但是回顾科学史会发现，科学家的各派意见经常不一致，即使公认的结论最后也常常发生倒转，这样科学在解决永恒的哲学问题时如何可信就成了问题。实际上，自然科学作为一种“经验”科学，本质上是相对和暂时的，不可能对永恒的哲学问题发表意见，倒是相反，自然科学作为“科学”的科学性需要来自哲学的辩护，比如康德关于“先天综合判断何以可能”的解答，正是为自然科学奠基的工作。

为了详尽展示科学对于解决哲学问题的无能，我选了宇宙的有限无限问题和芝诺的运动悖论这两个古老的哲学难题作为案例。有许多科学哲学家相信，现代科学能够解决这两个哲学问题。他们相信，在现代宇宙学中，宇宙是有限还是无限取决于宇宙的物质密度，只要成功测定出宇宙的减速因子，就能彻底地回答这个古老的难题；他们还相信，芝诺悖论的根本症结在于不懂得无穷级数求和是一个有限值。我表明了，宇宙论的二律背反根源于宇宙概念本身即它既作为认识“对象”又作为存在“总体”的这种概念二重性，西方历史上出现的三种各在一定历史时期占统治地位的有限观或无界观，即希腊时代的球状宇宙的有限观、近代欧几里得宇宙的无限观和现代非欧宇宙的有限无界观，均没有解决而只是回避了这种二难。我特别表明，现代宇宙学基于黎曼几何和内禀空间概念，只取了宇宙作为认识对象的这种空间性意义，而忽视了宇宙作为“存在总体”的这种时间性意义，因而是片面的。我还证明了，在严密的无穷小算法中无穷级数求和为有限值并不能解决芝诺的问题，进而言之，即使“无穷问题”从数学逻辑上得到解决，芝诺的运动悖论依然存在。这就说明，在解决宇宙图景和运动的实在性这些哲学问题时，自然科学和数学逻辑至少是不充分的。

为了最终为超越自然科学的自然哲学的可能性辩护，我还提出了自然的图像说，指出自然科学由于活跃在主客二分之中，所提供的只是一种数学化的世界图景。由于概念图像只是对实在静态的、空间性的透视，放逐了实在的时间性，因而以图像为本体是本末倒置。囿于自然科学所给予的自然概念，自然哲学必定是不必要或不可能的，因此，首先需要打破自然科学对于自然概念的垄断，自然哲学须超越自然科学才有可能。在那本书中，我作了一个口号式的概括：哲学思维是无限思维，科学思维是有限思维，自然哲学必须从超越科学开始。

问

《自然本体化之误》所提出的问题比如对科学主义的评价，在今天看来也是很敏感的，当时有什么反响吗？

答

当时学界更多的注意到了“超越科学”方案，关注其明确的反科学主义立场。这个立场首先受到了人文学界的欢迎，但也受到批评，比如象弘在《二十一世纪》上发表文章，把我列为当代中国反科学主义的四个代表之一，说我从维护形而上学的角度反对科学主义，但他觉得科学主义也是一种形而上学，因而我的反科学主义就只是形而上学传统内部的一种颠覆，看不出有多大理由。我觉得他把握得很准，毛病也挑得很准。此外，李章印的文章也批评了本书依旧活跃在主客二分的格局中，并且特别质疑了本书对时间性的偏爱。

事实上，在他们的评论发表之际，我自己也意识到了这些致命的问题。在《自然本体化之误》中，为了与科学主义对立，我抬出人、抬出主体性作为哲学的根本，把误置于科学世界图景之上的本体重新置于人。但这里的“人”或者“主体性”是完全未加澄清的，所以才会陷于主体—客体、人文主义—科学主义这种二元对立的泥潭。

问

为什么说这是一个泥潭？

答

二元对立的格局一旦形成，在这个格局内进行的任何争斗都只是加强这种格局，使人们难以逃脱。争斗愈激烈，这种格局愈是坚固。坚固的二元格局遮蔽了这种格局所由以形成的更本原的东西，回避了基础批判，因而说它是一个泥潭，身陷其中拔不出来。事实上，过去的唯物唯心之争，不太久远的主体论—客体论之争，时下仍在进行着的人文主义—科学主义之争，都有它们相似的一面，都可能忽视了最要紧的哲学问题。比如说，深究一下，人们也许会发现人文主义和科学主义是完全一致的，人文主义提供“人”为价值目标，科学主义提供“科学”为实现这种目标的工具和手段，这不是相辅相成、相得益彰吗？值得深思的倒是，将“人”定为价值目标这件事情是如何可能的？主体论—价值论是如何可能的？

问

我设想只有当您走出了这个泥潭，您才能说出这个泥潭来。那么，什么工作标志着这种由二元对立泥潭的走出，它是不是也可称作您为自然哲学辩护所取得的第二个进展？

答

我还不太能肯定这第二个进展是否真正发生了，因为从这个泥潭里走出来并不是很容易的，并不是简单地表明一个态度和立场就能了事的。如果说标志的话，那么《自然哲学的复兴》一文应该算作某种觉悟的开端。

在《自然本体化之误》中，我强调了作为对象化、图像化的“自然”概念，以说明（图像化的）“自然”“本体化”有误，但没有深究，除了对象化、图像化外，“自然”还有没有另一种存在方式，或者说它本身是不是就意味着一种存在方式。因此，它依然在近代的认识论主—客二元框架之中活动，只是简单地将本体由客体转置于主体。在《自然哲学的复兴》一文中，我首先区别了“自然”与“自然物”，把“自然”从“自然物”的集合意义上分离开来，把探求这种“自然”的意义定为新自然哲学的主旨。同时，对《自然本体化之误》的“误”作了检讨。

问

能否请您对“自然哲学”作一些具体的解释？

答

新“自然哲学”并不是传统意义上哲学的一个分支学科和研究领域，而是一种哲学倾向和态度。它的目的在于，概括出整个科学时代（从世界图景到方法论教条，从大众文化消费到资本主义工业经济），以显现作为生命之源的“自然”。这里的自然不再是作为知识对象的、自然科学意义上的概念化的自然，不再是自然物；自然哲学也不再是关于自然的知识体系，而是对现实的一种批判方式，这样理解，自然哲学就不是一门狭义的哲学学科，而应该是一种有着广阔视野的哲学学派。

我越来越意识到，追求“自然哲学”的工作正在远离分析传统而向现象学传统靠近，而我们搞自然辩证法出身的人对这一传统非常陌生。我们所谓的“西方”科学哲学，实际上是“英美”科学哲学，欧洲大陆的现象学传统和西方马克思主义传统不在视野之内。我在《自然哲学》（第2辑）里发表了一篇文章《第二种科学哲学》，意图借助现象学传统，把“科学存在论”突出出来。但整个来讲，这个意图在自然辩证法界没多大反响，只有董光璧先生提出了一些温和的赞同意见。因为包括我本人在内，我们自然辩证法界对“反思科学”的哲学路数太不熟悉、太不了解。

为了弥补这一缺陷，1995年我考上了叶秀山先生的在职博士生，试图在西方哲学史特别是现象学传统方面有更多的了解。今年，我将完成这段学业，但还要继续在这方面下功夫。

问　西方哲学史方面的训练对您有些什么帮助？

答　也许可以说，这方面的训练将使我能更加稳健地踏上哲学的道路。我希望自己能在现象学运思方面下功夫，将来在科学哲学的课题中搞出一件像样的现象学工作来。

问　我记得您刚才提到重建自然哲学有两个方案，前面谈到了“超越科学”方案及其后续进展，那么“诉诸历史”方案有什么进展？

答　我想这两个方案应该看成一个方案才比较准确。你可能注意到，在“超越科学”方面所取得的每一进展都是通过重述历史而取得的。

在我的以柯瓦雷为代表的历史研究工作中，介绍和吸纳科学“思想史学派”的成就是一条主线。我认为这个学派有三方面的重要性：第一，它是20世纪最有创造力、成就和影响最大的科学史编史纲领；第二，它对于理解科学哲学中的历史学派具有决定性意义；第三，它对于沟通分析传统与现象学传统能够起到桥梁作用。但可惜的是，这么重要的一个学派，自然辩证法界从来没有介绍过。

问 是否可以结合您的思想史研究具体谈一下“思”与“史”的融合？

答 可以举我的《希腊空间概念的发展》为例，这虽然是一本小书，但自己觉得在我所有的思想史工作中可能是最有意义的。

从宇宙论入手，我最先遭遇到“空间”问题。由于现代宇宙学把宇宙的有限无限问题又提了出来，在我们哲学界曾经引起过很长时间的争论。今天的人们非常容易接受无限论，因为我们总是可问，如果宇宙有限，宇宙之外是什么？但我发现，在希腊占统治地位的宇宙论却是有限论，难道那时的人们就不能像我们今天这样问这个问题？当然不是。那么，为何希腊人还能理直气壮地坚持宇宙有限论？这个思路把我引向了希腊空间概念的研究。

1994年出版的《希腊空间概念的发展》是一本文献考证型的观念史著作，主要澄清了一个问题，即希腊人并没有近代意义上被背景化和几何化的“空间”（space）概念，他们的topos应译成“处所”（place）而不是“空间”；早期原子论者的虚空（kenon）应该理解成原子与原子之间的空隙（diastema），将这个词译成“体积”是错误的；在欧几里得的《几何原本》中，只有几何图形的概念，尚无几何空间的概念。

我自己觉得这项研究使我进入了一个新的哲学天地，它不仅是自觉进入柯瓦雷的思想史纲领所做的编史工作，也使我对科学哲学中的历史学派有了充分的认同。更有意义的是，我后来发现，我通过历史考证所得出的结论，恰恰是胡塞尔和海德格尔早就已经从他们各自的哲学角度得出的结论。胡塞尔在《欧洲科学的危机和超验论的现象学》中、海德格尔在《形而上学导论》中均对希腊人的"空间"概念有深刻的说法。这一发现让我非常兴奋，大受鼓舞。海德格尔曾经称近代是一个"世界图景的时代"，"空间"是这个时代的一个本质现象，它令我们的世界以图景的方式出现。这样，空间的问题就不是旧的意义上的一个自然哲学的题目，而是一个"现代性"的课题。通过这本书，我确实被引向了对"现代性"的研究，引向了对自然哲学的重新思考，也改变了我对时间问题的探索方向。

问

您刚才提到有人批评您在《自然本体化之误》中对时间性的偏爱，您在后来的时间哲学研究中是怎样回应这一批评的？

答

对这一批评我一直有所保留，因为我有一个顽固坚持了十多年的感觉，就是觉得"时间"主题开辟了人文与科学合流的可能性。所以坚持到1996年还是将《时间的观念》写出来出版了。不过今天看来，时间问题作为问题依旧保留着。

时间哲学也是一个传统课题，但人们总是不言而喻地把它等同于物理时间的哲学问题，关注的课题往往是绝对论与关系论之争如何由牛顿、莱布尼茨发端，经过马赫，到爱因斯坦的相对论，有一个最终的解决。我原先也打算按照传统路子走，但我很快发现，这种做法第一忽略了以热力学第二定律和非线性科学为代表的物理时间箭头的发现这一大思路，第二忽略了古代世界的循环时间观向近代的线性时间观的转化对近代人塑造其生活方式的文化意义，第三忽略了哲学史上特别是20世纪时间作为一个重大哲学主题的事实。

总之，传统的做法重科学忽视哲学、忽视人文，这种做法的一个后果就是只谈“时空”不谈“时间”。中国出过许多时空哲学的书，时间哲学的书一本也没有。第二个后果是，学界在讲到时间哲学史，甚至不提奥古斯丁、柏格森、胡塞尔、海德格尔和麦克塔加（McTaggart）这些最重要的名字。

就我目前所知，《时间的观念》可能是中国哲学界第一部关于时间观念史的研究专著，将科学史、哲学史和文化史融会贯通是该书的一大特色，作为分析哲学传统最重视的时间哲学家的麦克塔加也是在这本书中被第一次介绍过来的。在书的导论中，我提出了两类原型时间经验，即标度时间经验和时间之流经验，并在此基础上试图沟通科学意义上的时间与人文意义上的时间。在“技术时代的时间意识”一章里，“钟表”的支配性被作为最重要的文化现象，这就与现代性问题关联起来了。

问

如果我没有理解错的话，您迄今为止谈到的自然哲学的建设都是通过研究自然哲学基本概念的历史来进行的，您有没有把自然哲学的思路延伸到别的课题上去，比如您方才提到的现代性问题？

答

光关注历史是不够，况且关注历史也是为了更深刻地理解现实问题。今天的科学技术面临着双重挑战，一是科学内部比如非线性科学的出现所构成的理论范式转换，一是比如生态问题和资源问题等全球性问题的出现所构成的对科学的社会角色和功能的反省。这两个挑战都要求相应的哲学回答，但通常这两方面的应答互不相干，前者归于传统的自然哲学，后者归于新兴的生态哲学等领域。我认为，这两个方面的挑战具有共同的本质，而这个共同本质与现代性有关。因此，这几年我在讨论现代科学的前沿问题和现代文化现象时，均着眼于对现代性进行反思。这些问题包括现代化问题、方法论教条、技术时代的时间意识、大地的观念、旅游时尚、地外文明、气功问题、基因技术、绿色中国的道路、网络技术，等等。对这些现实性话题进行思考的过程可以具体展现，在这个科技支配一切的时代，思想如何还是可能的。

（原载《哲学动态》1998年第5期）

学者近况

吴国盛（1964.9— ），北京大学理学学士（1983）、哲学硕士（1986），中国社会科学院哲学博士（1998）。曾任北京大学哲学系教授（1999—2016），中国社会科学院哲学研究所研究员（1997—1999），中国科学技术史学会第七、第八届副理事长（2004—2015）。现任清华大学科学史系教授、系主任，清华科学博物馆馆长。兼任国务院学位委员会学科评议组科技史组成员。主要研究领域为：西方科学思想史、现象学科学哲学与技术哲学、科学传播与科学博物馆学。主要著作有：《由史入思》（2018）、《什么是科学》（2016）、《希腊空间概念》（2010）、《技术哲学讲演录》（2009）、《时间的观念》（2006）、《追思自然》（1998），另有“吴国盛科学人文系列”（《科学的历程》《现代化之忧思》《反思科学讲演录》《科学走向传播》，2013）、“吴国盛科学博物馆图志”（7种，2017）。曾获第六届中国青年科技奖（1998）、教育部高校优秀青年教师奖（2002），博士论文《技术与形而上学》入选全国优秀博士论文（2001），著作《科学的历程》获全国“五个一工程”奖（1996）、北京市科学技术奖（2009），著作《时间的观念》获北京市哲学社会科学优秀成果奖一等奖（2008）。

他们的思与想

《哲学动态》人物专访辑录（1988—2018）

下

1988—2018

《哲学动态》编辑部 编

江苏人民出版社

目录

CONTENTS

下　册

在马哲史的研究中开拓新境界

——访张翼星

学者简介

张翼星，1933年生，湖南平江人。1960年毕业于北京大学哲学系。时任北京大学哲学系教授、博士生导师。主要论著有：《列宁哲学思想的历史命运》、《社会主义建设中的哲学问题探索——改革之路的哲学沉思》（合著）、《理论视角的重大转移——“西方马克思主义”的辩证法观》（主编）等，主要译著有：《辩证法内部对话》（主译，[美]诺曼·莱文著）、《黑格尔——一种新解说》（[美]沃·考夫曼著）、《列宁——关于列宁思想统一性的研究》（[匈]卢卡奇著）等。发表论文上百篇。

问

您长期在北大哲学系马克思主义哲学史教研室工作，近些年来出版了多种论著和译著，请谈谈您的专业主攻方向好吗？

答

我的主攻方向，可以说是一个重心两个辐射点。重心是列宁主义和列宁的哲学思想，由此向两个点上辐射：一是当代社会主义建设实践和当代中国哲学；二是当代国外马克思主义，主要是“西方马克思主义”。对于列宁的哲学思想，我曾主持“七五”规划国家重点科研项目，1992年出版了专著《列宁哲学思想的历史命运》，在理论界引起了反响。与此同时，我一方面结合中国社会主义建设实践，在国内学术界探讨改革、开放中哲学问题的热潮刚刚兴起时，就与王东、孙承叔合作，于1986年出版了《社会主义建设中的哲学问题探索——改革之路的哲学沉思》；另一方面，结合“西方马克思主义”思潮，积极参与了国内学术界有关“西马”的讨论和争议，我主张对“西马”作具体分析，并开展东西方马克思主义的比较研究。

问

列宁主义在当今国际范围内受到了严重的挑战，在国内也遭遇了一定的冷漠，有些人说列宁主义已经过时了，您是怎样认识的？

答

的确，当今世界的形势发生了显著的变化，时代的主题出现了重大的转折。列宁主义的某些具体结论可能过时了。但是，从总体上看，列宁主义和俄国十月革命的胜利，对人类社会历史发生的重大影响，是不可否认的。列宁主义仍然是20世纪马克思主义的主潮，因为它是时代本质与俄国民族特点的有机统一。20世纪以来，不仅列宁的著作曾经在世界上具有最广泛的影响，而且列宁主义的基本思想也一直是国际社会思潮争议的焦点。不仅一系列社会主义国家的出现，与列宁主义的指导密切相关，而且一些社会主义国家先后兴起的改革，如果追溯到源头，也正是列宁的思想。列宁在世时，曾坚决而明确地把“战时共产主义政策”转变为“新经济政策”，这实际上是社会主义史上的第一次改革。列宁在他最后的“政治遗嘱”中又提出了涉及经济、政治、文化体制改革的比较完整的设想，这些珍贵的思想遗产，至今值得我们认真研究和思考。列宁主义是向前发展的。从思想实质和总体趋势上看，列宁主义仍然关系着我们社会生活的命运。至于它所受到的挑战，应当说是正常的现象。任何一种重大的社会思潮，都要接受实践与历史发展的挑战。问题在于我们研究和对待列宁主义的态度。

问 据我们了解，《列宁哲学思想的历史命运》一书在国内学术界获得了好评。您能谈谈这本著作的理论特色吗？

答 我想，它的主要特点，就在于它不是平铺直叙地一般化地论述列宁的哲学思想，而是采取面向世界，在国际理论讲坛上发表自己见解的写法。它既是对列宁主义、列宁哲学思想的正面论述，又是与西方学者认真展开的对话。全书分正、附两篇，正篇部分共分十章，就国际上有关列宁思想发生重大分歧和争议的十个方面进行分析和评论；附篇部分则是翻译、选编了西方学者有关列宁哲学思想的若干著述，可以供读者对照阅读，供研究者全面参考、比较研究。总之，在国际理论舞台上，作者采取了一种比较冷静、客观的态度，不强加于人，不作简单否定，而是容纳分歧，允许争辩，从容不迫，徐徐道来。这样做，也许更有说服力。

问 您觉得国内以往的列宁思想研究主要存在什么问题？您的研究中有什么突破吗？

答 我有些自己的看法，谈不上什么“突破”。我觉得以往对列宁主义的理解，受斯大林的影响比较大，对列宁的哲学思想的研究，存在着孤立、静止的观点。

斯大林关于列宁主义的定义，曾被看作是经典性的。一谈到列宁主义，就似乎只是讲无产阶级革命，特别是讲无产阶级专政。现在看来，斯大林的定义固然有正确的一面，但也有很大的局限和缺陷。他只讲列宁主义的国际意义，而不提列宁主义的民族特点；他的著作只反映了列宁主义中革命和专政的内容，而忽视了列宁主义中建设和发展的方面。

我认为列宁主义的生命力，就在于它自觉适应时代、历史发展的要求。列宁的实践活动和理论探索的一个显著特点，就是依据客观形势、实际情况的变化，不断校正、完善原来提出的政策、策略和理论观点。随着时代、历史的前进，列宁主义和列宁的哲学思想，都有它自身的转变和发展的历程。在我看来，列宁的思想，主要经历了两个方面的重大转变和发展。从社会主义的道路上说，经历了从"战时共产主义"向新经济政策的转变；从哲学的创建上说，经历了从《唯物主义和经验批判主义》到《哲学笔记》的转变。斯大林对待列宁的思想，不是历史地、动态地把握，他是向后看而不是向前看的。他拘守"战时共产主义政策"而中断了新经济政策的实施，这就导致了后来僵化的社会主义模式的形成；他拘守《唯物主义和经验批判主义》的思想而忽视《哲学笔记》的创新探索，这就导致了后来某些哲学教科书的板块和条状结构的形成，这对于各国的社会主义建设和马克思主义的理论建设，都造成了重大影响和损失。

国内的某些马克思主义哲学史的教材或著作，往往把列宁思想的几个时期或几本主要著作并列起来，实际上是割裂开来，也表现了孤立、静止地对待列宁思想的倾向。比如，片面地评价和罗列《唯物主义和经验批判主义》的许多方面的"贡献"，而看不出其与《哲学笔记》的关系，看不到列宁哲学思想的重要转变和升华。我则主张把列宁的主要著作和思想，置于马克思主义发展的历史长河中考察，历史地把握列宁哲学思想的逻辑进程。

问

您研究列宁哲学思想，结合中国现实得到的基本启示是什么？

答

我觉得有一个基本的历史事实值得重视。在20世纪的大半个世纪里，中国人一般是通过两重透视或中介，来理解和把握马克思主义的。首先，在很大程度上是透过列宁主义来理解和把握马克思主义的。正是“十月革命一声炮响，给我们送来了马克思列宁主义”，“走俄国人的路，——这就是结论”。然后，又在很大程度上是透过斯大林的思想来理解和把握列宁主义的。比如，斯大林对列宁主义的定义，几乎成了解读列宁主义的唯一准则。也正是“从斯大林的著作中去找寻自己的胜利的途径”。这两层中介，可能是认识现当代中国历史的两个枢纽点，不少问题之“谜”可以从这里得到说明。这条走过来的道路包含丰富的经验和教训，至今值得认真总结、清理和反思。

问

与列宁主义相对照，您又怎样看待“西方马克思主义”的性质和特点？

答

“西方马克思主义”，或称“新马克思主义”，是在20世纪20年代初开始出现的一种思潮，它与西欧的文化历史背景密切相关，可以说是对列宁主义的重大反响，表现了国际上当代马克思主义发展中的不同线索或某种分化。“西方马克思主义”的概念，有一个逐渐扩展和演变的过程，包含着复杂的思想成分和众多的理论派别。基本的派别是人本主义和科学主义，其中人本主义派别显然占主导地位。这种思潮虽然没有统一的理论体系和规范，但也确有某些大致相同或相近的理论倾向。比如，揭露当代资本主义社会的弊端，批评僵化社会主义模式的缺陷，追溯马克思主义的理论渊源，注重考察当代社会生活的重大历史现象和现实问题，并与现代西方哲学的某种派别或成分相结合，试图重新诠释和探讨马克思主义，等等。它的理论色彩上的一个显著特征是：对马克思主义进行某种非正统观念的解释和探索。在这种解释和探索的过程中，对列宁主义或某些传统的流行的观念，不免发生这样那样的分歧，甚至在某些具体观点或论述上，也有与“西方马克思学”、“西方列宁学”相似或吻合之处。但从基本的研究动因和理论倾向上分析，“西方马克思主义”与“西方马克思学”、“西方列宁学”仍然是有实质性区别的。

问　那么，您认为“西方马克思主义”与列宁主义的关系如何？

答　应当看到，我们这里所说的“西方马克思主义”，只是西方研究马克思主义的一种思潮，它并不能代表西方所有的马克思主义思潮和派别。但即使就这一种思潮来说，它与列宁主义的关系，也不是只有对立的一面，而是既对立又统一的关系，即既包含重大差别和原则分歧的一面，也包含互相补充、互相借鉴的一面。比如，在关于辩证法的理论观点上，与列宁的唯物辩证法思想有重大分歧，“西方马克思主义”者往往凭借实践观的视角，主张一种回到主体、回到人的辩证法。这种观点固然有忽视辩证法的客观来源从而偏离唯物论的倾向，但他们转而加强对人本身、对主客体的相互关系以及心理等领域的研究，却也正是针对或弥补了传统辩证法观念的薄弱或有所忽视的方面的。最近由重庆出版社出版的《理论视角的重大转移——“西方马克思主义”的辩证法观》，正是讨论这一问题的。

问　“西方马克思主义”曾在20世纪60年代达到高潮，八九十年代似已进入低谷，有人说它“已处于花叶飘零的境地”，是这样吗？

答　“西方马克思主义”这种思潮的问题是明显的，它的基本观点和主张，并没有在社会实践中获得富有成效的检验。“西方马克思主义”在揭露资本主义弊端、批评僵化的社会主义模式时，既有触及深处而相当尖锐的一面，但也因缺乏历史分析而多有偏颇之处；在强调总体革命、倡导文化批判时，既有全面审视的深邃眼光，也有忽视经济基础的严重缺陷。与五六十年代的盛况相比，“西方马克思主义”当前确已处于低潮，但低潮并不等于没落或消失。任何社会思潮的发展，都不是直线式的，总是呈现曲折起伏的波浪形。自八九十年代以来，“西方马克思主义”的某些派别和代表人物，进入更加深沉的思索和探讨，他们更加潜心于研究诸如苏联解体、东欧剧变的原因，当代资本主义的命运，市场经济与社会主义的关系，以及有中国特色的社会主义的性质等方面的问题，并已提出了各种见解。有的派别还把注视科学和社会的目光投向了全球性的问题，如生态危机、后工业社会、女权社会、现代家庭等，形成了“生态学马克思主义”“分哲学马克思主义”“人类学马克思主义”“女权主义”等新的派别。这种新的趋向是值得我们重视的。

问

您认为20世纪马克思主义的主潮是列宁主义，那么，如何展望21世纪的马克思主义的主潮呢？

答

时代的主题已经由战争与革命转换为和平与发展。过去流行的社会主义观念也正在向新型的社会主义观念转变。21世纪将是一个科学技术空前快速发展的世纪，人类将进入一种知识信息化的时代。但是，只有社会主义能够彻底解放生产力，最终解放全人类，拯救整个地球，这也许是东西方马克思主义可以达成的共识。21世纪的马克思主义的主潮，必须是立足于生产力和科学技术的高度发展，并且更高地综合人类优秀的文化遗产，综合现代东西方哲学和东西方马克思主义的研究成果的一种创新的形态。我们应当克服那种狭隘的“唯一正统”的观念，克服那种对待马克思主义思想史的单线性和直线性的思维模式，以更加积极而开放的心态注视和促进马克思主义的新发展，迎接新的21世纪的到来。

问 听说您近来对北大校史和蔡元培的思想很有兴趣，是这样吗？

答 是的。蔡元培是现代中国最杰出的教育家，他懂得教育发展和人才成长的规律。他在北大任校长期间，把学术研究提到首位，积极倡导并坚决实施“兼容并包，思想自由”的方针，并且提出“以美育代宗教”的主张，要求塑造健全的人格。由于他在北大厉行一系列前所未有的改革，才使北大学术繁荣，人才荟萃，蜚声中外。蔡元培的教育思想，融合了中西文化成果，蕴含着丰富的哲理，并且在许多方面是超前性的。北大最近排演了话剧《蔡元培》，表现了一个主题思想：北大不能没有蔡元培。这使观众很受感动，不少人潸然泪下。我想，在校庆的热闹非凡的场面过去之后，人们应当冷静下来，深入研究蔡元培的教育思想，认真总结北大发展教育、培养人才的基本经验和教训，不务虚名，脚踏实地，只有这样才能真正弘扬传统、继往开来，为祖国的现代化事业作出更多更大的贡献。

（原载《哲学动态》1998年第7期）

学者近况

张翼星（1933.8—　），1960年毕业于北京大学哲学系。曾任北京大学哲学系教师、教授、博士生导师，长期从事马克思主义哲学史的教学和研究工作。1994—1998年曾任北京大学文科实验班教学领导小组副组长和首届班主任。退休后，2001—2012年参加北京大学老教授教学调研组工作，任组长八年，主要研究方向调整为当代中国哲学和教育。主要著作有：《列宁哲学思想的历史命运》（曾获国家社会科学基金项目优秀成果奖）、《大学之所以为大——高等教育纵横谈》、《难以消逝的思想烟云》、《理论风云中的思索》；主要译作有：《黑格尔——一种新解说》（[美]沃尔特·考夫曼著）、《辩证法内部对话》（[美]诺曼·莱文著）、《苏联的马克思主义》（[美]赫伯特·马尔库塞著）、《民主化的进程》（[匈]乔治·卢卡奇著）；编著有：《人类精神的自由反思者》、《育才之路新足迹——北大首届文科综合实验班》、《守道1957——1957年中国哲学史座谈会实录与反思》（合编，曾被新浪网列为2012年最佳十书之首）。主要论文有《试论北京大学的基本传统》、《大学之所以为大》、《50年前的那场哲学争鸣》等200余篇。曾主持国家"七五"规划社科基金重点科研项目。

文化批判与哲学建构

——访邓晓芒

学者简介

邓晓芒，1948年生，湖南长沙人。1982年毕业于武汉大学哲学系德国古典哲学专业，获哲学硕士学位。时任武汉大学哲学学院教授、博士生导师，中华全国外国哲学史学会常务理事。主要著作有：《思辨的张力——黑格尔辩证法新探》《冥河的摆渡者——康德〈判断力批判〉导读》《灵之舞——中西人格的表演性》《人之镜——中西文学形象的人格结构》《走出美学的迷惘——中西美学思想的嬗变和美学方法论的革命》《灵魂之旅——九十年代文学的生存境界》，译著有：《实用人类学》（康德著）、《自然科学的形而上学基础》（康德著）等。在《中国社会科学》《哲学研究》《学术月刊》等刊物发表学术论文100余篇。

问

从您近年的著述来看，您主要致力于文化批判和哲学建构两方面。就文化批判而言，您对传统文化、当代人文精神、保守主义以及中国人的人格结构等进行了一系列的反思批判。请您首先谈谈我们应当如何面对传统文化？

答

我主张对待传统文化的态度应从现实出发来考虑。唯一能超出传统文化的就是现实生活。当然现实生活与传统文化有割舍不断的关系，但20世纪以来，现实生活中已经渗入了不少新东西，那就是西方文化。西方文化的加入有可能使传统文化超出自身。20世纪我们所经历的种种文化危机就是由于西方文化的侵入造成的。西方文化的侵入不仅是坚船利炮，主要在于它是一种完全陌生的异质文明，包括道德、科学、价值观这些东西，它已经对我们这一百年来的历史产生了深刻的影响。在现代，我们应如何对待传统文化，实际上是个我们应如何对待现实、对待现实中的西方文化的问题，这不是一个感情问题，不管你喜欢不喜欢，你对传统文化的态度要从它对现实生活的影响来考虑。现实生活中已发生了不可逆转的变化，西方的价值观念已经渗入到我们的思想中来了。在这种情况下，我们要反思传统文化中与现实不相符合的东西，反思我们固守这些东西所造成的矛盾和弊病，即越是固守，中国传统文化的危机就越是严重。我们的当务之急不是从传统文化中拿出一些东西来应付现实的问题，而是怎样抓住现实，实实在在地去学习西方文化的精华的问题。其实我们现在正在这样做，只不过许多知识分子不愿承认罢了。当他们把问题的产生、危机的出现归结为西方文化的进入时，却不去想想为什么西方文化一进入中国就变了质，就由好东西变成了坏东西。我们往往学不到西方的好东西，反而把中国的好东西丢掉了。你可以说我们没有西方那些好东西得以运作的条件和机制，但究竟是什么在妨碍我们获得这些条件和机制？这不恰好说明我们在这方面要来一次更彻底的改变，证明我们在思想上、灵魂上根本转型的必要性？怎么能以此为借口说我们再也不能引进西方的东西了呢？我认为现在我们所面临的危机感和紧迫感同一百年前刚刚接触西方文化时并没有本质上的差别，无非是被逼迫着向西方学习，但是从层次上要更深入些，不再是师夷长技以制夷，也不再只是请来“德先生”和“赛先生”，而主要是学习西方那些人文性的东西，如对人性的思考、对精神彼岸的追求等。这些东西看起来一点也不实用，却正是那些实用的典章制度得以运行的条件。

问

您对当前学术界所谓的“新保守主义”展开了激烈的批评，“新保守主义”究竟有没有什么新东西？您所主张的“新批判主义”又新在哪里？

答

近年兴起的“新保守主义”应当说是一个自相矛盾的概念。保守主义在中国只能是一个旧概念，旧话重提并不足以使它成为“新”。保守没有什么新东西，只是在新的时代又提出来了而已。与此相反，我所主张的“新批判主义”是真正新的，它是从现实出发，返回自己的内心世界，对自我的心灵进行深层次的批判和反省。鲁迅最早做过这一工作，但我所讲的心灵反省还不只是他所提出的国民性的批判和改造，而是要从国民性问题入手而进入人性批判。国民性批判毕竟有这样一个局限，即以为通过这种批判可以改良国民性，重新成为好人，保持住纯洁无辜的“本心”。所以鲁迅把希望寄托在孩子身上，呼吁要“救救孩子”，他相信进化论，相信未来会比现在好，无非是相信儿童和青年未受污染，一旦“放他们到光明的天地里去”，就会自然成为独立自由的人类。但令他痛心的是，青年们一个个辜负了他的期望，有的落荒，有的叛变，有的堕落，回过头来向他放暗箭，这使他后期反思进化论的无用。我所谓的“人性批判”则不是要通过一代或几代人来改良国民性，而是要建立一种原罪意识，即意识到人性本质上的恶，忏悔和反省是每个人永远的责任。这可以说是我的新批判主义超出鲁迅的国民性批判的地方，但也正是在这个层面上最难被人理解。

问

您最近的两部著作《灵之舞》和《人之镜》对中国人的人格结构进行了批判与反省，能请您谈谈这两本书吗？

答

这两本书都是从中西文化比较来谈中国人的人格结构的，但角度稍有不同。《灵之舞》是力图把我们这一代人所经历、所感受、所思考的事情用一种哲学的方式表达出来，不是用抽象的逻辑体系，而是从自己亲身体验的哲学处境出发，到我们的日常生活世界里去发掘我们的灵魂。在这里，我是把历史、文化、社会心理都凝聚在个人内心体验的能动结构中来考察，以给当代人破碎的心灵提供一个相对完整的“世界感”，为人们在现实生活中的进取和开拓提出一种可供选择的态度。《人之镜》更偏重中西文学形象的比较，从中国家喻户晓的一些经典人物形象与西方类似形象的比较中发现我们人格中的盲点。我相信，最近20年来，新型的中国人格应该正在形成中，但绝不会是孩子式的，也不应是痞子式的。以前我曾相信经济决定论，以为随着社会经济、政治改革的进程，当代中国人便会改变自己的人生观、价值观。但现在发现，经济的发展只是提供了一个基础，人的素质本身还得靠人自己去努力提高，若这方面跟不上，经济也将受到极大的阻碍，整个民族就没有希望。一个民族的素质首先体现在文化人身上。我这两本书，是想在打破传统束缚、自我反思和自我超越方面，率先作一种尝试。

问

您从总体上如何评价当前的学术界及中国当代学术的未来方向？

答

当前中国学术界对于理论的兴趣很微弱，人们纷纷转向似乎最不需要理论、只要“浩然之气”的“国学”，热衷于发感慨、谈体会和写一些“可读性”很强的漂亮文字。我认为，中国传统学术在今天决不能成为一个摆脱理论重压或逃避理论贫乏现状的避难所。相反，它正需要具有高层次理论素养的人去挖掘、去重建。

将胡塞尔现象学方法吸收进马克思的实践唯物论中，以在一个更高的层次上指导中国当代学术的发展，我认为是21世纪最有前途的理论构想之一。冲破当前沉闷的学术气氛，最迫切需要的是锻造一种新的理论方法，对我来说就是立足于马克思主义并吸收现代西方哲学方法论的合理因素，建立一种马克思主义的现象学方法，以建构一门马克思主义的精神现象学。

问

您所说的马克思主义的精神现象学，与黑格尔的精神现象学和胡塞尔的现象学有何联系？从现象学的角度对马克思的哲学重新加以诠释，较之以往的研究有哪些突破？

答

黑格尔的精神现象学不是一种心理学，不是研究人的心理的发生、成长过程，也不是研究人的精神的历史发展阶段，如古代人的心理是怎样的，近代人的心理又是怎样的，等等；而是研究人的精神在各种经验的（也包括历史的）活动中所体现出来的逻辑层次，这些层次不一定受到时间的限制。比如同是现代人，有的人就达到了近代“启蒙”的层次，有的人却还处于“奴隶和主人”的层次，当然像黑格尔本人则达到了最高的“绝对知识”层次。但黑格尔对这些具体的人和历史都避开不谈，《精神现象学》中哪怕直接讨论某人的思想，都尽量回避提到某人。在他看来，是谁并不重要，他所谈论的是“无人身的”精神或理性。胡塞尔也是这样，他把存在和具体的历史都放进了“括号”里存而不论，只讨论意识现象本身的结构关系。这样一种立场显然是唯心主义的。但是，有没有合理的地方呢？我以为是有的。考察人，当然要考察人的身体，包括人的外在的历史。但光是考察这些是不够的。马克思批评国民经济学家把劳动者只看作会说话的工具，忽视了对人的内在精神生活的考察，并揭示出，人们的经济关系变成了纯物质过程，这只是资本主义异化的产物，是应当批判和扬弃的。以往理解马克思的经济学，以为把人、劳动当作物质来看待就是“唯物主义”，这纯粹是误解，是把马克思要批判的东西当作马克思所主张的东西了。其实马克思是要把经济学作为哲学来研究，把劳动者作为人来研究，这才能看出人为什么会成了物。他的最终目标是要恢复人的本质力量的全面的丰富性和完整性，应使人的精神与精神的外化融为一体，使人的产品回到人本身。所以我认为马克思在他的出发点上应该有一门精神现象学，但它不能采取黑格尔将人和自然界、人和感性对立起来的模式，而要回复到人和自然界在感性基础上的统一。自然主义与人本主义、人与自然就是一回事，合起来则完整，分开来则都是片面的。应当像胡塞尔那样，把片面的人和片面的自然物都放进“括号”里去，从人的直接的感性生活去考察人和物。我把这作为“实践本体论”的一个最根本的基点，并由此提出，不仅人（感性、实践）是自然的一部分，而且自然也是人（感性、实践）的一部分。说人是自然的一部分，应理解为人是自然的最高本质部分；说自然是人的一部分，则是把人理解为以自然为自己的“无机的身体”的大写的“人”，这些都只有从现象学的层次上（而不是自然科学的层次上）才能透彻地理解。这是我的一个重要的理论突破。

现在一般讲马克思主义的学者也讲实践唯物论，也讲实践本体论，但就是解决不了这个问题：实践怎么能成为本体？在人类产生以前，自然界就已经存在了，自然界是人的实践造成的吗？如从这个角度来理解，那就没有实践本体论。但是，我认为换一个角度可以这样说，就是人的实践体现出在人类产生以前的自然界的最高本质，只不过在那个时候这个本质还是潜在的，它有发展出人类来的可能性，但是这种本质尚未实现和发挥出来，所以人类以前的自然界是不完整的、未完成的。只有当它发展出人，出现了人的精神现象，才达到完整，才显示出了它本身固有的全部内在潜力。这样，自然界在人类以前产生这个问题就解决了：人类产生以前的自然界潜伏着人，潜藏着要发展出人来的内在必然性；而当它把人作为自己的“最高花朵”发展出来的时候，它的全部本质才绽放出来了。这就是马克思讲的自然主义和人本主义的统一。完成了的自然主义就是人本主义，完成了的人本主义就是自然主义，这句话没有人解释通，我认为我把它解释通了。

实际上，我所要建立的马克思主义的精神现象学就是本体论，就是历史唯物主义，只是从精神现象学这个角度来看而已。历史唯物主义是说，自然界必然要发展出人，在人的自然历史过程中必然要发展出共产主义。共产主义是什么？是每个人的自由发展成为一切人的自由发展的前提，也就是说每个人都得到最高的自由发展，即人的精神现象各个层次的全面实现。反过来也可以说，马克思主义的精神现象学是立足于人的精神现象的全面丰富性来对整个自然界及其历史进行一种“本体论的证明”，即通过人的感性的实践活动、通过精神力量的创造性的“自由变更”来确证自己的自然性和客观物质性。

当然，建立马克思主义的精神现象学这一工程是非常艰巨的，绝非一蹴而就能完成的。我这里只不过提出了一种设想而已。

［采访人：鹿丽萍，武汉工业大学出版社］

（原载《哲学动态》1998年第9期）

学者近况

邓晓芒（1948—　），1964年初中毕业后即下放农村，十年后返城当搬运工，1979年考取武汉大学哲学系研究生，1982年获硕士学位并留校任教，1989年任武汉大学哲学系教授，2009年转任华中科技大学哲学系教授。中华全国外国哲学史学会常务理事，《德国哲学》主编。长期从事德国古典哲学的翻译和研究，并积极介入中西比较和文化批判，创立了“新实践美学”和“新批判主义”。代表性成果有：专著《思辨的张力》（获国家教委首届人文社科奖二等奖）、《康德纯粹理性批判指要》（合著，获教育部第二届人文社科奖二等奖）、《哲学起步》（获第十三届文津图书奖）、《黄与蓝的交响》（合著，获教育部第三届人文社科奖三等奖）、《灵之舞》、《人之镜》、《灵魂之旅》、《新批判主义》、《实践唯物论新解：开出现象学之维》、《〈判断力批判〉释义》、《康德〈纯粹理性批判〉句读》（3卷本）、《黑格尔〈精神现象学〉句读》（10卷本）等；译著有《康德三大批判合集》（邓晓芒译、杨祖陶校，获教育部第四届人文社科奖一等奖）、《实用人类学》（康德著）、《经验与判断》（胡塞尔著，合译）、《精神现象学》（黑格尔著，句读本）等。发表论文400余篇。主持国家社科基金重大项目1项。

从“生成论”到“知识论”

——访金吾伦

学者简介

金吾伦，1937年生于浙江萧山。1964年毕业于中国科技大学，师从于光远、龚育之攻读中国科学院哲学研究所自然辩证法专业研究生，毕业后留中国科学院哲学所工作。1986年被聘为副研究员，1991年任研究员。时任中国社会科学院科学哲学博士生导师。代表作有：《物质可分性新论》《科学变革论》《托马斯·库恩》《科学发现的哲学》《实在的双重结构》《现代化主体意识与全球整体意识》《生成哲学导论》《塑造未来——信息高速公路通向新社会》，主编《自然观与科学观》《跨学科研究引论》。

问

我读了您发表的一些专著，发现您知识面很宽。能否为我们简单勾勒出您思想发展的脉络？

答

我最初从事物质结构的哲学研究时接触到了物质可分性问题，发现我们的思维方式存在问题，是机械的还原论。而自然科学的最新成果尤其是非线性科学、混沌理论等表明，还原论作为科学方法论存在明显的缺陷，作为世界观更有局限性。世界是个复杂系统，它无法说明。在这一点上，整体论优于还原论。通过整体论的研究，我萌生并提出了“潜存—显现”的物质观，后来发展为生成论，用以说明事物生成发展的机制。我们常说“哲学是时代精神的精华”，不了解时代，不了解当代世界发展的总趋势，不了解科技的新发展，科技哲学的研究也无法深入。出于这种考虑，我逐渐关心起科学和社会发展的一些新问题，诸如交叉科学的发展机制、信息高速公路的社会定义、知识经济的有关理论问题等。

问

物质无限可分，这被认为是马克思主义的基本观点，写入教科书，并且与中国古人的看法相吻合，又不违背常识，难道还需置疑吗？

答

这个问题我在《物质可分性新论》一书中讲明了。科学的发展总是冲破教条、远离常识的。一些貌似天经地义的东西，正是科学，尤其是哲学考察的对象。

首先，我的目的是要打破一种旧观念，使人们的思想从旧传统中解放出来。没有思想的解放，就不可能有创新，不可能与科学的发展相适应。中国科学不能得到发展，与受传统思想的束缚有很大关系。许多人常常从老祖宗那里去找根据，再演绎出一些命题来，让人接受，让人顶礼膜拜，害人匪浅。“物质无限可分论”就是一例。正像我已经指出的，无限可分论是机械论和还原论。

其次，现代科学的新成就表明物质无限可分论难以成立：（1）微观领域有不同于宏观领域的规律，不能机械地将宏观领域内适用的规律搬到微观领域。例如，海森堡指出，基本粒子不能分成更小部分的原因在于分裂基本粒子的工具只能是基本粒子，基本粒子在碰撞过程中能够分裂，但碎片仍然是基本粒子，而不是它的任何更小的部分。（2）现代宇宙学表明，我们必须摒弃主张宇宙在广延上的恶无限和纵深方面（即分割上）的恶无限。（3）物质无限可分论以平面空间和绝对时空观为前提，它相信物质是均匀分布和各自同性的，但广义相对论指出，时空与物质质量分布有关，当质量和密度无限大时，时空弯曲也无限大，这时可分性问题就无从谈起。（4）物质无限可分论论证的粒子，既要有结构，也要有质量，而自然界有的粒子没有静止质量。（5）物质无限可分论赖以建立的基础是粒子“可分”，而当前发展起来的超弦理论不是强调可分，而是相互作用，强调系统，强调整体。

再次，物质无限可分论是一种“构成主义”的物质结构观，这种观点的基本特点是认为世界一切物质是由已经存在、早就呈现在我们面前的完全独立的各部分组成的。20世纪60年代开始，基本粒子的研究有了深入发展，从而孕育了一种与“构成主义”物质结构观不同的观念，我们可称之为“潜存—显现”物质结构观，物质粒子内部只是潜存着其他可能的物质粒子，它们要在一定条件下才能从潜存性转化为现实性。认识这一点具有重要的理论和实践意义：（1）“潜存—显现”物质结构观的出现，推动了我们对物质结构认识的深化。“构成主义”结构观尽管在宏观层次乃至层子层次上具有普遍适用性，但在基本粒子层次上受到了限制，新的物质结构观并没有推翻“构成主义”，而是揭示出了它的局限性。（2）新物质结构观表明，人类对物质结构的认识越来越依赖于认识主体。为了使基本粒子从潜在性转变为现实性，就要求我们创造一定的条件：对撞机。（3）从潜存（可能性）到现实性的道路不像构成主义想象的那样只有必然性，而是还有偶然性。（4）目前被不少人误以为是辩证法的“物质无限可分论”

是以“构成主义”物质结构观为其思想基础和理论根据的。既然“构成主义”物质结构观有一定的局限性，“分割”或组成的概念在基本粒子层次上已失去了它们的意义，那么物质无限可分论似乎也难以继续成立。（5）还原论作为科学方法论，存在明显缺陷，整体论是一个更好的研究纲领。

问

还原论与整体论之争是一个老问题，现代科学的发展对此理解提供了什么新思路？

答

近代科学伴以分析方法而出世，数百年来，科学中有一个不言自明的假定：复杂的东西能够用简单的概念来解释。还原论者把这一假定贯彻到底，认为自然界的一切，包括生命机体和人类行为，最终都可以用物理学与化学的规律和术语解释。有的甚至认为，世界上除了物理化学定律，基本上再没有别的东西了。还原论把事物分成彼此孤立的片段再将其组合起来。这是还原论方法的特征。而还原论在本体论方面则是以客观世界的现象或过程的等级结构为特征。毫无疑问，还原论作为一种研究策略，它在科学研究中曾极富成效，但是，还原方法是不充分的，近几十年来，尤其是随着系统论的发展，人们已经认识到，还原方法已无法考察世界的基本方面，即大多数事物不是孤立存在，而是以有组织的复合体或系统的组成部分存在着，构成这些系统的元素彼此相互作用，这些元素形成的整体所具有的特征并不存在于分离的部分中：整体大于部分之和。近年来，物理学发现了一些新特征：（1）作用量子的不可分性；（2）波粒二象性；（3）物质性质在统计上揭示的潜在性；（4）非因果关联（EPR佯谬）。卡普拉提出了五个方面的范式转移：（1）从部分到整体的转移；（2）从结构到过程的转移；（3）从客观科学到认识科学的转移；（4）从把知识比作“建造”到把知识比作网络的转移；（5）从真理到近似描述的转移。科学观的转移，说到底，是实在观的转移，是本体论革命，其核心是抛弃构成论、还原方法，走向整体论。整体论有多种描述，如机体论、能体论、系统整体论、生态整体论、全息整体论、纠结整体论、关系整体论、辩证整体论等，但仔细分析以后发现，有的整体论仍然带有构成论的烙印，尤其是实体主义的烙印。而实体主义的局限性越来越为人们所认识。不摒弃实体观，就不能抛弃构成论，整体论仍将为旧的科学观念所束缚。我提出的生成论是整体观，但有别于建立在构成论基础上的整体观：宇宙是生成的，粒子也是生成的，万事万物都是生成的，甚至定律也有一个从无到有的过程。生成论最本质的特征是动态性和整体性，亦即：（1）潜在性；（2）显现性；（3）全域相关性；（4）随机性；（5）自我同一性。为此，我提出了生子论。生子论是生成论的精髓，生子即生成因子，它是瞬时持续的，空间是非定域的。生子不是物质，不是能量，不是精神，但它能转化成物质和能量。生子具有自主性和自组织性。这种自主性和自组织性是宇宙自身所具有的，且是演变的。

问

您的“生子”与拉普拉斯妖、麦克斯韦妖、哈肯妖有什么区别和联系？

答

首先我要说明，生子论是一个大胆设想和假设，其目的是解释宇宙如何从无中生成的，万事万物又是如何生成的。我的“生子”被有人称为“金妖”，为生成妖。它是支配控制宇宙万物从无中生成的妖。拉普拉斯妖为严格决定论之妖，它设定自然界中有一个看不见的妖精，能够精确操纵系统的运行机制，支配力学运动的规律；麦克斯韦妖为从无序转变为有序之妖，能使高熵变为低熵，是逆热力学第二定律的过程；哈肯妖在自组织系统中起支配结构模型的作用，它支配着动力系统在状态空间中趋向吸引子的合目的的演化行为。拉普拉斯妖有因果决定性，麦克斯韦妖有随机偶然性，哈肯妖有目的趋向性，金妖有生成突创性。在事物的生成、存在与演化中，四个妖是互为前提、互相预设、协同动作的不可分割的整体。作为生成机制来说，金妖依靠拉普拉斯妖而有因果决定性，即新事物的产生有它必然的可以预测的一面；依靠麦克斯韦妖而使新事物有它的随机性和有序性，使新事物能从低级向高级演化；依靠哈肯妖而使新事物有它的目的性和自组织性，赋予新事物以意义与价值。宇宙自身具有创造性，创造性是事物演化之源动力，因此，金妖比其他三妖更深层、更基础，并协调其他三妖的作用，使新事物层出不穷。生子也即协同生成子，用以表达新事物生成的机制，作为动力机制和生成机制的相互作用，应该区分为三种：（1）因果决定性作用；（2）随机决定性作用；（3）广义目的性作用。协同生成子正是这三种相互作用的协调统一。生成过程是整合的，即从潜存到显现过程中将相关因素都整合在其中，从而生成具有个体性的新事物。这项研究是我与中山大学张华夏教授合作进行的。还有许多工作要做。

问

如果我没理解错的话，您研究交叉学科是研究自然问题通向研究社会问题的桥梁。

答

正是。我曾提出了一个蚕茧模型，以说明科学知识的增长，而交叉科学的知识增长规律则需要从蚕茧模型发展到网络模型。一方面，交叉学科往往是科学发展的新的生长点；另一方面，现实社会中的重大研究项目也需要多学科的研究人员协同攻关。因此，重视交叉学科的研究不仅是科学发展的内在趋势，也是社会现实之需。

问

信息高速公路的社会影响是您研究的一个重点课题。您能否概述一下国际信息化的趋势？

答

我们曾用“技术革命领先，基础设施加固，网络遍布全球，地缘政治削弱，文明对话有望”来概述当前国际信息化的基本格局。

问

发达国家正在从工业经济向知识经济转变，您能否说一说信息化的意义和特征？

答

应该肯定，信息化在知识经济崛起中起着重大的作用。但要概括信息化的特征很不容易。因为信息化推进速度很快，同时又渗透在各个领域。美国麻省理工学院的几位学者指出，工业革命是由生产的变化驱动的，而这场革命又是由协调方式的变化造成的。起协调作用的主要是信息化。信息化推动了经济、社会、政治、文化各个领域的发展和变革。大体上，我们可以用“四化”与“四性”来表达。所谓“四化”是指智能化、电子化、全球化、非群体化，所谓“四性”是指综合性、竞争性、渗透性、开放性。

需要补充说明的是，信息化本身有一个发展过程。尼葛洛庞帝在《数字化生存》（海南出版社，1997）中谈到前信息时代、信息时代和后信息时代，我把它转换成人与机器关系转变的三个阶段：第一阶段——人是机器；第二阶段——人机界面；第三阶段——机器是人。第三阶段就是尼氏所说的后信息时代，机器有了智能，可以代替人做许多脑力工作，而人则可以从事更高级的精神劳动和文化活动。也许这就是今天我们热烈讨论的“知识经济时代”或“知识社会”。

问

最近一段时间，您已把主要精力转向对知识经济和广义“知识论”的研究，能谈一谈其中的缘由和研究体会吗？

答

研究重点的转移，与当今时代中知识对经济发展的作用，尤其是知识经济已成为人们关注的焦点、热点有直接关系。现今知识的地位和作用已发生了重大变化，概括起来，大致有以下几方面：

第一，一切经济制度、经济运作都是建立在知识基础之上的。但不同的是，现在知识已经在经济增长中起了关键性的作用。更重要的是，知识的含义是历史性地变化的。德鲁克曾指出，一百多年来，知识的意义曾发生过三次变化：第一次知识被应用于工业、产品和过程；第二次知识被应用于做事（doing）；第三次知识被应用于知识本身。现在，知识资源、人力资本是所有资源中最重要的资源。托夫勒在《创造一个新文明》一书中说："随着旧障碍的崩溃，人类知识的整个结构再次发生变革性的动摇……我们也正在彻底地重组知识的生产和分配，以及用于传播知识的符号。"他指出，"正是社会知识基础的巨变，不只是电脑热或纯粹的全能操纵——可以解释第三次浪潮超级符号性经济的兴起"。托夫勒这段话不但深刻阐明了知识经济崛起的时代背景和认识论根源，而且指明了知识经济的本质——不只是电脑热或全金融操纵。许多人把知识经济解释为单是高科技经济，显然，是对知识经济的误解，也容易产生误导。

第二，知识的社会建制发生了根本性的改变，现在美国将有50%以上的人从事知识劳动；知识的创造、传播和应用将成为全社会的事业；企业将成为创造知识的核心机构之一。科学研究从科学共同体扩大到整个社会。

第三，计算机、信息通信技术的发展，尤其是1993年美国的信息高速公路行动计划付诸实施，所造成的经济、社会变革已远远超出人们的想象，人们对信息和知识作用的认识产生了革命性的飞跃，对此我们可以用“范式转变”来表达。不管世界经济合作和发展组织报告中提出“发达国家GDP的50%以上是由知识提供的”数据是否准确，但毫无疑问，信息和知识对经济增长的贡献率大大超过了制造业的贡献率，由此导致了社会从以工业物品生产为主导转向以非物品生产为主导的服务、信息和知识业。

第四，经济学理论逐渐成熟，知识经济的理论基础正逐渐奠定。

此外，还伴随一系列的转变发生，例如大规模的生产方式被灵巧的分散的生产方式所取代，管理模式发生根本性改变，创新成了企业成功和经济增长的关键，全球化进程大大加速，等等，从而使知识经济的出现成为必然。马克思在以资本为主要资源的工业化时代写下了《资本论》，而今，知识经济时代的标志是知识，如果有人能写出一本当代意义上的《知识论》，我相信定将成为新时代的光辉巨著。

（原载《哲学动态》1998年第10期）

学者近况

金吾伦（1937.11—2018.1），中国当代著名科学哲学家。生前曾任中国社会科学院科学哲学所研究员、博士生导师。1964年从中国科技大学本科毕业后，攻读中国科学院哲学研究所自然辩证法专业研究生，师从于光远、龚育之，毕业后留中国科学院哲学所自然辩证法组工作。1986年被聘为副研究员，1991年起任研究员。20世纪80至90年代，在化学哲学、整体论、系统论、生成论、库恩等人的科学哲学思想、吴大猷的物理学哲学思想等领域的研究在学界产生了重要影响，并在此基础上形成了生成哲学的思想。20世纪90年代中后期以后，在知识管理、跨学科研究、创新管理、创新文化、信息高速公路（互联网）、国家创新体系、国家中长期规划等软科学领域展开了具有开创性和政策影响力的研究。主要著作有：《物质可分性新论》（1988）、《科学变革论：拉瓦锡化学革命探究》（1991）、《托马斯·库恩》（1994）、《千年警醒：信息化与知识经济》（合著，1998）、《塑造未来——信息高速公路通向新社会》（1998）、《生成哲学》（2000）、《知识管理：知识社会的新管理模式》（2001）、《创新文化与文化创新》（2005）、《科学的中国化与中国化的科学》（合著，2007）、《感悟科学：科学哲学探询》（2007）、《创新的哲学探索》（2010）等。主编《自然观与科学观》（1985）、《跨学科研究引论》（1997）、《吴大猷文录》（1999）等。

“大哲学”的观念和比较哲学的方法

——访赵敦华

学者简介

赵敦华，1949年生，江苏南通人。1982年大学毕业，同年赴比利时鲁汶天主教大学高等哲学研究所学习，1988年获哲学博士学位，随即回北京大学哲学系任教。1992年破格晋升为教授。时任北京大学哲学系副主任、博士生导师。专著有：《维特根斯坦》、《劳斯的〈正义论〉解说》、《卡尔·波普》、《基督教哲学1500年》、《西方哲学通史》（第1卷）、《当代英美哲学举要》、《柏罗丁》等。

问

您曾在国外学习六年，您觉得这段留学经历对您之后的工作有何影响？

答

既有好影响，也有不好的影响。我留学所在的比利时卢汶大学哲学所是新经院哲学的中心，又是胡塞尔档案馆所在地，纯哲学气氛很浓；讲究思辨和论辩，又有托马斯主义的综合传统；注重哲学史的训练，德、法、英美哲学，以及各种哲学流派和分支都得学。这些系统的严格训练使我养成了一种研究习惯，总认为哲学问题比答案更重要，解决问题的过程比结果更重要；讨论问题时，偏重于历史的角度，喜欢从经典中找论据；在方法上，比较看重概念和意义的分析，不管是分析哲学式的分析，还是现象学还原式的描述，对我的研究都有影响。西方哲学不少学说的系统性、论辩性强，而且需要多年的研究才能理解、欣赏。这种特点使得它对研究者，特别是长期投入的研究者有一种说服力和吸引力。结果造成了这样一种倾向：研究者在不知不觉中成了崇拜者。有人戏称之“二世现象”，言必称“一世”，以“一世”之言定是非。这样一来，哲学完全被等同于哲学史，哲学史又被归结为注解诠释，哲学的批判精神、创造精神和实践能力都不见了。

问

您的博士论文的题目是什么？您现在是如何看待您所选择的这一专业方向的？

答

我的博士论文题为《罗素与维特根斯坦的对话：分析哲学问题的起源和发展》，是一篇解释历史的论文，结果还不错，答辩委员会给予summa cum lauda的最高评价。但我做完论文后却有一种失落感，对分析哲学的前途及其对未来哲学发展的影响等问题，没有多少信心。罗蒂说分析哲学走向了消亡，但他没有解决分析哲学乃至西方哲学如何走出危机的问题，“后哲学”“全人类的文化对话”之类的提法没有实际意义。最近牛津的哈克出版了《维特根斯坦哲学及其在当代的地位》一书。他今年来北大讲演，说分析哲学在维特根斯坦之后一直走下坡路，面临难以解脱的危机。哈克是研究维特根斯坦的专家，他主张回到维特根斯坦哲学才有出路。但我觉得，当维特根斯坦说哲学家像瓶子里的苍蝇时，他表达了一种切身体会。维特根斯坦哲学并未摆脱困境，因此他说只有停止从事哲学才能摆脱困境，这只是揶揄而已。我并不认为分析哲学是一种成功的理论，它只是一种工具，众多工具中的一种工具，或确切地说，一种风格。

问　您多次提到西方哲学的危机，认识到哲学的危机，对您的研究方向是否有影响？

答　我对西方哲学的研究确实有一种转变，这是从我的那篇《20世纪西方哲学的危机和出路》（《北京大学学报》1993年第1期）开始的。在那里，我把20世纪西方哲学的处境理解为第四次危机，即继希腊自然哲学危机、希罗哲学危机和经院哲学危机之后的又一轮哲学危机。该文旨在反驳“哲学消亡论”，说明每次危机之后，都有哲学的繁荣和发展，这是带有规律性的历史现象。西方哲学的走向包含着走出危机的途径，但我并未说明出路何在。直至写《作为文化学的哲学》一文（《哲学研究》1995年第5期）时，我才明确地说明，哲学危机实际上只是纯哲学的危机。从历史上看，纯哲学处于危机之际，正是各种文化思想极其活跃并相互碰撞之时。比如，希腊自然哲学的危机期是智者运动的高潮期，希罗哲学的衰落期是希罗文化与基督教碰撞和融合期，经院哲学的危机期是文艺复兴时期。第四次危机也只是学院式哲学的危机。至于应用哲学、跨学科哲学、各个领域的“准哲学”，形态之丰富，范围之广阔，更是前所未有。我们很少把纯哲学以外的这些思想资料写进哲学史，最多也只是把它们处理为纯哲学的背景材料。为了纠正这一偏见，我区别了两种哲学传统：形而上学的传统和文化学的传统。“文化学”是meta-culture的中译，是相对于meta-physics而言的。但不幸的是，“文化学”这一概念现在也被弄得很狭窄，好像只是“文化人类学”等分支学科的代名词。为了避免这种误解，我现在尝试改用“大哲学”这一提法。西方哲学原来就是无所不包的“大哲学”。19至20世纪初，各门科学从哲学中分离出去，哲学史这门学科也随之专业化，纯哲学才从“大哲学”中抽象提炼出来。事实上，“大哲学”更适合于西方哲学的历史状况，纯哲学从来都是在“大哲学”中发展的。但纯哲学的历史成就往往遮掩了“大哲学”的原来面目，只是在纯哲学处于危机的情况下，“大哲学”才凸显出来。这就是为什么西方哲学史呈现出一盈（纯哲学危机，“大哲学”凸显）一缩（纯哲学发展，“大哲学”淡出）的有规律的交替现象的原因。

问

我注意到这些年来您的研究向基督教哲学和宗教学方向发展，这与您关于纯哲学和“大哲学”关系的认识是否有联系呢？

答

的确有关。科学哲学、政治哲学和宗教哲学等跨学科的哲学研究，都属于“大哲学”的范畴，但从另一个角度看，它们又属于分支哲学的范畴，是以纯哲学为基础和核心的。这些年我之所以在宗教哲学方面做得多一些，开始是出于偶然。出于西方哲学史教学和研究中对中世纪这一部分的迫切需要，我承担了《基督教哲学1500年》一书的写作。当初的出发点是纯哲学的考虑，但在研究著述的过程中，逐渐感悟到基督教对西方哲学的整体影响。过去我们一谈到西方文化，言必称希腊。现在感到有点问题。希腊文化只是西方文化的源头之一。除希腊理性主义之外，罗马法治思想和希伯来宗教精神也是西方文化的源头。这三者原来分别是三个民族的传统，只是在基督教中才得到整合。我们现在所说的西方文化传统的起源和发展都是从基督教开始的。从这一点上说，对基督教哲学的研究确实是我从研究纯哲学转向关注“大哲学”的一个中介。我现在研究宗教哲学的目的是为了在更广阔的文化语境中阐发哲学的精神。

问 我觉得这种对待基督教的严肃的学术研究态度与一些“文化基督徒”的态度是很不相同的。您能否对此作进一步的评论？

答 “文化基督徒”是一个含义不清的概念。用语言分析的方法，我们可以问：这一概念的指称究竟是基督徒还是文化人，其含义究竟是研究文化的基督徒还是研究基督教的文化人？如果是前者，则无必要在基督徒之前以“文化”相标榜。基督教从一开始就反对文化歧视，耶稣不止一次地表达了对“文化人”的反感，以至于早期教父说，上帝选择的教徒是渔夫而不是哲学家。如果“文化基督徒”指的是研究基督教的文化人，那就更说不通了。基督教的研究者不等于基督徒，正如西方哲学的研究者不等于西方人一样。概念的混乱反映了思想的混乱。从现实来看，这一思想混乱反映了在宗教与非宗教、信仰与理性、传教与学术的矛盾面前不知所措的状况。我在与国内外学者的交往中，深知这种矛盾不可避免。我们应有自己的立场，不能有意无意地屈从于保守的福音派或其他基督派的立场，不能沦为“吃教者”(rice Christian)。此外，在思想开放、文化交汇的时代，我们再也不能像过去那样简单粗暴地压制他人的信仰，武断地否定宗教的价值。在宗教学的研究中要提倡对话和比较研究，宗教徒的内部研究和非教徒的外部研究，跨宗教、跨学科和跨文化的研究，都是必要的。我不隐瞒自己的立场，在对话中自己的角色只是一个外部研究者、比较研究者、哲学研究者和中国文化的热爱者；但我也承认自己立场的局限性，尊重内部研究者、单一宗教的研究者、其他学科的学者和其他文化传统的热爱者的意见。我相信各方面的对话可以增进相互理解、相互学习，取得相得益彰的效果。

问

您最近发表了一系列关于中西哲学比较的论文，可以看出您所说的态度。我们想知道，作为一个西方哲学的研究者，您为什么要以热爱中国文化的态度来从事中西哲学的比较研究？

答

这还得从“大哲学”的观念谈起。从历史上看，中国哲学包括社会生活的方方面面，举凡政治、道德、宗教，乃至科学、医学、道术、民俗，无不有丰富的哲学思想。但长期以来，我们按西方纯哲学的标准选择和整理中国哲学的资料，后来又按“两军对阵”的模式诠释中国哲学的精神，中国哲学的范围被弄得越来越窄。现在人们把中国哲学与传统文化相联系，这可以从更深厚的文化资源中吸取更多、更广阔的哲学思想，是有益的。在这方面，借鉴西方哲学中“大哲学”的观念也是有益的。比如，福柯的知识考古学的模式和方法，对于我们从哲学的角度理解中国古代社会各个文化领域的联系和变化，很有些启发意义。从冯友兰、胡适开始，中国哲学史这门学科的发展始终受到西方哲学的方法和理论的影响。我认为这种影响属于中西哲学的良性互动，不能算作全盘西化，因为中国哲学史作为一门世界性的学科，其建立和发展又反过来为西方哲学提供了一个新的参照系。有没有这个参照系，对西方哲学的理解和体悟大不一样，对中国人研究西方哲学意义更大。因此，我曾提出，要以中国人的眼光解读西方哲学，这与借鉴西方哲学来研究中国哲学是一个问题的两个方面，都需要进行比较哲学的工作。

问

我们现在看到的比较哲学的论著文章都是以中西哲学史为内容的，您能否谈一下，比较哲学的对象是什么，对中国哲学界的全局意义何在？

答

对于比较的一方的中国哲学，我们应有全面的理解。套用牟宗三的一个区分，我们也可把“中国哲学”区别为“中国底哲学”

（Chinese Philosophy）和“中国的哲学”（China’s Philosophy）。前者指以中国传统为底子或本位的哲学，后者指在中国发生的一切哲学形态。在西方文明和马克思主义已经全面而又深刻地改变了中国社会的客观条件下，当代已不可能有“中国底哲学”，有的只是“中国的哲学”，即使刻意成为“中国底哲学”的新儒家，不是也要以西方哲学为参照和比较的对象吗？当代中国的哲学包括传统的中国哲学、马克思主义哲学和西方哲学；但是，中国哲学界马、中、西三足鼎立、以邻为壑的状况是不正常的。哲学史和哲学一般的界限应该打破。比较哲学的对象不应只限于哲学史，而应该成为哲学一般的方法。广义地说，哲学的方法就是比较的方法，大到反映民族精神的国别哲学、反映时代精神的断代哲学，中到各个哲学流派、各个哲学家，小到一个个哲学观点和概念，都需要并可以加以比较。按黑格尔的说法，哲学史是思想巨人的较量、高尚心灵的更迭。较量就是比较，有比较才有鉴别，有鉴别才有更迭。如果我们能够把比较哲学作为研究马、中、西各类哲学的普遍要求和方法，那么，它们之间的藩篱自然也就拆除了。

问　您能否具体地谈一谈，马哲、中哲史和西哲史各门学科如何运用比较哲学的方法？

答　我只能列举一些课题为例。比如，马哲界开展对经典作家原文原著的研究，对西方和前苏东马克思主义哲学的研究，在各分支哲学，尤其是政治哲学、经济哲学和应用伦理学领域，进行当代中国的马克思主义与西方哲学的比较研究；在中哲史界，除进行一般意义上的中西哲学史比较研究外，更多地吸收国外汉学家和海外华人学者的研究成果，在概念、命题和范式三个层次比较中西哲学概念的异同，探讨中国哲学关键术语的翻译，把国内学者的最新研究成果翻译出来，推向国际；在西哲界，也要探讨西方哲学的中译问题，重新评价中国哲学和文化在世界文明史和观念史中的地位问题，如此等等，都是中西比较哲学的重要课题。

问

20世纪40年代，当冯友兰先生被人问及中国哲学对于未来世界哲学将有什么贡献时，他说他感到有点为难。您现在对这样的问题有什么看法？

答

冯友兰先生是在《中国哲学简史》的结尾处说这番话的。半个世纪以后，我们对这一问题看得更清楚了。未来的世界哲学既不是西方底哲学，也不是中国底哲学，而是比较哲学。因为“大哲学”不仅是西方哲学的出路，也是中国哲学的出路。“大哲学”之大，不仅是跨学科的，而且是跨文化的，消除了按照纯哲学的标准所设置的种种藩篱障碍。我斗胆说，达到“大哲学”的方法只能是哲学比较法，“大哲学”的理论只能以比较哲学的理论为范式。我们应该看到，中国人在比较哲学领域有特殊的优势。比较哲学是一门相对年轻的学科，在西方并不十分发达，因为大多数西方人对中国哲学不熟悉，中国哲学对他们而言只是哲学的特例，不具有普遍意义，因此很难参与平等的对话。印度学者在东西哲学比较领域写了不少书，他们有梵英双语的优势，但这种优势同时也是一种限制，印欧语系的共同性掩盖了东西方思维方式的一些根本分歧，而这种分歧是由语言表达出来的。“东方哲学”只是一个地域性的概念，没有共同的文化的或观念的传统作基础。东方哲学内部的分歧可能比东方哲学和西方哲学的分歧还要大，比如，印度哲学在语言上更接近于西方哲学，阿拉伯哲学则在内容上接近西方哲学。只有以中国哲学为典范与西方哲学相比较，才能明显地突出东西方哲学的异同。经过一个多世纪的翻译和评介，西方哲学已在中国普及，可以说，中国人熟悉西方哲学的程度远远超过了西方人熟悉中国哲学的程度，这是中国学者的优势所在。从大环境来看，中国经济和政治的发展为提高中国文化和哲学的国际地位创造了条件。当然，能否实现哲学强国的目标，还有待于我们的努力。我热烈地期待着中国哲学走向世界。“大哲学”观念的确立，在比较哲学领域的突破，将会促进这一转变的到来。

（原载《哲学动态》1999年第1期）

学者近况

赵敦华（1949.8— ），1988年获得比利时鲁汶天主教大学哲学博士学位。曾任北京大学哲学系主任兼宗教学系主任、教授、博士生导师。现任北京大学哲学系教授、北京大学博雅讲席教授、全国高校教育名师、第七届国务院学位委员会学科评议组哲学组召集人。教学和主要研究领域分四个阶段：(1)分析哲学和英美哲学。著有《维特根斯坦》《卡尔·波普》《劳斯的〈正义论〉解说》《当代英美哲学举要》等。(2)20世纪90年代从事“西方哲学史”和“现代西方哲学”这两门本科基础课的教学。出版教材《西方哲学通史》(第1卷)、《西方哲学简史》和《现代西方哲学新编》。选注研究生英文教材《西方哲学经典原著选编》，出版《西方哲学经典著作讲演录》。(3)中西比较哲学。出版《西方哲学的中国式解读》《伦理和人性的跨文化对话》《回到思想的本原》，主编*Dialogues between Philosophies, Religions and Civilizations in the Era of Globalizations*等。(4)基督教哲学。在讲授和研究中世纪哲学的基础上，出版《基督教哲学1500年》、《圣经历史哲学》(上下卷)，主编《欧洲哲学与美国宗教讲演录》。另著有《马克思哲学要义》。

探寻真善美的统一

——访汪信砚

学者简介

汪信砚，1961年生，湖北麻城人。1988年毕业于武汉大学哲学系马克思主义哲学专业，获哲学博士学位。时任武汉大学哲学学院教授、博士生导师。主要著作有：《认知的两极性及其张力》（合著）、《科学美学》、《科学价值论》、《科学真理的困惑与解读》（合著）、《当代哲学前沿问题专题研究》（副主编）、《马克思主义哲学的当代视野》（主编之一）、《新校园文化素养丛书》（主编）等。另在《中国社会科学》《哲学研究》等刊物发表学术论文50多篇。

问

我还记得，20世纪80年代中后期，您在国内哲学界首倡并较系统地开展了关于认识的主体性问题的研究，得到了广泛响应，引起了热烈的讨论。站在今天的角度，您觉得当时关于认识的主体性问题的研究和讨论有何重要意义？

答

今天看来，当时我和大家一起进行的关于认识的主体性问题的研究和讨论，对于尔后十多年来我国马克思主义认识论乃至整个马克思主义哲学研究的推进作用是十分明显的。首先，它使人们突破了过去马克思主义认识论研究中沿袭多年的客体至上论的研究传统和认知主义倾向，重新确立了马克思主义认识论应有的和本有的研究范式。客体至上论曾行时很久，其缺陷今天已人所共知：它使马克思主义认识论退回到了旧唯物主义认识论的水平，并使马克思主义认识论的研究只能在认知主义的视界中兜圈子，即撇开主体而谈论主体对客体的反映，把认识活动仅仅归结为“知”的活动——单纯的知识或真理的获取过程。在当时，正是关于认识的主体性问题的研究和讨论帮助人们突破了这一研究传统，把人们探寻的目光引向了主体自身，在扬弃那种非批判的实证的思维方式、恢复认识论应有的反思性质的同时，使人们注意到人的认识活动不仅仅只有一个求真的维度，而是同时存在着求真、趋善、臻美三个不同的维度，并使人们在马克思主义认识论研究中重新确立了着重探讨以选择、建构、理解、解释等为内容的主体对客体的观念改造以及真善美的统一的研究范式。之所以说是“重新确立”，乃是因为马克思早已阐发了“观念的东西不外是移入人的头脑并在人的头脑中改造过的物质的东西而已”的思想，也早已提出过人的类特性之一就在于其活动能够同时按照真、善、美等不同尺度展开的看法。因此，虽然当时关于认识的主体性问题的研究和讨论直接缘起于对非经典自然科学之认识论意义的思考，但它所导向的这种研究范式实际上是在更高的认识水平上重新回到了马克思。可以说，近十多年来中国马克思主义认识论研究中几乎所有实质性的新进展都是与上述研究范式的重新确立密不可分的。其次，在更广泛的范围内，当时关于认识的主体性问题的研究和讨论对于近十多年来中国整个马克思主义哲学的研究也产生了十分重要的积极影响。虽然认识的主体性只是一个认识论问题，但认识论在当时马克思主义哲学中的领头地位使得关于这一问题的研究和讨论对其他领域产生了明显的示范效应和辐射作用，并在马克思主义哲学中引发了更具一般意义的主体性问题的研究和讨论。而主体性问题之所以备受人们重视，其深层缘由仍在于人们对于真善美统一问题的关注。近十多年来，正是通过对主体性问题的深入研究，价值论和历史观在马克思主义哲学中的地位日渐凸显出来，马克思主义认识论、价值论和历史观研究的结合愈益紧密，关于马克思主义哲学体系改革问题，包括实践唯物主义问题的讨论也越来越深入。

问

我注意到，后来的几年时间中您的主要精力好像是放在科学认识论的研究上，这从您相继出版的《科学美学》、《科学价值论》和《科学真理的困惑与解读》等专著中可以明显地看出来。您能否结合这一时期学术研究工作的主旨及其与前一个时期的联系，谈谈您的这三部著作？

答

好的。如果说对认识的主体性问题的研究和对科学认识论的研究可以看作是我的学术研究工作的两个不同时期的话，那么，这两个时期之间确实是有内在联系的。其中，前一个时期主要是在“破”（即“破”马克思主义认识论研究中那种客观至上论的研究传统和认知主义倾向），并在“破”的过程中达到了对于马克思主义认识论应有的和本有的研究范式的自觉，特别是明确地形成了马克思主义认识论应以探寻真善美的统一为己任的自觉意识；后一个时期则主要是在“立”，即立足于过去为人们所忽视甚至贬斥的认识的主体性，按照马克思主义认识论应有的和本有的研究范式，以科学认识为范本，具体深入地探析人类认识活动中真善美的统一是否可能、为何可能以及怎样实现等问题。

我之所以选择以科学或科学认识作为范本来探析人类认识中真善美的统一问题，也是有其方法论上的考虑的。我对真善美统一问题的自觉意识是在探讨认识的主体性的过程中形成和明确起来的，因而我对这一问题的研究自然也就首先在认识论领域中展开。人类的认识有多种不同的形式，诸如常识的、神话的、艺术的、宗教的、科学的、哲学的等等。其中，科学认识不仅仅是人类认识的一种特殊形式，而且是人类认识最典型、最精致的形式，它在时间上最为晚出，但在形态上最为高级。研究人类认识中真善美的统一问题，我们当然可以以任何一种认识形式为基点和参照，但这里明显存在着一个优选的问题。正如人体解剖是猴体解剖的钥匙一样，科学认识这种高级的认识形式也是我们研究人类认识中真善美统一的最好范本。通过研究科学认识中真善美的统一问题去透视人类认识的其他形式并进而把握人类认识总体，这是从制高点上看问题，因而是一种优越的研究方式。上述特殊的研究主题和方法论上的自觉，使我这一时期撰写的《科学美学》《科学价值论》《科学真理的困惑与解读》与其他书名近似的著作很不相同，对于它们的内容和写作意旨也不能仅仅从名称上去理解。这三部著作分别从科学认识的真、善、美三个不同的维度立论，因而在内容上各有侧重，但它们又相互衔接，实际上构成了一个有机的整体或具有内在联系的系列，其共同的主题就是透过科学认识这个范本去探寻人类认识中真善美的统一。

从《科学美学》到《科学价值论》再到《科学真理的困惑与解读》，也就是我对科学认识中真善美统一的探寻渐次展开的过程。其中，《科学美学》一书着重研究了科学美，并由此研究了科学认识中美与真的统一问题。该书虽然广泛地涉猎了科学美学中诸多繁难而重要的问题，但其核心命题是“美是真理的光辉”。就该书的论题来说，这一拉丁语格言的真实哲学意蕴在于：在科学认识中，人们可以也应该由美求真、以美审真和用美启真，但美与真并不具有直接的同一性，只有那些富有辩证思维的人才能真正达致美与真的统一。《科学价值论》着重研究了科学价值即科学的善，并由此研究了科学认识中善与真的统一问题，但它实际上也是对科学认识中真善美统一的较全面的探寻。该书所谓的科学的"价值"即广义的"善"，不仅包括科学的道德价值（狭义的"趋善"）、审美价值（"臻美"）、功利价值（"致用"），而且也包括科学的认识价值（"求真"）。通过对这诸多方面的科学价值及其相互关系的考察，特别是通过对现实生活中科学价值的分裂及其根源的探讨，该书认为，科学认识中的善（广义的"善"）与真或我们通常所说的真、善、美的统一，既受制于一定的认识条件，也受制于一定的社会条件，因而它只能是一种具体的、历史的统一。《科学真理的困惑与解读》则循着与上述两部著作反向的思路，着重研究了科学认识的真，并通过考察科学真理的本质、发现过程、检验策略和发展机理，阐述了科学真理何以善、何以美，从而也对科学认识中真善美的统一及其基础作出了统一的说明。

问

近年来，您的学术兴趣好像发生了某些变化。您新近发表的论著中有许多是关于人与世界的关系特别是当代全球问题的，这与您以前的研究工作是否也有某种内在的联系？

答

近年来，我的学术兴趣确实发生了一些变化。在以往的许多年间，我的研究工作主要是在认识论领域中进行的。近几年中，我研究的问题域在不断扩展，特别是在自觉地研究当代人与世界的关系问题。既然只是问题域扩展了，对新的问题的研究与我以往的研究工作也就自然是内在地联系在一起的。首先是主题依然如故，只不过现在是在更广泛的领域中探寻真善美的统一。其次，指导我进行研究的方法论原则也没有改变。以往，我注意在认识论、价值论和历史观的结合中来把握认识论问题。而在问题域扩展以后，特别是在研究当代人与世界关系的过程中，新的问题更是只有在认识论、价值论和历史观的结合中才能加以把握，因而我也更加自觉地注意用这一方法论原则来指导自己的研究工作。

当代人与世界关系上最为引人注目的，就是各种全球问题的凸显。今天，关注和研究全球问题的人很多，但不少人在全球问题的成因及其克服途径问题上陷入了观念决定论的泥沼，如把人与自然关系上的各种全球问题归因于人类中心论。在我看来，当代的各种全球问题实际上是历史上人类长期的不合理实践，特别是近现代工业技术文明的片面发展和科学技术的不当运用造成的恶果。这种不合理实践的形成，有认识不完善方面的原因，也有价值观念不健全方面的原因，还有社会关系和社会制度不合理方面的原因，这诸多的原因可概括为在求真、趋善和臻美三方面出了问题。这种“不合理实践”的不合理性主要表现在实践方式上，即它不是同时按照真、善、美的尺度来处理人与世界的关系的。因此，对我而言，研究当代的全球问题，就是要探寻在人与世界关系的实践层面上如何实现真善美的统一，用通常的话说，也就是要探寻在人类实践中如何实现合规律性与合目的性的统一。

问 看来，在过去的十多年时间里，您的科研工作中始终都自觉地贯穿着探寻真善美的统一这样一个主题。那么，您最近主编的“新校园文化素养丛书”是否属于游离于这一主题之外的应时之作?

答 我主编这套丛书，目的是为了配合当前对大学生进行的素质教育，它熔铸着我对教育哲学的思考，可以说是我对教育实践中真善美的统一的探寻，或者说是我为培养和提高青年学生自觉追求真善美的精神境界和探寻真善美的能力所作的努力，因而它同样也是服务于我的学术研究工作的主题的。

这套丛书名为“新校园文化素养丛书”，丛书名称中用了一个

"新"字，这是为了把它与别的大学素质教育读物和素质教育形式区别开来。与目前整个社会在对何为素质教育问题的理解上的混乱状态相应，现有的大学素质教育读物和素质教育形式也是五花八门的。有的高校显然是把强化素质教育理解为在现有的课程体系之外增设一些公关、礼仪、演讲之类的课程；有的理工院校则把它理解为多举办一些人文讲座，而且是尽量从全国各地邀请不同领域的人来讲一些前沿热点问题，好像是搞得愈热闹、愈有轰动效应就表明其效果愈好。依我之见，素质教育是严格相对于和区别于应试教育的，它的目的不在于仅仅告诉学生这是什么、那是什么，或这是好的、那是不好的，并让学生记住，而在于培养和提高学生的文化素养。这里所说的文化素养有两个方面的内容：一是思维能力，包括思维的开拓创新能力、是非判断能力、善恶辨识能力和审美鉴赏能力；二是精神境界，它是人的理想、信念、德行、意志、情感等精神要素的总体发展状态和水平。概言之，素质教育的目的就是要培养和提高学生自觉追求真善美的精神境界和探寻真善美的能力。这样看来，各高校现有课程体系中的任何一门课程都是既可以用来进行应试教育，也可以用来进行素质教育的，问题的关键是要转变教育观念、改革教学方法。当然，在目前的条件下，为了顺利实现由应试教育向素质教育的过渡，也可以并且也有必要先就强化素质教育问题开创一些示范性的形式，编写一些示范性的读物。这是我对大学素质问题所作的教育哲学思考，也是我主编这套丛书的基本意图。

问

认识论向来是您的科研活动的主要领域之一，在这一领域中，我心中一直存有这样一个疑问：20世纪80年代中后期关于反映论的火热讨论到90年代好像突然沉寂了，这是否意味着后来人们不再关心这一问题？另外，您认为中国认识论研究今后的突破口在哪里？

答

进入90年代后，直接讨论反映论问题的论著的确并不多见，但如果说人们不再关心这一问题，则是不符合实际情况的。事实上，90年代反映论的研究不仅仍然在以不同的方式继续进行，而且应该说是更加深入了。说它仍然在以不同的方式继续进行，是因为我们所有的认识论研究都必然直接或间接地属于反映论的研究，但随着我在前面讲到过的认识论中新的研究范式的确立，90年代人们更加注重对反映活动过程及其生产性、创造性特别是对反映过程中真善美的统一问题的探讨。而说它更加深入了，则主要表现在这样两个方面：第一，80年代以前反映论的研究基本上是以自然科学认识为范本进行的，90年代反映论研究的重心明显移向了理解和解释性的人文社会科学认识，在这里人们发现反映活动及其过程具有一些很不相同的特点；第二，如果说80年代中后期关于反映论的讨论使得我们对反映论的理解恢复到了马克思早已达到的水平，那么，90年代通过对人文社会科学认识的理解和解释性的反映过程以及其中真善美的统一问题的研究，我们对反映论的理解又进一步提升到了时代应有的水平。对人文社会科学认识的关注和探讨，不仅使得90年代反映论的研究大大深化了，而且也使得我们整个的认识论研究与当代世界哲学的发展之间逐渐达到了某种程度的合拍。

随着人文社会科学在当代人类社会中地位的上升并基于人文社会科学自身学科建设的需要，人文社会科学认识论和方法论已成为当代世界哲学研究的前沿热点领域。不过，无论是在国内还是在国外，目前人们对于人文社会科学认识的研究还是很不够的。人文社会科学认识所特有的理解和解释性，使得在这里探寻真善美的统一尤其具有挑战性。就是说，它既特别困难又特别重要。深入研究人文社会科学认识特别是其真善美的统一问题，可能会使我们的认识论理论发生很大的变化。这姑且算作是对中国认识论研究今后的突破口的一个预测吧。

（原载《哲学动态》1999年第2期）

学者近况

汪信砚（1961.9— ），1988年毕业于武汉大学哲学系马克思主义哲学专业并获博士学位，2001—2007年先后任武汉大学人文科学学院、哲学学院副院长。现任武汉大学哲学学院教授、博士生导师，《武汉大学学报（哲学社会科学版）》主编，兼任国务院学位委员会学科评议组哲学组成员、国家社会科学基金学科规划评审组专家、中国价值哲学研究会副会长、全国应用哲学研究会副会长、湖北省哲学学会会长等。在海内外出版《认知的两极性及其张力》、《科学美学》、《科学价值论》、《科学真理的困惑与解读》、《当代视域中的马克思主义哲学》、《科学：真善美的统一》、《全球化、现代化与马克思主义哲学中国化》、《范式的追寻——作为范式的马克思主义哲学中国化研究》、《马克思主义哲学中国化：传统与创新》、《李达全集》（主编）等著作和教材20多部。在国内外发表学术论文250余篇。主持国家社会科学基金重大项目等省部级以上科研项目10多项。获全国“五个一工程”奖、教育部高校人文社会科学优秀成果奖、湖北省社会科学优秀成果奖等省部级以上教学科研奖励40多项。先后入选教育部长江学者特聘教授、全国宣传文化系统“四个一批”人才、国家“万人计划”哲学社会科学领军人才。

探索科学的人文底蕴

——访李醒民

学者简介

李醒民，1945年生于西安户县。1969年毕业于西北大学物理系，1981年获中国科学院理学硕士学位。1990年破格晋升为中国科学院研究员。时任中国科学院研究生院研究员，中国科学院《自然辩证法通讯》常务副主编。著作有：《激动人心的年代》《两极张力论·不应当抱住昨天的理论不放》《科学的革命》《理性的沉思》《理性的光华》《彭加勒》《论狭义相对论的创立》《马赫》《伟大心智的漫游》《人类精神的又一峰巅》《迪昂》《爱因斯坦》《皮尔逊》等，译著（英、日、俄）有：《列宁与科学革命》《科学的价值》《物理学史》《科学方法讲座》《巨人箴言录：爱因斯坦论和平》《最后的沉思》《科学的智慧》《物理学理论的目的与结构》《科学的规范》等，主编有：《思想领域中最高的音乐神韵》《三原色丛书》《哲人科学家丛书》《科学思想文库》《科学巨星——世界著名科学家评传》《中国科学哲学论丛》等。在海内外40多家刊物发表学术论文150余篇。

问

在18年的学术生涯中，您撰写了诸多论著，在国内外学术界和社会上引起较大的反响。可否向我们扼要介绍一下您的研究概况？

答

我的学术研究领域是科学哲学和科学思想史，兼及科学史、科学社会学和有关哲学问题。多年来，我除围绕世纪之交物理学革命的社会历史考察和哲学探讨、《唯物主义与经验批判主义》第五章探究、两极张力论、科学革命和科学发展、科学说明和科学理论评价、现代科学实在论、哲人科学家、科学史理论以及自然辩证法研究的方向、方法和学风建设等论题作了相关研究外，主要钻研了三大课题：（1）批判学派（马赫、彭加勒、迪昂、奥斯特瓦尔德、皮尔逊）个案研究和群体研究；（2）爱因斯坦思想研究；（3）科学精神和科学价值研究。其中前两个课题花费了我学术生涯的多半时间，后一个课题仅在1989—1990年间的十个月内作了初步的探讨，后因兴趣转移和其他写作而延搁。

问

虽说您的后一项研究是十年前进行的，且费时不多，着笔较少，但您的新颖见解至今仍在国内学术界位居前列。请您先谈谈，什么是科学精神呢？

答

尽管人们对科学至今没有下一个十分令人满意的定义，但是科学的三个内涵则是人所公认的，这就是，科学是一种知识体系、研究活动和社会建制（social constitute）。科学精神也恰恰体现在与之相应的科学思想、科学方法和科学的精神气质（ethos）之中。

科学思想是科学知识体系的精髓或菁华之所在。大凡科学思想都具有革命性。它能扩大人们的视野，开阔人们的心胸，启迪人们的心智。它是愚昧的天敌，教条的对头，迷信的克星。科学思想同时也为人们提供了观察和分析问题的基点和视角，使人们明确认识到人在自然界中的位置和作用，从而决定自己的行动目标和途径。这是科学思想革命性的两个相辅相成的方面——革故方面和鼎新方面。

科学的统一不在于它的材料，而在于它的方法。科学精神也集中通过科学研究活动中所运用的科学方法体现出来。尽管具体的科学方法五花八门、形形色色，但基本上分属三大部类：经验方法（观察、测量、实验等）、理性方法（逻辑、统计、数学等）和臻美方法（形式化、对称等）。这三种方法显示出科学的实证精神、理性精神和审美精神，它们能够潜移默化地使人们树立求实、尚理、爱美的思想情操。尤其是，科学的实证精神和理性精神是科学的鲜明标识，是科学的精神价值的最根本的构成要素。一切自称为科学的东西，都必须接受实践的严格检验和理性的无情审查。而以实证和理性为根基的科学固有的怀疑和批判精神，则是科学的生命。怀疑和批判不是科学没落的征兆，而是科学进步的保障和源动力；怀疑和批判终止之日，就是科学停滞乃至死亡之时。

作为科学的社会建制即科学共同体的规范结构或科学的精神气质，就是众所周知的默顿所谓的普遍性、公有性、无私利性、独创性、有条理的怀疑主义。这些有情感基调的、约束科学家的价值和规范的综合，被内在化为科学家的科学良心，外在化为社会的科学意识。它们不仅是维护科学共同体稳定秩序的基石，而且与社会精神文明和人的自我完善的理想是一致的或相通的，同时也为民主秩序提供了健全的发展机会。这是科学精神或科学价值的最深邃的人文意蕴。

由此不难看出，科学精神是"真善美"三位一体的统一体，科学精神与人文精神是水乳交融或一拍即合的，而非冰炭难同炉。人为地把两者对立起来，是完全没有什么道理的，也是极不明智的。

问　您刚刚提及科学价值问题，请就此进一步展开您的观点，行吗？

答　科学是人的（人为的和为人的）科学、历史中的科学，而不是超人的或超历史的。因此，科学与价值密不可分便是题中应有之义，科学价值中性的话语只不过是神话而已。

科学价值包含三个值得探讨的方面。其一是科学的价值，即科学的物质价值或有形价值、科学的精神价值或无形价值。其二是科学与社会价值观念的互动，即科学可以影响人的行为规范，变革社会的价值观念，同时社会价值观念也作用于科学，促进或阻碍科学的进步。其三是科学中的价值，其意指科学家和科学共同体不仅在科学活动中脱离不开价值判断，而且价值和价值判断因素也或多或少渗透在客观知识体系之中。一句话，科学中的价值是蕴含在科学本身结构中的价值，这是科学认识的真实过程的有机组成部分。在这里，我仅就第三点谈一些看法。

科学知识体系中的价值体现在科学基础、科学陈述和科学诠释中。例如，作为科学基础的隐喻式的概念和定义，以及具有约定成分的原理或公理中都包含价值因素。科学陈述或多或少也具有价值取向，背景价值往往要参与其中，而且从某些科学陈述中还可推出反价值。科学诠释蕴涵着被描述的事实背后的某种机制（目的的、因果的、协同的等），古代拟人说、近代机械说、现代嵌入说的科学诠释的变迁，实际上也折射出人的价值观念的变迁。科学研究活动中的价值体现在科学家的探索的动机、活动的目的、方法的认定、事实的选择、体系的建构、理论的评价（包括个人的主观价值评价和共同体的理智价值评价）诸方面。科学社会建制中的价值，是以科学的规范结构为中心而展开的。它体现在科学共同体活动的下述方面：维护科学的自主性，保证学术研究的自由，对研究后果的意识，基础研究和应用研究的均衡，科学资源的分配与调整，科学发现的传播，控制科学的“误传”，科学成果的承认和科学荣誉的分配，对科学分层的因势利导，等等。

问

科学的物质价值由于是有形的、显现的、直接的，明眼人一看便知，但科学的精神价值则是无形的、潜在的、（往往）间接的，难以窥其堂奥。您是否能让我们领略一下后者的“庐山真面目”？

答

科学的物质价值是巨大的，无论怎么估计也不过分。但是，这些年有一种流行的社会思潮和习惯倾向，即把科学简单地等同于作为生产力要素之一的技术。于是，在高官学人的眼中，科学仅仅是生产力；在普通老百姓的心中，科学则是财神爷。科学纯粹成了功利主义的追求物质财富的工具。这种对科学的工具论态度无异于现代的货物崇拜（Cargo Cult），它在一定程度上扭曲了科学追求真知、追求智慧的形象，泯灭了科学精神的弘扬。这种态度的思想根源在于全然不知或根本无视科学的精神价值，致使“科学之道”一落千丈而沦为“科学之器”。

就作为知识体系的科学而言，其精神价值有：（1）信念价值。科学给予我们对永恒世界的相对稳定的、比较正确的信念，使人的心灵获得自由和宁静，成为人安身立命的支点之一。（2）解释价值。满足人的好奇天性和求知本能，填补人的精神空白和消解人的心理疑团，把人从茫然无知的“原始”状态拯救出来，提升人的思想境界。（3）预见价值。人的精神追求无止境，不仅想解释过去和现在，还想借助科学预知未来。科学的预见不仅使人在心理上获得安全感，更重要的是显示出人的理性的伟大力量，增强人的自信心，使人的精神从必然王国迈向自由王国。（4）认知价值。与神话、宗教、哲学、历史、文学、艺术等其他认知形式相比，科学这一认知形式最客观、最系统、最精密，对其他认知形式具有典范性的影响和作用，而且科学的眼力或科学的透视（perspectives of science）是认识各种事物或观察各种问题的参考框架和立足点之一。（5）增殖价值。科学具有“自己运动”和自我发展的逻辑，着眼于科学统一或消除各个理论体系之间的张力能导致知识的增殖和更新，即思想可以产生思想。（6）审美价值。科学能给人的审美判断以永恒的满足，其审美价值在于实验美、理论美和数学美。实验美包括实验现象之美、实验设计之美、实验方法之美、实验结果之美；理论美包括描述美、结构美、公式美；数学美包括理论数学表达的质朴美、和谐美、对称美和涵盖美。此外，作为研究活动和社会建制的科学的精神价值与上述关于科学精神的论述是一体化的，我就不再详细阐明了。

问 这样看来，对科学的精神价值是忽视或轻视不得的？

答 的确如此。中国传统文化中没有近代科学的因子，也没有“为科学而科学”“为思想而思想”的传统和习惯，加之近代科学革命起源于西方，国人并未经受科学革命的洗礼，因而着重科学的“形而下”而无视科学的“形而上”就是顺理成章的事了。反映在实践上，决策者往往注重“任务取向”的应用研究——这有可能收到“立竿见影”之效或获取经济效益，从而彰显其政绩，而冷落“好奇取向”的基础研究。我们的基础研究鲜见世界顶尖成果，新中国成立50年与诺贝尔科学奖无缘，不能说与此无关。在这里，我想指出，如果说在看待应用研究时我们应该认清科学对社会所负的责任的话，那么在看待基础研究时我们就必须认清社会对科学所负的责任。我们的社会把大量的价值的实现归功于科学的应用，而很少归功于科学思想、科学方法和科学的精神气质这些科学精神价值的负载者，这是不正常的。要使社会公众尤其是决策者明白，要求所有的科学研究都应当与我们的社会需求密切相关，这种时尚表面看来是公正的、善良的、无害的，实际上对科学发展而言却是最大的危险之一，从而对社会需要的长期而持续的满足也是最大的危险。此外，忽略科学的精神价值，也为极端的功利主义、实用主义、物欲主义、拜金主义、反科学主义等思潮的滋生准备了肥沃的土壤和温床。

问

您提及反科学主义，这种思潮近几年在国内也比较时兴，您是怎样看待它的？

答

我在十年前就撰文指出，反科学主义在实践中是行不通的，因为它采取的是因噎废食的简单解决办法，从一个极端反对另一个极端。尤其是，它的理论根基是脆弱的。除了它低估科学的物质价值，无视或误解科学的精神价值，看不到科学的人文意义以及科学文化和人文文化的汇流趋势外，尤其在于把科学混同于技术，把技术的善恶两面性归咎于自然技术（natural technology）乃至自然科学，而没有看到这是社会技术（social technology）或社会工程（social engineering）不发达所致，未能有效地约束和控制误用或恶用自然技术的个人或集团。

反科学主义是对科学主义（scientism）的反驳，而科学主义往往被等同于“科学万能论”。但是，据我所知，科学共同体从未发表过这样的宣言，科学家个人似乎也没有标榜或自称自己是科学主义者（在中国，地质学家丁文江对皮尔逊的思想发挥过度而接近科学主义）。科学家对科学的功能的观点是有节制的，哲人科学家的看法甚至是超越时代的睿智。因此，可以说，所谓“科学主义”并非萌生于科学界，而是外界强加给科学家或科学共同体的。反科学主义把矛头对准他们，岂不是堂吉诃德与风车搏斗？

反科学主义是西方后现代主义反主流文化、反理性主义的一个组成部分，它的后天失调与中国传统文化排斥科学与民主的先天本能结成“神圣同盟”，向科学发难——这不是明智之举，起码不合“中国国情”。不过，反科学主义以及好走极端的后现代主义也有神智，尤其是它强调的环境保护、生态伦理、多元化、主体性、人文情怀和终极关怀也是宝贵的思想财富。不过，话说回来，这些思想财富也是科学所拥有的或所阐发的，起码与科学精神和科学价值无根本的冲突。要知道，在某种意义上，科学价值即是人的价值，科学精神也是人文精神。

问

您说的最后一句话怎么理解？

答

科学和人文尽管在关注的对象和获取的成果上有所不同或侧重，但在精神实质和深层底蕴上则是沟通的和互补的，二者都是逼近真善美的理想境界的。难怪英国科学家皮尔逊毫不留情地批判“科学的成长消灭了生活的美和诗意”的责难，而德国哲学家卡西勒把科学视为“人类文化最高最独特的成就”，“全部人类活动的顶点和极致”，“人类历史的最后篇章和人们哲学的最重要主题”。布罗诺乌斯基在《科学和人的价值》中论证说，科学以追求真理为目标和最高价值，由于真理不是教条而是过程，追求真理的人必须是独立的。科学把对独创性的热爱作为独立性的标志，科学发现必须具有独创性。独立性和独创性对科学的意义要求我们把价值放在异议上，因为异议是智力进化的工具，是科学家的天生活动。没有异议就没有科学，没有异议的人根本不能成为科学家。异议本身不是目的，它是更深刻的价值即自由的标志。学术自由必然导致差异和分歧，而稳定进步的社会又必须把观点各异的人黏合在一起，因此宽容就成为科学不可或缺的价值。科学中的宽容是一种积极的价值，其精神实质在于：承认给他人的观点以权利还是不够的，还必须认为他人的观点是有趣的和值得尊重的，即使我们认为它是错误的。因为在科学探索中，犯错误是不可避免的，是由科学和人的本性决定的。由追求真理这个最初价值可以逐步得出一系列价值：独立性、独创性、异议、思想和言论自由、公正、荣誉、人的尊严和自重。这就是科学所塑造的人的价值，它们充分显示了科学的人文精神和文化蕴涵——科学作为一种文化和智慧岂不是呼之欲出了？

（原载《哲学动态》1999年第4期）

学者近况

李醒民（1945.10— ），曾任中国科学院《自然辩证法通讯》主编，教授。主要著作有：《激动人心的年代》《两极张力论·不应当抱住昨天的理论不放》《科学的革命》《理性的沉思》《理性的光华》《彭加勒》《论狭义相对论的创立》《马赫》《伟大心智的漫游》《人类精神的又一峰巅》《迪昂》《爱因斯坦》《皮尔逊》《科学的精神与价值》《纵一苇之所如》《中国现代科学思潮》《科学的文化意蕴》《科学论：科学的三维世界》《什么是科学》《科学的社会功能与价值》《科学与人文》等。译著（英、日、俄）有：《列宁与科学革命》《科学的价值》《物理学史》《科学方法讲座》《巨人箴言录：爱因斯坦论和平》《最后的沉思》《科学的智慧》《科学的规范》《物理学理论的目的与结构》《认识与谬误》《自然哲学概论》《科学与方法》《科学与假设》《爱因斯坦与大科学的诞生》《霍金与上帝的心智》《德国的科学》《科学与哲学讲演录》《力学及其发展的批判历史概论》《能量守恒原理的历史和根源》《自由思想的伦理》等。主编《思想领域中最高的音乐神韵》《三原色丛书》《哲人科学家丛书》《百年科技启示录》《科学思想文库》《科学巨星——世界著名科学家评传》《中国科学哲学论丛》《科学方法丛书》《中学生科学素养丛书》《科学文化随笔丛书》《见微知著——中国学界学风透视》等。

数学哲学的进展和非线性科学的哲学意义

——访林夏水

问

中国的自然辩证法（现称科学技术哲学）已经发展出一些专业方向，如数学哲学、物理学哲学、生物学哲学等。可是，许多人只知道自然辩证法，对于其专业方向不甚了解。请您介绍一下数学哲学的发展和您所做的工作。

答

概括地说，数学哲学是数学观的理论形式，是数学与哲学的交叉学科。现代数学产生以前，数学具有直观背景，许多哲学家参与研究数学哲学问题，为其哲学提供依据。这时数学哲学还没有从哲学母体中分离出来。19世纪下半叶，数学进入现代发展阶段，它变得越来越抽象，仿佛是人类理智的创造物，使得一般哲学家很难涉足其哲学问题。20世纪初，集合论出现逻辑悖论，动摇了数学的基础，出现数学史上的第三次危机。一些数学家和逻辑学家从各自的数学观出发，提出解决危机的三个方案，形成数学基础的三大学派。这时所谓数学基础，实际上包含两部分内容：一是解决具体数学问题的方案；二是包含在其中的哲学思想。因此，"数学基础"一词的出现，标志着数学哲学第一次从哲学母体中分离出来。其后，随着研究具体数学问题的深入，发展出数理逻辑。这时，在西方，数学基础成为数学哲学的代名词，它主要研究数理逻辑的哲学问题。在中国，数学哲学出现得较晚，1956年才开始把研究数学和自然科学的哲学问题作为一门哲学分支学科——自然辩证法，这样，数学哲学以研究问题的形式包含在自然辩证法之中。

问

那么，数学哲学什么时候才开始真正成为独立的哲学分支学科呢？

答

既然数学哲学寄名于数学基础或自然辩证法之下，那么就需要经历第二次分离过程。在国外，大约20世纪50年代起就陆续出版一些数学哲学的著作，但不是系统地论述数学哲学。中国在80年代初掀起研究科学哲学热，似有代替数学哲学研究之势。

国外的数学哲学研究又集中在数学基础方面，但是，数学家关心的是数学发展中提出的哲学问题。例如现代数学的研究对象及其存在性和客观性、数学的性质和真理性等问题。它们既不是数学基础所能包括的，也不是科学哲学所能代替的。在这种情况下，怎样定义数学哲学，成为我们撰写《自然辩证法百科全书》的数学哲学条目面临的问题。当时我们并没有设“数学哲学”条目，但在黄耀枢和我所写的过渡性条目“数学哲学问题”的定义中已经孕育着“数学哲学”的思想，即“对数学的对象、性质、方法和意义作本体论和认识论研究的问题”。1987年，在第一次全国数学哲学会议暨数学哲学专业委员会成立大会上，我提交的论文《数学哲学的对象和范围》(《自然辩证法研究》1988年第3期)进一步论述了数学哲学不能再寄名于数学基础、科学哲学或自然辩证法之下，而应该成为哲学的独立分支学科，并提出它的研究对象和范围。

问　*现在，数学哲学的发展状况如何?*

答　数学哲学作为一门独立的学问，还需要对它的研究对象进行逐一研究，并构成理论系统。我感到作为一个专业的数学哲学工作者，有责任在这方面多做些工作。

在着手研究时，首先面临的问题是，现代数学的研究对象是什么?因为数学对象的存在性和客观性、数学的性质和真理性等问题源出于此，所以必须首先从哲学上给予回答。在这个问题上，法国布尔巴基学派从数学的角度提出，现代数学是研究结构的科学。这一观点在国外并没有引起争议。但当数理逻辑学家P.贝尔奈斯1973年根据数学对象的这一特点，从哲学上提出“用质与结构的对立代替传统的质与量的范畴”时，就有争议了。在中国，早在50年代，关肇直教授根据现代数学对象的新特点提出，现代数学的研究是“量的关系”。胡世华教授从质与量的对立统一出发，说明“现代数学是研究纯粹的量的科学”，批判用“质与结构的对立”代替“质与量的对立”观点。胡国定教授则从化归的角度说明，“数学对象是纯粹的量”。丁石孙教授则认为：“数学的研究对象是客观世界的和逻辑可能的数量关系和结构关系”。我分析了“纯量论”和“结构论”的优缺点后，根据现代数学对象的新特点和数学对象的历史演变，从抽象性的角度，提出了量（数学对象）的层次性理论，说明现代数学是研究结构的科学（《论量的层次性》，《哲学研究》1992年第2期）。

问 *那么，在数学对象的存在性与客观性方面进展如何呢？*

答 国外主要表现在形式主义与柏拉图主义对实无穷的争论上。形式主义认为，实无穷是一种“有用的虚构”，所以谈不上什么存在性和客观性；柏拉图主义则认为，实无穷是客观存在的。在中国，徐利治、郑毓信教授提出数学本体论的观点：“数学对象是数学世界中的独立存在”，“数学世界是抽象思维的产物；数学对象是借助明确的定义逻辑地得到‘构造’的”。所以，“数学对象就具有确定的‘客观内容’，并构成了数学研究的直接对象”。我在《数学的对象与性质》一书中对数学对象的存在性与客观性作了专门的论述。首先区分两类数学对象：从感性认识上升为理性认识过程中产生的和在理论认识阶段产生的。一般说来，数学家并不怀疑前一类对象的存在性，但对后一类对象却存在着争议。接着，把存在区分为两对矛盾四种情况：存在的可能性与现实性，相对性与绝对性。然后逐一论述。

问 *在认识论方面的进展如何呢？*

答 这包括两个问题：数学的性质和真理性。对于前一问题，西方数学哲学家在20世纪60年代开始怀疑数学是一门演绎的科学。有人认为，数学与自然科学一样是一门经验科学。拉卡托斯则从理论上论述了数学是拟经验的科学。徐利治、郑毓信根据其模式观的数学本体论，提出数学认识论的观点："数学思维→思维内容→新的数学思维→新的思维内容→……"认为"传统的认识公式就是一个过分简化了的模式"。我认为，数学性质是个认识论问题，涉及经验与逻辑的关系，因此对它的任何概括都只能表述两者的辩证关系。

关于数学理论的真理性问题。在国外，虽然数学基础三大学派的唯心主义受到了批判，但美国数学家T.丹齐克在其《数：科学的语言》（商务印书馆，1985）一书中通过把数学家比喻为"服装设计师"和"裁缝师"，继续宣扬逻辑主义真理观，具有很大的迷惑性和影响力。在中国，有人认为，希尔伯特《几何基础》的发表说明，"数学理论已无内容"，"这时在数学中，逻辑上的真取代了主客观相符合这种真；检验数学真理的标准不再是实践或经验，而是逻辑上的相容性"。我在《实践检验的两种功能——从现代数学的观点看》（《哲学研究》1994年第1期）一文中认为：现代数学并不表明，实践已经丧失检验数学真理性的资格，而是说明哲学需要发展；实践除了具有真假判断的功能外，还具有价值判断的功能。数学作为一种方法、工具，不能说它真假，而只能说它有用无用或好用不好用，即价值判断。逻辑证明与实践检验是两个不同认识层次上的检验标准，两者具有一致性和非一致性的关系：否定其一致性就会滑向经验论，否定其非一致性就会滑向逻辑主义。

问　*在方法论问题上的研究进展如何？*

答　学术界对数学发现的方法和解题方法研究不少，也有很多著述，但真正从哲学方法论上进行概括的不多。这里值得指出的是，徐利治教授在《数学方法论选讲》一书中，从方法论上把数学解决实际问题的过程概括为“关系映射反演原则”（简称RMI原则）。此书成为许多高校数学系或自然辩证法的教材。解恩泽、徐本顺主编的《世界数学家思想方法》（山东教育出版社，1994）是一部数学思想方法巨著，全书整理和研究了数学史上82位数学家、2个数学家族、1个数学学派的数学思想方法，为研究数学哲学方法论提供了重要素材。

问　数学哲学作为一个独立学科，确定其自身的对象和问题是很重要的，但是，还应该有作为学科规范的理论体系著作，这方面的进展如何？

答　迄今国内外已出现一些冠以“数学哲学”的著作，它们大多属于专题性之作，严格说来，还不能称为数学哲学理论体系的著作，但它们却标志着数学哲学走向独立。

至于建立数学哲学理论体系问题，我应约正在撰写600余卷本的《中国现代科学全书》中的《数学哲学》卷，是对数学哲学理论体系的探索，计划年底交稿。

问　是什么原因促使您近年转向非线性科学的哲学问题研究的呢？

答　我写完《数学的对象与性质》一书后，原来计划做一些基础性的工作，特别是数学哲学史。但当我看到非线性科学的哲学问题的资料时，就被深深吸引住了。非线性科学是理论科学的最新发展，它标志着人类的认识由线性领域进入非线性领域，必然引起哲学的变革。当然，要研究非线性科学的哲学问题，必须先掌握其科学内容，“不入虎穴，焉得虎子”。但这是需要花很多时间和精力的。可是，科学技术哲学工作者的使命感，驱使我毅然转向研读非线性科学的内容，思考其中的哲学问题。我的研究课题

“分形理论的哲学探索”和“非线性科学的哲学探索”于1997年分别作为国家社会科学基金项目和中国社会科学院重点课题，获得资助。现在，前一课题已经完成，即将由首都师范大学出版社以《分形的哲学漫步》为书名出版。

问 请您概括地谈谈什么是非线性科学。

答 这是一个很大的问题，况且非线性科学还在发展之中，其哲学问题也在探索之中，所以很难完整而准确地给予说明。不过，为了引起哲学界的重视，我愿意谈点自己的管见，作为引玉之砖。

“线性”与“非线性”是数学名词。前者是指两个变量间具有正比例的关系，它在笛卡尔坐标中表现为一条直线，由此得名“线性”；后者是指两个变量不具有像正比例那样的线性关系。解决科学技术问题必须用定量方法，即建立和求解数学模型，而数学模型一般表现为方程（线性的或非线性的）。描述复杂事物运动规律的方程都是非线性的，所以科学家把复杂现象叫作非线性现象。人们早就认识到客观事物是复杂的，但是，由于受到认识能力和生产力水平的限制，人们往往把复杂事物加以简化，求得对实际问题的近似解决。这种简化实际上是把非线性问题线性化了。线性化方法虽然推动了科学技术的发展，但当社会的发展要求科学技术更全面、更精确地反映复杂事物的运动规律时，就会暴露其局限性，同时，非线性问题也由“个别现象”变成“普遍现象”。各门科学技术之中非线性问题的共性就产生一门新的科学——非线性科学。它是产生于20世纪60、70年代的一门交叉学科，是理论自然科学的最新发展。目前，非线性科学已经揭示了非线性现象的三大普适类：混沌、孤立子和分形，相应地形成非线性科学的三大理论前沿：混沌理论、孤立子理论和分形理论。

问 非线性科学有什么哲学意义呢?

答 非线性科学的产生对科学和哲学都具有革命性的意义。就科学来说，非线性科学家认为：混沌理论是20世纪物理学继相对论和量子力学之后的第三次革命，分形理论是数学继微积分之后的又一次革命。就哲学来说，它标志着人类对客观事物的认识由线性现象进入非线性现象，这是人类认识史上的一次巨大飞跃；随着非线性现象的新特点、新规律的不断揭示，将引起哲学的自然科学基础的变革。这里限于篇幅，仅举几个例子，以见一斑。

第一，唯物主义在因果关系上坚持“决定论”观点，这是基于以前自然科学对事物运动状态的确定性与随机性的认识。确定性意味着有规性，而随机性又可以表现出统计规律性，这就为决定论提供了科学依据。非线性科学揭示了确定性的非线性方程可以产生不确定性（混沌），而且混沌是自然界的普遍运动形式。国外已经出版诺贝尔化学奖得主普利高津的《确定性的终结：时间、混沌与新自然法》（湛敏译，上海科技教育出版社，1998）一书。面对着非线性科学提出的挑战性问题，马克思主义哲学如何去回答和概括呢?

第二，与决定论有关的是“事物运动是有规律的”，这是唯物主义的另一个基本观点。它是基于以前人们对有序与无序两种状态的认识，而且往往把有序（即规律性）理解为周期性、对称性、统计性或可以用确定的数学方程来描述。非线性科学揭示出，在有序与无序之间还存在着一种新的序——混沌序，它是有序中的无序，又是无序中的有序。那么唯物主义如何根据这一科学事实，拓展“规律性”这一概念呢?

第三，混沌就其不可预测性而言，是一种随机现象，但它并不是由系统的噪声引起的，而是由确定性系统的非线性作用产生的，它不同于通常所说的随机性（外在随机性），所以混沌学家称之为内在随机性（或伪随机）。这样，就系统的运动来说，存在着三种形态：确定性、内在随机性、外在随机性。那么，对与确定性、随机性相应的哲学范畴——必然性与偶然性，又将如何作出新的概括呢？

第四，分形几何表明自然界处处充满着分形，其结构虽然是复杂的，但其局部与整体又具有自相似的特点。这样，分形理论的创立是否为基于局部与整体的自相似的占星术、手相术提供了科学根据呢？因此，唯物主义应该根据分形的特点建立新的自然观。

第五，从集合的观点看，分形是不规则点集。它是粗糙的、不可微分的，传统数学方法无法描述它。但是，分形几何根据分形具有自相似性的特点，创造出一种新的简单方法——迭代法来生成或描述复杂的分形图，而且证明了任何复杂形态都可以通过迭代函数系统简化为一组仿射压缩变换（即简单的数学模型），借助计算机可以再现（生成）原形态，甚至可以达到任意的逼真度。这是需要我们从方法论角度作出新的概括的。

以上只是非线性科学提出的几个问题，足见其重要性。研究和概括非线性科学提出的哲学问题，无疑将丰富和发展马克思主义哲学。

（原载《哲学动态》1999年第5期）

从历史哲学向经济哲学的跨越

——访张雄

学者简介

张雄，1953年生，安徽安庆人。先后获南京大学哲学硕士、复旦大学哲学博士学位。1993至1995年在复旦大学经济学博士后流动站从事博士后研究，是中国第一位以哲学博士身份从事经济学博士后研究工作的学者。时任空军政治学院哲学系主任、教授，上海市哲学学会常务理事兼经济哲学专业学术委员会主任。主要著作有：《历史转折论——一种实践主体发展哲学的思考》、《市场经济中的非理性世界》、《文明：充满生死搏斗的神秘剧——汤因比的〈历史研究〉》（合著）。在《中国社会科学》《哲学译丛》等刊物发表论文、译文近百篇。

问

您在学术研究方面有着比较独特的视角和方法，发表了一些颇有影响的专著和论文，引起了哲学界与经济学界的关注，能简要地介绍一下您的研究成果吗？

答

我的研究集中在两个领域：历史哲学和经济哲学。从20世纪80年代中期到90年代初，基本方向是历史哲学。代表作有博士论文《历史转折论：一种实践主体发展哲学的思考》。这是一部以"历史闪光期"为研究对象的历史哲学著作。我所做的工作可以归结为六点：（1）提出了历史转折论这一研究课题；（2）从思想史的角度考察了人类对历史转折的历史认识态度；（3）揭示了历史转折的社会发展寓意，对历史转折范畴、历史转折意识作了探索性界定与诠释；（4）提出了唯物史观实质乃是"实践—转变"的观点；（5）对历史转折的相关认识论范畴作了考察，如历史转折与世界历史、交往、传统、社会进步等方面的关系；（6）提出了20世纪的"意义—伟大"的理性化社会转型的思想，并就社会转型范畴作了探索性的哲学思考。

问

当前我国正处于社会转型期，您将研究视角投向历史转折时期，这对实践具有怎样的意义？

答

历史转折论的研究提出了一个全新的思考点，它对理解我国体制转换的时代内涵很有现实意义。首先，它有助于我们构造新的社会主义发展观念。在看待社会主义发展问题上，过去我们有理解上的偏误，认为社会主义作为社会进化的产物，它可以自然而然地实现自身历史的演化创新，而无需任何形式的转折，这样，社会主义的发展就不再是人的实践变革过程，而是一个先验模式的设定和实施问题。历史转折论的研究则可以帮助我们树立新的发展观念：（1）社会主义本质上是一个自身具有自动调节机制的协调体系，但要把社会主义社会协调发展的可能性变为现实性，还必须依靠历史主体能动地运作体制，并使它处在一个不断演化创新的发展过程中。因此，适时自觉地进行历史转折对于社会主义生产力的发展具有重大推动作用。（2）社会形态的转折需要漫长的历史过程，而社会体制与结构的转换周期却随着世界范围交往空间的扩大和信息传递的加快而变化，因而，适时抓住历史转折的机遇，自觉架构变革过程，是社会主义发展的必要“节奏”。

其次，从计划经济体制向市场经济体制的过渡是一次重大的历史转折。通过对历史转折客观机制和发展规律的研究，有利于准确把握社会变革的主体、目标、价值和方位。通过历史转折期内社会行为主体的情感、意志、情绪、信念、价值观念、心理层面等变化状态的特征分析，也能为制定有利于稳定、健康和良性转型的政策提供依据。

问　*历史转折时期被您喻为历史过程中含金量最多的地方，而且人类历史的每次重大提升都存在于这一时期。但以往对转折问题研究却非常薄弱，请您谈谈这一反差的原因。*

答　历史转折期之所以是历史闪光期，主要是因为：历史转折表明人类社会历史发展已进入生产力质向飞跃的关键时刻。就人类精神文化革故鼎新而言，历史转折意味着人类的诗性智慧进入高峰创造的特殊时期，也是真理最能在实践中得到检验和认同的时期，又是人性、人的本质的提升最卓有成效的历史之点，它最能凸显实践主体自觉创造历史活动的本质。学者们对历史闪光期之所以没有给予应有的重视，其主要原因是他们认知历史发展的范式始终没有摆脱传统历史哲学的影响，崇奉历史的计划、历史的目标、历史必然性法则和历史总体性原则，从而在一定程度上忽视了对历史转折这一非常时期进行个案分析的必要性。另外，历史转折的价值和意义也往往被一些具体事件所遮盖，被种种感性迷雾（如变革的“破坏性”）所笼罩。到了当代，人们逐步从一些民族和国家在大翻转中自觉奋起，积极对社会经济体制重新构造，从而成为世界经济强国的事实中领悟到：对历史转折所采取的自觉态度，在很大程度上决定了一个民族或国家能否发展、怎样发展。因此，“历史转折”是一个蕴含着深刻发展寓意的哲学问题。目前，对此问题的研究，有利于正确理解当前我国由计划经济体制向市场经济体制过渡这一伟大历史转折的时代内涵。

问 那么，历史转折研究的理论价值又是什么呢？

答 它有助于我们对历史质变理论研究的深化。不少经典作家都曾指出：没有飞跃，没有质变，没有渐进过程的中断，一句话，没有“决定性的转折”，是什么也说明不了的。长期以来，马克思主义经典作家及中国理论界诸多学者曾从社会基本矛盾的运行、阶级斗争的激化、所有制及政权的根本变易等角度，对历史质变理论有过系统的研究和论述。然而，20世纪所出现的人类最具创造力的改革实践——现代化社会转型的运作，为传统的历史质变理论提出了新的思考点。对这些新老问题的研究，必将丰富和发展马克思主义的历史质变理论，也为理解21世纪人类自觉架构历史转折的新特点提供了必要的理论工具。

问 近几年您的研究方向为什么又转向经济哲学呢？

答 1993年我从复旦大学哲学系获得博士学位后，直接转向经济学博士后流动站从事经济哲学研究。从表面上看，我似乎中断了对历史哲学的研究，其实不然，研究主题的转变并不表明我对历史哲学研究兴趣的转移。从理论研究的内在逻辑来看，当时主要出于两点考虑：第一，对历史转折论的深度研究使我感到原有的成果和方法存在着一些不足。如在体例和内容的叙述方面由于受历史哲学方法的影响，过于思辨、抽象和概念化。而历史转折论的研究既要形而上的抽象，更需要形而下的实证分析。单凭历史哲学的方法，而不融入实证分析和其他学科的研究方法，很难把这一重大课题做深、做透、做实。第二，马克思说过，探寻社会变革的奥秘，要回到顽强的经济事实之中。因此，我本人必须实现理论研究范式的转换，从历史哲学向经济哲学跨越。这种跨越，有助于寻找哲学与实践变革的真正结合点。从当下市场经济体制的实践中寻找新的研究视点，也有助于借鉴与社会经济生活联系最密切的经济理论及方法，将历史转折论的研究奠定在顽强的经济事实的基础上。正是基于这种考虑，我的第二部个人专著（博士后课题）是《市场经济中的非理性世界》，我把它称为《历史转折论》的姊妹篇。这也是我从事经济哲学研究的开始。

问　市场经济中的非理性因素和行为究竟是指什么呢?

答　在回答这一问题之前，有必要消除人们对市场经济中的非理性行为所抱的偏见。人们常常不自觉地把“非理性”与“否定理性”和“丧失理性”等同起来，进而把经济活动中的所有非理性因素当作失去理智的狂妄意念，把非理性行为统统解释为不道德的交易活动或经济犯罪，其实这些并不是非理性。我所说的市场经济中的非理性因素，指的是市场的一种最本质的内生因素以及影响市场行为者抉择的某些心理和精神层面的因素，如人们在生产、流通和消费过程中的欲望、本能、意志、激情、无意识、习俗、直觉，等等。如果不对这些非理性因素所导致的经济行为给予充分的关注、阐释和评估，就很难对市场经济的非均衡性、市场的不确定性、市场信号的残缺性、市场竞争的风险性以及市场失灵、政府失灵等现象作出归属人之因素的动因揭示，经济学本身就不再仅仅是追求“人的欲望及其满足”的科学。当然，对上述非理性的界定，我主要是从哲学的角度来说明的，经济学中的非理性概念大多是指对“最大化”的偏离和放弃（西蒙、贝克尔）。我个人认为，从两种角度来研究市场非理性行为都是必需的，但从哲学角度似乎对市场的理解和说明具有更大的研究空间，更贴近市场行为者的心理层面、精神系统以及认知、决策机制。

问

研究市场经济中的非理性因素与历史转折论又有什么内在联系呢？

答

两者有联系。对历史转折论的研究，需要回答今天中国现实历史转折的重大实践问题，而经济非理性现象是当前中国历史重大转折期一个十分突出而又重要的现实问题。中国社会发展正处在由计划体制向市场体制的转变期，由于社会主义市场理性（市场规则和法制建设）尚不健全，这就客观上导致人们在市场运作过程中其行为的某些非理性泛化，突出地表现在两个方面：第一，人们种种非理性因素在利益的驱动下贯穿于市场的生产、交换、消费、分配诸过程中，并成为影响市场资源配置的重要因素；第二，从中国经济体制转型所呈现的积极效应和负面效应分析，非理性因素在目前阶段具有主导作用。况且，在新旧范式转换时期，市场发育存在着严重的非理性二律背反效应。一方面，在市场经济初始阶段，一定程度的非理性行为是合乎常理并且十分必要的。没有欲望和激情的驱动，要想冲破传统观念，改变落后、封闭、保守、怠惰的生产方式、生活方式、思维方式，是难以想象的。新古典经济学家马歇尔曾指出，社会发展的文明标志恰恰在于人类能自觉地创造出为满足自身多样化欲望和需要的多样化市场。人的欲望是市场经济赖以存在和发展的重要内驱力，没有欲望就没有人的经济活动，没有市场行为，更没有市场交易机制。另一方面，鉴于中国市场经济尚未形成具有有效约束力的市场与政府的有序调控机制和规范，人们的非理性行为若不加以适当的引导，往往会泛化为一种盲目的、潜伏着对有序的市场经济产生分解和扰乱效果的破坏力量。这已经在今天市场经济生活的各个层面表现出来，如有些人物欲膨胀、道德沦丧，他们投机取巧、弄虚作假、追求个人短期效用的最大化，使得某些个人和经济单位达到或接近利益最大化的目标（这有可能是合乎个人理性或单位理性的行为），而整个经济却出现严重的非理性状态：资源配置不当、国有资产流失严重、市场经济中竞争参与者的心态受到严重的"恶欲"环境的污染，甚至作为市场经济调控主体的政府机构，也存在着背离公共目标和社会理性的各种非理性行为。若不加以正确引导，势必成为历史变革的严重阻力。因此，合理整合市场非理性因素，直接关系到当代中国历史转折能否成功。

问 您采用经济哲学的方法，研究市场经济中的非理性问题，其中感受最深的是什么呢？

答 感受最深的是，哲学对理论经济学方法论的批判有着极为重要的作用。中国的市场经济理论迫切需要哲学理性和哲学的睿智。中国理论经济学的研究要摆脱西方主流经济学派的偏颇与危机，消除苏联政治经济学范式的长期影响，客观上需要哲学给予方法论的牵引。而哲学在工具主义批判、逻辑符号主义批判、实证主义批判、行为主义批判、人本主义批判等方面，充分显示出其牵动经济学范式革命的张力。传统的经济理论过于偏重理性和经济变量的分析，忽略现实中经济单位的非理性因素与市场的共生关系，忽略非理性在中国经济转型过程中所产生的严重影响。当经济学家在为种种理想的经济模型绞尽脑汁时，市场经济中的非理性因素却似一匹脱缰的野马四处狂奔，使中国市场经济进程冷热失衡。根据传统经济学中的理性经济人之教条，在社会与市场中人们总是理性地寻求利益最大化。在此教条的影响下，200多年来西方经济学浩如烟海的文献中难以发现有关市场中经济人非理性因素和行为的全面叙述和评议。于是我尝试运用经济哲学的方法，将社会经济发展看作是现实人的经济实践，认为在经济学领域中应当有一门人本经济学，而这门经济学的理论前提是：把现实中活生生的人作为经济学研究的出发点，把在市场经济中的经济人看作是既有理性地谋求利益最大化的一面，又有非理性地偏离最大化的一面。用西蒙的话来说，就是具有“有限理性”的个人。从这一最基本的社会活动单位出发，全面研究现实中经济人理性与非理性的矛盾及其互动机制对市场经济发生、发育和发展的影响。这是我对经济哲学用途感触较深的地方。

问

20世纪80年代中期以来，中国经济学界和哲学界对经济哲学研究的兴趣日益浓厚，队伍也在扩大，这有无特定的学术背景呢？

答

从学理上看，当代西方经济哲学的兴起，有其深刻的学术背景。它主要是对人类步入智能化时代的经济行为和经济运行发展规律进行哲学层面的反思与批判的产物。出现了一批有影响的著作，如J.鲁滨孙的《经济哲学》、M.霍利斯的《理性经济人：新古典经济学派的哲学批判》、L.麦塞斯的《经济学认识论问题》、A.罗森布尔基的《微观经济规律：一种哲学的分析》等。就国内而言，中国哲学界提出了与经济学界结盟创建经济哲学，它是社会主义市场经济体制深度推进的实践呼唤。鲜活的改革实践，不断向学术界提出艰深的课题，并推动学术研究不断创新，走向繁荣。改革的深度推进，越来越多的深层次矛盾逐渐显露出来，并日益表现出解决这些问题的艰巨性。然而，实践中涌现出的新情况、新问题很多，而我们拥有的答案则太少。在世纪之交的今天，我们或许更需要的是冷静、客观、全面、辩证地审视中国社会经济面临的各种问题。市场的推进需要哲学的理性观照，尤其是随着知识经济时代的到来，融智比融资更显重要。高科技知识转换为第一生产力，不是一个简单的“产品”加工、转换过程，而是一个高智慧的投入和运作过程，其间离不开哲学家的睿智。要寻求解决问题的“大智慧”，它客观上需要经济学和哲学之间的联姻，携手开展经济哲学的研究。众所周知，经济过程历来是经济因素同其他各种社会因素（制度的、文化的、地缘的、社会心理的，等等）综合作用的结果。经济发展的全过程，如果缺乏哲学发展理念的牵引，缺乏理性的设计和整合，缺乏哲学思想的贯穿与提升，市场失灵和政府失灵就不可避免。

问

说得对。如果说马克思当年正是自觉运用哲学的方法论对资本主义的市场经济作了全面而又深刻的解剖，为我们把握资本主义生产方式的本质规律提供了钥匙，那么，我们今天面临着对社会主义市场经济规律的认识，也应当像当年的马克思那样，自觉学习和运用唯物辩证法的世界观和方法论，尤其是《资本论》的逻辑和历史统一的方法，并善于用之指导当前现实经济问题的研究。这种研究既有利于全面地、准确地、前瞻性地解决改革实践所提出的种种问题，更有利于哲学与经济学两大学科的自身建设。

答

是啊，经济学与哲学是社会科学的两大基础学科，它自身建设的好坏，直接关联着改革的理论对改革实践前导作用的发挥。应当看到，中国的改革是一项多因子、多目标、多变量的系统工程，社会科学的发展也应当走整体化、系统化和集约化的道路。况且，社会科学研究的资源本身也有一个优化配置和资源共享问题。以往中国社会科学研究方法存在着专门化、单一性、纯粹性的倾向，它已适应不了新形势的发展。现代经济哲学的兴起，也是经济学和哲学加强自身建设的迫切需要，为两大学科自身调整、变革与发展提供了良机。应当说，两大学科领域的专家学者走向联姻，意义深远。各自发挥自己优长，彼此交流与学习，共同磋商和论争，的确符合现代科学综合发展的趋势。

（原载《哲学动态》1999年第6期）

学者近况

张雄（1953.12— ），曾任上海财经大学人文学院院长。现任上海财经大学人文学院哲学系教授、上海财经大学学术委员会副主任委员、上海财经大学资深教授。兼任全国经济哲学研究会会长、上海市哲学学会副会长。享受国务院政府特殊津贴。主要著作有：《历史转折论》《市场经济中的非理性世界》《文明：充满生死搏斗的神秘剧——汤因比的〈历史研究〉》《经济哲学》《创新：在历史与未来之间》等。在《中国社会科学》《哲学研究》《哲学动态》等刊物发表《习俗与市场》《货币幻象：马克思历史哲学解读》《财富幻象：金融危机的精神现象学解读》《政治经济学批判：追求经济和政治的哲学实现》《金融化世界与精神世界的二律背反》《现代性逻辑预设何以生成》《现代性后果：从主体性哲学到主体性资本》《历史进步的寓意：关于历史普遍性与历史特殊性的关系解读》等重要学术论文，《新华文摘》全文转载15篇。主持国家哲学社会科学重大课题1项、重点课题1项。获全国“五个一工程”奖2项，中国图书奖1项，教育部优秀学术成果三等奖1项，上海市哲学社会科学优秀学术成果一等奖2项、二等奖4项。

哲学的问题与方向探讨

——访张世英

学者简介

张世英，1921年生，湖北武汉人。1941年秋入西南联合大学经济系，1943年转入哲学系。曾在南开大学、武汉大学任教，1952年转入北京大学任教。时任北京大学教授、博士生导师。主要著作有：《论黑格尔的逻辑学》、《黑格尔的精神现象学》、《西方哲学史》（合著）、《论黑格尔的精神哲学》、《康德的〈纯粹理性批判〉》（合著）、《黑格尔〈小逻辑〉译注》，80年代之后先后有《天人之际——中西哲学的困惑与选择》《进入澄明之境——哲学的新方向》《北窗呓语——张世英随笔》等。主编《黑格尔辞典》《新黑格尔论著选集》等。在国内重要刊物上发表文章100多篇。

问

在您的学术生涯中，您一直从事黑格尔哲学的研究，是国内黑格尔研究方面的专家。但是从20世纪80年代开始，您的研究兴趣又转移到了现当代西方哲学，如对胡塞尔、海德格尔、伽达默尔、德里达等西方著名哲学家的研究。请问，这一转变的内在原因是什么？

答

你说得对。我的研究兴趣在80年代发生了较大的变化。我大学毕业论文是新黑格尔主义，同时我又对英美的分析哲学感兴趣。我的哲学研究可以分为两个时期：第一个时期是50年代到60年代中，此间我比较集中地研究了西方哲学，特别是黑格尔哲学。第二个时期是1976年以后，特别是80年代初期以后，此间我着重从中西古今的比较研究入手，试图梳理出中西哲学各自的发展线索及双方的结合点，为未来哲学及理想人格提出一种可供选择的方向。80年代后，我之所以转向西方现当代哲学的研究，是与80年代初期“主体性”问题的讨论密切相关的。当时，国内关于“主体性”的讨论令我感到，不少学者对“主体性”这一概念的理解存在着一些误解与偏颇之处，偏离了西方哲学史上的主体性的原有含义。我这样讲，并不是否定80年代关于“主体性”讨论的意义。但是，讨论中的确涉及对“主体”、“客体”、“主观”、“客观”以及“主体性”和“客观性”的准确理解问题。需要搞清楚在西方哲学史中的“主体性”的意义究竟是什么，然后才能在此基础上进行进一步的深入讨论。在此思想的驱使下，我就转到了对狄尔泰、尼采、胡塞尔、海德格尔和伽达默尔等西方著名哲学家的研究。

西方哲学家所谓的主体性哲学主要是指近代的笛卡尔—黑格尔这一时期，对处于主体与客体关系中主体的特性的探讨。对主体性的理解离不开“主体—客体”关系的模式。何谓“主体—客体”的关系模式？它不仅仅是一般地指人与物的关系，而是以“我”为“主”，以“物”为“对象”、为“客”的关系模式。在这一关系中，主客双方不是一种平等的关系，而是“主动—被动”的关系，是“征服—被征服”的关系，是“客体”、“对象”为“我”所用的关系，有点像黑格尔所比喻的“主人—奴隶”关系一样。由于主体与客体的这一不平衡的关系，就自然而然地产生出人类中心论的观点。所以，西方哲学中主体性与人类中心论具有内在的联系。

在西方哲学史上，柏拉图只能说是开了主体性哲学的先河，而黑格尔则是主体性哲学的集大成者。现代以来，主体性哲学受到人们的批判。如狄尔泰、尼采和海德格尔等西方著名哲学家等都对主体性持一种批判的态度，认为“主体性”最终导致了抽象的普遍的概念，这种抽象的普遍概念世界使人脱离了现实世界，使人脱离了人本身。所以他们才提出恢复人的现实性，人的活生生的特性。中国哲学从总体上并不具备“主体性”的特征。那种认为中国传统哲学包含了许多关于人文和伦理的思想，因而就得出“中国哲学是主体性哲学思想”的观点，是对主体性概念的片面理解。讲“人”，并不等于讲主体性，并不一定是“人类中心论”。中国哲学讲“人”，一般是主张人与自然的融合，旨在提高人的境界，它并不是把“自然”当作客体和被征服的对象来看待。所以，我们说它不是“人类中心论”，如孟子、陆王的“天人合一”观点。当然，在中国哲学的思想中，也有“天人相分”的思想，如荀子的“以人制天”的思想，但这并不占主导地位。

因此，把西方哲学与中国哲学联系起来综合考察，可以看出，中国古代哲学与西方近代的主体性哲学存在着较大的差异，与西方现当代哲学却有某些相通之处。比如，海德格尔的哲学观与老子虽然有很多区别，但在强调人与万物的互相融通方面却有一致之处。尼采的“地球被人挖空”、海德格尔的“人是自然的牧羊人”的观点，实际上就是对近代以来主体性哲学的批判。

正是基于上述认识，在80年代之后，我不但开始研读现当代西方著名哲学家的著作和思想，而且也开始重新探讨中国古代哲学家的思想，如老子、程朱、陆王等。我研究的重点和兴趣不再是西方古代和近代的哲学思想，而是更专注于现当代的西方哲学和古代的中国哲学思想。

问

您的上述回顾对于总结20世纪80年代以来中国哲学研究历程是有参考价值的。您能否把主体性、“主体—客体”“主观—客观”与中国哲学的“天人合一”之间的关系再具体谈一下？

答

如上所言，这两者之间有着明显区别。海德格尔认为，主体性是与“主一客”关系模式分不开的。中国哲学中所谓的“三军可夺帅也，匹夫不可夺志也”，只能说是主体性思想的闪光，远未达到西方近代哲学的主体性原则。主客体关系的思维方式，并不是像有些人所理解的那样只是割裂主客体。相反，近代哲学一直致力于主客体的“同一”，即“对立面的统一”；当然，这种“统一”是外在的，是主体对“客体”“对象”的征服，是把本来彼此外在的主体与客体通过认识而搭起一座桥梁，这种“统一”不同于海德格尔所讲的“此在与世界的关系”。海德格尔所主张的是有情感、有意志的活生生的人，与世界万物“融合”在一起，而不是处于“主体—客体”的模式之中。我把中国古代哲学的“天人合一”称为“前主体性的”，即没有经过“主体—客体”关系洗礼的天人合一，而把海德格尔的“此在与世界的关系”称为“后主体性的天人合一”。

问

1999年是五四运动80周年，请您谈谈主体性问题与中国五四运动的内在联系。

答

上面我已经说过，中国哲学中是比较缺乏“主体性”思想的。但是自从鸦片战争前后以来，主体性思想逐渐开始渗透到中国哲学中，从反思“万物一体”逐渐过渡到主客体的关系。如近代思想家魏源就明确批判万物一体的思想。康有为、梁启超、谭嗣同等维新人士和孙中山等革命者在面临救亡图存之时，实际上也大讲“主体—客体”的思想，如康有为的“我与非我”、孙中山的“精神和主体性精神物质”二元论。可以说，鸦片战争后，中国人向西方学习的思想主要是“主体—客体”思维模式和主体性精神。而五四运动所提出的“民主、科学”的口号，实际上还是源于西方的“主体—客体”思维模式和主体性精神。所谓“民主”就是发扬人的主体性，反对封建统治，而“科学”则是发扬人的主体性，征服自然。西方文艺复兴之后，人们才发现了人与自然。所以，有人把五四运动比作中国的文艺复兴运动。“民主、科学”的口号实际上是西方的“主体—客体”思维模式和主体性精神在中国所产生的果实。五四运动实际上是中国人学习西方主体性的一次小结。

五四运动是一个伟大的运动，在中国具有伟大的历史意义。就哲学来讲，在“文革”以前，对西方的主体性问题的介绍与研究太少，如我研究黑格尔哲学，就很少介绍他的主体性思想，然而，黑格尔实际上是主体性思想的集大成者。20世纪80年代初期，国内掀起了对主体性研究的热潮，尽管存在对“主体性”的很多误解。但在20世纪80年代能够来讨论主体性问题，对中国来说，毕竟是一大进步。

问

的确，在中国进行现代化的过程中，我们需要高扬人的主体性，仍然需要“科学与民主”。然而，与此同时，西方学术界却又在大谈所谓“后现代”等类问题。而国内学术界似乎也不甘落后，在追随着西方的这股热潮。但是，国内又有许多人反对盲目照搬西方的这股“后现代”热，认为它不适合中国的国情。请您从主体性与后现代这两个热点来谈谈您的看法。

答

当前西方学术界对主体性的批判的确是与后现代紧密相连的。由于主体性的无限扩张而引起的人对自然的疯狂掠夺，所造成的环境污染等问题是自然对人的报复。但是，有一点必须清楚，我们并不能把这些问题归咎于科学本身，也不能说主体性本身就是所谓的万恶之源，应该大张挞伐，问题的根源在于不能过分夸大人的主体性。如果过分夸大了主体性的功能，就走向了反面，导致诸如环境污染、生态破坏等恶果，从而危及人类自身的可持续发展。相反，如果我们能够超越主客体的思维方式，用“后主体性”的思维方式来“善待”这个世界，来正确处理人与自然的关系，就会少受自然的报复。

关于后现代主义或后现代哲学，必须要对此概念做一澄清，避免概念上的歧义。首先，后现代哲学主要是批判传统哲学的弊病而产生的。在后现代哲学看来，“现代性”强调固定的概念，是一种重普遍性、确定性的思维方式。黑格尔的庞大的理念体系就是典型的代表。而后现代则反对抽象性，强调现实性，认为哲学应该与人生联系在一起，哲学应该现实化。例如，所谓的“诗化哲学”，就是反传统的抽象，重视人生、重视实践。后现代哲学的“实践”强调人们的“日常生活”，其范围比我们所了解的实践要宽泛。就共同反传统形而上学而言，后现代哲学与马克思主义站在一条线上，他们都反对重理论、轻实践。后现代哲学要把哲学从天上拉到人间，即要哲学“仙女下凡”，关注“人间烟火”，关注人世的事情，关注人们的日常生活。所以，从后现代哲学的观点看，哲学应当与经济学、伦理学等具体学科相结合。当然，对于后现代哲学所主张的一些过激和偏颇的论点，我也不能认同。如后现代哲学完全抹杀“主体—客体”的关系，完全否定普遍性，我是难以苟同的。对处于世纪之交的中国而言，仍需要理性的思维方式，需要主体性。五四运动所提倡的科学与民主的任务仍然是我们需要为之奋斗的目标。所以，我们绝不能把西方的后现代的东西简单照搬到中国来。但是，从哲学研究的指导思想来说（注意，我在这里强调的是指导思想的角度），我们要超越主客关系，应该吸取后现代哲学中的合理成分，尽力避免过分夸大主体性的功能，避免由此造成环境污染、生态危机等危及人类自身生存的恶果，为可持续发展提供坚实的基础。要注意，超越主客关系并不是主张要抛弃主客关系。

问 从现代性到后现代性，从主体性到后主体性的思维方式的转变，是否也就是您所提出的“后主体性”的思维方式？它是否与您所倡导的“哲学问题”有关？

答 这个问题提得好。从现代性到后现代性，从“主体性”思维到“后主体性”思维方式的转变实质就意味着哲学问题与视角的转变。它要求我们处理好两类关系。一是关注人与万物的一体、融合；二是在此基础上，并在此思想指导下注意到主客体的二分。由此，它必然带来哲学问题的转变。因为，人与万物一体，借用海德格尔的比喻，就是要做到人与自然的关系就像牧羊人与羊的关系一样，人应该精心地看管、守护“自然”这只“羊”。精心看管自然，就得按主客关系认识和尊重自然的必然性规律，这就叫作用“万物一体”的态度对待主客关系的思维方式。这里涉及思维方式的转换问题。它与哲学的发展方向密切相关。

关于哲学发展的方向问题，我们必须结合哲学史来谈。现代性与后现代性的一个重大区别就在于，古典哲学家所强调的事物之“根”在概念，如柏拉图的理念、黑格尔的绝对观念等概念世界，这一世界是超越感性的。西方的现当代哲学对古典的概念哲学基本上采取批判的态度，而对现实表现出强烈的关注。但这并不意味着现当代哲学只看到眼前的东西，没有境界。实际上，它们也是要超越当前的。但是这一超越与古典的超越有着本质的不同。古典哲学是超越到抽象的理念世界中去，而现当代哲学则是超越到当前的、背后的、具体的东西中去，这背后的东西仍是现实的，只不过不出场罢了。任何在场的东西都是隐藏在背后的无穷联系的一个“集合点”。正是由于不在场的东西造成了当前的在场的集合点。希腊文的“存在”，实际上就是“集合”起来的意思。正是无穷关联的集合才使一物成为它之所是。现当代西方哲学所要求的超越当前就是把背后的“未出场”的东西显现出来。所谓“真理”就在于背后隐蔽的东西的“显现”和“出场”。“在场”与“不在场”是联系在一起的。只有如此，才能抓到现当代哲学的核心。在海德格尔看来，光明只有潜入黑暗中才能得以显现。由此，哲学就自然转到美学，也就是“诗化哲学”，所谓“美”也就是通过当前的“在场”的东西显现出“不在场”的东西。由此，就可以引申出哲学研究的新方向，那就是哲学不能仅仅局限在概念的抽象王国里，远离现实生活。相反，哲学应该贴近生活，贴近“人”。循此思路，结合国内的哲学研究现状，我认为，我们应当融合中西哲学的精华，吸取西方现当代哲学的研究成果，可以为当今的哲学研究不断提出一些新问题，更新一些哲学的范畴。

问

那么，就请您具体谈一下当前哲学面临的新问题以及有哪些新的范畴。

答

新的哲学方向应是由过去的“主体性哲学”，即由以人为主体，人通过认识而征服客体、征服自然的“人类中心主义”，转向在场与不在场相结合的万物一体的哲学，这种哲学强调通过想象超越在场。放眼一切未出场的东西，从而就会展现出一个无限广阔的天地，这就是当今哲学所指引我们的新方向。

根据上述这些，结合中西哲学的历史和现状，我初步设想了一些新的哲学方向所需要着重研讨的范畴。如在场与不在场、显现与隐蔽、相同与相通、有穷与无穷、有与无、资始与资生、思维与想象、思与诗、古与今、理解与误解、言与无言、超越与限制、中心与边缘，等等。当然，这只是我的初步设想。至于新的哲学究竟应该包括哪些内容、哪些范畴，是一个需要深入细致地长期探讨的问题。我的设想是极其粗糙的，抛砖引玉而已。

问 您在开头时曾谈到，您的学术生涯的第二个时期，着重从中西古今的比较研究入手，请您谈谈这方面的做法和体会。

答 国内这几年比较哲学的确盛行，它不仅限于哲学研究领域，其他社会科学，如文学、历史学科等也都盛行比较之风，甚至还有关于比较哲学研究方向的研究生的招生等。但是，我想澄清一下，我并不是专注于中西哲学的比较，更不是为了比较而比较。假如我在研究中运用了中西哲学的比较，那也是围绕着哲学问题而展开的。我不过是在研究中不断探讨新的哲学问题，至于那些单纯的、静止的比较研究，我认为是一种浅层次的，而且我本人也不爱用“比较”一词。我个人的看法是，各个民族的哲学，都是对人类思想的不同侧面和方面的探讨。有的相对超前，有的相对滞后，我读中西古今哲学的著作都是想从中获得启发，不断深入地思考一些哲学问题。如果能由此而为未来哲学和理想的人格提供一条可供选择的方向，那就是我有生之年的最大荣幸。

（原载《哲学动态》1999年第7期）

学者近况

张世英（1921—　），1941年秋入西南联合大学经济系，1943年转入哲学系。曾在南开大学、武汉大学任教，1952年转入北京大学任教至1991年退休。历任北京大学哲学系、外国哲学研究所讲师、副教授、教授，外国哲学研究所学术委员会主任，校学术委员会委员，美学与美育研究中心学术委员会主任；兼任《黑格尔全集》中文版（人民出版社）主编、中华全国外国哲学史学会顾问。主要著作有：《觉醒的历程：中华精神现象学大纲》、《张世英回忆录》、《中西文化与自我》、《美在自由》、《张世英讲演录》、《我的思想家园》、《归途：我的哲学生涯》、《张世英自选集》、《境界与文化》、《哲学导论》、《新哲学讲演录》、《天人之际——中西哲学的困惑与选择》、《北窗呓语——张世英随笔》、《进入澄明之境——哲学的新方向》、《张世英学术文化随笔》、《自我实现的历程——解读黑格尔〈精神现象学〉》、《论黑格尔的精神哲学》、《论黑格尔的逻辑学》、《黑格尔〈小逻辑〉译注》、《康德的纯粹理性批判》、《黑格尔辞典》(主编)等。《哲学导论》一书获“第三届思勉原创奖”。在国内重要刊物上发表文章100余篇。2016年出版《张世英文集》(十卷本)。

转向与趋同：现代西方哲学的基本路向

——访杨寿堪

学者简介

杨寿堪，1933年生，广东紫金人。时任北京师范大学哲学系教授、博士生导师。著作有：《亚里士多德范畴学说简论》《冲突与选择——现代哲学转向问题研究》《西方哲学十大名著导读》等，译著有《新黑格尔主义者论黑格尔》，主编有《新编哲学大辞典》等。

问

您以往主要从事古典哲学的研究，近些年，又把研究视角转向现代西方哲学。您出于怎样的考虑来完成这种研究重点的变化？

答

以往我的主要精力放在古典哲学的问题上。学习古典哲学，有助于加深我们对马克思主义哲学原理的理解，锻炼和提高我们的理论思维能力，是别的学科无法取代的。近十多年来，随着中国改革开放的深入发展，中西文化交流日益频繁，哲学作为文化的主要组成部分，已成为交流的主要方面。这一方面为了解和吸收西方世界的哲学与文化的优秀成果创造了有利的条件，另一方面也向哲学工作者提出了一个任务：如何以科学态度分析和看待现代西方哲学？如何做到“洋为中用”？这是时代赋予我们的使命。加之学校教学工作的需要，这几种因素促使我近年来注意和重视现代西方哲学问题的研究。

问

西方古典哲学与现代哲学相比，从形态到观念都发生了深刻的变化，您认为这其中的主要脉络怎样？

答

对这个问题我的基本想法是，对现代西方哲学及其发展应从总体上加以认识和把握，概括出带有规律性的东西。法国哲学家保罗·利科主编的《哲学主要趋向》一书，对我很有启发。我认为，从19世纪中叶，特别是从20世纪初开始，西方哲学发生了重大的转折，这可以归结为五个转向：反形而上学转向，非理性主义的转向，语言的转向，实践的转向，反主体主义（反人类中心论）的转向。这可被视为现代西方哲学与传统古典哲学不同的基本特征，也是我们了解西方诸多哲学流派思潮的一个“纲”，把握住这个“纲”，就能理出一个头绪，切中其思想理论的要义。

问

对现代西方哲学的发展脉络作这样的把握，确实有新意。其中与国内流行的观点最大的不同就是把“实践的转向”同其他四个转向并列起来，对此，您是出于怎样的考虑？

答 你提出的问题，是我当时写作中进行认真仔细考虑的一个问题。1886年恩格斯发表了《路德维希·费尔巴哈和德国古典哲学的终结》。德国古典哲学的终结，标志着西方传统哲学的终结。那么，哲学的出路何在？取而代之的是建立在实践基础上的、以实践为主要特征的一种新的世界观——马克思主义哲学。马克思有句名言：“哲学家们只是用不同的方式解释世界，而问题在于改变世界。”它最充分地反映了“实践的转向”的精神实质。实践的转向，唯物主义的能动反映论的建立，使马克思主义哲学与古典哲学区分开来；实践的转向，唯物史观的创立，是社会历史观的伟大革命。作为新的世界观，实践的唯物主义体现了“时代精神的精华”。它的深刻性与真理性，是传统哲学无法达到的，也是现代西方的其他哲学流派无法比拟的，它代表现代哲学的最高成就。所以，把实践转向、马克思主义哲学的诞生，放到整个现代西方哲学的发展中加以考察，这既符合历史事实，同时又通过对实践转向的论述，并同其他转向加以分析和比较，更为有力地说明马克思主义哲学诞生的历史地位与意义，说明它是哲学中的伟大变革。

问 那么您认为这五个哲学的转向对传统哲学是一种否定、消解，还是一种继承？

答 这确实是应当说明的问题。马克思主义哲学的“实践的转向”，正确地解决了“哲学的终结”与继承的关系问题。马克思主义哲学的诞生，既是对传统哲学的否定，又是对传统哲学的继承与超越。这已为哲学史所证明。除此之外，现代哲学各种流派对传统哲学都具有否定一切、“一棍子打死”的倾向。他们在批判传统哲学的同时，往往又走向另一个极端：反对理性主义，走向非理性主义；反对绝对主义，走向相对主义；反对哲学“专制主义”，走向“无政府主义”；宣扬特殊性、多样性，否认普遍性、统一性；宣扬个体性，否认整体性，等等。且不说尼采在“重估一切价值”支配下，把从苏格拉底到黑格尔的哲学通通都列为“颓废哲学”，也且不论反传统形而上学的“急先锋”——实证主义、逻辑实证主义把传统哲学当作一种“赘物”，要用奥康的“剃刀”加以铲除；就是存在主义、现象学，似乎也不例外。他们虽然不是全盘否定以往的哲学，但他们对以往的形而上学强烈不满。海德格尔说传统哲学是“无根本体论”，宣称哲学的终结意味着西欧世界文明的开始，现在留下的只是思的任务。当然，他说的哲学的终结，主要是针对传统形而上学而发的。现代许多人本主义哲学家对以黑格尔为代表的形而上学追求抽象的、先验的实体，用普遍性、整体性压制个体性、多样性甚为反感。他们认为现象世界是多样的，现实的人是具体的人；哲学应研究现实的人，寻找失去的自我。他们针对主客体分离的二元论、主体起决定作用的人类中心论，强调反对主体主义，宣扬主客融合。但是，他们又走向另一个极端，否认理性，否认主体性，否认普遍性，这种倾向在理论上是站不住脚的，至少是片面的。

问　哲学的转向代表哲学仍然停留在一种过程中，那么，您能否谈谈现代西方哲学的前景？

答　可以。总体来说，现代西方哲学既体现了一种多元化，又趋向于统一。这里就科学主义和人本主义这两种哲学思潮的发展趋势而论，可以说有这几种情况：

第一，语言转向与哲学趋同论。语言哲学在现代哲学中占有重要的地位，它贯穿于人本主义哲学和科学哲学的基本内容。语言转向、语言哲学在现代哲学中朝着两个不同的方向发展，一般来说，逻辑实证主义、英美分析哲学、科学哲学和语言学派等朝着逻辑化、精确化和符号化发展；欧陆人文哲学家和后维特根斯坦则要淡化和消解语言的逻辑功能，去寻找一种先于逻辑的东西。但是我们又应该看到这两者又具有彼此融合与趋同的倾向，从70年代以后，这种趋势越来越明显。这其中比较有代表性的有当代德国哲学家卡尔·阿佩尔1973年出版的《哲学的改造》，从现代哲学的语言转向视角，企图"综合""融合"逻辑经验主义和实用主义、存在主义、解释学；瑞士发生认识论创立者皮亚杰的《结构主义》一书，使我们大体领略到了语言学结构主义作为现代哲学不同学派的融合点。

第二，实用主义与哲学综合论。美国实用主义试图以其综合论，把现代不同的哲学流派，甚至似乎是势不两立的哲学融合为一体，使哲学走向统一。莫道顿·怀特在《分析的时代——20世纪的哲学家》和《走向哲学的重新统一》等著作中就表达了这种观点。

第三，后形而上学与哲学改造论。当代德国哲学家哈贝马斯十分熟悉各派的哲学学说，并能在整体上从广度和深度进行分析与概括，创立新的哲学理论。他关于后形而上学和哲学改造的论述，试图在传统形而上学与"哲学终结"论之间，在科学主义和人本主义对峙之间，探索现代哲学融合、贯通的新路。

第四，后哲学文化与哲学终结论。美国当代哲学家罗蒂在《哲学和自然之镜》和《后哲学文化》等著作中宣告了始于柏拉图，至近代由笛卡尔发展的，经过洛克、康德到罗素、胡塞尔以"认识论为主导、以奠定知识为基础作为主要任务"的哲学的终结，提出了反本质主义、反基础主义的"后哲学文化"的理论，大力倡导大陆哲学与英美哲学的融合、科学主义与人本主义的融合，典型地代表了现代西方哲学从70年代以后出现的合流与融合的趋势。

第五，人本主义心理学与科学整体论。美国现代人本主义心理学创始人马斯洛，从科学与人学的视角探讨了科学心理学、人本主义心理学。这一理论代表一种以心理学为内容的现代西方哲学的发展新趋势，即把科学主义与人本主义相互结合、融合起来的科学的人本主义。

问

当前，关于两种或多种哲学的结合的方法问题说法很多，您认为现代西方哲学家关于趋同与融合的理论将会在这方面提供哪些启示？请举例说明。

答

这是一个大问题。我认为，最重要的启示是应推动哲学方法论的变革。现代西方哲学反对方法论上的教条主义、权威主义和专制主义，反对以绝对不变的一元论去观察和认识多样的世界，提供了多元、全方位的方法论，这是值得我们注意的。费耶阿本德提出的“无政府主义”“什么都行”的方法原则，似有相对主义之嫌，其实他是讲在科学研究中，方法要以效果为准绳，就是说，只要你在研究中能够取得成绩，获得成功，你采用哪一种方法都行，反对那种认为只有一种固定的、绝对的方法的观点。事实上，如果我们以科学分析的态度认真研究现代哲学理论，诸如实用主义、分析哲学、现象学、结构主义、诠释学等，我们就不难发现这些学派主张的方法论的合理因素。这里不妨以诠释学为例。诠释学有各种流派，彼此观点不尽相同，有的甚至相反，但从总体来说，诠释学为人们如何看待解释者与文本、传统与现代的关系提供了一种有益的方法。无论是施莱尔马赫强调的“移情作用”说，还是伽达默尔主张的“视界融合”论，都是为了寻找解释者与文本的中介，使主体与客体沟通起来。好好研究他们的论述对于我们今天正确对待传统不无益处。

另外，关于不同哲学的融合、结合的方法问题，我认为关键在于找出他们的融合点、结合点。这里我们必须要明确一个问题，所谓融合、结合不是把不同哲学流派、不同观点合而为一，而是指通过一种理论或思想把他们贯通起来（我国老一辈哲学家用“会通”一词，是很贴切的）。例如，结构主义，从瑞士哲学家索绪尔提出语言共时性的有机系统的概念以后，逐步形成语言结构主义，并被应用到逻辑学、哲学、物理学、生物学、心理学、社会学等多学科领域的研究。皮亚杰《结构主义》一书对此作了具体阐述，他试图把各种相互对立的哲学流派、观点，通过语言结构主义加以整合，寻找一条人文学科与自然学科、人本主义与科学主义之间协调发展的新路。所以他说，结构主义作为一种方法，不是排他性的，而是开放性的。

再如，罗蒂的“后哲学文化”，反对以认识论为中心的传统哲学，提倡一种“非哲学”。他所谓“非哲学”是指作为“科学皇后”的大写的哲学消失了，“非哲学”不是作为一门学科、一种专业技术知识，而是作为谈话的“一种声音”。在后哲学文化中，哲学与其他学科、人本主义与科学主义、理性主义与非理性主义的对立界线不见了；“非哲学”不是要寻找和提供“公度性”的真理，它的任务是履行杜威所说的击破旧习惯的“外壳”这一社会功能。可见，罗蒂是试图以“后哲学文化”作为融合、贯通哲学与其他学科、不同哲学流派的联结点。

以上两例，他们的观点虽然有不科学和片面之处，但是他们提出的方法与思路，在人们呼唤“时代需要哲学，哲学需要改革”的今天，我们或许也可以从中得到一些启迪呢！

问

参照现代西方哲学的转向与趋同的基本倾向，您认为我国哲学研究的薄弱环节在哪里？应在哪些方面加强研究力度？

答

我个人认为语言哲学问题是其中之一。语言哲学几乎覆盖了现代西方哲学的主要著作，哲学家对语言哲学的研究，范围之广泛，内容之丰富，学派之繁多，令人惊叹！这并不是说他们的观点都是正确的，例如他们中有人把哲学研究对象归结为语言问题，这是我们不能同意的。但也确有许多著作是很有价值的，例如德国著名哲学家恩斯特·卡西尔的《人论》《语言与神话》等著作，就很值得我们认真研读，其中提出的许多理论观点，很有创造性。

我国对语言哲学的研究近年来虽然有一些著作问世，但毕竟还是一个薄弱环节，应该改变这种状况。我们要以马克思主义观点和方法为指导，对语言哲学进行深入研究，吸收现代西方语言哲学方面的有益的东西，同我国传统哲学、语言结合起来，我认为这是哲学工作者的一项重要研究课题。

（原载《哲学动态》1999年第10期）

学者近况

杨寿堪（1933— ），北京师范大学教授、博士生导师。曾任北京师范大学哲学系主任（1987—1994）。主要著作有：《亚里士多德范畴学说简论》、《黑格尔哲学概论》、《冲突与选择——现代哲学转向问题研究》（获北京市第五届哲学社会科学优秀成果一等奖）、《西方哲学十大名著导读》、《实用主义在中国》、《20世纪西方哲学科学主义与人本主义》、《爱智之思——西方哲学趣谈与启迪》、《哲学何为——杨寿堪学术论丛》（共6册）等。译著有《新黑格尔主义者论黑格尔》，主编《新编哲学大辞典》等。在《人民日报》《哲学研究》《学术研究》等30多种报刊发表论文100余篇，多篇为《新华文摘》转载。其中，《思辨的哲学与哲学的思辨》《问题的哲学》《论"逻辑在先"》《论哲学发展的两种表现形式》《哲学与时代》等论文提出的独到见解，引起学术界的注意与重视。

回到马克思，厘清基本理论与基本方法

——访孙伯鍨

学者简介

孙伯鍨，1930年生，祖籍江苏泰兴。1958年毕业于北京大学历史系。时任南京大学哲学系教授、博士生导师。主要研究方向为马克思主义哲学史。主要学术成果有：《探索者道路的探索》、《马克思主义哲学史》（2卷本，合著）、《马克思主义哲学的历史和现状》（3卷本，主编）、《马克思主义哲学史》（8卷本，第2卷主编）、《西方"马克思学"》（主编）、《卢卡奇与马克思》等13部论著，以及《马克思的实践概念》等数十篇学术论文。主持国家社科九五规划重大委托项目和重点项目各1项。主编《马克思主义哲学的基本理论与方法》（即将出版）。

问

20世纪80年代以来，您一直在反复强调“回到马克思”，您能不能具体谈一谈这种理论研究的指向和特点？

答

面对21世纪建设有中国特色的社会主义，揭示马克思主义哲学在当代的发展，并用以指导我们的实践，这是我们哲学工作者义不容辞的职责。“回到马克思”表面上似乎与这个历史要求相矛盾，但是，如果考虑到我们的哲学研究是在20世纪70年代末的拨乱反正和紧接着改革开放的背景下进行的，许多重大理论尚未真正说清楚，由此我们就会看到，不“回到马克思”这个理论源头，当前建设的任务就不能顺利实现。思想解放运动使我们能够第一次公开直接地向“教条的”马克思主义解释提出质疑。这主要是指在长期的教条主义思维模式下形成的旧哲学教科书框架，人们习惯于在实践之前都要问一问“马克思有没有这样讲过”，这样做事实上是取消了马克思列宁主义哲学的发展。正是在这一背景下，我在1985年出版了《探索者道路的探索》（安徽人民出版社）一书。正如我在那本书的绪论中所强调的，马克思主义哲学既不是单纯的信念，也不是僵化的教条，而是科学的世界观、方法论。同时，马克思哲学的根本方法，并非在空地上建立起来的，也不是在纯哲学研究的基础上产生出来的。为了揭示这种方法的起源和本质，必须深入经典作家思想探索的过程中去，弄清马克思主义哲学变革的理论特质，把握它的革命性和实践性特征。因此，“回到马克思”的根本目的就是厘清马克思主义的基本理论与基本方法。

问

这是否意味着重构马克思主义哲学的体系呢？

答

“回到马克思”不是简单地阐发马克思主义哲学的体系，也不是简单地重复马克思的结论，而是深入探究马克思研究问题的方法，它与任何教条或形式地对待马克思主义哲学的做法都不相同。

我坚持认为，马克思主义不是体系哲学，而是融辩证法、逻辑学与认识论于一体的革命的方法论。

问 能否详细解释一下？

答 这可以从三个方面说。从马克思主义哲学的发展历程看，马克思后来自己也一再强调："自己弄清问题"是推动他进行理论研究的内在冲动。而为了弄清和解决问题首先必须确立正确的逻辑起点。就是说，首先必须解决方法问题。黑格尔在哲学史上提出科学的起点问题。由此，他构造出一个庞大的哲学体系。马克思的《资本论》与黑格尔的《逻辑学》同构，商品既是逻辑起点，也是资本主义的历史起点，在这一点上，它也蕴含着体系。所以列宁说马克思虽然没有留下一本"逻辑学"，但是他留下了《资本论》这部大写的逻辑。这也是马克思与黑格尔的差别所在。从马克思主义哲学的功能看，从19世纪40年代马克思和恩格斯转入唯物主义和共产主义的立场之后，他们的理论探索都是服务于无产阶级解放的历史实践的。正如恩格斯后来自己所强调的，马克思主义哲学不是教条体系，而只是行动和研究的指南。因此，马克思主义哲学不应当被理解为马克思恩格斯个人所独创的体系哲学，而是整个无产阶级革命实践的科学方法论。最后，从马克思主义所实现的哲学变革看，它取消了旧本体论哲学在当代的合法性，由一般解释世界走向改造世界。因此，它的核心是方法论而不是充当一般解释体系的传统本体论。虽然哲学解释世界的功能也很重要，但这种解释如果脱离特定社会群体（个体）的历史的实践，它就失去了影响社会历史进程而改造世界的方法论功能。因此，如果说马克思主义哲学也有其结构严密的体系，那么这个体系也只能是其唯物辩证的逻辑方法的展开，正像我们在《资本论》中所看到的那样。

问

如果没有理解错的话，您认为“马克思主义哲学是体系还是方法”这一问题必须由马克思主义哲学的变革实质来解释。据我了解，您很早之前就提出了马克思哲学发展的“两次转变和两条逻辑”之说，这对理解马克思主义哲学的变革有什么意义呢？

答

为真实地观察马克思哲学变革的实质和意义，必须将马克思与前人区分开来。怎么分开，无非两种考察方法：从具体的结论入手或从方法入手。而结论总是和方法内在地联系在一起的，所以归根结底还是方法问题。如简单地从某一个结论或范畴出发，我们甚至对历史唯物主义的原创性都可以怀疑。为什么？就拿辩证法来说，无论是其重要范畴，还是一些基本观点，马克思与黑格尔都可以看作是一致的。我们是否就可以说马克思抄袭了黑格尔？如果不是，那我们就要说清马克思与黑格尔的区别。再以“经济基础决定上层建筑”这一论断为例，在马克思之前，这个思想在空想社会主义和政治经济学的文献中也都得到较为明确的陈述。如圣西门立足于“实业”来解释政治制度推进和社会状态变化的关系。他指出：“政治制度变革的唯一原因，就是政治制度所适应的社会状况完全从本质上发生了变化。”而他的弟子们则接着往下说道，“人们的意识总是与各种不同的所有制形态相适应”。我们是否能说马克思与空想社会主义者之间没有区别？显然也不能。而要说清这些问题，必须深入马克思主义哲学的发展历史，探索其哲学变革的实质。

在研究过程中，我发现：马克思和恩格斯在创立其新哲学的过程中，存在着两次转变，一次是在1843年完成的由唯心主义和民主主义向一般唯物主义和共产主义的转变，另一次则是在1845年完成的向历史唯物主义和科学共产主义的转变，这两次转变每一次都引起了他们哲学立场和方法的重大突破。而在第二次转变的前夜，特别是在《1844年经济学哲学手稿》中，马克思又经历着两条逻辑思路——以抽象的人的本质为出发点的思辨逻辑和以现实的经济事实为出发点的科学逻辑——的巨大碰撞。对于这一过程的揭示，我们一方面证明了马克思思想不是神话，它也经历了唯心主义的思想发展时期，马克思实现的哲学变革同时意味着他对先前信仰的自我批判，这一点马克思恩格斯都强调过。另一方面，更为重要的是，我们清晰地看到马克思主义哲学的基本特征、它的内在规定性和辩证思考的逻辑线索，从而也就深刻地理解了马克思主义哲学的本质。这也说明了，仅仅从体系结构的完整性或逻辑的同质性来定义马克思主义哲学，是对马克思主义哲学的严重误解；对黑格尔或许是有用的，对马克思则不然。当然，在这里，我不可能更详细地讨论具体细节了。

问

在具体的研究过程中，您是按照什么原则或方法来解释马克思主义哲学的？

答

说到原则和方法，可以归结为一条，那就是列宁所说的“逻辑、辩证法和认识论”的“三者同一”。由于我们面对的具体对象是马克思的哲学文本，所以可以说是：深层的历史分析和深层的逻辑分析的具体统一。第一，要重视原著，文本是我们说话的基础，这是最重要的方面。第二，在分析文本时，我们实际上面对的是黑格尔、马克思所开创的，列宁在《哲学笔记》中所继承的深层的历史逻辑。这个历史不是时间上的历史，而是深层的逻辑历史，即历史和逻辑的统一。第三，这一逻辑不是线性的，而是以多重结构进行复杂演进，综合为一个统一的辩证发展过程。传统解释框架不是从现实需要出发，而是从意识形态出发，从片段的结论中提炼原理化的东西，即先将历史碎片化然后进行拼凑，形成僵硬的“原理”；然后再从“原理”出发，机械地诠释和反注原著。这样就形成了一个矛盾：正确的原理得不到正确的说明，也得不到实现和支持。如具体问题具体分析，长期以来被视为马克思主义的“活的灵魂”，但实际的运动中，我们所表现的是严重的教条主义。这样，许多重要的原理都被贬低为一种政治口号。

对于历史和逻辑的统一，首先必须面对的是理论研究深入历史的方式和文本叙述结构之间的差异（实质上是历史逻辑与对这种逻辑进行理解和表述的理论逻辑的差异）。关于这一点，马克思在《资本论》的序言中已经深刻地指出来了。然而，在大部分研究者那里，马克思的学说被进行了一种理论结构的还原，因此，历史唯物主义被描述为一种无时间性的“结构”唯物主义，并且直接通过对体系化的基本范畴的确证将马克思主义引入一种本体论哲学。与之相反的是进行“历史”的还原，但是，这个“历史”在绝大多数解释者那里都被直接还原到黑格尔，因此在马克思与黑格尔的辩证法的关系上陷入重围。如法兰克福学派。

对于历史与逻辑的揭示，用解释学术语做不恰当的表达就是，在马克思主义哲学解释活动中，我们同时区分了作为马克思主义哲学“整体符号”的文本群的“能指”（马克思主义哲学的功能和实质）、经典作家本人意图的“所指”（马克思恩格斯思想变化历程和实际研究的问题及其方法），以及解释者对这一“符号”的理解（我们当代人怎么理解）。这三者都被标注出来以后，我们就可以杜绝自己主观对象化的合法性，以避免把不是马克思主义哲学的东西硬塞进去。在具体的解释中，我们就可以区分哪些是马克思的，哪些是我们自己的。在历史的分析中，马克思的理论同时受到了历史事实的检验，而对马克思的解释将在与马克思视域的历史性融合中获得意义。

问

我注意到，您强调“马克思主义哲学是方法论而不是体系哲学”，这一点也引起国内其他学者的注意，他们提出一些不同的看法。对此，您是否有进一步的想法？

答

第一，要说明的是，我说马克思主义哲学不是体系哲学，并不是说它没有体系。说它是方法，也并不意味着它就是某种方法大全。第二，我说马克思主义是方法而非体系，是从它的实质出发的，而不是从学科内容着眼的。第三，我也并不反对从宣传和教学功能出发建立某种体系。相反，我认为这是非常必要的，甚至是当前马克思主义哲学宣传和教学的一个迫切任务。

但是，如果我们搞研究也坚持一切都从这个体系出发就不妥了。在当代中国，重新解释马克思的理论运动，其最重要的内涵就在于纠正长期以来流行的教条主义学风，澄清堆砌在马克思头上种种华而不实的东西。传统哲学解释框架的最大问题，就在于这一诠释体系不是建立在对文本的历史的具体的精心解读上，而是从现实意识形态的需要出发预构了这样那样的理解体系，从这些体系去反注文本。这样看来，摆脱传统哲学解释框架的教条首要的就是去掉这一特殊时期堆砌在马克思头上的“非法建筑”，寻找马克思主义哲学新视界的理论立足点。我之所以不满意旧的教科书体系，就是因为它对马克思主义哲学的解释常常是断章取义的。但是，通过比较，我们又发现，在国内最近的哲学“革新运动”中，新的体系正在纷纷建立起来（直到现在还有新体系探索的公开表示和建构运动）。相对于旧的教科书体系而言，这些新体系虽然多数都注意吸收和消化最新研究成果，也力图反映时代内容，但是仍有两个重大的基础性问题没有解决。这就是：这种体系的马克思文本依据和理论逻辑依然未得到充分的论证。由于这个重大缺失，这些新体系的生命力和时效性依然是值得怀疑的。因此，我首先强调，研究马克思主义哲学应关注它的基本理论和基本方法，而不是匆匆忙忙去建立一个新体系。

问 对于您所在的南京大学研究群体，国内曾有人撰文称为“南大学派”，您自己是怎么看待这个问题的？

答 本来，我不赞成这样呼呼。在统一的马克思主义理论战线中，我们这些马克思主义学者应该尽可能在对马克思主义的理解上取得一致的看法。不过，从研究的角度看，这个问题就较复杂了，作为一个学者你必须经常反省自己的提问方式是否合理，推敲自己的研究是否规范，考查自己的结论是否说出了新的东西。也就是说，一个真正的学者必须界定自己的研究边界。

从大的方面说，作为中国的马克思主义学者，我们的研究应该明显地区别于其他（国家或学术专题）的研究，体现中国特色，适应改革开放中的新问题与新思路，建立代表现代中国最新成果的理论模式。在这一意义上，我们是第一次真正遭遇马克思。在这一过程中，方法的运演应当成为一种自觉的活动。从我们的研究看，80年代以来，我们一直注重对马克思文本和历史逻辑的研究，提出了“两次转变和两条逻辑”之说，完善了马克思的早期（1848年之前）文本的解释模式。近几年在深入研究过程中，我的学生，特别是张一兵等人不断完善这一模式，取得了不少在国内学界引人注目的成果。这些成果与国内其他学者的看法是有一些重大差别的。因此，如果说存在着一个“学派”的话，那我们这个“学派”正是以文本逻辑和历史分析为基本特征的马克思主义哲学研究“学派”。

需要强调的是，在“文革”之后的20多年中，我国的马克思主义哲学史研究已经取得了巨大的发展，许多引人注目的工作不仅对于理论研究本身，而且对于现实问题的解决都提供了十分宝贵的借鉴。我们的所谓“学派”，并不是说我们已经取得了多少值得称道的成果，而是有感于两个重大的理论现实：一是苏联80年代之后所形成的许多重大研究随着苏联解体而告中断，这对于马克思主义研究来说无疑是一个损失，如何自觉地站在已有高度建设马克思主义，这是我们社会主义国家的马克思主义学者的一个历史重任；二是当前中国的马克思主义研究随着社会转型而呈现出多元状态，这种状态在表面繁荣的背后显露出深刻的“无根性”（没有自己的独立研究）。在面向未来的理论建构中，首先建设一个可靠的理论基点，应该是当代中国马克思主义学者们的当务之急。

问

在您近期的研究中，关于西方马克思主义的内容，现代的内容明显增强，这是否可以说，您已经开始从马克思转向当代？

答

历史研究和当代思考并不是两个截然不同的问题。我们研究马克思主义的根本目的不就是为了分析中国现实，为社会主义建设服务吗？这是一个基本立场。在这一立场上，我们要求方法与现实对象的具体结合是理论的必然。刚说到“学派”，我认为一个“学派”最重要的特征之一就在于它以什么样的态度关注现实问题，在现实研究中进行理论创新。因此，我们坚持方法运演并不是对方法的抽象崇拜，而是通过现实问题的研究、思考以对方法本身进行检验。

我认为，面对当代现实问题、自然科学的最新成果、改革开放中出现的复杂的新问题，形成自己的话语，这是我们中国马克思主义者必须面对的问题。回到马克思，并不是简单地重复马克思的结论，而是为了写出当代中国马克思主义学者的《资本论》，为邓小平理论提供更深层次的理论论证。在这个过程中，我们必须关注现实，关注西方最新研究成果。当然，我本人所做的工作（包括今年出版的《卢卡奇与马克思》）都是一些初步的尝试。我希望中国马克思主义哲学界的年轻朋友们能够为此多作贡献，我也相信他们能够做得比我更好。

（原载《哲学动态》1999年第11期）

学者近况

孙伯鍨（1930.6—2003），著名马克思主义哲学家。1958年毕业于北京大学历史系，毕业后任北京大学哲学系教师，1975年后执教于南京大学哲学系，任教授、博士生导师。曾任中国马克思主义哲学史学会副会长、江苏省哲学学会会长、国家社科规划委员会哲学组成员。在哲学的多个领域都有深厚的学术造诣，谙熟马克思主义哲学，尤其在马克思恩格斯早期哲学思想史、马克思主义哲学的科学方法论等领域成果卓著。在学术思想上，在关于马克思恩格斯早期哲学思想史的研究中提出了“两次转变、两条逻辑”的观点，并对马克思在《资本论》中的科学方法论进行了深刻解读，在中国马克思主义哲学界产生了重要影响。出版著作10多部，代表作有《探索者道路的探索》《卢卡奇与马克思》《走进马克思》等。发表学术论文60余篇，代表性论文有《马克思的实践概念》《存在范畴与马克思主义哲学的本体论问题》等。曾获教育部人文社科优秀成果二等奖、江苏省哲学社会科学优秀成果一等奖（2次）。

“神州慧命应无尽，世纪桥头有所思”

——访萧萐父

学者简介

萧萐父，1924年生于成都，祖籍四川井研。1947年7月毕业于国立武汉大学哲学系。新中国成立之初参加接管华西大学，50年代中被派往中共中央党校、北京大学进修，继调武汉大学哲学系。历任武汉大学中国哲学教授、博士生导师，湖北省社联学术委员，中国哲学史学会副会长，中华孔子学会副会长，国际中国哲学会国际学术顾问团成员，东方国际易学研究院顾问，中国周易学会顾问，中国文化书院导师。长期从事中国哲学和文化的教学与研究。已出版的主要编著有《中国哲学史》（上下卷）、《中国辩证法史稿》（第1卷）、《王夫之辩证法思想引论》、《船山哲学引论》、《明清启蒙学术流变》、《中国哲学史史料源流举要》、《吹沙集》、《吹沙二集》、《吹沙纪程》等。在国内外发表学术论文百余篇。

问

萧老师，最近拜读了您的《吹沙二集》《吹沙纪程》等新著，感到这些新著集中反映了您的“好奇兼爱，杂而多变”的致思特点，也集中体现了您在世纪之交对中国哲学、中国文化未来发展的思考，恰如您在汤用彤先生百年寿诞颂诗中吟唱的：“漫汗通观儒释道，从容涵化印中西。神州慧命应无尽，世纪桥头有所思。”对此我很感兴趣。您能否结合自己半个多世纪的学思历程，谈谈您是如何看待这一致思特点的？

答

这两本书所选录的文章，时跨半个世纪，是我在不同年龄段、不同时代背景和文化氛围，就不同层面的学术问题所发的议论，这里面就不可避免地出现一些杂而多端、前后相乖的东西。更主要的是，我们生活在一个过渡时代。新旧杂陈，思想流动，今是昨非，这几乎是过渡时代人物思想的普遍特征。在中国哲学家看来，“物相杂，故曰文”；“通其变，遂成天下文”。杂而多变，不一定就是坏事。比如东汉班固在对先秦诸子分类时，提到“杂家”，带有贬义，但以《吕览》《淮南》为例，博采兼综，而又自立纲要，这实际上是“杂家”不杂。又如黄宗羲，一生著书1400多卷，自觉地坚持“穷此心之万殊”，讲“殊途百虑之学”，真可谓“综会诸家”“珠联璧合”。王夫之也一样，他博览经、史，熔铸老、庄，出入佛、道，扬弃程、朱、陆、王，而复归张载，更旁通天文、历数、医理、兵法、筮占、星象以及新兴质测之学，被人称为“其学无所不窥”，是公认的历史上罕见的自成体系的哲学家。而王闿运却说他“好奇兼爱，总其成书，亦杂家之流”。由此可见，“杂”不一定就是贬义词。至于王夫之所说的“杂因纯起，积杂以成纯”，“君子乐观其杂以学《易》，广矣，大矣”，这似乎是值得向往的更高一层的学术境界。因此，有心的读者不难看出，我在这两本书中对王夫之崇高人格美的礼赞，对李达以身殉道精神的敬仰，对冯契“化理论为德行”的“平民化自由人格”的赞扬，对刘鉴泉、蒙文通、熊十力、梁漱溟、冯友兰、唐君毅、徐复观的学思成就从不同层面有所称美和认同，貌似杂越，情乃一贯，其中隐然自有一以贯之的价值取向和不能自解的历史情结，体现了对文化包容意识和多元开放心态的呼唤。“好奇兼爱，杂而多变”，既反映了我的学思历程的特点，又是我对学术境界的一种追求。

问

我想，不仅您个人的思想呈现出杂而多端、辗转流变的特征，就整个中华思想文化史来看，也体现了这样的特点。它总是循着一定的内在规律，在多元互动的发展中，体现着人类认识世界的螺旋曲折的发展过程。在您的新著中相当鲜明地凸显出这一点。您能不能结合中国哲学的发展历程具体地谈一谈中国思想文化的多元化发展问题？

答

我们中华思想文化史，绵延五千年，源广流长，从未中绝，在总体趋向上始终呈现为多源发生、多极并立、多维互动的发展态势。具体而言，可从回顾过去、通观当代、展望未来三个时间段来谈。

首先，回顾过去。先秦诸子，被司马谈概括为阴阳、儒、墨、名、法、道德六家，这六家各标宗旨，自成体系，都是当时的显学；后来班固补加上纵横、农、杂三家，再增小说家，共为十家；实际上，当时还有兵、医、方技、神仙等专门知识的学派。它们既独立发展，又时有分合，既交相攻难，又相互影响，可谓“同归而殊途，一致而百虑”，为以后中华思想文化的发展架构了“尚杂”“主和”的发展模式，提供了永不枯竭的活水源头。秦汉时期，“秦皇、汉武，略输文采”。我这里借用毛泽东的两句词，想说的是秦始皇、汉武帝妄想搞文化专制。秦始皇听韩非、李斯的话，“禁杂反之学”，下令焚书。汉武帝采纳董仲舒的建议，“罢黜百家，独尊儒术”。一百年间，搞了两次大规模的文字狱，这些都是愚而妄的做法。这些做法不仅丝毫没有阻碍文化多元发展的客观进程，而且恰好从反面证明了“百家之论”“杂反之学”的富有活力的顽强存在以及统治集团的色厉内荏。秦始皇虽下令烧书，秦博士及民间学者却照样论道、传经、授徒，从未停止。汉朝所谓的“尊儒”，其实倡导的是阳儒阴法的汉家法度，而被推崇的官方儒学，却逐渐变成了曲学阿世、奔竞利禄之徒，并且日益陷入章句繁琐，失去了理论上的创造力。当时一再被黜的道家学者群，或兼采儒、墨、阴阳之长，或拮取名、法、农、医之要，自觉地居于异端地位从事学术创造和批判活动，反而在历史上留下了光辉的文化业绩。此外，当时还有墨侠、阴阳、形名、神仙、医、农等大都流行于民间，形成多维互动的文化格局。与此大体同时，印度佛教开始传入中国，受到朝野的热烈欢迎；经过长时间的译介、消化，逐渐中国化，终于成为与儒、道并列的三教之一。隋唐时期，儒、道、佛三教鼎立，相互冲突而又互相涵化；三教各自内部更是派别林立，此消彼长，构成多维互动、异彩纷呈的绚丽画卷。此后，宋明时期，学术繁荣，既有道学各派内部分化的多极化展开，又有陈亮、叶适等的事功之学和郑樵、马端临等的文化史研究新风，还有各门自然科学技艺的长足进步，这终于酝酿出中国历史上又一次基于社会转型的文化蜕变时期——明清之际启蒙学术思想的崛起。经过历史道路的坎坷曲折，直到20世纪初的新文化运动，仍是这一启蒙思想的历史延续。因而，把中国传统文化单一化、狭隘化，把传统文化的发展归结为某一家的“道统心传”，显然是违反历史实际的偏见。

第二，通观当代。近百年来整个中国社会似乎一直处在风雷激荡的大变革中，思想领域里各家各派更是风起云涌。自19世纪中叶开始，西方各种思潮纷至沓来，中西古今汇合激荡，蔚为奇观。1919年以前，各种学术思想就派别分疏、相互涵化，其发展轨迹，历来各有说法，很难统一。五四以后，马克思主义、科学主义、人文主义三大思潮异军突起，相互诘难，相互影响，各显风流，构成20世纪前半期中国思想文化多元格局的典型例证。20世纪的30、40年代，思想文化领域呈现出分殊发展的大好形势。各种思潮大量引进，各派学术分道扬镳，人们从不同层面会通中西，产生了各种以“新”为特点而多少能反映时代精神的理论体系，如熊十力的“新唯识论”体系，金岳霖的“新道论”体系，冯友兰的“新理学”体系，贺麟的“新心学”体系，朱光潜的新美学体系，以及顾颉刚、陈寅恪、何炳松、郭沫若等各自建立的新史学体系。特别是以毛泽东为代表的中国共产党人以其对中西古今文化论争的批判总结而创立了新民主主义的理论体系及其哲学基础。这一理论体系及其哲学，以其政治上、理论上的明显优势，在平等竞争中独领风骚，既吸纳了广阔的精神资源，更赢得了广泛的社会支持。对于这一历史状况，我曾用四句话来形容：“风雨鸡鸣，破壁腾飞，吞吐百家，迎来解放。”新中国成立以后至今，近半个世纪的思想文化发展，总的特点是由分殊走向统合，马克思主义确立了它在中国思想文化中的主导地位。但这并不意味着中国思想文化就此改变了多源发生、多极并立、多维互动的发展态势，“百花齐放、百家争鸣”方针的提出，正反映了这一历史发展的客观要求。特别是进入改革开放的新时期后，人们逐渐从十年浩劫的噩梦中醒过来，砸碎枷锁，打破禁区，开辟草莱，从科学技术到人文、社会科学研究和文艺创作，都出现了新中国成立以来前所未有的新局面。80年代以来，继“文化热”之后，学术界出现了一些令人瞩目的新气象。许多高品位的学术书刊的涌现，许多中青年作者的好学深思，许多重大学术问题的提出、探讨和争论，都给人以耳目一新之感，这是令人欣喜的。

第三，展望未来。对于中国思想文化的未来走向，更是意见纷纭。有人竭力鼓吹儒学的复兴，或主张学术思想的“东化”。也有人认为中国传统文化是中国学术思想现代化的最大障碍，必须实行全面“西化”。我想这些观点都是值得探讨的。我估计21世纪中国文化可能会出现以下的走势：一是学术研究会日益走向非意识形态化，即非政治化；二是学术派别将出现多元化，我们面临的将既非“东化”，也非“西化”，而是世界性的百家争鸣。具体说来，一方面，中国学术文化必然走出被简单政治化的旧格局，而更好地恢复和实现其固有的价值和功能；同时，又必然由统合走向分殊，摆脱过去“统比分好”“贵一贱多”的偏见，而走向多元化的发展方向。毕竟文化包容意识更符合人类“和平与发展”的大趋势。另一方面，中国学术文化的未来发展应当更好地实现“两化”，即中国传统文化的现代化和西方先进文化的中国化。我想，“两化”首先是相互联系着的双重过程。要使中国传统文化现代化，必须吸取西方的先进文化，包括西方文化发展的重大成果马克思主义在内。同时，我们还必须认真研究中国的传统文化。不认真研究中国传统文化，西方文化的优秀成果（包括马克思主义）也就缺乏在中国生根的土壤。外来文化，再好的东西，如果不和我们民族的特点相结合，不经过民族文化的涵化，都是不起作用的。只有充分重视中国民族的传统文化，才能实现外来文化的中国化。因此，我们要把“全球意识”与“寻根意识”结合起来，通过“两化”，实现中国文化的新陈代谢和重构，作出新的综合和理论创造，从而有充分准备地去参与世界性的百家争鸣，也才有资格去与世界学术文化多方面接轨、多渠道对话，从而对人类文化的新发展作出应有的贡献。我说的“漫汗通观儒释道，从容涵化印中西”，这里既包含博通兼容的文化心态，又预示了未来文化多元化的发展趋向。

问

刚才您对中国文化多维发展格局的剖析十分精当，对中国文化的未来趋势及走向作出的预测，也很有启发。当代中国哲学的进展，其主旋律是马克思主义与中国传统哲学优秀遗产的交融汇合。一批在八九十年代仍具创新活力的老一辈学者对此作出了突出贡献。他们学贯中西，思维严谨，富于时代责任感，积各自学术探索和哲学体验的经历，从不同角度、不同侧面探讨了传统哲学走向现代的内在机制和必经环节，使马克思主义和中国传统哲学优秀遗产的交融带上了民族特色和学者个性风格。比如您对中国早期启蒙哲学的研究就似乎具有这样的典型意义。

答 我说不上，我只是认为，要实现"两化"，使中国传统文化现代化和西方先进文化中国化，必须寻找传统哲学走向现代的内在机制和必经环节，探寻传统文化与现代化的历史接合点。我在思考这一问题时，从中国封建社会发展的典型性和中国哲学启蒙道路的特殊性这一历史背景出发，逐步形成了这样的看法：传统文化与现代化的历史接合点，虽可以多维考察，但历史地说，应主要从我国17世纪以来曲折发展的启蒙思潮中去探寻。这是因为，明清之际在我国思想文化史上是一个特殊的发展阶段，不仅嘉靖、万历以来社会经济的变动使得社会风习、文化心态及价值观念开始发生异动，而且在农民大起义中"以清代明"的社会大震荡和政治大变局也促成了启蒙思想的兴起。几乎同一时期，涌现了一大批文化精英，掀起一代批判思潮，在政治思想、科学思想、文艺思想、哲学思想各个领域，互相呼应，不约而同，其批判锋芒都直接或间接地指向宋明道学，集中抨击了道学家们以"存天理、灭人欲"为主旨的一整套维护"伦理异化"的说教，这就触及后期封建意识形态的命根子，典型地表现出中国式的人文主义的思想觉醒。这一批判思潮及其文艺表现和理论成果，虽经过18世纪清廷文化专制的摧残和思想史的流变，但仍以掩埋不了的光芒，成为中国近代的变法维新派、革命民主派和文化启蒙派的实际的思想先驱，事实上已被历史地证明是中国现代化的内在历史根芽或活水源头。所以，在中国传统文化走向现代化的历史进程中，我们应该找到我们自己实现现代化的历史根源和内在必然性，而不能浮泛地接受"欧风美雨"。

问 的确，我们应该重视17世纪以来的启蒙思想，并以此作为传统文化现代化的切入点，以宽广的视野、远大的抱负来对待中国新文化的建设。只有这样，我们才有希望脚踏实地开创未来。但是，我感到两种不同类型文化的融合，不是件很容易的事，并不是两种文化的外在形式的简单结合，而是其内在机制和思维方式的有机结合。西方文化精于逻辑思维，东方文化长于形象思维，这是不争的事实。您能否从东西两种文化结合的视角谈一谈这两种思维方式之间的关系？如果这两种思维方式能够达到有机结合，那么又将会对中国未来哲学的发展产生什么样的意义呢？

答

我不太赞成对中西文化作比较研究时，采取简单的笼统的辨异或认同，实际上异中有同，同中有异，应当辨其同异，别其共殊，作具体分析。至于形象思维与逻辑思维，是诗与真的问题。我的《吹沙集》和《吹沙二集》都试图体现“诗文并存，情理并重”。现代价值理论中的理论理性与实践理性的关系，实际上也就是科学实证与人文关怀的关系问题。“诗与真”“美与真”“形象思维与逻辑思维”这些范畴都是互斥又互补的。强调哲学的诗化与诗的哲学化，是中国哲学的一个好传统。“庄周梦蝶”“贾谊哭服”“屈子问天”“荀卿赋蚕”，这些都是中国传统哲学里追求诗化的典型反映。“万物静观皆自得，四时佳兴与人同”;“我来问道无余说，云在青天水在瓶”。在情与理的冲突中求和谐，在形象思维与逻辑思维的互斥中求互补，在诗与哲学的差异中求统一，这些都是中华哲人和诗人们共同缔造的优秀传统。他们在这一心灵创造活动中实现着美与真、善的合一，使中国哲学走上一条独特的追求最高价值理想的形而上学思维的道路，既避免把哲学最后引向宗教迷狂，又超越了使哲学最后局促于科学实证，而是把哲学所追求的终极目标归结为一种诗化的人生境界，即审美与求善、契真合而为一的境界。这实际上就是中国哲学的终极关怀。王夫之有诗写得好:“唯其超越，是以和易。光芒烛天，芳菲匝地。深潭映碧，青山凝翠。”此乃诗化哲学的点睛之笔。中国哲学最终的归宿是诗化的哲学境界。这一点，对于中西哲学的会通，对于克服西方哲学中某些流派的极端化和片面性，不能说没有一定的启迪意义。

［采访人：丁祖富，时为武汉大学哲学系硕士研究生］

（原载《哲学动态》2000年第1期）

学者近况

萧萐父（1924.1—2008.9），当代中国马克思主义哲学史家，诗化哲学家的代表人物之一。1947年7月毕业于国立武汉大学哲学系。解放初参加接管华西大学，50年代被派往中共中央党校、北京大学进修，继调武汉大学哲学系。历任武汉大学中国哲学教授、博士生导师，湖北省社联学术委员，中国哲学史学会副会长，中华孔子学会副会长，国际中国哲学会国际学术顾问团成员，东方国际易学研究院顾问，中国周易学会顾问，中国文化书院导师。长期从事中国哲学和文化的教学与研究，在明清哲学特别是王夫之哲学研究方面取得了突出成绩。其有关中国早期启蒙思想及其反对“伦理异化”的论断，以及敢于参与世界范围内的诸子百家争鸣的学术主张，愈来愈显示出其真理性。已出版的主要编著有《中国哲学史》（上下卷）、《中国辩证法史稿》（第1卷），专著有《王夫之辩证法思想引论》、《船山哲学引论》、《明清启蒙学术流变》（第一作者）、《王夫之评传》（第一作者）、《中国哲学史史料源流举要》、《吹沙集》、《吹沙二集》、《吹沙三集》、《吹沙纪程》等。其中，《中国哲学史》（上下卷）的修订版被译成英文。在国内外发表学术论文100余篇。

走向21世纪的交往实践观研究

——访任平

学者简介

任平，1956年生，江苏高邮人。1986年毕业于中国人民大学哲学系，获硕士学位。时任苏州大学马克思主义哲学教授、博士生导师，中国辩证唯物主义研究会常务理事，教育部高等学校教学指导委员会专家组成员。著作有《广义认识论原理》《交往实践与主体际》《全球发展：模式理论与选择》等10多部。发表论文110余篇。

问

最近几年，您的文章内容大多集中在“交往实践观”问题上，已引起学术界的较大反响。您为什么对交往实践问题如此钟情？

答

我是在国内学术界较早地关注与研究交往及交往实践观问题的学者之一。但是，这一问题之所以成为热门话题，与其说是个人主观上积极关注的结果，不如说是时代大潮与哲学改革催生的。

问

何以见得？

答

我们可以先从哲学发展的内在要求说起。世纪之交，展望21世纪的哲学走向，学界无可回避地面临这样一个重大问题：什么将成为中国与世界多元哲学交汇的中心视界或主要趋向？尽管答案的选择可能是多元的，但是，我认为交往实践观必将是其中极其重要的，甚至是主要的答案。

问

请说一说根据。

答

其一，以新科技革命与知识经济为基础，全球正进入一个高度交往的社会，作为交往实践的唯物主义的理论核心——交往实践观已成为时代精神的辐辏点。其二，当代哲学的主题也从单一的“主体—客体”问题发展到“主体—客体”与主体际双重关系问题。其中，主体际问题非用交往实践观不能科学解析；主体际思维又是后现代哲学的基本思绪，非用交往实践观不能超越和扬弃。其三，作为21世纪哲学的新视野，交往实践观将深刻而准确地把握当代全球发展变化的主脉，融会中（中国传统哲学）、西（当代西方哲学）、马（马克思主义哲学）三大思潮，进而成为马克思主义哲学在当代的理论范式。

问

全球化是一个热门话题。但是，全球化与您所说的交往实践观有何联系？

答

从根本上说，交往实践观是全球化时代的理论产物；反过来，也是把握全球化的本质、科学理解全球实践的共同指向的理论工具。马克思说过：真正的哲学总是自己时代精神的精华。交往实践观之所以能够成为哲学发展的主要趋向，首先在于它是全球化趋势的内在逻辑、全球问题的科学解答、全球主题的基本指向。一个半世纪以前，当资本主义用工业文明、商品交换和武力使世界普遍联系，使原本分裂的历史转变为“世界历史”之时，马克思、恩格斯就已经敏锐地观察到这一转变，论述了“物质交往”即交往实践和由此产生的“精神交往”在人类历史上的巨大作用，认为资本生产与总体运行的实践结构也是“主—客”与“主—主”双重关系的统一。马克思还从世界普遍交往的高度来观察东西方社会发展进程，认为东方落后国家可以借助于世界性普遍交往所获得的资金、生产力、文化和经验，超越资本主义的“卡夫丁峡谷”。在他的视野中，交往实践成为世界历史和全球化的核心、基础和动力，全球化是交往实践的宏观拓展的结果。

问

在当代，随着全球化进程的加速，交往实践观是否得到更为突出的表现？

答

的确如此。时至今日，随着全球高科技的发展，卫星通信、超音速飞机、信息高速公路和光纤通信技术正将地球变成一个村落，国际间的交往活动正以日新月异的方式加速着世界一体化的进程，各种对话、科技经贸合作、文化交流已成为当代人类经济发展和社会存在的普遍方式，这是一个全球化信息时代，也是交往实践的时代。人类存在与发展方式上的这一重大改变，使人们在哲学上重新关注交往问题，将之突显到主题的地位。与此同时，后工业社会的来临，亦使交往实践与主体际向度上升为主要问题。人类绝对中心主义观念受到严重挑战，世界政治格局向多极化方向发展，任何主体都在多元文明交往中切切实实地遇到另一个主体，这一切启迪人们在全球交往中必须确立“多极主体”观念，进而将他们的实践看作是交往实践。

问

那么，在您看来，交往实践观作为表现全球化的总趋势的哲学理念，在哲学层面上实现了怎样的变革，又应当包括哪些内容呢？

答

交往实践观作为科学把握当代全球发展总趋势的基本范式，具有超越传统实践观与后现代实践观的双重意义。一方面，以往学界在理解马克思的“实践结构”时，将之归结为“主体—客体”两极模式，实际上忽略了多极主体或主体际存在的事实，忽略了交往活动。另一方面，后现代哲学的实践话语在解构“主—客”二分结构的同时强调主体际的存在，根本否弃客体底板，从而导致虚无主义与相对主义。交往实践观则在辩证的意义上扬弃或超越两者，认为人类实践结构是由“主体—客体—主体”三体构成，因而是内含“主—客”与主体际双重关系的。所谓交往实践，是指多极主体间通过改造或变革相互联系的客体的中介而结成网络关系的物质活动。而交往实践观，是通过交往实践来反思和把握人类社会的观念，认为当代社会的本质是全球化的交往社会，这一社会由多层次的交往活动即物质交往、精神交往和话语交往等构成，人们的物质交往无疑是交往社会的基础。

问

与传统实践观及后现代实践观相比，交往实践观有哪些特征？

答

交往实践的特征表现在：以中介客体为基础的多极主体性、社会交往性、双向建构（如“世界一体化”和“多极化”两个相反相成的向度）、双重整合（如交往整合产生主体系列——参与全球交往的多极主体和整合生成交往关系系列——国际经济和政治的新秩序、新规则、新格局）、系统上升性（具有广延性、层次性和历史性）、三重结构（实体结构、意义结构、辩证结构）等，构成了全球性交往实践的系统。由此可见，交往实践观超越了传统实践观的狭隘眼界，为全球化的趋势提供了科学解释范式。

问 我还有一个疑惑：西方学界视“主体际或主体间性”概念研究为一个难题，您是怎样理解的？

答 “主体际何以可能？”这一难题可以说是当代哲学的哥德巴赫猜想。从19世纪末到20世纪末，哲学经历了两大世纪性转向：第一次，从19世纪末到20世纪初，世界哲学的主题和主导性思维方式经历了从本体论、认识论阶段向实践论哲学阶段的转向。将实践观作为建构哲学体系的起始点、一以贯之的基础和总体性指导原则。第二次，在20世纪下半叶，当代哲学出现新转向：主体际问题。

当哲学转向主体性哲学或实践哲学之时，实践和主体性就成为新哲学的阿基米德点。但是，这里的实践哲学之主体，是单一主体。无论是胡塞尔的纯粹意识，还是海德格尔的“此在”，都是如此。即便是一般主体，都有超越自我、达彼他者之命。主体与客体不同。客体是一般的存在，而主体首先是自我，人首先是以个体方式存在的。以主体为基点，即以自我为基点；主体论的哲学逻辑，往往直接变成自我论的逻辑。于是，主体论就与哲学的本性和诠释发生冲突：自我论的个体话语何以可能直接就是共在主体或一般主体的话语——由此，晚年的胡塞尔就苦苦思索一个难题：如何使现象学不被众多的“他者”解读为一个叫作“胡塞尔”夫子的唯心主义唯我论？

换言之，现象学的还原，如何能超越自我而达致他者？如何在哲学逻辑上证明现象学原则能超越自我论而在主体际是同样有效的？

问

对！这的确也是海德格尔与后期维特根斯坦关注的难题。那么后现代哲学与主体际关系如何？

答

后现代哲学的诸公更主要是以主体际为主线而展开其基本理论的。只要看一看罗蒂的《后哲学文化》、利奥塔的《后现代状况》，以及哈贝马斯的《交往行动的概念》就可以了然。他们一方面坚持主体际存在的差异性和多元性，另一方面强调交往、对话和理解是他们用来弥合主体际差异鸿沟的基本方式。关于后现代哲学的这一主体际转向的更详细内容待稍后再议。这里要着重指出的是：主体际问题在后现代哲学中成为更突出的主题，而主体际框架则成为哲学研究的主要范式。

问

从逻辑的层面上说，难题的关键何在？

答

从逻辑角度来看，关键在问题与解答之间，还横亘着一个"美杜莎之谜"。美杜莎是古希腊神话中的一个头上长满毒蛇的恶神，她的目光是可怖的，会使被见之人立刻变成石头。这一神话恰好预示着主体的单一或唯一性：我即主体，其余皆客体。自近代以来，主体性哲学中的核心范畴——主体的本性即自主性、自我意识性和自为性，是在与客体的相关中规定的。主体与客体的相关律表明：与主体面对的，只能是客体。主体就是美杜莎，因为在主体目光审视下，一切对象——不管是他人或物都将变成客体。既然如此，一个主体何以可能面对另一个主体呢？主体际关系，在逻辑上何以可能建立呢？

问

当代哲学怎样解答这一难题？类主体与交往的观念如何？

答

解答美杜莎之谜、破除单一主体性的魔咒是一个异常艰难的过程。学术界也提出了许多学术实验方案：复主体性、类主体性、互主体性和交往等。其中影响力较大的是类主体性与交往研究。

近年来，国内外许多学者探讨“类主体”概念，认为这是深化研究主体问题的切入点。“类主体”概念强调主体的集约性、群体性和人类性，可以用来破除单一主体性的魔咒、解决交往的主体基础问题。作为主体际的结果形态，“类主体”当然包括主体际关系在内。但是，问题不在于有没有类主体，而在于对这一类本质究竟作如何的理解和规定：是如费尔巴哈等人所设想的“许多单个人本质的抽象直观”即类的聚合，还是集各种交往关系于自身的整合形态？显然，前者不能克服单一主体性，而只有后者，才是类主体的恰当含义。那么类主体何以可能由主体际整合而成呢？——问题仍然回到原点。

自互主体观以来，交往作为解决主体际问题的一种重要或主要的媒介的设想被提了出来。但由于两种原因，交往范畴未能成为科学的范式。

问

哪两个原因？

答

一是用传统的“主—客”框架去规范和解释交往问题，进而去解释主体际问题，当然会陷入困境。在笔者提出交往实践观以来，学术界曾就这一问题展开了激烈的争论。一些学者仍持“主—客”交往观，认为任何交往都包含主体和客体。主体是交往的主动者，客体是交往的对象。交往过程即是主体接触、作用于对象他者的活动过程。然而，“主—客”结构的哲学观念本质上是与交往的本性相对立的。因为交往，从语义学分析来看，即是“有来有往”、平等交互作用的过程，其前提是交往各方的主体地位的相互确认，并在上述基础上遵守“平等互利”的原则。而“主—客”交往观从一开始即破坏这一前提。从全球发展的早期阶段来看，西方国家早期殖民主义者在对外扩张、将世界各地松散的板块纳入统一版图时所信奉的“交往观”正是“主—客”式的。他们将西方基督教文明奉为唯一的文明，将西方现代化奉为唯一的现代化模式，这种西方中心论式的全球“交往观”曾盛行数百年，至今仍有余孽，然终究因其不合理性而正走向灭亡。交往，只有摆脱单一“主体—客体”的束缚，才能解答主体际之谜。

二是交往的唯心化问题。尽管当代西方哲学家都或多或少地发生了“主体际转向”，但是几乎所有的哲学家包括哈贝马斯在内，都将“主体际”和交往行动理解为一种“主观际”精神交往活动，而未能从交往实践、物质交往的角度对主体加以现实的、客观的、感性的规定。显然，这是一种主体际交往层面的唯心主义。它导出了一种新的唯心化的交往哲学。用这一模式去解析全球性当代问题和面对后工业文明，其弊利自见。

问　交往实践观是如何解答这一难题的？

答　交往实践观综合了当代哲学有关主体际和交往理论的积极成果，实现了问题的转换，提出了解答的新思路。主体之所以能够面对另一极主体，主体际之所以可能，是因为存在着中介客体。中介客体向多极主体开放，与多极主体同时构成“主—客”关系，因此，它通过自身而建立起“主体—客体—主体”三极关系结构。其中，任何一方主体都有中介客体作为对应范畴，相互规定，因此符合“主—客”相关律的定义规则。同时，作为异质主体的主体际关系，是建立在“主—客”关系之上的，通过中介客体而相关和交往，并相互建立为主体的关系。

问

交往实践观对于后现代实践观超越的可能性何在？

答

到目前为止，交往实践观依然是一种超越传统实践观与后现代哲学缺陷的积极尝试。

与后现代哲学进行批判性对话，就是要"批判地克服传统的哲学形式，但是要拯救通过这一形式所获得的历史内容"（恩格斯语）。批判后现代哲学，不能采取回归工业文明时期占主导地位的"主—客"模式，用低于历史水平的视野和方式来进行，而只能用高于历史时代的交往实践观的新理性来进行。较之于单一"主体—客体"框架的旧理性而言，交往实践观的新理性是一次更为深刻的变革。首先，理性主体从单一性走向多极性。在近代哲学中，任何以人类名义阐发的观念都将从主体的抽象性走向理性的绝对化；反之，交往理性的合法性取决于主体际的交往互动和协调。其次，这一新理性绝不是脱离交往共同体的语境而永恒的；相反，是交往实践共同体的公共整合的结果。它随着交往共同体的变化而转换，具有依赖于交往情境的相对性，即"场依存性"。它因而与近代哲学的绝对理性和大一统元叙事理性相区别。同时，作为交往理性，在交往实践共同体相对确定的前提下具有绝对性和合法性，成为构建交往共同体的规范，指导和评判交往共同体各成员行动的意义标准。因而它的理性规范具有确定性、可解释性及其辩护性，与后现代哲学非理性的相对主义直接对立。最后，交往实践理性观甚至与哈贝马斯在交往行动之先就设定的"先验的交往合理性"观存在原则差异。它强调理性的创造性与后天性。交往理性的辩护向度与批判向度并不取决于先验的合理性，而归因于交往实践辩证法本身。

问

您认为21世纪马克思主义哲学的未来发展走向是什么？

答

概略地说，交往实践观，或交往实践的唯物主义，将成为21

世纪融会中、西、马哲学的新哲学视界。

（原载《哲学动态》2000年第5期）

学者近况

任平（1956.10— ），中国人民大学哲学博士。曾任江苏师范大学校长。现任苏州大学马克思主义哲学教授、博士生导师，中国马克思主义哲学史学会马恩哲学分会会长，中央马克思主义理论研究和建设工程专家，中国辩证唯物主义研究会常务理事，第一至第四届教育部高等学校教学指导委员会专家组成员，全国社科基金项目评审专家，江苏省社科联副主席，江苏省哲学学会副会长。享受国务院政府特殊津贴专家，江苏社科名家。主要著作有《广义认识论原理》《交往实践与主体际》《当代视野中的马克思》《当代中国马克思主义研究》等10余部。在《中国社会科学》《哲学研究》等刊物发表论文200余篇。获省部级优秀科研一、二等奖多项。

重建人类学思维范式

——访王南湜

学者简介

王南湜，1953年生，陕西凤翔人。早年于华南理工大学修习化工机械专业，毕业从事技术工作数年后改修哲学，1986年于中共中央党校理论部获哲学硕士学位，1989年于南开大学哲学系获哲学博士学位。时任南开大学哲学系教授、博士生导师，中国认识论研究会秘书长。主要著作有：《人类活动论导引》（1993）、《现代唯物主义导引》（合著，1996）、《从领域合一到领域分离》（1998）。发表学术论文百余篇。

问

我注意到您在近来发表的论文和学术会议上的发言中，都强调当今中国的马克思主义哲学研究应当回归或重建人类学思维范式。人类学思维范式是您的一个新的提法，请解释一下这一思想的由来，以及您这一提法的意图所在。

答

人类学思维范式的确是一个新的提法，但就其根由而言，则是一个在我的思想中存在多年的老问题了。从20世纪80年代到90年代初，我的研究领域主要是哲学基础理论，在那一阶段的研究中曾形成了一些自己的想法。而在90年代初的几年里则主要从事社会哲学研究。社会哲学研究当然不是直接相关于基础理论的，但通过这一段研究工作我体悟到了一种从人类社会生活的角度思考哲学基础理论问题的新方法。从这一新的视角再回过头去看以前所思考的基础理论问题，便有了马克思主义哲学在其创始人那里原本是一种人类学范式的提法。因而，说到这一提法的由来与意图问题就话长了。

问

愿闻其详。

答

我的问题萌生于80年代初读了景天魁的《打开历史奥秘的钥匙》一书之后。景先生在其著作中提出了一种极富创新性的思想，即认为可以以劳动概念为基础，以劳动、劳动的异化、异化的扬弃为基本线索，建构起一个历史唯物主义的逻辑框架。受其启发，我想，能不能将劳动概念扩展为实践概念，从而以其为基础构建起一个类似的一般哲学的逻辑框架来？但我当时还没有能力进行这一工作。几年后，实践唯物主义的研究迅猛展开，使我看到了解决问题的希望。但按当时许多人所持的关于实践的观点，以实践概念为基础，亦即将劳动概念扩展为实践概念去建构体系，却有一个巨大的困难，那就是历史唯物主义只需说明作为人类劳动创造物的人类社会历史，而一般哲学则需说明社会历史之外的自然界。人类实践能够说明人类的创造物，却难以说明实践之外的自然界。这一困难使我想到有必要扩展实践概念。在陈晏清教授指导下，我于1989年完成了博士学位论文《人类活动论导引》（经修改后于1993年出版）。在这本书中，我将实践概念扩展为人类活动概念，它包含三种基本样态：实践活动、理论活动、艺术活动或审美活动。对应于三种活动样态，人所创造的人类世界或人化自然也有三种样态：实在的人化自然、观念的人化自然、审美的或理想的人化自然。这样，那个困扰人的自然界问题，便获得了一种解决，即那些我们所知的存在于人类实践之外的自然，也是一种人化自然，一种观念的人化自然。于是，我们便能够以扩展了的实践概念即人类活动概念为基础而统一地说明全部人类世界，并进而建构起一个马克思主义哲学体系来。

问

把实践概念扩展为人类活动概念，这符合马克思本人的思想吗？

答

虽然马克思本人没有使用过“人类活动”这个概念，但我以为这一扩展在精神实质上是符合马克思本人的思想的。因为马克思用得最多的praxis一词，是一个含义相当广泛的概念。在古代，它意指一切其本身就是目的的活动，而马克思及其同时代的人们则赋予了它更为宽泛的含义，除了包括马克思所特别强调的物质生产活动外，仍然保留了古代的那种含义。因而，这种广义的实践即praxis是可以视为人类活动的同义语的。

问

听起来有些道理。那么这种扩展在理论上导致了哪些重要结论呢？

答

首先，这一扩展使我形成了一种新的哲学观，即把哲学看成是对于人类生活的一种自我认识、对于人类生活根本性矛盾的一种象征性的解决。而人类生活的根本性矛盾，则可以描述为广泛意义上的自由和必然的矛盾或二律背反。以往的哲学由于没有认识到这一点而将哲学的对象抽象化了。由此，哲学的基本问题在古代便被抽象化为一般与个别的关系问题，而在近代则被抽象化为抽象的思维与抽象的存在的关系问题。只是到了马克思这里，才达到了哲学是对于人类生活的一种自我认识、对于自由与必然的矛盾的象征性解决的自觉，哲学基本问题也就由之被具体化为对于人类生活根本矛盾即自由与必然矛盾关系的一种把握，对于人类活动的能动性与受动性关系，亦即精神性活动与物质性活动的关系的一种把握；从而与以往把唯物主义与唯心主义的划分抽象地视为谁派生谁、谁反映谁不同，现代意义上唯物主义与唯心主义的划分只在于视人类活动中物质性因素与精神性因素何者具有优先性或首要性，马克思的现代唯物主义的基本含义也就被具体化为肯定物质性活动对于精神性活动具有基础性的制约作用。这样，我们便有了一个关于哲学的理论框架，在其中，精神性活动与物质性活动关系问题是哲学的基本问题，是任何一种哲学理论体系的逻辑起点，而自由与必然的关系问题则是哲学的最高问题，是一个体系的逻辑终点。任何哲学都要对基本问题作出一种回答，或采取一种立场，从而亦由之而对最高问题给出一种解决。用这一理论框架，我们便不仅能够描述任何一种哲学体系，而且能够根据对于自由与必然问题解决的具体性程度而对其合理性作出评判。据此，马克思哲学的合理性就在于它比以往的哲学更为具体地解决了哲学基本问题，从而解决了最高问题。基于这一理论框架，在《人类活动论导引》中，我初步地构造出了一个现代唯物主义的哲学系统来。在其中，一些重大理论问题，如人化自然与自然辩证法问题、交往与劳动异化问题、准认识论与知识的公共性问题、分工的消灭与自由王国问题等，都得到了一种新的理解。

问

记得您的上述见解都是在80年代末、90年代初发表的，随后的数年间好像停止了这方面的工作，转向了社会哲学。既然从实践概念到人类活动概念的扩展打开了一个新的理论视域，为什么不在这一领域深入进行下去而要转移呢？

答

上述理论框架虽然能解决不少问题，但仍只是一种基于逻辑上的合理性的思路，哲学与其所处时代现实生活的关联尚在视野之外，这使我感到惶惑；同时，现实生活所提出的一些问题的困扰，也使我觉得有必要直接关注社会转型。最初引起我兴趣的是人们关于公平和效率何者优先的问题和市场经济与道德的关系问题的争论。由于不满足于争论中那种简单的功利主义与抽象的道德主义的对立，在马克思、韦伯、滕尼斯、迪尔凯姆、贝尔等社会理论大师有关工作的基础上，我在《从领域合一到领域分离》一书和有关论文中发展出了一种社会转型理论。这一理论认为，在非市场经济社会中，由于社会秩序的稀缺性，主要地生产社会秩序的政治活动就具有了一种使经济活动和精神文化活动服从于自身的特别重要的地位，从而造成了以政治活动为中心的三大领域的合一状态；而在市场经济社会中，由于分工和交换的发展，在人们之间所形成的互相依赖的纽带关系本身就有一种社会整合功能，亦即经济活动本身就有一种附带地生产社会秩序的作用，这就极大地减缓了社会秩序的稀缺性，使得政治活动的中心作用不再必要，从而导致了三大活动领域的相对分离。所谓社会转型，从社会结构变迁的角度看，就是一个从领域合一到领域分离的过程。这一社会转型理论能够较好地说明市场经济条件下公平和效率之间的复杂关系、诸领域道德价值的疏离化趋势、政治民主化和法治化的必然性、理想性文化与实用性文化的分离以及理想性文化的复调化走向，甚至也能够对一百多年来中西文化之争给出一种全新的解释，并对传统文化在市场经济社会中发展的可能性也在复调文化理论的基础上给出了一种合理的说明。

问

上述研究对于哲学基础理论的进展有什么意义吗？您前面说通过社会哲学的研究，体悟到了一种思考哲学问题的新方法。请解释一下。

答

在直接的意义上，社会哲学研究与基础理论的确并不相关，社会哲学充其量只能视作一种部门哲学。但在一个特殊点上，两者又有着深刻的内在关联。那就是，哲学思考本身也是社会生活的一部分，因而，哲学活动，亦即哲学的功能和意义、哲学的历史变迁等，也就是社会哲学要研究的问题。在社会哲学研究中，受贝尔的启发，我提出了一种三维人性论，即认为人的本性之中有生物性、社会性和精神性三个维度或三个方面，它们决定了人的生活有物质生活资料、社会秩序和生活意义三种基本需求，并进而决定了为满足这三种需求而必须进行经济、政治和精神文化三种基本活动。精神文化活动的作用是为人们的生活赋予意义。生活意义又有现实的和理想的两类，因而文化也就有实用性文化和理想性文化两个层面，而哲学则是一种理想性文化。既然哲学是一种文化活动，那么，社会哲学关于社会转型的理论便能够用于对哲学形态的变化进行研究，即从文化活动与经济、政治活动的匹配性关联上去考察哲学形态的变化。而这又进一步启发了我去重新思考理论与实践的关系问题。

问

理论与实践的一致是一个老问题了，不知您的思考能得出什么新的结论来？

答

长期以来，人们一般只从认识论意义上去理解这一原则，即二者的统一被理解为要使认识一致于实践。但理论与实践的统一首先是一个人类社会存在论原则。从存在论上看问题，理论与实践的一致在深层上并不仅仅是我们的一种主观努力目标，而首先是一种客观的存在状态，一种人类生活中不能逃避的状态。换言之，在一定的历史时代，理论与实践两个方面必定是相互映现的，一个时代的理论活动的基本方式即思维范式必定是对于实践方式的表达，反之亦然。理论与实践的这种深层一致，具有极其重要的方法论意义，它使我们能够借助于理论与实践的相互关联来考察理论的发展趋势。依据这一原则，决定哲学思维范式在现实历史中变化的，正是思维方式与实践方式的匹配关系。在最基本的层面上，自进入文明时代以来，人类有过两种可能的实践方式，一是自然经济的有机性的实践方式，二是工商或市场经济的无机性或构造性实践方式。与前者相匹配的思维方式自然就一般地是一种有机的、笼统的、顺应的方式，亦即一种“实体性”或“本体论”的思维范式；而与后者相匹配的思维方式也就自然地是一种无机的、构成性的方式，亦即一种“主体性”的思维范式。进而，与探求一种能够克服近代实践方式之弊端的新的实践方式相呼应，便产生了一种人类学思维范式。在其思想的原本状态的意义上，马克思正是这一范式的开创者。在20世纪的哲学大家中，海德格尔、维特根斯坦、哈贝马斯等人的哲学亦属此范式。当然，相同的思维范式是可以有相当不同的哲学倾向的。

问 请说明人类学思维范式有什么不同于以往思维范式的特征。

答 这种思维范式的特征说起来也很简单，那就是回到生活，视人类生活本身为对我们的思维或理性而言的最终基础。一般而言，可以把哲学规定为一种理性的终极关怀，故理性乃是所有哲学思维的一般前提，进而，哲学思维范式的区别也就根源于对于理性的根据、根源的设定。关于理性及其根源，有三种可能的设定：源于外部世界的客观理性、源于自我的主观理性、源于人类世界本身的人类理性或交往理性。三种理性观便是三种对于思维据以出发的自明的阿基米德点的设定，从而也就构成了上述三种基本的哲学思维范式。与实体性范式在人类生活之外寻找思维的基点不同，也与主体性范式从抽象的自我出发不同，人类学范式认为理性根源于人类生活，并且是人类生活的构成部分，人类生活是全部思维的最终基础。因而，哲学的对象便不是抽象的外部世界或自我，而是人类生活自身，哲学就是对于人类生活中根本性问题的一种象征性的解决。马克思哲学思考的一个基本方法论原则，便是把理论问题还原于广义的实践，还原于人类生活本身，从人类生活本身引申出那些抽象的理论问题，并从生活本身予以说明。人类学范式的这种基本方法可以称之为一种从对于生活的直觉出发的广义的反思平衡法。

问

这种反思平衡法似乎与您先前研究中把哲学看成是对于人类生活的一种自我认识有某种关联？

答

是的，两个阶段的工作之间存在着连续性，后来的工作可以视为早先研究的一种发展或具体化。但其间有一个重大的不同，那就是，起初的工作虽然已经将马克思的哲学理解为一种对于人类生活的自我认识和对于人类生活根本性矛盾的一种象征性解决，但存在着一个根本性的缺陷，那就是只停留于理论自身的逻辑合理性层面上，而未能从匹配于实践方式转变的思维范式的转变上或理论与实践相一致的方法论原则上去理解马克思的哲学变革。这样，面对实践方式的急剧转变，便无法看到哲学基础理论与实践的相关性，从而也就看不到理论发展的方向何在了。而通过社会哲学研究的中介，则使我获得了一种理解哲学的新方法，对于马克思原本哲学思想的理解，也就由作为一种更为合理的哲学理论的层面，提升到了作为一种基于更为合理的实践方式的更为合理的思维范式的高度。当然，这也就使我认识到了当今中国哲学发展的方向与马克思原本致思方向的一致性了。

问

照此说来，您所主张的回归人类学思维范式不就是向马克思的原本思想的回归吗？

答

正是如此。但这一回归不是一种单纯的理论行为或主观行为，而是一种与实践方式的转变相匹配的具有客观意义的理论行为。正如一些论者所指出的那样，中国马克思主义哲学50年间已经历了三次范式的转换，即从改革开放前的实体性思维范式到80年代以来的主体性范式，再到90年代初以来的人类学范式（亦有人冠之以“人学”或其他类似的名称）的兴起。为什么会在短短的50年间重演了西方哲学用了上千年才走完的范式转化过程？原因只有一个，那就是社会生活的正常存在要求理论与实践的匹配。计划经济是一种类自然经济实践方式，因而与其相匹配，马克思原本的人类学范式哲学就不能不被解释为一种实体性哲学。与市场经济的兴起相呼应的自然只能是一种主体性解释。而市场经济发展起来之后弊端的彰显，又不可避免地会引导哲学回到马克思原本的对市场经济持一种批判态度的人类学范式。

问

您说到哲学对于市场经济的批判功能，但这种批判似应不同于计划经济时代对市场经济的那种完全否定式的批判。

答

是这样的。这种批判是市场经济社会所要求于哲学等理想性文化的一种独特的校正机制。任何社会的健康发展都不能没有一种校正机制。但市场经济社会所要求的校正机制不同于自然经济或类自然经济社会。在非市场经济条件下，由于各领域的互相渗透、合为一体，因而其批评校正机制便是内在的，即理想性的精神文化价值的范导作用是内在地渗透于经济、政治活动之中，与现实性的经济价值、政治价值折中为一个综合性的价值，从而统一地从内部规范人们的活动。而在领域分离的情况下，各领域的价值亦趋于分离，理想性的精神文化价值对于现实生活的规范或校正便亦只能从其外部分离地进行，其方式主要就是一种对于现实社会生活之弊端的批判；通过批判，使社会得以健康地发展。哲学作为精神文化的核心部分，在这种社会校正机制中，自然具有一种中心的作用。马克思主义哲学诞生一百多年以来，其对于人类历史的一个伟大贡献，便是通过社会批判推动了社会生活的健康化。马克思主义哲学的强大生命力也正在于此。今天，这一点已越来越清楚地为人们所认识到。不言而喻，中国市场经济社会的健康发展，亦不能没有哲学的校正作用；而担当起这一事关民族前途的重任，亦不能不是中国马克思主义哲学之责无旁贷的职责。就此而言，中国马克思主义哲学向着马克思主义哲学之原本形态的人类学范式的回归，便同时是向着其批判传统的回归，是马克思主义哲学的这一伟大传统的复兴。

问

可否这么说，您的这种研究是一种把哲学基础理论与社会哲学结合起来的努力？

答

在一定意义上可以这么说，但从人类学思维范式来看，与其说是两个研究领域的结合，不如说在人类学思维范式之中哲学基础理论与社会哲学本身就在很大程度上是重合的，人类学思维范式本身就要求把哲学看作生活的一个方面。这样，哲学便不再是站在生活之外的形而上学式的沉思，而就是对于生活中根本性问题的思考。在生活中，每个人都有哲学问题，每个人都是潜在的哲学家，而哲学家不过是在社会分工体系中被分派来专门从事这项工作的“人手”而已。理解到这一点后，哲学抽象王国的围墙就在我眼前如幻影般地消失了。我感到了一种解放，我无须再为哲学的无根性、抽象性而苦恼。哲学本来就在生活之中。

（原载《哲学动态》2000年第7期）

学者近况

王南湜（1953.7—　），1976年毕业于华南理工大学化工机械系，从事过一段时间技术工作后改修哲学，1986年于中共中央党校理论部获哲学硕士学位，1989年于南开大学哲学系获哲学博士学位。现为南开大学哲学院教授、博士生导师，中国辩证唯物主义研究会常务理事，中国人学学会常务理事。主要研究领域为马克思主义哲学基础理论。早年针对苏联教科书体系对于马克思哲学的机械唯物主义阐释，提出了一种人类学思维范式或实践哲学的阐释；近年来针对黑格尔主义阐释之盛行，对马克思哲学提出了一种兼容主体能动论与科学决定论的近康德阐释。主要著作有：《人类活动论导引》（1993）、《从领域合一到领域分离》（1998）、《社会哲学》（2001）、《复调文化时代的来临》（2002）、《后主体性哲学的视域》（2004）、《追寻哲学的精神》（2006）、《辩证法：从理论逻辑到实践智慧》（2011）、《马克思的实践唯物主义》（英文版、土耳其文版，2011）、《中国哲学精神重建之路》（2012）、《马克思主义哲学中国化的历程及其规律研究》（2013）、《人类活动论：马克思的哲学革命》（2017）。发表学术论文200余篇。

“重读马克思”：时代与逻辑的双重诉求

——访何中华

学者简介

何中华，1962年生，山东莒南人。1978年高中毕业并自学哲学。1987年6月调入山东大学哲学系任教，先后破格晋升为讲师、副教授、教授。1981年以来，参与撰写《历史之谜求解》等6部著作，在《哲学研究》《哲学动态》《学术月刊》《天津社会科学》《文史哲》等刊物发表论文170余篇。

问

从近十年来的研究成果看，您始终关注马克思主义哲学体系改革问题，并提出了一些学术观点，引起了国内同行的注意。选择这种学术取向，您主要是基于什么考虑呢？

答

我认为，改革开放时代的来临，为我们重新解读马克思提供了难得的历史契机。这包括内在的和外在的，也包括实践的和理论的。从内在方面说，思想解放运动的兴起，为我们打破教条主义的禁锢，从而对马克思主义哲学进行“再认识”创造了条件；对以往的历史特别是对极“左”错误所造成的历史悲剧进行深刻反思，也有助于我们重新审视以前所理解的马克思主义哲学。从外在方面看，随着对外开放的不断扩大，现代西方的哲学及科学思想大量传入，也为马克思主义哲学体系改革提供了某种借鉴和启发，尤其是西方马克思主义思潮及苏联和东欧的马克思主义哲学，更是促进了我们对马克思主义哲学教科书体系的反省。从实践上看，整个20世纪的发展向马克思主义哲学提出了新的问题和挑战，譬如社会主义的历史命运问题、全球化和全球性问题、新科技革命浪潮及其对人的存在方式的重构问题，如此等等。马克思主义哲学只有在应对挑战中才能得到发展，从而使自身充满生机和活力。从逻辑理路上说，马克思主义哲学在本质上是革命的和批判的，它只有不断地实现自我超越和自我扬弃，才能够与时俱进，永葆其革命性和开放性。因此，重建马克思主义哲学体系，乃是我们义不容辞的责任和使命。

问

那么，在马克思主义哲学体系的重建方面，您的基本思路如何？

答

力求站在当今时代的高度，对马克思主义哲学进行“再认识”，以便创造性地诠释马克思。其结果应当是既符合时代的变迁及其要求，同时也符合马克思“文本”所提供的意义的可能性空间。为此，必须反对两种偏执：一是所谓“告别马克思”，这种倾向无视马克思思想的内在生命力，把马克思主义哲学当作一种封闭的体系加以拒绝；一是所谓“回到马克思”，这种倾向则固守于经典作家的现成结论和字面表述，缺乏一种与时代、与现实对话的开放姿态，它往往使马克思主义哲学偏离人类文明的大道。这两种倾向显然都是有害的。当然，在对马克思思想进行创造性诠释时，还需要提防那种“过度诠释”的误区，以避免那种把自己的意见强加于马克思的做法。只有“创造性地诠释”马克思，才有可能真正体现坚持和发展的有机统一。因为所谓“创造性地诠释”，就意味着既融入时代精神的内涵，同时又必须充分考虑到马克思“文本”所提供的解释空间。

问　您认为我们过去对马克思主义哲学的理解究竟存在什么问题？

答　应当坦率地承认，我们以往对马克思思想的阐释存在着不少“误读”的成分。以旧的哲学教科书为代表的对马克思主义哲学体系的“经典”表述，从根本上说是物质本体论的。它体现着一种实在论立场和知识论的取向，带有浓厚的经验主义色彩。我在一篇论文中曾详细剖析了这种误读的根源，即前提与理由、“是”与“应当”、经验与超验的三重混淆。它不仅离开了马克思主义哲学的真谛，而且使哲学降低到了科学的层次，即“反思”沦为“反映”，从而丧失了哲学所应有的睿智。因此，我认为必须研究马克思的实践唯物主义是如何被解读成了带有浓厚的朴素实在论和经验主义色彩的物质本体论的。其中的原因何在？应该说，由于个人气质、知识背景、致思取向等的不同，恩格斯与马克思在哲学建构方面存在不容忽视的差别。恩格斯所代表的解释传统更倾向于物质本体论立场。而这一传统一直积淀到以斯大林小册子为代表的苏联哲学教科书之中，对我们的影响甚大。另外，“我们中国人对于世界之见解，皆为实在论”（冯友兰语），这一解释学背景作为不可剔除的变量，深刻地影响了马克思主义哲学中国化的进程和结果。我认为，除了这样一些人们已经注意到的原因之外，还有一个重要原因不容忽视，即我们是在“启蒙”维度上解读马克思的，新文化运动对“德”“赛”两先生的推崇，无疑使马克思主义哲学传入的时代氛围打上了现代性烙印。事实上，马克思恰恰是在对现代性批判的基础上形成自己思想的。马克思在历史和逻辑上对资本主义所持的扬弃和超越的态度，体现了“后现代”维度。它完全不同于那种以纯粹的颠覆和解构为特征的“后现代主义”，而是一种真正建设性的“后现代”。由于遗忘了马克思的“后现代性”，我们就难以避免在前马克思的意义上解读马克思，甚至未能超过18世纪法国唯物主义的水平。

问　*那么，您认为马克思主义哲学的真谛究竟何在呢？*

答　其实，在马克思那里，哲学的最高境界并不是学者们在自己的书斋里进行的思辨游戏，也不是人们在当下生存情境中实现的经验事件，而是人的现实活动所塑造的历史本身的展现方式及其完成。因此，借助于实践这一人的存在方式，马克思使自己的哲学获得了真正意义上的“巨大的历史感”。在他看来，哲学境界的澄明，只能是历史本身的“无蔽”状态，也就是人的本质的敞开和展现。它只有通过人的异化的生成和消解才能够实现。所以，马克思把“哲学的世界化”和“世界的哲学化”作为自己的崇高理想。这一理想的充分实现，有赖于“对现存的一切进行无情的批判”，即诉诸人的实践活动。作为高度融合的总体性范畴，实践扬弃并超越了有关物质—精神、主观—客观、主体—客体、理性—非理性、可说—不可说等一切二元对立关系。把实践作为整个哲学体系建构的前提和出发点，就使得马克思真正从逻辑预设的层面上超越了旧唯物主义和唯心主义之间的知性意义上的机械对立，从而达到了“实践唯物主义”的高度。回到实践本身，就意味着彻底消解了那种对象性的观照方式，真正摆脱了知识论视角和经验论立场的羁绊。马克思"实践唯物主义"的旨趣不在于"解释世界"，而在于"改变世界"。任何真正的哲学不仅需要逻辑的完成，而且有待于历史的完成。这正是马克思为什么特别强调"改变世界"的原因所在。因为只有"改变世界"所塑造的历史，才能完成"哲学的世界化"和"世界的哲学化"。

问

我们注意到，您近年来的研究除了关注马克思主义哲学体系改革，还涉及元哲学问题、现代化与社会发展问题，不知这些不同的领域之间有无内在关联？

答

我所关注并研究的问题领域表面看来似乎比较发散，但在内在理路上是互相贯通的。我先谈谈马克思主义哲学体系的重建与元哲学的互动关系。为了更深入地把握马克思主义哲学的真谛，就无法回避对哲学的合法性和形而上学基础的进一步追问。这就涉及元哲学层面的问题。诸如本体论如何可能？哲学作为形而上学同超验性的关系怎样？人的存在与哲学视野的确立之间的内在联系何在？……这些问题的恰当解决，无疑将有助于对马克思主义哲学理解的深化。反过来也一样，对马克思主义哲学的新诠释，也将极大地促进哲学观走向健全。因为对马克思的重新解读，改变的不仅仅是一些个别的结论或答案，而是根本改变人们对哲学的所有基本问题的理解方式，诸如在本体观、实践观、真理观、自由观等问题上，我们将获得全新的视野。过去，人们总是习惯于或者把它们理解为同人的存在无关的规定，或者把它们仅仅放置在知识论的范围内加以理解。譬如，把本体解释成脱离了人的存在的抽象的孤立的客观实在，这就无法同马克思以前的旧唯物主义的朴素实在论立场区别开来，从而不能摆脱其局限性。当实践被置于本体论前提地位之后，就意味着确立了一种非描述性的、超越经验论的视野，从而为我们追问"一切可能的存在者之存在何以可能"这一形而上学问题提供了契机。在旧的哲学教科书体系中，实践范畴也未曾被人们从人的存在的高度加以阐释，而是仅仅被安排在认识论的框架内予以说明，其后果是一方面极大地减少了实践的哲学意味，另一方面则使哲学游离于人的存在。当实践唯物主义被重新发现之后，实践的本体论意蕴才被充分地诠释出来，从而恢复了哲学与人的存在之间的本然的和始源的联系。“真理”和“自由”在以往同样被局限于认识论的范畴，真理仅仅被理解为对某一规律的正确反映，而自由则不过是认识了的必然而已。在实践唯物主义看来，真理不再是对一种认识活动及其结果的反映，而是人类通过自己的实践活动完成的历史本真状态的开显，这就由认识论意义上的“真”过渡到了本体论意义上的“真”。同样，自由也不再是人的某种具体活动本身所达到的状态，而是人类通过自己的实践活动实现的对人的异化的历史扬弃，它意味着人的约束实现了由“外在必然性”到“内在必然性”的转变。“自由”因此获得了人类学本体论意义。尽管马克思在时间上比当代哲学家先出，但这并不妨碍他的思想在逻辑上优越于后来的哲学家。迄今为止，马克思的哲学观仍然具有不可替代的价值和恒久的魅力。举例来说，马克思主张哲学必须回到人的现实活动亦即实践上来，它真正体现了对人的存在的亲近。这种复归不仅重新“唤醒”了被遗忘的“在”本身，而且使之建立在真正可靠的基础之上。这是笛卡尔的“我思故我在”、海德格尔的“语言是存在的家”、现代哲学解释学的“理解是人们的存在方式”之类所望尘莫及的。因为所有这些都仅仅是使人的存在囿于某一有限维度，而无法充分地表征和确证人的存在。只有实践这一总体范畴才能充当人的整个存在的唯一可能的表征方式。

问　马克思主义哲学体系的重建同社会发展与现代化问题的研究之间的联系又表现在哪里呢？

答　马克思主义哲学的实践批判精神，内在地要求我们对“此在”

状态下面临的迫切问题采取积极正视的态度，而不是消极逃避的态度。马克思主义哲学为我们批判性反省社会发展和现代化问题提供了终极尺度。它对社会发展实践的指导，恰恰是以“改变世界”为宗旨的实践唯物主义的题中应有之义。马克思主义哲学所昭示的绝对境界对人的自我中心化的扬弃、对主—客体对象性关系的超越、对理性主义进化论模式的矫正、对人的全面发展的目标设定等，使我们有可能对以往的发展观保持批判的立场，以建立起适合21世纪人类发展要求的新发展观。我们今天面临的问题是：在一个技术主宰的时代，人们如何“诗意地栖居于世”？在一个日益陷入“单向度”的时代，人们又何以恢复并保持自己的本质的丰富性和全面性？对发展和现代化观念的形而上学追问，就无法回避人性假定和历史逻辑及其意义问题；对现代化进程中的市场经济与道德的关系问题的思考，就不能不涉及人的存在的二重化问题；对可持续发展观的考察，也不可能回避理性与价值及其整合问题……这些问题无疑已经进入形而上学层面，成为真正的哲学问题。正是在这些问题上，经过重新解读的马克思主义哲学能够真正有效地进行指导。另一方面，作为现代性的历史展现，现代化乃是人类及其历史的内在矛盾表达得最典型、最充分的形态，它为马克思主义哲学在学理层面上的拓展提供了恰当的契机。马克思所谓“从后思索”的方法和“人体解剖对于猴体解剖是一把钥匙”的隐喻表明，研究当代社会发展和现代化问题，对于马克思主义哲学本身的建构也具有建设性意义。

问　在马克思主义哲学研究方面，您今后有何打算呢？

答　我对马克思主义哲学的研究尽管取得了一些初步进展，但有待于做的工作更多也更艰巨。大致说来，主要想继续对马克思的哲学观作出进一步深入挖掘，更加全面地了解和把握马克思哲学的思想史背景，一方面向上追溯和延伸，直至古希腊哲学，另一方面则注意横向扩展，力求充分体现它的丰富性，其中特别需要注重以往被人们忽视的浪漫主义思潮对马克思的深刻影响。再就是恢复马克思思想的总体性，尤其是马克思一生思想的内在脉络及其逻辑联系，以及长期以来被人们肢解的哲学、政治经济学、科学社会主义所谓“三个组成部分”之间的有机联系，在这种整合中再现马克思思想的精髓。还有则是抓住“异化→意识形态→真理”这个线索，重新解释马克思哲学逻辑的完成和历史的完成及其统一，并在此基础上“证成”马克思“世界的哲学化”和“哲学的世界化”之理想。当然，马克思主义哲学体系的重建绝不是一蹴而就的事情，它需要历史本身的成熟。但这并不是说我们就可以因此而放弃自己的努力。倘若放弃的话，那无异于逃避责任。那么，作为哲学工作者，我们今天能够做又应当做什么呢？我认为，今天搞哲学的人不仅需要一种学理上的反省，更需要一种行动上的担当。通过哲学的自我反省和自我追问，澄清并走出哲学的种种误区，以祛除哲学本身之“蔽”，在此基础上重新定位哲学，这固然是当务之急，但哲学工作者用自己的实际行动，以自己的操守和牺牲，来抵制来自世俗生活的种种诱惑，来证成哲学的生命，以此来回应来自实践和理论的对哲学的挑战，这本身就是对哲学的合法性及存在理由的最有说服力的辩护。马克思说得好：“普罗米修斯是哲学日历中最高尚的圣者和殉道者。”我们需要做当代的普罗米修斯。在21世纪来临之际，我们是否已经准备好了？

（原载《哲学动态》2000年第11期）

学者近况

何中华（1962.7—　），现为山东大学哲学与社会发展学院教授。主要研究领域为马克思主义哲学和社会发展理论。主要学术贡献是：（1）提出建立哲学学体系的构想，对于哲学的形上学本性等问题作了较深入的考察。（2）对马克思哲学的实质进行诠释，从哲学观高度重读马克思，力图以实际的运思超越“回到马克思”

与“告别马克思”的路数，寻找马克思哲学意蕴得以展现的新的可能性。(3)揭示价值范畴的绝对性和超验性，并把它同人的存在联系起来考察，给出价值的新定义，为突破经验论思维方式的桎梏提供启示。(4)对社会发展和现代化理论本身进行反思，注重对发展和现代化范畴的形上学前提的追问，探究市场化和全球化背景下的人的存在方式及其命运。(5)考察市场经济与道德的关系，提出互斥论和划界说，在客观上促进了有关研究的深化。(6)从哲学角度阐释可持续发展理念，分析它在实践和理论上面临的难题，清算前提和预设本身，推动了相关研究。主要著作有：《哲学：走向本体澄明之境》《社会发展与现代性批判》《重读马克思：一种哲学观的当代诠释》《历史地思：马克思哲学新诠》等。在《哲学研究》《哲学动态》《学术月刊》《天津社会科学》《文史哲》等刊物发表论文300余篇。

系统主义哲学新视野

——访张华夏

学者简介

张华夏，1932年生，广东东莞人。1950至1954年就读于中山大学经济系，1957年复旦大学哲学系研究生毕业。毕业后在华中工学院、中山大学、英国阿伯丁大学等学校从事哲学研究与教学40余年。时任中山大学哲学系、华南师范大学哲学所和山西大学科学技术哲学研究中心教授，中国系统科学研究会副会长。著有《自然辩证法讲座》(1979)、《物质系统论》(1987)、《实在与过程》(1997)、《现代自然哲学与科学哲学》(1996)、《现代科学与伦理世界》(1999)等论著10余部，并发表论文百余篇，表达了一系列富有创造性和批判性的独立哲学见解。

问

张教授，国内哲学界许多人都知道您想在系统概念的基础上建立自己的哲学体系。您在为张志林的一部著作《因果观念与休谟问题》写的“序言”中已将这个哲学体系起名为系统主义。能否讲一讲您建立系统主义哲学新体系的思考过程？

答

这首先与我个人的学术经历有关。在“文革”以前，我主要是从事马克思主义哲学原理和自然辩证法的研究和教学。这阶段，我对苏俄30年代教科书哲学体系的形成，以及后来又怎样演变成斯大林的《辩证唯物主义与历史唯物主义》，最后又怎样通过批判斯大林演变为苏联50年代哲学教科书体系，即现在仍支配着我国马克思主义哲学原理的教学并被一些人奉作金科玉律的教条的来龙去脉有一个系统的了解，这是今天年轻一代的哲学工作者所没有的经历与感受。由于我自己体会到苏俄教科书哲学脱离当代基本科学精神，力图把一些不合逻辑的东西说成是合逻辑的，把在科学上说得比较清楚明白的话语解读成模糊晦涩的东西，其结果就是它可以为任何东西辩护，也可以批判任何东西。在历史上，它就是这样被用来批判相对论，批判控制论，批判基因论，批判量子力学。因此，1977年底和1978年初，我们老一辈自然辩证法工作者在北京友谊宾馆讨论自然辩证法的研究与教学规划时，我个人和许多其他人一样力图走出那个旧哲学体系，反对将自然辩证法或科学哲学看作用科学历史和现状的例证去注解黑格尔辩证法三条定律和斯大林辩证法四条定律。我们提的问题是：到底什么是当代科学的自然观念呢？这时，正好分析哲学和系统科学（控制论、信息论、一般系统论和复杂系统演化学说等）开始介绍到中国来，前者帮助我们破掉一个旧的形上学体系，后者帮助我们建立一个新的形上学、新的自然观念体系。我们逐渐认识到20世纪科学的自然观念就是物质系统自组织层次演化观，于是“物质系统”“系统自组织”“物质层次结构”“宇宙运动形态的演化”就成为必要篇章，以此为基础，我建立了自然辩证法的新体系。1987年我写的《物质系统论》（浙江人民出版社）和1997年我与叶侨健合作写成的《现代自然哲学与科学哲学》(中山大学出版社)就详细表述了这个新的自然哲学体系。我认为，这个以系统观念为核心的理论结构比起以物质运动形态及其转化为中心的自然辩证法体系确实前进了一大步。1987年左右，我完成了自然辩证法新体系，即新自然哲学体系的建构工作，当时自己觉得这样做并没有什么奇特的地方，因为事实上，我们许多自然辩证法(科学哲学)工作者都是这样干的。记得1983年自然辩证法界在烟台开会讨论自然辩证法体系，我提出了一个体系，开会时和我住在同一个房间的西北大学哲学系主任申仲英教授也提出一个体系，交换一看，两人提出的提纲都是:"系统""层次""自组织""演化"，结果只好大笑"英雄所见略同"。学界里有较大争论的问题出在下一步，就是80年代末我坚持要将系统的自然观念，不只当作区别于社会发展的狭义的自然界发展的普遍形式来表述，而是要将它推广到一般世界观中去，将从系统科学的哲学层次上得到的事物的整体突现规律、事物的结构与功能规律、事物适应性自稳定规律、事物适应性自组织规律以及事物等级层次的结构和演化规律等五大规律当作存在与发展的一般规律，或如恩格斯所说的那种"自然社会和人类思维的普遍规律"，从而与传统唯物辩证法三大规律的表述迥然不同。

问

这的确是一个重大的问题。国内有些学者指出，系统是一个具体科学的概念，在分析这个概念及其有关规律的基础上，只能建立起像系统科学哲学、系统科学的自然观念这样的研究领域，它是属于部门哲学(philosophy of ...)的范畴，它所总结出来的规律是比辩证法低一个层次的规律，在系统的观念和系统的规律基础上怎能建立起囊括自然观和融会历史观，囊括本体论、认识论和价值哲学并与传统辩证法平起平坐的系统哲学或系统主义哲学呢？对这些同行的质疑，您如何回应呢？

答

首先，与物理学上的电子、化学中的原子和生物学中的基因这些概念不同，系统甚至复杂系统都并不是一个具体科学的概念，它是跨学科的普遍范畴。而复杂系统的非线性动力学的方法则是贯穿了从力学、物理学到生命科学和经济学研究的跨学科的方法论。它所认识到的，是各个学科的异质同构性，依靠这些概念和方法就有可能建立一般物质客体共同特征的概念模型和数学模型，而不问它们的具体实体是什么性质以及相互作用是哪一种“力”。所以一般系统论和复杂系统非线性方法本身已经深深地进入了一般哲学的领域。这样，从具体的自然科学与社会科学，经过横断科学和系统科学一级一级向上抽象而得出的有关事物系统的五大规律，就带有存在与演化的一般模型性质。

其次，我们之所以不能将系统的观念、系统哲学的规律与方法仅仅看作部门哲学或领域哲学，因为它代表新时代哲学宇宙观和哲学思潮的走向。在18、19世纪，尽管有黑格尔和马克思的辩证法，整个科学思潮从根本上说都是从属于机械论的，自然界被看作是一部由决定论支配的大机器，它的最基本单元是绝对不变的原子或其他基本粒子，它们的基本性质是彼此独立的，只有外部的相互作用和运动，宏观世界的一切变化都可以还原为这些不变粒子及其相互关系来加以说明。只是到了20世纪初，由于相对论和量子力学的冲击，这幅原子机械论的宇宙图景才彻底崩溃。于是科学家们和哲学家们便纷纷提出机体观点、整体观念和系统思想作为20世纪新世界观的基础，例如怀特海提出机体论，以代替原子论作为宇宙的基本实在，生物学家摩根提出突现层次进化论来解释整个宇宙的演化。格式塔心理学家完全用一种整体观念来探讨心理过程。管理学、社会学和经济学都纷纷发展了自己的强有力的系统学派。而在物理学中的量子场论正是通过“场”将所有物理实体联成一个大系统。而在50年代和60年代，由于系统科学的兴起，进一步将各个领域的系统思想整合成一般系统论和系统哲学。20世纪末，耗散结构理论、协同学、混沌理论以及复杂系统演化动力学进一步推动了一般系统的自组织演化理论，所以系统、系统的层次结构、系统的自组织演化就成了20世纪和走向21世纪的新世界观核心。现在，我们清楚地看到系统观念渗透到哲学的过程已经开始了。奎因、戴维森这些英美分析哲学学派的大哲学家都使用整体主义来理解语言的意义。M.邦格以系统观念为基础早已写出了两卷本的本体论，而当代生态伦理没有系统观念简直是寸步难行，所以系统观念囊括本体论、认识论和价值哲学不是可能不可能的问题，而是20世纪的一个哲学事实和21世纪的哲学发展的主潮流。

第三，关于系统规律（我总结为系统五大规律）与传统辩证法规律（一般称为辩证法三定律）的关系问题，我仔细地比较了这两组规律，发现它们有类同的产生背景（都是针对机械论和孤立分析法），有同样的抽象程度（都是抽象程度最高的规律），有共同的研究对象（都是自然、社会和人类思维的一般问题）。这两组规律之间虽基本相容但同时又是各自独立的。二者的理论核心不同（前者以“系统”为理论核心，后者以矛盾，即两极对立统一为理论核心），对由低级到高级、由无序到有序演化发展的解释不同（前者用开放系统的自组织来解释，后者用否定之否定来解释），以及术语系统和表述形式不同，使两组规律具有某种不可通约性。因此，我们应该将系统思想与系统哲学，特别是它有关系统规律的论述与传统的唯物辩证法看作是同一研究对象的两种不同理论模型：系统辩证法模型和矛盾辩证法模型。其实同一领域有不同理论模型（如粒子说与波动说）的情况在科学上是司空见惯的，一个领域只有唯一一个理论才是值得惊奇的。于是，我在1989年第2期的《哲学研究》上发表了《关于唯物辩证法的两个理论模型的对话》一文，正式提出“系统辩证法”这个概念。后来知道，早在1988年3月，作为包头市市长的乌杰教授在《内蒙古社会科学》杂志上发表了《系统辩证论》一文，首次提出了这个概念。那么什么是系统辩证法呢？系统辩证法就是关于实在与过程、存在与演化的普遍规律的现代学说。整体突现规律和等级层次律说明存在与演化的形式与方向，系统非线性相互作用与系统自组织说明存在与演化的机制与动力。而系统的适应性自稳律则说明从存在到演化的关节点。这样看来，很可能系统辩证法是唯物辩证法的一种现代形态，它的核心是“系统”，“矛盾”或“一分为二”只不过是系统的特殊表现和简化模式。在《哲学研究》1994年第1期上我发表了《差异、对立与系统的矛盾普遍性》一文，又在《系统辩证学报》1995年第1期上发表了《再论差异、对立与系统的矛盾普遍性》一文，进一步阐明了这个观点。很可惜，我的这个标新立异的观点，并没有引起学界的注意、批评与争论。我期望对系统辩证法有更多的学术批评。

问 您所提出的问题没有引起哲学界的热烈讨论，很可能是因为相当一部分哲学家认为，您所要求讨论的，根本不是哲学问题，至少不是根本哲学问题。北京大学朱德生教授就讲过，“哲学是研究什么什么普遍规律的一说是错误的”，想找寻这样一种“最根本的实在只能是人类童年时代的一种幻想”。吉林大学高清海教授也认为，“今日哲学的主题和任务也不再为求解‘宇宙之谜’而去追求什么终极存在、初始本原和永恒真理，它所关注的是人自身和人生活于其中的那世界的根本问题”，“从这种观点看来，‘自然本体论’当然就变成不足取的理论，挣脱‘自然本体论’的理论束缚是对我们来说的主要任务”。中国许多青年哲学家都有同样的观点，这就是所谓哲学上的语言分析转向、人本主义转向和伦理转向。他们也许认为，您所提出的系统辩证法这个问题本身是错误的，根本没有这类哲学问题，因而您的研究便被消解了。

答 是的，我的系统思想、系统哲学和系统规律的研究是吃力不讨好的。有些传统的老哲学家，认为我是在赶时髦，认为“用系统论代替辩证法”是不可取的；而有些年轻的新哲学家则认为，我的观点是想返回自然本体论，是一种很保守的“辩证法情结”。不过我倒认为，对本体论哲学或形上学的漠视是中国哲学界的一个偏向。当然任何一种哲学思潮的运动，都可能从“本体论中心”走向“认识论中心”，再走向“语言分析中心”，最后达到“以人为中心”的“对人的终极关怀”。所以当前有学者提出“人类学思维范式”或“交往实践观”的概念来解决哲学对人的关怀，这个研究方向本身是无可非议的。但无论哲学怎样转向，任何哲学都有自身的本体论前提、本体论预设和本体论承诺，它是哲学的一个永不消失的部分。从孔德开始的一个半世纪以来，哲学家们拒斥形上学，消除本体论的努力，都失败了。现代英美最著名的分析哲学家奎因也承认，语言本身具有本体论的承诺。而分析哲学家斯特劳森最近也写了一本本体论论著《个体——描述形而上学论述》，这是用语言分析的方法来研究形上学。当然也可以用综合的方法来研究形上学（如邦格等系统哲学家所做的那样），还可以用思辨的方法来研究形上学（如怀特海所做的那样）。我个人则主张同时采取三种方法来研究形上学或本体论，形成独立的哲学学科。很可惜这个曾被视作第一哲学的哲学本体论学科在中国现行的哲学分类中，无论一级学科、二级学科还是三级学科的目录中都找不到自己的位置，难道这是合理的吗？本体论研究什么？它的确研究存在的普遍特征和世界的终极实在问题。其实“普遍规律”、“普遍特征”和“终极实在”的概念并不可怕，也不应与终极真理混为一谈，认为世界各种不同事物根本没有普遍共同特征本身就是对普遍特征的一种本体论论点——反本质主义。而说世界根本不存在终极不变实体的初始本原这个看法本身就是对世界终极实在的一种看法，即过程哲学的看法，所以本体论问题本身不可回避，“终极”的问题不可避免，对人的终极关怀也是一种“终极”。

问　您前几年出版的一本著作，《实在与过程——本体论哲学的探索与反思》（广东人民出版社，1997），是不是与您对本体论的上述看法有关？

答　完全是这样。我认为找到当代科学与文化发展的主要观念、系统的思想范式，弄清一般系统的基本特征和基本规律，只是哲学研究的出发点而不是它的终结，关键的问题是将系统思想范式运用于本体论哲学、价值论哲学和认识论哲学中去，建立起系统主义的哲学体系。

首先是本体论。任何本体论哲学基本上都应由两个部分所组成：一部分是存在论，讨论being；另一部分是生成论或过程论，讨论becoming或process。我的存在论的出发点还是物质实体，在这方面我可能是保守的。不过由于引进了系统思想范式，我们再也不能将“实体”看作是绝对不变的质料或纯粹无差别的实体，实体不过指的是能独立存在、自我支持而不需要别的载体来支持的自主体，是个别特殊的具体系统。从这方面看，它是第一位的、完全意义的存在。至于属性与关系，因为它必须要有实体作为载体，所以是第二位的、不完全意义的存在。不过系统观点指出问题还有另一面，关系与过程又决定了实体的本质结构乃至实体运行的机制，所以我们又可以说“实体是关系的纽结，是过程的一个结构和过程持续性的表现”。这样，在我看来，存在或终极实在就是实体—过程—关系三位一体的东西。这样我的本体论立场就不同于20世纪盛行一时的罗素的事件实在论、怀特海的过程实在论、玻尔的关系实在论和海森堡的唯能论，而又将四者整合起来，建立我自己的以实体为基础的同时承认事件、过程、关系实在性的多维实在论或系统实在论。在此基础上，我讨论了物质客体论、物性论以及多重世界存在的本体论问题。至于becoming的问题，我所主张的系统主义本体论深入分析过程的机制，指出任何过程的机制，从哲学上来说都是由三种“相互作用”组成的：（1）因果决定性作用；（2）随机性非决定性作用；（3）体现在适应性自稳定和自组织中的广义目的性相互作用。因果性—随机性—目的性，是任何事物运行的三驾马车，运用这个机制，我们可以讨论自然历史和人类历史发展的规律，在承认其有规律性的同时又指出它是一个非决定论的过程。

其次是价值哲学和道德哲学。1999年我出版了我的系统主义哲学的第2卷，《现代科学与伦理世界——道德哲学的探索与反思》（湖南教育出版社）。我的本体论的最后一个范畴是“目的性”，它显然就是我的价值论的第一个范畴。自组织系统本身已有了明显的目的性，所以就有价值的萌芽，协同学中所说的系统的“目的点”“目的环”本身就是系统价值之所在；而达到目的的手段（条件、事物、行为）就具有工具价值的意义；生命系统不但有了“目的”，而且这目的发展成“自我”，生存与繁殖就是生命系统的内在价值；而一切有助于维护自己物种生存与发展的东西就有工具价值与效用。各种生命价值整合到生态系统中，就构成生态伦理的最高道德命令：“一切事物趋向于保护生物共同体的完整、稳定和优美的，它就是正当的、善的，反之就是不正当的和恶的。”在道德哲学中，我从广义价值论进入狭义价值论，即人文价值论，指出调节现代人类社会的伦理原则是生态原则、正义原则、功利原则和仁爱原则，由此决定的人类伦理价值，即生态价值、正义价值（自由的价值与平等的价值等）、功利价值和仁爱价值是多元的价值。在不同时期、不同境遇中有不同的权重，组成一个序参量变化着的系统。以这种观点来分析人权、人类幸福的追求以及社会道德的发展，这就是我的多元论的和系统主义的伦理观念。

第三，我的哲学体系的第3卷《认识与真理——对认识论哲学的探索与反思》，其目的是将系统思想运用于认识论，研究认识怎样通过竞争与协同而向前进化，这本书由于没有写出来，也就没有什么可说的了。

（原载《哲学动态》2001年第1期）

学者近况

张华夏（1932.12— ），1950—1954年就读于中山大学经济系。1957年从复旦大学哲学系研究生毕业。之后在华中工学院、中山大学、英国阿伯丁大学等学校从事哲学研究与教学60余年。曾任中山大学哲学系教授、阿伯丁大学哲学系研究员、山西大学科学技术哲学研究中心教授、中国系统科学研究会副会长等。主要学术贡献在于表达了一系列创造性和批判性的独立哲学见解。主要著作与译著有《物质系统论》(1987)、《实在与过程》(1997)、《现代科学与伦理世界》(1999年第1版，2010年修订再版)、《技术解释研究》(2005)、《科学的结构：后逻辑经验主义的科学哲学探索》(2016)等20部。发表中英文论文100余篇。

社会主义的哲学视野

——访张奎良

学者简介

张奎良，1937年生，辽宁新民人。1960年毕业于中国人民大学国际政治系。时任黑龙江大学哲学与公共管理学院教授、马克思主义哲学专业博士生导师。从80年代末起，一直任中国马克思主义哲学史学会常务理事、东北地区马克思主义哲学史学会会长、黑龙江省哲学学会会长。著有《马克思的哲学历程》《跨世纪的回响》《张奎良集》《当代中国的马克思主义》《时代呼唤的哲学回响》等。

问

多年来，您曾对马克思早、中、晚期哲学思想进行了系统的研究，发表了多部专著和大量的论文。但从近期的成果看，您的研究方向似乎在发生转换，好像更加关注哲学和社会主义的关系问题，是不是这样呢？

答

我并未放弃对马克思哲学思想的研究，马克思主义的当代意义是我终生研究的课题。不过近年来，在国际国内的新形势下，我确实更加关注社会主义问题，出版了一部专著《当代中国的马克思主义》，在《中国社会科学》和《天津社会科学》等刊物上发表了《马克思晚年的设想和邓小平建设有中国特色社会主义理论》《马克思主义精髓论》等多篇论文，从哲学视野探讨了社会主义的基本理论和历史经验教训问题。

问

哲学与社会主义的关系似乎是个新课题，请您首先说明，人们为什么会关注起这个问题来？

答

严格说来，哲学关注社会主义并非始自今日，过去人们也曾把哲学和社会主义联系起来，用某些哲学原理来对社会主义实践作出说明和论证。如用矛盾规律来论证以阶级斗争为纲，用生产关系变革的原理来论证“穷过渡”和“一大二公”，用上层建筑的反作用来论证无产阶级专政下继续革命的必要，等等。但是，类似这种联系和论证实际上是扭曲了的，是把哲学庸俗化为政治斗争工具的体现。真正用科学的精神探究哲学和社会主义的关系问题始自改革开放，特别是90年代初。当时邓小平提出的建设有中国特色社会主义理论已经成型，并在实践中得到确证。为了完善这个理论，需要哲学的理解和认同，而苏联东欧的剧变又给人们提出了一系列新的思索。出于对社会主义和马克思主义历史命运的关切和对国家与人民未来前途的关心，哲学家们逐渐放下自己对现实的超然态度，也开始从哲学的视角来审视社会主义的本真内蕴，大约从这时起，哲学与社会主义的关系越来越升温，并成为近年来许多哲学会议的主题。

问

请您说明一下哲学何以能关注社会主义，其内在根据是什么？

答

哲学对社会主义的关注首先源于哲学的本性，是哲学功能的体现。哲学虽然是一种形上之学，但是关注现实、面向生活也是它的根本特点。当代中国面对的最大现实就是千百万人正在努力从事的建设有中国特色的社会主义的实践。这是一项书本上没写过、经典作家没说过、前人没干过的全新事业，哲学关注这个事业义不容辞。因为，社会主义不能没有哲学底蕴，只用经验主义的思维方式是无法理解有中国特色的社会主义的。只有深入哲学层面，运用马克思的实践思维方式，才能超越事物的表象，体味有中国特色社会主义的深层意蕴和内在根基。马克思的实践哲学开现代哲学思维方式之先河，从此，它不再像近代思维方式那样，只追求抽象的终极和永恒，以对世界的说明为满足，而是以改变世界为己任，实现了向人和人的生活世界的回归。在这个意义上，哲学面对现实、关注社会主义实践是理所当然的。

问

您刚才从哲学的功能上，说明了哲学关注社会主义的一般道理，能否换一个角度，单就哲学与社会主义两者的互动关系，作一简要说明？

答

按照列宁的说法，哲学与社会主义同属马克思主义的构成部分，都是对无产阶级解放事业的理论说明。哲学作为马克思主义世界观的基础，为无产阶级革命斗争提供思维方式和方法论的指导，而社会主义作为无产阶级革命斗争的目标和实际进程，是哲学发挥自己功能和效用的基地。正确发挥哲学的反思和批判功能，有助于推进和发展社会主义事业，而社会主义实践的成功，也必然高扬马克思主义哲学的地位和威力。社会主义搞不好，马克思主义哲学就会丧失自己的制度基础，自身的日子也不会好过，它们的关系是一损俱损，一荣俱荣。所以，马克思主义哲学就是从自身的生存和发展出发，也必然十分关注社会主义的实践进程和前途命运。

问　社会主义有自己的理论体系，这就是作为马克思主义三个组成部分之一的科学社会主义。请问，哲学对社会主义的关注和思索与科学社会主义有什么不同？

答　主要表现在研究的角度和层次的不同。科学社会主义是无产阶级实现自己历史使命的学说，主要是阐明无产阶级推翻旧世界、建设新世界的理论和策略。诸如阶级斗争、无产阶级革命、无产阶级专政、无产阶级政党、社会主义经济建设、工农联盟、国际主义、统一战线等等，就是其具体内容。从这些内容可以看出，科学社会主义主要是阐发无产阶级如何实现自己的理想和目标，侧重在具体实践上，表现为政策及其实施。虽然它也提出和回答为什么要这样做而不那样做的问题，但它涉及的都是具体的根据和道理。而哲学对社会主义的研究则完全是另一种意味，它超越具体的实践，思考其背后更普遍、更深刻的逻辑和根据。比如，科学社会主义有一个基本原理，社会主义社会必须消灭私有制，建立公有制。但在哲学看来，发展生产力是更根本的，所有制的变革必须服从生产力的发展，当生产力还没有达到一定的水平，单纯变革生产关系，追求所有制上的“大”和“公”，就会阻碍生产力的发展。科学社会主义还告诉我们，社会主义必须消灭资产阶级，但在中国，由于历史的原因，消灭资产阶级就是“左”的错误政策。科学社会主义还有一个原理，社会主义社会必须实行按劳分配，但在社会主义初级阶段，允许非劳动收入的存在，也是必要和有益的。所有这些事实都告诉我们，科学社会主义的各方面规定不具有绝对意义，它的贯彻和实施有赖于具体国情和条件，于是，实事求是和从实际出发就成了更具普遍意义的深刻原理。哲学对社会主义的这种思考和研究是对科学社会主义理论的升华和提炼，它超越形形色色的具体差别，体现了社会主义实践的共同特质。实事求是，一切从实际出发，既是唯物主义的哲学精神，也是一切社会主义实践必须遵守的准则。全世界社会主义运动的经验教训都证明，对社会主义的这种哲学思考是沉重的、深刻的、必要的。在这里，哲学和社会主义已经交叉，汇成全部马克思主义的精髓和灵魂，这就更具深刻性和普遍适用性了。

问

根据您自己的研究体会，您认为哲学要卓有成效地关注和研究社会主义，应该从哪几方面展开？

答

这是一个很大的题目，我只能摘其要者而言之。

首先要从马克思主义哲学史入手，了解唯物主义哲学与社会主义和共产主义的内蕴关系，把握社会主义的思想渊源和实践本质。具体来说，要读懂马克思在《德意志意识形态》中的一段话：“对实践的唯物主义者即共产主义者来说，全部问题都在于使现存世界革命化，实际地反对并改变现存的事物”。这段话包含一个深刻的命题，即实践的唯物主义就是共产主义，它再清楚不过地揭示了唯物主义与社会主义的内在关联，并突出实践，提出了一个公式：唯物主义+实践=共产主义。

马克思认为，唯物主义哲学，特别是18世纪的法国唯物主义的伦理思想和政治理念，先天就内蕴有“社会主义倾向”，这里不妨引证马克思的一段话：“关于人性本善和人们智力平等，关于经验、习惯、教育的万能，关于外部环境对人的影响，关于工业的重大意义，关于享乐的合理性等等的唯物主义学说，同共产主义和社会主义之间有着必然的联系。既然人是从感性世界和感性世界中的经验中汲取自己的一切知识、感觉等等，那就必须这样安排周围的世界，使人在其中能认识和领会真正合乎人性的东西，使他能认识到自己是人。……既然从唯物主义意义上来说人是不自由的……那就不应当惩罚个别人的犯罪行为，而应当消灭犯罪行为的反社会的根源……既然人的性格是由环境造成的，那就必须使环境成为合乎人性的环境。”对人性、利益、环境这诸多推导所得出的结论和要求，显然是资本主义社会所满足不了的，只有在社会主义和共产主义社会中才能达到。在这个意义上，马克思说法国唯物主义“直接导向社会主义”，“成为社会主义和共产主义的财产”。

但是，这里所说的社会主义和共产主义还只是潜在的，是逻辑推导出来的，还不是现实意义上的社会主义。要想把唯物主义内蕴的社会主义基础变为社会主义的现实就必须使其实践化，从说明世界的层面提升到改变世界的层面，把唯物主义内蕴的社会主义意向变为改变世界的活动。唯物主义一旦走出书本，将其内涵的理想信念外化为千百万人的实践活动，它也就成为现实的社会主义和共产主义了。

这里把唯物主义提升为共产主义的关键在于实践，实践是社会主义和共产主义的中坚和内核。马克思明确说过：“共产主义对于我们来说不是应当确立的状况，不是现实应当与之相适应的理想。我们所称为共产主义的是那种消灭现存状况的现实运动。”过去我们往往用静态的思维方式来理解社会主义和共产主义，要么把它说成是一种理想信念，要么把它归为一种思想或世界观，或者理解为一种社会形态和社会制度，有时还说成是一种精神或品格。这些都未见得错，但未抓住根本，共产主义实际上是一种改变世界的活动，这就是哲学对社会主义和共产主义的深层理解。

问 您从哲学视角对社会主义和共产主义的破解和界定确实包含深刻的意蕴，但这在实践上有什么意义呢？

答 这里包含一个前提，即必须从实践角度来理解社会主义和共产主义。这个前提性论断意义重大，可以说是近一个世纪来全部社会主义运动经验教训的最终归结。按照马克思的本意，社会主义不应沉湎于理想和蓝图的设计，它也不是事先建构出来的理论框架的交付实施，更不是某种先验原则的外化。社会主义的首创性决定了它只能在实践中探索，在实践中创新，不是理论先定而是通过实践检验来不断确定和丰富社会主义的内涵，即所谓“摸着石头过河”。因此，社会主义必须重在实践，重在创造，重在解放思想，实事求是，这是哲学对社会主义的特定理解。透过苏联和中国改革开放前几十年社会主义实践的风雨历程，我们可以发现，把社会主义理解为先验方案的实施造成了多大的失误。邓小平建设有中国特色社会主义实践成功的秘密，正在于它开辟了社会主义的改革和创新的实践探索。就这一点来说，当代建设有中国特色社会主义事业的成功也是马克思主义哲学的胜利。

问

在对社会主义的沉思中，还有哪些重大课题需要从哲学的视野来揭示？或者说哲学还能够有所作为？

答

必须加强对邓小平理论的哲学基础的研究，这是哲学对社会主义的重大支持。邓小平哲学思想是全部邓小平理论的基石，它对整个建设有中国特色社会主义理论起到一个基础或支撑的作用。换句话说，没有邓小平的哲学思想，就不可能有改革开放的具体决策。

邓小平未见得是个哲学家，但他同历史上一切提出过新思想新理论的伟大人物一样，他从实际需要出发，在马克思主义哲学的沃土上，形成了一整套新的与传统不同的哲学思想或哲学观念，这一套变革了的哲学观念构成改革开放的实践基础，可以说，没有哲学视野，不理解邓小平的哲学观念变革，就不可能深刻把握邓小平理论。我初步梳理一下，起码邓小平在以下十个方面实现了哲学观念的巨大变革，确立了新的哲学观念：（1）全心全意为人民服务的价值观；（2）对立面斗争及结合的矛盾统一观；（3）摸石头过河的实践探索观；（4）两手抓两手都要硬的社会和谐发展观；（5）三个有利于的彻底务实观；（6）坚持以经济建设为中心的主要矛盾观；（7）强调人作为实践主体的新人学观；（8）解放思想、实事求是的马克思主义精髓观；（9）和平与发展是当代世界主题的新时代观；（10）坚持实践标准的真理观，等等。

上述这些新的哲学观念是改革开放和建设有中国特色社会主义实践的思想之根、观念之源。传统的社会主义理论告诉你社会主义是什么、怎么干、为什么，而哲学则深入观念和文化的层次，告诉你在新的思维方式的统摄下，社会主义理论和学说的变革是必然的，非变不可的。

问 您在这里谈到了“变”，这也是一个很重要的哲学观念，对于社会主义的改革和发展具有重要意义，想就变的问题请您发表看法。

答 您说得很对，变化发展是辩证法的核心概念。没有“变”，万事万物不能发展，社会主义也不能发展，“变”的观念确实是改革开放的思想前提。但是在中国人的传统观念中，“变”的意识比较淡薄，甚至被曲解，一谈“变”就被认为是离经叛道，有违正统，总是有人跟在你后边问你往哪儿变。中国人的正统观念是“天不变，道亦不变”，“以不变应万变”，即使不得不变，也是“万变不离其宗”。固守这种观念就不能进行改革了，改革就是要变，建设有中国特色的社会主义就是要改变原来僵化的社会主义模式，实现社会主义的伟大创新。所以，在改革开放中，确立“变”的观念具有至关重要的意义。江泽民同志在十五大报告中说：“马克思主义是科学，它始终严格地以客观事实为根据。而实际生活总是在不停的变动中，这种变动的剧烈和深刻，近一百年达到了前人难以想象的程度。因此，马克思主义必定随着时代、实践和科学的发展而不断发展，不可能一成不变。”马克思主义如此，社会主义理论也是如此，邓小平建设有中国特色社会主义理论就是反映世界和中国社会生活深刻变化的结晶，也是改革原有僵化社会主义模式的伟大成果。

问

您说到了变的观念的重要性，但是事物发展中还有不变的一面，变和不变是辩证的统一，如何在改革开放的实践中将变与不变统一起来？

答

您说得对，变表明事物发展中常规的断裂和中断，不变表明发展主导线索的连接和继承，两者的统一才体现事物发展过程的全貌。对于建设有中国特色社会主义事业来说，重要的问题是区分哪些是可变的，哪些是不变的。所谓不变的就是指一脉相承的东西，如马克思主义的立场、观点、方法，共产主义的理想信念，为人民服务的宗旨，四项基本原则，等等，这些都是不变的，要永远坚持，不能丢。除此之外，社会生活中的一切方面都是可变的，是必须发展前进的。改革开放带来的最大变化就是由计划经济到市场经济的转轨，这个变化在一定意义上带有根本性，带动了经济、政治、文化等全方位的变化。中国社会主义事业的辉煌胜利正是在这些变化中取得的。

问

从您发表的论著来看，一段时间您曾致力于把马克思晚年的探索和邓小平理论联结起来，为建设有中国特色社会主义理论提供史学支持和思想论证，这是否也可以理解为哲学对社会主义的关注和思索？

答

也可以这么说。马克思晚年跳越资本主义卡夫丁峡谷的设想是马克思哲学发展中重大的反思和升华，它集中体现为马克思重新审视了原来五大社会形态的论断，认为广大东方落后国家在历史上是一种以土地公有制为主体的亚细亚生产方式，并未依次经历典型的奴隶、封建等社会形态，未来向共产主义发展中也可以绕过资本主义发展阶段，在村社土地公有制基础上，直接走向社会主义和共产主义。这个设想在许多方面和邓小平建设有中国特色社会主义理论相吻合，特别是在初级阶段理论和实行开放政策，吸取资本主义肯定成果等问题上，二者如出一辙。因为马克思跳越卡夫丁峡谷式的社会主义也是在生产力落后的基础上建立的，它也必须集中发展生产，也要借鉴资本主义的成就，等等，这里就不细讲了。我认为这项工作是有意义的，它为邓小平理论提供了哲学上的论证，表明马克思和邓小平在落后国家建设社会主义问题上，曾经有过某种共鸣，这当然也是对那些怀疑和否定邓小平理论的极“左”思潮的一种批驳。现在，这个问题还有很大的研究余地，我还想继续研究下去。

［该访问得到了黑龙江大学李楠明教授的帮助］

（原载《哲学动态》2001年第2期）

学者近况

张奎良（1937—　），1960年毕业于中国人民大学国际政治系，同年被分配到黑龙江大学哲学系任教至今。1986年被评为教授，1996年被评为博士生导师，2015年被评为资深教授。曾任历届中国马克思主义哲学史学会的常务理事和顾问，同时任中国人学学会常务理事、黑龙江省哲学学会会长和名誉会长。长期以来一直从事马克思主义哲学和哲学史的教学与研究工作。1988年起参与马克思主义哲学史学科的创建与教材的编写。出版专著《马克思的哲学历程》（上海人民出版社，1993）、《马克思的十大理论创新》（人民出版社，2018）等13部。发表学术论文近200篇，其中，在《中国社会科学》发表8篇，在《哲学研究》发表15篇，被《新华文摘》全文转载18篇，这些较高层次的研究成果集中收编在10卷本《张奎良文集》的精粹版中。曾3次获得全国高校人文社会科学研究优秀成果奖二等奖和三等奖，8次获得黑龙江省社会科学优秀成果奖特等奖和一等奖。还曾获得国家级有突出贡献的中青年专家、全国教育系统劳动模范、全国优秀教师、国家级教学名师等荣誉称号，被收入《20世纪中国知名哲学家学术成就概览》。

在历史性与理想性之间保持张力

——访韩震

学者简介

韩震，1958年生，山东阳谷人。哲学博士。时任北京师范大学哲学系教授、博士生导师，哲学系主任，价值与文化研究中心副主任，校学术委员会委员；中国现代外国哲学学会理事；北京市学位委员会学科评议组成员。享受国务院政府特殊津贴。出版有《西方历史哲学导论》《生成的存在》《重建理性主义信念》《教育管理者的知识视野》等著作。发表学术论文140多篇。

问

您是国内比较年轻的哲学工作者，能不能谈谈您的成长道路以及与近些年来中国社会变化之间的联系？

答

我是恢复高考制度后的第一批大学生。因此，我的整个学术生涯都是以改革开放的进程为大背景的，离开改革开放的进程就无法理解我的学术活动。在这种意义上，没有20年前的改革开放和思想解放运动，就没有我的今天——这不只是一个口号，而是发自内心的由衷感受。

问

您的学术研究与您所处的时代以及您的生活之间是否存在某些明显的联系？

答

联系肯定存在。哲学无非是在思想中把握时代，我的研究虽然还比较粗，但它也必定是我对时代的某种反思。青少年时期，我也曾对当时的状况有过忧虑甚至“不满”。但因自己太年轻，再加上在当时的条件下读书范围极其有限，因而对当时中国所走的道路从没有真正的反思和怀疑，自己也相信这或许就是前进道路上的小插曲，是暂时的困难，甚至也曾相信过世界上大多数人民的生活，都不如我们。

1978年是新中国历史上的伟大转折点，也是我个人成长史上的转折点。鉴于改革开放主要是学习西方发达国家先进的科学技术和管理经验，所以在改革开放的初期，青年人自然把目光投向欧美哲学思想和社会思潮。我也不可避免地受这个倾向的影响，因而把主要的精力投入到研读西方哲学特别是历史哲学方面。最初的动机是要发现西方社会之所以自近代以来突飞猛进的文化基因和思想因素，力图以他山之石来攻中国之玉，找到使中国摆脱贫穷落后状态的文化改造之路。我和当时的许多人一样，认为中国的主要问题是思想僵化，缺乏创新精神。1986年，我曾提出，如果说经典作家是批判地继承了资产阶级的思想成果之后才创立了马克思主义的话，那么我们只有批判地吸收现代资产阶级的思想成果才能发展马克思主义。1987年我在《未定稿》上发表《模写反映论批判》一文，对机械理解了的“马克思列宁主义认识论”观点进行了分析和批判，倡导历史的、辩证的和发展的认识观。而后，我又逐渐认识到，文化并无优劣之分，问题在于曾经成功的文化会因成功本身的缘故而因循守旧，变得僵化而病弱。针对这个问题，我曾写出《民族文化的生命力在于开放》《创造性地对待历史传统》《爱国主义与改革开放》等一系列文章，提出我们“应对自身历史传统和外来文化因素进行创造性重构，使各种因素成为相互激励、相互补充的富有生命力的积极力量”。我认为，真正的爱国主义者不是只看到自己长处，时刻想用“儒教孔说”指导全人类的人。爱国主义不是自吹自擂，这种唱高调的“爱国主义”，不是激励人们的开放与进取心态，反而容易使人故步自封，因而会误国误民。真正的爱国主义者应当敢于正视自己文化中的缺陷，善于看到其他文化中的长处，勇于学习和吸取其他文明的文化成果。1993—1994年，我曾作为高级访问学者赴美国斯坦福大学进修，并进行合作研究；1998年获“欧洲—中国高等教育研究项目基金会”的邀请，作为访问研究员到德国康斯坦茨大学研究欧洲一体化问题。通过对欧美社会和文化的实地考察，我进一步深化了对改革开放正确性的认识。没有改革开放，我国就不可能有经济高速发展的今天。没有强大的经济实力，就不能体现社会主义的优越性。贫穷的“社会主义”，别说解放全人类，恐怕连自己也救不了。

问　您的主要研究领域在什么方面？您的研究活动的方法论特色表现在什么地方，有哪些重要观点？

答　经过20多年的学习和研究，使我把主要的兴趣逐渐集中在历史发展经验教训的哲学思考方面。所发表的约130篇论文，以及《西方历史哲学导论》(1992)、《生成的存在：关于人和社会的哲学思考》(1996)、《重建理性主义信念》(1998)等专著，或多或少都与这个问题有关联。一句话，我的研究领域主要集中在社会历史哲学方面，而这些领域都与改革开放的伟大实践密切相关。

就方法论而言，我认为，改革开放不只是为摆脱一时的困难而不得不采用的策略，而是一个民族健康发展的生存方式。在这里，我们必须在历史与理想、传统与创新之间保持某种张力。我们有自己的民族特点，但是我们的传统应该是开放的和不断创新的；我们有自己的历史，但是我们的历史应该是面向理想而不断进取的。我把历史看作现实进程的基础和前提，又把理想看作历史进程的引导力量。通过历史性与理想性的辩证法，我既反对历史虚无主义，又反对故步自封的历史保守主义。在我看来，我们必须使用历史性的概念避免先验理性的绝对主义，但是我们也要动用理想的追求摧毁历史相对主义。这个研究策略成为我一贯的方法论原则，我这样看待历史和文化传统，也这样去观察人权、正义、公平等其他社会问题。我要求哲学和整个人文科学都要有一个历史学转向，但是我也呼吁历史学和历史主义方法应该有一个更加理性的普遍视野和理想的维度。

毫无疑问，中华民族的历史传统是我们进一步发展的出发点；没有这个起点，我们就没有现实文明和进步的基础。人生活于历史境遇之中，是一种历史性存在；只有借助于历史，人才能走向未来。我们比我们的祖辈更有力量，就在于我们拥有更丰富的历史。在这个意义上，谁忘记了历史，谁就失去了未来；谁拥有了传统，谁就拥有了希望。然而，在世界各民族文化发展的历史长河中，停顿与固守就意味着退步，因而故步自封不仅不能维持现有成果，而且还可能导致文化的衰退与解体。因此，我们绝不能拘泥于传统，而应开放地对待历史传统，使传统更具有融合力。一个民族，一种文化，如果失掉了吸纳和融合外来文化的能力，就无法得到发展和壮大。勇于学习是民族自信和文化健康的表现，闭关锁国反映的心态，如果不是缺乏自信心，就是夜郎自大，故步自封。满足于现有的成果和传统，并不是历史的态度，因为历史的本质就是生成和发展。没有生成的历史，是停滞不前的历史；没有发展的历史，是毫无生气的历史。一种有生命力的文化，本质上就应表现了勇于吸取和消化外来文明的文化成果，从而丰富和发展自身。

问 *您强调历史传统的重要性，同时认为活的、有生命力的传统应该是保持开放和自我更新，那么文化更新的动力来自何处?*

答 一般说来，文化发展的动力来自经济基础特别是生产力的发展，但是在生产力的组成结构中，人的智能创造力发挥着关键的作用。在人类形成之际，原始人在自然本性上，并不占有多少优势。比力气，人不如牛；比奔跑，人不如马；比搏杀，人不如虎。人类之所以成为这个星球的主宰，靠的是自己的智慧和创造力。可是，人人都有智慧，为什么不同的人创造力有差别，不同的民族的创造力也不尽相同，甚至同一个民族在不同历史时期的表现也大相径庭?这说明，运用智慧的社会环境和行为方式也在起着作用，有些文化环境有利于激发人们的智慧和创造力，但是另外一些文化环境时常抑制人们的智慧和创造力。在历史上不乏这样的事例，一个很有创造力和活力的民族却又在时间的长河中消沉了。有时，甚至初步的理智成功也成了理智进一步发展的桎梏。这些问题，必须通过历史来考察。

为了保持我们勇于开放和不断进取的精神状态，不仅要从理论的高度认清改革开放的重要性，而且也要探索人们何以经常作茧自缚、停滞不前的机理。本来人们的理性认识，无非是生活在一定历史条件下和具体社会环境中的人，对客观现象所形成的具体的、带有历史性质的看法，但人们经常忘记这一点，自认为发现了“放之四海而皆准”的普遍真理，往后不过是使这种普遍真理同具体的实例相适应而已。这样，人们就把暂时的认识当成了真理本身，而任何违背这种认识的看法就成为“谬误”。因而，探索的理性经常变成维护已有认识的权力话语，智慧的产物却成了扼杀智慧的枷锁。我最近出版的《重建理性主义信念》一书，就是为了说明理性作茧自缚的原因。书中提出的“历史理性主义”概念则是为了探索避免理性作茧自缚的可能性：理性应在自己的历史性中认识到自己的相对性和暂时性，为此就要清醒地牢记自身必须不断地伴随历史的发展而改变自己的形式和内容。历史理性应通过自我建构和自我解构的统一，灵活地引导和适应历史的进步。历史视野的地平线总是随着历史认识的深入而往前延伸。因此，只有创造性地对待历史，我们才能进入历史性的历史，我们不能放弃创造历史的理性责任。

问

看来您是力图在历史与理性之间保持某种平衡，我这种理解对吗？

答

很正确。历史是我们生存的前提和基础，但是如果我们不用理性引导历史发展，我们就无法超越历史和现实，为人类进一步发展开辟新的空间；同样地，理性是人类在实践活动和思维活动中表现出的某些特征，理性以追求普遍性为己任，可是人们往往把自己在历史境域中获得的理性结果当成普遍的东西，从而造成作茧自缚的效果，这样认识到理性的历史性就成为解构僵死理性的必要一环。对自称具有普遍性的理性，我强调它的历史性和生成性；而对历史和现实，我则强调理性引导的必要性。我们需要的是一种实践的理性主义，即历史的理性主义和理性的历史主义的统一。

问

那么怎样才能保持历史性与理想性之间的平衡呢？

答

我认为，理性活动并非只是一种观念性的内在心理的或精神的过程，本质上它是人们在认识世界和改造世界的现实活动中表现出来的思维和行为特征的总和。因此，理性既表现于内在观念层次之中，也表现在人们的外在活动之中。正因如此，理性一方面把根基深扎于人类特殊的实践活动的沃土之中，另一方面又朝向普遍适应的理想性的广阔天空。显然，理性活动的矛盾性质就决定了它自身发展的动力和平衡机制：理性的活动是一种不断自我解构和重构的过程。内在的观念性思考，注意的是观念、思想和理论内部的逻辑连贯性，从而把理性引向了理想和普遍的追求；外部的行为活动又使理性在特定的历史境遇之中活动，从而把理性活动拉回到现实的特殊情景之中。内在的理想给理性活动以价值目标，但是，只有在一定的历史境遇和实践活动之中，理想才能体现出方向感和目标感。理性在历史与现实之中吸取力量和营养，又根据理想的追求调适自己的方向。实际上，理性的发展史就是基于历史与现实的情景不断自我调适、自我平衡的过程。由此我们就可以理解：一切理论、观念、学说，无论多么有价值，在形态上都不是绝对的和永恒的，而是相对的和暂时的。越是彻底的理论，就越是具有伴随历史发展进行自我调适的功能。

问

如果理性的东西都成为不断自我解构和自我重构的过程，那么我们是否会对理性失去信念呢？

答

恰恰相反。理性的自我解构和重构并非只造成消极的后果，这种过程更体现人类理性活动的韧性和活力。人类理性一方面通过改变自己的形态来适应不断变化的现实世界，另一方面也通过这种变化促使自身走向更加具有普遍性的形式。如果没有历史性与理想性、特殊性与普遍性之间的张力，如果没有理性的自我解构和重构，理性就会变成抽象统一的僵死规定，从而丧失伴随历史步伐不断进行自我调整的灵活性。一种理论，作为理性活动的成果，如果失去了自我调整的能力就会丧失生命力，失去自己的存在价值。在这个意义上，我们不必为在普遍性和特殊性、历史性和理想性之间摇摆而难为情，我们完全可以说："我摇摆，故我存在。"

问

您所说的实践理性主义或历史理性主义与马克思主义哲学之间是一种什么样的关系？

答

实践的理性主义或历史理性主义并不是历史唯物主义之外的一种哲学体系，它只是历史唯物主义的理性观。实践的历史理性主义是历史唯物主义哲学体系内部的一种学说，前者是后者的一个组成部分。

问

您所说的实践理性主义或历史理性主义有哪些基本特征呢？

答

与旧理性主义相比，历史理性主义的显著特征表现为：第一，历史理性主义不是从理性原则出发，而是把理性看作人类实践活动的某种行为和思维特性，因此理性源于人类的历史和现实活动；第二，历史理性主义不迷信理性，它在对理性功能充满信任的同时，也认识到其暂时性和相对性；第三，历史理性主义并不排斥非理性的因素，而是给予恰当的评价和地位，并将它们容纳下来转变为推动理性活动的建设性力量；最后，历史理性主义是不断自我解构和自我重构的理性主义，它通过不断地自我否定达到持续完善的目的。一句话，这种理性通过自我解构和不断重构的过程，灵活地伴随和引导历史的进步。我们的时代需要一种理性信念，但是，我们需要符合时代要求的理性。

（原载《哲学动态》2001年第4期）

学者近况

韩震（1958.5— ），哲学博士。曾任北京师范大学副校长、北京外国语大学校长和党委书记。现任北京师范大学学术委员会主任、哲学系教授、博士生导师。兼任中央马克思主义理论研究和建设工程咨询委员会委员，国家教材委员会委员，第十届国家督学，教育部社会科学委员会哲学学部委员，*Frontiers of Philosophy in China*主编，《中国社会科学报》《哲学动态》《世界哲学》《外国哲学》《哲学门》《中国高校社会科学》等报刊编委会委员。曾入选北京市“跨世纪青年理论工作者百人工程”培养计划、教育部“跨世纪人才”培养计划、国家首批“新世纪百千万人才工程”国家级人选、全国宣传文化系统“四个一批”人才工程、国家“万人计划”首批哲学社会科学领军人才。2000年起享受国务院政府特殊津贴。主要著作有：《西方历史哲学导论》《生成的存在》《重建理性主义信念》《全球化时代的文化认同与国家认同》《思考的痕迹》《教育的价值与价值的教育》《社会主义核心价值观五讲》《社会主义核心价值观新论》《社会主义核心价值观与中国文化的国际传播》《大国话语》等。译著有《自我的根源》《历史与转义》等。发表论文、译文600余篇。多次获教育部、北京市等人文社会科学优秀成果奖。

汉语语境中的现象学研究

——访倪梁康

学者简介

倪梁康，1956年生，江苏南京人。1980年毕业于南京大学外文系，1985年于南京大学哲学系获哲学硕士学位，1985年赴德国弗莱堡大学留学并于1991年获哲学博士学位。时任南京大学哲学系教授、博士生导师。主要著作有：《现象学及其效应——胡塞尔与当代德国哲学》（生活·读书·新知三联书店，1994）、《胡塞尔现象学中的存在信仰》（德文版，克鲁威尔国际学术出版社，1999）、《胡塞尔现象学概念通释》（生活·读书·新知三联书店，1999），主要译著有：《现象学的观念》（上海译文出版社，1986）、《逻辑研究》（2卷3册，上海译文出版社，1994—1999）、《哲学作为严格的科学》（商务印书馆，1999），主编《中国现象学与哲学评论》（第1辑，上海译文出版社，1995）、《胡塞尔选集》（上下卷，上海三联书店，1997）、《面对实事本身——现象学经典文选》（东方出版社，2000）。

问

据我所知，您是近年来国内从事现象学研究较早、研究成果较多的学者之一，能否结合您的《现象学及其效应》等学术专著，包括国内其他学者在这一领域的研究，来谈一下国内现象学研究的现状，以及这些研究成果在推动和普及国内现象学研究方面的效果？

答

这个问题由我本人来回答恐怕难以做到客观公允，最终还是应当由学界和历史来判定。我最多只能说，《现象学及其效应》是我用中文发表的第一部关于现象学的专著，也是我自己的著述中迄今为止销量最多的一部。1999年它曾获得首届国家社科基金优秀成果奖。这表明学界的前辈与同仁对它有一定程度的认可。我也想借此机会来表达我的真诚谢意！

但这部书的最初写作动机并不是为了介绍胡塞尔思想，而是想讨论他的思想影响，厘清他与当代其他思想家的关系。所以原先的书名是叫《现象学的效应》，后来是由于当时该书的责任编辑的建议才增加了胡塞尔现象学部分的介绍并改为现在的书名。

这个原初的计划至少在当时看来是合理的。因为在我90年代初回国时便发现，国内学界对胡塞尔的兴趣首先并不来自胡塞尔现象学本身，而主要是间接地通过它在其他西方哲学流派中产生的持久效应。欧洲的现象学运动发生史是以胡塞尔为开端，逐渐通过海德格尔以及萨特而为公众所接受。而汉语领域现象学的接受史则是循着相反的路径：先是萨特的存在主义思想在中国知识分子阶层的广泛传布，而后是诸多学者对海德格尔存在哲学的深入关注，最后才是对胡塞尔现象学的兴趣。近年来可以看到，萨特研究几乎不再受到关注，而对胡塞尔的讨论则在各个层次和角度持续展开，这似乎在一定程度上印证了叔本华引用的一句老话：“流传久远和发迹迟晚成正比。”实际上这里的道理也很简单：胡塞尔哲学的讲坛风格从一开始就决定了它不适于公众讨论，但这并不妨碍它在理论的深层发挥隐蔽的影响。随着研究的深入，理论的背景因素就会逐渐转为分析的前台课题。当然，即使如此，胡塞尔永远不会成为公众人物。一个成为公众人物的“胡塞尔”必定不再是他本人了。

现在看来，《现象学及其效应》发表时，学界的研究已经开始向胡塞尔深入，所以可以说，它在一定程度上迎合了深度的理论兴趣；但还很难说是它唤起了这个方向上的兴趣。同时这本书对胡塞尔的介绍也因原初的写作动机而缺乏系统性。当然，话说回来，在《胡塞尔全集》全部出版之前，对胡塞尔思想的任何“系统”阐释都还是一种奢望。国外50年代就有人尝试过“系统地”再构胡塞尔思想，如今这个尝试似乎只是作为讥讽的对象才为学界所提及。

然而我还是想“较为系统地”把我所理解的胡塞尔现象学介绍给有兴趣的同仁。所以，在1995—1997年期间，我利用洪堡基金会提供的研究机会，完成了《胡塞尔现象学概念通释》的撰写。这部书翻译、解释了600多个胡塞尔现象学概念术语，它们在我看来是核心范畴。从事这项工作的目的一方面在于：为胡塞尔现象学的研究者和爱好者提供一个指要，使他们在遭遇生疏的概念时不至于无所适从。但这600多个概念并不是一些独立的块片，并非只有在把它们组成一幅拼图之后才能完整地看到胡塞尔现象学的全貌。它们更多像是一幢思想大厦上的砖瓦和钢筋，对它们之中每一个的理解都与对大厦的总体理解有一定的关系。另一方面，这部书还想为日益增多的胡塞尔著作的中译提供译名选择的可能。换句话说，它想为胡塞尔概念译名的统一准备一个讨论的平台。如果这种统一能够达成，那就可以为胡塞尔中文本读者免除许多不便，使他们不至于在阅读不同的中译本时陷入译名的混乱。当然这个想法至此还只是一个良好的愿望。

从总体上说，能够称得上对国内现象学研究方面起到一定推动作用的，更多是我在胡塞尔著作的翻译方面的工作。从1986年出版的《现象学的观念》，到1999年面市的《哲学作为严格的科学》《逻辑研究》等，至少从这些译著的读者人数来看是如此效果。这些年来现象学著作的中文翻译日益增多，胡塞尔、海德格尔生前发表的主要著作有望在今后的几年内全部翻译出版。如今已经可以说，胡塞尔—海德格尔研究的中文资料相当丰富，即使与一些古典哲学家相比也是如此。这为汉语领域现象学研究本土化发展提供了必要的前提。

问

国内现象学研究和国际现象学研究之间是否存在差距？如何看待这一差距？

答

德里达在1999年的一次访谈中曾提到法国或国际的胡塞尔研究热的三次浪潮。第一次是指胡塞尔以及直接受他影响的那一代人，例如在法国有列维纳斯、梅洛-庞蒂、萨特等。第二次则大致是德里达自己在60年代研究现象学期间所处的那个时段。而第三次浪潮就意味着目前国际哲学界对胡塞尔的再一次关注。与西方的三代人相比，汉语学界对现象学的研究也可以分为三代：第一代主要是张东荪、倪青原等人，第二代则以熊伟、罗克汀等为代表，今天我们在汉语领域大致也可以谈论现象学研究的第三代。但现象学研究的浪潮则还只能说是第一次，如果目前国内的现象学研究能称得上“浪潮”的话。

这个历史也在一定程度上决定了汉语领域现象学研究的现状。国内的现象学研究在总体上还无法参与国际现象学的讨论，即使与日本、韩国相比也要滞后很多，还有许多课题有待研究，许多空白有待填补。我自己在回国后每次参加国际现象学会议、提供会议论文都觉得必须先转换思路，因为国内的和国际的现象学研究基本上是两个不同的语境。我相信自己在国内所撰写的大多数现象学研究文字是无法在国外期刊上发表的；而反过来说，我在国外发表的文字如果拿到国内出版，读者群也会很小。这也是我至今没有计划出版我的博士论文《胡塞尔现象学中的存在信仰》中文版的原因。说实话，在现象学研究上最使我觉得自豪的是这本花费整整六年时间的作品。它也是在国际现象学最重要的研究丛书*phaenomenologica*上发表的第一部由中国人撰写的论著。

无论如何，胡塞尔研究在中国还处在接受期，在总体上还缺乏原创性。虽然中国的现象学研究界有一份名为《中国现象学与哲学评论》的期刊，但如张志扬先生最近在该刊第三辑的编后记中所说：在“现象学”上冠以“中国”之名，还有许多路要走。这里特别要提到的是，北京大学现象学文献—研究中心在新千年之初的成立，在我看来就标志着中国现象学研究史上一个新阶段的开始。我期望中国的现象学研究能够尽快告别接受期。

问 可否概述一下国际现象学研究的现状和发展方向？

答 目前国际现象学界是否出现第三次胡塞尔研究浪潮，对这一点我还没有把握。但我可以肯定，国际学界对现象学的兴趣，包括对胡塞尔现象学的兴趣，在近20年内基本上没有明显的减弱，可以说是经久不衰。不断出版的《胡塞尔全集》和各种现象学研究文丛既是这种兴趣的原因，也是它的结果。

说到国际现象学研究的当代特征，我因为2000年底刚参加过胡塞尔家乡奥洛莫乌茨大学和香港中文大学的两次国际现象学研讨会，所以对此有较新的感受。根据我所获得的50多篇各国学者的报告，我认为可以把这个当代特征大略归纳为以下几点：其一，在现象学内部，把胡塞尔与海德格尔的思想加以融合而非加以对峙的趋向越来越突出；其二，政治现象学、社会现象学，简言之，实践现象学的研究越来越受到研究者的重视；其三，把现象学与其他文化遗产加以结合的努力越来越强烈，这一方面表现为用现象学方法来分析其他的文化现象，另一方面则表现为将现象学的研究成果与其他文化遗产进行比较研究。

问 现象学这门学科的确很重要，如何看待它对国内哲学（中哲、西哲）和其他学科研究的渗透和参考价值？

答 胡塞尔在创立现象学这门学科时，首先是将它视为一种新的哲学态度和方法。海德格尔把现象学看作是一种“思想”的普全可能性，以后把现象学运动各主要成员联结在一起的主要也是一种方法意识。从这个意义上说，现象学的确代表了哲学的一种基本思想和态度。例如，它直接“面对实事本身”而不是历史传统与文本，这使它有别于历史发生学；它对问题进行“如其所是的描述”而不是因果的说明，这使它有别于自然科学；它“听从思的召唤”而不从事形象的勾画，这使它有别于文学艺术探索，如此等等。可以说，现象学是其他学科无法替代的一种哲学精神。我甚至觉得，任何一门想在这些方向上有所创新和突破的学科，都可以考虑对现象学思想方法的借鉴。目前在汉语领域在这方面已经有各种初步的尝试。从我个人所接触到的一些情况来看，国内目前非哲学学科对现象学关注较多的是文艺学、心理学、社会学、政治学、经济学、逻辑学，等等。我前不久还参加过与现象学思考相关的建筑学博士论文的答辩会。有人说21世纪前30年欧洲的各个思想成果都含有现象学影响的成分。这可以算是对现象学思维方式所含内在潜力的一个历史证明。相信现象学在今天的中国学术界也会产生应有的作用和效应，它们很可能是一些理论层面上的影响，也就是说，是潜隐的影响，类似于唯识法相学派对中国思想史的作用。

而在哲学学科内部，现象学思想方法的影响已经逐渐深入。可以看到现象学与中国哲学的对话在不断地展开，无论是从现象学研究界本身发出的，还是从中国哲学研究领域发出的。现象学最终必须落脚于中国文化，这是毫无疑问的。日本在20世纪初始便产生了受到现象学影响的思想家，如西田几多郎等。汉语领域是否会、何时会产生这样的思想家，这将由历史来提供说明。

就西方哲学研究内部而论，最近几年常常可以读到一些很有力度的现象学研究文章和著作。一些同仁以现象学为课题研究对象，另一些同仁的研究虽不涉及现象学内容，却是以现象学方式，或者说，在现象学精神中进行的。此外，在现象学与西方其他哲学流派和人物之间的比较研究也越来越多，产生了十分积极的意义，对我很有启发性，在我看来是在问题域的开发上取得了“一加一大于二”的效果。这也包括一些现象学与中国思想的比较研究。而近年完成和出版的一些国内硕士、博士论文表明，在这些方向上的研究和探讨方兴未艾。

问

就中国的实际情况看，马克思主义毫无疑问是国内哲学研究的大方向，目前，国内有些学者正尝试把现象学和马克思主义结合起来，您对此有何看法？

答

关于现象学与马克思主义的关系问题，我在《现象学及其效应》的结尾处曾有简短的论述。我一直认为这是一个非常值得注意的研究方向。这并不只是因为胡塞尔的思想在许多方面与黑格尔、马克思的结论有相通之处，因而被当代的西方马克思主义所关注和接受；也不只是因为现象学的许多其他代表人物如海德格尔、梅洛-庞蒂、萨特、利科等都对马克思的哲学思想有分析和借鉴；而且还因为像刘放桐先生所说的那样，汉语领域的西方哲学研究要想具有原创性，必须走与马克思主义哲学和中国哲学结合的道路。换言之，现象学与马克思主义的关系在一定程度上可以展示一种理论可能与一个社会现实相结合的方向。而从另一侧面还可以说，如果汉语领域能够对世界现象学的研究有特殊的贡献，那么这个贡献很有可能就是现象学与中国哲学和马克思主义哲学相结合的产物。

现象学与马克思主义哲学之间当然也存在很大差异。最一般地说，胡塞尔与海德格尔都反对把现象学或哲学看作是一种世界观。但近年来国内的一些研究已经不再是简单地把马克思主义与现象学视为对立面，把它们两者看作克服与被克服（或须被克服）、超越与被超越（或须被超越）的关系，而是较为注重一种积极的对话。例如，在实践与理论的奠基关系问题上，在作为个体与社会的出发点问题上，现象学与马克思主义哲学都具有共同的兴趣指向，甚至在分析的方法和角度方面也具有一定的互补性。这也为我们开辟了相当大的讨论与研究空间。我估计不久在这方面就会有更多的深入研究的成果问世。

问　能否请您谈一下在今后一段时期内，国内的现象学研究应该注意哪些研究重点和方向？

答　这个问题不是我所能回答的。由于汉语领域现象学研究刚刚开始，所以存在着很多方向研究和课题讨论的可能性，相信日后国内的现象学研究会呈现一个纷繁多样的局面。在这方面，国内的现象学研究也可以借助于国际的现象学研究成果。现象学运动已有整整一百年的历史，但仍然还展示出千姿百态的活力。我最近选编出版的《面对实事本身——现象学经典文选》便是对这段历史所作的择要回顾，或许可以起到一定的参考借鉴的作用。

就我本人的兴趣来说，我正逐渐从认识论的现象学研究转向伦理学的现象学研究。说实话，这并不是一个有意识、有计划的转向，而是随着自己的研究进程自然发生的。我发现在休谟、康德、胡塞尔、梅洛-庞蒂、古尔维奇等人的思想发展中也多少显露出这种思想发展的顺序。这属于一个传统，即希腊哲学的传统，它把认识行为看作第一性的。与此相反的是希伯来文化传统，它把伦理行为看作第一性的，例如舍勒所说的爱的行为。实际上中国文化也可以看作这样一个传统。在现象学内部，胡塞尔属于前一个传统，舍勒属于后一个传统。而海德格尔的问题较为复杂一些，这里姑且置而不论。我本人因受胡塞尔影响较深，所以偏重于前一个传统。但这两种传统并不处在非此即彼的关系中，倒是常常在互补互促——无论是在欧洲思想史上，还是在现象学运动史上，例如在胡塞尔那里就有“实践现象学”方向上的努力。我1999年在《江苏社会科学》第6期上的文章和2001年在《南京大学学报》第1期上主持的专栏，都是为了指出这个方向。而在舍勒那里也有对现象学与认识论关系的分析阐释，他甚至认为，虽然伦常行为比认识活动更为原本，却仍需要通过认识分析才能得到澄清。这也是被西方当代实践哲学有意无意认可和接受的一个结论。当然舍勒的特长还是对宗教伦理意识的现象学分析。我相信这个方向上的现象学思想会为汉语领域的伦理学研究提供新的视角。也正是出于这个信念，我目前正集中精力翻译舍勒的代表作《伦理学中的形式主义与质料的价值伦理学》，希望它的出版会为国内的现象学研究提供一个新的视域。

（原载《哲学动态》2001年第6期）

学者近况

倪梁康（1956.7—　），1977年3月至1980年3月就读于南京大学外文系，1980年4月至1982年8月在南京大学哲学系任助教，1982年9月至1985年7月在南京大学哲学系攻读硕士学位，1985年10月至1990年7月在德国弗莱堡大学哲学系攻读博士，1990年9月至1991年3月在德国卡塞尔大学交流研究中心攻读博士后，1991年3月至1994年3月在南京大学哲学系任讲师、副教授，1994年4月至1995年10月在东南大学中西文化研究交流中心任副教授，1995年11月至1997年10月在德国乌珀塔尔大学哲学系作客座研究，1997年10月至1998年3月在东南大学中西文化研究交流中心任副教授，1998年4月至2001年12月在南京大学哲学系任教授、博士生导师，2002年1月至2019年1月在中山大学哲学系任教授、博士生导师，2019年2月至今在浙江大学人文学院任资深教授、博士生导师，教育部长江学者特聘教授。曾任中山大学人文学院院长、西学东渐文献馆馆长、现象学研究所所长、哲学系外国哲学学科负责人。国际《胡塞尔研究》（*Husserl-Studies*）学刊编委、《现象学世界》(*Orbis Phaenomenologicus*)丛书编委，国内《中国学术》《中国现象学与哲学评论》《西学东渐研究》等学刊编委。2000年起先后担任北京大学、浙江大学、武汉大学、台湾政治大学哲学系兼职教授或客座教授。学术研究领域主要偏重于西方哲学，尤其是近现代哲学以及其中的意识现象学传统，此外还关注中西方思想史上的各个最主要的意识哲学（包括心智哲学、心学、唯识学、心理学等）研究传统和研究领域。主要著作有：《现象学及其效应——胡塞尔与当代德国哲学》、*Seinsglaube in der Phaenomenologie Edmund Husserls*、《胡塞尔现象学概念通释》、《自识与反思——近现代西方哲学的基本问题》、《现象学的始基——对胡塞尔〈逻辑研究〉的理解与思考》、《新译八识规矩颂》、《意识的向度——以胡塞尔为轴心的现象学问题研究》、*Zur Sache des Bewusstseins — Phanomenologie, Buddhismus, Konfuzianismus*、《心的秩序——一种现象学心学研究的可能性》、《胡塞尔与海德格尔》等。译著有：《逻辑研究》《内时间意识现象学》(胡塞尔著)，《伦理学中的形式主义与质料的价值伦理学》(舍勒著)，《道德意识现象学——情感道德篇》(哈特曼著)，《心的现象》《人生第一等事》(耿宁著）等。

“理一分殊”与文化重建

——访刘述先

学者简介

刘述先，1934年出生于上海，原籍江西吉安。曾任台湾东海大学副教授、美国南伊利诺伊大学哲学系教授、香港中文大学哲学系讲座教授。时任台北“中央研究院中国文哲研究所”特聘讲座教授。作为“第三代现代新儒家”主要代表人物之一，从20世纪70年代即开始活跃于国际学术舞台，80年代以来逐渐为大陆学人所熟知。主要著作有：《朱子哲学思想的发展与完成》《文化与哲学的探索》《中西哲学论文集》《理想与现实的纠结》《全球伦理与宗教对话》等。

问

在台湾“中华发展基金会”的资助之下，我曾于2000年10月至12月赴台北作短期学术研究。在此期间，我先后四次专门访问了您。您分别就自己思想发展的渊源、脉络及近年来着力思考的哲学问题作了详细介绍与深入反思。请问刘先生，在您的思想的形成与发展之中，曾受到哪些人影响？

答

我最早是受父亲的影响，就读台大哲学系后，受方东美先生影响最大。可是有一点很有意思，我转到新儒家这一条线索，最重要的因素是熊十力先生。在我年轻时，我父亲常在信中向我提起熊先生及其《新唯识论》，我感到好奇，于是专门去借了《新唯识论》，当时居然也能看得懂，而且被它深深吸引。熊先生用“唯识宗”来开展他的思路，形成了自己的一套系统，这一点没有人跟他走，唐君毅先生、牟宗三先生等都没有用“唯识宗”来发展学问。但他却开启了一个精神方向，这一点对后来所谓的第二、三代新儒家非常重要。在我年轻时的思想形成里，牟先生不是一个因素。我念台大时，牟先生在师大中文系任教，他那时讲历史哲学，而我最不喜欢的就是历史哲学，他讲什么“刘邦是天才啦”等等，对我们台大学生来说基本上没有什么感应。我在台大学“哲学概论”“文化哲学”等课程全是受方先生影响。等我从台大研究所毕业之后，去了台中的东海大学教书，就开始与牟先生频繁接触，可以说是与他朝夕相处。大学及研究所时代我也念了不少的中国哲学，可它不是我的研究方向。当我转到中国哲学内部以后，那就是牟先生对我影响最大了。所以牟先生对我的影响是比较在后的，并不是一开始就有的。

问

现在有人提出要走出和超越牟先生，您对这个问题怎么看？

答

严格来说，我不属于一些学者开玩笑所谓的“牟门教”的成员，牟先生只是我的父执，不是我的老师。我做的很多关于西方哲学的研究是牟先生所未曾涉猎的。我跟牟先生谈话，可以讲很多他不知道的东西。而一些学者跟牟先生跟得太紧，在牟先生的笼罩下，就不太容易有创造性，很难讲出自己的一套东西来。我在牟先生面前讲话却比较自由。只有牟先生那一派的人才会面临着“大师不在，学问往何处发展”的问题。我从来就有自己的一套研究，我不是牟先生门内的人。可是从客观上来讲，大陆学者郑家栋说我是接着牟先生来讲的，也比较符合事实。牟先生曾说我是他的半个学生，这一点我也承认，因为我在宋明理学研究方面受牟先生的影响远多于方先生。而且，在宋明理学方面，牟先生比熊先生要深入得多，所以从宋明理学这条线索来看的话，我确实是继承、发展了牟先生的统绪。

问

牟先生的“坎陷”之说是一个颇引起争议的问题，为避免引起不必要的误解，您对“坎陷”作了一种新的解释，是吗?

答

当牟先生讲“良知坎陷”时，就让人有一种想法，即似乎道德占优位。如果道德占优位，就会被批评为是一种泛道德主义。我认为这是对牟先生的误解。牟先生并不认为政治是道德的延长，政治要讲程序，要讲架构，他显然承认政治是一个独立的领域。可是牟先生讲道德形上学，他还保留了“道德”两字。应该说，这个道德不是狭义的道德含义。他的意思只是说，当我们追问到存有的源头时，它里面就有一个价值根源，所以价值与存有的根源是同一的。在这个意义上，它有一套形上学，而他选择用的状词就是“道德”。我本人则不喜欢用这样的状词，如果牟先生认为形上学追到最后一个生生的根源，而这个生生的根源是通过道德来表现，这个我是赞成的。可是问题在于，这个生生的根源变成人文化成、创造文化的时候，绝对不能单面突出道德这一面，所以我就把它与卡西尔的学说结合起来。卡西尔用的objectification一词，在一定程度上就有“坎陷”的意味。他的意思是说，纯粹空的理念是不存在的，它一定会有客观化的表现。有客观化的表现，那就变成了一种符号形式。而一旦表达出来后，它就有一种时空的限制，有自己的局限性。在这个意义上，它就是"坎陷"。应该说，任何文化的创造都是一种"坎陷"。卡西尔在其著作中列了六种符号形式，即神话、语言、宗教、艺术、历史、科学。但卡西尔的学说是一个开放的系统，近年来有学者提议将"道德"也作为卡西尔的另外一种符号形式，我本人对此提议非常赞同。因此，所谓"坎陷"，它的意思不是指道德"坎陷"出科学，而是说生生的、原始的存在价值的根源经客观化的变现，就变成了不同的文化形式，每一种文化形式都是一种"坎陷"的结果。狭义的道德也是其中的一种符号形式。

问

您近年来对宋儒"理一分殊"的观念是极为重视的，您认为对它作出重新诠释后，有助于解决当代中西文化面临的诸多理论难题。我想请教的是，您在最近的一篇文章中曾提到，"理一分殊"是贯穿先秦儒学、宋明理学以及当代新儒家的一条基本线索，请问此种提法的根据何在？

答

从纯粹考据的观点来看，"理"在先秦虽出现过，但意思不过是指文理而已，并没有什么很深的意义。可是这个"理"到了北宋以后就变成一个非常重要的观念。宋明儒学基本上是对先秦儒学进行了哲理上的深化。这里需要提出一个问题，这个问题是戴震曾经问他父亲的。戴震问，如何才能真正懂得孔孟学说？他父亲回答说，需要念朱熹的注解。但戴震反驳说，朱熹与孔孟已经相隔一千年，朱熹怎么懂得他们的讲法？戴震的父亲不能回答。但朱熹却能够回答，我可以引用他答复陆象山兄弟关于辨"无极太极"的信来说明。该信表明，儒家思想是在不断发展的过程之中的，先圣后圣讲的东西不一样，可是在精神上却是同条共贯的。通贯的精神是什么？就是"理一"呀！不同的地方是什么？就是

“分殊”呀！“理一分殊”在程伊川那里还是一种狭义的解释，到了朱熹这里就成了一种广义的解释，即“理”是同一个东西，表现出来就是“分殊”了。在朱熹这里，“理”是可以通到伏羲那里去的。朱熹既可以上通到远古，那么往下就可以通到我们当代。这种宏观的“理一分殊”的智慧，当然不是科学归纳方法可以得出来的，而是一种哲学上的洞见。

问 您曾讲世界各大精神传统都指向“理一”，这个“理一”能不能用“仁”来概括？

答 可以这样讲，但并不是我首先这样讲。若由我自己首先来讲的话，那就是一种僭越，那就太不谦虚了。这一点我和牟宗三先生的看法确实有不同之处。牟先生一向认为儒家的常道是独一无二的，是透彻的，是没有其他传统可以比拟的。从这样的观点去看的话，无疑是把儒家当成了最高、最完美的一种东西。这是所谓第二代新儒家的看法。可到了第三代新儒家，像杜维明和我，受西方影响更深，特别是西方从现代走向后现代的时候，所以我们都不这样看。我们只是守住自己的精神传统，让它在世界上有一个立足点，而不至于轻易盲从别人，把自己的优势都给抛弃。

《世界伦理宣言》的起草者孔汉思认为，贯穿世界一切精神传统的甚至不是上帝的概念，因为上帝的概念没有普遍性，佛教在一定意义上就是无神宗教。贯穿世界上各大精神传统的恰好是humanum（拉丁语：人道、人性）。他说，世界上各大精神传统无不讲人性、人道。若由儒家的观点对其作出回应，也很容易，因为儒家“仁”的英译含义与孔汉思所得出的结论是若合符节的。我们儒家的“三纲”是过时了，可“五常”就不一定过时，“五常”里面讲仁、义、礼、智、信（广义的“仁”统驭义、礼、智、信四目），它在理念层次上与基督教、佛教、伊斯兰教都是相通的。孔汉思在《世界伦理宣言》中突出了孔子讲的“己所不欲，勿施于人”的金律，但又不只是孔子讲，世界各个传统都可以找到类似的律令，可最显著的就是孔子的“己所不欲，勿施于人”，这就说明孔子的思想是一个象征，这个象征指向一个常道，这一点不仅我们讲，就连孔汉思这样的天主教徒通过自己的表达方式也在讲。

大陆学者常引我在《中国哲学与现代化》一书中所说的儒家的仁道是“唯一的定盘针”的观点，然后依此把我归入新儒家行列。这个我当然也不否认。可我不同意他们把我和牟先生等人定位为泛道德主义，这种定位没有什么意义。当牟先生主张“坎陷”、曲通时，本身就表明政治这个范畴不可化约为道德的范围，政治如果有一个独立的范围，它就不是泛道德主义。至于儒家的仁道是“唯一的定盘针”的提法，你可以把它解释成牟先生那种宣教的方式，可在事实上，我一辈子都不像牟先生那样宣教，我现在越来越体会到，儒家所谓的“理一”，所谓的常道，它超越了我们现实中及历史上的表现，因为现实中的儒家表现永远是善恶混杂的。它所指向的常道，即是我们向往的最高理想，那是一个天道，它不是器物的存有，而是道的那种存有。就它对于我们的行为和理解而言，它可以作为指引我们的一个规约原则。当然，现实世界的低沉一样也是真实的，我们不能熟视无睹，且恰恰因为现实的低沉，我们才更要讲理想。

问

您曾有过建构系统哲学的设想，您所说的系统哲学与从自然科学中发展出的系统理论有何不同？

答

从自然科学中发展出来的系统理论，其应用范围是非常有限的。若把这一套东西扩大，应用到人文科学中去，问题会很大，因为人文的规律和自然科学的规律完全不一样。因此，我所讲的系统哲学与系统论关系不大，但也不是完全排除它，因为系统哲学也是把科学当作人类文化发展中的一部分，系统哲学的全观决不会把任何对于科学的理解、反思排除在外面。可是，我不认为任何人文科学的学科可以变得像一门科学一样，英文中的“科学”（science）一词，意谓分支科学（departmental sciences），现代科学分科越来越细，分科的科学绝对不可能对人类文化进行统合。从我目前的观点来看，所谓系统哲学，其实是传统哲学观念的一个现代阐述，它是一种注重创造性、注重过程的开放哲学。我不是要造一个封闭的系统去涵盖一切，如黑格尔那样，那已经是死路一条。当然，这种哲学的进路又不是随意的，它恰好具有卡西尔所谓的功能统一性。它有一个自我融贯的方法，即顺着不同的题材，并尊重各个题材的不同特性，在此基础上提出一种全观。这种全观是通过对“理一分殊”的现代阐释来把握的。

卡西尔用一种现象学的描绘，看到了历史发展中理性的重要性。可到了现代，理论理性也不是理性的唯一表达，比如，文学艺术对非理性一面作了很多揭示，但文学艺术的背后却不是非理性的东西，古典的文学艺术在经过几百年后之所以仍然可以被人们所理解，就是因为它们的背后贯穿着一些“理”，这个“理”不能够用定义去界定它，不可以通过归纳方式找出来，但是人们却可以了解它。今天的西方学者向孕育自启蒙时代的理性提出挑战，原因即在于启蒙理性笼罩到一个地步，夹带着很多泥沙，造成了一种霸权，结果就会产生一种反弹，这种反弹不是没有道理，但我以为有点过分。卡西尔就没有顺着这种潮流走，我特别欣赏卡西尔就是这个原因。他知道理性迟早要松开，可把理性松开之后，并不是要否定理性这个观念。

儒家的观点认为，人与生俱来就有一种禀赋，此种禀赋从三个方面来讲：“生生不已”的生；表现“仁心”的仁；发之于外的理。可传统里面对生、仁、理的阐释受到它的时空处境的限制，若将此加以普适化的话，就会遭逢到与西方启蒙理性一样的命运，被人斥为是封闭的、霸权的。这就要求我们根据当代的时空处境，把发自内心的仁、发自生命里的创造力发挥出来。人生的面相是多方面的，有真、善、美，人创造出来的文化形式也是多面相的，可人生是整全的，如果只有科学那一面，那么人会变成什么样子？人是一个有机的整体，对环境也会作出有机的回应。这样一来，就可以和怀特海的机体哲学融通起来。所谓系统哲学就是这个意思，我们不能把人切片，把人抽象成一个单一化的东西，人是具有内在统一性的机体，但不是封闭的。所谓生命的、整体的、机体的，要善于理解它才行，否则就会产生诸多歧义。

问 您在系统哲学中讲存有与价值的统一，存有与价值之间是否本来就是统一的？

答 是的。这种东西用英文来讲，就是primordial unity，它是个原初的统一性，生命本身就是统一的。而生命也不是凭空产生的，它是大自然孕育出来的。只不过人有一种特性，在灵光爆破以后，他发现了自我，然后就从整个自然中分离了出来，这恰好就是雅斯贝尔斯在他的所谓“枢轴时代”学说中所讲的，人从一个浑浑噩噩的状态中萌发了自觉意识，从而使得自己从大自然中stand out（按：存在主义者讲的existence，ex就有stand out的含义）。人一旦分离出来后，就不断创造新的文化，不断塑造自我。但人的内在与创生的源泉是相应的，传统儒家就秉持着这样一个信念：作为个体的我与始俱来禀赋有一个生命，这个生命不能被化约为构成我生命的生理的、物理的条件，我有一个整全的生命，通过这整全的生命，上可通于天，下可植根于地。我跟那个超越的生源是相通的。用一个简单的符号来表达，它就是一种天人合一，或者说是系统哲学背后的根源。通天下乃只是此理，所以生命的现实虽是那么渺小，但通往生之源即存有与价值的根源却是无封限的。人之所以能创造文化，就是因为他禀赋有这样的生源。

中国传统早就有人与自然和谐共存的观念，但仅有与自然共生的体会，还不能穷尽其中的意义，一定要回到生之源。现在，我们需要新的视野的整合，也就是说，我们依然可感到存有与价值的统一，人与自然界、人与超越的层面是调和无间的。人类文化发展到今天，是一个重要的枢纽、一个关键点，因为现代人制造了那么多原子弹，炸毁几十个地球都有余，在这样的情况下，我们应该怎样来保护地球？我以为，生活在这个地球上的人类不能没有全球意识的产生，不能没有新的整体观点的出现，否则就无法面临21世纪的危机。各个精神传统都要去克服人性中的狂妄、傲慢、自大，这不仅是西方的问题，也是一个普适性的问题。

问

刘先生，从您的观点看，能否用“内在超越”“外在超越”来区分中国传统儒家哲学与西方基督教哲学的不同特征？

答

西方中世纪宗教发展源流，最早是受奥古斯丁影响，奥古斯丁受新柏拉图主义影响，某一方面就有内在超越的线索。普罗提诺的“流溢说”就比较接近于泛神论，而凡是泛神论都有内在超越的一面。可是基督教神学发展到后来特别是在托马斯·阿奎那定调以后，就是一个非常明显的外在超越的形态。至于中国传统儒学，孔子的《论语》虽然较少谈这个问题，但就《中庸》《易传》这个线索看，则有较清晰的内在超越的形态。因此，我认为，就两者主流而言，是可以用“内在超越”与“外在超越”来加以区分的。

问

香港学者冯耀明及美国学者郝大维、安乐哲在儒学“内在超越”问题上都有自己的一些看法。您曾对冯先生的观点作过驳斥，但截至目前，您尚未对后两人的观点加以回应，可否请您就此作一简要说明？

答

在我看来，很难对郝大维、安乐哲的观点作出什么回应，因为他们两人的东西很杂，不能成体系。他们基本上有一种看法，即认为要讲超越的话，只能讲外在超越，否则就无所谓超越。我完全不能同意这种看法，为什么不能讲内在超越呢？暂不说中国的思想，就是西方传统的泛神论及现代西方流行的process theology（过程神学）也都绝对是内在超越的形态。赫桑曾对希伯来传统与希腊传统作出了一定的分疏，他指出，在希伯来传统中，上帝的情的因素非常重，可是，一旦与希腊传统接轨后，上帝观念就被解释为Eternal Being（永恒的存有），情的因素就统统不见了。赫桑认为，这完全是误入了一个歧途。因此他就试图接上怀特海的有机哲学的观念。他的过程神学有很多的内在超越的感通内容，这就很容易和中国传统融通。

问 您能否谈一下您以后的学术研究计划？

答 我计划近一两年内撰写当代新儒学的英文书，包括编纂相关的英文资料书。做完这个工作之后，才能继续做我的系统哲学。其实，系统哲学也不是说凭空臆造什么东西，而是把多年积蓄的想法用一种比较集中的方式表述出来。

［采访人：姚才刚，时任职于湖北省行政学院，现任职于湖北大学］

（原载《哲学动态》2001年第7期）

学者近况

刘述先（1934—2016），台湾大学学士、硕士，美国南伊利诺伊大学博士。公认的当代新儒家第三代代表人物。曾任台湾东海大学副教授、美国南伊利诺伊大学哲学系教授、香港中文大学哲学系讲座教授兼系主任、台湾“中央研究院”中国文哲研究所特聘讲座教授、香港科技大学包玉刚杰出访问讲座教授、东吴大学端木恺讲座教授、政治大学讲座教授等。其研究致力于重新阐释儒学的智慧并展示它对当今时代的可能贡献。晚年将自己的思想贡献总结为“三部曲”，即提出“理一分殊”、“两行之理”与“回环的必要性”三个观念。主要著作有：《新时代哲学的信念与方法》、《中西哲学论文集》、《朱子哲学思想的发展与完成》、《黄宗羲心学的定位》、《全球伦理与宗教对话》、《论儒家哲学的三个大时代》、*Understanding Confucian Philosophy*、*Essentials of Contemporary Neo-Confucian Philosophy* 等。

发展中的发展理论研究

——访丰子义

学者简介

丰子义，1955年生，山西应县人。1982年毕业于南开大学哲学系，1984年于北京大学哲学系获哲学硕士学位。时任北京大学哲学系教授、博士生导师，中国马克思主义哲学史学会副秘书长，中国辩证唯物主义研究会副秘书长。主要著作有：《主体论》（合著，1994）、《现代化的理论基础》（1995）、《现代化进程的矛盾与探求》（1999）等。发表论文百余篇。

问

从以往发表的研究成果看，您一直关注发展理论的研究，而您的研究有一个比较明显的特点，就是在研究一般发展理论的基础上，更为突出马克思社会发展理论的研究。能否请您谈谈选择这种学术取向是基于什么考虑呢？

答

这要从我的学术经历和思想认识变化谈起。我最初的研究领域主要是马克思主义哲学史和哲学基础理论，后来改革发展的大潮使我对发展问题产生了较大的兴趣，因而逐渐涉足了发展理论的研究。在20世纪80年代后期，我和我的同事先后翻译了《新发展观》《文明与社会理论》等著作，并收集、整理了一些相关的材料，这些工作可以看作是研究、探索的开始。后来随着国内发展理论研究的逐渐展开，我开始感觉到这样一个问题，即我们的研究基本上是停留于翻译、评介西方的各种发展理论上，而很少拿出自己的研究成果来，尤其是系统阐述马克思主义发展理论的工作非常薄弱。因此，加强马克思主义发展理论研究，进而以此引导整个发展研究，已成为当务之急。也正是出于这样的考虑，我的研究重点逐渐转向马克思的社会发展理论，试图通过“返本”求得“开新”，以为发展的理论与实践提供一些有益的思想资源。作为这一研究的初步成果，就是80年代后期以来发表的一些文章和1995年出版的《现代化的理论基础——马克思现代社会发展理论研究》一书。

问

关于马克思的社会发展理论，过去教科书中的历史唯物主义部分也讲了不少。您所说的马克思社会发展理论主要指的是什么呢？

答

说起马克思的社会发展理论，确实我们并不陌生。但是，以往历史唯物主义中所讲的社会发展理论，只是马克思社会发展理论的一个方面，至多是一个重要组成部分，而不是全部。我认为，马克思的社会发展理论实际上有两个基本的维度，即本质的维度和运行的维度。本质维度上的社会发展理论主要阐明历史观的一些最基本的观点，着重揭示的是社会发展的本质及其规律，像唯物史观通常讲的社会发展理论就是如此。运行维度上的社会发展理论则是从社会实际运行状况的分析入手，具体研究社会发展的前提、条件、方法、途径、动力、机制等问题，为加速社会发展提供理论说明，如马克思关于现代社会发展的理论就是这样。这两个维度事实上是有机地结合在一起的，历史观上的总结、概括要以社会实际运行过程的研究为基础，社会实际运行过程的研究又不能没有纵深的历史视野。但长期以来，我们在理论研究上更多注重的是本质维度，而对运行维度关注不够，这就使社会发展理论越来越远离现实生活，以致在回答现代社会发展或现代化的许多问题上，往往是隔靴搔痒，力不从心。正是基于这样的考虑，所以我在《现代化的理论基础》一书和其他著述中将研究的重点主要放在马克思关于现代社会发展的理论上，试图拓展马克思社会发展理论研究的视野。当然，这一研究工作只是初步的，属于探索性的。

问　请问，开掘这一新的维度对于今天发展问题的研究有何实际意义？或者说，上述理论研究如何有效地运用于今天的发展研究？

答　这涉及一个方法论问题。重视马克思关于现代社会发展理论的研究，其意义不在于这一理论对今天的发展问题作出了多少现成的回答，给今天的发展实践提供了多少现成的解释，而在于它拓展了我们的研究视野，打开了一个新的研究视角，从而能够指导我们用一种新的眼光和思路来观察、思考今天的社会发展。所以，马克思的现代社会发展理论只能是一种方法指南，它不能也不可能代替今天的发展研究。现在我们所面临的发展问题已与马克思当时所遇到的情况有很大的不同，要形成切合实际、行之有效的发展理论并合理引导社会发展，必须按照马克思观察问题的方法和思路，认真研究今天的发展现实，从中作出新的抽象与概括。也正是出于这样的考虑，我在后来的研究中比较注重现代化进程问题的分析、探讨。

问

据我所知，您在这方面的研究，重点是放在发展中国家，特别是其现代化问题上。对此，您是如何理解和看待的呢？

答

现在讲发展，固然涉及所有国家，但更为紧迫的还是发展中国家，因而研究发展中国家的发展，尤其是我们中国这样的发展中大国的发展是至关重要的。关于发展中国家的发展或现代化，这是一个大课题。国内外不同学科近年来对此作了较多的研究，我所做的工作主要是对这一课题加以哲学上的探索，其成果主要体现在《现代化进程的矛盾与探求》一书中。该书不是泛泛地谈论发展中国家的发展问题，而主要是抓住这些国家目前发展过程中所遇到的一些具有普遍性、事关全局的主要矛盾和问题予以分析，以期廓清认识上的迷雾，明确发展的思路和方向。因此，书中主要突出了过程问题的研究。我认为，发展固然需要有一个明确的目标，但发展目标的实现必须要有发展过程的顺利推进来保证，否则目标的实现便是一句空话。为防止现代化的宏伟目标被现代化的过程所葬送，必须对现代化进程的具体推进予以高度关注。另外，发展中国家在推进现代化的过程中已经失去了西方发达国家那种“似自然性”的条件，急速的发展使社会问题空前集中、尖锐，能否正确认识和解决这些问题，事关现代化的成败；特别是近年来亚洲金融危机的出现，暴露出发展中许多深层次的问题，值得冷静反思，从中吸取经验教训。所以，要增强防范现代化进程中各种风险的能力，很大程度上有赖于理论上的自觉。为此，书中主要围绕现代化进程中的这样一些重要问题，如发展的增长与限制、发展的跳跃与持续、发展的均衡与非均衡、发展的推进与逆转、发展的内生与外源、发展的速度与秩序、发展的效益与代价、发展的遗产与包袱、发展的理性与非理性、发展的功利价值与人文价值等悖论性的问题进行了具体探讨，并提出了一些自己的看法。比如，认为现代化的推进要防止市场经济、工业化、生产和消费关系等发展逻辑的逆转；发展的“内生”并不等于“自生”；发展固然需要重视非理性的因素，但更重要的是要防止理性的失范；发展不能只追求功利价值，必须注意人文价值的实现；发展应当强化代价意识，合理掌握代价付出的界限与方式；发展必须在前现代、现代与后现代的交汇中合理定位等。这些都属于哲学上的思考。虽然这些问题涉及所有发展中国家，但分析的重点和立足点还是中国，比较研究各个发展中国家的发展，最终目的还是给中国的发展提供一些可资借鉴的东西。

问 现在有关发展中国家发展研究的流派、观点很多，如何看待这种研究状况呢？

答 目前国内外关于发展中国家的发展研究确实比较繁荣，而且不乏有益的成果。但是，冷静地观察和思考一下，发展中国家所面对的各种发展理论又主要是什么呢？由于这些国家发展的理论准备并不足，而且研究起步较晚，因而在这些国家更多流行的是西方发展理论的话语。这些理论的引介与传播对于启动发展中国家的发展研究确实起了重要作用，但其理论本身与这些国家的发展实际存在着不同程度的错位，所以很难用来具体指导实践。首先，西方发展理论不可能真正站在非西方国家立场上来说话；其次，西方发展理论所提出的问题也不完全是发展中国家真正存在和迫切需要解决的问题；最后，西方发展理论不足以解释发展中国家的实际情况，因为具有经验科学性的发展理论，在很大程度上受制于它所要解释的经验，而源于西方发达国家的发展理论是难以说清发展中国家的发展问题的。这就客观上提出了一种要求，即发展中国家必须建立自己的发展理论。对于我们中国来说，应当建立符合本国实际、具有本国特色的马克思主义发展理论。这样讲，决不意味着盲目排斥西方发展理论，因为它的许多有益成果和合理因素也是值得我们高度重视和汲取的。

问

多年来您主要致力于发展理论的研究，但从近期的成果看，您好像更多关注全球化问题，这是否意味着您的研究方向在作调整或改变？

答

近两年来，我对全球化的问题确实比较关注，发表的一些文章大多是围绕全球化问题而写的，但这并不意味着我放弃了对发展理论的研究。恰好相反，正是为了深化和推进这一研究，二者是内在地结合在一起的。现代化是天生的国际派，它在本质上是与狭隘的民族性对立的，不可能设想从狭隘的民族性中滋生和发展起来现代性。因此，讲现代性必须注意突出全球性和开放性，应当通过全球性来寻求现代性，又通过现代性来发展民族性。这就是我关注全球化问题研究的主要动因。

对于全球化，要研究的问题当然很多，但我认为，目前最为重要的还是要解决好两大问题：一是如何正确看待全球化，二是如何正确看待全球化与当代社会发展。这两个问题都与发展研究直接相关。

问

能否把这两个问题再具体谈一下？

答

先谈谈第一个问题。现在人们都在谈论全球化，但认识和评价并不一致，有时甚至形成截然相反的意见和结论。不同的看法当然可以讨论，但要使讨论走向深入并步入健康轨道，关键是要有一种正确看待全球化问题的历史观和方法论。为此，应当注意研究和把握马克思主义关于全球化的基本立场、观点。实际上，马克思对于“世界历史”主要是从生产力和生产关系这两个角度来考察的，而这种考察方法对于今天认识和评价全球化也是非常重要的。就生产力角度来讲，全球化既然是生产力发展以及由此引起的交往普遍发展的产物，是一个客观的历史进程，那么，我们决不能回避这一大趋势，必须自觉加入这一历史潮流，按照现代化的规律来加速现代化的进程；就生产关系角度讲，全球化既然是由资本运动引起的，是资本主义扩张性制度的结果，那么，面对全球化，就不能简单地讲“顺应”或“适应”，而是应当积极参与，有所作为。只有把这两个角度有机地统一起来，才能深刻地认识全球化趋势为什么是一把“双刃剑”，才能避免盲目的乐观与悲观，从而以一种健全的、理智的心态来对待全球化。

关于全球化与当代社会发展，这也是发展理论必须认真研究的一个重要问题，因为全球化的出现对人类生活和当代社会发展的影响是非常巨大而深远的。为此，要切实关注全球化给当代社会发展提出的各种新问题，对社会发展作出新的分析与概括。比如，全球化条件下社会发展的矛盾与出路、全球化与社会发展道路的选择、全球化与当代社会转型、全球化与民族文化的发展、全球化与价值冲突、全球化与人的发展等，都是现实社会发展提出的一些新问题，对这些问题必须加以认真的研究、探讨，以丰富唯物史观，同时深化发展哲学的研究。

问　您对目前国内发展哲学研究的现状和发展前景有何看法？

答　这是一个大问题，由我来谈很难做到客观、准确。由于这是一门新兴学科，有待于众多学者共同探讨和建设。我们经常讲，真正的哲学是时代精神的精华，作为时代精神的精华当然必须反映时代的主题。当今时代的主题是什么呢？主要是发展。发展既然是当今时代的主题，那么，发展哲学也将是中国未来哲学发展的主要理论形态之一。近些年发展哲学之所以受到学界的高度关注，原因就在于此。

应当肯定，这些年来，发展哲学的研究确实有了较快的发展，取得了可喜的成绩。但是目前的研究也还程度不同地存在着一些问题：一是研究比较平面化。不少著述往往是介绍性的内容多，各种观点、争论罗列得多，评价性的观点与结论多，而对发展问题缺少深层次的探讨，因而所提出的观点与意见缺乏历史深度感，缺乏哲学上的领悟与洞察。二是研究的问题抓得不太准确。有些著述也讲发展哲学，但实际研究的问题并不属于真正的哲学，与其他学科的发展研究很难划清界限。

如何改进这种研究状况，这是一篇大文章，需要大家共同来做，我只想针对上述问题谈一点看法。首先，哲学应以哲学的方式来研究发展，来为发展现实服务。这就要求我们的研究不能停留于对发展现实和各种观点的一般分析与评论上，也不能停留于对发展方案的提出和制定上，而应该通过对发展现实的研究，从历史哲学的高度，发掘出当代社会发展的哲学意蕴，为我国的社会发展提出一些有价值的理念和观点。其次，发展哲学研究的问题应该有一个明确的定位。发展哲学无疑是研究发展的，问题是，发展哲学究竟研究发展的“什么”？发展的问题很多，但并不是所有的问题都是哲学要研究的问题。哲学作为一种批判的反思的学问，应该有它的特殊视域。也就是说，发展哲学要研究的问题必须是发展哲学的真问题。找到了真问题，为自己定好位，发展哲学的研究将会步入健康的轨道，同时也会不断走向深入。

（原载《哲学动态》2001年第12期）

学者近况

丰子义（1955—　），1978—1982年在南开大学哲学系学习，1982年2月考取北京大学哲学系研究生，1984年获硕士学位，7月留校任教至今。现任北京大学博雅讲席教授、博士生导师，北京大学马克思主义哲学研究中心主任。兼任北京市社科联副主席、中国人学学会会长、中国马克思主义哲学史学会常务理事、全国社会科学基金学科评审组专家等。中央马克思主义理论研究和建设工程“马克思主义哲学”教材编写组首席专家之一。先后被评为教育部跨世纪人才人选和北京市“百人工程”人选等。长期从事马克思主义哲学教学与研究，主要研究方向为马克思主义哲学史、社会发展理论、全球化理论等。主要著作有：《现代化的理论基础——马克思现代社会发展理论研究》《现代化进程的矛盾与探求》《发展的反思与探索》《发展的呼唤与回应——哲学视野中的社会发展》《走向现实的社会历史哲学》《马克思主义社会发展理论研究》等。译著有：《新发展观》《文明与社会理论》《权力社会学》等。发表论文200余篇。研究成果曾先后获中国人民大学第四届吴玉章人文社会科学优秀奖，教育部第七届高等学校科学研究优秀成果二等奖，北京市第四、第六、第十届哲学社会科学优秀成果二等奖等。

逻辑与哲学

——访王路

学者简介

王路，1955年生于北京，山西定襄人。时任中国社会科学院哲学研究所研究员、学术委员会副主任、逻辑研究室主任、博士生导师，中国社会科学院研究生院教授，中山大学逻辑与认知研究所客座研究员，北京书生公司研究中心研究员，西南师范大学兼职教授。主要著作有：《亚里士多德的逻辑学说》（1991）、《弗雷格思想研究》（1995）、《走进分析哲学》（1999）、《逻辑的观念》（2000）、《理性与智慧》（2000），主要译著有：《弗雷格哲学论著选辑》（1994）、《亚里士多德》（1997）、《算术基础》（1998）、《真之追求》（1999）、《经院辩证法》（2000）等。

问

您一直研究逻辑，不过最近几年好像转到哲学研究方面来了，尤其是研究形而上学。您能谈一谈这种转变吗？

答

我上研究生时学的是逻辑，做毕业论文时研究亚里士多德逻辑，因此也就学习并研究了他的《形而上学》。此后，无论是研究中世纪逻辑，还是研究弗雷格逻辑，形而上学一直是我关注和研究的课题，而且近10年来，几乎成为我研究的主要重点之一。因此就我个人而言，好像也没有什么转变的问题。不过发表这方面的研究成果确实是近几年的事情。

问

那么这方面的成果为什么问世这么晚呢？

答

这也许与我的老师对我的教导有关，也许与难易程度有关。作为专家学者，没有比较可靠的把握，是不大会轻易出手的。我想，学逻辑出身的人，除了兴趣所致，大概总是对比较有确定性的东西放心一些。与逻辑研究的课题相比，形而上学研究显然是不那么确定的。

问

您的意思是说，形而上学是不太容易把握的吗？还有，您的老师教导的是什么呢？

答

关于形而上学的理解，我自以为大约是在1994年到1995年的时候有了比较成熟的想法。记得1995年周礼全先生回国，我曾与他比较系统而详细地谈了自己的看法。他当时没有说什么，回美国后却给我来了一封信，劝我还是抓紧时间，把《中世纪逻辑》一书写出来，他认为这是可行的而且是有意义的。至于形而上学这种比较“玄”的东西，他认为闲来把玩一下即可，不必当真。其实周先生和我讨论过许多形而上学的问题，而且他自己就一直在研究元哲学，但是他几乎没有发表过任何研究成果。我想，他说的“玄”，大概比较形象地说明了形而上学的特征。结果也确实如此。本来《中世纪逻辑》一书已经准备好材料，可是这么多年过去了，一个字也没有写。而形而上学方面，倾注了许多精力，也仅从理解西方哲学的角度写出几篇论文。今天回想起来，也许确实应该遵从尊师的教导。

问

我们倒是对您的哲学文章更感兴趣，而且我们发表的您那篇关于“是”的研究的文章，反响确实很大。您的主要观点是：应该用“是”来翻译西方的“be”。这种翻译和解释与传统差别较大。您觉得您的观点会被大家接受吗？

答

其实关于用“是”来翻译“be”的问题，既不是我首先提出来的，也不是我一个人的做法。陈康先生早在几十年前就提出这个问题。近年来王太庆、汪子嵩等老一辈专家学者，赵敦华、俞宣孟等一些中青年专家学者也专门论述了这个问题。此外，还有更多的人在翻译中以注释的方式谈到这个问题，比如苗力田先生翻译的《形而上学》，陈嘉映先生翻译的《存在与时间》。至于实际中的翻译，就更多了。当然除了少数人直接用“是”来翻译外，更多的人则是在个别地方在“存在”的后面加上“是”，并用括号括起来；或者翻译出“是”，然后以同样的方式加上“存在”。应该说，我的观点与这些前辈和同人基本是一致的或部分是一致的。因此，我想我的观点被接受应该是有基础的。

如果说我的工作有什么独到之处，我想，大概主要有两点。一是我认为应该以“是”来翻译“be”，并且把这一理解贯穿西方形而上学研究始终，这样有助于我们理解西方形而上学在“be”这个问题上一脉相传的思想。近来我发表的关于巴门尼德、亚里士多德、笛卡尔、海德格尔等人的论著是我这一观点的具体体现。二是我认为应该以“真”来翻译和理解“truth”，并且联系“真”

来理解“是”。我想，如果我的观点不被接受，或者人们接受起来有困难，除了传统习惯以外，大概主要是在这两点上。在学术观点上，我比较赞同达米特的话：我不指望别人同意我的观点，只是希望别人会觉得我的观点有意思，从中会得到启发。

问 关于“是”与“真”，您能不能再多说几句？

答 表面上说，英文“be”无疑是系词。与它相应的希腊文是“einai”。根据专家考证，这个希腊文的主要用法（80%到85%以上）是系词，其余两种用法表示“存在”和“断定真”。也就是说，“einai”的主要用法也是系词。对于这样一个重要的哲学概念，无论我们怎样理解，至少在翻译的过程中应该保留这种系词特征。保留了这种特征，我们依然可以对它做“存在”或与“存在”有关的理解，但是失去了这种特征，我们至少从字面上失去了与这种特征有关的种种可能的理解。引申一步，不同语言和文化的差异在这里不是体现得非常充分吗？非常保守地说，我们是丢失这样一种非常重要的语言特征，满足于以好像是可以理解的“存在”来解释西方形而上学好呢，还是保留这样一种语言特征，以好像不那样自然的“是”来解释，从而为理解西方形而上学留下更大的空间好呢？我赞成后一种态度。举一个例子，近几年一些人用“实存”来翻译existence，以此与“存在”（be）相区别。这种做法对于理解西方哲学是不利的。因为“存在”（existence）这一概念是从关于“是”（be）的讨论中产生并形成的，并且确实涉及“是”的用法和表达。

综观西方哲学史，至少自巴门尼德以来，是与真几乎总是联系在一起谈的。求是，求真，乃是形而上学的一个主要特征。这样一种形而上学不是单纯的谈天说地，而是体现了一种知识论的性质。从探讨世界的本原，到不同学科的区分与建立，形而上学的问题从混沌到凸显，始终没有离开“是什么”和“是不是真的”

的发问。因此，是与真，不仅有字面上的联系，而且有探究方式上的联系。如果把这样一种西方的哲学与传统仅仅理解为关于“存在”和“真理”的探讨，非常保守地说，至少对其相互联系的理解是要大打折扣的。

此外，这里还有一个非常重要的问题，这就是逻辑与形而上学的关系。保留对“是”与“真”的理解，至少从字面上就保留了理解逻辑与形而上学关系的空间。我认为，这一点是非常重要的。亚里士多德不仅奠定了形而上学的基础，而且也是逻辑的创始人。离开了他的逻辑去理解他的形而上学是比较成问题的。推广开来，一些哲学大师在其哲学论述中，对逻辑都有专门的或相应的论述，只要看看康德、黑格尔、胡塞尔等人的著作就可以了。因此在对这些哲学家著作的研究中，如果忽略逻辑与哲学的关系，大概是会有问题的。

问

您终于又谈到了逻辑的重要性。在中国，强调和宣传现代逻辑重要性，尤其是对哲学的重要性的人不多，而您一直在做这方面的工作。您能说说为什么一直这样做吗？

答

阐述逻辑的作用和意义，其实早就有人做过。翻一翻金岳霖先生的文集，就会发现许多这样的论述。此外，梁存秀、叶秀山先生等一些前辈早就建议我研究哲学，在他们的建议中，也含有向国内学界阐述逻辑对哲学重要性的意味。当然，这里也有许多自己切身的感受和体会。亚里士多德认为逻辑是从事哲学研究首先要具备的修养，康德说逻辑是哲学的基础。这些思想无疑是值得我们认真思考的。

除了学术理论本身的因素外，还有一个重要因素促使我这样做。中国传统文化中缺乏逻辑传统。我不是说中国人没有逻辑思维，而是说过去中国人没有形成逻辑理论，因而缺乏有意识地应用逻辑理论和工具来进行哲学研究的自觉。西方逻辑传入中国以后，逻辑的发展也是非常曲折的。尤其是新中国建立以后，逻辑多次受到各种各样不恰当的批评和批判，其结果就是中国逻辑研究和发展的水平非常落后。我认为，由于逻辑与哲学有不可分割的联系，因此逻辑水平的低下也影响了中国哲学研究的水平与发展。中国哲学系培养的学生往往在知识结构上缺乏现代逻辑这一块，由此造成相应的结果就是从事哲学研究的人也有大致相同的缺陷。面对这样一种现状，作为一个逻辑工作者，自然会感到有一种责任感。值得欣慰的是，我有许多同仁和朋友，他们大都在中国高校从事逻辑教学和研究。努力使现代逻辑，主要是一阶逻辑，尽早成为中国哲学系学生的基础课和必修课，已经成为我们的共识。因此，如果可以说这是一项“事业”，那么这是我们一个群体的共同工作。

问 您觉得这项工作困难吗？如果有困难，最主要的困难是什么呢？

答 困难肯定是有的。最主要的困难大概是对逻辑的认识。一般人认为逻辑是一种工具。这种看法本身没有什么问题。但是，仅仅看到这一点是很不够的。若是仅从这一点来认识和看待逻辑的性质，则是错误的。我认为，可应用性是逻辑的一种非常重要的特征。逻辑的应用也确实非常广泛，如在哲学、语言学、人工智能等领域到处可见。但是逻辑只有在应用时才成为工具。任何一种应用只是根据本领域的需要对逻辑的某一部分作出取舍，以达到自身需要的目的为准，这是可以的，但是决不应该以此来确定逻辑的性质和作用。逻辑是一门科学，它有自己的内在机制，有自己的研究对象，有自己发展的内在规律，也形成了专门的研究领域，产生出自己的研究成果。因此联合国教科文组织把逻辑与数、理、化、天、地、生等并列为基础学科是非常有道理的。作为教学，毫无疑问不应该从逻辑的可应用性出发，而应该把逻辑作为一个整体教给学生。也就是说，我们应该教给学生完整的逻辑理论，比如一阶逻辑、模态逻辑，等等。这就是为什么我总强调应该使现代逻辑成为我们哲学系学生的必修课，使逻辑知识成为哲学系学生知识结构的一部分的原因。这是基础教育、素质教育的需要。

问

我注意到您几次谈到哲学系学生。而且您在近两年出版的《走进分析哲学》和《逻辑的观念》中也明确这样说。这是为什么呢？难道您不认为文科院系的学生都应该学逻辑吗？

答

我一直主张在教学中用现代逻辑取代传统逻辑。我在许多文章以及在去年出版的《逻辑的观念》中也明确而系统地阐述了逻辑与哲学的关系以及逻辑对哲学的重要性。坦白地讲，强调对哲学系学生这样做，这是一种比较保守的要求，也是一种起码的、迫切的要求。这主要也是从逻辑与哲学的关系考虑的。这里我想强调的是，逻辑虽然有广泛的应用性，但是它的可应用性在哲学领域表现得最为充分。如今在哲学领域，逻辑的应用非常普遍，以至于它已经成为一种媒介、一种手段。缺少它，我们常常确实感到不太容易交流。看不到这一点，大概是不应该的。能像你所说的那样，大面积地普及逻辑固然很好，但是从实际出发，如果在哲学领域尚不能把逻辑摆到它应有的地位，在其他领域又怎么可能做到呢？此外，由于自身的局限，我认为，对于逻辑与哲学的关系我可以谈得比较清楚，而对于逻辑与其他领域的关系，我却无法说得十分充分而清楚。因此，虽然我相信学逻辑肯定非常有好处，但是我确实不敢超出自己研究的范围多说些什么，更不敢提出什么要求。

问

逻辑与形而上学差别比较大，您却同时在研究这两方面的问题，这里有没有什么矛盾呢？顺便我想问一下，前面您说的“难易程度”是什么意思呢？

答

我认为逻辑和形而上学之间没有什么矛盾。一方面，我把逻辑作为一种理论来研究。同样，我对形而上学也这样研究。另一方面，我在形而上学的研究中应用逻辑。逻辑和形而上学确实非常不同。简单地说，逻辑是说得清楚的东西，形而上学却往往不太容易说清楚。逻辑的方式是分析的，形而上学的方式是思辨的。逻辑是以自身的科学体系和成果作基础，形而上学则以整个西方文化背景和传统为依托。但是这并不妨碍我对它们进行研究，也不妨碍我在形而上学的研究中应用逻辑。从理论的层面上说，研究者应该认识到分析和思辨是两种不同的思维方式，应该能够在研究中使这两种方式相辅相成。

所谓难易程度，我也仅仅是在说一种感觉。技术性的东西似乎总是比非技术性的东西容易一些吧！比如指挥交响乐。指挥的技术只要经过一段时间的学习和训练，一般是可以学会的。但是一流指挥家除了需要掌握指挥的技术以外，大概还需要有对作品本身的理解，而这种理解就需要有人们通常所说的文化底蕴。就哲学研究而言，逻辑总是相对比较容易掌握的东西。从应用技术的角度说，学上两年，掌握一阶逻辑和模态逻辑，就会有一个比较好的基础。而研究和理解西方哲学，特别是形而上学，显然需要有更多的东西，包括语言、文化、历史等。当然，这仅仅是我个人的理解，许多人确实认为学逻辑更难。

问　您在《走进分析哲学》和《逻辑的观念》中比较详细地论述了逻辑在语言哲学中的应用和逻辑与马克思主义哲学的关系。这里您能说一说逻辑在形而上学中的应用吗？

答　我认为，可以在两种意义上谈逻辑的应用。一种是使用逻辑的符号、技术、定理和结果等去处理一些具体问题，另一种是以逻辑的眼界和修养为背景来探讨问题。前一种情况在分析哲学中很多，后一种情况在当今哲学中则比较普遍。比如我们都非常熟悉的美国著名哲学家罗尔斯的《正义论》，以及他的其他著作。这次到哈佛访问，我听说他的著作都是与奎因和德雷本反复讨论和修改过的。至于形而上学研究本身，也会有这两种情况。比如探讨亚里士多德的形而上学，不可能不探讨他的逻辑，也不可能不与他的逻辑相联系。而自卢卡西维奇以来，应用现代逻辑的观点和方法来研究逻辑史又已经成为常识，而且成果很多。这大概可以属于第一种情况。关于第二种情况就不必说了吧。这里我倒是想把它推广一下。我们常说要应用马克思主义的理论、立场、观点和方法来分析问题和解决问题。我想请你考虑一下：理论、立场、观点和方法有没有区别？有什么区别？这样的区别在应用中是如何体现出来的？回到我们的话题，请你想一想，金岳霖先生与冯友兰先生的哲学著作有很大不同，而这种不同有多少是以逻辑符号显示出来的呢？

（原载《哲学动态》2002年第2期）

“中国哲学”研究的挑战

——访陈来

学者简介

陈来，北京大学哲学系教授。1952年8月生于北京，祖籍浙江温州。1976年中南矿冶学院（现名中南大学）地质系毕业。1981年北京大学哲学系研究生毕业后留系任教。1985年获哲学博士学位。1986年破格晋升为副教授，1990年破格晋升为教授。时任北京大学哲学系中国哲学史教研室主任，并任清华大学、武汉大学、香港科技大学兼任教授，中国哲学史学会副会长、国际中国哲学会（ISCP）副执行长，国际儒学联合会理事，中国孔子基金会学术委员会副主任。1986—1988年在美国哈佛大学费正清中心担任鲁斯学人，1995—1996年为日本东京大学文学部外国人研究员，1997年在美国哈佛大学东亚系任客座教授，1999年在日本关西大学东西学术研究所任特聘研究员，1999—2000年在香港中文大学哲学系任客座教授。学术领域为中国哲学史，主要研究方向为儒家哲学、宋明理学、现代中国哲学。专著有：《朱熹哲学研究》（中国社会科学出版社，1987）、《朱子书信编年考证》（上海人民出版社，1989）、《有无之境——王阳明哲学的精神》（人民出版社，1991）、《宋明理学》（辽宁教育出版社，1992）、《哲学与传统：现代儒家哲学与现代中国文化》（台湾允晨出版公司，1994）、《古代宗教与伦理——儒家思想的根源》（生活·读书·新知三联书店，1996）、《人文主义的视界》（广西教育出版社，1997）、《陈来自选集》（广西师范大学出版社，1997）、《中国宋元明哲学史》（香港公开大学，1999）、《朱子哲学研究》（华东师范大学出版社，2000）、《现代中国哲学的追寻》（人民出版社，2001）等多种。另有论文170多篇散见于国内外各种学术刊物。

问

中国哲学作为一种学科建制已经有近百年的历史，但“中国哲学”的合法性问题似乎从这一建制出现之始就已经存在，只不过是提问的方式不同而已，比如金岳霖和冯友兰先生对于“中国哲学”和“哲学在中国”的表述。这种讨论近几年似乎又受到学者的关注。对此，我们想听一听您的看法。具体地说，就是您觉得这种方法是否合适？或者说是否存在一种更好地总结中国古代思想的方法？如果存在，可能是什么样的？

答

这个问题的确是一个十分重要的问题。与近代建立起来的其他学科概念相比，“中国哲学”似乎略显尴尬。不过问题的核心不在于中国古代是否有“哲学”这个词，而是在中国古代的学术体系分类中，并没有一个独立的系统与西洋所谓“哲学”完全相当。

对于这个问题，冯友兰、金岳霖等在20世纪30—40年代就有专门的讨论。最初问题的提出是在金岳霖为冯友兰《中国哲学史》所做的审查报告中，当时他就提出了所谓的“中国哲学史是中国哲学的历史还是在中国的哲学史？”这可以说是极具穿透力的问题。而冯友兰也专门提出“中国底哲学”和“中国的哲学”来区分“中国哲学”和“哲学在中国”的问题。

在后五四时代，人们对于中国哲学的讨论的核心问题就是哲学的“近代化”和“民族性”问题，从当时的哲学发展来看，将这两个问题统一起来显然是十分困难的。

我在这里并不想展开讨论冯先生和其同时代人对这个问题的不同解决，而是要提出这样一些看法：首先中国哲学的问题和其体现的智慧，与西方或其他民族哲学有所不同，这不仅不妨碍其为中国的“哲学”，正体现出它是“中国的”哲学。其次，“中国底哲学”的讨论，不应该被理解为主张当代中国哲学只应当追求“中国底哲学”，事实上，就对中国现代社会文化来说，“哲学在中国”的贡献和影响可能更为突出，在这个方面的继续大力发展，也是我们所期望的。从佛教中国化的例子中我们可以看出，“哲学在中国”经过漫长的濡化之后，就可能参与构成“中国底哲学”。

问

那么我们现在应该如何评价胡适、冯友兰先生所开创的中国哲学体系？

答

我认为他们的工作是极其重要的。首先，这是一种自觉地承接中国古典哲学传统的努力。面对西方哲学的引进和西方文化的冲击，他们一方面在文化上坚持肯定中国文化传统的价值，另一方面在理论上吸收西方哲学对传统哲学进行重构。

其次，即使是从现在的目光看，冯友兰等人的方式仍是最合适的方式。这里面有两个原因：其一，这是历史的必然选择。近代中国处于民族文化的根本转型时期。以胡适为代表的白话文运动，使得学术研究的基本语言变了，所有的范畴和概念都西化了。这不是一个孤立的事件，它是受整个教育体制变化的影响。因此说是“理无不然，事有必至”。其二，这种选择有其合理性。近代文化的发展，必然要经历一个“出入”的过程，比如宋明理学之出入“佛老”。

问

现在有一部分学者因为恐怕使用“哲学”概念来总结中国人的思想传统会造成意义上的错位而主张不用“哲学”而改用别的概念。这您如何看？

答

我认为，指出中西哲学之间不同的取向是有必要的。西方形成的学科分类与中国古代是不一致的，而且中国古人对于宇宙、人生、人心的认识也不局限于西方人的框架。但这并不一定就是放弃使用“哲学”这个概念的充分理由。对此，张岱年先生将哲学视为“类称”的说法，比较有发挥的余地。即“哲学”是一个共相，是一个“家族相似”的概念。而西方哲学和中国哲学一样，只是一个殊相、一个例子。据此，中国哲学虽然在范围和讨论问题的方式上与西方哲学有所不同，但这并不妨碍其为中国的哲学。非西方的哲学家的重要工作之一，就是发起一种广义的“哲学”

观念，解构“哲学”概念理解上的西方中心主义立场，这样，才能真正促进跨文化的哲学对话，发展21世纪的人类哲学智慧。

如果简单地拒绝使用“哲学”概念，这其实是没有自觉地站在文化多元主义的立场，等于是承认西方文化的强势的影响。这种做法不好，显得比较保守和封闭。我认为应将“哲学”的概念加以扩大。

问

但无论如何，无论是从国际范围还是国内的情况看，中国哲学史的研究方向在发生着变化，哲学史和思想史、社会史之间的界限日渐模糊，起码我自己就比较认同这样的方法，觉得似乎“空谈心性”只关注抽象的形而上的问题，总是会“遮蔽”许多内容。

答

其实这种现象的出现有其历史原因，也有其外在的因素。首先中国哲学自学科建制之日起，就没有在自觉层面厘清“中国哲学史”和“中国思想史”之间的区别。其次是受自20世纪80年代起美国、日本等国的中国哲学研究的转向的影响。美国的中国哲学研究多设立在东亚系或历史系，而中生代的中国思想研究者不再注重把握思想本身、概念本身、命题本身，而要求把思想放入当时的社会—文化环境中有机地把握思想和社会的关联，从而使思想的研究更多地表现出历史学的取向而不是哲学的取向。

中国学术界由于受唯物史观的影响多年，所以对之并不感到生疏，但相应的结果是中国哲学史的范围，在这样的背景之下，有越来越模糊的趋向，以致中国哲学史的从业人员面临“同行迷失”的困难，从而产生了重新讨论中国哲学范围的必要。

跨学科研究当然是一种好的现象，但是前提是我们必须明确中国哲学的界限，比如中国哲学专指中国古哲对宇宙、人生、人心、知识的理论化思考和概念组织体系。只有明确各学科的主要任务，才能有真正的跨学科研究。

问

儒家研究一直是学者们关注的中心问题。如儒家的宗教性等。就我个人而言，最近一直在思考制度化儒家的问题，觉得儒家在中国古代的主要存在形态是一种制度化的存在，在这里特别想请教一下您对此的看法。

答

关于儒家在传统中国社会的作用问题的确是一个十分重要的问题，但是这个问题本身存在着一个陷阱。有些人在讨论这个问题时，已经有了这样一个“预设”，即将制度化看作是儒家观念的一种“落实”，这里面便存在着许多问题。严格地说，具体的制度设计并不是某种观念的具体化，因为首先制度本身有传统，所以即使在儒家独尊之后，也不仅仅是儒家的制度化。任何制度的确立和政策的制定都是当时政治环境下的一种制度选择，政治理性往往是一种博弈的结果。

问

您的看法，对我很有启发性。但是总的说来，特别是汉代独尊儒术以后，不仅出现了许多制度设计来保证儒家的独尊地位，而且许多制度逐渐带上了儒家的印记。我自己将这称为“儒家的制度化”和“制度的儒家化”。

答

的确许多学者早就开始研究儒家和制度之间的关系，如瞿同祖先生在《中国法律和中国社会》中，就讨论了法律的儒家化问题。在我看来，儒家制度化最重要的是体现在法律和伦理规范上。法律其实处理的就是人与人之间的关系，而在中国传统社会中，这种处理实行的是儒家的原则，比如性别、长幼和等级。

但是中国历史上的许多制度与儒家的关系非常复杂。比如说科举制度。从发生学上说，科举制不是儒家的设计，是文官铨选制度的一种创新。科举制不必然和儒家捏合在一起。即使是与儒家关系最为密切的明经科，随着科举的发展，其与儒家之间的紧张也越来越大。当儒学成为考试科目之后，它就已经不是“为己之学”了。

又如政治制度中的君主制度。这套制度的形成不完全是儒家的设计。的确儒家不断在为君权的合理性论证，但也不是无条件的，其中存在着一定的紧张度。儒家一直试图在君主之上设定更多的制约性原则。儒家是对制度整体上的支持，并非是对每一个具体的政权。

问 您对儒家和制度之间的关系的阐述很具有启发性，但就科举制度而言，它客观上使儒学成为获得社会资源的“单一性”途径。

答 儒家和权力之间的关系很复杂。我们知道历史上有许多儒者是不追求仕进的。在现实中儒家所掌握的权力不一定是国家的权力，也有可能是宗族的权力。儒家不可能无所不在。制度化的分析应有一定的限度，不能将所有的都标上儒家的标记。

问 经学是儒学的重要组成部分，我觉得现在似乎对于经学的研究有与儒家研究脱离的倾向。

答 我自己并不排斥对于经学和儒家制度化的研究，如我还专门写过蒙学方面的文章。但如果我们站在哲学史和思想史的立场上来说，经学史可以处理很多没有思想的文献学家，这些文献学家对于儒家经典的流传十分重要，但是这些人不是以产生思想作为其特色的。汉唐经学的很大部分都是这类人。当然也有一些思想家，在注释经典时，注重发挥，即透过经典的解释，来阐发儒家思想。

经学研究是儒家研究的重要部分，但对于哲学史而言，未必然。

问 我们注意到，您自己的研究重点已经由一开始的宋明理学逐渐扩展到别的方面，这种研究范围的不断扩展，是“兴之所致”还是有“预谋”的？您是否有做“通史”的想法？

答 我现在并没有做通史的安排。这主要是因为我自己的兴趣。我这个人不太喜欢设计，因此更像是“兴之所致”。比方说我那本《人文主义的视界》讨论的是文化问题，基本上围绕传统和现代立论。《现代中国哲学的追寻》所关注的问题可以上溯到20世纪80年代。而梁漱溟是我现在最感兴趣的人物。《古代宗教与伦理》则是20世纪90年代所关注的重点。这本书所关注的是前经典时代，其研究取径则是宗教人类学的路子。

问 可否谈谈您对于中国哲学研究的体会？从整个学科来看，我们最应该关注哪些问题？

答 虽然我的研究方向不断在改变，但我的研究始终有一个出发点，那就是站在中国的角度，回应世界范围内对中国哲学、世界哲学的挑战。这意味着这样的一种情形，就是要把自己的研究置于世界范围的学术标准。比如说我们都知道日本学者擅长考证，我做《朱子书信编年考证》就是要说明，中国人也能做这样的工作，而且能做得更出色。

从整个中国哲学学科的发展来看，我认为现在我们对于中国哲学这套义理系统，还没有用现代哲学的语言做出清晰的梳理，同时中国哲学史的内部还有许多人物没有专书和专门的资料整理，这样就没有为我们发展现代意义上的中国哲学打下一个基础。这些都是我们所急需考虑的问题。

问 冯友兰先生指出自己是“接着讲”，而不是“照着讲”，对此您有什么评论？

答 冯先生一直站在世界哲学的立场，他所考虑的背景比较大。但就其根本精神而言，可以用他自己常说的“旧邦新命”来概括他的文化情怀。他所关注的是如何使中国文化具有更强的生命力。“抽象继承法”和《中国哲学史新编》都体现着这样的使命。相比之下，张岱年先生更关注哲学本身，想建立一个新的哲学体系，《中国哲学大纲》是基础。

无论如何，每一个时代的学者，都应为中华民族的现代化、中华文化的伟大复兴表达自己的这份关切。

（原载《哲学动态》2002年第3期）

学者近况

陈来（1952— ），清华大学国学研究院院长、校学术委员会副主任、文科资深教授、哲学系教授。1976年中南矿冶学院（现中南大学）地质系毕业。1981年北京大学哲学系研究生毕业，获哲学硕士学位，同年始任教于北京大学哲学系。1985年北京大学哲学系博士研究生毕业，获哲学博士学位。1986年任北京大学哲学系副教授，1990年任北京大学哲学系教授，1993年被国务院学位办评定为博士生导师。1992年被授予“国家级有突出贡献中青年专家”称号。1998年被评为教育部“跨世纪人才”。曾任北京大学儒学研究中心主任、哲学系学术委员会主任、中国哲学教研室主任，国家重点学科北京大学中国哲学学科带头人。2009年转任清华大学教授。现任全国政协委员、中央文史馆馆员、国务院学位委员会委员、教育部社会科学委员会委员、中国哲学史学会会长、国际儒学联合会副理事长、中华朱子研究会会长，兼任复旦大学讲座教授、山东大学讲座教授，以及北京大学、武汉大学、浙江大学等多所大学兼职教授。学术领域为中国哲学史，主要研究方向为儒家哲学、宋元明清理学、现代儒家哲学。其哲学史研究的成果代表了目前本领域的世界领先水平。其哲学的建构，以其哲学史研究为基础，形成了自己的哲学体系“仁学本体论”。有著作30余种，为现代儒家哲学的代表人物。

深化对"综合创新"文化观的研究

——访方克立

学者简介

方克立，1938年生，湖南湘潭人。1962年毕业于中国人民大学哲学系。先后在中国人民大学、南开大学、中国社会科学院研究生院任教，长期从事中国哲学史的教学与研究工作。1988年被授予"国家级有突出贡献专家"称号。曾任中国社会科学院研究生院院长、国际中国哲学会（ISCP）会长。时任中国社会科学院学术委员会委员，国务院学位委员会评议组哲学组成员，中国哲学史学会常务副会长。主要著作有《中国哲学史上的知行观》《现代新儒学与中国现代化》，主编《中国哲学大辞典》《中国文化概论》《现代新儒家学案》《中国哲学与辩证唯物主义》等。

问

一提起您，大家马上会联想起“现代新儒学”的研究，不过关于“新儒学”的话题您已经有过多次谈话，因此，这次我们希望进入您近年来比较关注的另一个问题，即文化问题。我们注意到，20世纪90年代以来，您一直积极支持和大力阐扬“综合创新”的文化观。我们认为这对于中国文化的未来发展是一个根本性的问题，这次，我们想主要就这个话题，听听您的看法。

答

“综合创新”文化观是由张岱年先生首先提出来的，它是20世纪文化论争的产物。我认为它也是20世纪文化讨论中，心态最健康、最有前瞻性，可以说是带有总结性的一种看法。20世纪30年代，张先生就明确表示既不赞成“全盘西化”论，也反对文化复古主义，而是主张兼综中西文化之长，创造一种新的中国文化。他把这种文化主张叫作“创造的综合”或“文化的创造主义”。他的有关思想集中表述于1933年发表的《世界文化与中国文化》和1935年发表的《关于中国本位的文化建设》《西化与创造》三篇文章中。

《关于中国本位的文化建设》一文，是对曾经轰动一时的王新命等人发表的《中国本位文化建设宣言》的回应和评论。张先生当时对中国本位文化论的“中体西用”和复古主义的实质并不是看得十分清楚，但是他明确地反对因袭和折中调和，而是主张辩证的综合和创造。在回应沈昌晔质疑的《西化与创造》一文中，又进一步提出了“文化中之对立”、文化的可析取性等方法论问题，提出对中西文化都要持“分别观”而不是“囫囵观”，并反对妄谈体用。张先生30年代倡导的“文化创造主义”与半个世纪后提出的“综合创新”文化观，在基本思路和精神方向上是完全一致的。

问

就我个人而言，我了解张先生的这个主张是在他的那本《中国文化与文化论争》之中。

答

20世纪80年代中国出现了所谓“文化热”，出现了类似“五四”时期各种文化主张众声喧哗的局面。张先生在各种会议发言和文章中多次讲文化问题，强调建设社会主义新文化必须走“综合创新”的道路。据刘鄂培先生说，张先生是1987年在山东济宁市召开的一次全国学术会议上正式提出“文化综合创新”论的。他说：“近几年，针对文化问题，我写了一些文章，自己撰了一个名词：‘文化综合创新论’。”这篇题为《综合，创新，建立社会主义新文化》的文章，最早发表在1987年7月10日的《北京日报》上。张先生与程宜山合著的《中国文化与文化论争》一书，对于宣传和阐释这种文化观起了重要作用。

20世纪80年代的“综合创新”论在内容上有新的发展：一是强调建设社会主义新文化必须以马克思主义为指导；二是不仅讲中西文化之综合，而且也讲中国固有文化中不同学派的综合；三是明确指出“文化综合创新的核心是马克思主义与中国文化的优秀传统的综合”。这些都是过去没有讲过或没有着重强调的。

问

能不能说“综合创新”文化观代表了中国先进文化的前进方向？

答

应该说是中国共产党始终代表着中国先进文化的前进方向，“综合创新”文化观与中国先进文化的前进方向是相符合、相一致的。中国共产党之所以能始终代表中国先进文化的前进方向，是由于它掌握了马克思主义这种认识人类前途和中国命运的最先进的思想工具。张先生青年时代就接受了马克思主义哲学，认为辩证唯物论是“当代最伟大的哲学”。他研究文化问题的特点是坚持唯物辩证法（30年代他称为“对理”法），反对形而上学的全盘主义和折中主义。张先生30年代“创造的综合”的文化主张，与胡绳、张申府等“新启蒙运动”派的文化主张是很接近的，与毛泽东提出的“民族的科学的大众的文化”方针是一致的。他在80年代提出的文化“综合创新”论，与中国特色社会主义文化建设方针也是一致的。

问

文化“综合创新”论提出后，最初似乎并没有受到足够的重视，倒是出现了您所说的“外来的和尚好念经”的情况。

答

确实存在着你所说的这种情况。如一些人在概括80年代文化讨论中的各种有代表性的观点时，并没有把“综合创新”论作为一种重要的文化主张给予认识和评介。一种比较流行的看法是把“文化热”中的主要观点分为四派：“儒学复兴”“彻底重建”“西体中用”“哲学启蒙”。还有一位学者在《中国文化的现代化与世界化》一书“序”中，将文化讨论中的各派观点，归纳为“反传统派”“五四运动派”“早期启蒙派”“现代儒学派”“回归原典派”。这些归纳和概括的共同之处是：“综合创新”论根本不在其视野之内，因此也就没有它的地位。我认为这种情况是不正常的。那时美籍华人学者林毓生讲“创造的转化”很受青睐，杜维明的影响就更不用说了，而张先生的“综合创新”论却不受重视，所以我曾经有过“外来的和尚好念经”的感慨。

问

方先生，您对“综合创新”文化观在80年代文化讨论中的地位和作用是怎么看的？是从什么角度把它与先进文化的前进方向联系在一起的？

答

我在现代新儒学研究中提出了“三大思潮对立互动”的观点，认为它贯穿于“五四”以后的整个中国现代思想史。80年代的“文化热”是过去文化讨论的继续和延伸，所以我在考察其中的不同思想派别时，还是从“三大思潮”的角度去把握。1990年，我在一次谈话中提出：自由主义的“全盘西化”派，保守主义的“儒学复兴”派，与马克思主义的“古为今用，洋为中用，批判继承，综合创新”派（可简称“综合创新”派），是80年代文化讨论中三个最主要的思想派别，它们之间的对立斗争和统一关系，仍然没有超出“五四”时期业已形成的思想格局。我之所以把“综合创新”与“批判继承”“古为今用，洋为中用”结合在一起，主要是想把这种文化观同我们党一贯倡导的文化方针联系起来，就中国近现代文化论争的主题，给予一个比较完整、明确的回答。

问

您在发表这个看法后，特别是在《光明日报》上发表了《大力宣传我们的文化主张——“综合创新”论》一文后，情况似乎有了很大的变化，“综合创新”论受到了学界较多的关注。而且您自己对“综合创新”论也作了许多具体的分析和阐发，我看到有的书中将张岱年先生和您视为“综合创新”派的两个主要代表人物。

答

提出“综合创新”文化观主要是张岱年先生的贡献。这种文化观后来逐渐引起人们的重视，并成为我国学术界普遍认同的一种主流观点，是许多人共同努力的结果。比较早的如张先生的弟子程宜山，在张先生指导下执笔写成《中国文化与文化论争》一书，系统而详细地论述了张先生关于文化问题的一些基本观点。后来刘鄂培、羊涤生、李存山、王东、刘仲林、洪晓楠等同志也在阐释和宣传“综合创新”文化观方面起了重要作用。

我曾表示，在20世纪80年代文化讨论的各种观点中，自己最能心契和赞同的是张先生倡导的“综合创新”之义，因此在一些文章、发言和访谈中也多次谈到过这个问题。我认为“综合创新”论是在新的历史条件下，马克思主义者对古今中西问题的一种比较全面、正确的回答，也表现出了健康的文化心态和开放的立场。这种主张明显优于极端的西化派和国粹派，也优于折中主义的“中体西用”派和“西体中用”派，不仅超越了“欧洲中心论”和“华夏中心论”的偏见，也超越了中西对立、体用二元的思维方式。同时它又是与我们党一贯倡导的文化方针和文化政策相一致的，所以值得大力提倡。

我在一篇文章中简略地谈到了“综合创新”论的四个要点，后来洪晓楠同志将其概括为开放性、主体性、辩证性和创新性“四性”，显示了这种文化观的一些显著优点。其实我只是从文化继承的目的、对象、方法，以及继承和创新的关系等方面提出了一些基本原则，论析还很不深入。要让“综合创新”文化观形成一系统学说，得到理论和历史的支持，又具有现实的方法论意义，真正为大家所认同，我认为还要做大量的工作。

问

我也有这种看法。我在一本书中也曾经提到过“综合创新”的理论局限性，认为它有一种将文化建设过程理想化的倾向，原因是对于文化的优劣评价主要还是一种价值判断，所以要避免科学主义的“幻想”。您对此有何看法？您认为应该怎样深化对“综合创新”文化观的研究？

答

有一次我在中国科技大学讲中国文化思潮问题，后来在网上就有学生提问：“到底怎样综合创新？”提问者显然对我讲的“四个要点”还不满足，觉得不解渴，他可能就是要求提供可操作的方法。这使我近来经常思考应该怎样从理论、历史和方法等不同层面去深化对“综合创新”文化观的研究，总是停留在你所说的“理想化”的认识阶段是不行的。

对此我有几点初步的设想：首先是要研究“综合创新”文化观产生的历史必然性。自从16世纪末叶利玛窦等西方传教士来到中国，中西文化之间就既有交流也有冲突，四百年来古今中西问题一直困扰着中国人。顽固派试图用“夷夏之防”来抵御西方文化的影响，而徐光启等人则提出了“会通以求超胜”的主张，以后又陆续出现了“西法中源”“中体西用”“全盘西化”“融会中西，兼容并包”等各种不同的文化观点，互相批评和争论不休。我认为很有必要对这四百年来的文化论争作一系统的清理。对各种不同的文化主张及其相互关系作具体的历史的考察，那么我们就不难发现“综合创新”论与其中那些积极的、健康的、代表着历史前进方向的文化主张之间有一种内在的一致性，有明显的历史继承关系。由此可见，“综合创新”文化观并不是凭空产生的，而是对于前人合理思想的批判继承和总结。

第二是要从理论上对“综合创新”文化观进行深入分析和论证。文化是不可分的还是可析取的，这是30年代张先生同西化派沈昌烨争论的一个基本理论问题。张先生的“综合创新”论正是建立在文化系统的可解析性与可重构性、文化要素之间的可离性与可相容性这两个理论前提之上。对于这样的基础理论问题，我们的研究必须深化。直到今天，有人还是强调文化的整全不可分性，反对“取其精华，弃其糟粕”的提法，我们不在理论上讲清楚就不能说服人家。另外还要讲清楚辩证综合与折中调和、简单拼凑之间的原则性区别，“综合创新”与折中主义的“中体西用”“西体中用”之间的区别；要从理论和方法上研究文化的分析与综合、解构与重构的关系，特别要深刻阐明辩证的综合与创造、创新之间的关系，因为“综合”并非一定是创新。

第三是要用中外文化史、文明史的大量历史资料，说明“综合创新”是文化发展的规律。张先生说，康德综合了理性论和经验论，创立了先验唯心论；马克思、恩格斯综合了黑格尔的辩证法和费尔巴哈的唯物论，创立了辩证唯物论。两者都不是平庸的调和，而是“创造的综合”。我也曾以宋明理学为例，说明它是以中国的原始儒学为基础，在吸收了外来的佛教和本土的道家、道教思想之后，就改变了自己的形态，实现了儒学的一次“综合创新”。在中外文化史上这样的例证不胜枚举。中国人早就认识到“先王以土与金、木、水、火杂，以成百物”，“若以同裨同，尽乃弃矣”。如果没有新的元素加入，只是保持原来的同一性，就不能产生新事物，就没有发展。文化也是这样，没有异质文化的加入，不改变原来的文化形态，就没有发展和创新。在一定意义上说，“杂以成家”正是反映了综合创新的文化发展规律，不“杂”不能开出新的一“家”，当然对这个“杂”还要作辩证综合与简单拼凑之辨析。

第四是要研究、探索怎样综合创新的方法，力求具有可操作性并考虑到方法的多样性。既然综合创新是文化发展的规律，通过对中外文化史的总结研究，就可以得到许多具体的方法论的启示。西方在知识创新时比较注重逻辑的方法，不外乎演绎、归纳和辩证法三大类，前人的创新方法可以给我们提供借鉴。重视方法研究是西方哲学的传统，近来一些海外华裔学者也很注重方法研究，比如傅伟勋提出“创造的诠释学”，就归纳出了“实谓”“意谓”“蕴谓”“当谓”“必谓”五个诠释步骤，特别用心在可操作性上下功夫。中国也有自己的解释传统，包括“六经注我”；中国传统哲学也有自己的创新方法，包括“负的方法”。我们在探索综合创新的方法时自然也应该把这些有价值的东西“综合”进去，在方法论上的中西结合和互补可能是一条比较好的创新思路。

总之，深化对“综合创新”文化观的研究需要多方面、多角度去做，需要大家共同努力，在有了比较多的扎实的研究成果之后，我想它就不会再被误解为“科学主义的幻想”了。

问

您所提出的“三大思潮对立互动”的观点，现在已经获得了多数学者的认同，那么用它来概括21世纪的中国文化格局是否依然合适呢？

答

我想在21世纪中叶以前，也就是在中国实现“三步走”的发展战略、完成社会主义初级阶段的任务之前，三大思潮对立互动的格局大概不会有根本的变化，不过国际形势的动荡和国内政治改革、经济发展情况都会对三派力量的消长及其相互关系产生重要的影响。

问

随着中国经济的发展、中国人民自信心的提高，文化保守主义可能会有更大的市场；而在日趋全球化的今天，中国人以一种更加开放的姿态来迎接世界各国的先进文化，那么也有可能会导致西化论的高涨。在这种文化态势下，我很担心，“综合创新”文化观是否会曲高和寡，难以找到其应和者，反而会被边缘化呢？

答

我倒没有这种担心，我对未来的估计还是比较乐观的。肯定三大思潮对立互动的格局在新世纪还会继续存在，我们就要正视西化论和文化保守主义还有其存在的根据，还会有一定的发展空间，甚至在特定条件下还可能有某种“高涨”这个现实。但是，这两种文化主张都有很明显的片面性，都不能把中国文化引向健康的发展道路，因此也不可能成为大多数人的文化选择。中国经济发展了，有可能使一部分人因强调民族认同而倾向文化保守主义，但是当他们深入了解中国经济发展的原因何在时，就不会再唯“国粹”是尚了。同样，一些人因开放而学习西方，当他们对西方文化有了全面了解之后，大概也不会再盲目崇拜西方了。文化自觉非常重要，真正树立了文化主体意识的人，就会对中西文化采取一种比较平实的评判态度。西化论和文化保守主义的存在，可能会使“综合创新”论因其理论上的合理性而更加显示出其优越性。因为各种文化只有在不断的接触、对话、交流、交锋之后，文化各要素之间的内在联系和互补性才能充分呈现出来，这样就为“创造的综合”准备了前提条件。我们相信，真正符合人类理性和中国先进文化前进方向的文化选择是会得到多数人的支持和认同的，“综合创新”文化观不仅不会边缘化，而且将在中国未来的文化建设中发挥越来越重要的作用。

（原载《哲学动态》2002年第4期）

学者近况

方克立（1938— ），1962年毕业于中国人民大学哲学系。先后任教于中国人民大学、南开大学、中国社会科学院研究生院。曾任南开大学研究生院副院长、天津市社联副主席、中国社会科学院研究生院院长、北京市学位委员会副主任、国务院学位委员会哲学评议组成员和召集人、中国哲学史学会会长、国际中国哲学会（ISCP）会长、中华炎黄文化研究会副会长等。现任中国社会科学院学部委员、中国哲学史学会名誉会长、马克思主义理论研究和建设工程首席专家。1984年被评为天津市劳动模范，1988年获得国家“有突出贡献的中青年专家”称号。长期从事中国哲学与文化的教学研究工作，是中国现代三大思潮对立互动说和“马魂中体西用”论的倡导者。主要著作有《中国哲学史上的知行观》《现代新儒学与中国现代化》《中国文化的综合创新之路》《方克立文集》《方克立序跋集》，主撰《马魂中体西用：中国文化发展的现实道路》《马魂中体西用：当代中国文化的理论自觉》，主编《从孔夫子到孙中山》《中国哲学与辩证唯物主义》《中国哲学大辞典》等，共同主编《中国文化概论》《现代新儒家学案》《湘学史》，以及马工程重点教材《中国哲学史》等。发表学术论文100余篇。

让哲学与时俱进、引领实践

——访庞元正

学者简介

庞元正，1947年生，辽宁沈阳人。曾先后就读于中国人民大学和中共中央党校，获哲学硕士和哲学博士学位。时任中共中央党校哲学教研部主任，中共中央党校社会发展研究中心主任，中国辩证唯物主义研究会副会长兼秘书长。主要研究领域：科学方法论、辩证法问题、社会发展理论、邓小平哲学思想等。出版专著《决定论的历史命运——现代科学与辩证决定论的建构》《邓小平理论精髓》《在自由王国的入口处——社会主义初级阶段理论的反思》等，主编《系统论、控制论、信息论经典文献选编》《中国改革全书》《发展理论论纲》《以持续全面创新不断提升国际竞争力》《当代西方社会发展理论新词典》等。在《中国社会科学》《哲学研究》《求是》《人民日报》《光明日报》《哲学动态》《理论动态》等报刊发表论文200余篇。曾获首届国家社会科学基金项目优秀成果奖、全国“五个一工程”奖等奖项。

问

您的研究领域广泛，从您的论著看，您研究的问题在不断变化，但我感觉您在这种变化中似乎始终在追求某种东西，这种东西是什么呢？

答

这就是马克思主义哲学与时俱进的精神。我们常说，哲学是时代精神的精华，其实更准确地说，只有成为自己时代精神的精华才能成为真正的哲学。同样，马克思主义哲学只有紧跟时代，与时俱进，不断创新，才有可能真正成为时代精神的精华，成为引领实践的科学世界观方法论，成为指导亿万群众认识世界、改造世界的强大思想武器。而我们要使哲学与时俱进，引领实践，就必须使哲学深深扎根于实践，善于从当代科学和人类实践的最新发展中吸取新鲜营养。所以，我不仅主张要吸收当代科学与实践的最新成果，丰富发展马克思主义哲学，而且主张哲学工作者不应停留在空泛的议论上，而应当身体力行，用最新的科学和实践成果丰富和发展马克思主义哲学。

问

您所带领的学术群体对发展理论和邓小平哲学思想研究已引起学术界的关注。但作为一个哲学工作者，您涉足经济学领域，提出创新劳动价值论，这个跨度是不是太大了一点？您是怎样实现这一跨越的？

答

其实这个过渡很自然。恩格斯曾指出，唯物史观“在劳动发展史中找到了理解全部社会史的锁钥”。因此，研究劳动问题是马克思主义哲学认识社会发展的逻辑起点。另外，我在研究发展理论和邓小平哲学思想的过程中，对发展与创新，对邓小平的创新思想很重视。早在1995年，我在对我国特大型国有企业宝钢进行研究的基础上提出，技术创新、管理创新、制度创新是国有企业提高竞争力，在市场经济中赢得优势的必由之路。此后，我就对创新理论情有独钟，形成了“创新是社会发展原动力”的思想。

2001年，我国理论界开展对劳动和劳动价值论的深入研究以来，我就越发感到需要把创新和劳动结合起来，从而提出了把劳动区分为创新劳动和常规劳动的观点，并进而提出创建创新劳动价值论的观点。我认为，提出创新劳动和创新劳动价值论已成为马克思主义的唯物史观和经济学理论与时俱进的内在要求。

问 您在《理论动态》上发表《创新劳动和创新劳动价值论》以后，又接着召开了“创新劳动价值理论研讨会”，《人民日报》《光明日报》《经济日报》对此都有所报道，在理论界产生了较大反响。您之所以提出这个理论，是不是仍然出于对时代特征的把握呢？

答 是的，这是时代发展的需要。在当代，技术创新、知识创新、管理创新、制度创新已经成为经济发展和社会进步的根本动力，这表明创新劳动已经日益成为社会劳动的主导形态和价值创造的重要源泉。这与马克思生活的那个时代的劳动形态有一个显著差别。主要表现为：

第一，知识创新速度加快，知识积累速度日益提高，呈“知识爆炸”形态。

第二，技术创新周期大大缩短。18世纪，科技发展转化为应用技术、再转化为商品的过程大约需要100年；19世纪这一过程只需50年；第二次世界大战前为20—30年；战后降为7年；1990年以来，这一过程进一步加快，一般为2—5年。

第三，管理创新已成为价值创造的重要源泉。管理创新就是实现各种生产要素的新组合，实现知识、技术、资本、信息、人力资源、市场需求的新组合。知识创新和技术创新为价值大幅度的增值提供了可能，但知识创新和技术创新若要实现其巨大的价值，还要靠管理创新将其投入生产和推向市场。所以，企业家和管理者的创新劳动越来越重要。

问

除了这些现实的要求外，您提出创新劳动和创新劳动价值论是否还有理论方面的需要呢？

答

是的。这也是马克思主义与时俱进的需要，是发展马克思主义劳动和劳动价值论的迫切需要。发展马克思的劳动理论，如果仅仅停留在强调脑力劳动、科技劳动、服务劳动、管理劳动也参与价值创造，实际上还是不到位的。因为关于脑力劳动、科技劳动、服务劳动、管理劳动也是创造价值的劳动，马克思都曾讲过，只是我们过去重视不够。现在我们强调这些劳动在价值创造中的重要作用是很必要的，但是，问题的关键在于知识创新劳动、技术创新劳动和管理创新劳动与一般的脑力劳动、科技劳动、管理劳动在价值创造中的地位和作用有很大区别，这才是马克思劳动理论没有专门研究而今天又不能不加以研究的问题。对创新劳动创造价值的问题进行研究，我们就会发现，必须对马克思的劳动价值论作出突破和创新。而这种突破和创新，首先必须从哲学上对创新劳动的本质和形态加以理解。

问

那么，什么是创新劳动呢？它和您提到的常规劳动是什么关系？

答

创新劳动是相对常规劳动而言的。创新劳动与常规劳动的划分是依据劳动的成果（包括物质成果和非物质成果）是否先前已经存在而作出的。所谓创新劳动，就是指能够做出创新的劳动，如创造和开发出一种新技术、新产品，开辟出一种新的市场需求和供给，创建出一种新的生产组织，由于这种劳动成果是原创的，过去从未有过的，在当前是极度稀缺的，所以把从事这种劳动称为创新劳动。创新劳动在以下几个方面区别于常规劳动：

第一，就质的规定性而言，创新劳动具有不确定性、不可模仿性、不可重复性，一旦某种创新劳动被其他模仿者重复进行，就不能再称其为创新劳动而成为常规劳动了。

第二，创新劳动是过去从未有过的，在当前是极度稀缺的，往往是只有一个生产者（包括个人和厂家）在进行的。

第三，就时间的规定性而言，创新劳动只是在其他生产者还没有成功地模仿和重复进行之前，保持其创新劳动的性质，而在其他生产者成功地模仿和重复进行之后，就失去了其作为创新劳动的性质。

当然，创新劳动与常规劳动的划分又具有一定的相对性。在市场还存在一定的分割的条件下，由于地点、时间和场所的无限广大，在一定的范围内属于创新劳动，在更大范围内可能就是一种常规劳动；反之，在一定范围内属于常规劳动，在比较小的范围内可能就是一种创新劳动。

问　您认为，目前人们对创新劳动的理解上是否存在偏差？

答　是存在的。有些人把创新劳动仅仅理解为是科学技术工作者的创造性活动，这种理解是片面的。实际上，创新的实现是一种综合的动态过程。创新劳动包含了从技术革新、科技发明到产品开发和市场实现的全过程，它不仅体现为工人的技术革新和科技工作者的科技发明，而且也体现为企业家的管理创新劳动。根据对创新能力构成要素的分析，创新能力的高低是由创新资源的多寡、创新管理、创新倾向、研究开发、制造能力和营销能力等一系列因素构成的，这些因素缺一不可。因此，创新劳动所创造的价值，往往是工人、科技工作者、管理人员和企业家共同努力的结果。特别是随着科技与经济一体化程度的提高，企业家的管理创新劳动对各种创新资源的整合，从而对于创新价值的实现，越来越具有决定作用。

问　目前，由于时代的发展，出现了经典劳动价值论无法作出令人满意的解答的新问题。据此，在对待马克思劳动价值论的问题上主要有以下几种分歧的观点：一是认为劳动价值论已经过时，应该彻底否定；二是认为劳动价值论没有任何问题，问题是我们对它的理解不够，应该全盘坚持；三是劳动价值论的基本理论是正确的，应该坚持，具体细节和个别理论推论需要修正。您认为应该以一种什么样的态度来对待马克思的劳动价值论呢？

答　劳动价值论是科学的理论，包含着客观真理，我们必须坚持。但这并不是说，我们除了虔诚地敬仰这一理论之外，就没有任何事情可做了。真理的相对性和绝对性的辩证关系表明，任何科学理论都有一定的适用范围，只是包含着相对真理，根本不存在也不能达到所谓的终极真理。因此，一个理论如果想永葆青春，只有一个途径，那就是随着时代的发展和事物的变化而不断发展、补充和修正，始终保持与时俱进。马克思的劳动价值论也不例外。

问　按照您的理解，如何坚持和发展劳动价值论呢？

答　马克思劳动价值论具有极为丰富的理论内容，但其最重要的贡献在于，它提出了活劳动是创造价值的唯一源泉，商品的价值量是由社会必要劳动时间决定的。坚持马克思主义的劳动价值论，就要坚持这些基本观点，而发展马克思的劳动价值论，恰恰也要求我们看到不同的活劳动在价值创造中具有不同的作用。常规劳动和创新劳动作为两种不同形态的活劳动，它们在创造价值中的作用具有很大区别。创立创新劳动价值论恰恰是劳动价值论创新的必然要求。

问　在对创新劳动进行研究的基础上，您提出了创新劳动价值论。按照您的观点，这是对马克思劳动价值论的一个重要补充。创新劳动价值论仍然坚持了活劳动创造价值这个最重要的原理，却能对创新劳动创造的价值作出合理解释，这是用一种建设性的态度来发展劳动价值论。您认为创新劳动价值论在哪些方面突破了马克思的劳动价值论呢?

答

按照常规劳动和创新劳动的划分，可以说，马克思研究的主要是常规劳动，马克思的劳动价值论也是关于常规劳动的价值理论。因为按照马克思的劳动价值论，价值是社会必要劳动时间的凝结，价值量的大小是按社会必要劳动时间的多少计量的，而社会必要劳动时间也就是社会平均劳动时间。这可在马克思的论述和他大量列举的产品的性质中得到证明。正是在这里，我们发现了马克思劳动价值论的应用界限，也发现了马克思劳动价值论存在的逻辑问题。

首先，在严格意义上讲，创新劳动创造的价值不存在马克思所说的用“同种的许多不同的个别量的平均数”来衡量的问题。这就是说，社会必要劳动时间不能用来衡量创新劳动创造的价值，因为不存在进行这种衡量的前提。

其次，马克思明确无误地把社会必要劳动时间决定价值量作为一个全称命题。但问题就出在这个全称命题上。如我们所指出，创新产品是从未有过的，创新产品的生产者是极度稀缺的，因此，不存在生产这种产品的不同的劳动时间个别量，也就是说，不存在用社会必要劳动时间度量价值量的问题。

正是由于以上两个原因，使得马克思的劳动价值论以及以其为基础的剩余价值论，难于对当代经济活动中的大量创新现象作出科学解释。

既然创新劳动创造的价值不存在用社会必要劳动时间度量的问题，那么，创新劳动创造的价值是由什么决定的呢？由于创新的成果是前所未有的，因而是最稀缺的；由于创新成果是独一无二的，往往又是没有竞争对手的；同时因其最稀缺而又无竞争对手，只要创新者将其控制在社会需求的范围内，就总是供不应求的，创新产品的这种稀缺性、特有效用和特有的供求关系，就决定了创新劳动创造的价值总是远远高于进行这种创新劳动所耗费的支出。这就是创新型企业总是能够获得巨额利润的原因。

由于创新劳动不是常规劳动，创新劳动创造的价值不能用社会平均劳动时间的长短来度量，因此常规劳动价值论的应用就是有限度的。这就如牛顿力学适用于低速运动而不适用于高速运动一样。研究高速运动需要爱因斯坦的相对论力学。因此，我的看法是，我们需要像爱因斯坦创立相对论补充牛顿力学那样，创立一套创新劳动价值论补充常规劳动价值论。这种创新劳动价值论仍然坚持了活劳动创造价值这个最重要的原理，却能对创新劳动创造的价值作出解释。

问　这里您谈到了用稀缺性、效用性解释价值，这不是效用价值论的观点吗？它和劳动价值论不矛盾吗？

答　效用价值论与劳动价值论不同，但也有其合理和可取的成分，这是经济学界已经形成的共识。我只是吸收其合理因素，这并不导致效用价值论。这正如马克思吸收资产阶级经济学的合理因素，并不导致马克思的经济学就成为资产阶级经济学一样。因为不论创新成果如何稀缺，也不论其有什么样的特殊效用，它都是劳动创造出来的，因此，没有劳动就没有创新成果的价值。

问　您是一位时刻关注现实生活的学者，提出创新劳动价值论这一发展马克思劳动价值论的新思路，不会仅仅是一种理论上的需要吧？是不是具有更重要的实践意义呢？

答　的确如此，这一理论的提出具有重大的实践意义。如果说在马克思生活的时代，创新还不是一个有普遍性的问题，研究创新劳动和创新劳动价值论还不是实践迫切要求回答的历史课题；那么，在知识创新、技术创新和管理创新成为经济生活重要现象的当代，创立创新劳动理论和创新劳动价值论，已经成为实践发展的迫切需要。

首先，创建创新劳动理论和创新劳动价值论，有助于我们深刻认识创新是人类进步的根本动力，把握时代发展的趋势，跟上时代进步的步伐。

其次，创建创新劳动理论和创新劳动价值论，是我们把创新作为赶超发达国家最有力的超越手段的迫切要求。

最后，创建创新劳动理论和创新劳动价值论，是解决我国在经济体制改革和社会发展中一系列重大问题的迫切需要。

（原载《哲学动态》2002年第8期）

学者近况

庞元正（1947.9— ），博士，教授、博士生导师。先后就读于中国人民大学和中央党校，分别获哲学硕士和哲学博士学位。曾任中共中央党校哲学教研部主任、社会发展研究中心主任。现为中国辩证唯物主义研究会常务副会长、中国社科基金哲学评审组召集人。主要研究领域为马克思主义哲学和社会发展问题。主要著作有：《在自由王国的入口处——社会主义初级阶段理论的反思》《决定论的历史命运——现代科学与辩证决定论的建构》《邓小平理论精髓》《辩证唯物主义：历史、理论与前沿问题》《发展理论论纲》《科学发展观基本问题研究》《庞元正讲稿》等。主编《系统论、控制论、信息论经典文献选编》《以持续全面创新不断提升国际竞争力》《当代中国科学发展观》等20多部理论书籍，另主编有24卷本《中国改革全书》。在《中国社会科学》《哲学研究》《求是》《人民日报》《光明日报》等报刊发表论文200余篇，调研报告10余篇。科研成果10多次获国家级、省部级奖项。个人专著《决定论的历史命运——现代科学与辩证决定论的建构》获首届国家社会科学基金项目优秀成果奖；担任负责人和执笔人的调研报告《一个国有大企业的出色答卷——宝钢投产十周年调查》在《人民日报》头版头条发表，获全国“五个一工程”奖；个人专著《科学发展观基本问题研究》获中国马克思主义基金会颁发的“马克思主义中国化”优秀成果一等奖。

重释历史唯物主义与“回到马克思”

——访段忠桥

学者简介

段忠桥，1951年生，北京人。1977年毕业于南开大学哲学系；1984年就读于中国人民大学哲学系，1987年获硕士学位；1991年赴英国埃塞克斯大学哲学系学习，1994年获哲学博士学位。1998年9月至1999年3月被聘为英国牛津大学All Souls College客座研究员。时任中国人民大学马克思主义学院教授、博士生导师，西安交通大学、河南师范大学、山西财经大学、安庆师范学院兼职教授。主要著作有：《马克思的社会形态理论》（英文，英国埃夫伯里出版社，1995）、《马克思主义史教程》（高等教育出版社，1998）、《市场社会主义——社会主义者之间的争论》（译著，新华出版社，2000）、《当代国外社会思潮》（中国人民大学出版社，2001）。在国内外学术刊物发表论文数十篇。

问

近些年来您一直在从事历史唯物主义、国外马克思主义和社会主义思潮的研究，并取得了一定的学术成果。据我所知，您还在国外出版了一本重释历史唯物主义的英文专著，并产生了一定的影响。请您简单地介绍一下该书的主要观点。

答

1995年1月，英国埃夫伯里（Avebury）出版社出版了我在英国读博士期间的研究成果——《马克思的社会形态理论》，这本书中的一些基本观点后来分别以论文的形式发表在国内的《哲学研究》、《马克思主义研究》、《史学理论研究》和《教学与研究》等刊物上。这本书是我在历史唯物主义研究领域取得的主要成果之一。在这本书中，我针对国外学者阿尔都塞、梅洛蒂、科亨等人对历史唯物主义的一些误解，以马克思的原著为依据，提出并论证了历史唯物主义的核心是社会形态理论即关于社会结构和社会发展阶段的理论。社会形态是由一定的经济基础和上层建筑构成的社会整体，人类社会的发展表现为前资本主义、资本主义和共产主义这三大社会形态的依次更替。本书出版后受到国外一些同行关注。加拿大学者G. 史密斯在美国的《科学与社会》杂志（1997年秋季号）上为该书撰写书评，他说道：“在其论证精练的六章中，作者对马克思著作中有关这些问题的最重要的段落作了给人印象深刻的解释。不管人们是否接受他对这些原文的全部说明，人们都不能不感到受惠于他对这些原文的发掘，并会感谢他为我们提供了一个重新反思这些原文的机会。在那么多的人洋洋得意于对雷蒙·阿隆曾称之为‘知识分子的鸦片’的历史唯物主义总是‘只说不’的时候，作者给了我们很多理由重申‘历史唯物主义不仅是严密科学的理论，而且……是当今认识社会和改造社会的强大的武器’。”

问

您刚才只提到国外同行对该书的评价，但是马克思主义研究在国内是一门“显学”，请问，相对于国内同行的研究而言，这本书的独特之处在哪里，或者说它有哪些创新之处？

答

首先，我在书中提出和论证的所有观点都是以马克思1845年以后的原著为依据的。在我看来，既然人们公认历史唯物主义是马克思一生的两大发现之一，那对历史唯物主义的阐释就应以马克思本人的论述为出发点和可靠根据。在这一问题上，国内外学者中存在两种错误做法。一种是不依据马克思本人的论述，而是依据后来的马克思主义者尤其是斯大林的论述，来阐释历史唯物主义。另一种是只依据马克思早期的论述，如《1844年经济学哲学手稿》，而无视他成熟时期的论述，这种情况主要存在于一些西方马克思主义者及受他们影响的中国少数学者中。根据马克思本人的论述，历史唯物主义的基本思想是他在1845年与恩格斯合著的《德意志意识形态》中首次提出，并在后来的著作中逐步加以完善和发展的。因此，只有马克思以及恩格斯1845年以后的著作，才能作为阐释历史唯物主义的可靠依据。基于这种认识，我把自己的观点全都建立在对马克思成熟时期著作的研究基础之上。

其次，我深入挖掘了马克思经济学手稿中有关历史唯物主义的大量论述。众所周知，历史唯物主义虽是马克思的两大发现之一，但他却从来没写过历史唯物主义方面的专著。他有关历史唯物主义的论述大都散见于他在各个时期针对各种不同问题的论著中，特别是政治经济学的论著中。例如，他关于历史唯物主义最经典的表述，就出现于他的《〈政治经济学批判〉序言》中。然而，我国从事历史唯物主义研究的学者对马克思的经济学著作，特别是对他的两部包含历史唯物主义大量论述的著名手稿，即《经济学手稿（1857—1858年）》《经济学手稿（1861—1863年）》研究得却很少。我的研究在很大程度上是以马克思的几部经济学手稿为基础的，其中一些重要的见解及论据均来自它们。

再次，我明确提出了一些与我国流行的哲学教科书（如肖前等主编的《历史唯物主义原理》和赵家祥等主编的《历史唯物主义原理》）不同的新见解。在《对生产力、生产方式和生产关系概念的再考察》一文中，我针对流行的哲学教科书虽然强调生产力是人们从事物质生产的能力，但在说明生产力的构成时又把它解释为劳动过程的逻辑矛盾，论证了生产力指的是人们从事物质生产的能力，它是由劳动者的体力和智力构成的；针对它们把生产方式定义为生产力和生产关系的统一，论证了生产方式指的是从物质方面来看的特定的生产过程；针对它们将人们在共同劳动中的分工和协作都包括在生产关系中的解释，论证了并不是人们在生产过程中结成的所有关系都是生产关系，只有那些反映人们在生产过程中的社会属性的关系，即生产条件的所有者和直接生产者的关系，才是生产关系。在《论经济基础的构成》一文中，我针对流行的哲学教科书把经济基础概念定义为不包括生产力在内的生产关系的总和，论证了经济基础指的是一定的生产方式以及与它相适应的生产关系，经济基础包括生产过程中人与自然的关系，社会整体结构由经济基础和上层建筑两个层次构成。在《对马克思社会形态概念的再考察》中，我通过对马克思原著的历史考察，澄清了“社会形态”与“社会形式”、“社会形态”与“社会经济形态”的不同含义，论证了在马克思的著作中社会形态概念指的是处于一定历史发展阶段上的社会，是由一定的经济基础和上层建筑构成的社会整体。在《马克思的三大社会形态理论》中，我通过对《〈政治经济学批判〉序言》及相关论述的考察和分析，提出并论证了马克思从未提出过五种社会形态理论，而只提出过三大社会形态理论。对我的这一论证，《中国社会科学》原编审何祚榕先生曾有过中肯的评价。

最后，我的研究方法在一定程度上借鉴了英美分析的马克思主义者的逻辑分析方法，即他们运用的那些使概念更为清晰、逻辑更为严谨的语义分析法、语境分析法、逻辑排除法等。我们知道，马克思对历史唯物主义的论述虽然很多，但它们之中有些只是粗线条的勾画，缺少细节的说明；有些只是一带而过，没有展开解释；有些只是对具体问题的说明，而没有展现其普遍的意义；有些对概念的使用过于灵活，缺少对其含义的严格界定。简言之，他的论述还不能直接在人们面前呈现出一个概念清晰、逻辑严谨、完整系统的历史唯物主义理论体系。而我们要做的主要事情之一，就是要再现这样一个理论体系。要做到这一点，就必须在掌握马克思的全部相关论述的基础上对它们进行深入的逻辑分析，以确定构成这一理论体系的基本概念有哪些，它们的确切含义是什么，以及它们之间的相互关系。在如何对马克思的论述进行逻辑分析这一问题上，英美的分析的马克思主义者，特别是英国牛津大学的G. A.科恩教授，做了不少有益的工作。我在英国读博士期间，曾同科恩教授有过较为密切的交往，他运用的分析哲学的方法对我有很大的启发。我在写作《马克思的社会形态理论》一书时，在不少方面应用了分析的马克思主义者的逻辑分析的方法。对此，G.史密斯说道："段的说明方法在许多方面使我们想起G. A.科恩、罗默和埃尔斯特这些'分析的马克思主义者'的方法。的确，他常常表现出首先关注的是为马克思主义的一些关键的概念，如'经济基础''生产关系''生产方式''上层建筑'等等，提供经过分析的严格的定义，并同时力图在他自己对马克思原文的独特理解的基础上确立马克思的各个命题在逻辑上的一致性。"

问

您说您的研究借鉴了分析的马克思主义者的逻辑分析方法，这是否意味着在您看来，当前国内的历史唯物主义研究也需借鉴这些方法，因而这些方法具有普遍的适用性？

答

是的。只要翻阅一下新中国成立以来有关历史唯物主义研究的著作和论文，我们就不难发现，人们在很多问题上的分歧和争论，主要根源在于对马克思使用的一些基本概念的不同理解，而造成这种情况的一个重要原因是缺少对马克思的相关论述的严格的逻辑分析。以经济基础概念为例，在国内学者中目前至少存在四种以上的理解，而且每种理解都是以马克思的某些论述为依据的。如果我们承认马克思创立的历史唯物主义是一个科学的理论体系，那就必须承认构成这一理论的每一基本概念都有其确定的含义。我在前边指出，由于马克思生前没有写过一本有关历史唯物主义的专著，他有关历史唯物主义的论述只是散见于他不同时期针对不同问题的论著中，因而，只有通过对他的全部相关论述作严格的逻辑分析，我们才能确定作为历史唯物主义基本要素的每一概念的确切含义，并进而再现一个概念清晰、逻辑严谨的完整科学的理论体系。中国很多学者在研究中恰恰缺少这种严格的逻辑分析。他们在研究中往往只是抓住马克思的某些论述，而不管马克思的其他相关论述就轻率地下结论，其结果就是你用马克思的某些论述证明你的理解，他用马克思的另一些论述证明他的理解。如果我们借鉴一些分析的马克思主义者的逻辑分析方法，那将有益于我们克服这方面的问题。当然，这并不是说只要应用了分析的马克思主义者的逻辑分析方法，我们就一定能得出正确的结论，因为这里还有一个如何应用这些方法的问题。

问

从您所讲的内容来看，您似乎也在致力于“回到马克思”的工作。据我了解，不久前南京大学的张一兵教授出版了一本重要的学术专著——《回到马克思——经济学语境中的哲学话语》（江苏人民出版社，1999）。与人们通常从哲学视角来阐发马克思的精神实质不同，张教授是从经济学的语境出发来解读马克思，并且他在书中明确地提出了“回到马克思”的口号，您对此有什么看法？

答

对于“回到马克思”这一口号，人们可以有不同的理解。张一兵的那本书实际上是一本研究马克思哲学思想形成和发展历程的书，“回到马克思”在那里指的是重新解读马克思的原著，以“努力呈现马克思文本和其思想发展历程的原像”。在我看来，他的解读应当说取得了一定的成果，这尤其表现在他对一些较少为人们所注意的马克思在经济学方面的读书摘录、笔记、手稿作了深入的考察和分析，并在此基础上提出了一些颇具新意的见解。但我认为，他的解读也存在一些问题，特别是他的解读带有浓重的阿尔都塞的结构主义的马克思主义的痕迹。

问

您说张教授的著作带有浓重的阿尔都塞痕迹有什么根据？您能再具体谈谈吗？

答

首先，他的解读方法在很大程度上是对阿尔都塞的“症候阅读法”的仿效。他认为“以不同的解读方式面对马克思的文本，会产生出截然不同的理论图景”。那他采用的是什么样的解读方式呢？他说：“本书采用的解读方法显然不是简单借用哪一种现代科学或哲学中的模式。……事实上，我自己也无法估算，到底有多少科学认知模式和理论方法以及我们民族的文化个性溶解在自己理论逻辑中了。”这种说法显然是在回避问题，而且让人无从把握。实际上，他的解读方法主要是仿效了阿尔都塞的“症候阅读法”，尽管也借鉴了当代西方哲学其他流派的一些东西。对此，他自己不是没有说明，只不过在说明这一问题时把“解读方法”更名为“写作方式”罢了。他说道：“本书在写作方式上与《马克思历史辩证法的主体向度》一书有同构的方面，即我始终追问马克思文本表层语句之后更深一层的构境意义，即话语的隐性逻辑。巴什拉曾说：‘唯有关于隐匿事物的知识才是科学’。我挺迷这一断言。”这显然讲的是他的解读方法而不是写作方式。我们知道，阿尔都塞一再强调，马克思的著作有表层结构和深层结构之分，前者是白纸黑字的原文，后者是隐藏在原文中的理论结构或理论框架。在阅读马克思的著作时不能只满足于字面上的理解，而应深入到原文的背后，挖掘出其深层的结构。为此，他提出了所谓的“症候阅读法”。张一兵的“写作方式”无非是把阿尔都塞所说的“表层结构”和“深层结构”换成了“文本表层语句”和“话语的隐性逻辑”，他所追问的“文本表层语句”之后更深一层的“话语的隐性逻辑”，实际上也就是阿尔都塞所挖掘的“表层结构”之下的“深层结构”。

其次，他的“非连续性”说基本上接受了阿尔都塞的“认识论断裂”说。阿尔都塞认为，任何意识形态和科学理论都有其独特的理论框架或问题体系，这种理论框架决定了它所能提出的问题、提出问题的方式，以及解决问题的办法。阿尔都塞强调指出，在马克思思想形成的过程中存在一个“认识论断裂”，此前的马克思的著作是“意识形态”，此后的马克思著作开始成为科学。这一存在于意识形态的理论框架和科学的理论框架之间的“断裂”发生在1845年，其标志是《关于费尔巴哈的提纲》和《德意志意识形态》。张一兵提出，他在书中“格外关注了马克思思想发展进程中的非连续性”。他所说的“非连续性”指的是什么？从他的相关论述来看，指的是“话语的隐性逻辑”的转变。具体说来就是，马克思哲学思想的发展表现为三个时期的逻辑公式的转变，或者说，表现为“三大话语转变和认识飞跃”。第一个时期的逻辑公式是“S应该是P”，第二个时期的逻辑公式是“S现实地可能是P”，第三个时期的逻辑公式是“过去的S_1，发展为今天的S_2，并正在走向S_3，……S_n”。不难看出，张一兵所说的逻辑公式实际上也就是阿尔都塞所说的理论框架，他所说的“非连续性”即“转变”也就是阿尔都塞所说的“认识论断裂”。所不同的是，阿尔都塞认为马克思的著作中只存在“一个”意识形态和科学之间的断裂，而张一兵讲的非连续性的转变则有两次。不过，张一兵又补充说，第一次转变是异质性的，第二次转变是同质性的。但尽管如此，他的“非连续性”说到底还是阿尔都塞“认识论断裂”说的翻版。

再次，他解读马克思原著的新发现与阿尔都塞对马克思著作的看法大体相同。所采用的解读方法与所获得的解读结论之间无疑有着内在的联系，张一兵教授对阿尔都塞的效仿决定了他的解读必然会得出与阿尔都塞大体相同的结论。阿尔都塞认为，可以把马克思的著作分为三个时期：马克思青年时期的著作（1840—1844年）；断裂时期的著作（1845年）；成长时期的著作（1845—

1857年）。张一兵提出，他发现了马克思的哲学建构历时性地存在着三个理论创造高峰期：一是1844年，其最重要的文本是青年马克思建构人本主义社会现象学的《巴黎笔记》和《1844年经济学哲学手稿》；二是1845年1月到1846年12月，其最重要的文本是马克思的第一批马克思主义哲学文献，即创立广义历史唯物主义的《关于费尔巴哈的提纲》、《德意志意识形态》和《马克思致安年柯夫》；三是1847年到1858年，其最重要的文本是马克思建立在马克思主义狭义历史唯物主义学说和历史认识论之上的历史现象学的《经济学手稿（1857—1858年）》。将阿尔都塞的看法与张一兵的新发现加以比较，我们不难发现，它们两者大体相同。张一兵说的第一个高峰期，也就是阿尔都塞所说的第一个时期的最后一年；张一兵说的第二个高峰期，也就是阿尔都塞所说的第二个时期，所不同的是前者把后者的第二个时期延长了一年；张一兵说的第三个高峰期，也就是阿尔都塞所说的第三个时期，所不同的是前者把后者的第三个时期提前了一年。

当然，以上只是我个人的看法，希望以后有机会能当面与张一兵教授讨论这一问题。对于阿尔都塞的结构主义的马克思主义的得失，国内外学者有很多不同的看法，这里我就不再展开谈了。

（原载《哲学动态》2002年第9期）

学者近况

段忠桥（1951— ），1977年毕业于南开大学哲学系，1987年在中国人民大学获哲学硕士学位，1994年在英国埃塞克斯大学获哲学博士学位。曾任中国人民大学马克思主义学院副院长、哲学院副院长，《中国人民大学学报》主编，英国牛津大学万灵学院（All Souls College）客座研究员（1998—1999）。现任中国人民大学杰出人文学者特聘教授、哲学院政治哲学研究中心主任，中国当代国外马克思主义研究会副会长。主要研究领域为历史唯物主义、当代英美马克思主义和政治哲学。

出版学术著作10余部，其中代表性著作有《马克思的社会形态理论》(英文，英国 Avebury Ashgate 出版社，1995)、《当代国外社会思潮》(中国人民大学出版社，2001)、《理性的反思与正义的追求》(黑龙江大学出版社，2007)、《重释历史唯物主义》(江苏人民出版社，2009)、《为社会主义平等主义辩护——G. A.科恩的政治哲学追求》(中国社会科学出版社，2014)、《马克思的分配正义观念》(中国人民大学出版社，2018)。在国内的《中国社会科学》《哲学研究》《马克思主义研究》《学术月刊》及美国的《自然、社会与思想》(*Nature, Society, and Thought*)、英国的《批判》(*Critique: a Journal of Socialist Theory*)和《政治学》(*Politics*)等学术刊物发表论文100余篇。

跨进21世纪的门槛

——访叶朗

学者简介

叶朗，生于1938年，浙江衢州人。1960年毕业于北京大学哲学系哲学专业。时任北京大学哲学系教授兼艺术学系主任，北京市哲学学会会长，教育部高等学校哲学专业教学指导委员会主任委员，中华美学学会副会长兼高校美学研究会主任，第九届全国政协常委。主要著作有：《中国小说美学》（北京大学出版社，1982）、《中国美学史大纲》（上海人民出版社，1985）、《现代美学体系》（主编，北京大学出版社，1988）、《胸中之竹》（安徽教育出版社，1998）。1990年获得“国家级有突出贡献中青年专家”称号。2001年获得国家级普通高等学校优秀教学成果奖一等奖。

问 20世纪已经过去了。在您看来，20世纪在美学方面的成就与不足是什么？我们怎样根据对它的经验教训的总结来发展21世纪的美学？

答 我的初步想法是，20世纪基本上是这样一个进程：在引进西方文化的同时进行中西文化的沟通。20世纪的中国美学可以分为三个阶段：第一个阶段是以王国维的美学思想为代表的美学；第二个阶段是以朱光潜、宗白华的美学思想为代表的美学；第三个阶段是改革开放以后形成的各个学术流派。整个过程是一个往前推进的过程。21世纪我们应该继续推进这个进程。

中国的美学从近代以后，王国维、梁启超、蔡元培、朱光潜等人有一个共同的倾向，那就是力求把中西方美学加以融合。正如宗白华所言："将来世界的文化必定是融合两种文化的优点而加之新创造的。"这是70年前说过的话。宗先生还说，这件事情中国人来做最合适。因为中国的文字非常难，西方学者要把握中国文化很困难。因此，在这件事情上，中国学者是可以作出自己独特的贡献的。王国维也曾表达过同样的观点。如《人间词话》《红楼梦评论》等都是用西方的学术观点来解释中国的文学。另外，朱光潜的《诗论》，也是用西方的美学理论来解释中国的诗歌。实际上，朱光潜、宗白华比王国维已经进了一步。王国维、朱光潜等人都有一个特点，一方面研究中国，一方面介绍西方。20世纪50年代从苏联引进了马克思主义美学。这个问题也有两方面。马克思主义的基本观点对我们当然是重要的，但具体到美学，当时从苏联引进的东西还值得讨论。它们可以用来参考，但不能僵化。当时一个负面效应是把过去老一代学者所做的工作都否定了。从王国维到朱光潜，他们所做的中西融合的努力被中断了。改革开放以后这个传统才被接续了起来。中国传统文化中有许多优秀的东西，但从理论上研究不够。

问 中国传统美学在世界美学史上的确独树一帜，以它独特的方式对世界文化作出了贡献。但是，不可否认的是，在当今这个世界上，西方话语无论从语言上、思维方式上都占有绝对优势。中国美学作为一种建立在农业社会经济基础之上、以中国传统的天人合一哲学为基础的对美和艺术的理解，它跟建立在工业化基础之上、以主客二分为哲学基础和前提的现代知识论学科的美学对审美和艺术是两种不同的理解和把握方式。那么，对中国美学进行现代化改造的可能性在哪里？在这样一个时代背景下，怎样扬弃中国的传统美学思想呢？

答

文化当然是一定的经济、政治的反映，但文化中有的部分如哲学、哲学研究的问题是人类社会、人性、宇宙的一些根本问题，对这些问题的思考并不完全受当时那个时代的经济、政治的制约。孔子对人性的研究成果我们今天还可以吸取，不能说他的成果今天就没有价值了。大工业时代的学者未必就比小农时代的学者对人性的研究更深刻。在这一点上，人文学科和自然科学是不同的。自然科学是不断进步的，后面的成果把前面的包括了。哲学就不同了。我们不能说，21世纪的学者就一定比老子更有智慧；也不能说，宋代人的哲学思考一定比唐代人进步。只能说，对于一些人类所面临的共同的问题，每个时代的思想家都有自己的思考和解答。从这个意义上讲，中国的传统哲学、美学、文化是永远有价值的，但也不能说他们提供了现成的答案。

我觉得中国美学，特别是王夫之的美学思想是非常深刻的，但我们现在研究不够。比如，我们现在争论艺术和非艺术之间到底有没有区分。在“什么是艺术，什么是非艺术”这个问题上，中国传统美学认为是有区分的。王夫之曾指出艺术和非艺术的区分在于能不能“兴”，这包含了很有价值的思想。王夫之还强调审美的直接性，“现量”“一触即觉，不假思量计较”。它是超逻辑的。这些都很有价值。王夫之在中国美学中非常重要，他有许多重要的东西我们还没有挖掘。

问

您能否谈谈您今后的研究计划？

答

可以。我下一步要做的工作，首先是美学基本理论的研究，立足点是中国传统文化和北京大学的美学传统。当然还要吸收和借鉴西方现当代美学研究的基本思路和方法，把美学的基本理论清理一下，写一本美学原理的教材。

除了基本理论之外，同时想要做的是深入研究中国的美学和艺术。一是把《中国美学史大纲》全面修订一下。二是想写一部中国艺术批评史。中国艺术理论的遗产极其丰富，如绘画、书法、音乐、戏曲等方面都有丰富的资料。过去我们有很好的中国文学批评史，但中国艺术批评史作为一门学科一直没有建设起来，现在我们应该把这个空白填上。三是对中国古代艺术的研究，特别是宗教艺术研究。因为前几年我兼哲学、艺术学和宗教学三个系的系主任，促使我产生了一个想法：把三个领域沟通起来。

问

您指的是宗教艺术还是宗教艺术所体现出来的文化？

答

我指的就是宗教艺术。有两个部分：一是中国古代小说诗歌中的宗教世界。中国小说有很多写到宗教，如《红楼梦》《西游记》等。它们写了宗教观念，也写了宗教生活。诗歌里也有很多值得研究的东西，如禅宗中就有很多反映宗教思想的诗作。二是中国宗教艺术的研究。全国佛寺、道观无数，里面有佛像，有石刻、木刻等等，还有上古宗教，如三星堆、青州佛雕、敦煌艺术，这些都是非常好的，但很少有人从宗教艺术的角度去研究。艺术品怎么体现宗教观念？宗教观念是怎么影响艺术创作的？如果你能从学术上把这些问题研究透了，这在国际上都会非常引人注目。这个项目就叫作“中国宗教艺术实地考察”。前面一个（文学中的宗教）相对来说好做一些，就是书房里的工作，查资料；后面一个需要田野作业，这就比较辛苦，费时费力，还需要有大量的经费投入。

此外，围绕这些还可以产生一些别的东西。比如，我想像朱光潜先生的《谈美》那样，写一些比较通俗的谈美学、人生的著作。通俗性的东西是最难做的。你必须首先自己搞得很透，融会贯通，然后用明白通畅的语言表述出来，要深入浅出。这是最难做到的。我想如果我有时间，我希望做一点这方面的工作。如果这个能做完，还有第三个阶段。

问 您这个计划主要是关于具体的艺术史和美学史问题的研究。那么，这仅仅是您个人的学术兴趣呢，还是您认为从一般治学的角度讲，目前中国的美学研究也应该多做一些具体的艺术史研究呢？

答 同任何一门学科一样，要推进美学基本理论的研究是很难的。而在具体的部门里，应用基本理论来研究具体问题，相对来说容易一些。而且，中国就是缺少这种具体的研究，许多问题深入不下去。中国画的发展、京剧的发展，一个重要问题就是缺乏理论分析。

问 您曾讲过您的《中国美学史大纲》修订本在一些基本理论上有些跟过去不同的地方，有些推进。您能否讲讲主要体现在哪些地方？

答 比如说，美学是研究审美活动的，研究审美活动的性质。过去我们的思维模式是主客二分，这不符合审美活动的性质。审美活动不是认识，而是一种体验。体验不是主客二分。中国古代多数并不是在主客二分的框架里来研究审美的。过去我们对这些都注意不够。因为我们自己有一个框架，当然在批判吸收古人的成果时就受影响。如果你的思想是一种封闭的状况，你读书是读不进去的，因为你的视野不够开阔。改革开放20多年来一个重要的成果就是打开了我们的视野。解放思想是非常重要的。我们国家的建设要解放思想，学术研究更要解放思想。

问 您刚说到主客二分的思维模式，我最近确实看到一些文章，认为西方传统观点的主要缺陷在于用一种主客体思维方式去研究美学，而这种思维方式确实不适合于研究美学和艺术。当然也看到另一种观点，认为主体和客体只是一种概念的不同，比如拿它研究中国古代美学和艺术学，就可以说在中国古代主客体是不分的。那么，所谓主客体这类概念的确是不适合用在美学研究上吗？

答 这个问题我没有想过，但我觉得这个概念是可以用的。朱光潜曾谈到审美要物我同一，情景交融，这是有道理的。朱光潜也采取认识论模式。审美活动就是如此，就是物我同一。所以主客体概念还是可以用的，问题是不能从认识论模式来讲。我在研究一个客体之前，我一直生活在你与我之中，在人和人之中，生活在世界之中，我是世界的一部分，与世界是一体的。我在研究这个世界，我也在世界中间。我跟世界是不可分的，是相融的。我用这种方法作为主体来跟世界打交道。因为总而言之，你还是个主体，你跟世界是交流的。过去的问题在于把客体变成外在于我的东西来研究，所以过去就要寻找美的实体。外在于我有一个实体存在，但实际上美的东西不能外在于主体，它就是在主客体沟通中产生的一种价值。

问 有一种观点，认为主客体概念实际上是一种西方近代哲学概念，这种概念的局限性是非常大的，只要使用它就必然产生一种影响，就是主体通过客体概念去概括审美关系，必然导致审美主体对客体的吞没，导致把审美对象看作是为主体服务的，主体是凌驾于客体之上的。因为，主客体概念的内涵就意味着主体对客体的吞没与奴役。

答

这有问题。我认为，美是意象，是审美意象。这个意象是我胸中之竹，而且你的胸中之竹跟我的胸中之竹不一样。那就不能脱离主体。审美愉悦，谁的愉悦？而且审美是一种个体行为，当然也是有群体的。审美意象是在我脑子里产生的，审美愉悦是这样，审美心理也是这样。你不能离开主体。所以你所说的那种观点是一种绝对化的看法，是主客体的分裂。你不能说用了主客体这个概念就怎么样。审美活动就是这个东西。我现在听音乐，我觉得很美，那还是我在听而不是你在听，你不能说主体就消失了。这个问题在理论上怎么说清楚还需要研究。

问

您讲美学不能仅仅从认识论去研究，那么，您对美学作为一门学科究竟是如何定位的呢？它的研究方法应该是什么？

答

我认为有四点可以肯定：第一，美学是一门人文学科。什么叫人文学科？人文学科研究的对象是精神世界和文化世界。精神世界是内在的，文化世界是外在的，两者是统一的。精神世界和文化世界的内涵是什么呢？就是意义世界和价值世界。美学研究的也就是这个。明确这一点很重要。美学研究最后要与人生相结合。第二，美学是一门理论学科。它研究的对象是感性活动，但它本身是一门理论学科，它需要理论思维的训练。第三，美学是一门交叉学科。它要借助很多相邻学科。因为美学跟哲学、文学、艺术、心理学、人类学、文化学、文化史等都有关系，所以美学要借用多学科的手段、知识和方法。也就是说，学美学的人知识面要宽一点。第四，美学是一门发展中的学科，它至今没有成熟的体系。这个特点就使我们研究美学不能固守一个体系，思想要开放，要随时吸收新的东西，从美学史上去吸收，还有是从当代学术中去吸收。

这四个特点引出美学研究的方法就是要注意锻炼自己的理论

思维能力，要注重美学的人文内涵，要有较宽的知识面，特别是要有丰富的艺术直接体验和艺术史的知识，还要有一种开放的研究心态，随时吸收新的东西。当然这很难。前面我说过，基本理论要往前推进是很难的。所以我觉得要提倡把美学理论拿来研究一些具体问题，这也不单是研究简单的作品。如果21世纪我们美学界能够解决这样一些很有内容而长期没有解决、很值得挖掘的问题，那将是非常有意义的。这种研究反过来也一定会有利于美学基本理论的推进。比如，如果我们对宗教艺术研究出一些新东西，那对美学基本理论肯定是有推进作用的。

问　您刚才讲到美学研究对人生的作用。您在《中国美学史大纲》中反复强调中国古典美学的人生感、历史感、宇宙感。我觉得您这几个“感”的总结非常重要，它触摸到中国古典哲学和美学的形上追求的问题。

答　对。比如《红楼梦》，那么多人研究，有各种派别。新中国成立后从批判胡适的考证学派以后主要讲社会历史意义，讲它是对当时社会生活的反映。这当然是对的。《红楼梦》深刻地反映了清代前期贵族社会的生活状况，从这个意义上可以说它是一部教科书，也是一部百科全书。读《红楼梦》会增加对中国社会的了解，这是没有问题的。还有一个层面是它的悲剧性。过去讲宝黛的爱情悲剧，这远远不够。曹雪芹提出一种理想，一种审美理想。这个理想在当时的社会条件下必然会毁灭。因而它是美的理想毁灭的悲剧。曹雪芹的审美理想是什么呢？这就是肯定情的价值，追求情的解放。它的核心是个“情”字。这个“情”是从汤显祖那里来的。汤显祖把社会分成两种，一种是“有情之天下”，一种是“有法之天下”。所谓“有法之天下”，指当时的封建社会传统的伦理观念和社会秩序、社会习惯。“有情之天下”就是春天。但是当时的社会是“有法之天下”，没有春天。因此，要“因情成梦”，进一步“因梦成戏”。他的戏曲就是写“梦”。《牡丹亭》就是写“梦”。《红楼梦》并不光是写一个宝玉，它是一个交响曲式的作品，它写一个“有情之天下”的毁灭。第三个层面就是形而上的层面。整部《红楼梦》渗透着曹雪芹对人生问题的思考，对生命最终意义的追问，对人生的本源性存在的追问。在曹雪芹看来，“有情之天下”是生命的本源，是人生的终极意义之所在。大家知道，贾宝玉有一个神话的背景，他本来是女娲补天剩下的一块石头，被抛在青埂峰下，后来来了一僧一道，把这块石头带到人间去经历了一番，他把这番经历记在石头上，就成了“石头记”。这块石头到人间的经历有什么意义？这个经历就是对“有情之天下”的体验。这番经历证明，“有情之天下”作为曹雪芹的人生理想，不在彼岸，而是在此岸，是在现实的生活世界之中，尽管可能很短暂，甚至可能是悲剧，但是它是真实的存在。它就是曹雪芹追求的精神家园。这是《红楼梦》的形而上的层面，是它一个最高的层面，但过去很少有人提到这个层面。《红楼梦》之所以伟大，有这个形而上的层面是一个重要原因。过去没有像《红楼梦》这么深刻地提出这个问题的。但其实自古以来，哲学家们就在思考这个问题，艺术家也感叹这个问题。没有一个时代能够提供一个最后的解答，但每个时代都要思考，不断提供新的回答，这就是哲学。如果哲学能够提供最后的回答，这哲学就没有意思了。我们过去的哲学就是总想提供最后的回答，最后的绝对真理。如果哲学能提供最后的绝对真理，这哲学一定是假的。哲学的任务就是提供它自己时代的回答。时代前进了，当然会有些新的综合。

问 您在《中国美学史大纲》中讲到，中国人的形上追求是在当下现实中进行的，即在现实人生中实现超越，超越的途径就是审美超越。那么这种审美超越在现代大众文化社会的现实意义是什么？

答 审美超越是禅宗对美学的启示，另外，还有魏晋玄学。魏晋玄学有两派。王弼一派，讲“无”，追求形而上的东西。郭象是讲“有”，讲当前。这两派对美学都有很大的启示。一个是讲形而上的追求，一个是讲立足于当下。禅宗就是在当下活生生的生命中去体验形而上的东西。那些禅师的悟道，看到花开了，听到莺叫了，他一下子领悟了，他是从现实的生动活泼的生命中来体验宇宙的本性。它对美学的启示就在这里。所以宗白华讲，中国的艺术有一种哲学的美。“意境”必须要有形而上的东西，要蕴含着人生感、历史感、宇宙感。“意境”概念之所以重要，是因为它集中体现了中国古代思想家、艺术家的形而上的追求。这是中国的艺术和美学的一个特点，这在“意境”中体现得非常突出。所以我不赞成有的人对“意境”的解释，好像“意境”就是一个情景交融，这样就失去了它的特殊的内涵。

［采访人：徐碧辉］

（原载《哲学动态》2002 年第 10 期）

学者近况

叶朗（1938.10— ），1960 年毕业于北京大学哲学系哲学专业。曾同时担任北京大学哲学系、宗教学系、艺术学系三个系的系主任，后担任北京大学艺术学院院长。兼任教育部哲学教学指导委员会主任，国务院学位委员会学科评议组哲学组召集人，北京市社科联副主席，北京市哲学学会会长。第九、第十届全国政协常委。现任北京大学哲学社会科学资深教授、博雅讲席教授、艺术学院名誉院长、美学与美育研究中心名誉主任、文化产业研究院院长。1990 年被授予“国家级有突出贡献中青年专家”称号，2001 年获国家级普通高等学校优秀教学成果奖一等奖。主要著作有：《美在意象》（《美学原理》）、《中国美学史大纲》、《中国小说美学》、《意象照亮人生》、《胸中之竹》、《欲罢不能》、《燕南园海棠依旧》、《更高的精神追求》等。主要编著和合著有：《现代美学体系》（主编）、《中国历代美学文库》（总主编）、《中国美学通史》（主编）、《中国艺术批评通史》（主编）、《中国文化读本》（合著）、《文章选读》（选编）。

努力开拓哲学研究的新边疆

——访李伯聪

学者简介

李伯聪，1941年生，河南禹州人。1962年就读于河南大学，1978年为中国科学院研究生院研究生，1981年获硕士学位。时任中国科学院研究生院人文学院副院长、教授，中国自然辩证法研究会常务理事、学术工作委员会主任，东方国际易学研究院学术委员。著作有：《人工论提纲》（陕西科技出版社，1988）、《扁鹊和扁鹊学派研究》（陕西科技出版社，1990）、《高科技时代的符号世界》（天津科技出版社，1999）、《工程哲学引论》（大象出版社，2002）、《透视知识》（福建人民出版社，2002）。在国内学术刊物发表学术论文数十篇。

问 最近大象出版社出版了您的新作《工程哲学引论》。中国科学院路甬祥院长在为该书写的序言中称赞其是“具有开创性的崭新著作”，同时，我又看到《哲学研究》（2002年第10期）上刊出了中国技术哲学的领军人物陈昌曙教授为您的这本书所写的一篇评论，陈昌曙先生称赞此书是“充满原创性并自成体系的奠基之作”，“它的出版为哲学研究开创了新的边疆”。从“元理论”的观点来看，要把工程哲学确定为一个新的研究领域，认定其为“哲学研究的新边疆”，是必须有其现实的和理论的前提或基础的。那么，工程哲学之所以能够成立和发展的现实的和理论的前提或基础是什么呢?

答 简单地说，工程哲学之所以能够成立和发展的现实的和理论的前提或基础就是关于科学、技术和工程的“三元论”。

让我们先从科学和技术的相互关系谈起，这是一个大问题。几十年来，中国在科技政策方面之所以出现一些失误，在许多情况下都是和没有正确认识与把握科学与技术的相互关系密切相关的。对于科学和技术的相互关系，主要有两种观点。一种观点是主张科学和技术没有本质区别的“一元论”观点（“科学一元论”、“技术一元论”或主张“科学技术一体化”的“一元论”），另一种观点是主张科学和技术存在本质区别的关于科学和技术的“二元论”的观点。

本来，所谓科学和技术的相互关系的问题在逻辑上是以承认“科学和技术是两个不同的对象”为前提的，因为如果二者不是两个不同的对象而是“混同为一”的“一个对象”，那么，所谓科学和技术的“相互关系”问题也就不复存在了。可是，在理论上和现实生活中，我们又常常看到把科学和技术混为一谈的现象。很显然，这种把科学和技术混为一谈的现象恰是关于科学和技术的“一元论”的反映和表现。

应该承认，在中国是流行着某种关于科学和技术的“一元论”观点的。大概正是针对这种情况，陈昌曙教授才自1982年起大声疾呼地强调科学与技术的根本区别。对于陈昌曙教授在这方面的基本观点，我是十分赞同的。

我认为，我们还可以和应该把科学和技术的“二元论”发展成为关于科学、技术和工程的“三元论”。所谓科学、技术和工程的“三元论”的基本观点就是承认和主张：科学活动、技术活动和工程活动是三种不同的社会活动，科学“成果”、技术“成果”和工程“成果”是三种不同的社会成果，作为“科学活动主角”（社会学意义的“角色”）的科学家、作为“技术活动主角”的发明家和作为“工程活动主角”的企业家、工程师、工人是三类不同的社会角色，科学制度、技术制度和工程制度是三种不同的社会“制度”（institutions）。总之，科学、技术和工程是三种不同的对象。应该强调指出，承认科学、技术和工程是三种不同的社会活动绝不意味着在理论上否认和在实践上削弱三者之间的密切联系，相反，由于在“一元论”和“二元论”的框架中实际上是取消了从科学和技术向工程的“转化过程”这个最“要害”的问题，而在“三元论”的框架中可以突出三者之间的“转化”关系，所以，“三元论”不但是一个可以突出和强调科学、技术与工程三者各自的特点和特性的理论框架，而且是一个可以具体、深入地研究科学、技术和工程的相互联系和相互转化问题的理论框架。

如果我们承认科学、技术和工程是三个不同的对象，承认科学、技术和工程的“三元论”观点，那么，从理论和逻辑上看，关于可以分别进行科学哲学研究、技术哲学研究和工程哲学研究的理论前提或基础的问题也就是一件“水到渠成”的事情了。

目前的实际状况是：科学哲学已经是一个相当成熟、成果十分丰硕的哲学分支；技术哲学虽然在许多方面与科学哲学相比稍有逊色，但如果从1877年卡普出版《技术哲学纲要》算起，则“现代技术哲学”比“现代科学哲学”的历史还要更长久一些；而工程哲学目前则还只是一个待娩的“婴儿”而已。

科学哲学家费耶阿本德说科学哲学是一个有伟大过去的学科，

我认为，他的看法太“灰色”了，我们应该乐观地看到科学哲学的未来仍然是充满光明的。吴国盛教授说技术哲学是一个有伟大未来的学科，我以为不仅如此，工程哲学也是一个有伟大未来的学科，其未来的发展将是非常迅猛的和不可限量的。

问

《工程哲学引论》一书是您经过大约20年的潜心研究才写成的，在中国学术界浮躁之风颇盛的情况下，您能20年静心研究，不急功近利，不怕坐“冷板凳”，这是很不容易的。您能谈谈这本书的研究和写作历程吗？

答

我大约是从20世纪80年代初开始进行工程哲学的思考和研究的。我在这方面写的最早的两篇文章是《论实践理性》和《论“工程论”及其在哲学中的地位》，这两篇文章都是学术会议的交流论文，没有公开发表。1988年我出版了《人工论提纲》一书，虽然这只是一本提纲性的小册子，仅有五六万字，但得到学界好评。《人工论提纲》在1988年出版后我就想把这个“提纲”扩展成为一本内容更具体、分析更深入的著作，但直到2002年我才写成了《工程哲学引论》这本书。大约20年来，虽然我所发表的关于工程哲学的文章很少，但我的注意力和思考的焦点却一直是集中在工程哲学这个领域中的。

问

您的这本书我曾经浏览一遍，感到您主要是以范畴分析的方法进行论述和展开工程哲学的体系的。您为什么这么重视和突出范畴分析的方法呢？

答

哲学范畴是“哲学理论网络”的“网结”，是“哲学理论大厦”的“砖瓦”和“基石”。虽然应该承认只有一些凌乱的“砖瓦”绝不意味着已经有了一栋“理论大厦”，但我们可以肯定，如果连“砖瓦”和“基石”也没有，那就只剩下一个“空场”了。范畴研究方法是哲学研究最重要、最基本的“路数”，所以，我把范畴研究方法作为写作《工程哲学引论》一书的基本方法。在《工程哲学引论》一书中，我希望通过对大约50个范畴的分析和阐述，使人们看到工程哲学是一个内容丰富的哲学学科，而绝不是一个空洞、浮泛的徒有虚名的“学科”——对于形形色色的内容空洞、徒有虚名的“学科”人们已是屡见不鲜。我想指出，在该书所论述的大约50个范畴中，有“三组”范畴是最重要的：目的、计划、决策这三个范畴是第一组，运作（operation，又译为操作）、制度、微观生产模式是第二组，价值、异化、生活是第三组。大体上它们分别“相应”于工程过程的三个阶段。

问

这本书有一个副标题“我造物故我在”，您说它就是工程哲学的基本哲学箴言。这个哲学箴言和笛卡尔的“我思故我在”有何关联又有何区别呢？

答

在“我思故我在”这个哲学箴言中，人仅仅被看成一个思维主体、认识主体；而在“我造物故我在”这个哲学箴言中，人主要被看作造物主体、生产主体。由于“我造物故我在”中还包含着“我用物故我在”的含义，所以它同时也包含了把人看作生活主体的含义。在“我思故我在”的理论中，人是没有历史性和历史发展的抽象的思维主体；可是，正如马克思所说的，“工业的历史和工业的已经产生的对象性的存在，是一本打开了的关于人的本质力量的书”，在“我造物故我在”这个哲学箴言中，人的本性是在“工业的历史和工业的已经产生的对象性的存在”即生产活动（工程活动）和生产的历史发展中展开的，从而工程哲学也就成了从生产和生活的历史存在和历史发展中来考察和把握人的本性和人的存在的哲学理论。

问

许多人都说，康德哲学好像一个蓄水池，在康德之前的哲学都流向康德，而在其后的哲学要从康德流出。您能谈谈您对康德哲学的看法吗？

答

在此我想介绍一下德国技术哲学家德索尔对康德哲学的一个看法。德索尔认为，在康德的“三大批判”之后还应该再增加一个“第四批判”——“技术制造批判”（a critique of technological making）。我很赞赏德索尔的这个看法。在一定意义上，我们可以说，工程哲学就是类似于德索尔所说的“第四批判”的哲学。我认为，康德哲学体系是存在着严重缺陷的，那就是康德哲学只重视了人的道德实践而几乎完全“忘记”和“遗漏”了人的生产实践和工程实践，从而使工程哲学成了康德哲学体系中的一个“巨大缺失”。康德哲学特别注意的是关于“如何可能”的问题，而在工程哲学中，更加突出和更加关键的乃是“怎样实现”和“实施过程”的问题。

问

您于1993年在《自然辩证法研究》第12期上发表了一篇文章，文中首次谈到了您关于“四个世界”的看法，本书中对此又有了新的阐述，您对波普尔的关于“三个世界”的理论有何评论呢？

答

波普尔关于“三个世界”的理论是有重大创新同时又有严重缺陷的。他只承认人的精神创造活动的成果形成了一个世界3，而完全无视人的物质创造活动的成果形成了一个世界4——人造物或人工物品的世界。从马克思主义哲学的观点来看，我们不但要看到人是精神创造活动的主体，而且更要看到人是物质创造活动的主体。在现代社会中，人“主要地”是生活在世界4之中而不是“主要地”生活在世界1之中的（当然我们也完全承认世界4绝不是可以脱离世界1而“凭空”创造出来的）。工程哲学的核心内容和基本主题就是要研究世界4的创造问题。另外，波普尔所说的世界2仅限于指人的精神世界，于是，波普尔的世界2便成了类似于普特南所说的“缸中之脑”而不是一个有“心”又有“身”的“活人”了；而在“四个世界”的理论中，所谓世界2不但是指作为身心统一体的个人，而且尤其是指由个人组成的制度化的集体或组织。在工程哲学的四个世界的理论中，关于工程活动的组织、制度、管理的问题和关于“本位人”“岗位人”“异化人”的问题都是非常重要的问题，而这些问题在“三个世界”的理论框架中是无从提出的。在此需要强调指出的是，在我国有一种普遍流行的观点认为，“理论”和“计划方案”都属于同样的“理性认识”。而实际上，理论是认识过程的结果，它是对“共相”的认识和把握，它的指称是“有”；而“方案”则是工程活动的第一阶段（计划阶段）的结果，它是对“殊相”的设计，它的指称是“无”。进行理论研究需要的是“爱因斯坦式”的智慧，而制定工程活动的计划需要的是“诸葛亮式”的智慧，这是两种不同类型的智慧。

问　您能简单谈谈工程哲学和“实践哲学”的关系吗？

答　这是一个大问题。在此，我只想简单地指出：在人类的多种方式的实践活动（生产和工程实践、政治实践、伦理实践、军事实践等）中，生产实践（工程实践）是最基本、最重要的实践方式，所以哲学家理所当然地应该把工程哲学领域的开拓和建设当作对整个“实践哲学”大厦的“第一支柱”的建设——以往的哲学家忽视了这项建设“实践哲学大厦”“第一支柱”的工作，现在我们再也不能忽视这项工作了。工程哲学的内容是非常丰富的，我们可以把它比喻为一片“宝藏”万千的“哲学处女地”，以往有许多人在这片“处女地”前“感慨”一番其“丰饶”之后，便“绕过”这片“处女地”“远行”了，现在是我们作为开垦者进入这片“哲学的新边疆”，深入地发掘其万千“宝藏”的时候了。

问

有些年轻人在看了您的这本书后，对工程哲学产生了浓厚兴趣，也想从事工程哲学方向和工程哲学领域的研究工作，对于这些年轻人您有什么话要说吗?

答

工程哲学是一个新开拓的、前途无限的研究方向和领域。有一种错觉认为：理论性太强就难免远离甚至脱离实际，实际性太强就难免要淡化甚至脱离理论；而在工程哲学的研究中，理论的探索性和面向工程的实践性是密切结合在一起的，工程哲学的研究可以而且必须同时在理论的深度上和在面向现实的广度与密切程度上都有新的突破和新的建树。天高任鸟飞，海阔凭鱼跃。这里有许多亟待深入研究的重要课题，这是一个可以充分发挥年轻人的创造力的方向和领域。年轻人关键要有好的知识结构，不仅懂技术，而且懂管理、经济、法律。

问

《工程哲学引论》一书已经出版了，对这本书您有什么不满足和遗憾之处吗?

答

由于工程哲学是一个新的研究领域，许多问题必须放在工程哲学的“整体框架”或“整体环境”中才能真正看清楚，所以我不得不把这本书写成一本“体系性”的著作，于是这本书就不得不涉及了过多的问题，其中不少问题都是“大问题”，尤其是我的水平的限制，使书中对许多问题的分析难以避免地成了浅尝辄止的分析和阐述。我希望今后能有机会对这类问题进行一些更深入的研究和分析。我认为《工程哲学引论》这本书的首要价值在于它是一本系统性地提出问题或提出系统性的问题的著作，而不在于它是一本对一个新的领域进行了某种“体系性”的阐述的著作。我希望年轻人能够在我书中浅尝辄止的地方找到感兴趣的问题，创造性地进行自己的新探索和新开拓。

问 您能谈谈今后有何研究和写作计划吗？

答 “工程”一语现在有更“普遍”地使用的趋势，尤其是人们常常谈到属于“社会工程”的问题。《工程哲学引论》一书主要是以“物质工程活动”为研究对象的，虽然书中的许多分析对于“社会工程”也是适用的，但我们毕竟不能把“物质工程”和“社会工程”混为一谈。我希望将来能对“社会工程”方面的一些问题进行一些思考，写一些文章，有可能的话就再写一本书。

（原载《哲学动态》2003年第4期）

学者近况

李伯聪（1941.1— ），自1959年起分别在郑州市和新郑县的中等专业学校、中等学校任教。1962年入读河南大学。1978年入读中国科学院研究生院（今中国科学院大学），1981年获得硕士学位。毕业后留校任教，先后任讲师、副教授、教授，自然辩证法教学部副主任、主任，人文学院副院长。1992年起享受国务院政府特殊津贴。曾任《自然辩证法通讯》副主编、《自然辩证法研究》常务副主编、《工程研究——跨学科视野中的工程》主编。现任中国自然辩证法研究会工程哲学专业委员会副理事长，中国科学技术史学会工程史专业委员会名誉理事长，中国社会学会工业社会学专业委员会名誉理事长。自20世纪80年代开始研究工程哲学，2002年出版了国内外第一本工程哲学专著《工程哲学引论》；其后又把研究领域扩展到工程社会学和工程史领域，出版了国内外第一本工程社会学专著。主要著作有：《扁鹊和扁鹊学派研究》、《工程哲学引论》、《高科技时代的符号世界》、《选择与建构》、《工程共同体研究——工程社会学导论》（第一作者）、《工程哲学》（合著）、《工程方法论》（合著）、《中国近现代工程史纲》（第一作者）等。

哲学是一门通学

——访叶秀山

学者简介

叶秀山，1935年生，江苏扬中人。中国社会科学院哲学研究所研究员，著名哲学家。

问

在现实生活中，哲学常被人误认为“无用之学”。作为哲学工作者，您对此如何理解？

答

哲学的存在和发展已有3000多年的历史，并形成了自己独特的表现形式和方法传统。哲学绝不是无用的，历史上，无论哪个民族，都从未取消过哲学，较大的民族，都会有比较系统的哲学思想。哲学不能立竿见影地帮助人们解决眼前的具体问题，其发展也不能停留在为别的行业、别的科学门类总结经验的层次上。哲学家去总结别的行业、专业的经验，还远不如其本行业、本专业人士。哲学有自己的学术专业，具有纯粹性，应该强调其自身发展。因此，从事哲学研究首先就应该搞清哲学的传统。

强调哲学的纯粹性，并不是要哲学家脱离实际。其实，没有哪个哲学家是真的脱离实际的，也不可能把实际脱离掉。哲学家本人不得不是现实中人，他搞哲学的立场来源于实际的生活世界。哲学家在最根本的地方关注实际。海德格尔的哲学晦涩极了，但其实最关注人的实际生存问题，他的哲学正是欧洲危机时代的哲学，他说欧洲人忘掉了“存在”，忘掉了“历史”，这是欧洲人作为“Dasein”的历史命运；当然他关注的方式方法是哲学的。与那些“有用”的具体学科相比，哲学的寿命最长。读哲学史，有时候会感到像是一个人想了几千年，有时这样想，有时又那样想，但无论怎样想，都是在哲学的理路上。

问

目前社会生活中普遍存在着一种浮躁的风气，在这样的社会氛围下如何才能更加纯粹地从事哲学研究，追寻智慧之思？中国社会科学院哲学研究所有哪些好的学术传统可以使我们受益终身？

答

哲学是基础学科，哲学研究也就显得十分清苦。但是目前中国的哲学界还是有一批人在认真踏实地做学问，也形成了一股很好的学风。现在外面的世界的确很精彩，诱惑也很多，关键看你有没有这个定力！中国是一个泱泱大国，有五千年的悠久历史，文化遗产丰厚，所以不管什么年代都得有人搞学问。

中国社会科学院有得天独厚的做学问条件。这个地方能够让人静下心来，是专门念书、搞研究、做学问的好地方。国家级的最高学术机构的存在对于我们这个民族来说是很有必要的！

社科院哲学所，哲学味比较浓，也比较纯。只要你们肯念书，能钻研，总会得到同事们的支持，你的工作价值也最终会得到社会和学界的承认。“文章千古事，得失寸心知”，货真价实的东西，是经得起时间考验的。胡塞尔说过，哲学就是要做超越的工作。

此外，社科院哲学所是全国哲学类书籍最集中的地方。西方哲学类的书籍比国外有些大学哲学系的还要多。这对于从事哲学研究是一个非常有利的资源条件。

问 根据您的治学经验，您认为从事哲学研究必须具备怎样的基础？

答 这里，我想强调的基础可分为两种：一种是知识基础，一种是外语基础。

知识基础一定要宽。做学问就像造金字塔，地基大了、深了才能有高度，才有进一步发生发展的强力后劲。专业当然要有，但也不能局限于一个专业方向，要获得更为开阔的视野，这对哲学研究至关重要。过去有人说，哲学是杂学，有一点道理。学哲学的兴趣都比较杂，也应该杂。搞西方哲学的也要读诸子百家、董仲舒、王阳明等，搞中国哲学的也得读康德、黑格尔、海德格尔之类。我始终提倡念原著。经典著作之所以是经典，一个重要的原因就是它能够常读常新，它总不会辜负你。至于怎么个读法，我以为，要在哲学史中选择自己喜欢的一个人或一个人的一本书来慢慢啃，来回反复地念，死劲地抠！搞哲学的人，一定要有一两本为自己所独专的经典著作，这或许就是您的“看家本领”。牟宗三的哲学，专就专在康德；贺麟先生的哲学，专就专在黑格尔。在哲学基础之中，欧洲大陆这一块又是必须搞清楚的，这是哲学基础的基础。没有它，你就无法进入西方哲学的话语体系和逻辑体系，也就是不能“登堂入室”。另外，希腊是西方哲学的故乡，搞哲学也不可能不理会古希腊这一块。这就像搞中国哲学，不能不先弄懂先秦诸子一样。

对中国哲学界来说，外语仍是一大难关！许多西方大哲学家的经典著作，在国内一时还找不到很理想的译本。哲学研究应该重视外语的掌握。对于外语，怎么强调都不过分。搞西方哲学、马克思主义哲学的必须要有好的外语水平，搞中国哲学的也一样。“文革”的时候，我正是利用那段岁月学习了多种外语，包括学了点希腊文，现在感到还是受益匪浅。

另一方面，做专业研究的学者，一门外语是远远不够的。年轻学者的外语，将来至少要达到在国际会议上能用外语跟人家进行学术辩论的水平，这样，中国的哲学才有希望真正走上世界舞台。我常常要求我的博士生在一段时期内不看中文书，绝不是我看不起翻译著作，事实上我十分重视参考中译本，认为这对于理解原著意思是很有帮助的，这样做，无非是想逼着他们提高自己的外语水平。

问

通过读您的著作，我们已经注意到，您近年的哲学视野已开始关注中国的传统哲学，这是否意味着您在经历了西方哲学的洗礼之后将试图在中学与西学之间做某种有益的打通？

答

对哲学有兴趣，就不会被一个专门领域所限制，肯定是要打通的。近代以来，中国的哲学大师如冯友兰、金岳霖、贺麟、熊十力、牟宗三，都是学贯中西的。哲学是一门通学，走到哪里都是通的。哲学的通，不仅仅是指哲学内部各个部门、大类之间的互通，而且还指它能够在各门学科之间走得通。数学、物理学、生物学等，哲学都是可以贯通的。不管这些学科多复杂、有多硬，哲学都可以进去，都应该没有阻隔才对。只有到了这个份上，才算是真正弄懂了哲学，尽管你自己不一定非得做遍每一个学科，但你的原则原理，都要通得过才行。譬如，你们当中有研究数学哲学的。西方哲学家中有很多人都对数学很有兴趣，马克思以解数学题解闷，黑格尔对数学也非常关注，胡塞尔最初是学数学的。其实，哲学史上的所有哲学家都在做通的工作，尽管他们术业各有专攻。不仅黑格尔的《哲学史讲演录》是哲学史，他的《精神现象学》也是一部打通哲学史的巨著，你不懂哲学史，或不掌握哲学史的主要问题，你就无法读进去。与别的学科相比，哲学有一个很大的特点，就是它每走一步，都会背着“历史的包袱”。这是我个人的体会。别的学科似乎都可以只问当前最新成果就行了，譬如计算机应用。但哲学不行，严格地说，哲学是没有普通意义上的“历史”的，它似乎是“永久性”的，所以过去常常忘记了哲学的“时间性”，直到对“时间-历史”有了新的理解，才又重视起来。哲学的领域里没有过期的问题，e时代的今天，我们读老子、孔子、柏拉图，一样是有意义的，他们在2000年前所提出的问题，我们这个时代仍未给出满意的解决答案。同时，每一个哲学家又都是一部哲学史，你把某一位哲学家搞懂了，哲学史也就打通了。这是学哲学的所谓能够讨巧的地方，也许是唯一可以叫作“捷径”的方法。

本质上，中、西哲学是可以通的。对于搞中国哲学的人来说，西方哲学是必不可少的参照系，西方哲学这几千年还是有相当多的人在相当多的问题上下过相当大的功夫的。地不分南北，人不分东西，哲学只有一个，哲学肯定是单数的。没有严格意义上的中国哲学与西方哲学之别，所以我对“比较哲学”的提法有点疑惑。当然哲学是有些不同，“比较”也还是可以作为一个方法来做，但不是主要的。哲学是共通的，各个国家、各个民族的哲学表现形式可以有所不同，但是哲学的内在本质还是可以通得过去的。

中国的哲学传统很长，它始终有一套自己的做法。但近世以来，在西方哲学的强劲冲击下，想靠自身因素实现本质性的推进似乎非常艰难。但外力毕竟还只是外力，最终还得靠其问题的自身推进，外力只能是“助力”，推进必须是自身推进。研究哲学，我常用的方法是“替古人立言”，把古人书本上的东西做活了。不妨经常问自己这么一个问题：如果孔子活在今天，按照他的思路，加上现代的知识背景，他会怎么看这个问题，他会说什么样的话？作为当代哲学工作者的我们只是古人思想的“助产士”，是帮它彰显出来的。我常常用一个比喻来说明我的意思：中国哲学好比一颗宝珠，放在通常的光线下已经看了几千年了，如今科学进步，把它放在譬如“激光”或什么光的扫描下，看看它会发出什么光来，而这种光，古人是没有看到过的。但是，不管它过去发出过什么样的光，今天又发出什么样的光，都还是由它自身发出的。所以，你们要养成不带任何偏见地去念书的习惯，跟着文本的思路走，跟着它进去，跟着它出来，进进出出多次，你自己的意思也就出来了，而不是蓄意去挑挑拣拣。念书的过程就是跟着古人一起把他曾经想过的问题再想一遍，所以，念书就是跟着去思想，念懂了，对话自然也就有了。

问

您是否打算或曾打算最终确立起一个属于自己的哲学体系？

答

在中国做哲学的，自20世纪50年代以来，一直有不少人热衷于建立自己的哲学体系，现在也还大有人在。其中不乏一些哲学爱好者，有的年轻人为我至今没有自己的哲学体系而发愁。

我原来也想构造一个思想体系，后来放弃了。我是多少有点自知之明的。慢慢地居然熬到了一个“非体系”的“解构”时代，也算误打误撞赶了一个时髦。

“哲学思想”当然能够成为一个“体系”，在古典的意义上，“哲学”“思想”“无限-绝对”，只能以“体系”来“把握”它们。所谓“体系”，就像一座大厦，每块砖都是坚实的，你不能随便挪动它们，你动它一块砖头都不容易。哲学史上，康德57岁、费希特27岁、黑格尔37岁就形成自己的体系了。我现在都已67岁了还得念他们的书，不得不承认他们的创造力，而且他们的东西还可以被永远地念下去，有读头，绝不是“假冒伪劣”。对于这些流传下来的经典著作，一代一代读过了，与其怀疑它，还不如先相信它。能够一代代传下来的东西，那么多人都念过了，这些人都白吃饭了吗？当然，你可以去怀疑、否定乃至批判，但你还得承认，它们是“自成系统”的；即使你要让它“解体-解构”，也要让它自行解体，从外面用重磅炸弹未必能轰得动它。黑格尔说过，任何体系都是自己解体的。我衷心劝告那些追求体系的青年哲学朋友，念书是冲着思考问题的，而不是为了建立什么体系的。或者说，体系是自然的结果，而不是空悬一个“目的”。不要做“志大才疏”的人。依我说，你埋头念书了，将来如果能有体系的话，就是你的幸运和造化；如果力所不及，至少是一个诚实有学问的学者，而不至于画虎不成反类犬。

问 在您近50年的哲学生涯里，对您影响最大的哲学家和书有哪些？

答 从念大学至今，对我影响较大的有两位哲学家，一位是康德，另一位是海德格尔。必须承认，《纯粹理性批判》和《存在与时间》对我学术思想的成长和发展曾起过重要的作用，现在也还在起作用。《纯粹理性批判》这本书，我一辈子都在念，但还是觉得没有念透。这本书几乎集中了近代哲学的所有重要哲学问题，那真是一本让我受益无穷的心爱之书。当然对我影响比较大的不只是这两本书。

最近一些年来，对于过去念过的书，现在再拿起来重念，每念一遍又觉得都是新的。我越发感觉到，只要念上一本古典哲学著作，几乎就放不下来了。譬如我最近念黑格尔的《小逻辑》，觉得以前简直就没有念懂，明明写着的话，怎么以前没有注意到呢？总之，对于以前念过的书，颇有一种“旧识新知”之感；而对于以前没有念过的，则就“相见恨晚”了。

问　到目前为止，您已经出版了不少作品，您对哪一本最满意，哪一本可以成为您的力作、代表作？

答　最满意的，应该说还没有出版。下一部，也许好一点。现在说“挑战极限”，我大概离“极限”尚远；但是可以“挑战自己”。其实，“自己”也不值得去“挑战”，倒是“取法乎上”比较合适。以最上等的哲学，如康德、黑格尔、胡塞尔、海德格尔等为“法”，以“经典”为“法”，庶可得其“中”。

[2003年4月15日，中国社会科学院哲学研究所的六位博士后就哲学治学、哲学研究方法与基础等问题对著名哲学家叶秀山教授进行了专访。本文根据专访记录整理，并经叶秀山教授本人校定，题目为整理者所加。]

（原载《哲学动态》2003年第7期）

学者近况

叶秀山（1935. 7—2016.9），1952年入北京大学哲学系学习，1956年毕业后分配至中国科学院哲学研究所西方哲学史组工作，直到2015年5月退休。其间曾赴纽约州立大学奥伯尼校区、哈佛大学、牛津大学等地进修访学。当代中国著名哲学家、美学家。中国社会科学院首届学部委员，哲学研究所研究员，中国社会科学院研究生院教授、博士生导师，清华大学双聘教授。全国政协第八、第九、第十届委员。“国家级有突出贡献中青年专家”称号，中央组织部、中央宣传部、人事部、科学技术部“全国杰出专业技术人才”荣誉称号获得者。有专著20余部，论文100余篇。20世纪80年代，主攻古希腊哲学，出版《前苏格拉底哲学研究》

（1982）和《苏格拉底及其哲学思想》（1986）。1988年，出版《思·史·诗——现象学和存在哲学研究》一书，开始思考第一哲学问题。自90年代开始，其撰写和发表的主要论文先后结集，以《无尽的学与思》（1995）、《哲学作为创造性的智慧》（2003）、《学与思的轮回》（2009）、《启蒙与自由》（2013）、《知己的学问》（2015）等为题出版。2005年，作为总主编之一促成我国第一部多卷本学术版《西方哲学史》的问世，推动了中国学术视野下的西方哲学史研究。此外，还出版专著《哲学要义》（2006）、《科学·宗教·哲学——西方哲学中科学与宗教两种思维方式研究》（2009），并进行"欧洲哲学的历史发展与中国哲学的机遇"课题研究，其成果以遗著《哲学的希望——欧洲哲学的发展与中国哲学的机遇》的形式出版。在艺术和美学研究方面，先后出版《京剧流派欣赏》（1963）、《书法美学引论》（1987）、《美的哲学》（1991）、《古中国的歌》（2007）、《说"写字"》（2007）等著作。

中国哲学的创造性转化

——访郭齐勇

学者简介

郭齐勇，1947年生，湖北武汉人。1978至1984年在武汉大学哲学系攻读学士和硕士学位，毕业后留校任教至今。1987至1990年在职攻读博士学位，师从萧萐父教授。1993年起，任哲学系教授、博士生导师。时任武汉大学人文学院院长，教育部高等学校哲学类专业教学指导委员会副主任，国际儒学联合会理事，国际中国哲学会执行委员，中国哲学史学会副会长等职。主要著述有：《文化学概论》（湖北人民出版社，1990）、《熊十力思想研究》（天津人民出版社，1993）、《天地间一个读书人·熊十力传》（台北业强出版社，1994；上海文艺出版社，1994）、《钱穆评传》（合著，百花洲文艺出版社，1995）、《梁漱溟哲学思想》（合著，湖北人民出版社，1996）、《诸子学志》（合著，上海人民出版社，1997）、《传统道德与当代人生》（武汉大学出版社，1998）、《郭齐勇自选集》（广西师范大学出版社，1999）、《儒学与儒学史新论》（台北学生书局，2002）；合作整理、点校、编撰《熊十力全集》等。在各种学术刊物发表学术论文80余篇。

问

从20世纪80年代中期到90年代中期，您思考和研究的重点在中国现代哲学特别是现代新儒学，其中尤以熊十力的本体论研究为中心。而从90年代中期以后，您的研究重心发生了一些转移，即由现代上溯至宋明、先秦儒学的一些问题。您思考和关注的焦点始终未离开过儒家思想。现在有很多人在讨论儒学的现代性问题，其中有人认为儒学是农业文明的产物，是过时的东西，在今天已没有任何价值。您是如何看待这个问题的？

答

首先，这涉及如何认识现代化的问题。现代化运动在从易北河以西向东、向南不断转移推广的长期过程中，就曾不断受到不同民族、地区的知识精英的批评。当拿破仑的马队把启蒙思想家确立的科学、理性、自由、民主、真理、正义等“普遍价值”观念带到“保守”“落后”的德国时，德国的同样是启蒙思想家的赫尔德等人在吸纳这些价值的同时又提出“民族精神”的观念来保卫德意志文化传统。他们反对把法国文化变成“普遍形式”，反对把世界文化同化于法国文化。今天，法国、德国的知识精英也仍在保护法兰西或德意志文化传统，而批评或反对现在所谓的“全球化”。“全球化”意味着什么呢？意味着西方的，特别是美国的话语霸权进一步扩张，乃至于成为宰制全世界的枷锁。就我个人而言，我对这种所谓“全球化”和“现代化”是持批评态度的。“现代性”这个概念需要重新界定。我们强调多元的“现代性”，即不同传统中蕴含着不同的现代性的基因或要素。当然，人同此心，心同此理，现代性包含了一些普遍价值，但这绝不只是西方的或美国的制度、理念与价值的普遍性。西方近代以来的制度、秩序、理性、自由、平等、人权和法治，是非常重要的参照。但其中的单向度性、平面化的缺陷，需要发掘东方传统的政治资源、道德资源、价值资源予以调剂、互补与互动。东方有东方的现代性。

其次，就民族性而言，儒学反映了民族性格、生活准则、生存智慧、处世方略，作为民族的意识与心理仍活在民间，有生命力。

就时代性与空间性而言，一切地域、族群的前现代文明，尤其是精神因素，不可能不具有超越时空的价值与意义。经济全球化绝不意味着民族文化的消解。没有本土性就没有全球性。没有人文精神的调治，当下社会的发展只可能是畸形的、单向度的、平面化的；没有如布尔迪厄和福山等人所说的“社会资本”“文化资本”与文化能力的养育、积累，没有工作伦理、社群伦理的建构，我国“经济资本”的建构和经济、科技现代化将不可能实现。传统农业社会的社会架构和政治体制已经消失，但并不意味与之相结合过的价值观念、道德意识、思想与行为方式都失去了存在的合理性。继承传统当然不意味着“复古”和“保守”。批评传统思想的负面，否定、清除其思想弊病，去芜存菁，作出创造性的选择和诠释，以适应现代社会和现代人的需要，正是我们的职责。但我们需要综合整体地审视传统社会与传统文化（尤其是蕴意很深的宗教信仰、价值观念、审美情趣），大小传统的变化及其在一定时空条件下的多重作用，并作切实的中西比较，切不可信口开河，轻率武断地作出情绪化、简单化、片面化的结论，或因对当下的感悟而迁怒于古人。

再次，就现实情况而言，也远非某些学者所说的“儒家传统在近千年里变成了书斋里的供品”。2001年春我在北京出席中国社会科学院与阿登纳基金会合办的“当代中国社会中的价值与伦理问题”国际会议，听到新加坡国立大学李焯然教授介绍他主持的一项社会调查。在1999至2000年间，他们在新加坡与上海做了数千份问卷调查，在所列56个价值中，新加坡方面列入前十位的价值是：孝敬父母、信用、诚恳、学识与教育、以家庭为中心、廉洁、勤劳、仁爱、修养、明确方向。孝悌、家庭的稳定与凝聚力、重视教育和伦理，与现代化并行不悖。上海调查的结果也相差不大，个体价值比新加坡突出。整体说来，这表明儒家思想并没有死亡，仍然在华人社会中活着，仍然是现代化的资源。我近年在韩国和台湾地区看到的也是这样。只是中国大陆的很多文化人反不如境外人士或国内民间社会那样虚心、宽容地对待前贤与精神遗产，对儒家文化缺乏自觉自识。

问 我赞同您常常强调的以同情地理解和批判地继承的方式对传统文化（包括儒学）进行理性的分析。您刚才说到“文化自觉”，“对儒学的自觉自识”是什么意思?

答 “文化自觉”是前辈学者费孝通先生提出的。他认为，我们应当对中华文化的全部历史有所自觉，有清醒的认识，有自知之明，有自信，且有文化转型的自主能力和文化选择的自主地位。费先生主张“各美其美，美人之美，美美与共，天下大同”。我们作为新时代的成员，要学会容忍、理解、欣赏、研究外来文化，同时也要学会容忍、理解、欣赏、研究自己的固有文化。这当然包括对儒学的理解、欣赏与研究。百多年来对于儒学的批判，有许多是非理性的、感情用事的、浅层次或直线性的，以至于今天中国大陆的多数中青年仍然沿用20世纪70年代批林批孔的方式或80年代河殇的方式来对待儒家。我以为，要讨论21世纪的中国与中国人的文化自觉与社会发展问题，不能不澄清对儒学的误解与非难，不能不对儒学有起码的体认，不能不借鉴、开发儒家文化的资源。有鉴于此，我们需要以平和的心态与古代的圣贤、智者作平等的心灵交流和思想对话。有的学者用一点小聪明去找所谓孔孟话语里的这与那的矛盾，其实孔孟与老庄、佛禅一样，都是大智慧，不能割裂地看、平面地看或表面地看。渊源深厚的西周礼制及血缘伦理中有相当丰富的内涵，具有深刻的价值与意义，不可随意肢解、随意联系实际。体认这些内涵，我们的智慧还不够。

2002年5月我在德国讲学，多次到过中国的卜松山教授与我交谈，严厉批评我国知识界、教育界不尊重本土的伦理资源，不以本土的伦理教育特别是儒家教育为中心。很多西方学者认为，中国儒家的思想、礼仪中有很多值得借鉴和珍视的东西。而我们对于自己的历史文化精神其实还相当陌生、隔膜，基本上处于“抛却自家无尽藏，沿门托钵效贫儿”的状态。

问

您认为造成诸多对于传统文化（包括儒学）误解与非议的原因是什么？

答

原因当然很多，其中一个很重要的原因是教育的问题。虽然前面我们说到民间社会普通人的为人之道等方面还保留着不少精神遗产，但问题是我们太不自觉。20世纪中国教育的最大失误莫过于使我们几代人疏离了传统精神家园，缺乏东方人生智慧和德行的陶养。我想教育绝不只是“工具理性”的，不应该只服从或服务于某种浅近直接的目的，甚至只服从或服务于某种需要或福利。教育绝不只是知性的教育，更重要的是人文的教育。教育的目的在于培养一代一代素养极佳的人才，在于培养社会的批判精神、批判意识，在于发展全面的人格，在于重建理想和崇高，在于活化民族的精神资源。由于教育方向之错失，使我们在精神资源和道德文明上，既没有吸纳西方之真善美以改善国民的精神人格，又大大失却了古已有之的真善美价值。

问

我们再把目光关注于儒学的当代价值上。在最近由台北学生书局出版的《儒学与儒学史新论》一书中，您谈到了儒家人文精神与全球化的问题，那么您认为儒家人文精神在当代社会具有哪些独特的价值？

答

唐君毅先生曾经指出，现代人所面临的荒谬处境是“上不在天，下不在地，外不在人，内不在己”。中华人文精神，特别是儒家的人文精神，可以救治现代人的危机。它强调用物以“利用厚生”，但不可能导致一种对自然的宰制、控御、破坏；它强调人文建构，批评迷信，但绝不消解对于“天”的敬畏和人所具有的宗教精神、终极的信念与信仰，至诚如神，体悟此心即天心，即可以达到一种精神的境界。儒家并不脱离生活世界、日用伦常，相反，恰恰在庸常的俗世生活中追寻精神的超越。外王事功，社会政事，科技发展，恰恰是人之精神生命的开展。因此，中华人文精神完全可以与西学、与现代文明相配合。它不反对宗教，不反对自然，也不反对科技，它可以弥补宗教、科技的偏弊，与自然相和谐，因而求得人文与宗教、与科技、与自然调适上遂地健康发展。

中华人文精神提倡的仁、义、礼、智、信、忠、孝、诚、恕等价值，在剔除其历史附着的负面性效应之后，完全可以提炼、转化、活化其合理因素，渗透到今天的社会生活中去，进而作为正面、积极、健康的力量参与现代化建设，作为价值指导，治疗现代社会的病症，恢复人的尊严，重建人的意义世界，重建人与“天、地、人、物、我”的良性互动的关系。

问

贺麟先生于20世纪40年代曾提出儒家思想的新开展，傅伟勋先生提出中国哲学的创造性转化的问题。我们注意到，2002年武汉大学曾受教育部委托举办了“中国哲学的创造性转化”高级研讨班和有关学术会议。我们很想知道您对“中国哲学的创造性转化”这个问题的想法。

答

以上我们就儒家精神谈了一些问题与建议。就中国哲学或中国思想整体而言，中国儒、释、道各家的生存论智慧，都是真正具有原创性的智慧，是世界级的智慧，仍需要大力弘扬，并适时加以变革，“推故而别致其新”。今天，人类的生存处境与文明间的冲突与融合的辩证统合，为中国哲学的创造性转化提供了新的契机。中国哲学在中西哲学互动整合的持续发展中，新的趋势将是进一步世界化与现代化，把特殊的地方性的“知识”、信仰与文化以及地域性的文明所内蕴的普遍性的价值发挥出来，贡献给人类世界。

创造转化当然离不开批评自己的传统文化，但批判要有相干性，不能以浅薄的想象随意比附、肢解和伤害。创造转化的前提是尊重自己的传统。如著名中国政治思想史专家萧公权先生就说过，中国传统中固然有不合时宜的成分，但有很多观念，如“民惟邦本”“临财毋苟得，临难毋苟免”等在当今文明社会里都可以适用。如著名历史学家刘家和、杨宽先生等，拿西周制度与希腊制度相比，指出周代三朝制本身就有民主制的因素，对王权有一定制约。又如，著名思想史家杨向奎先生等指出，西周比商代人殉人牲现象少，是周公敬德保民思想及一系列措施起了作用。孔子反对人殉，甚至对木俑也提出异议，以“仁”释礼，由治民防民变成道德教化，有极大意义。传统制度与观念中有很多珍宝是我们创造转化的基础。

问

由于近几十年来大量地下文献的出土，为中国哲学或中国古代思想的研究提供了大量薪新的材料与证据，已有学者提出中国哲学史应当改写或重写。据我所知，您现在正在承担一项“近50年出土之哲学文献与中国哲学史”的课题，那么，您认为出土简帛文献的研究对于中国哲学的当代发展或曰创造性转化是否也起到促动作用？

答

是不是改写或重写，我持审慎的态度。我们主要依靠传世文献的研读，也要用思想史考古的方法，调查古遗迹，搜集民间社会的资料。当然，半个世纪以来的考古发现，大量的简帛佚籍，尤其是楚地简帛佚籍的问世，确实为中国哲学的创造性转化提供了新的契机。出土文献的大量涌出，极大丰富了我们中国哲学与中国思想文化的原始资料，使我们这一学科的发展有了新的生机。随着学界对信阳、武威、望山、临沂银雀山、定州、长沙马王堆、云梦睡虎地、阜阳双古堆、江陵张家山、荆门包山与郭店等地发掘的简帛与上海博物馆购藏楚简的整理与研究的不断深入，我们的六经、诸子之学，战国至两汉的思想与社会史之研究，将会更加丰赡。我们愿下苦功夫对勘比较地上的与地下的文献，重释哲学思想史。在20世纪初，王静安先生就说过，地下文献资料与地面文献资料的结合，使中国古史研究有别开生面的拓展。王静安先生的“二重证据法”在今天得到新的阐释，先秦哲学思想史或中国哲学思想史面临新的机遇与挑战。

问 *在具体的方法学方面，您有何构想？*

答 就中国哲学学科建设来说，在方法论上，我们希望破除传统与现代对峙、割裂的思想方法，看到彼此的接纳与互动。此外，我们现在的知识训练和话语系统是西方化与泛西方化的，这对发现与解释中国哲学思想无疑有极大的帮助，但另一方面也带来颇多隔碍。我们要寻找新的诠释与评价系统。我很关注学术界关于中国经典诠释的讨论。源于《圣经》诠释传统的西方经典的诠释有西方的智慧、路径、脉络与方式，中国儒、释、道、墨各家都有自己的诠释传统与体系，我们的《诗经》《楚辞》《老子》《五行》《四书》《墨子》等都有自己的经—传—记、经—说、经—解的系统。源于中国古代儒、道、墨、释诸家的诠释传统中的许多创识、创慧，如开放式的、人本主义的与道德中心的等特征，还有待我们在西方现代诠释学的启发下，进一步发挥、发展。在现代思想的多重维度上，我们将找到解读中国思想、中国哲学的创造的诠释学的多种途径，通过与文本的对话，开发出新的意义。此外，还有我前面提到的思想史考古的方法等。

问 *在方法学上，西方、日本有些汉学家不承认中国有哲学。而在语言问题上，也有专家认为中国哲学有一种反语言学的传统。我个人觉得，这是值得注意的。*

答 是的。从社会史或思想史的不同角度来丰富中国文化的各种研究是必要的，但中国精英大传统——典章制度、文献典籍仍是大统，中国对人类文明的贡献主要保存在这里。中国哲学有不同于西方哲学的特殊的东西，但不是没有哲学，这一点需要我们做出深入的研究。

说到语言问题，有的专家说中国哲学有一种反语言学的传统，我看不是。应当说，中华民族的语言学传统非常丰富，有自己的语言文字的特点与传统，同时又开发出“超语言”的传统，但不是“反语言学”。例如，我国汉字符号系统在其发展过程中不仅具有象形、形声、指事、会意、假借、转注等特征与功能，而且携带了大量的文化密码，包含着道德、社会、政治、艺术、宗教等丰富的内涵。我国《周易》的卦爻符号系统，与占筮、图形相联系，有象征符号的意义。我国有源远流长的言、象、意之辨，不是不要“言”，而是有不同于西方式的“言”，又有穿透语言的、对语言文字予以补充的象、意。

总之，面对新时代，回应当代的各种问题，包括环境伦理、全球伦理与其他伦理，加强地下、地上文献的比较研究，中国哲学特质的发掘与中西哲学的比较，以及中国经典诠释学的探讨，是当今的前沿课题。我们对于自己的文明、自己的经典，需要有自觉自识，需要有深度的欣赏、理解与沟通，否则谈不上转化与发展，更不要说创造性的转化与发展了。

问

我注意到您在多处谈到您现在最为欣赏的四个字是“守先待后”，在21世纪之初，您的这种治学理路和态度别具深意，您能具体阐述一下吗？

答

“守先待后”是钱穆先生多次提到的。一个多世纪的“变异”“趋新”，似乎使我们目不暇接、迷离失据。“变易”之中当有“不易”，“趋新”之中当有“守成”。有变无常，有为无守，有革无因，有化无文，不能谓之常道。外无法治秩序，内无道德良知，孰能谓之正道？背离、疏远、肢解、丧失民族的形上睿智，以及礼俗、风习、艺术、宗教、道德、哲学……如果是现代化的代价，那其实是太沉重的代价。

我相信，国民精神的重建需要许多知识分子从不同侧面、不同层次反思中西文化，反思新老传统，促进各思潮、各范型的互动。我十分理解许多同志所强调的制度建构、理性精神和西学价值的生根问题之重要性，但在各种不同的声音中，有所“守”的声音是应当给予一定地位的。每位学人都有自己的定位，都有自己的职分，都有自己的学问宗主。这是学术生态问题。我所从事的中国哲学的教学和研究，以及近十多年的生存体验，使我感到我的根本责任在“守”。守住民族精神的根本，守住知识分子的气节、操守、良知，守住老一辈学问家和哲学家严谨、正直的为人为学之道，守住先圣先贤的绝学。其实，在守之中才能真正融会西学价值，有所创获。以此，待来贤，俟解人。

问

在武汉大学中国哲学学科的发展中，您是否也秉持“守先待后”这一原则和态度？

答

是的。武汉大学中国哲学学科点是一个和谐的学术群体，三代人共事，有良好的学术氛围。我过去和现在一直得到我的老师萧萐父先生、李德永先生、唐明邦先生等前辈师长们的教诲、提携，得到我的同事萧汉明、李维武、田文军、麻天祥教授等中青年教师们的帮助、支持。我个人在学术界尚属小字辈，学问根底很浅，学力不逮，甚为惶恐，如履薄冰。好在我的背后有我们这个学科群体的师友们作为后盾，且不断得到本系本校的师友们和全国哲学界的师友们的批评与指点，因而可以勉力为之。我们这一代人只是过渡环节，我们想了很多办法，创造一些条件，帮助年轻人出国深造、潜心钻研，摘取学术研究的桂冠。我们学科点的传统是：“中西对比，古今贯通；学思并进，史论结合；德业双修，言行相掩；做人与做学问一致，文风与人风淳朴；统合考据、辞章、义理，统合思想与历史的双重进路。”

（原载《哲学动态》2003年第8期）

学者近况

郭齐勇（1947.10— ），1978年考入武汉大学哲学系，1984年硕士毕业后留校任教。1987—1990年在职攻读博士学位，1992年获哲学博士学位，1993年始任教授、博士生导师并享受国务院政府特殊津贴。2006年被评为国家级教学名师，2017年获评世界儒学研究杰出人物。曾任武汉大学人文学院院长、哲学学院院长，中国哲学史学会副会长，国际中国哲学会（ISCP）会长与副执行长，国务院学位委员会学科评议组哲学组成员，教育部高等学校哲学类专业教学指导委员会副主任。曾到哈佛大学、东京大学、关西大学、慕尼黑大学、特里尔大学、俄罗斯科学院、首尔大学、台湾大学、香港中文大学等高校讲学。现任武汉大学哲学学院及国学院教授、博士生导师，国学院院长，中国传统文化研究中心荣誉主任，湖北省文史馆馆员。兼任国家社科基金评委、中华孔子学会副会长。主要从事中国哲学与文化的教学和研究工作，专长为中国哲学史、儒家哲学。主要著作有：《中国哲学史》《中国儒学之精神》《中国哲学智慧的探索》《中华人文精神的重建》《儒学与现代化的新探讨》《中国文化精神的特质》《中国人的智慧》《儒者的智慧》《中国思想的创造性转化》《现当代新儒学思潮研究》《熊十力哲学研究》《熊十力传论》《守先待后》《文化学概论》等。

中国哲学应对人类进步有更大贡献

——访蒙培元

学者简介

蒙培元，1938年生。时任中国社会科学院哲学研究所研究员、博士生导师，《中国哲学史》杂志主编。主要著作有：《理学的演变》(1984)、《理学范畴系统》(1989)、《中国心性论》(1990)、《中国哲学主体思维》(1993)、《心灵超越与境界》(1998)、《情感与理性》(2002)、《国学举要・儒卷》(合著，2002)。

问

您的《情感与理性》一书最近已经面世，书中您注重在与西方哲学的比较中阐发中国哲学的特质。但一段时间以来，哲学界对中西哲学之间能不能比、如何比等问题似乎还颇有争议，近来又有“回到中国哲学自身”之类的主张，对此您怎么看？

答

在现代化的大背景下，在西方哲学已形成一种话语霸权的形势下，中国哲学的研究其实已经置身于比较哲学之中了，我们能够自说自话吗？20世纪初，马一浮强调要用纯粹的中国哲学语言讲中国哲学，认为西方哲学的那一套不能用来解释我们的传统。其实一个世纪以来的中国哲学发展历程已经表明，完全“回到中国哲学自身”已不可能了。拒斥西方哲学、片面强调所谓“中国哲学自身”的看法是有问题的。中西之间，思想应该是相通的。与西方哲学乃至更广范围的哲学相切磋、相比较，对中国哲学的进一步发展来说是完全必要的。《老子》一书只有五千言，但我们后人讲《老子》仅仅只在这五千言里讲吗？同时我以为，中国哲学确有自身的特质，不能轻易用西方哲学去套中国哲学，应该在比较中凸现中国哲学的内在意蕴和真切精神。中国哲学的许多概念、命题、观念、思想的旺盛生命力只有在不断的交流、比较中才能得以充分彰显。

中西哲学比较，关键是要能够找到自己的出发点。首先，过去有学者认为中国哲学与西方哲学所遭遇的问题不具有同时性，但现在，发展中的中国社会所面临的问题与西方人所经历过的问题具有同质性，需要我们哲学工作者作出回应。生活世界的现实需要就是哲学比较的立足点。其次，今天的中西哲学比较不应该还停留在那种人物与人物、流派与流派的简单类比的方法上。胡适、冯友兰、牟宗三在过去时代所做出的哲学比较对重新认识和理解中国哲学产生过很大作用，有很大的贡献。后人在此基础上应该有所前进，比较方法上也应该有大的突破。最后，对中西哲学要有一个整体性的而不是零零碎碎的把握，只有理解了中西两方面精神传统的实质，才能谈得上比较，也才能比较出一定的深度。尽管这项工作很艰苦，但要立志去做，也值得去做。

问

中国哲学与传统西方哲学之间的比较刚一起步，我们又迎来了西方的后现代哲学。国内有学者提出，中国连现代都没达到，哪来的后现代。但同时也有学者提出，后现代在当代西方的发生，为中国哲学走向世界提供了很好的机遇。您是怎么认为的？

答

后现代哲学本身比较复杂，有德法的，有英美的；有批判性的，有反思性的；有解构性的，有建设性的。它们不是一个流派，但有一点它们又是共通的，即都没有离开西方的哲学传统，都是在西方人文精神的大背景下发生的。这是我们在做中西哲学比较时不应忽略的。然而，对后现代所涉及的问题本身与中国哲学里的思想内容还是可以相比较的，海德格尔的生存论—存在论难道在中国哲学里就没有影子吗？伽达默尔的哲学解释学与“六经注我”之间就没有可沟通之处吗？等等。我以为，将中国哲学与后现代相比较是很有意义的。我也相信，后现代哲学所提倡的一些理论、方法对重新阐发中国哲学的思想内容一定会大有帮助。重要的是看我们能不能把中国的、后现代的精神真髓吃透。

但是，比不是套，要深入到中国哲学及后现代哲学的“骨子”里去，切勿流于表面而满足于词句的花样翻新或思想命题的生吞活剥，应该比出各自的特点和个性来。中西哲学最大的不同就在于情感与理性的差别。西方哲学思辨性强，逻辑推理严密，能够直接进入科学知识层面，为现代生活所不可或缺。后现代哲学的“解构”，也是围绕理性传统进行的。而中国哲学能够触及人心内部，真正解决心灵危机问题，有益于提升人的精神境界，其对人与人、人与自然关系的理解和处理仅靠理性哲学是难以解决的。

问

近年来，哲学界有两个问题被热烈地讨论着，一个是“本体论”，一个是“中国哲学合法性”，您一直保持着沉默，请问您对这样的讨论有何看法？

答

本体论是一个很重要的问题，它涉及世界的哲学基础，值得大家认真探讨。但在热烈讨论的背后，本体、本体论的界定似乎并没有被搞清楚，许多学者很笼统地使用着这两个概念，这是非常有害的。本体论广泛涉及中国哲学、西方哲学、马克思主义哲学三大领域，它在三大领域里的所指都不一样，甚至在不同时期不同思想家那里也呈现出不同的意域，而且西方的本体论也是变化着的。西方哲学里的本体是实体，它具有不可分解、与自身绝对同一、静态的、不可变等特点。中国哲学里的本体与亚里士多德、康德、黑格尔的本体既有同也有不同。中国哲学里不存在一个现象背后的属性化的本体。体用不二是中国哲学的基本特质，不能离开功能作用而单独定立出一个抽象化的本体。老子、庄子、魏晋玄学、宋明理学对此都有议论。中西哲学的本体在什么层面上能够会通，这是一大问题，目前很少有人能够做出深入探究。

至于“中国哲学合法性”，几乎是一个伪问题。哲学是人们对世界、对人生的总看法，一个具有五千年以上悠久历史的民族怎么可能没有自己的哲学呢？难道与西方哲学的表现形态不一样就不是哲学了吗？难道只有学科化、学院化、教授化的哲学才算得上哲学？如果中国没有哲学，那么老庄孔孟程朱陆王的思想又是什么呢？如果中国没有哲学学科，那么从胡适、冯友兰到牟宗三等前辈近一个世纪以来的努力又算什么呢？所以，在我看来，仅讨论“中国哲学合法性”之类的问题并不能把中国哲学往前推进一步。只有通过具体问题的扎实研究，哲学的进步才是可能的，“合法性”的问题也就解决了。

问

最近您有一个新主张，即“中国哲学是深层生态学”或“人文主义生态学”，并在哲学界引起一定的关注。请问您这一主张的意义何在？其主要依据是什么？

答

我提出“中国哲学是生态哲学”的看法后，学界内外有不少反应。浙江一个青年写了一封两万多字的长信跟我交流。所以，我觉得社会上还是有很多人在关心中国哲学的，关键看我们做的哲学有没有深入到生活世界中去。

中国哲学的基本问题是“究天人之际”，天人合一是中国哲学的基本理念。在中国人的观念世界里，天，即自然，从来都是人化的自然，它一直都没有成为人之外的纯粹对象或人之上的绝对神。同时，人也始终都是自然的一个组成部分，中国人并不认同或引以为豪地认为，自己是自然的征服者。“与天地合其德”是中国人生命追求的最高价值。无论是儒家，还是道家，都以“生”为哲学的根本内容。天道即生道，天德即生德，自然界是一个不断创造生命的有机整体，“天地之大德曰生”。“生”的哲学是生成哲学而不是西方式的本体论哲学，是生命哲学而不是近代化以来的机械论哲学。中国人向来相信“天命”和“天地之心”，这是中国哲学自然目的性的反映。只有从“生”的目的性入手才能理解人与自然之间的内在关系。

从生态哲学的角度似乎可以找到解决著名的“李约瑟问题”的答案。拥有辉煌文明历史的中国人为什么没有发展出现代化，中国为什么没有成为现代科学的原生地？一个从不把自然当作纯粹对象看待的哲学是不可能为知识论提供发生土壤的。这样看，研究传统其实就是回答现实问题，传统与现实离得并不遥远。

问 您研究中国哲学40年，经历过政治运动和学术枯荣的风风雨雨，支撑您坚持做下去的基本信念是什么？最深刻的感受有哪些？

答 我把中国哲学研究看作我的事业，这是我坚持下来的基本信念。经过个人这么多年的研究，现在我觉得研究中国哲学还是值得的。我始终坚信，中国哲学支撑过泱泱文明古国的辉煌，在将来还应该对全人类的进步作出更大贡献。中国文化经过数千年的发展，积累了非常宝贵的精神财富，许多很有价值的思想至今还没有释放出光彩。进一步挖掘中国哲学思想，使其在现时代、在世界范围内彰显出旺盛的生命活力，是若干代中国哲学研究者所应当承担起的光荣而艰巨的使命。从事中国哲学研究的人，不是没有事情可做，而是要做的事情实在太多。我年纪大了，仍在努力，希望你们年轻学者将来大有作为。

问

那么，哪部经典、哪位或哪些哲学家对您学问、人生的影响最大？

答

首先是孔子，尽管孔子似乎只留下那么几条语录，然而后世的儒学哲学却都能从那里找到精神源头。它对中国文化、思想、政治、社会、历史的影响是全方位、深层次的。其次，《周易》对我的哲学思想的形成也有重要影响，它为我们中国人提供了一种你没法跳出去的思维方式。此外，我也很喜欢《庄子》，上大学时，我曾说过，中国真正的哲学家是庄子。《庄子》最美，《庄子》的文与思，都达到了中国哲学所能够达到的相当高度。

问

一段时期以来，海内外华人哲学界不断有人提出“21世纪是中国文化的世纪”“儒学可以拯救西方精神”“中国文化代表未来人类文化的发展方向”等观点。您是否同意这样的观点？

答

这样的说法是不对的。我们强调对中国文化应该有一定的自信，但不能滑入狭隘的民族主义。我们弘扬自己的民族文化，强调中国文化要为人类作出更大的贡献，但也要正视并尊重其他民族文化的存在。不同类型的文化之间应该是一种相互学习、相互对话、相互吸纳、相互补充的关系，这才能对人类发展有好处。西方中心论现在行不通了，同样，我们也不可能用中华文化去统一西方。单一文化形态的霸权格局在过去、现在、将来都是不可能的。

问

梁漱溟、熊十力、冯友兰、牟宗三被称为当代新儒家的四大代表，但目前大陆哲学界颇热衷于对牟宗三的研究，而对前三位显得较为冷落。请问原因是什么，与前三位学理自身有必然联系吗?

答

大陆出现“牟宗三热”，原因比较简单。从时间上看，新儒学的四大代表中，牟宗三最晚成就出自己的体系，当然容易引起关注。但牟宗三的思想并没有绕开前三位，对他们还是有所吸纳的。从政治地缘因素看，改革开放前30年，港台哲学界与大陆相互交流的隔绝客观上助推着大陆哲学界对牟宗三学术的好奇感。而从学理自身情况看，牟宗三“消化康德回归儒圣”，这一思路历程应当说的确比冯友兰有所前进。牟宗三抓住实践理性、道德形而上学的问题，似乎与儒学精神更相契合。冯友兰的《新理学》虽也强调重建儒学形上学，但很强调概念论分析，使其表现出浓厚的西方哲学痕迹。在这方面牟宗三也未能避免，他们都过分依赖于形式理性或纯粹理性来分析中国哲学，这是对中国哲学的宰制。

应该说，冯友兰的中国哲学研究，代表性成果主要集中在新中国成立前，他的“境界说”是一个很大的成就。新中国成立以后，国内那么多人从事中国哲学研究，但至今也没有产生一本像《中国哲学史新编》那样恢宏、完整的哲学史著作。冯友兰晚年撰写《中国哲学史新编》，不仅需要一定的理论勇气，也需要贯通古今的气概和智慧。他敢于对一些敏感人物、敏感问题提出“非常可怪之论”，不依傍别人而尽量用自己的话叙述哲学史，这些都与他早年的思想一起共同构成了他对中国哲学的贡献，是我们所不应忘记的。事实上，目前研究冯友兰的学者大有人在，且不断增加。

问

照您看来，新儒学会不会成为今后一段时期中国哲学的执牛耳之学？或者，有没有可能融入当今中国人的社会生活中去?

答

这是一个非常敏锐而又十分复杂的问题。未来的中国哲学不可能是它今天所呈现给我们的样子。包括牟宗三在内的新儒学有它自己的理论贡献，但是，时代在变，社会在变，哲学家所面临的问题也在变，任何一种所谓“显学”都只是一个过程，都不可能对未来中国人的精神世界发挥统领作用，当然影响一定是有的。我相信，今后的中国哲学研究一定会有新的领域、新的问题，当然更会不乏新的建树。中国哲学的研究应当有问题意识，应当扣紧时代的脉搏，在更为广阔的视野下，挖掘中国哲学的深层底蕴。现在我们的工作，一方面要尊重并吸收前辈的研究成果，另一方面也应该有所超越，做出新的建构。年轻一代要有这个自觉意识，你们肩上的担子是很重的。

［采访人：佘治平，上海交通大学哲学系］

（原载《哲学动态》2004年第2期）

价值观：从理论研究到教育实践

——访袁贵仁

问

您是中国价值哲学研究的开拓者之一。您1991年出版的专著《价值学引论》和当时其他学者的著作一起奠定了国内价值哲学研究的理论框架。随后您就明确提出价值学研究旨在建构正确的价值观念体系，从而推动中国价值理论的发展。我们注意到，现代社会，价值观问题受到人们广泛的重视。不仅理论工作者高度关注它，而且政治家、企业家和普通百姓都十分关注它。这是为什么？

答

的确是这样。价值观问题是一个重大的理论和现实问题。20世纪70年代以来，特别是自1990年代开始，国内外学术界对价值观问题十分关注。“亚洲价值”和“世界伦理”的讨论，“文明的冲突”和“文明的共存”的争议，以及人权和主权的关系的辩驳，都直接或间接地把价值观问题凸显出来。经济全球化、政治多极化、文化多元化的世界局势和国内社会的转型，进一步促进了对价值观的关注。一些学者从价值观的角度理解各种政治、经济、文化问题。

人们对价值观的重视，是因为价值观的重要。首先，价值观是人的主心骨。它是人的社会化的核心内容。人的社会化过程、价值观的形成和主体性的获得，是一个问题的三个不同侧面。同时人接受文化的结果，是一定行为方式的获得，也是一定价值观的形成。价值观和人的行为是互动的。心理学研究证明，明确而坚定的价值观的有无是区分一个人心理是否成熟、人格是否健康的重要标准。其次，价值观是组织的黏合剂。每一组织都有自己独特的组织成员认同的共同价值观，这种共同价值观为集体及个体成员间的复杂交往提供共同标准和调节手段，对集体中的每个成员具有感召力、凝聚力和重大活动的战斗力。最后，价值观是人的活动的指示器。价值观决定了活动的价值取向。人的实践活动的方向和方式，以及活动工具的选择和活动结果的形成，无不渗透着价值观，打上价值观的烙印。

人们最近几年对价值观特别重视，是因为我们面临着特殊的形势。一是经济全球化和市场经济的发展，人们交往广泛而频繁，人的活动范围由熟人世界逐步过渡到陌生人世界；二是社会变革力度加大，发展速度加快。在一个比较稳定的社会环境里，人们的价值观往往成了一种“集体无意识”。而当社会环境发生迅速、巨大变化时，人们便明显地感到自己信奉的价值观的存在，注意到还有其他价值观的存在，才有了价值观的比较和鉴别、借鉴和拒斥，从而开始了对价值观的兴趣和研究。

问　您曾经说道：“价值观是哲学研究的主要内容之一，是哲学教育的主要目的之一，是哲学理论转向社会实践的主要环节之一。”事实上，价值观也和其他一些重要的哲学概念一样，存在着争论和歧义。您是怎么理解价值观概念的？

答　价值观是和价值联系在一起的。价值即意义或作用，某事物对人有意义、有作用，就是有价值；意义、作用的大小也就是价值的大小。价值观就是人们关于某种事物对人的作用、意义、价值的观点、看法和态度。价值观是世界观的重要部分。我们所生活的世界是以人为中心，由自然、人、社会构成的。世界观作为人们对整个世界的总观念，按领域包括自然观、历史观、人生观；按内容包括两个方面：一是关于世界面目的根本观点，它回答世界是什么的问题，属于真理观；二是关于世界价值的根本观点，主要回答世界怎么样的问题，属于价值观。世界观，即自然观、历史观、人生观，本身都是真理观和价值观的统一。价值观可分为自然价值观、历史价值观、人生价值观。人生价值观是价值观的一个领域，也是人生观的一个方面。因此价值观和世界观、人生观是包含关系，而不是并列关系。价值观是世界观、人生观的一个方面，人生观是价值观的一个领域。现在，我们之所以把世界观、人生观、价值观并提，强调“三观”教育，主要是根据当代社会发展的需要，突出世界观中人生观的地位和作用，以及世界观、人生观中价值观的地位和作用。

问

这一见解非常鲜明，厘清了“三观”之间的关系，令人耳目一新。我注意到，人们谈论价值观时，往往总是把它和文化联系在一起。您怎么看待价值观和文化之间的关系？

答

文化是个复杂的概念，在不同学科和不同背景中有不同的含义。文化是由多种因素构成的有机体，而且是由多种层次存在和表现的复杂体系。人们首先感知到的是较浅显、具体的层次，这一层次由显性文化构成，包括人们的社会行为及其产品。显性文化反映了文化的更深层次，即一个群体在一个时期内的制度、规范，人们的行为及其效果既取决于“做什么”，更取决于人的行为方式“怎么做”。

文化的最深层次是价值观，这是文化的核心。价值观决定了“好与坏”的标准，因而与一定历史时期群体共同的理想、信念关系密切。它要解决的是“为什么做”的问题，是人的活动取向、导向问题。价值观不是和“做什么”“怎么做”相并列，而是渗透于人的活动及其成果之中，影响和制约着人们“做什么”和“怎么做”。人的活动及其成果，说到底，不过是人的价值观的外在表现。在这个意义上，我们也可以说，所谓文化，就是指一个社会中的价值观，是人们对于理想、信念、取向、态度所普遍持有的见解。中西文化不同，古今文化不同，最根本的是价值观的不同。文化的社会作用，最主要的是价值观的作用。任何一个社会群体，都有属于自身的文化，都有群体成员共同拥有和信奉的价值观；任何一个社会个体，都是文化的产物，都有自己接受和遵循的价值观。

问

在价值观的基础理论方面，除了对价值和价值观的基本概念作出澄清之外，还需要考虑什么问题？

答

我认为，主要有三个问题。第一，价值观体系问题。价值观是一个系统。按其对象，包括自然价值观、社会历史价值观和人生价值观。按照价值观的主体，又可分为人类价值观、群体（民族、阶级）价值观和个人价值观念。价值观研究不仅要研究一般价值观，而且要研究这些不同层次、不同类型的价值观，全面地揭示和把握它们之间错综复杂的关系。第二，价值观作用问题。要从理论上搞清价值观发生作用的形式和机制，也就是作为一个系统的价值观，是通过什么样的方式、环节在人们的生产、生活中发生作用的。第三，价值观变革问题。价值观必然反映时代的变迁，随着社会的变化而变化，要从社会和个人两个角度探讨价值观变革的途径、方式及规律。在研究价值观问题时还要正确处理和把握好价值观是什么与不是什么、价值观的可比与不可比、价值观的绝对与相对、价值观的有与无、价值观的先与后等一系列辩证关系。

问 每个时代、每个民族都有自己的价值观。我们研究价值观的基础理论，也是为了构建我们时代、民族所需要的主导价值观。您如何理解这一价值观体系的建设？

答 我认为，建设当代中国主导价值观、先进价值观，也就是建设中国特色社会主义价值观。它包含四个方面的要素：一是与社会主义的基本制度相统一；二是与中国国情相适应；三是与市场经济的发展规律相吻合；四是与国家法律体系相配套。这四个方面要创造性地结合和融会在一起。建设中国特色社会主义价值观，离不开对传统文化和价值观的合理继承，离不开对西方文化和价值观的批判吸收，更离不开马克思主义的指导。从根本上说，中国特色社会主义价值观，就是马克思主义价值观。

问 在马克思主义思想史上，一直存在着把马克思主义“科学化”和“伦理化”两种不同的传统。而事实上，马克思主义是真理观和价值观的统一。同时，我们也看到，马克思恩格斯并没有专门系统地去阐述自己的价值观体系。他们始终反对“为未来的食堂开出调味单”，强调在批判旧世界中发现新世界。所以今天如何系统概括马克思主义价值观，是一项极为重要而又难度很大的工作。

答

是的。马克思主义既是知识体系，又是意识形态；它追求的既是科学真理，又是某种价值信念，从根本上体现着工人阶级和最广大人民群众的利益、愿望和要求。坚持马克思主义的一个重要内容就是坚持马克思主义的价值观。这些年来我和一些学者一起，通过对马克思主义经典作家文本的挖掘和整理，从马克思主义人权观、功利观、效益观、自由观、民主观、平等观、公正观等方面系统梳理和阐发了马克思主义价值观的基本内容。

人权是对一定社会经济条件下人们一定行为及其方式的价值确认，是人作为社会存在物所获得的社会承认和界定。马克思强调，人权是以人的生存权为基础的多种权利的统一，是个人人权和集体人权的统一，是权利和义务的统一。功利是一种最基本的价值，是人类生活中的第一种价值形式，马克思主义肯定无产阶级的革命的功利主义。自由是人的最基本的权利，马克思强调，自由根本上是人的劳动自由，自由活动就是自觉、自为、自主的活动，表现为一种真善美的状态。民主、平等也是人的基本权利，马克思主义认为，社会主义在本质上是民主的，民主的基础就是承认人与人之间的社会地位的平等，“消灭阶级本身”是无产阶级的平等要求。社会主义之所以必然要代替资本主义，重要原因之一就是资本主义社会是不公正的。在马克思关于异化劳动理论和人类解放理论的全部叙述中，处处表现着他对社会公正的向往和追求，渗透着他的社会公正观念。

问

您对马克思主义价值体系及其内容结构独具特色的揭示，提供了一种理解马克思主义价值观的解释框架，对进一步研究马克思主义价值观及建立当代价值体系具有重要价值。作为马克思主义中国化的三大理论成果，毛泽东思想、邓小平理论和“三个代表”重要思想无疑也是真理观和价值观的统一。您专门写了《邓小平价值观研究》，主编了《新世纪中国共产党的价值观》。您是怎么理解邓小平价值观思想和“三个代表”重要思想中的价值观思想的？

答

邓小平重视价值观，他在理论思考和实际工作中始终坚持从价值的角度看待问题和解决问题。他关于实事求是、改革开放、社会主义本质，以及社会主义市场经济等诸多问题的论述都包含着价值观，都是真理观与价值观的完美结合。邓小平的价值观思想是邓小平理论的重要组成部分，其中，价值观的精髓是实事求是、讲求实效，价值观的基础是爱国主义，价值观的核心是集体主义，共同富裕是社会主义的本质特征，也是集体主义价值观的本质要求。价值观的主题是建设有中国特色社会主义，为建设有中国特色社会主义服务，也就是为人民服务。价值观的取向是广大人民群众利益。价值观的标准是“三个有利于”，这一标准体现了社会主义价值理想，深化和发展了真理标准理论，坚持了真理标准和价值标准的统一。

“三个代表”重要思想，继承和发展了毛泽东和邓小平的价值观理论，是中国共产党价值观在新世纪的历史定位。它揭示了新世纪中国共产党的价值观的基础“始终代表中国先进生产力的发展要求”；价值观的本质“始终代表中国先进文化的前进方向”；价值观的核心“始终代表中国最广大人民的根本利益”。“三个代表”重要思想所包含的价值观是一个有机统一的整体，任何时候都不能任意地取舍和割裂。它反映了中国共产党对自身性质与使命的深刻体认，确证了一个执政党的历史合理性与现实合法性，构成马克思主义价值观的当代形态。

问

随着科学发展观的提出，“以人为本”再次成为学术界讨论的热门话题。以人为本作为一种价值理念在古希腊时期就已经产生了，并一直绵延于以后的人类发展的历史进程中，在文艺复兴、启蒙运动和现代人本主义思潮中反复呈现，形成了人文主义传统。您怎么理解我们现在提出的“以人为本”？

答

以人为本，树立全面协调可持续的发展观，是以胡锦涛同志为总书记的党中央从新世纪、新阶段党和国家事业发展全局出发提出的重大战略思想，是我们党对社会主义现代化建设指导思想的新发展。深刻而全面地理解以人为本是科学发展观的核心，对于我们自觉树立和落实科学发展观、全面建设小康社会和构建社会主义和谐社会具有重要意义。以人为本的科学内涵，需要从两个方面来把握。首先是“人”这个概念。“人”在哲学上，常常和两个东西相对：一个是神，一个是物。人是相对于神和物而言的。因此，提出以人为本，要么是相对于以神为本，要么是相对于以物为本。大致说来，西方早期的人本思想，主要是相对于神本思想，主张用人性反对神性，用人权反对神权，强调把人的价值放到首位。中国历史上的人本思想，主要是强调人贵于物，“天地万物，惟人为贵”。《论语》说，马棚失火，孔子问伤人了吗？不问马。说明在孔子看来，人比马重要。在现代社会，无论是西方还是中国，作为一种发展观，人本思想主要都是相对于物本思想而提出来的。其次是“本”这个概念。以人为本的“本”，不是本原的“本”，是根本的“本”，它与“末”相对。以人为本，是哲学价值论概念，不是哲学本体论概念。提出以人为本，不是要回答什么是世界的本原，人、神、物之间，谁产生谁，谁是第一性、谁是第二性的问题，而是要回答在我们生活的这个世界上，什么最重要，什么最根本。以人为本，就是说，与神、与物相比，人更重要、更根本，不能本末倒置，不能舍本求末。

在新的历史时期，我们提出的以人为本思想，摒弃了旧哲学人本思想中封建地主阶级、资产阶级的阶级局限和历史唯心主义的理论缺陷，主要是针对我们实际工作中客观存在的一种片面的、不科学的发展观而提出来的。我们讲以人为本，就是要以实现人的全面发展为目标，从人民群众的根本利益出发谋发展、促发展，不断满足人民群众日益增长的物质文化需要，切实保障人民群众的经济、政治和文化权益，让发展的成果惠及全体人民。同时还强调，人不仅是发展的根本目的，也是发展的根本动力，一切为了人，一切依靠人，两者的统一构成以人为本的完整内容。只讲根本目的，不讲根本动力，或者只讲根本动力，不讲根本目的，都不符合唯物史观。

需要特别强调的是，我们所讲的“以人为本”，是以广大的人民群众为本，这里的“人”，不是抽象的人，不是某个人、某些人。一切为了人，一切依靠人，也就是一切为了人民群众，一切依靠人民群众。这里讲的“人”和“人民”是同一个意思。

问 先进的价值观如果不能为人们所接受，不能内化为人们的内在信念和自觉行动，就会流于空谈。任何一个稳定有序的社会都会注重对自己的公民的价值观教育。您是长期从事高校教育和管理的，请您谈谈价值观教育的重要性和价值观教育的途径。

答 任何国家、民族和社会都会注重自己的价值观教育。价值观教育的重要性是和价值观的重要性联系在一起的。个体社会化的过程实际也是接受价值观教育的过程，个体需要通过价值观教育形成自己的价值观并进而自我认同；社会共同体也需要通过价值观教育使其成员将共同体独特的价值观内化，进而通过这种共同的价值观来塑造和凝聚它的成员，使其成员对共同体产生认同。当代社会转型、科学技术的发展以及经济的全球化，强化了中国社会价值观的多样性和价值观的冲突，这给我们的价值观教育提出了挑战，进一步凸显了价值观教育的重要性。

价值观教育的途径应该是多样的，家庭、学校、社会，历史、民俗、典籍，制度、政策、思想等等，都是价值观教育的载体和手段。其中，学校教育占有特别重要的地位。当前，我们需要研究各种文化形式在建构和改变人们价值观中的作用，研究各种文化形式在价值观教育中的地位，以及各种文化形式之间相互影响、相互作用的规律和特点；要研究价值观教育中真理的力量、人格的力量及其相互关系；研究个人价值中理性因素、非理性因素及其相互关系，研究个人价值观变革的心理结构和心理过程，从中揭示价值观教育与接受不同于科学知识的特殊规律性。要强调价值观教育是个系统工程，需要注意价值观的层次性和差异性，把提倡什么、容许什么、反对什么区别开来；要把思想教育、舆论导向、政策调节、制度约束结合起来；要把价值观教育和人的全面发展及社会文明生活方式的建立结合起来，使价值观教育落实到现实生活之中。

问 这些年来您一直从事价值观的理论研究和教育实践，北京师范大学价值与文化研究中心也一直致力于此。最后，您能不能用一段话来表达自己对价值观研究的期许？

答 任何成熟的民族都需要成熟的民族价值观和民族精神，任何先进的民族都需要先进的民族价值观和民族精神。哲学社会科学工作者应当通过理论创新，构建成熟的、先进的民族价值观和民族精神；通过文化创新，用人民大众喜闻乐见的形式，宣传民族价值观和民族精神；通过体制创新，使广大人民群众认同民族价值观和民族精神，并内化为自己的理想信念、行为方式乃至习俗和习惯，从而在实践活动中自觉践行和弘扬光大新世纪中华民族民族价值观和民族精神。我们大家都要为此而不懈努力。

（原载《哲学动态》2005年第12期）

德国哲学与中国

——访梁志学

学者简介

梁志学，1931年生于山西定襄。1956年毕业于北京大学哲学系研究生班。曾任《哲学译丛》责任编辑,《中国大百科全书·哲学》自然辩证法编写组常务副主编。时任中国社会科学院哲学研究所研究员、博士生导师，国际费希特协会理事，中国社会科学院《黑格尔全集》中文译本的主持人。主要著作有：《黑格尔的自然哲学》《费希特青年时期的哲学创作》《费希特耶拿时期的思想体系》《费希特柏林时期的体系演变》等。主要独译著作有：费希特的《试评一切天启》《伦理学体系》，黑格尔的《逻辑学》。合译著作有：费希特的《论学者的使命·人的使命》《现时代的根本特点》《对德意志民族的演讲》，谢林的《先验唯心论体系》、黑格尔的《自然哲学》，马赫的《感觉的分析》。主编《费希特著作选集》(5卷本)。

问

整个20世纪，德国哲学对中国的影响非常深刻。从社会政治层面上看，1949年后，马克思主义作为国家主导意识形态，对中国人的影响已绝非其他任何一种西方思潮所能企及。而在哲学领域，康德、黑格尔、海德格尔等哲学家在中国始终备受关注。除德国之外，西方还没有哪一个国家的哲学思想能够对中国产生这么大的影响。在您看来，中国人选择及热衷于德国哲学的原因是什么？德国哲学凭借什么力量能够激起一代又一代中国人的兴趣？

答

中国人与德国哲学之间的关系是一个复杂而有趣的话题。我个人与德国哲学的关系也说来话长。1956年我从北大毕业以后，来到哲学研究所工作，恰逢贺麟先生在“开放唯心主义”的号召下到人民大学哲学系讲授黑格尔哲学。这口号是中宣部陆定一部长提出来的。他要求北大哲学系主任郑昕以这个口号为题，写一篇文章。郑先生起初很为难，经过学习“百家争鸣、百花齐放”的方针，才把它写出来，发表在《人民日报》上。他在人民大学讲《纯粹理性批判》，也是从1956年9月开始的。我很幸运，当了这两位先生的助手之一：每周都听他们讲授，替他们整理讲稿。我收获很大，真正认识到了“不懂黑格尔，就不懂马克思”的道理，觉得自己的思辨能力有显著提高。但好景不长。1957年7月我被揪了出来。在批判我的会上，一位领导人说，“梁存秀（本名）盲目崇拜资产阶级教授，已堕落为唯心主义俘虏”。但我已经深深爱上了德国古典哲学，这个初衷绝对不能改。虽然我主持的黑格尔《小逻辑》研究班（有范明生、葛树先、汪国训、龚献文等参加，由杨一之先生指导）被迫停办，但我们的德语学习班［有叶秀山、李泽厚、葛树先、钱广华、顾敏珍等参加，请蔡斯伯格（W. Zeisberger）先生讲授］还是坚持到了12月底。即使在1958年下放到河北赞皇县炼铁厂当炉前工，我也没有忘记带上德文字典和哲学书。我住在一间停放空棺材的平房里，除了每天八小时劳动，我一个人在那里有很多读书时间。1959年4月，我回到西方哲学史组工作，协助杨一之先生翻译《大逻辑》上卷。当时中宣部下达命令，要求选编一套《资产阶级学术思想批判参考资料》，对中国的资产阶级思想进行彻底的批判。《资料》的第8卷（1960年）讲康德，第9卷（1961年）讲黑格尔。西方哲学史组的老老少少都到北京图书馆，把新中国成立前国内所有研究康德、黑格尔的著作全都找了出来。我惊奇地发现，1949年之前，中国人也发表了许多关于康德、黑格尔的研究文章，其中有两个高潮，一个是纪念康德诞生200周年，另一个是纪念黑格尔逝世100周年。总体上看，这些研究工作为新中国成立后研究康德和黑格尔奠定了基础，虽然中国人系统地研究德国古典哲学还需要经历一个长期的过程。

我觉得，中国人与德国人，人同此心，心同此理。我的一个德国朋友劳特（Reinhard Lauth）先生说过，世界上只有三个民族是哲学的民族——德国、中国和法国。劳特反复研究过《老子》。他认为，中国最伟大的哲学家应该是老子。1987年，我参加了在奥地利举行的一个国际学术会议，好几个德国哲学家与我谈了很长时间的老子哲学。奇怪的是，他们为什么对《老子》这么感兴趣。德国人是天生的形而上学家，他们看问题一般不会只停留在红尘世界里，而是要进入超验的（transzendent）境界。德国哲学家似乎总是先找出一个最高原理，然后构造出一个体系。在这一点上，中国人与德国人有相近之处。正因为如此，中国人在吸收西方哲学的时候总愿意把德国哲学当作一个亮点。章伯钧先生曾有一个主张，说中国人学哲学的应该去德国，学政治的应该去美国，他的主张不是没有道理的。

中国哲学与德国哲学之间有很多的共同点。孔子的“己所不欲，勿施于人”，德国的伦理学中也有。黑格尔讲医学的内容与《黄帝内经》十分相似。他认为，宇宙大系统出了问题，人的小系统也不舒服。系统失去平衡，就一定会出现疾病。这与中国传统医学的“阴阳调和”有可沟通之处。西方的哲学传统也有整体论的成分，只是后来被分析的传统取代了。德国化学家李比希、丹麦物理学家奥斯特早年也曾迷恋过德国整体论的哲学传统，后来反省了过来，才走上分析的道路。中国哲学里其实也有分析的传统，主张“剖析至微”，只不过在总体上是整体论的。在社会历史方面，中国与德国在面对外国先进文化冲击时所获得的深刻感受也是可以相通的。法国大革命的时候，德国还很落后，当时德国与法国的差距很大。我在研读和翻译德国古典哲学家的著作时，往往会产生共鸣。我觉得，他们不是无病呻吟，而是针对病入膏肓的社会机体发出了公众认同的呐喊。我觉得，他们是“为自由而自由”（费希特语），“为真理而真理”（恩格斯语），前一个“为”是确定目标，后一个“为”是付诸行动。科学社会主义者是他们的当然继承人，真正的哲学家应该有这种社会责任感。

问

能不能这样理解，德国哲学的精神内容恰恰能够及时补充中国本土精神传统中所缺乏的形上营养，文明的互补使得打开国门之后的中国人如饥似渴地吸吮着德国哲学的养分？

答

当然，中国人学德国也一定要根据自身的实际需要，而并不是任意的。新中国成立前中国人学德国，特别集中在军事、政治方面。我们谈的是德国古典哲学，必须承认，德国古典哲学的确是全人类的一个重要宝藏。所以，阿尔森·古留加曾经把它称为一座“瑰丽的大厦”。近代以来，中国人搞现代化不得不到西方世界里寻找精神资源。从哲学层面上看，我们要研究知识论就必然把康德的批判哲学带进来，我们要搞辩证法就必然把黑格尔的绝对精神带进来。叔本华在中国的影响主要得益于王国维的介绍，他的悲观情绪与叔本华是一致的。鲁迅找尼采，是找错了，尼采的非理性主义是法西斯的思想来源，他没看到。

不同文明之间是可以进行相互补充的。我们学习德国古典哲学，就是要学习辩证的、科学的思维方式，进而弥补我们自己的不足。历史地看，中国人的思维习惯不够精确，不够科学。在这一方面，欧洲的文化有它的优点。但是，目前最大的问题是包括德国人在内的西方人对中国的了解太少，相反，我们对德国的认识远超过德国人对中国的认识。强势文明与弱势文明之间的悬殊导致了信息交流的严重不对称。可以说，我们对德国古典哲学的研究在某个方面也可以补充德国同行。当然，德国也有一批很不错的汉学家，他们的现代汉语水平很好，读古汉语的能力也很好。但他们要真正把握中国文化的实质，必须经过长期艰苦的努力。

问

尽管中国人接触德国哲学已有近百年的历史，但实际上，中国人对德国哲学精髓的消化与吸收才刚刚开始，它并没有随着主导意识形态的确立而宣告完成。接下来则需要更为深入、细密的融解工作。您是否同意这样的看法？

答

我完全同意。对于德国哲学的思想精髓的研究与吸收必须用科学的方法，经历一个不断前进的过程。这里，请允许我先谈一谈翻译、编辑马克思、恩格斯著作的情况，作为我们研究德国古典哲学的借鉴。从朱执信第一个摘译《共产党宣言》到陈望道全译此书，标志着马克思主义传入了中国，事情本身的影响是非常大的。但我们没有经历过资本主义发展阶段，因而对马克思批判地吸收过的资本主义文明成果了解得太少。按理讲，马克思看过什么书，你也得看什么书，这样才能吃透马克思的精神。遗憾的是，中国老一代的马克思主义研究家受着种种条件的限制，未能完全做到这一点，所以也闹出过一些笑话。例如，“人是他的风格”本来是布封讲过的一句话，由于出现在马克思的著作里，便被普遍地当成了马克思的名言。后来经过考证，才在20世纪50年代克服了这种张冠李戴的现象。现在对照德文读《共产党宣言》，会认为译得很精彩。但要知道，这是经过好多次修订才取得的成果。尽管如此，50卷本的《马克思恩格斯全集》里还有不少差错。例如，恩格斯批判谢林的文章中，Potenz一词是一个数学概念“幂”，是经过埃申迈耶尔而引入谢林自然哲学的，表示阶段发展的意思，现在却被翻译成了“潜能”。所以，没有足够的欧洲文化底蕴，是做不好这件工作的。但也不是都由于缺乏这个条件出了问题。例如，《国际歌》的歌词“国际人权一定要实现”，所要表达的是，国际人权高于国家主权，工人阶级无祖国，而不应该译为“英特耐雄纳尔一定要实现”。

但我们吸收和消化德国古典哲学的工作做得怎么样了呢？这是一件非常艰难的事情。1955—1956年国家搞了一个“中国科学发展12年规划”，由聂荣臻元帅亲自抓。当时哲学社会科学与自然科学还没有分家。该规划中列出了许多要翻译的德国古典哲学著作。但1957年6月“反右”之后，就再没有下文了。1962年，由商务印书馆牵头，制订了翻译和出版格罗克纳版《黑格尔全集》的计划，当时的中宣部部长陆定一也非常支持。翻译的具体任务都一一落实到每个人的头上，但由于接踵而来的政治运动，也不得不流产。

改革开放以来，翻译德国古典哲学著作的工作开创了新的局面。在康德著作译介方面，庞景仁发表了多年精心翻译的《未来形而上学导论》；韩水法译了《实践理性批判》；邓晓芒与他的老师杨祖陶（贺麟的学生）合作，经过10年的艰苦奋斗，译了“三大批判”；李秋零单独译了《单纯理性界限内的宗教》和《纯粹理性批判》，目前正在埋头翻译九卷本科学院版的《康德著作全集》。这些成果足以表明我国学者对康德哲学的翻译和研究已经进入了一个更高的发展阶段。费希特的著作方面，我们课题组编译的五卷本《费希特著作选集》囊括了费希特在世时发表的80%的文章和著作；我们还同时写出了六本专题研究作品，对他的早期知识学与晚期知识学，对他的伦理学、法权哲学和宗教哲学进行了探讨。谢林的著作方面，薛华与我译的《先验唯心论体系》打破了国内未曾移译谢林著作的局面；随后，薛华又独译了《人类自由的本质的哲学探讨》。黑格尔的著作方面，贺麟先生以86岁的高龄译出了《黑格尔早期神学著作》，薛华译出了《黑格尔政治著作选》和《哲学科学全书纲要（1817年）》。当然在这种新的局面中也出现了少量粗制滥造的译著。

问

费希特在《对德意志民族的演讲》一书中曾经说过，语言塑造人远甚于人塑造语言。德国语言有一种异常的可塑性，能够表达最深刻的思想，它是德意志民族有创造力的充分证据。在您看来，汉语能否表达最深刻的哲学思考？此外，不同文字之间的哲学翻译往往是非常困难的，您一定很有感受。能否详细说一说？

答

关于哲学翻译的原则，2002年在武汉大学召开的“哲学与文化”会议上讨论过。我在会上提交了《关于建立翻译学的问题》的论文（《哲学译丛》，2003年第1期）。在我看来，翻译的根本问题是语言系统的转换。卡尔纳普的《语言的逻辑句法》一书是用数理逻辑的原理写成的，我始终没能完全读懂，特别是它中间的那一个部分。按照卡尔纳普的观点，翻译是由一种符号系统向另一种符号系统的转变，其中必然涉及两个层面的问题。一是“语形学”问题。语言作为一个自然符号系统，既有术语、短语，也有句子。每一种语言的内部都有一套潜在的结构，语言就是通过它自身的结构被组织起来的。任何语言都有自己的一套规则，翻译的时候，必须把一套规则支配的系统转化为另一套规则支配的系统。至于这种转化究竟是如何可能的，则不得不考虑到另一个层面，即“语义学”问题。1964年的《哲学译丛》就开始关注“语义学”的问题了。研究语义学，对翻译工作有一定的启发，特别是对解决怎样把一套逻辑系统转换成另一套逻辑系统的问题非常有帮助。同一个语系里的语言转换是比较容易的，但不同语系的语言转换就困难得多了。德语转换成英语比较容易，但转换成汉语就困难得多了。在翻译、转换的过程中，遇到的第一个难题就是如何找到对应词，找不到对应词就得进一步研究语义。这是真正的困难所在。德语中的Aufheben，我们现在都译作“扬弃”，已经被大家所接受。当初朱光潜先生还主张把它译成“取消”，认为“取”即保存，“消”即去掉。在这方面，德文译成中文比德文译成英文要好得多，汉语的历史比较悠久，词汇非常丰富，我们可以发掘古汉语，也可以用单词构造新词，这是汉语的优势。例如，德文Recht，在中文里已译为“法权”，在英文里则有时译为right，有时译为law，无法同时译出它的全部意蕴。黑格尔曾经骄傲地认为，德语有表达深刻的思辨内容的能力，我们也完全可以为汉语具有这样的功能而感到骄傲。关键要看我们有没有很好的古汉语功底去挖掘我们的语词。这是我从符号学的角度谈的问题。

从认识论的角度来说，翻译的过程也是理解和表达的过程。译者要对原著有非常准确的理解，必须经过认真而耐心的打磨。理解文本原来的意思，是一个理论理性的问题；而将它转化到另一个客观载体上去，把它表达出来，则是一个实践理性的问题。翻译的整个过程是从理论理性到实践理性转换的过程。这个转折有时候靠的是概念，但有时候又不是，而是灵感。概念与灵感是可以互相转化的。解决程序性的问题靠的是逻辑思维的基本功，而解决语义性的难题就要靠灵感，靠理智直观或创造性想象力。在这个实践理性的终点出现的译意与在那个理论理性的起点存在的原意，总是难以完全一致的，而这就需要译者在两种理性连结成的圆圈里循环往复，不断修改自己的译稿。这件工作很艰巨，也很折磨人，往往需要译者度过不知多少个不眠之夜。有些外语水平很高的学者不愿意搞翻译，也许原因就在这里。

在翻译名著这方面，很多老一辈翻译家为我们作出了很好的榜样。他们既是研究型的翻译家，也是翻译型的研究家。从他们完成的译作里，我们可以看到他们那种出色的理解能力和表达能力。他们当中有些人世代嬗替，改进了同一部名著的中译，日益缩小了上述原意与译意之间的差距。以《浮士德》为例，从郭沫若译本到绿原译本的演进过程，就说明了这个道理。绿原的译本是到目前为止最好的。他在译后记里说明了自己对前人的继承，希望自己的译本能成为翻译这部名著的一个历史阶段，这种实事求是的谦逊态度展现出了十分感人的辩证发展思想。最后，我还想提上海人民出版社1964年出版的考茨基《唯物主义历史观》，它的上卷是由王太庆先生主持翻译的，下卷是由王玖兴先生主持翻译的，翻译水平绝不亚于克劳塞维茨的《战争论》。我参加过王先生主持的工作。全部译稿都要交给武剑西先生审改。这位老先生当时是高教出版社的社长，曾任共产国际的第一个中文翻译。这位老先生厉害得很。译出来的汉字如果比较潦草，经常会被他批评，说译的时候肯定不安心，这是浮躁。该译得简短的，多译了几个字，他便责问："是不是想多拿点稿费？"这位老先生水平很高，要求严格。考茨基评价手工业者的技艺，我们将评语直译为"黄金垫底"，武老不满意，改成"一技在身，胜似家累万金"。我们看了以后，都赞赏不已。他给予我的教诲和帮助，我终生难忘。

问 费希特哲学似乎早就开始了对Sein、Dasein的探讨。请问，费希特对Sein、Dasein的理解与海德格尔的理解之间有什么不同？

答 Sein和Dasein在康德的批判哲学里没有太大的差别，在费希特早期哲学中也没有分开使用，但在他的晚期哲学里两者的差别就大了。Sein是宇宙本原，是超时空的，是创造宇宙万物的，它的同义词是柏拉图的"理念"，或宗教学里的"上帝"，与谢林、黑格尔的"绝对"有可相通之处。Sein经过分化、发展之后，映现出来的东西体现了Sein，就是Dasein。我在费希特的所有晚期著作中都将Dasein译成"具体存在"。如果我们把费希特的Sein理解为黑格尔讲的"本质"（Wessen），那么，费希特晚期的Dasein就相当于黑格尔的Erscheinung（现象）。所以，费希特晚期哲学体系的第一个组成部分就叫作"现象论"。

在费希特看来，作为Sein的映现，Dasein中最高的发展阶段是有限理性存在者，即自我。自我相对于上帝来说，是Ebenbild，即"肖像"，而Sein是Urbild，即"原型"。这种Ebenbild是有概念认识能力的，它通过自己的概念认识，进一步创造了世界。所以费希特反对《圣经·旧约》的"创世说"，而认为自我凭借自己的理性创造了世界。这就与他早期知识学的思想连接起来了，同时又超越了早期知识学。在这个地方，Sein是最清楚的东西，同时也是最隐蔽的东西。这就与海德格尔联系在一起了。因为在《存在与时间》中，我们可以看到海德格尔讲了从存在的意义的提问到具体存在的启开。然而，海德格尔的Sein是“明心见性”意义上的心，是主观的精神存在，它构成了为法西斯主义唱赞歌的形而上学基础。费希特的Sein则是客观的精神存在，它构成了建立理性王国的形而上学基础。

在世界里生存的有限理性存在者还得再回到Sein去，这个回归路就是认识真理的道路，走向光明的道路。人要回归到那里去，是要经过五个阶段的，即感性世界观的阶段、法律世界观的阶段、道德世界观的阶段、宗教世界观的阶段和科学世界观的阶段。最后的科学世界观就是哲学世界观，要理解那不可理解的东西。这是费希特晚期知识学的第二个组成部分，叫作“真理论”。真理论部分影响了黑格尔。只要把这里讲的内容与《精神现象学》中从感性确实性到绝对知识的历程加以对比，就会看得很清楚。有些学者还进一步把这种内容与海德格尔的真理论相对比，但应该看到，费希特所讲的“归真返本”不是走向死亡，而是走向极乐生活。

问

最近，由您翻译的黑格尔《逻辑学》的出版，在学界已有一定影响。您自己的感觉如何？超越贺麟先生译本的地方是什么？

答

《逻辑学》出版以后，王路教授、邓晓芒教授都发表过书评，我感谢他们。我不喜欢用“超越”二字。实际上是继承和推进了贺先生译这本书的工作。若干年后，现在的年轻学者中将有人比我把这本书译得更好。这样，我们中国学者就越来越准确地译好了这部历史上的名著。

［采访人：余治平，上海交通大学哲学系］

（原载《哲学动态》2006年第2期）

学者近况

梁存秀（1931—2018.1），笔名梁志学。中国著名哲学家、哲学翻译家，德国古典哲学研究专家。中国社会科学院哲学研究所研究员，中国社会科学院研究生院教授、博士生导师，中国社会科学院首届荣誉学部委员。1951年考入北京大学哲学系，1956年8月被分配至中国科学院哲学社会科学部哲学研究所西方组工作。1960年，调入新成立的现代外国哲学研究组，开始从事现代哲学的研究。其间长期担任《哲学译丛》专栏责任编辑，并在《哲学译丛》上发表百余篇译文和书评。重要译文有《从现代自然科学来看上帝存在的证明》（庇护十二世著）、《今日黑格尔》（克罗纳著）和《回归形而上学的基础》（海德格尔著）等，近年来还被编入相关论文集。其间代表译著包括：《先验唯心论体系》（谢林著，与薛华合译）、《论学者的使命》（费希特著，与沈真合译）、《自然哲学》（黑格尔著，与薛华、沈真、钱广华合译）。1978年，进入自然辩证法研究室工作，负责编辑《自然科学哲学问题丛刊》和《中国大百科全书·哲学》“自然辩证法”条目。1980年代初期，译有《从哲学看控制论》（克劳斯著，1981）和《感觉的分析》（马赫著，与洪谦、唐钺合译，1984）。与此同时，完成了黑格尔《自然哲学》的翻译和注释工作，并写作了《论黑格尔的自然哲学》一书。1986年起，组织团队开始着手翻译五卷本《费希特著作选集》，亲自翻译了《试评一切天启》等大量新作，并出版了一系列研究成果。此外，先后翻译的费希特著作单行本有：《论学者的使命 ·人的使命》（与沈真合译，1984）、《伦理学体系》（与李理合译，1995）、《现时代的根本特点》（与沈真合译，1998）、《对德意志民族的演讲》（与沈真、李理合译，2003）。在翻译费希特著作的基础上，还著有《费希特青年时期的哲学创作》《费希特耶拿时期的思想体系》《费希特柏林时期的体系演变》。2002年，修订出版译著《逻辑学——哲学全书·第一部分》（黑格尔著）。2005年起，开始着手组织《黑格尔全集》的翻译，目前已出版第6卷《耶拿体系草稿（1）》、第7卷《讲演手稿I（1816—1831）》、第10卷《纽伦堡高级中学哲学教程与讲话》、第17卷《宗教哲学手稿》（与李理合译，2011）、第27卷第1分册《世界史哲学讲演录（1822—1823）》。2012年，出版《自由之路——梁存秀文集》。2017年下半年，出版专著《论黑格尔的自然哲学》（《哲学全书·第二部分·自然哲学》导读）。

语境论的科学哲学研究纲领

——访郭贵春与成素梅

问

近些年来，从语境论的视角研讨科学哲学问题，似乎已经成为山西大学科学哲学研究群体的主要特色，比如，《语境与当代科学哲学的发展》《语境论的真理观》《语境实在论》《语义学研究的方法论意义》《科学隐喻的方法论意义》《当代数学哲学的语境选择及其意义》《量子时空引力的语境分析》等一系列论文，似乎都内在地贯彻了语境论的思想。这些研究成果引起了国内学术界的普遍关注，正在形成科学哲学研究的特有风格。为了进一步明确地了解与把握"语境论科学哲学研究纲领"的基本思想，请谈一下选择语境论的视角来探讨科学哲学问题的理由。

答

郭贵春（下称郭）：怎样认识、理解和分析当代科学哲学的现状，是我们把握当代科学哲学面临的主要矛盾和问题、推进它在可能发展趋势上获得进步的重大课题。反思20世纪科学哲学的整个发展历程，我们发现，当代科学哲学面临着四个"引导性难题"：其一，重铸科学哲学发展的新的逻辑起点。这个起点要超越逻辑经验主义、历史主义、后历史主义的范式。我们可以肯定地说，一个没有明确逻辑起点的学科肯定是不完备的。其二，构建科学实在论与反实在论各个流派之间相互对话、交流、渗透与融合的新平台。在这个平台上，彼此可以真正地相互交流和共同促进，从而使它成为科学哲学生长的舞台。其三，探索各种科学方法论相互借鉴、相互补充、相互交叉的新基点。在这个基点上，获得科学哲学方法论的有效统一，从而锻造出富有生命力的创新理论与发展方向。其四，坚持科学理性的本质。面对着前所未有的消解科学理性的围剿，要持续地弘扬科学理性的精神。这一点，应当是当代科学哲学发展的一个极关键的东西。同时，只有在这个基础上，才能去谈科学理性与非理性的统一，去谈科学哲学与科学社会学、科学知识论、科学史以及科学文化哲学等流派或学科之间的关联。否则的话，一个被消解了科学理性的科学哲学还有什么资格去谈论与其他学派或学科之间的关联？

这四个从宏观上提出的"引导性难题"内在地体现了20世纪

科学哲学两个极其鲜明的特征：第一，科学哲学的进步越来越多元化，所提出、求解和涉及的一系列理论难题，均在一定意义上与语境问题本质地相关，即试图从不同的语境视角去重构或重解这些难题。第二，多元的立场、观点和方法又在一个新的层面上展开，愈加本质地相互渗透、吸收与融合，通过“再语境化”的途径，以朝向后现代性发展的趋势，抛弃一切单纯形式的、经验的、范式的或框架的依托，而转向将所有科学之历史的、社会的、语言的和心理的层面统一到一个不可还原的、整体的语境基点上去。因此，经历了语言学、解释学和修辞学“三大转向”的科学哲学，而今走向语境论的研究趋向是科学哲学发展的一种逻辑必然；或者说，把“语境”构建为科学哲学理论未来发展的生长点，不仅是战略意义的选择，而且具有重要的理论价值。把语境作为语形、语义和语用结合的基础，从语境的基底上透视、扩张和构建整个科学哲学的大厦，是回答了以什么样的形式、什么样的方法以及什么样的基点或核心去决定科学哲学未来走向的一个重大理论问题。这一回答与语境本身所具有的内在本质是分不开的。

成素梅（下称成）：其实，郭贵春老师早在1997年就在《哲学研究》杂志上发表了《论语境》一文。这是国内哲学界从哲学的视域中关注“语境”问题的第一篇文章。这篇文章为进一步构建语境论的科学哲学研究纲领提供了很重要的方法论启迪。

就“语境”概念而言，汉语中的“语境”概念与英文中的“context”一词相对应。“context”有两种含义：其一，指话语、语句或语词的上下文或前后关系或前言后语，可替换术语是“linguistic context”，“co-text”；其二，指话语或语句的意义所反映的外部世界的特征，说明言语和文字符号所表现的说话人与周围世界的方式，可扩展为事物的前后关系、境况，或者扩展到一个特定“文本”、一种理论范式以及一定的社会、历史、政治、经济、文化、科学、技术等诸多要素之间的相互作用和相互联系，可替换术语是“environment”，“context of situation”。

各门学科运用语境概念的历史都可以追溯到远古时代，但是，直到20世纪60年代以来，关于语境的元理论研究才引起了社会科学研究中许多分支学科的关注，功能语言学中的“语域”、语义学中的“语义场”、心理学中的“语意情景”、语法学中的“语法场”、现象学中的“视域”、科学哲学中的“观察渗透理论”、科学说明中的“整体观的意义理论”、库恩的“范式理论”，等等，所有这些概念与观念所强调的都是语境理论在本学科中的具体应用。这种在研究方法上的巧合绝不是偶然的，但是，从这些共同的方法中抽象出共性的方法论特征，并在关注这些方法论特征的基础上，意识到语境分析方法论的重要性，却需要独特的学术眼光。

问

这就是说，从语境论的视角研究科学哲学问题是在20世纪科学哲学发展历程的基础上总结出来的，是科学哲学演进逻辑的内在要求。那么，“语境”的本质是什么呢？

答

郭：“语境”至少有下列四个方面的内在本质：其一，语境是一种具有本体论性的实在。正像所有实体的存在都是在相互关联中表达的一样，语境作为一种实体是在诸多语境因素及其相互关联中实现的，并由此构成了整个科学哲学理论分析的十分“经济”的基础。其二，语境是在一切人类行为和思维活动中最具普遍性的存在，它不仅把一切因素语境化，而且体现了科学认识的动态性。这是因为，一旦消解了语境与实体的二元对立的僵化界限，一切认识对象便都容纳于语境化的疆域之内，并在其中实现它们现实的具体意义。同时，“所有的语境都是平等的”。因为语境本身并不具有任何超时空的特权或权势，因而科学的平等对话的权利更有益于人们去面对科学真理的探索及其富有规律性的发展。其三，语境作为科学哲学的研究基底具有方法论的横断性。在一切科学研究中，证据绝对不等同于方法，而方法必然要超越一切特殊证据的背景要求的狭隘性。因而对所有特殊证据的评判只有在语境的横断性的方法论展开中，才能获得更广阔的意义和功用。在这里，语境在某种意义上的超验性与它的方法论的横断性是一致的。其四，语境绝非一个单纯的、孤立的实体，而是一个具有复杂内在结构性的系统整体。语境从时间和空间的统一上整合了一切主体与对象、理论与经验、显在与潜在的要素，并通过它们有序的结构决定了语境的整体意义。语境的实在性就体现在这些结构的现存性及其规定性之中，并通过这种结构的现实规定性展示它一切历史的、具体的动态功能。

总之，语境的本体论性与结构性决定了语境的灵活性与意义的无限性，它有可能为科学实在论取消一元论哲学的特权，摆脱二分法的固有困惑，走出追求终极真理的困境，在多元背景下重新审视科学，提供方法论的启迪。

成：近十年来，山西大学科学哲学研究群体在郭老师的语境论思想的指导下，分别从当代数学的元理论层面、量子测量解释的多元性、量子时空观的演变、科学发展的整体性与模型化趋向、科学隐喻问题、科学修辞战略、心理意向性问题等方面揭示了语境论的方法论优势。这些研究成果已经内在地表明，在科学研究活动中，任何一种关涉理解的活动都必然与语境相关。正如解释学家海德格尔曾指出的那样，理解需要以“前有”、“前见”和“前设”所构成的“前结构”为中介。“前有”是指理解者所处的文化背景、知识状况、精神物质条件及其心理结构的影响而形成的东西，这些东西虽不能条理分明地给予清晰的陈述，但是却决定着他的理解；“前见”是从“前有”中选出的一个特殊角度和观点，成为理解的入手处，通过“前见”，外延模糊的“前有”被引向一个特殊的问题域，进而形成特定的见解；“前设”是理解“前有”的假设，从这些假设得出“前有”的结果。在这里，海德格尔所说的“前有”、“前见”和“前设”说明了理解语境的存在性。只有在理解语境中，理解者才能通过特有的约定形式对可能的意义进行意向的说明、重构与筛选。特别是当一个理解对象从一种时空向另一种时空变换时，其指称与意义的同一性与非同一性，正是由语境结构的具体性所给定的。语境的结构性确保了意义由现象到本质、由一般到特殊的飞跃。因此，理解活动本质上是创造意义的活动，而不是对文本的内在意义的还原。理解语境所体现出来的是一种理解对象与理解者直接当下的背景信念、价值取向、时空情景相关的真理性对话，而不是对对象固有特性的终极揭示。

在语境的理解活动中，“超语境”与“前语境”的东西没有直接的认识论意义，任何东西都只有通过“再语境化”过程融入新的语境之中，才具有生动的和现实的意义。从这点上讲，语境的本质就是一种“关系”。也就是说，在语境的意义上，任何东西都可解构为一种关系，并通过这种关系理解其内在本质。而这种关系的设定则依赖于特定语境结构的系统目的性。这是因为，关系的趋向性的确定就是一种结构性的变换。同时，从关系的视角看，语境也是一个“结”，或者说，是一个必需的联结点。一切人类认识的内在和外在的信息，都只有通过语境才能得以联结、交流和转换。或者说，“再语境化”是一个“意义的创造性”的问题，它集中体现了人类思维和认识的发展程度和时代特征。各种相关要素只有通过语境以及“再语境化”的过程，才能必然地带有语境的系统性和目的性，而不会孤立地作为单纯的要素存在。与此同时，各种要素被语境化与“再语境化”的过程，也将语境本身历史化与过程化了。

问

根据你们的观点，在语境的基底上构建整个科学哲学大厦和重解科学哲学论题，有什么样的独特优势呢？

答

郭： 首先，从本体论意义上来看，语境是科学理解活动最“经济的”基础。可以把它看成是用“奥卡姆剃刀”削去不必要因素以后最直接的阐释基底，而不需要在形式上再作抽象的本体论还原。这是因为，在语境中理解对象，不是将对象特性与意义的表达仅仅作为终极真理的载体来看待，而是强调理解的当时性与相对性。这种理解避免了单纯真值理解的狭隘性，而且，从多重语境因素及其相互关联中理解对象，会使对对象的理解更加丰富或更加丰满。所以，从整体论的意义上讲，语境的本体论性既是一种有原则的“撤退”，同时，也是一种方法论性的“前进”；它在减少“还原”的同时，原则性地扩展了“意域”。

其次，在某种程度上，语境的本体论性是一种关于意义的最强“约定”，它构成了判定意义的“最高法庭”。因为只有在这个“法庭”之内，一切语形、语义与语用的法则才可以合理地生效。在一个确定的语境内，人们可以通过特有的约定形式对可能的意义及其分布进行不同意向的说明和重构，甚至导致不同范式之争。但是，语境的本体论性的本质决定了不可能通过任何形态的约定，去生发或无中生有地构造意义。这就是说，语境的本体论性决定了它的约定性，而语境的约定性只是展示了意义的各种可能的现实性，不是它的本质的存在性。因此，语境的本体论性作为一种关于意义的“最高约定”，涉及主体的一致性评价问题。然而，值得注意的是，主体间的信仰的区别并不等同于特定语境下的意义的不同，信仰问题是一个潜在的背景趋向问题，而意义问题则是特定语境下各要素之间的协调和一致性的问题。两者虽然是相关的，但却有着本质的区别，不容混淆。语境的本体论性的现存性与约定的相对性之间既相互统一，又相互矛盾。正是这种矛盾推动了科学理解的深入展开。

再次，语境的本体论性是它的实在性的具体化。这种具体化是时间和空间上的具体化。它要求获得时间、空间以及在其间一切可观察和不可观察的整个系统集合。这一集合包含对象的整个可测度的运动轨迹、因果链条或合理的可预测性。当然，这一点可以是直接的或潜在的、显形的或隐形的，但绝对不是现存的。同时，这种具体化表明，任何一个有意义的语境都不是偶然的、绝对无序的，在它们的现象背后隐含着不可缺少的规律性和必然性；或者，反之，任何一个有意义的语境都不是完全必然的、绝对有序的，在它们的背后也同样隐含着必然的统一。即便是在以形式体系表现的科学语境中，“任一语境所需要的定律也都不能唯一地决定那些抽象的实体”，决定这些实体的必然是一个具体的系统集合。所以，这种具体化是要创造一种确定意义的环境，而这种环境必然能够突破逻辑本身的自限、形式表征的自限，甚至是人类理性的自限。这是因为，人们不可能在形式上求得完备的表征。而语境对于特定命题意义的规定性，只在于它的内在的结构系统性。

最后，语境本体论性的根本意义是要克服逻辑语形分析与逻辑语义分析的片面性，从而合理地处理“心理实在”的本质、特征及其地位问题。命题态度作为讲话者对其提出的命题所具有的心理状态，譬如信仰和意愿等，是心理表征的对象。从语境的本体论性上讲，这种对象性就是一种实在性，即承认实在地存在着具有意向特性的心理状态，并且这种状态是在行为的产生中因果性地蕴含着的；而且，这种实在的意向性同样地具有语义的性质，即使在表征科学定律的符号命题中也同样地存在着意向特性；同时，那些在因果性上具有相同效应的心理状态，在语义上也是有价值的。从这一点上讲，“关于命题态度的实在论，其本身事实上就是关于表征状态的实在论”。这样一来，就可将外在的指称关联与内在的意向关联统一起来，扩张和深化实在论的因果指称论，展示实在论发展的一个有前途的趋向。

语境本体论性的这些基本特征表明，语境不是一个单纯的、孤立的概念，而是一个具有复杂结构的整体系统范畴。这种整体论的语境观又恰恰是立足于实在论的立场上，去消解传统认识论中将主体与客体、观察陈述与理论陈述、事实与价值、精神与世界、内在与外在等进行机械二分法的方法论途径，它正是要从实在的语境结构的统一性上去解决认识的一致性难题。因此，在语境的基底上构建整个科学哲学大厦具有传统科学哲学研究进路无法比拟的独特优势。

成：语境论的科学哲学进路还有下列三大优势：在认识论意义上，它比较容易理解为什么后来被证明是错误的理论，却在当时的研究语境中也曾起到过积极作用这个沿着传统的科学哲学思路所无法回答的敏感问题，有助于解答科学实在论面临的非充分决定性难题，从而为科学实在论坚持的前后相继的理论总是向着接近于真理的方向发展的假设提供了很好的辩护，也有力地批判了各种相对主义的科学哲学对科学实在论的质疑，更用不着担心会出现理论间的不可通约现象。在科学史上，后来证明是错误的理论，并不等于一无是处的理论，反过来说，科学史已经表明，即便是正确的理论也会有一定的适用范围。在方法论意义上，比较容易理解关于科学概念与科学观点的修正问题，科学研究越抽象、越复杂，研究中的人为因素就越明显，科学家之间的交流与合作就越重要，科学研究的语境性特征也就越明显。在价值论意义上，能更合理地理解与反映科学的真实发展历程。语境论的科学观作为反基础主义和反本质主义、消解绝对偶像、排除唯科学主义等的必然产物，在科学实践中结构性地引入了历史的、社会的、文化的和心理的要素，吸收了语形、语义和语用分析优点，借鉴了解释学和修辞学的方法论特征，超越了逻辑经验主义所奠定的僵化的科学哲学研究进路，架起了科学主义与人文主义、理性主义与非理性主义、绝对主义与相对主义沟通的桥梁，因而是一种更有前途且更富有免疫力的新视域。

目前，从语境论的视角来构建科学哲学的大厦，已经引起了国际学术界的关注。去年我在美国斯坦福大学哲学系访问期间，曾就这个问题与帕特里克·苏佩斯（Patrick Suppes）和海伦·朗基诺（Helen Longino）进行过讨论，他们都认为从语境论的视角重新理解科学哲学论题是可行的。特别是海伦·朗基诺对我们的观点非常感兴趣，她将于今年9月份访问山西大学，其间，我们将就语境论的科学哲学研究进路进行更深入的探讨。目前，就国际科学哲学界而言，虽然大家都在潜意识地从语境论的视角思考问题，但是，明确地把语境论作为一种世界观与方法论贯穿于科学哲学研究的始终，形成一个有特色的纲领，还处于广泛的探索之中。

我在斯坦福大学图书馆里只查到了一本与语境论相关的科学哲学著作，即《语境实在论：现代科学的一种形而上学框架》，是1986年出版的。该书首先用了近五分之四的篇幅，立足于哲学史对传统知识论的局限性进行了考察，最后一章取名为“语境实在论”，作者在这一章中指出，正像所有的科学知识都是以研究方法与研究语境为前提的一样，试图对当代科学知识作出形而上学概括的任何一个人都必须意识到，超越自己所处时代的有限预设是多么的困难。物理学、有机化学、分子生物学等学科的发展已经范例性地说明了科学现象的产生、科学概念的理解、科学理论的传播、科学实验的实施等的条件性与时代性。“朴素的或常识的实在论者”认为，日常的宏观世界是真实的世界，科学的物理实在观是可疑的或假想的；“激进的批判实在论者”则把对世界的科学表征接受为真实的，把日常的宏观世界看成只是一种主观现象。这两种立场虽然都适当地处理了我们今天所理解的世界的复杂性，但都是相当片面的。无法穷尽的、不可还原的语境概念不要求把实在塌缩为某一个维度来理解。然而，该书对“语境实在论”观念的论证是非常宏观的，没有提供微观框架。从这个意义上来看，我们的探索与研究是超前的。

问

既然从语境的基底上重构科学哲学大厦是科学哲学自身发展的逻辑必然，那么，语境论科学哲学研究纲领的核心要点有哪些呢？

答

郭：语境论是一种世界观与方法论，强调从综合的和动态的视角考察科学及其发展。语境论的科学哲学研究纲领主要由语境论的科学观、语境论的实在观和语境论的真理观所构成。

语境论的科学观强调把科学放在现实的社会、文化、历史等多元语境中来理解，把科学看作依赖于语境的产物。这种观点既不需要担心由于一旦发现科学知识的语境性与可错性，便会盲目地走向非理性主义的科学观，也不需要在排斥人文文化的前提下来捍卫科学实在论。相反，这种科学观有助于把多学派的各种观点联系起来，为真正地架起科学主义与人文主义沟通的桥梁提供可能。

语境论的实在观不再是从科学的纯客观性与绝对真理性出发，而是从科学的语境性与可错性出发，在科学知识的去语境化与再语境化的动态发展中，阐述一种语境论的实在论立场。这种立场一方面能够包容反实在论的各种立场，使它们成为理解科学过程中的一个具体环节或一种视角进而得以保留；另一方面，也不等于把科学研究看成如同诗歌或散文等文学形式那样，是完全随意的主观创造和情感抒发。在科学研究实践中所蕴含的主观性，总是要不同程度地受到来自研究对象的信息的约束，是建立在尽可能客观地揭示与说明实验现象和解决科学问题的基础之上的。

语境论的真理观不再把真理理解为科学研究的结果，不再把单一的科学研究结果看成纯客观的，或者说，不再把纯客观性作为科学研究的起点，而是把真理理解为科学追求的目标，把科学研究结果看成主客观的统一。这样，有可能把已有的这些真理论视作从不同视角对真理的多元本性的揭示，视作互补的观念，科学理论的发展变化、科学概念的语义与语用的不断演变、运用规则的不确定性、科学论证中所包含的修辞与社会等因素，不仅不再构成关于科学的实在论辩护的障碍，反而是科学理论或图像不断逼近实在的一种具体表现，使科学研究中蕴含的主观性因素有了合理存在的基础，并成为科学演变过程中自然存在的因素被接受下来。

成：对于当代科学哲学的研究而言，语境论的科学哲学研究纲领不仅提供了一套全新的思维方式，更重要的是，它有助于我们解放思想，更合理地理解与把握当代科学发展的内在本质，有助于我们在与国际科学哲学研究的主流趋势保持一致的前提下，形成中国科学哲学研究的特有风格，有助于改变中国科学哲学研究长期以来处于引进介绍阶段的局面，是一个值得进一步深入细致地研究的有前途的方向。

问

语境论强调把科学研究中的所有因素都语境化，那么，这将如何避免陷入相对主义呢？

答

郭：这是理解语境论科学哲学研究纲领必须讲明的一个很关键的问题。语境论既强调科学认识的条件性与过程性，也强调科学真理发展的动态性与开放性。但是，强调认识与真理的条件性不等于走向任何一种形式的相对主义。这是因为，相对主义最典型的特征是突出理论、方法或价值之间的不可比性或相对性，而条件性不等于不可比性或相对性。强调动态性意味着，在科学研究实践中，现存的真理论只代表了主客观相互作用方式中的两种极端的理想状态，而实际存在的却是许多中间状态，这些中间状态体现了不同程度或不同层次的主客观的统一。因此，我们应该始终在一个动态的、开放的主客观统一的语境中理解科学的发展。科学的形象既不像真理符合论所要求的那样，是对世界的镜像反映，也不像各种形式的主观真理论所描述的那样，是社会运行的产物或主观意愿的满足，而是关于世界机理的一种整体性模拟。模拟活动的表现形式体现了理论模型描述的可能世界与真实世界之间的相似性。所以，语境论的真理观使真理成为一个与科学研究过程相关的程度性概念，而不再是一个与科学研究结果相关的绝对性概念。

总之，语境论的科学哲学研究纲领是在反叛传统思维方式的基础上形成的。它一方面维护了科学认识的客观性，另一方面，也容纳了科学认识的社会性与建构性，从而使科学认识的社会化与符号化过程有机地统一起来，把逻辑和理性从它们先前高不可攀的高度降低到历史和社会的网络当中，把作为一个维度和一种影响的心理、社会和文化等因素从科学的对立面融入理性的行列。

成：在科学哲学中，“相对主义”是与“绝对主义”相对应的，这是两种极端的观点，语境论的进路正是试图为融合这两种极端的观点提供一个合理的平台，开辟一条有能力融合各种对立观点的中间之路。它既不像绝对主义那么教条地维护科学的客观性，反对科学的社会因素和主观性成分，也不像相对主义那么灵活地抛弃科学的客观性，夸大范式之间的不可通约性或科学研究过程中内含的社会因素。如果说，绝对主义的科学哲学观是在以牛顿力学为基础的宏观科学研究范式的基础上成长起来的，而相对主义的科学哲学观是立足于当代科学发展的新特征对这种绝对观点的反叛的话，那么，语境论的科学哲学观是在以量子力学为基础的微观科学研究基础上成长起来的一种更加理性的观点，是一种有助于超越宏观认识的盲目性与教条性，能够更加真实地反映科学本性的新立场。

（原载《哲学动态》2008年第5期）

学者近况

郭贵春略

成素梅（1962.12—　），山西交城人。哲学博士。现任上海社会科学院哲学所副所长、教授，《哲学分析》杂志主编，上海社会科学院科学哲学创新学科首席专家、学术委员会委员，华东师范大学博士生导师。兼任上海市自然辩证法研究会理事长、上海市思维科学哲学学会副会长、中国物理学哲学学会副主任、中国自然辩证法研究会常务理事。享受国务院政府特殊津贴。入选教育部新世纪优秀人才支持计划、上海市浦江人才计划，上海市领军人才，上海市第九、第十届科协委员。曾在美国斯坦福大学和南加州大学、英国牛津大学和剑桥大学、日本京都大学、丹麦哥本哈根大学玻尔文献馆访问研究。主要研究领域为量子力学哲学、科学哲学、休闲哲学、人工智能哲学。出版《论科学实在》《科学与哲学的对话》《在宏观与微观之间：量子测量的解释语境与实在论》《理论与实在：一种语境论的视角》《量子论与科学哲学的发展》《引进国外智力引论》《在线生活宣言》《数字方法》《科学技术哲学国际前沿》等著作近30部。在权威学术期刊发表学术论文近170篇。曾获上海市哲学社会科学优秀成果奖著作类一等奖，上海市“三八红旗手”称号。

诠释和定向：中国哲学方法论的思考

——访刘笑敢

学者简介

刘笑敢，1947年生，河南人。1978年考入北京大学哲学系师从张岱年读研究生，1985年获博士学位并留校任讲师、副教授。1988年赴美国，先后于密歇根大学、哈佛大学、普林斯顿大学东亚系、宗教系和哈佛燕京学社任访问学者、讲师、研究员。1993年赴新加坡国立大学中文系任高级讲师、副教授。2001年起担任香港中文大学哲学系教授，后出任中国哲学与文化研究中心主任。主要著作有：《老子古今——五种对勘与析评引论》（上下卷，附老子五种原文对照逐字通检，中国社会科学出版社，2006）、《庄子哲学及其演变》（中国社会科学出版社，1988、1993）、《两极化与分寸感——近代中国精英思潮的病态心理分析》（台北东大图书公司，1994）、《两种自由的追求——庄子与沙特》（台北正中书局，1994）、《老子——年代新考与思想新诠》（台北东大图书公司，1997）、*Taoism and Ecology: Ways with in a Cosmic Landscape*（co-editor and contributer，Cambridge，MA：Harvard University Center for the Study of World Religions，2001）。

问

这些年，关于中国哲学的方法论的讨论一直是学界关注的话题，我注意到，您最近几年的文章和讲演，除了您“传统的领地”老庄思想之外，有很多内容是关于中国哲学的研究方法的。在您的文章中，也有几个概念引发了人们的关注，比如“两种定向”的问题和“反向格义”的问题。

我们就先从“两种定向”开始吧。当我看到用“六经注我”和“我注六经”来概括“两种定向”的时候有很多的疑虑，因为这样一种习惯上被用来概括不同的经学立场的话，是否能正确地对应您要说明的问题？

答

我只有研究兴趣，没有什么“领地”。兴趣比较广泛，实际研究的范围不很多，因为精力有限。最近几年我对中国哲学的研究方法比较关注，这是从借用诠释学理论来研究中国哲学开始的。主要是感到从事中国哲学研究不容易，中西、古今的问题纠缠在一起，高低雅俗的标准不清楚。通俗化的哲学诠释学理论和美国的新批评理论以为经典诠释没有标准，造成学术界的一些不良风气，严重损害了中国哲学作为一个现代学科的严肃性。我自己的理论是“两种定向”与“两种标准”，但为了通俗起见，我组织的会议就借用“六经注我”与“我注六经”来讲“两种定向”，过去我的论文都是直接讲“两种定向”的，只是偶尔顺便提到“六经注我”与“我注六经”。

陆九渊最初所说的“六经注我”与“我注六经”完全是宋明理学和心学的命题，讨论的是学习目的和重点的问题。其实，在古代，与现代所说经典注释方法直接相关的是“庄子注郭象”与“郭象注庄子”之说，此说起源于对郭象之《庄子注》的评价，比“六经注我”之说出现更早。“郭象注庄子”和“庄子注郭象”的说法起源于对经典注释的两种倾向和做法的对比和概括，比“我注六经”和“六经注我”的说法更能代表对经典注释和诠释的两种态度或方向。但这种说法远没有“六经注我”这样的说法广为人知，所以我就采用了这个说法。

问

以描述古人注解经典的概括，用来说明现代的学术路数是否需要作进一步的说明，或者说您在采用这个说法的时候，作了哪些发挥呢？

答

对“六经注我”与“我注六经”有各种各样的理解或使用。我所说的“六经注我”与“我注六经”与其他人都不同，仅是我的“两种定向”理论的通俗化表述。现代人诠释古代经典一定会自觉不自觉地产生两种取向或定向。一般情况下，现代人阅读古代经典都有了解古代经典之究竟意含的愿望或冲动，同时，现代人也会自觉不自觉地将古代经典的意含（meaning）和意义（significance）转移到现代社会，寻求古典经义在现实生活中的意义，进而会有人希望借用古典经义创造现代社会所需要的理论体系和精神营养。这就是笔者所说的经典诠释中的“两种定向”。

大体上说，“我注六经”相当于客观的、历史的、文本的定向，这也就是对象性的纯学术研究的取向；“六经注我”相当于当下的、主观的、自我表达的定向，接近于主体性的思想建构的取向。这里说的“取向”有较多主动选择的意味，而“定向”则可以是主观的选定，也可以是一种取向外化并凝固为诠释作品后的可分析、可观察的客观特性。取向和定向的说法就反映了经典诠释活动中的“方向性”特点。需要再次强调的是，不论哪一种定向都仅是经典诠释活动中的定向而已，与其结果或作品的高下精粗、深浅晦明完全无关。

就中国哲学这一学科来说，文本的历史的定向并非只是注疏、训诂、考据之学，这些是基础而不是重点。所以，这里的文本定向不是文本研究本身，而是以文本为基础的思想、理论和哲学的探索，以及以文本思想为依归的拟构（模拟性重构）。当下的自我表达的定向并非限于借助经典解释的形式来建构自己的思想体系，并非特指思想家式的建构，也不是个人的人生体会，而主要是包括建基于古代哲学基础之上的现代引申、接转、发展、批判、应用、创新等。“两种定向”比“六经注我”与“我注六经”这种说法更自觉、更确切，既有更明确的意含，也有更广泛的包容度，没有厚此薄彼的价值意味。我仅希望借“两种定向”的理论来提高中国哲学研究之方法的自觉意识，让忠于历史与文本的理论研究和诠释能够充分发展，达到更高的学术水平，同时让现代理论建构的目标也能更自觉、更公开、更严肃地发展。

问 我大概明白您的意思了。但是，我觉得这里可能包含着两个问题：首先，“两种定向”是对中国古代经典诠释的两种角度的描述，还是现在我们进行中国哲学研究所应保持的两种态度？其次，这两种定向的区分是否必要，是否存在着更多样化的方向？

答 “两种定向”的理论是对中国古代诠释传统和理论创造传统的观察和分析的结果，首先是从王弼《老子注》和郭象《庄子注》开始的。但提出“两种定向”的理论就是希望将历史上的可能不够自觉的现象提高到现代学术的自觉意识上来，成为对学术研究和解释工作的一种自觉意识的要求，这不是两种态度，而是两种自觉的选择。态度可能是自己的偏好，可能有价值取向。我说的“定向”是诠释或研究中的工作性质、工作方向的选择和决定，不是个人偏好。在注释或诠释或研究一部经典时，是以了解、解释古代经典为目标，还是以表达自己的现代思想为目的，这两种选择的目的和结果会很不同。不自觉的做法会造成两种取向的混淆，其作品就会处于两种取向之间的某一位置上。这样，既不是严肃的学术研究，又不是明确的自我的新建构。两头不到岸，在任何方向上都很难有所突破。

无论哪一种定向都会有各种各样的方法和做法。“两种定向”的理论只是让原来不够明确的意识变得更自觉，更理直气壮，让两种取向都能得到足够的理解和尊重，避免不必要的误会和意气之争。

在中国哲学研究中，对历史的、文本的定向比较自觉，作品很多，方法也很多。对当下的、自我表达式的取向，自觉性较少，作品也比较少。明明是在自我发挥，偏偏要说是对古代经典的“另一种诠释”或“不同诠释”。“两种定向”的提法可以给所谓的“六经注我”式的创造提供一个合理的管道和更大的空间，公开表明自己的目的，可以提高自觉性，提高思想创造的标准，也可以避开不必要的例如“挂羊头，卖狗肉”一类的批评。这有一种解放的功能，而不是限制的作用。

有人会担心强调文本的、历史的、客观的维度会制约新的思想的创造，这种担心是多余的。越是不断地、认真地钻研古代的经典，越能发现对现代社会有意义的精神资源，越能创造对现代社会有价值的思想元素。这一点我很早以前听杜维明讲过，他常以史华慈为例。我当时仅是理性上接受，现在有了切身体会。比如我提出的“人文自然”和“道家式责任感”的说法对现代生活是有积极意义的，已经获得注意和认同，但这不是我有意为创造而创造的，而是在认真研究《老子》原文和古今中外各种理解和诠释的基础上逐步发现、逐步明晰、逐步形成的。这些概念看起来很新，但都有足够的文献根据，花开在现代，根子却扎在古代典籍中。

问

除了“两种定向”之外，我比较有兴趣的是您关于“反向格义”的提法。这些年，许多学者参与了中国哲学合法性的讨论，其核心问题就是要反思近百年来我们运用西方哲学的形态和概念来整理中国思想资源的得失。“格义”现象大家比较熟悉，指的是佛教传入之时，因人们很难正确理解许多名相的意义，所以采用中国固有的概念，特别是道家的一些概念来比附的方法。那么“反向格义”当作何解？

答

“中国哲学”作为20世纪开创的在现代大学中讲授的新科目，不是简单地引入和传播西方文化产品而已，而是要“自觉”地以西方哲学的概念体系以及理论框架来研究分析中国本土的经典和思想。这是近代以来中国哲学或哲学史研究的主流，恰与传统的“格义”方向相反。所以我们可以称近代自觉以西方哲学的概念和术语来研究、诠释中国哲学的方法为“反向格义”。“反向格义”或许是一个新的说法，但是对这一现象的观察却不是我的创见。有人就曾用过“洋格义”或“逆格义”的说法。

反向格义或许可以分为广狭二义。广义可以泛指任何自觉地借用西方哲学理论解释、分析、研究中国哲学的做法，涉及面可能非常宽，相当于陈荣捷所说的“以西释中”。狭义则是专指以西方哲学的某些具体的、现成的概念来对应、解释中国哲学的思想、观念或概念的做法。当然，广狭二义之间也难有截然可分的界限。对狭义的反向格义的反思应该会对广义的反向格义之认识产生一定的影响，但是，广义的反向格义的范围、做法、结果会复杂和丰富得多，绝不是狭义的反向格义所能代表和涵盖的。

问

您在一些文章中曾经举了一些例子来说明简单地用西方的概念来套中国哲学问题时出现的“不匹配”，那么反向格义的问题到底出在哪里呢？

答

为什么反向格义会有这样的困难？原因很多、很复杂。笼统地说，当然是文化历史不同，思维方式不同。具体地说，则主要在于西方笛卡尔以来的dichotomy（对立二分）式的概念结构与中国哲学思想中的术语或概念系统不合。中国也有很多成对的概念，但这些成双成对的概念之间是pair的关系，而不是对立分离的关系。因此，用西方近代的哲学概念来“格”中国古代思想之“义”总是不能契合。

可能是金岳霖讲过，西方哲学中“实体”实而不现，“现象”现而不实，比较有趣地说明了实体与现象的分离。类似的情况还有存在与认识、感性与理性、主观与客观、物质与精神、自由与必然、本质与现象、超越与内在、主体与客体、实体与属性等。

出现这种情况可能是因为近代西方哲学更重视理论体系的构造和逻辑的推理，因此概念之间的关系比较明确、清晰，是A就不能是非A。而中国哲学中虽然也有很多成对的概念（in pairs），但成对的概念之间可能是连续的，或者相互之间是有可能转化的，A也可能是非A，或可能转化为非A，至少A和非A不是截然隔绝的。如天与人之间并没有严格的逻辑上的对立界限，所以有时讲天人之辨，有时又讲天人合一。中国哲学的这种特点可能是因为对抽象的纯理论逻辑的思考缺少兴趣，更注重的是实际的以社会人生为中心的观察和讨论。比如道与物、心与物、知与行、体与用、本与末、道与器、虚与实、有与无、阴与阳、同与异、性与命、动与静、人心与道心等成对的概念大概都不是严格对立的关系，与西方式概念体系很不相同。两种历史文化传统中各自形成的概念或术语很难发现可以简单对应的关系。所以狭义的反向格义比较困难。

问

最近我看到张汝伦先生的一篇文章，对您的问题有所响应，但他的重点在于这种以西解中的“西”本身也是有问题的。这给我们很多的思考，一方面，哲学这个学科的成立本身就是模仿西方的结果，因此“反向格义”似乎不可避免；另一方面，我们对于西方的理解总会有这样那样的局限。那么我们应如何应对这样的状况呢？

答

在所有响应文章中，张汝伦的文章最长，也最值得重视。他提出，近代中国哲学的建立，是按照中国哲学家对西方哲学的基本认识，用西方哲学的门类划分来重构中国思想。一般哲学史和对古代思想的研究都会按照本体论、认识论、伦理学等这样的西方哲学特有的分类进行论述，并用这种分类框架来套中国古代的思想家。这是一种比一般概念层面的反向格义后果更为严重的反向格义，正是在这种高层反向格义的基础上，一般概念层面的反向格义才得以发生作用或产生影响。对此我是赞成的。

他还指出，中国哲学研究者对本体论、宇宙论和形而上学等概念的理解是不准确的，是格义式的误读。而所谓反向格义所用的是经过误读的西方哲学概念，那就是中西两面失误。他重点分析了熊十力和牟宗三思想体系中的不当之处，认为他们分别误读了西方的“本体论”和“形而上学”等概念，又用这种误读的西方概念来重新诠释和构建中国古代哲学，这不仅无法使西方哲学思想真正成为中国哲学的“他山之石”，反而使我们在对中国本土哲学的理解和对西方哲学的理解两个方面都受到损害，更不用说在会通中西的基础上发展中国哲学了。他特别批评牟宗三把形而上学、本体论和宇宙论混为一谈，所以，他的“道德的形上学”就是“本体界的存有论”或“无执的存有论”，就是本体宇宙论。

很多学中国哲学的人将牟宗三看作中西会通的典范和楷模，但很多研究西方哲学的朋友都看得出牟宗三对康德、对西方哲学的理解有误。可见中西兼通谈何容易。不过，按照我的两种定向和两种标准的理论，如果我们将牟宗三定位为新思想的创构，而不是对康德和程朱陆王的客观性诠释，那么牟宗三的许多误解就可以得到较多的同情和谅解。

一方面借用西方哲学是不得不然，另一方面借用起来颇有困难，这就要求我们对这种困难有自觉的意识：觉得难才可能有提高、有进步；很容易，人人都可以写文章，什么文章都算研究，那还有什么学术性可言？看到这种困难就不能继续走习惯的不自觉的路子，而应该反思在两难中如何有所坚持，有所突破。两种定向、反向格义的说法都是为了揭示中国哲学研究中的内在张力或困难，引起进一步的思考，而不是提供结论。一个人的理论提出来不完善，这很正常，大家来讨论就可能有比较成熟的方案。重要的是，我们应该看到从事中国哲学领域的研究必然会碰到的中西古今的交错与纠缠，需要严肃认真地对待与探索，不能因为难就干脆各随己便。

问

在我看来，这两年的中国哲学合法性的讨论，起码有两方面的意义可以解读。第一个是学术层面的，即中国哲学自学科建立开始，就存在着用西方哲学的概念和范畴来总结中国思想形态的问题，因而出现了金岳霖先生所提出的是“哲学在中国”还是“在中国的哲学”的问题。第二个是价值观方面的。一些学者提出，哲学不同于别的学科，担负着民族精神的阐述的功能，而过多的“以西解中”，对于确立民族文化的主体性乃至文化的认同都有很大的危害。但从我们的谈话中，我特别感兴趣的是您对于“中国哲学”的“三种身份”的问题，而您所特别强调的是，这三种身份要有所区分，能谈一下这个问题吗?

答

“中国哲学”作为一个现代学科自20世纪才出现，是仿照西方学科体系建立的。其直接对应体是西方大学中的哲学科，其设置背后的理念则是西方式的学术标准和学术方法，笼罩在启蒙运动、理性主义、自然科学的影响之下。根据这种理念，中国哲学应该是现代学科，是纯学术研究的科目，基本上应该取价值中立的立场，不必涉及现实、社会、人生及个人信仰。中国哲学的这一角色我们姑且称之为“现代学术”的身份。在现代中国，与“中国哲学”四个字有关的专业工作者绝大部分在这个身份下工作、谋生、追求、创造。

但是，中国哲学研究的对象主要是儒释道之经典和思想，其内容与西方学科分类体系难以对应。在中国哲学研究中，最主要的研究领域是儒学，而儒学以及道家和佛教是中国传统价值观的文化载体和文化认同的对象，因此，它又不可能是西方纯学术意义的现代学科。在这方面，所谓“中国哲学”与其他民族的宗教和神学有某种模糊的对应关系。我们可以姑且将中国哲学的这一角色称之为“民族文化”的身份。然而，中国哲学的“现代学术身份”和“民族文化身份”这两种角色是有明显冲突的。这造成了中国哲学这一学科的“身份混淆”和“角色分裂”。

中国哲学还有第三个身份。以儒释道传统为核心的中国哲学还是普通的中国人安身立命的精神营养，是获得生命力量和方向的精神源泉。所以，很多人虽非研究中国哲学的专家学者，但是他们却需要儒学、佛学或道家为他们提供精神生活的指南和力量。普通人也需要涉猎儒释道之学说和教义，儒释道的普及著作就不仅是学术普及和文化普及，而且还担当着人生指南的功能，这正是儒学传统本来特有之功能所在。在这方面，中国哲学似乎又与西方地方教会机构的功能有所对应，其普及著作则与西方所谓self-help（精神自助）以及“心灵鸡汤”（chiken soup for the soul）之作用类似。这样，“中国哲学”的实际内容就又有了“生命导师”的身份。

问　我觉得您似乎对目前学术界的有些人士在这几种角色之间存在的重叠和错位有所忧虑。但我觉得问题该如何看，首先就是一个学者是否能够身兼多种角色，也就是说他的学术角色和他的文化价值角色之间并行不悖。其次，关于文化价值问题，本身是否可以被看作学术工作的一部分？

答　一个学者可以身兼多种职能。但是他在扮演不同职能时应该有自觉意识，避免混同。比如，一个牧师可以同时是教授。他当牧师时的任务是传达上帝的意旨，提高教徒的信仰，这时教徒不大可能质疑他的布道，会质疑他的人不会来听他布道。但他当教授时应该将基督教作为一门学问来传授，这就必须介绍不同意见，允许不同意见的争论，不能以布道的心态教学生。对教徒大讲神学理论的争议，教徒一定会困惑；对求知的学生布道，学生一定会抗议。我们缺乏这种区别的意识，说明我们的自觉性不够，说明中国哲学的身份和时代性尚未明确。这一点，劳思光对唐君毅和牟宗三就有所批评。

一个人进行纯学术研究也应该有信仰的支撑，有价值的追求，这是毫无疑问的。但是，这种信仰和价值是在学术活动的底层起一种动力或导向的作用，他的工作本身不能与价值的追求或信仰混为一谈。正如爱因斯坦对上帝的信仰不能渗透到他对物理学的研究之中。史华慈是很好的学者、思想家，一般人看他的学术著作完全看不出他对自身的犹太文化的热忱和关切。但他对犹太文化的不断浸淫、涵泳，使他对中国思想的研究有着不同于常人的视野和纵深。如果他研究中国思想的时候直接带入或表达他的犹太文化的价值取向和评判标准，那么他对中国思想的研究作品的成就就会大打折扣了。

我们可以以儒学研究为例再作一些说明。按照我的理解，一个儒学的信奉者应该充满热忱、坚定、自信，自觉实践和体现儒学的精神和原则。这应该是一种内在的认同、信仰或信念，而不是一种外在的对他人的宣示，不是对他人或“异教”的批判和征讨，不是党同伐异。一个儒学的信奉者如果要从事对儒学的学术研究，那么就要正视各种对儒学的批评和误解，冷静和清醒地研究儒学遭受诸多批评和误解的“内在”原因，不能把中国文化的不幸遭遇完全归结为外部条件，尽可能在客观研究的基础上发现儒学在新时代的精神所在、精义所在，同时清除儒学中不合时宜的内容。越是客观、冷静、深入的纯学术研究，越能为儒学的发展提供真实的生命资源，最终提升一个人的信仰境界，并为儒学的更新和提升作出贡献。一个整天忙于发宣言、讨异端的辩护士怎么可能为儒学的更新和发展做出理论贡献呢？其实践上的贡献也是值得怀疑的，因为这种做法本身就不能体现儒学的诚敬精神，惹人反感，包括真诚信仰儒学的人也会反感。任何自认是学者、研究者，又有自己的宗教或文化信仰的人，不论是信仰道教、佛教、基督教还是马克思主义，都要处理信仰者和研究者的两重身份的关系。处理得好，两者相得益彰；处理不好，就会相互干扰，两者俱伤。

（原载《哲学动态》2008年第7期）

学者近况

刘笑敢（1947—　），1978年考入北京大学哲学系，师从张岱年读研究生，1985年获博士学位并留校，先后任讲师、副教授。1988年赴美国，先后于密歇根大学、哈佛大学、普林斯顿大学东亚系和宗教系、哈佛燕京学社任访问学者、讲师、研究员。1993年赴新加坡国立大学中文系任高级讲师、副教授。2001年起担任香港中文大学哲学系教授，后出任中国哲学与文化研究中心主任（现任名誉主任），《中国哲学与文化》主编。现任北京师范大学哲学学院特聘教授、哲学学院道家与中国思想文化国际研究中心主任。主要著作有：《老子古今——五种对勘与析评引论》（上下卷，附老子五种原文对照逐字通检，中国社会科学出版社，2006）、《庄子哲学及其演变》（中国社会科学出版社，1988、1993）、《两极化与分寸感——近代中国精英思潮的病态心理分析》（台北东大图书公司，1994）、《两种自由的追求——庄子与沙特》（台北正中书局，1994）、《老子——年代新考与思想新诠》（台北东大图书公司，1997）。外文著作有：*Dao: Companion to Daoist Philosophy* (editor and contributor, New York: Springer, 2015), *Taoism and Ecology: Ways with in a Cosmic Landscape* (co-editor and contributor, Cambridge: Harvard University Center for the Study of World Religions, 2001), *Classifying the Chuang Tzu Chapters* (trans. by William Savage from the first part of *Zhuangzi's Philosophy and Its Development*, The Center for Chinese Studies, the University of Michigan, 1994, 2004)。

跨越不同的哲学世界

——访张汝伦

学者简介

张汝伦，1953年生于上海。1981年考入复旦大学哲学系，1987年获哲学博士学位。1988年获德国洪堡基金会奖学金赴德国深造。1991年赴美国宾夕法尼亚州立大学任博士后，后又赴加拿大渥太华大学任访问学者。1992年秋回国工作。曾任东南大学、北京大学、台湾辅仁大学、德国特利尔大学客座教授，黑龙江大学兼职教授，《国外社会科学》杂志特约编委，《当代中国哲学丛书》主编。时任复旦大学特聘教授、哲学学院中国哲学教研室主任、博士生导师，上海市中西哲学和文化比较学会副会长。研究方向为德国古典哲学、海德格尔哲学、哲学释义学、实用主义、中西思想史、政治哲学、中国近现代哲学、比较哲学。主要著作有：《中国现代思想研究》《现代西方哲学十五讲》《德国哲学十论》《二十世纪德国哲学》《中西哲学十五章》等。

问

您的德国哲学研究一直为国内学界所称道，但您近几年来似乎把相当大的精力投入到中国哲学的研究和讲授之中，请问这是否意味着您在哲学研究上的转向？除了个人兴趣的变化之外，这种转向是否有哲学上的原因？

答

这不是哲学研究上的转向，更不是个人兴趣的变化。我向来不认同将哲学条块分割为中国哲学、西方哲学、马克思主义哲学等所谓二级学科，然后每个人选一个“专业”来从事，这不是哲学的方式，更不是哲学，而是专业技术的方式。但哲学毕竟不是技术，而是思想。思想应该是自由的、流动的、相通的。没有什么比让思想停留在一个人为划定的圈子里反复操练更可笑的事了。现代这种按“专业划分”的所谓哲学研究，只能出哲学专家或哲学教授，而不能出真正的哲学家。真正的哲学家如果说要有专业的话，那么他/她的专业只有一个，这就是思想本身。不管是什么传统背景的哲学，都是他/她思考的养料与对象。而人类的哲学史已经表明，不同哲学传统的融合会大大推动哲学本身的发展。

至于我本人，就像我在《德国哲学十论》的自序中写的那样，从来没有想当德国哲学的研究专家。最初学习和研究西方哲学，只是为了了解西方文化，希望现代中国文化和思想能重现古代的辉煌。王国维的一段话对我影响很大，这就是：“欲完全知此土之哲学，势不可不研究彼土之哲学。异日发明光大我国学术者，必在兼通世界学术之人，而不在一孔之陋儒固可决也。”一直到现在我都是以这段话来提醒自己，要求自己。至于异日能否“发明光大我国学术”，那是另外一个问题，至少这使我的学术视野不至于太狭隘。我从来没有觉得我就是研究西方哲学或德国哲学的，而始终认为自己应该是个现代中国哲学家，这就要求我尽可能多地掌握人类的哲学遗产。所以我从来没有只看西方哲学或德国哲学的书，而是一直在有计划地阅读人类公认的哲学经典。所以说我不认为我有什么哲学研究的转向。事实上，我现在每个学期还在开西方哲学方面的课，招西方哲学的研究生。未来我的学术成果也会是横跨中西哲学，还可能加上马克思传统的哲学。

问

您认为应如何超越“哲学在中国”和“在中国发现的哲学”这两种既有的哲学模式？您希望达到的新的“中国哲学”与传统中国哲学和西方哲学将处在怎样的关系之中？

答

其实没有必要说超越这两种模式，只要把“哲学”理解为复数就行了。在后现代的今天，哲学究竟是单数还是复数大概已经不需要争论了。无论从哲学本身的发展，还是从今天人类的哲学现实来说，都不会支持一个单数的哲学概念。如果有人硬要坚持哲学原教旨主义，主张哲学只能是按照其在希腊产生的那种形态进行的话，丝毫不会有助于哲学的发展，反而会使哲学死亡。随着现代性而来的哲学的危机难道是偶然的吗？不断有人宣告“哲学之死”难道是偶然的吗？事实上，真正的希腊哲学并没有后来西方的哲学教授整理得那么“纯正”和“严格”，而它的生命力和魅力恰恰就在这里。

如果哲学应该是多元的，那么现代中国哲学就没必要刻意按照西方哲学的形态来塑造自己，它完全可以有自己的形态。但这个形态也不可能是古代中国哲学的那种形态。其实，就是古代中国哲学的形态也是多种多样的，老子和庄子的形态就很不一样。现代中国哲学的形态不但可以与西方哲学和传统中国哲学不同，而且在它内部也可以有各种形态，但不是各个“专业”。现在我们的各个专业其实最不专业，都只是把哲学当纯粹知识来对待，而没有把哲学当哲学。

当然，现代中国哲学不可能凭空建立，它必须建立在以往各种哲学传统的基础上，没有传统基础就不可能有好哲学，德国哲学家甚至强调“哲学就是哲学史”，就是这个道理，这是由哲学本身的性质决定的。哲学的传统与历史对它来说并不意味着过去，而是意味着它自己的现实状况和条件。哲学可能会不断产生新的概念和形态，但它的传统永不过时；相反，它始终在人们的哲学思考中起作用，尽管它们的意义会有所不同或扩充。在哲学史上，那些自称是全新的哲学总是最贫乏的。只有将老的哲学以某种方式接受和消化，一种新的哲学才能真正站得住。在哲学上，创新的力量是和回忆与了解过去的能力成正比的，对哲学史一无所知的哲学家注定只能是哲学海洋中稍纵即逝的泡沫。

可是，真正的哲学家始终是以哲学的态度，而不是以研究客观知识的态度来对待哲学传统的。他对哲学史和哲学传统的研究不是客观的叙述，而必然和以往的哲学传统处于建设性的对话关系中，是一个创造性的阐释过程。这种研究必然表现为对哲学基本问题和主题的开掘和深化，并通过这种开掘和深化将问题进一步展开，而不是一本历史上各种哲学观点的流水账。对以往哲学传统的研究不是纯粹了解和拿来，更应该是吸收和扬弃。可我们现在对中西哲学史的研究，基本上不是哲学的研究，而是史学或客观知识的研究。这种研究方式不能说毫无价值，却不能促进我们哲学水平的提高。中国现代哲学水平不高，没有出多少可以比肩前贤的大师巨人，与这种研究方式不无关系。

现代中国哲学主要面对两个传统——中国古代哲学的传统和西方哲学的传统。它要能自成一体，必须吸纳，同时也扬弃这两种传统。可是，近代以来对哲学传统研究的那种知识论方式，使得哲学史是哲学史，原创哲学是原创哲学。结果哲学史研究固然乏善可陈，而原创哲学也因为没有过多吸收传统的养料而显得单薄。除了新儒家一系的哲学家受到传统心性之学比较明显的影响外，传统哲学的其他资源对现代中国哲学的影响就相当有限了。现代中国哲学对西方哲学的吸收同样如此。从表面上看，一个多世纪以来，国人对学习西方哲学表现出极大的热忱，稍有影响的西方哲学都被介绍了进来；可总是满足于一般引进介绍和把它当作客观知识，而不是当作哲学来研究。我国的西方哲学研究热衷翻译、热衷趋新、满足于一知半解的特点与这种研究态度和研究方法很有关系。古希腊哲学、德国古典哲学、现象学、分析哲学、后现代哲学等都在国内流行过并至今还在流行，可对现代中国哲学和哲学家的影响极为有限。我们普遍热衷于使用西方哲学的概念（但不是将它当概念，而是将它当抽象名词使用），却很少深究西方哲学的内在哲理和精神。因而很难说西方哲学已经在中国生根，更不用说开花和结果了。

要吸收一个传统，首先要弄懂这个传统。无论是中国古代哲学还是西方哲学的传统，都非常复杂，只有打通传统本身，我们才能谈得上吸收传统。可是，现代学术研究的条块分割使得这种打通成了奢望。现在的情况是研究哲学者少有通人，研究儒家哲学的可能疏于研究道家哲学，研究康德的很可能对谢林不太了解，研究马克思的没有读过青年黑格尔派不算新鲜事。这绝不仅中国为然，而是现代学术界的普遍现象。这也就是为什么已经很长时间没有出现哲学巨人的原因。

现代中国哲学要自立于世界哲学之林，首先必须打通中西两个哲学传统，然后才谈得上会通。只有在会通中西的基础上，才有现代中国哲学的未来。熊十力当年曾说过："中西学术，离之两伤，通之两美。"但没有打通就要会通是注定不会有积极成果的。不少人希望跳出中西哲学的畛域来谈问题，来进行比较哲学，但实际效果往往是"汉话胡说"和"反向格义"。在会通之前，必须分别先打通中西两个哲学传统，了解它们各自的特点和差异。"不辨异而求通，是混乱也。知其异而求通，自有会合处也。"熊十力的这段话，指出了会通中西的正确方向。满嘴西方哲学的概念未必就能让人相信已经会通。倒是让中国的归中国，让西方的归西方，有可能产生真正的会通。现代中国哲学继承中西两个哲学的传统，是它的负担，也是它的幸运（至少比现代西方哲学幸运，它至今还基本只有一个传统）。如何将传统变为现代中国哲学的出发点和营养源，将决定现代中国哲学的品质。

问　我们也注意到了您最新的著作《二十世纪德国哲学》的出版，

里面涉及的许多哲学家都是您一直潜心研究的。您对20世纪德国哲学的研究本身跨越了20年的时间，请问您最大的感受和您从中获得的最大教益是什么？

答

我最大的感受是德国哲学家大都坚持实践哲学的立场，即使不把自己的哲学称为实践哲学，也都关心其实是实践哲学的问题，即人类和世界的命运、理想的生活，以及人类如何相处。正因为如此，在德国哲学中始终能感受到哲学的崇高和人类精神的崇高，这是我们在传统中国哲学中也能感到，但在一些技术性哲学中几乎感受不到的。这种崇高感让你觉得把一生献给哲学是值得的。德国哲学家艰苦卓绝的精神努力启示我们，哲学不但考验一个人的智力，更考验一个人的心力。心力比智力更重要。聪明人不一定能当哲学家，哲学家不一定聪明。每一个时代都不乏聪明人，但不是每一个时代都有哲学家。

我从德国哲学中获得的最大教益也许是对常识的怀疑。在一个急功近利的时代，有些人会把常识几乎等同于真理，但常识并不是真理。7世纪时的常识可能在今天的人们看来匪夷所思，而今天有些所谓的常识在7世纪或27世纪的人们看来是一派胡言也是完全可能的。常识的有效性始终是有限和相对的，这种有限性和相对性说明它不具备真理的品质。迷信常识说明人们的肤浅与短视。哲学代表人类超越的努力，即突破自己的有限性和习惯性，揭露似是而非的事物，探索新的可能性。哲学必须从常识出发，但不能满足于常识，而要不断突破常识和解构常识。宋儒说的“于无疑处有疑”也完全可以用在常识问题上。满足于常识将不会有哲学。哲学的批判功能首先体现在对常识的怀疑和批判上。哲学的魅力也就在这里。哲学若只是重复常识，还要哲学做什么？

问

海德格尔是您一直关注的重点，而海德格尔的大学改革以及他的政治参与一直是学界争论的焦点，我们无意从任何一种政治正确的角度去谈论这两个问题，我们想问的是：哲学、哲学家、大学、政治这四者处在何种关系之中？您对这个问题如何理解？

答

我以为，这个问题是一个不容易回答的问题。因为对于哲学、哲学家、大学和政治，未必会有相同的理解，而对它们的不同理解使得你们提出的这个问题会有很多不同的答案，当然，这未必是坏事。如果哲学是对人类根本问题的根本思考，而政治可以理解为人类的根本问题，那么，哲学必然要与政治发生关系，政治是哲学无法回避的问题，甚至可以在一定的意义上说，所有哲学都是政治哲学，反之亦然。但什么是政治？不少西方学者认为，政治到了近代就已经“终结”了，今天的所谓“政治”其实不是政治，而是经济或别的与之有关的东西。今天的大学，其实也不是中世纪意义上的大学，而越来越是企业和商业，即经济，这也为许多西方搞教育的人所承认。因此，在我看来，现代大学与现代政治会越来越默契，而不是像有些人一厢情愿的那样处于一种紧张状态。这已为近一个世纪以来的历史所证实。海德格尔在很大程度上看到了大学在现代的变质，却未深究这一事实。他还曾相信，哲学可以给予政治以指导。当他这样理解哲学时，他违背了自己的初衷，实际上是将哲学理解为“技术”，而将“政治”理解为现成的对象（Vorhandene），而不是人类的存在。而大学作为哲学（科学）的体现，应该具体起到展示真理的作用。结果证明他错了。哲学、哲学家、大学和政治处在何种关系中，要看我们如何理解这四者，这是最重要的。我并不认为人们对这四者会有统一的理解。

问

在您看来，现时代最重大、最紧迫的问题是什么？它在哲学上是如何表现的？或者说，哲学如何理解和面对它？

答

现时代最重大、最紧迫的问题应该是人类如何与自己、与自然和谐相处的问题。我们每天打开传媒，就可以发现，战争、犯罪、恐怖主义、剥削和压迫，几乎遍及地球的每一个角落。冷战的结束远没有给人类带来永久和平，却引发了原来被冷战的紧张所掩盖的更深层次的问题。此外，过去半个多世纪资本主义经济的快速发展造成的生态危机已经到了快要崩溃的边缘。稍有头脑的人都会认识到，人类今天面临空前的危机。核战争和种族灭绝的危险并未完全消失，而新的生态灭绝和能源灭绝的危机又像达摩克利斯之剑那样悬在人类头上，它们全都关乎人类是否还能继续生存下去。这样深重的危机是人类有史以来不曾有过的。任何一个有思想、有责任心的人都不能不思考这个危机。最近三四十年实践哲学的复兴和流行正反映了哲学对上述危机的思考，越来越多的人把实践哲学视为第一哲学，也是因为将思考上述危机作为哲学的首要任务。

但是，这绝不意味着哲学要给人类提供解决上述危机的基本方案，哲学从来就不是一门实用的学科。一旦哲学思出其位，就要变质了，就会变成它根本不可能是的技术，而不是实践智慧。从人类哲学史上看，哲学家从来也不可能“解决”他们时代的紧迫问题。无论是孔孟老庄，还是柏拉图、黑格尔和尼采，他们都是思考和反省时代的问题和人类永久的问题，但不提供具体的“药方”。《论语》中记载有从政的弟子向孔子请教如何施政，孔子大都不给具体的做法，而只是指点根本性的方向。即便是“正名”，其实也不是具体的做法，而是指示政治和权力的本质。《理想国》在有些人看来无疑为改造社会的方案，其实它显而易见无法实行（柏拉图完全知道这一点，可以说他是有意要这样的），这恰好证明了哲学的功能不在具体的救治，而在提供理想。黑格尔说“哲学是在思想中被把握的时代”，显然也是认为哲学并非要解决时代的问题，而只是思考时代的问题。马克思也认为哲学家只能解释世界，而不能改变世界。这当然不能证明哲学和哲学家的无能，而只能证明哲学的确不是“应用学科”，而是另有所用，即无用之用。

以有用无用来判断事物的价值是现代人特有的做法，仅此一点，也值得我们省思。人与其他生物的不同之处在于，人除了物质欲望的满足外还有其他的追求，而哲学恰是人的这个根本特性的最佳体现。人们最初追求哲学都不是为了要它有用，而是要求智慧、求真理、求理想，正是人类的这三“求”才使哲学得以产生。哲学不仅仅是给人答疑解惑（有时恰好相反，让人陷入更深的困惑，苏格拉底云“我知我之不知”并不是谦虚的表示，而是说出了实情。但这种“不知”要比盲从好得多，它是人类精神自由的标志），更是指示生活的理想和方向。希腊人很早就把哲学当作一种生活方式——自由人的生活方式。中国古人虽不知“哲学”此一名称，却也从未将求道视为纯粹知识或理论的追求。相反，求道为的是成德。“学”（求学讲学）不仅是客观的知识活动，更是学者自己的生活方式。道不仅是天道，也是人道——人生之道。

今天人类的根本问题根源何在？当然是在人本身。这个世界大部分问题都是人自己造成的。海德格尔后期将西方形而上学的根源归结为西方哲学对人的理解，堪称炯眼。人类今天的问题是生活理想和生活方式出了问题。人类现在除了过富裕生活、尽可能满足欲望这个绝对理想外（说它是绝对理想，是说所有其他理想最终都得为它让路，以它为准绳），已经没有其他的绝对理想了。个人把发财作为人生目标，政府则将发展作为国家目标。求道、灵魂得救或成己成物，最多是嘴上说说的东西，没有人会这样生活。

与此同时，哲学也日益成为纯粹的理论活动，不管它把自己叫形而上学、知识论还是批判，都是与己怎么生活无关的理论活动，不但孔孟老庄程朱不会这样来看待自己的哲学思考，而且对于柏拉图、亚里士多德、康德或尼采来说，这种作为“纯粹理论”的哲学肯定不会是他们心目中的哲学。在现代中国哲学家中，熊十力对哲学的意义有很深的体悟。针对现代哲学的知识化倾向，他明确指出：“哲学要在体现真理，非可以著书持说为能事。”意思是说，哲学最重要的是去哲学地生活，相比之下著书立说乃是其次。孔子自称“诲人不倦”，可又说“予欲无言”。为什么？显然是他觉得大道无言，贵在实行。中国传统哲学的确不像西方哲学那样以辨物析理、繁称博说为务，但特重践行。知而不能行，是为不知。所以中国哲学有相当一部分是有关个人修养功夫的，尤其在宋明儒那里。这表明对于我们的古人来说，哲学首先是生活方式，其次才是理论或学问。然而，现代对传统中国哲学的研究，恰恰把这一部分极为重要与核心的内容基本忽略甚至放弃了。在我们现在的中国哲学研究和中国哲学史中，很难找到这方面的内容，这与原始儒家与宋明儒对此问题的高度重视恰成鲜明的对照。一个典型的例子就是牟宗三，他完全是用西方理论哲学的方式来讲中国传统的实践哲学，结果在此种理论哲学的诠解下，传统的实践哲学也变成了理论哲学。他对传统修养和功夫的论述固然精致，却是纯粹理论的精致，完全没有我们在读原始儒家和宋明儒的文字时感到的那种元气淋漓和勃勃生机。他用彻底理论化的方法将儒家哲学学院化，却最终导致儒家哲学和新儒家的教条化与僵化，并对现代中国哲学的发展产生了严重的负面影响。这当然不是新儒家独有的问题。在一个哲学越来越理论化和学院化的时代，这几乎是不可避免的。但儒家哲学在今天有无复兴的可能，不在有多少人为之鼓吹，而在有多少人能够自觉地反求诸己，从改变气质、改变自己的生活方式和人生追求做起，从严于律己、宽以待人做起，从“己欲立而立人，己欲达而达人”做起。

面对今天人类严峻的、存在还是不存在的问题，哲学怎么办？思考、批判现代性的问题和危机哲学已经做了一个多世纪。效果如何，有目共睹。哲学如果继续目前这样日益理论化和学院化的趋势，那么哲学的死亡指日可待。套用马克思的表述方式：学院的批判不能代替实践的批判。只有把理论的批判变为实践的批判，或者如冯契先生所言，“化理论为德行”，哲学才能恢复它的活力和它在人类生活中的重要地位。

如果今天人类面临的问题根本不是认识问题（当然不是，今天几乎没有人会反对环境保护，可很少有人愿意放弃目前那种严重破坏地球环境的生活方式），而是生活实践问题的话，那么今天人类需要的哲学不但是传统的那种“涉众事历万物而毕达其原”的理论哲学，更需要中国传统“修齐治平”式的实践哲学。这种哲学的重点不在如何想和如何说，而在如何做，如何改变而不是放任自己。子曰：吾欲仁，斯仁至矣。人类对很多事情规划设计思考再多，都不如转念之间决心重新做人。历史在基督教征服西方世界和道学在宋代兴起时都见证了这种文明的转念之间。当然，对于坚信物质主义的现代人来说，要理解这种文明的转念也几乎是不可能的。

今天，权力和金钱的逻辑借助对人欲望的迎合，正所向披靡地支配着世界乃至人类的命运。人类这棵脆弱的芦苇能否不被它压倒？我不认为哲学，尤其是现有的哲学能解决这个问题。就像这个世界在相当程度上被西化了，人类的哲学也在相当程度上西化了，具体而言，变成了少数人操弄的理论哲学、学院哲学。如果未来能出现一种新的实践哲学形态，在批判权力、金钱和欲望的逻辑的同时，还给人类提供一种新的人生理想和人生实践，并致力于人的自我批判和成为一种现实的生活方式，而不再是无聊的学院哲学，那将是人类之福、哲学之幸。人们不但可以借助它理解和批判世界与人生，更能通过它过一种崭新的生活。这种形态的哲学绝不是虚构的幻想，至少中国传统哲学提供了它的一个古代典型。

（原载《哲学动态》2009年第3期）

学者近况

张汝伦（1953—　），1981年考入复旦大学哲学系，1987年获哲学博士学位。1988年获德国洪堡基金会奖学金赴德国深造。1991年赴美国宾夕法尼亚州立大学做博士后，后又赴加拿大渥太华大学任访问学者。1992年秋回国工作。曾任东南大学、北京大学、台湾辅仁大学、德国特利尔大学客座教授，黑龙江大学兼职教授,《国外社会科学》杂志特约编委,《当代中国哲学丛书》主编。现任复旦大学特聘教授、博士生导师。主要研究领域为：德国古典哲学、海德格尔哲学、哲学释义学、实用主义、中西思想史、政治哲学、中国近现代哲学、比较哲学。主要著作有：《中国现代思想研究》《现代西方哲学十五讲》《德国哲学十论》《二十世纪德国哲学》《中西哲学十五章》《〈存在与时间〉释义》等。

聚焦中国问题，开创马克思主义中国化研究新境界

——访王伟光

学者简介

王伟光，1950年生于辽宁丹东，祖籍山东海阳。1981年毕业于北京大学哲学系，获哲学学士学位；1982年考入中共中央党校理论部，获哲学硕士和哲学博士学位。中国共产党第十七届中央委员会候补委员。曾任中共中央党校副校长。时任中国社会科学院常务副院长，教授、博士生导师。兼任中国马克思主义研究基金会理事长、中国辩证唯物主义研究会会长、邓小平理论研究会会长。担任马克思主义理论研究和建设工程咨询委员会委员、首席专家，马克思主义理论一级学科、哲学一级学科学术带头人，是中国共产党第十六次、十七次全国代表大会代表，第十届全国人大代表、全国人大法律委员会委员。1987年获国务院颁发的“国家有突出贡献的博士学位获得者”荣誉称号，享受国务院政府特殊津贴。长期从事马克思主义哲学、马克思主义基本理论、马克思主义中国化、中国特色社会主义重大实践问题的研究与教学，特别是对中国特色社会主义理论与实践、社会主义社会矛盾和发展动力、正确处理新时期人民内部矛盾问题、利益理论和社会主义初级阶段的利益关系及利益矛盾、社会主义改革开放的重大理论和实际问题、科学发展观和社会主义和谐社会理论进行了深入的研究。出版学术著作30余部，主要有：《社会主义矛盾、动力与改革》《经济利益、政治秩序、社会稳定》《谈谈新时期人民内部矛盾问题》《利益论》《科学发展观的研究与实践》《科学发展观基本问题》《构建社会主义和谐社会的理论与实践》《社会主义和谐社会理论基本问题》《效率、公平、和谐》《建设社会主义新农村的理论与实践》《党校工作规律研究》《王伟光自选集》《王伟光讲习录》。主编的著作主要有：《马克思主义基本问题》、《“三个代表”重要思想研究》、《“三个代表”重要思想概论》、《科学发展观概论》、《社会主义通史》（8卷本）。译著主要有：《历史与阶级意识》、《西方政治思想概论》等。在《人民日报》《光明日报》《求是》《中国社会科学》《哲学研究》等国家级报刊发表论文300余篇，多篇论文为《新华文摘》转载。

问 作为当今中国著名马克思主义哲学家和理论家，您自20世纪80年代末博士论文期间就形成了自己独特的理论研究特色，即始终将学术研究的重心置于用马克思主义的世界观和方法论探索当代中国的现实问题，从而致力于马克思主义中国化的研究。对此，本刊在1994年曾以《现实的哲学必须研究现实的矛盾》为题对您进行过专访。近年来，您的马克思主义哲学与理论研究进一步深入，对诸多重大现实和理论问题有了新的研究和解答。十分感谢您再一次接受我们的专访。请您回顾一下您是如何形成这一治学理念和理论研究的特点的。

答 我先说明一下，我既称不上马克思主义哲学家、理论家，更谈不上著名，充其量不过是马克思主义哲学工作者、理论工作者。

关于治学理念和理论研究，我在大学时期就认识到，要学好哲学，需要密切关注现实实际，善于运用马克思主义哲学世界观和方法论，运用分析与综合的科学的抽象方法认识问题、说明问题。在学习与研究中要正确处理好几个关系，即广与深的关系、实践学习与读书学习的关系、研读马列原著与研读其他参考书籍的关系、研究现实问题与研究理论问题的关系。从事理论研究后，我为自己设计的研究方向是：以马克思主义哲学为指导，以现实生活为根基，以研究利益问题为基点，以中国特色社会主义实践为对象，以改革开放为主题，以正确认识和解决人民内部矛盾和诸多社会矛盾为课题，以寻求最大限度地发挥社会主义应有的发展动力为目的，探索出一条集教学、研究和解决现实问题于一体的，从现实中来、到现实中去的哲学之路。努力使自己成为一个忠诚于马克思主义、功底扎实、理论联系实际、有益于人民的理论人才。

为了实现以上目标，我在理论研究中特别注意两方面的修养：一方面是自觉运用马克思主义立场、观点和方法；另一方面是理论联系实际，关注现实问题，着眼于应用。我认为，仅仅把研究马克思主义作为职业，解决谋生问题，这不是正确的态度。要立志做联系实际的马克思主义秀才，为了认识和解决现实问题，要把马克思主义作为指南，认真阅读、深入钻研马克思主义经典作家原著，打下扎实的理论基础，从而切实地为推进马克思主义中国化作出贡献。

如何实现马克思主义哲学中国化的创新探索，主要焦点和难点在于如何抓住重大现实问题，找准马克思主义哲学与中国社会重大现实问题的结合点，将马克思主义哲学的基本原理、时代精神和新的社会实践有机结合起来。在实际的理论研究中，捕捉住一个重大现实问题并不难，但做起来却非常之难。把设想变成理论，不但需要勇气和智慧，更需要不怕失误的胸怀和气度。在创新的征途上是没有退路的，理论只有在回答现实问题的过程中才能获得新的生命力。进行哲学研究和创新的主要途径是"两头抓"：一是抓历史源头，到马克思主义哲学宝库中，到中华民族哲学和外国哲学中探求哲学理念；二是抓现实源头，结合时代精神，针对改革开放的鲜活实践，站在马克思主义哲学立场上加以分析和回答，企求哲学的概括和升华。

问

问题是时代的先声。罗素在1922年出版过一本《中国问题》，将中国问题归结为文字问题、儒学问题、科考问题。时隔80余年，中国社会发生了翻天覆地的变化，尤其是当前市场经济条件下，各种问题层出不穷，亟待理论界予以回答。您在2001年出版的专著《利益论》据说已有3版，对当前中国亟待解决的突出问题、诸多矛盾和问题的总根源——利益问题进行了全面探索，在思想理论界产生了广泛影响。请问您今天如何看待利益问题？

答

利益问题的确是一个重大的现实问题，也是一个严肃的哲学理论问题。我在《利益论》这部专著中主要从理论层面、现实层面两个方面全面论述了利益问题。可以说，一切社会问题都可以从利益上找到根源，找到原因，找到答案。在上一次访谈中我也谈到，要发展马克思主义历史唯物主义，就要善于概括历史唯物主义的基本理论，利益论就是其中的重要问题之一，也是历史唯物主义研究中的难点、热点范畴。

从哲学史上来看，正是由于接触了现实生活中的物质利益问题，才推动马克思和恩格斯转向对现实经济关系的研究，创立了唯物史观。也正是从唯物史观出发，马克思和恩格斯正确地说明了利益的本质、特点及其历史作用，阐述了追求利益是人类一切社会活动的动因；利益纠纷是阶级斗争产生的物质根源；利益冲突具有推动社会发展的动力作用；利益是思想的基础，利益决定思想，决定并支配政治权力和政治活动；物质的生产关系是利益的社会基础和本质等。马克思和恩格斯科学地说明利益范畴，建立了马克思主义关于利益问题的理论。

从历史的跨度来看，利益是社会历史变迁的内在动力，站在利益的角度可以透视整个人类社会，揭示社会历史之谜。从当今风云突变的国际形势来看，利益问题是左右国际局势的深层原因，从利益理论出发可以洞察世界格局变化的动向。从中国社会主义市场经济运行和改革开放的实践来看，如何正确处理社会主义初级阶段的利益关系，合理地调整利益结构，化解各种利益矛盾和冲突，建立有利于利益竞争和利益协调的社会体制，是关系到中国特色社会主义现代化建设成败与否的一个关键问题。依据马克思主义的利益原则认识和处理问题，可以正确认识和处理好社会主义初级阶段市场经济条件下的利益关系和利益矛盾，调动社会主义初级阶段社会各阶级、各阶层、各利益群体等方方面面的积极性，保持社会持续、稳定、和谐发展。利益牵动人们的每一根神经，左右人们的言行，是人们从事社会历史活动的内在动力。从马克思主义哲学角度论述利益理论，说明利益问题，是时代的需要、改革的需要、实践的需要。

问 历史实践证明，解决中国现实问题必须以马克思主义的立场、观点和方法为指导，这就对当前哲学社会科学理论界提出了“如何发展马克思主义”的重大课题，发展马克思主义的一个重要方面就是推进马克思主义中国化研究，那么，当前马克思主义中国化研究的切入点应该是什么？

答

哲学是时代精神的精华。从哲学的高度总结改革开放30年来的历史经验，并概括、提升，形成理论成果，应该是当前推进马克思主义中国化研究的一个切入点，也是哲学工作者应当关注的重大课题。

中国改革开放的基本经验之一就是坚持马克思主义基本原理与中国改革开放的具体实际相结合，实现马克思主义中国化的理论创新。坚持马克思主义基本原理的普遍性与中国实际的特殊性具体的历史的统一，是中国共产党总结革命、建设和改革历史实践的首要经验。一部改革开放的实践发展史，也是一部马克思主义中国化的理论探索史。30年来，中国共产党始终坚持以科学的态度对待马克思主义，不断根据变化了的实际推进马克思主义中国化，赋予马克思主义基本原理以时代的和民族的内涵，用马克思主义中国化的最新成果指导改革开放的实践，成功地开辟出中国特色社会主义发展道路，取得了改革开放和社会主义现代化建设的辉煌成就。

改革开放30年来的理论主题，就是解放思想、实事求是、与时俱进，构建中国特色社会主义理论体系，不断开创马克思主义中国化的新境界。中国共产党始终把“什么是马克思主义，怎样坚持和发展马克思主义”作为永恒的主题，不断推进马克思主义中国化的历史进程。在当今世情、国情突变的新形势下，回答“什么是马克思主义，怎样坚持和发展马克思主义”，必须清醒认识并科学回答三个基本问题，即“什么是社会主义，怎样建设社会主义”，“建设什么样的执政党，怎样建设执政党”，“实现什么样的发展，怎样发展”。在运用马克思主义立场、观点、方法回答这三个基本问题的过程中，中国共产党人形成了一系列紧密联系、相互贯通的新思想、新观点、新论断，形成并不断发展了中国特色社会主义理论体系。邓小平理论、“三个代表”重要思想和科学发展观既一脉相承又与时俱进，都坚持从实际出发，注重总结改革开放不同时期、不同阶段的新鲜经验，注重探索和回答不同时期、不同阶段遇到的新矛盾、新问题，在理论创新和理论发展上都作出了独特贡献。这三大理论创新成果既相互贯通又层层递进，共同构成了中国特色社会主义理论体系，成功实现了马克思主义中国化的第二次历史性飞跃，构成马克思主义中国化的最新成果。

从马克思主义思想史角度来看，总结改革开放30年的思想进程，具有重大意义。正如改革开放的实践不可能一帆风顺一样，中国特色社会主义理论体系的形成发展、马克思主义中国化的发展进程，也是在同各种思想观点、社会思潮的相互激荡中实现的。世界社会主义和中国社会主义建设实践的正反两方面的经验教训，引发了思想上的大解放，带来了改革开放的大发展，而改革开放实践上的大变革又带来了思想上的大解放，推动了理论上的大创新，如真理标准问题的争论、计划与市场问题的争论、人道主义和异化问题的争论、姓“社”姓“资”判断标准的争论、股份制的争论，等等。尽管有资产阶级自由化、经济私有化、新自由主义、民主社会主义等错误思潮先后粉墨登场，企图影响中国特色社会主义的改革方向和发展道路，但中国共产党人始终坚持马克思主义意识形态的指导地位，坚持把马克思主义的普遍真理与中国实际相结合，在引领、抵制、批判、扬弃不同思想观念、社会思潮的过程中，逐步形成并不断丰富、完善马克思主义中国化的最新成果——中国特色社会主义理论体系，成为改革开放新时期意识形态的主脉，成为现代化建设新时代精神的精华，成为引领当代中国特色发展的理论号角。

问　改革开放的伟大实践确实极大推进了马克思主义中国化进程，但任何理论的形成都不可能一蹴而就，改革开放的伟大实践在促成马克思主义理论的新发展中，需要有一定的社会历史前提，对于这个前提，您做何种理解？

答

我在纪念改革开放和关于真理标准问题的讨论30周年、纪念中华人民共和国成立60周年等一系列论文中，都十分强调必须在新的历史起点上坚定不移地继续解放思想。正是改革开放下的思想解放运动把马克思主义中国化研究推向了新境界，而马克思主义中国化的新的理论成果又反过来促进思想解放和改革开放。两者是相辅相成的。解放思想对马克思主义中国化研究的意义表现在：

首先，思想解放是社会变革的先导。思想是行动的先声。中国革命和建设事业的每次转折都是解放思想开路，从错误路线指导转到正确路线指导，从挫折走向成功，从低谷走向高潮，中国改革开放的成功，首先归功于解放思想的强大威力。

其次，改革开放的历史就是思想解放的历史，改革开放离不开解放思想。改革开放30年的历史就是一部不断解放思想、实事求是、开拓创新、谋求发展的历史。比如，关于"实践是检验真理的唯一标准"大讨论中实践标准的重申与确认，主要是针对"两个凡是"的僵化观点，恢复和重新确立了马克思主义实事求是的思想路线，划清了辩证唯物主义和主观唯心主义的界限，是一次重大的思想解放。"三个有利于"标准的提出，主要是针对判断姓"资"姓"社"的固定僵化的思维定式，恢复和坚持历史唯物主义原理，划清了科学社会主义和各种空想社会主义的界限，是又一次思想解放。

再次，在新的历史起点上，坚持改革开放，需要继续解放思想。当前必须集中破解"实现什么样的发展，怎样发展"这一时代课题，不断创新发展理念、发展思路、发展模式、发展方法，切实推进改革开放，真正落实科学发展观，走出一条科学发展、社会和谐之路。

30年前，在重大历史转折关头，广大马克思主义理论工作者以高度的社会责任感，以科学求实、勇于探索的精神和巨大理论勇气，积极投入真理标准问题的讨论，写下了浓墨重彩的一页。今天，在改革开放和现代化建设的新征程上，要继续解放思想，开拓进取，保持良好的精神状态，深化马克思主义中国化理论研究，推进马克思主义理论创新，为中国特色社会主义事业的发展作出新的贡献。

问 经过解放思想和理论探索，我们党形成了一系列关于马克思主义中国化的创新成果，其中，当前最新的并将对中国社会未来发展产生深远影响的成果是什么？

答 一是科学发展观。一定的发展观受一定的世界观和方法论的指导。科学发展观是我们党创造性地运用马克思主义世界观、方法论，说明和解决中国发展问题的马克思主义中国化的最新成果。它科学地回答了“实现什么样的发展，怎样发展”这一基本问题。也就是说，搞清楚了中国特色社会主义的发展规律、发展理念、发展动力、发展主体、发展战略、发展思路、发展道路、发展模式、发展目标、发展规划、发展措施等一系列重大问题。科学发展观是马克思主义关于发展问题的世界观和方法论的集中体现。科学发展观既是建立在辩证唯物主义世界观、方法论基础上的辩证的发展观，又是建立在历史唯物主义基础上的唯物史观的发展观，也是尊重客观规律、按客观规律推进发展进程的马克思主义哲学认识论的发展观。科学发展观是推进中国特色社会主义健康、顺利发展必须遵循的基本原则和指导思想。当前，最迫切的任务就是破除不符合科学发展观要求的发展观念和做法，按照科学发展观的要求办事，促进中国社会实现以人为本、全面协调可持续的发展。

一是社会主义和谐社会理论。建设和谐社会是中国特色社会主义的内在要求和实现目标，也是我们所追求的理想。构建社会主义和谐社会不是从理论出发，而是从活生生的现实生活中提出来的重大命题，是从化解当前社会发展所存在的诸多矛盾和问题的现实需要出发而提出来的重大课题。因为有矛盾才要求和谐，矛盾多了，问题多了，才有了提出构建和谐社会的紧迫性和必要性。认识和谐，首先要认识矛盾；构建和谐社会，前提是认识和解决矛盾。不回答和不解决社会矛盾问题，就无法建设和谐社会。所谓和谐社会，不是否定矛盾，而是强调社会在解决矛盾的过程中求得统一与和谐。从理论和实践上看，社会主义和谐社会理论深化了关于社会主义本质及其重要特征的认识，拓宽了对中国特色社会主义的认识视野；深化了关于社会主义建设理论和指导思想的认识，拓宽了对社会主义发展规律的认识视野；深化了关于共产党执政任务的认识，拓宽了对共产党执政规律的认识视野，是马克思主义中国化的又一认识成果。

一是关于中国特色社会主义一系列重大理论与实践问题的研究成果。除了以上两个基本理论问题之外，中国特色社会主义的伟大实践，还给我们提出了一系列的实际问题和理论问题，需要我们破解。市场经济问题、经济增长问题、经济社会和人的全面发展问题、分配问题、“三农”问题、“人口、资源、环境”问题、“民生、民主和社会公平、正义”问题、政治体制改革问题、文化建设问题、社会道德建设问题、教育问题，等等，既是实际问题，又是理论问题，都需要运用马克思主义立场、观点、方法加以回答，并最终形成中国特色社会主义理论体系的创新成果，丰富马克思主义中国化的理论内涵。中国特色社会主义理论体系一方面可以提供系统总结和剖析社会主义作为思想、运动和实践的历史经验，有利于全面系统研究社会主义思想和运动史；另一方面，它也是对中国特色社会主义改革开放的实际问题的研究和总结，是马克思主义中国化的科学的理论体系。

问

您刚提到，作为马克思主义中国化研究最新成果之一的社会主义和谐社会理论，首先要研究和谐与矛盾的关系。深入到社会领域，如何正确处理社会和谐与社会各种矛盾之间的关系，既是一个重大理论问题也是一个重大现实问题，它的重要性在当前愈益凸显。请您就当前正确认识、处理社会现实矛盾及人民内部矛盾对构建和谐社会的重大意义作进一步的阐述。

答

好的。中国社会主义改革开放事业发展到今天，既取得了举世瞩目的伟大成就，同时又出现并遇到了一系列新问题、新矛盾，这些问题和矛盾是影响中国社会稳定与和谐的隐患，严重制约了中国特色社会主义事业的进一步发展。正因为有矛盾，而且这些矛盾还较为突出、较为紧张、较为尖锐，所以才提出构建社会主义和谐社会问题。从理论层面看，社会和谐与社会矛盾之间存在一个深层次的哲学问题，即和谐与矛盾的关系问题。构建社会主义和谐社会就要运用马克思主义对立统一观点，认识、分析并善于化解现实社会的矛盾。其中，要处理好三个重大关系：

一是社会和谐与社会基本矛盾的关系。在社会历史领域，生产力和生产关系、经济基础和上层建筑的矛盾是社会的基本矛盾，它们的矛盾运动推动社会不断向前发展。今天，虽然中国初步形成了有利于生产力发展的社会主义市场经济体制，有利于人民积极性发挥的社会主义民主政治体制，但生产关系与生产力、上层建筑与经济基础还有不适合的方面，这些方面仍然阻碍生产力的进一步发展和人民积极性的进一步发挥。所以，一定要针对影响发展的体制障碍继续深化改革，使生产关系进一步适应生产力的发展，使上层建筑进一步适应经济基础的要求。只有这样，才能从体制上解决好和谐社会的建设问题。

二是社会和谐与社会主义初级阶段主要矛盾的关系。社会主义初级阶段主要矛盾不是阶级斗争，而是不断提高的人民物质文化需要和相对落后的社会生产之间的矛盾。初级阶段的社会主要矛盾集中表现为人民在利益分配上的矛盾，一方面是相对落后的社会生产，另一方面又是人民不断增长的物质文化需要。日益增长的物质文化需要面对有限的、不能满足人民需要的社会生产，就使人民内部矛盾在物质利益分配上更加突出。因此，构建和谐社会，根本问题是正确处理初级阶段的主要矛盾。解决当前一些突出的社会问题和矛盾，归根结底靠发展，取决于生产力发展。这就要毫不动摇地坚持以经济建设为中心，以科学发展观为指导，实现又好又快的发展，为构建和谐社会奠定雄厚的物质基础。

三是社会和谐与人民内部矛盾的关系。当前，尽管中国各种关系基本协调，政局基本稳定，社会基本和谐。但是，应当清醒地看到，在基本协调、稳定、和谐的前提下，人民内部各类关系和矛盾出现了一些值得警惕的新问题，如社会差别问题、贫富差距和社会贫困问题、社会成员分化和流动问题、社会就业问题、群体性事件问题，等等。这些问题集中到一点就是，在经济持续增长，人民生活水平不断提高、不同程度地普遍得到实惠的情况下，人民内部一些关系与矛盾趋于复杂和紧张，存在某些不安定的隐患、不和谐的因素，影响社会协调与健康发展。对此，要从马克思主义理论的高度，科学认识人民内部矛盾的新问题、新动向、新形式、新特点，牢牢把握其发展变化的规律。要认识到：正确处理人民内部矛盾，是构建社会主义和谐社会，建设中国特色社会主义的必然要求；妥善协调各方利益关系，是正确处理人民内部矛盾的关键；领导与群众的矛盾是人民内部矛盾的重要方面。正确处理人民内部矛盾的基本思路包括：正确区分不同性质的矛盾，用不同质的方法解决不同质的矛盾，是正确处理人民内部矛盾的基本原则；把人民的根本利益作为党和国家机关一切工作的出发点和落脚点，是正确处理人民内部矛盾的总的方针；正确处理效率与公平的关系，在坚持效率的前提下，注意维护和实现社会公平，是目前正确处理人民内部矛盾的突出任务；形成相对均衡的利益分配格局和合理的社会成员构成结构，构建有利于社会和谐稳定发展的经济—政治体制，是正确处理人民内部矛盾的长效机制；提高领导干部正确处理人民内部矛盾、构建和谐社会、实现社会协调发展和全面进步的能力，是正确处理人民内部矛盾的关键环节。总之，改革和发展过程中出现的矛盾需要通过更进一步的改革和发展得以解决；高度认识和正确处理人民内部矛盾，对于构建社会主义和谐社会极端重要。

问

正如您将中国特色社会主义理论体系作为马克思主义中国化的最新成果之一，在当代中国，坚持和发展中国特色社会主义，就是坚持和发展马克思主义。这是一条成功的历史经验。历史驶入21世纪，世界社会主义运动已经显露走出低潮的某些端倪，开始呈现出若干新的特点。胡锦涛总书记最近也强调，应继续探索、把握社会主义现代化规律。那么，中国社会主义的伟大实践能为世界社会主义运动走向提供哪些经验？

答

“什么是社会主义，怎样建设和发展社会主义”的确是当前世界社会主义运动的重大课题，这一问题又可以归结为社会主义发展道路问题。从中国社会主义实践反思社会主义发展道路，需要认真思考以下几个问题。

第一，当代社会主义发展的时代背景和国际环境问题。十月革命的爆发，第一个社会主义国家的诞生，标志着社会主义运动由社会主义工人运动实践发展到社会主义建设实践，标志着马克思恩格斯开创的社会主义运动进入了当代社会主义发展阶段。到二战结束，社会主义进入了发展的上升时期。从对时代的判断而言，列宁提出世界进入无产阶级革命和帝国主义时代的判断，十月革命、社会主义制度的建立是该时代的标志，也是该时代的重大历史性事件。二战之后，社会主义阵营的出现，特别是中国这个东方落后大国完成了新民主主义革命和社会主义革命，世界范围内形成了社会主义制度与资本主义制度、工人阶级意识形态与资产阶级意识形态相互较量的国际力量对比的态势和格局，社会主义力量处于上升发展期，资本主义力量处于下降停滞期。自20世纪六七十年代至八九十年代以来，力量对比逐步发生了不利于社会主义而有利于资本主义的变化。资本主义通过改良，开始进入相对缓和、稳定的发展期，对此，邓小平提出和平与发展是两大时代主题的判断。

从国际走势来看，20世纪八九十年代至今的20余年中，国际环境发生了两次重大的历史性转折。第一次的标志是苏东剧变事件，这使世界形势发生了自二战以来最为重大的变化与转折。经过这次转折，社会主义处于发展的低潮，现代资本主义处于相对缓和、稳定的发展期。伴随着这个历史性转折，我国及国际上出现了一系列新情况新问题，这对中国当时及21世纪以来很长一段时间的社会主义现代化进程发生着深远影响。中国坚定不移地继续推进自1978年开始的改革开放，成功地开辟了中国特色社会主义的发展道路。第二次的标志是2008年爆发的世界性金融危机，这对世界发展格局和中国特色社会主义建设将产生的影响仍无法估量。有句俗话叫“三十年河东，三十年河西”，短短二三十年的时间，中国特色社会主义的成功使世界社会主义运动开始走出低潮。而美国金融危机却使美国以及其他西方发达资本主义国家陷入危机和困境，资本主义的整体实力下降。二三十年前的世界性历史事件爆发是此消彼长，社会主义力量下降，资本主义力量上升；二三十年后的今天，又是此长彼消，社会主义力量上升，资本主义力量下降。金融危机的爆发使世界力量对比发生重大变化。一方面，西方资本主义谋求与我们合作，为我们创造了难得的发展机遇。另一方面，西方资本主义从骨子里是不希望我们发展起来的，加大了对我们的“两手策略”，特别是加大了在意识形态领域对社会主义中国的西化和分化，企图破坏中国稳定和谐发展的大好环境。这便是西藏“3·14”事件和新疆“7·15”事件发生的大环境。世情的大发展、大变革、大调整说明，世界当代社会主义和中国特色社会主义伟大事业的发展进入了重要机遇期。当前，影响世界形势变化的因素包括：世界多极化、经济全球化、科技进步、国际金融危机、世界经济格局、国际力量对比、全球思想文化的交流与交锋，等等。这些因素致使国际竞争和较量十分激烈，不确定、不稳定因素增多，给当代社会主义和中国发展带来新的机遇和挑战。全面分析当代社会主义发展所处的时代背景和国际环境，有利于明确我们面临的新任务，认清我们肩负任务的艰巨性、复杂性和繁重性。

第二，当代社会主义发展道路问题。我们知道，马克思主义的经典著作对科学社会主义的历史必然性、实现的必然途径和工人阶级革命都作了科学的论证，这是适于所有国家的普遍性的原则和真理。但是具体到每个国家，由于国情不同，社会主义革命、社会主义建设与发展的道路也不能完全一样。如果用完全一样的道路来套所有国家的具体情况，就会出现挫折和失败。中国特色社会主义道路的成功开创，无可辩驳地说明一个道理：必须走出一条适合本国国情的社会主义发展道路。苏东社会主义失败的教训从反面证明了这个道理。

第三，经济文化落后国家如何建设社会主义问题。这个问题实际上关系到如何认识马克思主义关于非资本主义道路的理论问题。而对这个问题的回答，不仅是关系到如何认识社会形态演变规律的重大理论问题，也是关系到对社会主义发展规律的根本认识问题，对社会主义代替资本主义历史必然性的根本认识问题，对“什么是社会主义，怎样建设社会主义”的根本认识问题。

马克思恩格斯在创立、发展和丰富科学社会主义理论的过程中，一开始其注意力和着眼点主要是放在西方发达资本主义国家。但此后的社会实践发展促使他们开始注意并研究西方国家社会主义革命、东方国家社会主义革命和民族发展道路的不同情况，提出了非资本主义国家走社会主义道路的可能性问题。他们认为，在一定条件下，经济文化比较落后的国家可以不经过资本主义的充分发展阶段，跨越资本主义制度的“卡夫丁峡谷”，而进行社会主义革命，走上社会主义道路，实现社会形态的跨越式发展。为了进一步认识和理解马克思关于非资本主义道路理论，需要围绕以下四个方面：(1)马克思主义关于非资本主义道路理论，是在承认一般规律的前提下，对历史发展特殊规律的探索。一定要从本国的特殊性出发，来回答“什么是社会主义，怎样建设社会主义”

问题。（2）马克思主义关于非资本主义道路理论，是在充分估计具体历史条件的前提下，对历史发展道路具体多样性的科学预测。这就告诉我们，各国的具体国情不同，社会主义的具体模式和建设社会主义的具体道路也应当是多样化的，而不能是只一个模式，仅一条道路，一定要从历史多样性出发，来回答“什么是社会主义，怎样建设社会主义”问题。（3）马克思关于非资本主义道路理论，是在肯定社会形态的演进是一个自然历史过程的前提下，注意到作为历史主体的人对历史的选择作用。从中可以认识到，既要坚持社会发展是一个自然历史过程，又要承认人的主体能动性，一定要从历史决定论和历史选择论的辩证统一出发，来回答“什么是社会主义，怎样建设社会主义”问题。（4）马克思主义关于非资本主义道路理论，实际上只是一种审慎的设想，只是一种可能性的分析，尚需社会实践的验证。从中可以认识到，“什么是社会主义，怎样建设社会主义”既是一个理论问题，更是一个实践问题，只有随着社会主义实践的不断深入，随着不断的实践的检验，对这个首要的基本问题的认识，才能越搞越清楚，才能不断深化。

第四，当代社会主义的矛盾和发展动力问题。我在《社会主义矛盾、动力与改革》《经济利益、政治秩序、社会稳定》中，运用马克思主义唯物史观的利益理论、矛盾理论、动力理论剖析了中国社会主义初级阶段的社会矛盾，论述了如何建立最大限度调动各方积极性、最大限度发挥社会主义制度优越性的经济—政治体制和机制，探索了实现共同富裕、建设社会主义现代化中国的道路问题，论证了改革开放是发展中国特色社会主义的强大动力。30年的改革开放既是我们党领导的一场新的伟大革命，又是社会主义制度的自我完善和发展。在发展社会主义道路上，我们也总结出了一系列的经验：一是面对世界社会主义运动和中国社会主义建设的发展现状，面对发达资本主义国家继续发展的严峻挑战，必须着力回答社会主义与马克思主义的历史命运这一时代课题。二是深刻认识思想解放运动为中国特色社会主义实践和理论带来的伟大飞跃，思想解放在中国改革开放历程中起到了思想动力的巨大作用。三是进一步完善社会主义市场经济体制，努力推进中国特色社会主义的科学发展、和谐发展、和平发展。四是进一步推进改革开放的历史进程，推动马克思主义中国化取得新的进展，促进中国特色社会主义理论和体制创新。五是全面总结改革开放的历史经验，并把它上升为系统的理论，对于进一步推进改革开放，发展中国特色社会主义，丰富中国特色社会主义理论体系，是十分重要且必要的。

第五，马克思主义科学社会主义理论和中国特色社会主义理论体系的关系问题。有人曾提出这两种理论谁更高明的问题。对此，我认为应该换个角度来看。马克思提出的科学社会主义理论和中国特色社会主义理论，是既一脉相承又不断创新发展的关系。科学社会主义理论的一些基本原理和中国特色社会主义理论体系所坚持的基本原理是一致的。从这个意义上来讲，中国特色社会主义理论体系是继承了马克思主义科学社会主义原理。但是，科学社会主义是在一百多年前提出来的，其理论产生的历史环境和今天建设中国特色社会主义所遇到的现实环境已经不一样了。为此，必须要在马克思主义原有理论基础上有所前进，有所创新，有所发展，这也可以叫作更高明、更超越了。但是这个高明和超越是在继承基础上的高明和超越，是适合中国国情的高明和超越。

第六，当代社会主义实践经验的总结问题。回顾中国特色社会主义建设道路的探索进程，可以从中得出以下带有规律性的重要启示：一是必须始终坚持马克思主义思想路线，把科学社会主义的基本原理同中国的具体国情相结合；二是必须科学判断时代特征和正确把握时代主题，把科学社会主义基本原理同当今时代的具体世情相结合；三是必须始终不渝地坚持正确的理论、路线的指导，中国特色社会主义理论体系，是指导我们推进中国特色社会主义建设事业不断发展的强大思想武器；四是必须始终加强执政党的建设，永葆党的先进性，使党始终成为中国特色社会主义事业的坚强领导核心。

在这里需要说明的是，关于当代社会主义和中国特色社会主义的重大理论与实践问题，在我主编的八卷本《社会主义通史》的“总序”中已经作了全面的论述。

问

从马克思主义发展史来看，马克思主义的发展不是一帆风顺的。当前就有一种质疑马克思主义在全球化条件下介入现实及对现实说明力的声音，并把目光放在经典马克思主义对当代资本主义理解的局限性上。对此，我们一方面要进行客观的分析和批判，另一方面又要继承并创新马克思主义对资本主义的理论研究。我们看到，始自2007年8月的美国次贷危机引发并蔓延为全球性的金融危机。此次金融危机与马克思恩格斯所身处的时代所发生的资本主义经济危机在特点和形式上发生了很大的变化，那么，当前应该如何运用马克思主义立场、观点和方法科学认识美国金融危机的本质和原因？

答

确实如此。美国金融危机引发的全球性危机是当今时代进入21世纪以来具有重大历史意义的事件。当前，摆在我们面前的一项重要任务，就是运用马克思主义立场、观点和方法，科学揭示这场危机的深刻本质和根本成因，提出有效的规避和防范措施，建立制度保障和长效机制，保证中国特色社会主义健康、稳定发展。

第一，必须联系资本主义制度本质，认清金融危机的实质和原因。如果仅局限于从金融危机现象本身来看待这场危机，不联系私有制条件下商品和商品交换的二重性内在矛盾，不联系金融资本逐利本性，不联系资本主义制度本质，就难以看清危机的实质，难以认清资本主义制度是造成危机的根本原因。当前，理论界运用马克思主义立场、观点和方法，从本质上、从制度层面科学揭示危机产生的原因，预测危机的发展趋势，提出防范解救的措施，尚远远不够。其中，重要的一点就是，应该学会运用马克思揭示资本主义不可克服的内在矛盾及其历史必然灭亡趋势的科学方法，从资本主义经济最基本的细胞——商品的二重性内在矛盾入手开始分析、认识危机的成因和本质，从而揭示商品经济内在二重性矛盾只构成产生危机的可能，而资本主义私有制度使危机的产生成为必然现实。

第二，美国金融危机是资本主义制度性危机，具体的救市措施只能使危机得到暂时的缓解，但最终是无法克服的；市场经济与社会主义制度相结合，使防范规避危机成为可能。美国金融危机引发的全球性危机既是一场严重的金融危机，又是一场深度的经济危机、思想危机、意识形态危机、社会危机和资本主义制度危机，是资本主义的全面危机。这场危机反证了中国特色社会主义市场经济的成功。社会主义与资本主义、社会主义市场经济与资本主义市场经济的本质区别是生产资料占有方式的不同。资本主义生产资料私有制决定了商品经济二重矛盾引发的危机最终是无法避免的。社会主义市场经济决定了商品二重性矛盾可能会产生危机，而社会主义生产资料公有制又决定了危机是可以规避和防范的，一旦发生是可以治理和化解的。社会主义市场经济具有市场经济的特性，在社会主义制度条件下，商品内在矛盾是不可改变的，但可改变的只是它的不可克服性。

第三，资本主义与自由主义是两个层面的问题，一个是制度层面、本质层面，一个是体制层面、技术操作层面。波及全球的美国金融危机，使人们对新自由主义的市场经济治理理念和运行模式，进而对资本主义制度有了清醒的认识，对那些迷信自由主义、迷信资本主义的人不啻是一剂良药。然而迷信新自由主义和迷信资本主义又是两个层面的问题：前者是对资本主义运用何种理念、采取何种模式治理市场经济的迷信，后者则是对根本制度的迷信。当然，这两种迷信又是一致的，对新自由主义的迷信实质上就是对资本主义制度的迷信，对资本主义制度的迷信又会影响对新自由主义的迷信。新自由主义高度崇拜资本主义自由市场力量，因此，它本质上是反对社会主义制度的。当然，新自由主义关于市场经济的一些操作层面上的看法，以及在新自由主义理念指导下的一些举措也有合理性，我们是可以借鉴的。

关于自由资本主义的特征，马克思、恩格斯、列宁都作过深刻的剖析。当前，社会主义的发展、资本主义的内外交困、经济危机和社会危机的周期性爆发、当代资本主义的发展状况，都深刻说明马克思主义经典作家对资本主义内在本质的判断是正确的。当今发生的这场危机的直接原因来自新自由主义的自由放任理念和政策，但深层原因是资本主义制度的固有矛盾，不能把危机仅归结于技术与管理操作层面，应从制度上找深刻原因。这次危机说明了自由主义治理理念和模式的破产，更说明了资本主义制度的必然灭亡性。

第四，应对金融风险，既要治标，更要治本，既要从操作层面、体制层面，更要从制度层面全面采取防范规避措施。马克思关于资本主义基本矛盾和制度本质的分析思路和基本观点，为我们解析这场美国金融危机及其引发的全球性危机，以及思考如何有效规避防范危机，提供了重要启示。一是要从私有制条件下商品及商品交换的内在矛盾出发，来认识资本主义制度不可克服的内在矛盾，进而认识这场危机的内在原因及其制度本质。二是要从制度层面上认识社会主义市场经济与资本主义市场经济的一致与差别，科学解析社会主义市场经济发生危机的可能性和有效规避防范风险的可行性。三是必须充分认识市场经济和资本的两面性，发挥社会主义制度的优越性，规避市场经济和资本的消极面。四是要求中国应对金融风险，既要治标，又要治本，既要从操作层面、从体制层面上防范，更要从制度层面上加强防范。

问

全球化的发展，使当代中国处在“古今”、“中西”文化冲突的焦点。近年来，面对中国的崛起，在世界范围内炮制出各种版本的“中国威胁论”。雷默于2004年提出“北京共识”，从而引发了“中国模式”的世界普遍意义的讨论，这些都无疑给中国的哲学社会科学领域提出了新的要求和课题。我们当今应该如何坚持马克思主义基本原理，对中国发展道路问题开展卓有成效的研究？

答 应该说，这个问题的本质还是举什么旗、坚持和发展什么理论、走什么样的道路的问题。毋庸置疑，中国发展的成功是坚持走中国特色社会主义发展道路的结果。中国改革开放的历程，就是探索中国特色社会主义发展道路的历程。中国特色社会主义发展道路，就是在中国共产党领导下，立足基本国情，以经济建设为中心，坚持四项基本原则，坚持改革开放，解放和发展社会生产力，巩固和完善社会主义制度，建设社会主义市场经济、社会主义民主政治、社会主义先进文化、社会主义和谐社会，建设富强、民主、文明、和谐的社会主义现代化国家。中国特色社会主义发展道路的选择是历史的必然，是中华民族振兴、发展、繁荣的必由之路。胡锦涛总书记在党的十七大报告中指出："中国特色社会主义道路之所以完全正确、之所以能够引领中国发展进步，关键在于我们既坚持了科学社会主义的基本原则，又根据我国实际和时代特征赋予其鲜明的中国特色。"这一重要论断，深刻地揭示了中国特色社会主义道路的根本立论依据，为进一步深化改革开放和推动社会主义现代化建设指明了前进的方向。

第一，举什么旗、坚持和发展什么理论、走什么路，这是一个关系党和国家前途命运的根本问题。毛泽东同志曾说过："主义譬如一面旗帜，旗子立起来了，大家才有指望，才知所趋附。"正确的旗帜体现为正确的理论和道路，中国特色社会主义是中国发展进步的旗帜、团结奋斗的旗帜，是实现中华民族伟大复兴的唯一正确道路。新中国成立60年的经验教训表明，只有高举中国特色社会主义大旗，坚持中国特色社会主义理论体系，走中国特色社会主义道路，才能发展中国。从新旧中国的对比中，从改革开放前后的对比中，从国内外的对比中，我们深切体会到，旗帜和道路问题是根本问题。中国的革命和建设必须以马克思主义为指导，在中国共产党领导下，高举社会主义大旗，走社会主义道路，这才是中华民族的正确选择。

第二，举什么旗、走什么路，必须和中国国情相结合，这是一个根本的道理。中国革命和建设60年历程的全部经验证明：进行中国革命建设和改革，必须将科学社会主义的基本原理与中国的实际相结合，走中国特色社会主义的革命和建设道路。在选择发展道路过程中，要避免犯与中国建设实际相脱离的主观主义错误，如教条主义和急性病。所谓教条主义主要存在两个“照抄照搬”的毛病：一是离开中国建设实际，“照抄照搬”马克思主义的现成结论；再一个就是“照抄照搬”别国的发展模式。所谓急性病就是超越现实发展实际，超越现实生产力的实际，超越人民思想实际，脱离中国的实际，在指导思想上犯了“左”的错误，从而导致社会主义发展走了偏路。

第三，举什么旗、走什么路，必须坚持从初级阶段的基本国情出发，这是一个根本经验。我们正处于社会主义的初级阶段，这是中国最大的实际，有两个主要特点：一是生产力相对落后，市场经济发育不全，特别是农村生产力和生产方式更为落后。二是人民的文明和道德素质、思想素质比较低。这就决定了我们一定要从基本国情出发，来决定自己的发展道路，确立我们的政治、经济、文化体制。

第四，举什么旗、走什么路，必须坚持和发展中国特色社会主义理论体系，这是一个根本的结论。改革开放以来，我们所取得的一切成绩和进步的根本原因，归结起来就是开辟了中国特色社会主义道路，形成了中国特色社会主义理论体系，高举中国特色社会主义伟大旗帜，最根本的就是坚持这条道路和这个理论体系，社会主义的伟大旗帜就实践来说就是个道路问题。

第五，举什么旗、走什么路，必须坚持全面贯彻落实科学发展观，这是一个根本要求。科学发展观是同马克思列宁主义、毛泽东思想、邓小平理论和“三个代表”重要思想既一脉相承又与时俱进的科学理论，一定要从政治高度、全局高度、意识形态高度、改革的高度、战略的高度全面理解和把握科学发展观。

第六，中国发展道路的价值内涵包含三个方面的基本特征：科学发展、和谐发展与和平发展。这不仅集中反映了中国社会主义制度的本质要求，也深刻体现了深厚的中国历史文化传统的价值内涵。中国共产党人作为发展中国特色社会主义的核心力量，把科学发展、和谐发展、和平发展的根本原则作为指导发展的核心理念，这个核心理念就是科学发展观。

问

马克思主义哲学中国化是马克思主义中国化的重要组成部分。自20世纪30年代，马克思主义哲学中国化走过了一个逐渐发展和完善的历程。在现阶段，党的十七大从路径、主体、成果等方面对推进马克思主义中国化明确提出了新要求。那么，哲学社会科学工作者应如何对马克思主义哲学中国化最新成果进行概括提升和理论定位，如何扩展和深化马克思主义哲学中国化的内涵，从而将马克思主义中国化研究引向一个新境界？

答

第一，全面总结马克思主义哲学中国化和马克思主义中国化的历史经验，科学阐明马克思主义哲学中国化的历史必然性和现实必然性，拓展并创新马克思主义哲学中国化的科学内涵、表现形式和理论成果。马克思主义哲学中国化，就是把马克思主义哲学原理与中国实践相结合，坚持、继承、丰富和发展马克思主义哲学，吸收中国和外国哲学的精华，用中国气派、中国特色的哲学语言、哲学范畴和术语所建构的中国化的马克思主义哲学创新体系。中国化的马克思主义哲学是中国化的马克思主义的哲学依据和思想基础，而不断创新的中国化的马克思主义则是我们党领导人民取得新民主主义革命和社会主义革命胜利、推进社会主义建设、实施改革开放、开拓中国特色社会主义新局面的理论基础和指导思想。

第二，坚持马克思主义哲学正确的思想路线这一基本点。从思想路线上解决马克思主义哲学的“一般性”与“特殊性”的辩证关系问题，是解决好马克思主义哲学中国化问题的认识前提。80多年来，中国共产党人创造性地把马克思主义揭示事物一般规律的一般原理，与中国的“具体环境”和“特殊条件”相结合，这就是马克思主义中国化，也是马克思主义哲学的中国化。也就是说，把马克思主义的一般原理应用于中国的“具体环境”和“特殊条件”，使之发生内容和形态的改变，形成适应中国实际需要的、具有中国内容和表现形态的中国化的马克思主义和中国化的马克思主义哲学。实现马克思主义中国化，必须从哲学高度理解“一般”与“特殊”的辩证关系：既要肯定“一般性”，坚持马克思主义的普遍原理；又要肯定“特殊性”，坚持马克思主义的中国化。肯定“特殊性”还有一个重要方面，就是民族性问题。马克思主义哲学是外来的哲学思想，马克思主义哲学中国化要求马克思主义哲学一定要与中华民族优良的哲学思想相结合，与中国的国情实际相结合。总之，把马克思主义哲学的一般原理与中国特殊国情相结合，这是马克思主义哲学中国化的真谛所在；把马克思主义与中国特殊国情相结合，这是马克思主义中国化的真谛所在。

第三，实现马克思主义哲学的时代化。时代化就是要求中国的马克思主义哲学研究要有世界眼光和胸怀，要同时代的发展和特征结合起来，把握时代主题，回答时代问题，回应时代挑战；吸收世界先进哲学思想，走在时代的前列，使哲学真正成为时代精神的精华。党的十七届四中全会《决定》第一次明确提出了推进马克思主义时代化的重大命题，使马克思主义“时代化”与“中国化”“大众化”有机统一起来。这对准确把握马克思主义哲学时代化的丰富内涵和精神实质，对于我们更好地坚持马克思主义哲学的立场、观点、方法，不断丰富和发展中国马克思主义哲学理论体系，具有重要意义。

第四，实现大众化、普及化是马克思主义哲学中国化研究的一项重要使命。马克思主义哲学中国化实际上是由两方面的任务所组成的：一方面是把马克思主义哲学和中国实际相结合，创造马克思主义哲学中国化的理论成果；另一方面是让马克思主义哲学原理和马克思主义哲学中国化的理论成果为广大群众所接受。无疑，马克思主义哲学的通俗化、大众化属于后一种任务，它不仅是马克思主义哲学中国化的前提和基础，也是马克思主义哲学中国化的第一步重要工作。发展马克思主义哲学，就要使广大群众掌握马克思主义哲学。正确的思想一旦掌握群众就会转变为巨大的物质力量。为了实现中国化的马克思主义哲学的大众化、通俗化和普及化，就要真正把马克思主义哲学与中国实际相结合，把马克思主义哲学的真理用中国气派、中国风格、中国特色的哲学话语和思维形式加以表达，回答中国人民普遍关心而又百思不得其解的问题，就一定会引起民众的强烈共鸣，受到普遍欢迎。反之，马克思主义哲学通过大众化，为群众所接受，又会促进马克思主义哲学的进一步中国化和时代化。

第五，积极探索中国化的马克思主义哲学表述体系。中国化的马克思主义哲学教科书，可以说是马克思主义哲学在中国扎根的结果，是马克思主义哲学的一种中国化的内容表述体系，是马克思主义哲学的一种表现形态。历史上形成的马克思主义哲学中国化的经典教科书，都是马克思主义哲学中国化的可贵探索和发展创新，其中许多思想和做法，对马克思主义哲学中国化和马克思主义中国化的创新发展，至今仍具有启发和借鉴价值。它的意义在于，通过艰苦探索和反复打磨，探索出了中国化的马克思主义哲学表述体系，建构了一个普及用的中国化的马克思主义哲学体系，为以后探索、创新马克思主义哲学和建构马克思主义哲学新形态打下了坚实的基础。

第六，端正学风，以科学的精神创新发展中国化的马克思主义哲学。马克思主义哲学中国化的创新绝不仅仅是技巧问题，也不只是学术问题，而是对待马克思主义哲学的根本态度问题，即坚持理论联系实际的学风，以解放思想、实事求是、与时俱进的科学态度对待马克思主义哲学的学风问题。只有坚信马克思主义哲学是真理，努力吃透马克思主义哲学，把握好中国实际问题，力求把马克思主义哲学与中国实际相结合，赋予群众能够接受的形式，使之走出书斋，让马克思主义哲学中国化的理论成果在大众心中，特别是青年人心中扎下根来，才能真正变成人民群众改造客观世界和主观世界的真实的实践力量。马克思主义哲学中国化的研究和创新要真正体现马克思主义哲学的科学精神，这也是马克思主义哲学原理、马克思主义哲学中国化的理论成果能够深入人心、为人们所接受的重要条件。只有彻底的、科学的真理，才能真正大众化、通俗化、普及化，才能真正掌握群众。实现马克思主义中国化，必须使对马克思主义理论的宣传和研究科学化，以科学的精神来普及、宣传、研究和创新马克思主义。这是摆在我们哲学工作者和理论工作者面前的神圣而伟大的历史任务。

问

要进行卓有成效的哲学和社会科学研究，还要有独特且系统的方法论。当代社会和人类思维发展到今天，需要对以往的方法论系统进行深入反思并加以创新。在变化了的时代背景下，从事哲学和社会科学的研究者应秉持何种方法论展开理论研究？

答

我在20世纪70年代末80年代初读大学时，已经注意到了世界科学技术和科技思想的发展对哲学思维方式的发展变革所产生的作用。第二次世界大战后直至20世纪六七十年代，科学界和思想界出现了系统论和系统科学、控制论与自动控制工程、信息论与信息工程以及耗散结构理论、熵理论、模糊逻辑理论、生命理论和生物学工程等新的突破，提出了系统哲学范畴，带来了人类哲学思维方式的重大发展。我参与编写的《控制论、信息论、系统科学与哲学》一书详细阐述了这一变化。

当前全球化、高科技、网络化、信息化等一系列重大因素的发展变化，引起了整个国际国内局势的深刻变化，引起了经济社会突飞猛进的发展变化，使得人类社会越来越成为一个复杂的、可变的、整体的巨系统，以致靠传统的思维方式和原有的认识工具已经很难认识这种复杂的社会巨系统。如何认识现代复杂的社会巨系统，要求人的思维方式和认识方式随之改变，要求运用新的认识工具，一句话，需要思维方式和认识工具的根本转变和创新。在当今时代，就要建设以系统思维方式、方法为指导，以“系统总体设计”思路为依据，以综合集成为特点，以计算机、数据库、网络、系统仿真等现代技术装备起来的“经济社会发展综合集成实验室”作为对社会复杂巨系统的新的认识工具。这就把用现代科学技术整合的实验室作为新的认识工具引进社会问题定量研究的轨道上，把系统思维方式和现代科技综合集成实验室认识手段应用到经济社会发展研究中，应用到哲学社会科学研究领域，以使人们科学地认识和把握、更好地防范与解决人类经济社会发展中面临和可能发生的全局性、长远性、突发性的重大问题。一定要站在哲学世界观、方法论的高度，从人类思维方式和认识方法、认识工具的根本变革角度，认识思维方式的变革，认识建设和运用“综合集成实验室”这个新的认识工具的意义。

现代复杂社会巨系统呈现出系统性、整体性、复杂性、突发性、可变性和随机性等六大特性。认识现代社会复杂的巨系统问题，要求人们的思维方式要创新，认识工具要创新，要求人类思维方式、认识手段具有整体性和系统性、综合性和集成性、动态性和变化性、预测性和前瞻性等顺应时代需要的特点。系统整体的和综合集成的思维方式的主要特点在于：一是面对复杂的社会巨系统，要实现社会科学思维与自然科学思维相结合的变革，真正做到以哲学系统思维方式为指导的社会科学研究与自然科学研究的联合作战。二是面对复杂的社会巨系统，要实现定性分析思维与定量分析思维相结合的变革，在科学定量分析的基础上实现定量与定性相结合的分析。研究社会巨系统，不仅要面对经济问题，还要面对政治问题、文化问题以及各种各样的社会问题，这些都需要做科学的定量分析，没有定量也就没有定性。三是面对复杂的社会巨系统，要实现个体性思维和集体性思维相结合的变革。

建立“经济社会发展综合集成实验室”，目的是促成人类对社会问题认识方法与手段的一次革命。这场革命要解决的一个难点问题，就是把对自然认识的实验室手段，运用到对社会问题的认识，就在于用实验室手段科学地捕捉、把握、认识和解释社会问题的不确定性、突发性、偶然性和人的有意识活动的主观能动性。这场革命的实质在于：其一，它是人类对社会问题的认识方法和手段的革命。用定量化的、逻辑运算的、仿真技术的实验室来认识社会，不仅使得人类对社会问题的认识从定性的解释和预言走向定量的解释和科学前瞻的预言，使人们可以建立起社会巨系统的数学模型，深入地理解和把握一些关键性的社会参变量，并开展一些探索性的模拟量化实验，从而实现对社会发展的有目的的调控。其二，它是哲学社会科学研究领域的一场革命。实现社会科学与自然科学的结合，用计算机和网络、用仿真技术、用实验室来进行重大社会科学课题的研究，这也是哲学社会科学研究方式、方法正在掀起的一场创新。由此必将带来社会科学与自然科学的交叉融合。其三，它是国家宏观决策和管理的一场革命。国家宏观决策的一个最重要的方法就是按照“从群众中来，到群众中去”的要求，进行调查研究，到基层去收集情况，然后进行综合分析，形成调查报告和决策建议，最后由决策层做出决定。传统的调查研究的方法要继承、要发扬，但是还要采用进一步的思维方式，把调查研究方法与最先进的科技手段和认识工具相结合，使得对社会问题的决策、论证可以运用实验室的手段来进行。这是一个创新，也是一场革命，将有助于人们及时抓住经济社会创新和发展的历史机遇，使决策过程更加科学合理，使社会发展更为协调、平稳、健康。总之，应当从哲学思维方式和认识方法论的高度认识这场变革。

问

中国社会科学院担负着党和国家赋予哲学社会科学界的重大使命，中央要求把中国社会科学院建设成为马克思主义的坚强阵地、中国哲学社会科学的最高殿堂、党和国家的思想库和智囊团。

问 您作为常务副院长，请谈谈我院在推进马克思主义中国化研究、加快构建哲学社会科学创新体系中的新举措。

答 党的第一代、第二代、第三代领导集体高度重视哲学社会科学。以胡锦涛同志为总书记的党中央为了发展、繁荣哲学社会科学，发布了《中共中央关于进一步繁荣发展哲学社会科学的意见》。党的十七大进一步明确了哲学社会科学的地位和作用，为哲学社会科学的发展指明了方向。我们要按照党中央对中国社会科学院职责定位的要求和构建哲学社会科学创新体系的目标，进一步厘清发展思路和主要任务，坚持围绕中心，服务大局，解放思想，锐意进取。

第一，始终坚持马克思主义在哲学社会科学领域的指导地位，以中国特色社会主义理论体系为指导，把中国社会科学院建设成为研究和宣传马克思主义基本理论的坚强阵地，建设成为研究和宣传当代马克思主义中国化的重要阵地，建设成为研究和宣传中国特色社会主义理论体系特别是科学发展观的重要阵地。

第二，始终坚持学科体系、学术观点、科研方法创新，加快构建具有中国特色、中国话语体系、中国风格的哲学社会科学创新体系，努力把中国社会科学院建设成为哲学社会科学研究的最高殿堂。要进一步拓展学术视野和研究领域，改革和创新科研体制、科研机制、科研方法，培育新的学科和新的理论生长点，催生新的思想和观念，推动中国社会科学院哲学社会科学研究达到新水平，进入新境界。

第三，始终坚持为发展中国特色社会主义服务，加强重大理论和现实问题研究，努力把中国社会科学院建设成为重要的思想库和智囊团。在党和政府决策的酝酿、制定和执行等各个环节，随时提供充分的知识储备和理论支持，提供有重要价值的咨询、论证和建议。

第四，始终坚持以科研为中心，实施科研强院战略、人才强院战略和管理强院战略，深化管理体制、管理机制的改革与创新，努力把中国社会科学院建设成为具有中国特色的世界一流名院、强院。

第五，始终坚持“开门办院”原则，实施“走出去”战略，积极扩大国际学术交流，努力把中国社会科学院建设成为中国哲学社会科学走向世界的重要窗口。

（原载《哲学动态》2010年第1期）

回溯源头　直面现实

——访丰子义

学者简介

丰子义，1955年生于山西应县。时任北京大学哲学系教授、博士生导师，北京大学马克思主义文献研究中心主任；兼任中国马克思主义哲学史学会副会长、中国人学学会副会长、中国辩证唯物主义研究会和历史唯物主义研究会常务理事等。入选教育部“跨世纪优秀人才培养计划”和北京市中青年社科理论人才“百人工程”。长期从事马克思主义哲学教学与研究，主要研究方向为马克思主义哲学史、社会发展理论、全球化理论等；主要研究特色是基础理论研究与现实问题研究相结合，注重研究的当代性。主要著作有：《现代化的理论基础》《现代化进程的矛盾与探求》《发展的反思与探索》《发展的呼唤与回应》《走向现实的社会历史哲学》等，译著有：《新发展观》《文明与社会理论》《权力社会学》等。发表论文170余篇。曾获吴玉章人文社会科学优秀奖、宝钢优秀教师奖等奖项。

问

您的研究主要侧重于社会历史哲学，从已有的成果来看，关注现实，力求对马克思主义哲学作出当代阐释成为您的研究特色。请您谈谈选择这种学术取向是基于什么考虑的。

答

多年来，我的研究兴趣主要集中于社会历史哲学领域。要深化社会历史哲学研究，我觉得关键要解决好一个方法问题，即基础理论研究与现实问题研究的关系问题。研究社会历史哲学，当然离不开马克思文本和马哲史的研究，否则，社会历史哲学的基本理论也就失去了依据。就此而言，准确地阐释文本和马哲史，是理解和把握马克思主义社会历史哲学的前提，也是进行这项研究的基础性工作。但是，基础理论的研究又不能完全变成文本和马哲史的“诠释学”，因为“文本”与“史”研究的最终目的还是为了推动“论”的发展，以为社会现实生活服务。因此，这些年我比较喜欢讲“激活”文本与马哲史。何谓“激活”？就是要使当代现实问题与文本思想发生“碰撞”，使其产生思想火花，富于新的思想活力。通过这样的“碰撞”，一方面使文本中许多思想赋有新的当代意义，另一方面可以使文本中曾被忽视、误解以及遗忘的思想、观点得到新的重视和开掘，从而使其焕发出新的生机与活力。重视“激活”，实际上拉近了文本、马哲史与我们的距离，使其成为我们今天理论研究的一个有机组成部分。这样一来，既有助于理论上的创新，又有助于文本与马哲史研究的深化，从而避免停留在重复原著叙述和“史”的描述的水平上。当然，强调“激活”的作用，并不意味着对“文本”和“史”的研究可以采取一种“六经注我”和实用主义的方法。文本研究和马哲史的研究是一项严肃的工作，来不得半点虚假与浮躁。如果仅仅为了满足某种需要而进行任意的解读，这绝不是一种科学的态度。我们不是要贬低文本和马哲史扎扎实实的研究，而是旨在说明这种研究的目的与意义，说明现实问题研究在基础理论研究中的地位和作用。

问

近些年来，有关马克思主义哲学研究的学术性问题讨论较多，您是如何看待这一问题的呢？

答

在近些年有关马克思主义哲学研究的取向与方法论的讨论中，学术性问题确实是讨论的热点之一。从讨论的情况来看，大致有两种较有代表性的观点和看法：一种认为目前我国的马克思主义哲学研究是“学术凸显，思想淡出”；另一种则认为目前的研究缺乏学术性。对于这两种对立的观点究竟怎么看？我不想作简单的评判，只是想就如何理解和看待马克思主义哲学的学术性谈一点看法。因为只有在弄清这一问题之后，才能进一步明确研究的取向与方法。

马克思主义哲学作为一种系统化的理论，当然有其明显的学术性。就“学”而言，马克思主义哲学有其具有革命性变革的系统和深邃的思想体系；就“术”而言，马克思主义哲学又内在包含着重要而深刻的方法论。其学术价值是任何一个严谨的学者都不敢随意否定的，以至马克思被评为“千年来最有影响的思想家”。但是，对于马克思主义哲学又不能简单地拿一般性的学术标准来衡量，尤其是不能纯粹用西方哲学的学术性标准来衡量，因为二者本来就不是同一种类型的哲学：一种是“体系哲学”或经院哲学，一种是实践哲学。马克思主义哲学绝不是追求和满足于概念王国的抽象思辨，而是直接面对社会现实，通过矛盾、问题的深刻揭露与分析，以达到影响世界、改变世界的目的。所以，马克思始终反对思辨的形而上学。他曾经这样批评过以往的哲学研究：“哲学，尤其是德国的哲学，喜欢幽静孤寂、闭关自守并醉心于淡漠的自我直观……从哲学的整个发展来看，它不是通俗易懂的；它那玄妙的自我深化在门外汉看来正像脱离现实的活动一样稀奇古怪；它被当作一个魔术师，若有其事地念着咒语，因为谁也不懂得他在念些什么。”为此，他明确主张哲学研究应走出“阿门塞斯的阴影王国”，转向现实的世界。按照这样的指向，马克思的哲学与以往西方哲学的致思路向和研究方式是大相径庭的，不可能是一样的标准。

实际上，马克思主义哲学的学术性并不是体现在概念的演绎上、思维的辨术上以及体系的追求上，而主要是体现在对社会历史以及社会重大现实问题的深刻分析和说明上，强大的理论解释力和理论穿透力是其学术性最为突出的表现。能够从前人的理解中和社会现实生活中发现问题，进而通过研究提出解决问题的出路和对策；能够通过理论性的研究，给社会发展和人的发展提供有益的思考和正确的指引，这正是马克思主义哲学的魅力所在。因此，对于马克思主义哲学的学术性，不能仅仅从纯学术的视界来看待，而应当从其现实性与学术性的内在关联来审视。马克思主义哲学正是在回答和解决时代发展与社会发展的重大现实问题时，才真正体现和发挥其应有的学术价值。也就是说，马克思主义哲学的学术性不能离开现实性而获得某种独立的形态。

要增强马克思主义哲学研究的学术性，我觉得有这样几点是值得认真考虑的：一是要提高马克思主义哲学的理论含量和理论品位。这就是要使其学术性更多富于思想性，通过思想性来提升学术性。在实际研究过程中，如果把学术性看作是向纯粹的经院化哲学看齐，或者是走向新的思辨哲学，那么这样的“学术性”绝不是马克思主义哲学研究的方向；如果把学术性看作是马克思主义哲学内容的理论价值和学术品位，那么这样的学术性确实应当提高。我们所做的工作，就是要提升马克思主义哲学的研究水准和理论含量，使其真正成为当代“文明的活的灵魂”，引领社会发展。二是要增强理论的说服力和解释力。理论就是论理。理论只有彻底，才能说服人；只有说服人，才能掌握群众，发挥实际影响。因此，要增强马克思主义哲学研究的学术性，必须是说理要透彻，分析要精到，确实能够帮助人们解疑、释惑、明理。这就要求我们的研究直面现实，善于从历史表象走向历史深处，使人们能够在认识上祛除各种遮蔽与迷雾，明确有关基本道理。三是要有自己的学术话语体系。学术性总是和学术话语体系联系在一起的，后者往往成为评价学术性的一个重要参照。值得注意的是，在一定历史条件下，学术话语也会形成某种霸权：凡是能够进入这种话语体系的理论才具有学术性，否则便无学术性可言。今天的马克思主义哲学研究实际上就面临这样的窘境：似乎不能进入西方哲学的话语体系，就无什么学术性可言。这样的学术标准应当予以破除。中国的马克思主义哲学研究，应当有中国的风格、中国的气派、中国的话语体系，不能完全屈从于西方的话语霸权。马克思主义哲学中国化的学术性不一定非得通过西方话语体系来表达。

需要指出的是，我们强调对马克思主义哲学研究要加以正确的理解和把握，并不意味着这种研究要离开一般学术规范。马克思主义哲学作为人类认识的智慧之果，不可能离开世界文明大道，不可能离开哲学发展的基本准则和内在规律。马克思主义哲学实际上就是在吸收、借鉴以往哲学优秀成果的基础上形成和发展起来的。强调其学术性的特殊性，绝不是要排斥其普遍性，不能堵塞马克思主义哲学与其他哲学、文化交流、对话的渠道。

问　既然马克思主义哲学研究的学术性不能完全离开现实性，那么，您认为在目前条件下应如何切实有效地推进马克思主义哲学的研究呢？

答　这是一个大题目，很难作出全面、准确的回答。我认为，要切实推进马克思主义哲学的研究，固然可以采用不同的路径和方式，但重要的一点，就是要突出问题意识、强化问题研究。这也是个老话题，但还是有强调的必要。反观我们的研究，这些年来“问题意识”的口号喊得较响，但在实际研究过程中贯彻得并不理想。一方面，对马克思主义哲学一般性议论得多，具体问题探讨得少；老话题重复得多，新问题研究得少。另一方面，一些看似问题式的研究，实际上也基本重复的是西方学界的问题，较少提出我们自己的问题；而且，有些问题的分析和阐释总想在西方哲学中来寻求，似乎有西方哲学作注脚才感到踏实。这样的研究，显然不利于推进马克思主义哲学的研究。没有问题意识，就没有理论上的聚焦；没有理论聚焦，就不可能形成对某些哲学问题的特别关注；没有新问题的思考，马克思主义哲学的研究只能是不断重复原有的话题，延续原来的老路，难以产生出多少新意。其实，离开了问题的提出、分析和解决，理论研究也就成了无的之矢。无论是领悟经典文本的当代意义，还是将理论用于指导实践，都应以提出问题、把握问题为前提。正是问题的提出，展现了一个新的视域，使研究获得了新的生机、新的意义。不断提出问题、不断进行新的探索，恰好是研究的动力和活力所在。强烈的问题意识，可以说是马克思哲学的显著特点。在前人认为已有答案的地方，他却认为是问题的存在。正是通过对各种理论前提的追问、结论的追问、推论方法的追问，马克思不仅超越了以往的哲学，而且超越了以往的经济学；正是通过对人类社会历史重大问题和资本主义社会尖锐矛盾的深刻分析和解剖，马克思才最终完成了两大发现。这种研究方法对于我们今天的研究来说，确实是值得高度重视的。

问　多年来，您的研究主要集中于发展理论，重点是探讨马克思的社会发展理论与当代中国发展现实之间的关系，请问您是如何看待这种研究的？

答　我在社会历史哲学研究中，除了一般的基础理论研究之外，重点是发展理论的探讨。发展是时代的主题和当代中国面临的首要课题，面对这样的主题和课题，哲学不能无动于衷。哲学作为“在思想中被把握的时代”，应该对此有所作为。目前发展理论已成为众多学科关注的焦点之一。它并不是一个通常意义上的学科，而实际上是一个学科群。任何一门社会科学，都把它作为研究的对象，并从不同的视角对它作出独特的理解和回答。哲学也由此形成一种新的分支学科或领域哲学，即发展哲学。对于发展的研究，虽然听起来并不陌生，但在整个哲学研究中还是一个薄弱环节，因为无论从研究的问题还是从研究的范式和方法来说，都具有新的色彩，需要作出新的探索。正因为发展问题是一个新的课题，因而它展示了一个较大的理论空间，大大拓展了社会历史哲学研究的领域。发展研究因此成为社会历史哲学与社会现实生活的重要结合点。

要推进发展理论的研究，除了要充分关注和吸收西方发展理论研究的动向及其有益成果外，必须对马克思的社会发展理论予以高度重视和深入开掘。具有经验科学性的发展理论，在很大程度上受制于它所要解释的经验。源于西方发达国家实践的发展理论虽然在某些方面、某些具体问题上作出了比较深入的研究，提供了许多有价值的见解，但就其总体而言，它还同发展中国家的发展现实有着不同程度的错位，很难用来说清发展中国家的实际发展问题，更难用来谋划和指导发展实践。这就客观上要求我们建立自己的发展理论。而要建立这样的发展理论，一方面需要面对现实，从具体的发展实践出发，对发展的经验教训进行认真的总结，同时吸收国外发展理论研究的有益成果，以形成符合自己实际的理论；另一方面要加强马克思社会发展理论的研究，以确立我们研究发展的理论基础。突出马克思社会发展理论的研究，并不是要代替发展研究，更不是要用这一理论来图解现实的发展，而是要通过这种研究，把握马克思考察社会发展问题的基本立场和方法，用以观照今天的社会发展。就此而言，加强这方面的结合，是激活马克思社会发展理论的一个重要切入点。

问　您能否对马克思社会发展理论的基本内容做一点简要介绍？它与我们通常讲的唯物史观中的社会发展理论是什么关系呢？

答　应当说，马克思关于社会发展的思想资源是非常丰厚的，它不仅包括唯物史观研究中通常提到的社会发展理论，而且包括这一视域外的有关发展的各种具体理论。就其基本内容而言，我认为马克思社会发展理论主要分为这样两大层次或两种类型：一是关于社会发展的一般理论，即历史观意义上的社会发展理论，主要阐述社会历史发展的一些最基本的观点，如对社会历史的前提与基础、社会发展的动力及其结构、社会发展的内在矛盾及其运动规律、社会形态的划分与演进等问题的基本看法，着重揭示的是社会发展的本质和规律。这些基本理论我们都比较熟悉。二是关于社会发展的具体理论，即以特定社会、特定问题为对象的发展理论。这样的发展理论又大致涵盖两个方面的内容：一方面是关于现代社会即资本主义社会发展问题的理论，另一方面是关于非西方国家社会发展问题的理论。就现代社会的发展研究来看，马克思主要以资本主义社会为对象，对现代社会的形成和发展作了详尽的考察，不仅揭示了资本主义的内在矛盾及其运动规律，而且从中阐发了许多有关现代社会发展的重要思想。如关于现代社会发展所需前提、条件、环境、机制、途径的分析，关于社会经济实际运行内在联系、内在规律的分析，关于商品、资本、市场等主要问题的分析等，对于研究现代社会发展具有普遍性的意义。就非西方社会的发展研究来看，马克思主要以资本主义社会为参照系，对许多非西方国家、地区的社会发展问题作了程度不同的研究，提出了许多独特的思想和见解。如关于亚洲社会长期发展迟滞原因的分析，关于俄国公社发展状况及其未来命运的考察，关于古代社会结构及其发展演变的实证研究等，对于今天研究非西方国家的社会转型、发展道路和发展方式具有重要的方法论启示。在以往的研究中，学界主要关注的是历史观意义上的发展理论，而对于马克思有关社会发展具体问题的理论重视不够。由于对后者缺乏深入研究，未能结合当代实践加以新的探索，因而在应对现代社会发展的许多问题时，往往是空泛议论，不着边际。如在对社会发展加以理论分析时，不是重点对发展过程的实际问题进行具体分析，而是远离实践进行理论演绎或一般说明，因而提出的不是一些具体、明确的意见，而是一些大而无当的抽象“原则”和“观点”，使得活生生的社会发展理论变成了抽象的“历史哲学”。要使马克思社会发展理论真正富有当代性，一条重要的途径就是要拓宽这一理论研究的视野。这就要求我们在原有研究的基础上，重点加强对马克思有关具体社会发展理论的研究。尽管这些具体理论、观点也不是对各种发展问题的直接回答，但其毕竟更贴近发展的现实，更有助于对各种具体问题的理解和把握。由于按此视角研究和审视的问题都是具体、特殊的，因而研究的成果也具有一定的实用性和可操作性。当然，强调这一点，并不是要淡化一般社会发展理论即历史观意义上的社会发展理论的研究；离开了基本的历史观来直接谈论具体发展问题，既不可能把问题讲清楚，也不符合马克思的研究方法。马克思对各种具体问题的研究，始终是置于历史观的视野之中，从没有轻视其哲学前提。这种研究方法也是值得我们注意的。

为了激活马克思社会发展理论并使其走向当代现实，这些年我主要采取的是互动性的研究方式。这就是力求从时代发展尤其是当代中国社会发展实际问题出发，进入马克思的理论视野，然后经过研究再回到发展的现实。通过这样的互动，一方面开显马克思社会发展理论的当代价值，另一方面也力图为发展实践提供某些启迪。按照这样的思路，在近些年的著述中，主要精力不是放在理论体系的阐释与建构上，而是放在一些重要发展问题的思考与理解上。如《现代化进程的矛盾与探求》一书主要抓取发展中国家发展中的一些“悖论性”矛盾，诸如发展的增长与限制、跳跃与持续、均衡与非均衡、推进与逆转、内生与外源、速度与秩序、效益与代价、遗产与包袱、理性与非理性、功利价值与人文价值等矛盾进行了分析，以期廓清认识上的迷雾，明确发展的思路与方向；《发展的反思与探索》一书所论及的主要是关涉马克思社会发展理论以及当代中国社会发展现实的一些比较重要的问题，也是近年来学界较为关注的一些热点问题，如社会发展与现代性建构、社会发展与理性重建、社会发展与历史进步、社会发展与财富创造、社会发展与结构转换、社会发展与创新等关系问题。希望通过这些问题的研究，促进对马克思社会发展理论以及发展现实的深入思考，并有助于确立相关的合理发展理念。

问

发展哲学作为一门新兴的哲学分支学科，在我国已有近20年的研究，您对这一学科的研究状况和发展前景是如何看待和估价的呢？

答

我想先谈谈关于发展前景的看法。这还得从发展理论谈起。发展理论是一种泛称，它从兴起之时起，基本上是分学科研究的理论，而且这些研究主要是在比较具体的经验层次上展开的，如发展经济学对资本积累、二元经济结构、人口经济结构和人力资本的研究，对国际分工和国际贸易的研究；发展社会学对城市化、社会组织和管理、人口和教育的研究，对援助和发展政策的研究等，主要是实证性、领域性的研究。20世纪80年代后，发展研究开始向整体化的方向发展，综合性的问题逐渐受到重视，因为当今社会发展中任何一个重大问题都不是单靠一个学科就能把握和解决的，必须依靠各学科通力合作，联合攻关。因此，从单一、分化走向统一、综合，便成为发展理论发展的趋势。正是适应这一趋势，发展研究逐渐趋于综合性，如经济学正在加强对政治、文化、伦理等非经济因素的研究，特别是对人的因素的研究，社会学已把经济、文化、历史、法律等因素纳入视野之中，哲学也把上述各种因素作为研究的对象。随着综合趋势的形成，发展研究的层次自然也在上升，这就突出了发展哲学的地位，因为许多综合性、宏观性的问题以及深层次的问题需要从哲学观上予以审视和理解。像近年来国内关注的发展观问题、公平正义问题、公平效率问题等，实质上就是发展哲学问题，哲学应有自己的回答。总的说来，随着发展实践以及发展研究的逐步深入，发展哲学的地位和作用日益突出，发展哲学大有可为。

关于我国的发展哲学研究，经过多年的努力，取得的成绩应当说是比较可喜的。研究的方向稳固确立，研究的视野大大扩展，研究的领域逐步拓宽，研究的水平稳步提高，研究的成果大量涌现。随着发展问题的不断出现和科学发展观的深入讨论，发展哲学日益受到学界关注。虽然不少著述不一定明确称其为发展哲学，但实际研究的内容就属于发展哲学。总体来说，发展哲学正在伴随改革发展步伐获得旺盛的活力。但是，也应当看到，由于发展哲学在我国起步的时间并不长，研究的问题比较特殊、复杂，因而研究还较为薄弱。主要的问题是：学科的边界较为模糊，与相关学科如经济哲学、政治哲学、文化哲学等的关系有待进一步明确；学科的规范性较弱，还未形成相对独立的研究范式和研究方法；研究的对象较为杂乱，缺乏必要的筛选和提炼；研究的深度较为欠缺，平面化的现象较为明显。因此，“如何进一步推进发展哲学的研究”是一个系统工程，需要各方面的共同努力，我只想针对上述问题谈几点粗浅的看法：

首先，发展哲学应有恰当的理论定位。发展哲学无疑是哲学，但它又与高度抽象的历史哲学有别，它不是专门研究历史观上最一般的基本问题，而是就社会发展的一些重要问题加以哲学探讨，因而谈论的问题较为具体，抽象的程度也相对低一个层次。然而，发展哲学又不同于发展的实证研究，它既要依据经验材料又不能限于经验研究，应当在经验研究的基础上予以哲学上的提炼、概括，进而能够提出一些有益的哲学理念和观点。就此而言，发展哲学介于上述两种研究之间，类似于“中层理论”。这样一种理论定位，客观上要求发展哲学研究既不能过于空泛，又不能停留于经验研究，而是应当寻求二者之间合理的结合。

其次，研究应力求抓准问题。发展哲学当然是研究发展的，问题是，发展哲学究竟研究发展的“什么”？进而言之，究竟要进行何种方式的研究？发展的问题很多，并不是所有的问题都是哲学要研究的问题，而且哲学也无力承担这样的重任。哲学作为一种批判的反思的学问，应该有其特殊的视域。也就是说，发展哲学要研究的问题应当是发展中的哲学问题，而不是经济学、政治学、社会学意义上的发展问题。找到了问题，发展哲学才有真正的用武之地，才能真正发挥自己的优势。要不然，只能是拾其他学科的牙慧，很难有自己的建树。

最后，研究应加强深度“开发”。不能满足于西方各种发展理论的介绍、评论，满足于发展的政策解释、原则制定，应当对发展问题有深层次的理论思考。实际上，发展哲学的价值不在于为发展开具“方案”，也不在于对各种发展理论的是非得失充当“裁判”，而在于通过发展的反思与审查，能够为发展提供某种实践智慧，其思考能够给人以启迪，从而在发展思路和方法上给予合理的指引。

问　我们注意到，近些年您除了研究社会发展理论外，对全球化问题也比较关注，请问这两种研究之间有什么关系？您对全球化研究有何理解？

答　近年来，我对全球化问题确实比较关注，围绕全球化问题写过一些东西。但是，关注全球化并不意味着另辟研究方向，它实质上还是属于发展研究范畴。换句话说，这是发展研究的必然要求。我们知道，全球化的出现对人类生活和各个国家的社会发展的影响是巨大而深远的。全球化既是各个国家发展的重要背景，又是各个国家发展的内在要素，因而今天讨论社会发展，不可能离开全球化这一时代背景。对于我国的社会发展来说，加强全球化研究具有非常重要的现实意义：

其一，有助于增强发展的理论自觉。这就是要用“宽广眼界”来思考中国的发展问题，树立鲜明的时代意识。由于每一个国家都是世界之网上的一个纽结，因而其发展必然程度不同地受到世界之网的制约。一个国家的发展不在于要不要摆脱这种制约，而在于从全球化的复杂联系中，找到适合自己的发展道路、发展方式。因此，强化全球意识和时代意识，对于增强发展的理论自觉是非常重要的。

其二，有助于明确发展的思路与方向。只有对全球化状况有一个总体把握，才能明晰自己在世界格局中所处的地位，才能更为准确地了解本国的实际，从而在激烈的国际竞争中扬长避短，争取主动；只有了解世界正在发生什么和将要发生什么，才能有目的地提出相应的对策，进而形成相应的理论。总之，只有在时代的大背景下来思考、研究问题，才能在比较中加深对中国自身的认识，明确其发展方向和道路。

其三，有助于抓住机遇，加快发展进程。全球化确实是一把“双刃剑”，机遇与挑战并存。但是，同样是机遇和挑战，带给不同国家的结局是大不一样的。最后的结果如何，主要取决于自身的努力。如何将挑战变为机遇，将“后发优势”由可能变为现实，这是值得我们认真思考和谋划的问题。因此，不能一味停留于全球化对中国发展的利弊之争上，应该将研究重点转向如何兴利除弊、化弊为利，转向如何采取相应的对策和措施应对全球化的发展。只有这样，才能在全球化浪潮中立于不败之地。

问 全球化研究的现实意义是显而易见的，它的理论意义您又是如何看待和估量的呢？

答 对于全球化研究的理论意义，可以从不同学科、不同角度加以理解和阐释，很难给予一般性的评价和概括。在这里，我仅就全球化研究对深化马克思主义哲学尤其是唯物史观研究的意义谈一些看法。

全球化的出现，不仅对社会生活、社会发展是一场深刻的变革，而且对社会历史理论研究也是一个重大冲击。全球化所产生的各种新情况、新现象，使我们多年来唯物史观研究中所讨论的问题、所关注的重点、所运用的评价标准都发生了不同程度的变化，从而给唯物史观基本理论的研究带来了新的生机。其作用和影响主要是通过以下三种方式产生的。

一是使经典文本中的某些思想得到了激活。有些思想本来就是文本中的重要内容，只是由于种种原因，过去没有得到应有的重视，现在随着全球化的发展，这些思想的当代价值日益凸显出来，需要加以新的开掘和阐发。如马克思关于世界历史的理论、交往的理论、国际分工的理论、世界市场的理论、资本运行的理论等与全球化问题直接相关，并成为其全球化理论的基本内容，因而近年来受到学界的高度关注。随着这些思想资源的深入开发，唯物史观必然会得到丰富和发展。

二是促进了对某些概念、原理的重新反思。在原有的历史背景和解释框架下，一些概念、原理的阐释是非常清楚明了的；而在今天全球化的条件下和新的研究图景中，一些常识性的观点变得不“常识”了，需要根据新的情况加以重新审视和理解。比如生产力、生产关系、经济基础等这些基本概念，过去的边界是非常清晰的，即主要是以民族国家为单位来界定和划分的，现在随着全球化的发展，各个国家的生产力和生产关系等均不是以纯而又纯的民族性出现的，而是形成了“你中有我，我中有你”的局面，内容日益复杂，这就需要对这些概念作出新的诠释。与此相应，对于生产力与生产关系之间的关系也要加以新的说明。因为在全球化条件下，与一个社会的生产力相互作用的不仅仅是本国的生产关系，而且有国际上的某些生产关系；同样，与特定的生产关系相互作用的不仅仅是本国的生产力，同时有国际上的某些生产力。又比如，我们常常将本国实际与国际环境作为一般的内外因关系来看待，这样讲原则上没有错，但要深究起来，大有重新审视、阐释之必要。在一个国家尚未进入世界体系之前，它与周围的国际环境确实是典型的内外因关系；而在加入世界体系之后，这种游离关系变成了整体与部分或“有机体”与“器官”的关系，因而不能把国际环境简单看作是发展的外因，一个国家的“国情”明显带有“世情”的规定性。而且，国际环境并不始终是起“条件”的作用，有时是起决定性的作用。

三是提出了许多新的研究课题。全球化过程中所出现的许多新情况、新问题，都是以往发展过程中很少见到的，也是以往研究中较少关注的，现在这些问题的出现，自然给发展研究以至唯物史观研究提出了新的课题。如机遇问题、跨越问题、创新问题、现代性问题、代价问题等，都是全球化发展过程中提出的新课题，应结合实际情况予以新的探索。通过这样的探索，有助于推动唯物史观研究的深入发展。

正是基于上述情况，我的研究基本上是穿梭于马克思世界历史理论与当代全球化实践之间，力求通过“对话”与“互动”，开显马克思世界历史理论的当代价值，同时对全球化问题作出自己的理解。

（原载《哲学动态》2010年第9期）

立足社会现实，阐扬马克思哲学的当代意义
——访吴晓明

学者简介

吴晓明，1957年生于上海。1978年考入复旦大学哲学系学习，先后获哲学学士、硕士、博士学位。时任复旦大学哲学学院院长、教授、博士生导师，教育部长江学者特聘教授。主要学术兼职有：马克思主义理论研究和建设工程主要成员、国家哲学社会科学基金学科评审组专家、中国马克思主义哲学史学会副会长、上海市哲学学会副会长等。主要学术方向为：马克思主义哲学史、马克思主义哲学的存在论研究、马克思主义哲学与当代西方哲学的比较研究。主要学术著作有：《历史唯物主义的主体概念》《马克思早期思想的逻辑发展》《科学与社会》《马克思主义社会思想史》《近代法哲学与马克思的社会存在理论》《马克思的哲学革命及其当代意义》《形而上学的没落——马克思与费尔巴哈关系的当代解读》《思入时代的深处——马克思哲学与当代世界》等。

问

复旦大学出版社正在为国内恢复高考之后成长起来的一批学者编辑一套“三十年集”，您的一本著作也被收录其中。请您就这30年来的思想和学术经历谈谈您的总体感受。

答

我的总体感受可以用“学”和“思”这两个字来概括，所以我的那本集子也被命名为《学思集》。在我看来，作为一名哲学研习者，最重要的事情始终应该是学与思。学与思已然成为我的哲学研究理路，其间的隐晦曲折、困顿和遭遇，以及星星点点的发现与体悟，对我来说，确已化为人生中一种有意义的历练。

问

那么，在您的这一“学思”历程中，有没有一个贯穿始终的基本主题呢？

答

我的专业是马克思主义哲学。之所以选择这一专业，是因为它符合我的研究旨趣——既能专注于学术，又能借此思及重大的现实问题。然而，当我成为教师在课堂上讲授马克思主义哲学时，首先需要面对的是如何去解答青年学生们的种种疑惑。这些疑惑的主要一点是：与以往相比，现时代已发生了许多重大变化，那么，诞生于150多年前的马克思主义哲学还有多少价值和意义呢？虽然我们能很容易指证这种提问方式对于思想价值的评判来说是不恰当的，但问题显然不止于此。如果说真正的哲学无非是时代精神的精华，那么，当前重要的任务就是在新的时代条件下对马克思主义哲学的当代性质和当代意义作出积极的阐明。大体来说，我的“学思”历程始终是围绕这样一个基本主题来展开的。

问

确实如此。我们注意到，您在国内较早明确提出了“阐发马克思主义哲学的当代性质和当代意义”的问题，并就此做了大量有价值的学术工作。您能否就自己形成这一基本研究主题的学术和思想背景作一简略的说明？

答

在明确提出上述主题之前，对我的思想形成影响最大的是两种相互对立的哲学理论，即第二国际理论家和西方马克思主义者在对马克思主义哲学的阐释过程中所形成的那种尖锐对立的思想形态。当前者完全在知性科学或实证科学的主题上来阐释马克思主义哲学时，后者则以一种主观主义的倾向诉诸无产阶级的“自我意识”和“革命行动”。这种理论对立虽然使我感到不满和困惑，却成为一种持久的动力来推动我的学术研究和思想探讨。

我对马克思哲学的初始理解依赖于梅林和普列汉诺夫。梅林为马克思所撰写的传记，我认为是迄今为止最好的一部。它有一种切近感。虽然阿尔都塞对科尔纽（法国现代哲学家，著有《马克思恩格斯传》）的鸿篇巨制大加赞赏，但该著所述内容大多属于知识性的细节，缺乏那种切近的气氛。至于梅林对马克思哲学的阐释，则大体上能满足我的研究需要。这契合我自己当时的学识背景：我除了把马克思哲学当作知识来学习，同时还把它当作知性科学来看待。于是，当普列汉诺夫进入我的视野时，我是感到兴奋的：虽然说他在哲学观上与梅林差别不大，但其更雄辩、更博学，并更多地援引了黑格尔的哲学思想。这对我产生了很强的吸引力。

但随着知识性内容的增益，疑虑及不满足感也在滋长。而且此种疑虑及不满足感似乎不是知识性质的，不是知性知识的不足引起的，反而是属于哲学方面的困惑。“经济决定论”是第二国际理论家的一个显著特征，梅林对此几乎深信不疑，而普列汉诺夫所提出的批评意见和补充说明也根本没有触及问题的实质，至多只是使问题的解决看起来显得精致一些。于是，问题的核心层面逐渐呈现出来了——它牵扯到马克思哲学的存在论（ontology）基础。

梅林认为马克思的唯物主义与机械唯物主义是完全一致的，正像后者是自然界的真理一样，前者是历史领域的真理。这样一来，差别似乎仅仅存在于不同的“学科领域”了。普列汉诺夫亦断言，在所谓“哲学本身”的问题上，马克思是和狄德罗、费尔巴哈相同的。虽然在梅氏或普氏如此这般的断言之后，往往是追加了各式各样的“补充说明”的，但这样的“补充说明”根本于事无补，因为它们纯粹是外在的“附加”，因而对于存在论基础的性质来说是完全偶然的。难道费尔巴哈的“基础”能够外在地拼接或附加一种被中性化了的黑格尔的方法吗？难道这样的拼接或附加会如此轻易地造就出一个马克思来吗？倘若答案是否定的，那么必须承认，马克思哲学的存在论基础被误解了，其基本性质被遮蔽了。毋庸置疑，这一“基础”退回到了康德以前，而环绕其周围的重重叠叠的“附加”又试图使之进到黑格尔之后，这显然是不可能的。

问　当时，这样一些根本性问题看来确实使您困扰。那么，您是怎样进一步深入探讨上述问题的呢？

答　当时我研读了《历史与阶级意识》。可想而知，在当时的那种疑虑和困惑中，卢卡奇似乎为我开启了另一种“普照之光”，它一开始便让我深为服膺。这部著作抨击了“梅林—普列汉诺夫正统”，更为重要的是在马克思哲学的阐释中建立起黑格尔对于费尔巴哈的“优先权”。卢卡奇似乎提示了一种可能性，即把“活动”原则或“自我意识”的自发性引入马克思哲学存在论基础中去的可能性。此外，我当时还寄希望于卢卡奇所谓的“总体性观点”，也许，这种总体对于部分之“无所不在的优越性”能够穿透“经济决定论”的迷雾，能够把对马克思哲学的阐释从实证主义或知性科学的还原论深渊中拯救出来。

尽管《历史与阶级意识》在辞令上仍被包裹在“认识论”特别是“方法论”的幌子下，但其真实的核心直指哲学的存在论基础。令我真正感兴趣的恰恰是这一点。不过，随着研读的深入，我当初期待从卢卡奇那里获得可靠的解释方案的想法，不久就变得颇为可疑了。因为就事情的根本而言，在黑格尔之后，“实体”与“自我意识”的对立乃成为虚假的；而在马克思之后，黑格尔式的调解此种对立的图谋再度成为虚假的。由于卢卡奇没有真正越过黑格尔，所以尽管他具有某种优越性，但他仍然只是和第二国际的理论处在外部对立中。

问 能否举一个例子来说明这种外部对立呢？

答 我在我的一些论文和著作中经常提到的一个例子，颇能说明卢卡奇和第二国际的理论家在理论原则上的这种对立。例如对马克思哲学存在论基础具有决定性意义的“实践”原则，在普列汉诺夫那里被等同于费尔巴哈的“实践”，在卢卡奇那里则流于费希特式的“行动”。这种公然的对立究竟意味着什么？它诚然可以被看作一种对马克思哲学基础的误解和遮蔽，但还有某种更深刻的东西——它不止于误解和遮蔽，这一“基础”似乎是从中间“爆裂”了，而“爆裂”出来的作为两端的“碎片”重又堕入形而上学的窠臼之中。进而言之，由“爆裂”而来的对立并未止于理论自身，它是存在世界本身未曾得到克服的分裂和对立的表现——只要理论仍作为理论而持存，事情就不能不如此。因此，那种产生出来的对立，当然也包括由此种对立揭示出来的更深刻的东西，仿佛就是马克思哲学的历史“命运”。

由此，这便要求对任何一种解释方案给予历史性的理解和批判，而这种要求本身乃是存在世界之历史性的自行揭示。卢卡奇真正引导的乃是“批判”的一端，与之对立的另一端便被放逐到“实证科学”或“知性科学”中去了。接踵而至的“社会批判理论”在长达数十年的文化事业中可谓功绩非凡，但它终究没有真正深入马克思哲学的存在论基础中去，以至于这一运动到最后不得不寻求妥协的路径；或者，不得不使自身陷于浪漫主义的夸张的主观性之中。

问

如果说第二国际理论家和西方马克思主义者在对马克思主义哲学的阐释过程中形成的那种尖锐对立，是您触及和深入研究马克思主义哲学基本性质问题的最初动因和持久动力的话，您后来是通过何种途径超越这种对立，进而对马克思主义哲学的当代性质和当代意义有所言说的？

答

首先是再度沉入马克思本人的著作中，把注意力集中在“实践”概念上，并特别注重探究其存在论意义。我发现，随着研究的深入，根本性的理论困难在于：我们对马克思主义哲学的理解既不能再倚靠费尔巴哈，也不能再倚靠黑格尔，甚至不能再倚靠整部西方哲学史了。倘若马克思是介于康德和费希特或谢林和黑格尔之间的古典哲学家，那么黑格尔哲学便可以轻易地指证马克思哲学的根本性质。但事实并非如此，马克思位于黑格尔之后；此一“之后”当然不是指时间顺序，而是就思想的根本性质而言。那么，所谓“思想性质的位于‘黑格尔之后’”究竟意味着什么？它是否意味着超出了全部形而上学和整个柏拉图主义的传统？进而言之，它是否意味着在特定意义上超出了“哲学”或“理论”本身？如果是这样的话，那么上述难题的澄清与解答，便是马克思哲学当代性的绽出和开显（虽说只是某个方面）。然而，此种当代性并非某种现成的实体性质的东西，它并不像一顶帽子可以随便戴在某人头上那样，也不像一个钱包丢失且可以再被找回来那样；马克思哲学的当代性居于存在世界本身的历史性之中，因而它是在其当代意义被历史地揭示和阐明的过程中方得以呈现的。

既然问题由此得以彰显，那么我们就不难想象，在这里需要一个新的地平线、一种新的路标和参照系。这就像一个孩子长大了，我们不能仅仅根据其父母的某些特点从表象上来判断和理解他了，而且他还会成为一个“叛逆者”，并由此开启并拥有一个新的视域和时代性。在此意义上，我们完全有理由说，马克思哲学的意义根本不止于费尔巴哈和黑格尔（两者之和，两者之任何一种比例之和）；换言之，不止于全部近代哲学，不止于任何一种形而上学。众多退化的理解都是由于未能真正领会此点并使之得到坚决贯彻而得以形成的。当然，在口头上承认这一点是很容易的——它太容易了，以至于这种承认在大多数场合甚至成为避开根本问题的借口或远离实质内容的符号了。

为了使这一主张变得坚定起来，我们甚至愿意说，马克思哲学的根本性质乃在费尔巴哈和黑格尔（这二人的名号显然只是被当作标记来使用的）之外，在他们的哲学的真正“彼岸”。这样说当然不是要割断历史或否认传统渊源，而是力图揭示出马克思在存在论基础上所发动的那场巨大革命——这场革命的真实意义在近代性的遮蔽下常常变得晦暗不清，并且因此未曾得到真切的估价。必须紧紧抓住并且正确理解这个“彼岸”，因为正是它方才展示出近代性的界限，就像它在哲学上展示出全部形而上学的界限一样。这个“彼岸”乃是一个巨大的区域，它时而以不同的方式向我们开启，并且直到今天仍然是人迹罕至的——因为正像近代性仍从根本上支配着当今世界一样，形而上学仍占据着语言的本质（如海德格尔所说），并把持着思想的几乎每一个领域。但正是这种状况本身的历史性在今天形成一种“自我批判”的驱迫力，通过触动并开启上述区域的“微光”来使界限呈现，并从而将生活和思想带入超出此一界限可能性的境界。

问

确实，我们注意到您曾长期关注马克思哲学的存在论基础，并试图由此出发来阐释马克思所发动的哲学革命。那么，您是怎样来理解这一哲学革命的？

答

多年来，我的研习工作主要集中在探究马克思是如何达致一个超越现代形而上学区域的。马克思强有力的“手”曾第一次决定性地开启过这个区域，而当代的一些卓越的思想家亦曾尝试以不同的方式开拓通达此区域的路径。这些年的工作使我愈益深切地感到，在以形而上学为枢轴的近代性所构筑的“庞大之物”的笼罩下，不断被湮没的当代的——真正当代性质的——思想只有在不断的重新开启中才能保持其本己的意义；而此种不断的重新开启恰恰居留于与当代思想之切近的对话中。马克思哲学具有且能够具有进入此种对话的开放性特征，并借此彰显其当代意义。

因此，就哲学方面而言，我开始力主马克思哲学与当代哲学的对话。我认为，这种广泛而批判性的对话应当深入存在论的根基处，以便使一种寻根究底的阐释能够通达马克思哲学之当代意义的敞开状态。其中，首要之事乃是使全部形而上学的历史性边界再度明确起来，而马克思率先树立起来的界标——全部形而上学终结于一般意识形态的虚假性之中——只是在这种边界之再度明确起来的联结中，方使其当代的并因而也是历史的意义得以巩固。而在这种新一轮边界的刻画和意义的阐释过程中，绝不能置尼采的重大功绩于不顾，即使克尔凯郭尔所提供的重要启示（特别是从黑格尔及其传统脱离开来的“存在”概念）也应置于次要的位置。于是，在这里，无疑又展开了一个更广阔的领域。

当然，在这里我们不可能具体讨论这些问题，但这些问题不仅使我兴奋，而且把我引向当代存在论之最有意义的中心——我想说的是海德格尔及其基础存在论。我丝毫不想隐瞒多年前初读《存在与时间》一书时的激动和不安，我甚至为卢卡奇这样的才俊错失海德格尔的启发而极感惊讶和惋惜。虽说海德格尔（还有伽达默尔）在颇有卓识地揭示马克思哲学之意义的同时仍然错估了这种哲学的根本性质，但其基础存在论的制订和展开确凿无疑地提示了超越近代性阐释的可能性，在这种阐释的可能性中断然要求终止形而上学的种种倒退，并令此等倒退成为哲学上的“丑闻”。这样说绝不意味着要把马克思哲学的当代性置入海德格尔的基础存在论，我所说的只是“提示”……“可能性”；而这种可能性的意义首先在于避开危险，亦即避开令阐释重归形而上学的危险。正是在此种意义上，马克思哲学当代意义的阐发将不可避免地与海德格尔形成对话。在这种对话中形成的远不是结论，而是某种解释的“作为”，它使在形而上学的视界中被全然遮蔽的东西得以显现出来。

问 也就是说，通过与真正具有“当代”性质或者说“后形而上学”性质的思想对话，来深化马克思主义哲学经典文本的研究，是您理解和阐发马克思哲学之“当代性”问题的基本进路？

答 如果有必要就此作一种概括的话，我愿意把我的基本进路表达为一种“广义的对话”，亦即经由文本解读，以及经由与当代哲学、当代生活之广泛而深入的对话所构成的视域，使马克思哲学的“当代性”呈现出来。当然，在明确提出马克思主义哲学的当代性质和当代意义问题的最初一段时间里，我研究工作的重心，的确主要是围绕哲学的存在论基础来展开的。但更有意义的是，当马克思哲学的存在论根基得到某种深究之际，“社会现实”这一主题开始显现出来了。

问 您近年来围绕“社会现实”这一主题发表了不少重要的论文，这一主题的开展与您此前对马克思哲学存在论基础的研究之间有着怎样的关联，您能否就此作一些说明？

答 “社会现实”这一主题的开展，可以说是对马克思主义哲学当代意义加以阐述的聚焦和深化。

如前所述，第二国际理论家和西方马克思主义者在对马克思哲学的阐释过程中形成的那种尖锐对立使我意识到：第一，为了真正阐明马克思主义哲学的当代意义，不可能借助于某种泛泛的空论和纯粹外在的解说，它是与所谓“基础理论”密切联系在一起的。第二，这就要求使整个问题的探讨深入马克思主义哲学的唯物主义基础之中；换句话说，就是要深入哲学存在论的根基处，从而对马克思主义哲学革命的性质和意义作出切近的估价。第三，这样便会形成一个时代状况与理论研究的结合点，在这一结合点上，我们能够通过学术上的深化来阐释马克思主义哲学的当代意义。以哲学的方式揭示社会现实，就是要发现当代的社会现实，尤其是要切中当今中国的社会现实。

因此，我认为，回到社会现实本身，应当成为目前马克思主义哲学研究的主旨和基本口号。之所以如此郑重地提出这个问题，一方面是因为马克思主义哲学的主旨最本质地与社会现实的发现相联系——离开了这一点，就根本谈不上马克思主义哲学，谈不上历史唯物主义；另一方面则是因为现代性的意识形态总是这样那样地遮蔽或曲解社会的现实——使之重新遁入抽象观念的晦暗之中，从而为无批判的实证主义大开方便之门。

问

我们知道，当着重从哲学存在论基础上阐发马克思哲学当代性时，您是把黑格尔哲学作为头等重要的批判对象来看待的；而在“社会现实”这一主题的论述方面，似乎较多地强调了要发掘黑格尔和马克思在“发现社会现实”方面为我们留下的共同思想财富。您能否就此点作一些解释？

答

黑格尔哲学尽管占据了作为西方形而上学传统之集大成的地位，但这并不与它在“发现社会现实”方面的巨大贡献相矛盾。相反，若要从哲学上来谈论社会现实本身，必须首先涉及黑格尔。因为在一定意义上而言，正是黑格尔在现代形而上学的范围内，第一次把理解社会现实作为真正的哲学课题揭示出来。在黑格尔看来，哲学以真理为对象，而这就意味着，哲学的真正内容就是现实（Wirklichkeit）。基于这一根本立场，黑格尔对所谓主观思想或主观意识进行了尖锐的，有时甚至是苛刻的批判。在《20世纪的哲学基础》一文中，伽达默尔很敏锐地把对主观思想的批判同“人类社会现实”的首次发现联系起来，并且把继续克服主观思想的任务理解为20世纪哲学的基本主题——这一主题实出自黑格尔哲学的伟大遗产。

在黑格尔那里，对主观思想的批判同时也就是社会现实的发现，两者从根本上来说是内在一致的。只要主观思想依然占据统治地位，就不可能有社会现实的积极绽出，这个领域就将仍然完全被遮蔽。因此，为了使得现实本身能够显现出来，黑格尔倾其全力对所谓主观思想进行了批判，这些批判几乎构成其全部著作之正面观点的复调。黑格尔指出，主观思想或主观意识的观点在所谓“外部反思”的哲学中获得集中的表现。这种抽象的外部反思，从来不知道如何深入特定的内容之中，如何在此一深入中切中内容的真正客观性，而只是作为忽此忽彼的活动着的推理能力，仅仅知道把一般的抽象原则运用到任何内容之上。这种“外部反思”不仅从属于主观思想，而且只不过是诡辩论的现代形式，是浪漫主义思想及其虚弱本质的病态表现。

问

那么，如何在“社会现实”之发现这一主题上，来重新理解马克思对黑格尔哲学的批判和继承关系呢？

答

在我看来，马克思与黑格尔哲学的联系，无论是肯定性的联系还是否定性的联系，都是从这一根本之点起源的，都是围绕着社会现实的真正发现而开显出来的。正是通过对主观思想的全面批判，黑格尔把深入社会现实的要求当作一项根本的哲学任务揭示出来了。就此而言，马克思乃是黑格尔这一哲学遗产的真正继承人。也正是因为如此，在社会现实这个主题上，恢复并重建黑格尔与马克思思想之间的内在联系，就成为一项紧要的哲学任务。这项任务的主旨是：经由这一思想上的内在联系来阐明历史唯物主义奠基其上的决定性基础，从而由这一基础本身来说明，社会现实的积极呈现如何构成了历史唯物主义的真正枢轴和生命线。

我们知道，马克思的确猛烈抨击了黑格尔的思辨唯心主义以及在此基础上的理性与现实的和解，但这一批判本身乃是依照现实实存的概念来制定方向的。因此，马克思对黑格尔哲学的全部批判，并不在于后者要求把握作为内容的社会现实，而恰恰在于思辨唯心主义最终依然从根本上遮蔽了社会现实本身。这种遮蔽出自黑格尔哲学的根本性质，即绝对唯心主义必然要把经验神秘化，而它之所以把经验神秘化，是因为现实最终被完全等同于理性。两者的原则差别在于：在思辨唯心主义那里，社会现实只是在理念中，亦即在精神的自身运动中获得其颠倒的反映，并且最终被淹没在无人身的抽象的思想中；而对于历史唯物主义来说，社会现实乃是在人们的感性活动中生成和实现的全部物质关系。所以，在马克思那里，理解和把握社会现实就不仅仅是一个理论的任务，也是一个实践的任务。

问 除了在理论原则上阐明“发现社会现实”这一主题及其与阐发马克思哲学当代性之间的密切联系之外，您最后能否谈一谈，围绕这个主题可以展开哪些具体的研究工作？

答 所谓具体研究，我想不外乎对时代问题，特别是重大的时代问题作出积极的应答。很显然，要对时代的重大问题作出真正有效的和深刻的应答，绝不是一件容易的事情。但是，既然这一要求植根于马克思主义哲学的本质之中，那么，我们理应把对时代问题的应答看作一种使命，看作对当今马克思主义哲学研究的真正考验。

在我看来，首要的事情还在于：以哲学的方式揭示社会现实——尤其是切中当今中国的社会现实。这个基本之点对于我们今天的整个人文社会科学来说意义重大。倘若我们要实现历史唯物主义所筹划的“关于现实的人及其历史发展的科学”，那就需要我们的人文社会科学研究，能够把理解社会现实的本质性内容作为最根本的思想任务揭示出来，并依循这一任务而形成方法论上的自觉。

例如，所谓“中国学术话语体系的当代建构”问题，就不是一个表面的、纯粹形式的议题。它不能仅仅被理解为某种语文学或术语学的问题（虽然这样的问题也是存在的），而应当被理解为如何能够真正契合、切近和开启其中所蕴含着的“实体性”内容本身的问题。所谓的“实体性”内容，大致说来，指的是当今的“中国问题”和“中国经验”，即在当代中国的历史性实践中所形成的问题和经验。不仅如此，由于这样的问题和经验总是深深地植根于特定的“社会现实”中并依此定向而被构成，所以，关于中国学术话语体系之当代建构的全部探讨最终都不能不归结为“社会现实”这个主题，即归结为“这样的现实是被揭示出来还是被掩盖起来？”的问题。由此便形成一个基本的尺度，依循这一尺度方始能对学术话语进行必要的权衡，并对其体系之建构予以实质性的定向。

对我来说，真正深入于“社会现实”这一主题虽然看起来还较为遥远，但它是如此庞大、深邃和引人入胜，仿佛一艘航船经历了漫长的旅程之后，可以眺望到愈益临近的新大陆一样。当黑格尔对主观思想（特别是“外部反思”）的批判再度巩固起哲学的“客观性告诫”时，当马克思以及20世纪的一批哲学家们继承着这一遗产并力图克服黑格尔的思辨形而上学时，他们为我们所开拓出来的正是一条通达“社会现实”的道路。这是哲学所能给予当代思想的启示中最有意义的财富了。作为实存与本质的统一，“现实”并不是在知觉中直接展示给我们的，它在展开过程中表现为一种必然性的东西。主观思想及其“外部反思”总是错失、误解并分离、隔绝于现实本身，而真正的“思”或“思”的真正任务恰恰就在于揭示并切中当今的社会现实。如果说，哲学的探索最终能够把我们引导到“社会现实”的决定性发现上去，那么，对于“思”来说，还有什么比这更好的报偿呢？这报偿将是许多未曾谋面的新问题，而且可以肯定的是，还有许多老问题会在“社会现实”的境域中重新前来同我们照面。

（原载《哲学动态》2011年第1期）

给我一个支点：第一哲学转向

——访赵汀阳

学者简介

赵汀阳，1961年生，广东汕头人。1988年毕业于中国社会科学院研究生院。时任中国社会科学院哲学研究所研究员、长城学者、欧洲国际跨文化研究所研究员。曾任哈佛燕京访问学者和哈佛东亚系客座教授、北京大学和清华大学等高校客座研究员。主要研究存在论、政治哲学和伦理学。个人专著10多部，主要包括《论可能生活》《天下体系》《坏世界研究》《每个人的政治》《第一哲学的支点》等；合著有*Du Ciel Ala Terre*（与Regis Debray合著，法国）。发表论文近百篇，主要包括：《共在存在论：人际与心际》、《作为创世论的存在论》、《时间的分叉》(《哲学研究》)、“Rethinking Empire from a Chinese Concept All-under-heaven”（*Social Identities*）、“A Political Philosophy of World”、“Ontology of Existence：from Cogito to Facio”（*Diogenes*）等。

问

您之前研究伦理学（如《论可能生活》）和政治哲学（如《天下体系》），《坏世界研究》的副标题即是"作为第一哲学的政治哲学"。现在您的研究呈现出转向形而上学的趋势，如《第一哲学的支点》的主旨便是讨论形而上学问题，当然其中仍不乏对伦理学和政治哲学问题的讨论。请问在您的观念里，"第一哲学"究竟是指什么，包括哪些方面？您在《第一哲学的支点》"导言"中提到"现代所理解的第一哲学有着更强劲的'第一性'"，即"检查并论证什么样的哲学道路才是最好的道路"，这是您现在对"第一哲学"的理解吗？

答

"第一哲学"是西方哲学的一个传统说法，其所指却是人类思想都会遭遇到的思想"奠基"问题，只是各处的说法不同而已，比如说，大概相当于中国思想所求的万事之"本"或者"大道"。"第一哲学"的问题就是思想出发点的问题。思想可以选择不同的出发点，这意味着思想有着多种可行之道，每种道路都有各自的道理以及各自的境遇，路径不同，风景不同，难处也不同。在"第一哲学"的出发点上进行选择，只是试图发现一条能够通向更多可能性的道路，或者说，一个能够更充分通达所有哲学问题的出发点。尽管人们试图发现能够覆盖所有哲学问题的出发点，但事实上难以做到，或许本来就没有最好的出发点，只有蕴含着更丰富可通达性的出发点。

"第一哲学"的选择有过多种变化。亚里士多德式的"第一哲学"是关于万物根据的经典形而上学，视野最为宏大，等价于"神"的视野。但这种视野无法被证明，只是纯粹概念上的推想，与其说是对"存在"的理解，还不如说是概念的自我理解。黑格尔哲学就典型地表现了这种概念的自我解释方式。概念的自我解释是一种自相关（self-reference），这意味着它只是一种自我循环，而没有能力解释概念之外的问题，因此，有关"存在"的真实问题始终尚未被触及。笛卡尔开始的现代形而上学以知识论视野为"第一哲学"，之所以"更强劲"，就在于"我思"是个可确证的出发点，并且，“我思”具有强大视野，几乎所有的知识问题都在“我思”的视野范围内。但“我思”也有力所不及的地方，“我思”所能够确实解释的事情局限于现在完成时的存在，而对作为未来的存在无话可说，于是，“我思”的问题幅度小于“存在”的问题幅度。这是我重新思考“第一哲学”的理由，也是把“第一哲学”重新落实在存在论上的理由，但不是回归古典的形而上学，而是由“观者”提出的“我思”（cogito）问题走向由“作者”提出的“我行”（facio）问题。人是生活的作者，也就是历史的作者和未来的作者。

还有一些其他类型的“第一哲学”，例如列维纳斯把伦理学看作“第一哲学”，因为生命是最重要的存在问题，顾及自己的生命不成问题，而顾及他人的生命则是大问题；列奥·施特劳斯提出政治哲学是“第一哲学”，但把政治哲学做成“第一哲学”的真正推手应该是霍布斯、马克思和罗尔斯。这两种“第一哲学”的选择根据不是问题的覆盖面，而是问题的尖锐度。显然，伦理学和政治哲学只能覆盖一部分哲学问题，然而伦理学和政治哲学的问题足够尖锐，而且迫切。

问

您何以在伦理学和政治哲学研究后转向形而上学？当您设定一个初始状态，由此推出演化状态时，您是否认为存在论优先于伦理学和政治哲学？

答

哲学的各种问题之间不存在何者更优的比较，无论缺少哪种问题都等于失去了对生活的部分思考。您所看到的“转向”只是跟随道路分叉而转向。就理论的逻辑而言，哲学的各种问题终究汇集到形而上学问题上去，因为，无论什么样的哲学，都自觉地或不自觉地承诺了某种形而上学作为基本假设，特别是存在论，它是一种再无退路的解释，因此适合成为最终解释。假如伦理学或政治哲学的断言不能获得存在论的解释，就缺乏落地根据，就仅仅是作为主观意见（doxa）的意识形态，无论它是神学意识形态还是政治意识形态，都只是未经证明的信念。哲学无法相信任何一种意识形态。

我思考的一个问题是：假如休谟所言为真，在任何情况下，实然都推不出应然（to be推不出ought to be），那么，哲学基本上就可以休矣。因为那样的话，to be就不再指向任何需要思考的问题了。显然，纯粹的to be只能推出它的重言式，还是to be，也就是说，事物是这样的，只能推出"事物是这样的"，无它，因此to be不成其为问题。进一步，失去了存在论理由的ought to be也就构不成值得争辩的问题，因为，不以to be为根据的ought to be仅仅是主观偏好的约定，任何一种价值选择都有等价的理由，无可争论，问题因此消失了。所以，我试图在人的存在方式这样一种约束条件下去寻找存在蕴含价值的秘密，这样的话，所有哲学问题就确实是值得思考的问题了。

休谟问题是釜底抽薪，因此休谟问题也是先前许多哲学家的困惑。康德的伦理学从根本上说也是想解决这个问题，以免道德沦落为欲望。康德试图在自由意志中找到道德的普遍基础，从而使道德摆脱对to be的普遍性的依赖。康德的努力是个创举，它使伦理学获得了深度，但没有能够解释生存和历史性，因此终究没有能够解释人类的存在问题。维特根斯坦也思考过这个问题，他的解决方式是承认伦理问题大多数属于处理生活事务的规则问题，同时对那些根本性的道德问题采取一种神学的恭敬态度，恰如孔子畏天命而不言。这使伦理学获得了更深的深度，但同样不能解释人的存在问题。简单地说，无论是康德还是维特根斯坦，他们的哲学如此深刻，却没有解释存在有何意义，或者何种存在方式能够落实存在的意图。这也许是因为西方现代哲学只把"思"（mind）的问题留在哲学里，而把"心"（heart）的问题和存在的问题都慷慨地留给了神学或信仰，因此，存在论问题始终不能超越神学态度。我的努力是，让存在论自己回答存在论的问题，或者说，让存在论仅仅在存在论之中去回答存在论的问题。

问

您提出哲学发展三段论，从笛卡尔的“我思”（cogito），到海德格尔的“我忧”（curo），到赵汀阳的“我行”（facio），这是否意味着世界哲学将发生一场回到中国传统的革命呢？

答

从“我思”、“我忧”到“我行”，只是一条问题线索而已。哲学有许多问题线索，这取决于不同的思考方向，在哲学自由思考的广阔土地上，有许多可能之路、许多可能的线索。而“我思、我忧到我行”这样一个线索就是为了寻找一个解释人的存在论问题的出发点。

我试图论证的是，除非人的存在论同时是一种创世论，否则无法解释人的存在的历史性和存在的意图。而如果人的存在论同时是一种创世论，也就解释了人的存在是如何生成价值问题的，也就是说，在人的存在方式这样特殊的约束条件下去解释to be如何生成ought to be的问题。这虽然不能完全解决休谟问题，但也是一个有条件的解决。假如说神的创世论解释了物质世界（当然，哲学并不真的需要这个假设，也可以把神的假设替换为自然存在），那么，人的创世论要解释的是历史性存在的存在意图。对于人来说，创世就是创造历史。这意味着，人是作为生活作者（maker）而存在的，于是，人的存在意图超出了to be的重言式，有意义，有生活，有历史。也就是说，人的存在并非仅仅“在之”（to be is more than to be as it is），而是“在而为”（to be is to do）。因此，“第一哲学”的出发点就是“我行故我在”（facio ergo sum），这个出发点对于存在意图的解释力强过“我思故我在”（cogito ergo sum），因为存在是做出来的，而不是想出来的。人的存在的核心问题是未来之未来性，未来是存在不可知的另一半，因此，未来只能是一个创作对象，在这个意义上，“我行”必定同时是对生活的“创作”（creo）。

使用facio这个拉丁词汇的一个考虑是向笛卡尔的cogito致敬，也向维柯的factum致敬，他们的工作引导我去思考存在论问题；另一个考虑是，facio几乎是古汉语“行”的完美对应词汇。facio同时含有to do和to make的意思，既表达了行为的主动性，也表达了行为的创作性。我曾经与法国学者谈到选择facio而没有选择另一个表达行为的拉丁词ago的理由，因为ago仅仅表达了to act，却没有表达出to make，因此不足以表达“行”。

以“我行”作为存在论出发点，其中的中国思想背景资源是一目了然的。几乎所有中国古代思想家都是以“行”的问题去展开思考的，但他们大多从伦理学或政治学的角度去思考行为。如果说到中国古代思想中最接近以存在论的角度去思考“行”的努力，我愿意举出《易经》和《道德经》。能够以当代哲学的方式去重新思考古人早就注目的“行”的问题，这是一件愉悦的工作。没有想过是不是“革命”，也不必是“革命”。继古思以新思，不亦乐乎。

问　正如您所说“‘我行’是对生活的‘创作’”，而生活是直接关涉到“人”的世界的问题。就此而言，您所谓“人”的四个世界（物的世界T、语言的世界L、所思的世界C、事的世界F）之间是什么关系呢？是同一世界的不同面向，还是我们不同视角所构造的视域？

答　其实就是为了看清楚问题的一种划分而已，所谓“面向”或“视角”，是同一件事情。

问　我们理解您的中心思想，是所谓存在论换位，即由“是”（to be）换位为“做”（to do），由“物的世界”换位为“事的世界”，由“事物存在论”换位为“事情存在论”。那么，这种存在论换位意味着什么？

答　存在论换位试图把在一个世界中无法解释的问题转换到另一个世界中去解释，也可以说是把在一个维度中无法理解的事情转换到另一个维度中去理解。存在论换位可以类比为场面的切换，这种切换基于这样的可能性：一个问题的谜底有时候并不在这个问题所在的领域中，而很可能落在别处，就像海盗不会把财宝和钥匙藏在同一个地方。我这个意识来自许多故事的触动。有一个用来描写唯心论的故事说：一个人丢了钥匙，始终在路灯下寻找，旁人问他为何如此执着，他回答，钥匙或许会落在别处，可问题是，路灯下是唯一能够寻找的地方。这是一个貌似符合理性的行为，却缺乏想象力。我们必须意识到，理性所能解决的问题是有限的。假如不许增加条件，没有手电筒之类，那么也许不妨想想：为什么非要找到钥匙？如果解决不了问题，为什么不能干脆改变问题？比如说，为什么不能破门而入？这样，钥匙就不再是个问题。真实故事也不少，如果没有记错的话，当年有个数学家无法以数论的方式解决费马问题，结果通过椭圆几何方程解决了费马问题。请不要忽视别的领域，那里也许就有苦求不得的答案。

就存在论问题而言，一切事情都发生在“物的世界”里，但是，“物的世界”还包含着一个无法还原为“物的世界”（the world of things）的“事的世界”（the world of facts），那是一个由“行”去生成的世界、一个永远半在未来中的世界、一个无法预先定义的世界。“事的世界”的未来由可能性所构成，也就是说，未来超越了必然性，因此，“事的世界”是一个以可能性作为问题的世界，而不是一个以必然性作为原则的世界。“事的世界”的存在论问题无法表达为“如其所是”（to be as it is）的格式，而只能表达为“将如所为”（to be as it will be made）。存在论问题改变了，用来叙述存在的语言也必须改变，to be只能在to do中被解释，我们无法继续说“事物是什么”，只能说“事情做成什么”。存在论转换导致了两个基本变化：

其一，在“事的世界”里，知识论的主体（cogito）退场了，而出场的是作者，即创世论的主体。当然，退场并非不存在，知识论的主体仍然在“物的世界”那里，继续冷眼研究那个“物的世界”。“事的世界”的未来性是导致存在论事变的关键，由不确定可能性构成的未来逃离了必然性的控制，试图用理性描述一切现象的主体遇到了知识的局限，它对未来无以断言，世界由“总是如此”的状态（to be）切换到“将被建构”的状态（to be made），存在论问题也就由to be变成to do，从知识主体的眼里移交到作者手里。作者必须使用想象力对付那个存在于不断创作中的“事的世界”、那个具有历史性和未来性的世界。但是，作者没有忘记“物的世界”，相反，作者永远尊重作为自然造化的“物的世界”，因为万物（things）是万事（facts）的存在前提。然而“物的世界”对于生活的作者来说，却不再是存在论的问题，而是给定的存在论条件，是需要致敬的超越存在（the transcendent）。致敬是一种存在论态度，是对一切超越存在的应有态度。这是孔子“畏天命”的敬畏态度，也是维特根斯坦对不可说的超越存在的“敬意”。

其二，在“事”的存在论问题上，康德式的伦理主体也退场了。康德式的主体是一个以理性之名代表了一切人的个人，不仅为世界立法，也为生活立法。这是现代性的极致想象。可是，无论宣告了什么样的绝对律令，都不可能命令世界发生变化。正如宾默尔（K. Binmore）指出的：康德过于天真，以至于逻辑错误地把“我”当成了“人人”；可问题是，“我”既不是“人人”，也推论不出“人人”。康德的伦理主体是个光辉榜样，可是每个人还是被抛于世界之中。海德格尔清楚地看到了被抛的状态，而把哲学带回到被长期遗忘了的真实存在。意向性只能说明意向性的虚拟世界，却无法说明身在其中的那个真实世界，就像照片不能代替真实，无论什么样的意向性都无法拯救沉沦在世界中的身体。海德格尔意识到了“身”的基本在世状态、一种堪忧状态，因此发现了“我心忧之”（curo）的问题。但是，“事的世界”还进一步提出了更基本的存在论问题——这便是我试图说明的问题，即“作者”的创作问题（facio-creo）。康德式的主体是个普遍之思（mind），无数人即一人，这个主体只能解释如何看世界的理由，却无法解释如何生活的事由。因为决定“事的世界”的事主是无法还原为单数的复数，是各异之心（hearts），于是万事必定遭遇他人之心（是the other hearts，不是the other mind）；而因为所为之事（factum）必定事关他人，也就是说，做事（to do）的问题语法一旦展开，必定形成对人做事（to do to the others）的问题。假如把康德式的普遍主体用于生活，这个主体就变成了独裁者。在此，康德把知识论的理性主体转化为伦理学的意志主体的努力是不成功的。人不可能为生活立法，而我更愿意说，生活为人立法。生活的主体是关系，由此可以体会到孔子的深意：人的本质不是单个的人，而是复数的人。生活的最简化格局是二人，所以“仁”是每个人皆得以安然存在的存在论状态。这里需要略加补充，孔子忽略了生活的另一个最简化格局：三人。二人格局和三人格局都是不可还原而并列的基本存在论格局，二人格局不包含权力，因此是道德生活的基础；三人格局蕴含着权力和权利问题，因此是政治生活的基础。

问

当您提出“我行故我在”、“存在是创造”、“存在论是创世论”、“我创世故我在”（creo ergo sum）时，这些命题与费希特的基于“本原行动”（Tathandhung）的“自我同一”有什么区别？许多哲学家赋予“行”以优先位置，如王阳明、马克思、杜威等，那么，您的原创性体现于何处？

答

哲学可以有许多来源，正如河流众多，虽然都是河流，但一路风景各异。我只在哲学史中读到过费希特和杜威，没有完整地研读过他们的专著，大概只看过数段或数章，因此没有资格对他们进行评论。至于马克思，虽然读过他的几本专著，但也不是专家。我的启示来源在《第一哲学的支点》中已经清楚显现，包括《易经》、孔子、老子等；要致敬的来源还有维柯、维特根斯坦、海德格尔、列维纳斯等，同样需要致敬的对话式影响就更多了，如笛卡尔、休谟、康德、胡塞尔等。您问到“原创性”，这个词汇的流行用法让我产生拒绝感。人是作者不假，但少有“原创”。我所做的工作只是沿着前人开拓的道路继续劳动而已。我不太经常复述前人思想，却是借助前人留下的精神食粮去继续劳作，并以此向前人致敬。

如果允许我妄评几句费希特和马克思，那么我的认识在于：从哲学史的阅读中，费希特那种饱含意志力的精神以及德意志的使命感令人肃然起敬，但包括费希特在内的德国古典哲学的绝对主体性试图使精神凌驾于世界、历史和生活之上，此种神学气质的想象距离我所要讨论的问题非常遥远，而且我认为那是一种过于自负而且不真实的主体性。人只是天地之间的生活作者，人生活在天地之间的可能性之内，人之所为必须向天地致敬，所以我认为，人不是万物的尺度，而万物是人的尺度。那种以自身为准的绝对主体是一种现代性的神学，它解释了精神自身，而无法解释世界、历史和生活。坦率地说，存在论并不需要绝对精神这样的假设，更何况这个假设只能对自身进行自相关的解说而不可能得到证明。

至于马克思，他所开创的社会批判意义重大，至今仍然是欧美各国激进思想家的共同底本。马克思所重视的“实践”与儒家重视的“行”有某些略同之处，但不同之处更多。儒家看重之“行”或与康德的“实践”概念有着更多共同关注，突出的都是道德行为。马克思的“实践”突出的是物质生产活动以及阶级斗争，基本上局限于经济行为以及由经济行为所决定的政治行为，不足以全面说明生活和历史，甚至也不能完全解释政治行为。人类的政治行为并不完全是为了利益分配和生产关系，权力与权利的问题有着更复杂的动机和意义。其实，即使是马克思最重视的经济行为，他的实践概念也不足以成为充分的基础，现代经济学所研究的许多问题都在马克思的概念之外。可以说，马克思的实践概念所能够实实在在解释的生活范围是有限的。有些教科书把马克思的实践概念说成是无所不包的，这是过度诠释，不是实事求是的解读。

我所使用的“行”是一个字典式的概念，或者说是一个人类学的概念，即一个全面的做事概念（making facts），并不偏重于诠释行为的某些类型，而是强调人类行为的创作性质，即古代汉语“作”的概念。创作性绝非艺术的特性，其实，艺术最突出的特点并不是创作性，而在于感受形式的强度、深度和容量，艺术把感受形式强化到能够把深不可见的事情变成直接可见的。然而，具有更高创作难度的人类创作是制度、规则、思想、技术、工艺等生活形式的发明，比如农业、居所、车轮、水车、铁路、电力、衣服、医药、货币、互联网等的发明，还有家庭、爱情、友谊和社会的发明，以至国家、法律、政治的发明。这些事物的发明定义了人类生活。相比之下，艺术、小说、诗歌、学术等作品，因为比较纯粹而更容易被注目；而车轮、雨伞、剪子、镜子之类的物品，只不过是被人们“日用而不知”而已。

问

所谓初始状态是否共在？因为您说“共在先于存在”，而“共在”的初始状态又是“前道德”或“前政治”的。您的“共在”与亚里士多德的“政治”、马克思的“社会”应该不是一个思路，但与霍布斯、洛克、卢梭的“自然状态”及罗尔斯的“原初状态”有“家族类似”，那么，能否或者如何证明您的思路更胜一筹？

答

人类的真实初始状态不得而知，关于初始状态的讨论都是某种想象的实验状态，但有一个共同要求，那就是：所设想的初始状态必须包含足够的社会基因，以至于在逻辑上能够演化出真实的社会。各种想象各有所长，我的想象大概是一个综合版本，基本原则是《易经》的“生生”和“富有”（使存在丰富地去存在）观念，而底本是荀子和霍布斯的初始状态，再加上艾克斯罗德的演化博弈论，大概获得了一个条件比较合理的初始状态。具体设想在这里就不多说了，《第一哲学的支点》中已有详细分析。

不过，初始状态的设计原则更值得一说：其一，一个有足够解释力的初始状态必须包含社会有可能出现的最坏可能性，否则不足以覆盖所有可能出现的社会问题。这个因素来自霍布斯的“人人对人人的战争”假设。按照这个原则，罗尔斯的“无知之幕”之类的附加条件就不成立，因为它遮蔽了许多可能出现的残酷博弈。这也能够说明为什么罗尔斯的初始状态是脆弱的，它无法对付“无知之幕”消失之后的背信弃义或者激烈博弈。其二，一个蕴含足够可能性的初始状态也不能堵死通向最好可能性之路，否则就不可能出现向善的演化。由“真实生活中存在着向善行为”去反推，可以肯定初始状态必定包含和平共在的基因。这个因素来自荀子的贡献，荀子论证了生活始于合群共在，后来由于利益分配不公才导致冲突。正因为初始状态包含着共在关系，这个基因才一直保留在人类生活中。格雷伯在《债：第一个5000年》中以历史人类学的证据说明：最接近真实的初始状态是一个分享型的共产主义状态，人们分享所需物品而不欠债，只欠情。但这种共产主义是以“无债务状态”来定义的社会，本质上不同于公有制度，而近乎《礼记》所想象的大同社会。分享不等于公有，分享是“我愿意与您分享”，而公有是“我不愿意时也被公有”。

我为以上设想的“包含了最坏可能性和最好可能性因素”的初始状态给出了一个存在论的论证，基本思路是：共在意味着生存可能性的最大化，冲突意味着生存可能性的最小化。在极端的意义上说，这是生死选择。那么，根据风险规避的理性原则，一个能够长期存在的社会必定以“共在”作为第一原则，所以说，共在先于存在。

问 您主张“存在的高贵化”的时候，您是否认为自己的哲学属于贵族的哲学，或者您在倡导一种精神贵族的生活方式？您曾说，在知识分子和农民之间，您倾向于农民。这与您的哲学有无精神气质上的关联？

答

高贵与贵族毫无关系。贵族是个历史概念，是历史上曾经存在的一种社会制度以及生活方式。在这里，高贵是个哲学概念，与阶级无关，只与“人与自己的关系”相关。高贵是人赋予自己的一种精神状态，或者一种自足的存在状态，略接近于自尊的概念，但又与人的尊严的概念稍有细微不同。这是一个值得分析的事情。如果一个人没有自尊，就不可能有人的尊严，也就是说，人的尊严不是靠别人给的，而是由自尊建构的。有了自尊就近乎高贵了。自尊主要与两件事情有关：一是孟子所谓的“浩然之气”。浩然之气可以有多种解读，在我看来，其基本的含义就是不把自己当成可以交易的物品。二是康德所说的“自律”(autonomy)，就是能够以普遍理性为自己立法的自觉性。我看这就足够高贵了。至于农民的概念，我确实怀有敬意。万事农为本，如果没有农民，人们又如何能够生存？农民对于人类生活，犹如存在论之于哲学，焉敢不敬乎？

问

一直有人认为您属于新左派，几乎无人将您划入自由主义行列。现在则感觉您转向保守主义，您自己怎样给自己定位？

答

“主义”是某种立场或教义的自我肯定方式，是一种拒绝质疑的自我肯定，在精神气质上接近于宗教的教派态度，而这种教派态度在我看来对思想没有什么帮助。哲学与宗教的分野在早期基督教那里就已经被澄清了。按照希腊哲学的理性标准，基督教的教义就很难自圆其说，因此，基督教为了避免希腊哲学的怀疑论，就必须与理性思想分道扬镳，哲学说哲学的，宗教说宗教的。德尔图良干脆利落地指出：雅典与耶路撒冷有什么关系？柏拉图学园与教会有什么关系？既然我们已经有了信仰，就不再需要别的观念了！我想，事情已经足够清楚了，让思想的归思想，让主义的归主义。另外，我也不敢肯定自己能准确了解这些流行标签的意思，这些“主义”是从西方进口的，但与西方原本的用法似乎有比较大的出入。

我一直试图做到“无立场”地思考，尽管未必总能做到，但应该在多数时候做到了。关于“无立场”的概念，已经解说过太多次了。“无立场”仅仅是指思想时无立场，而生活当然是有立场的。关键在于，“无立场”的思想方式拒绝把生活的立场带入思想中去充当裁判。生活的归生活，思想的归思想。另外，“无立场”也不是反对任何立场；相反，“无立场”意味着不反对任何一种立场在特定语境和条件下的合理性，但不承认任何立场具有超语境、无条件的普遍有效性，也就是说，“无立场”就是反对任何观点拥有特权。如果从哲学的角度去说，“无立场”就是以存在论的态度代替价值论的态度，只以存在的角度去分析问题，不从价值的角度去判断事物，也就是在存在论的层面上去理解价值的事实。

我倾向于认为，“无立场”的原始版本是老子的“天地不仁”原则。借得天地之“不仁”视野，方得知“仁”之所以为“仁”。与曾经的误读不同，应该说老子并不反对仁义，而是反对仁义的话语，他只是分析了在失去仁义之“实”之后，仁义之“名”是如何兴起的。老子的意图是，以天地之“道”去理解人道。如果以个人为准去理解“人”的概念，或者以某种群体为准去定义“人”，这种“人”并非普遍视角，无非“私”矣，何以知人？

问

您的“无立场”非常著名，但也受人质疑。譬如，我们读了您和格瓦拉战友德布雷之间“关于革命问题的通信”（《两面之词》），很感兴趣。你们二人分别来自西方和东方的两大革命“圣地”（法国大革命和中国大革命），相差21岁，一个是革命的当事人，一个是革命的旁观者，这样一次对话自然引人入胜。但是，你们难道不是“有立场”吗？我们甚至认为你们的“两面之词”归根结底只是“一面之词”，就是沿着李泽厚“告别革命”的思路走下来了，即在“后革命”的时代消解革命的意义。我们感觉您转向保守主义，这也是一个例证：表现之一是政治保守主义（维护秩序），表现之二是文化保守主义（维护传统）。如果此两点所言不虚，那么应该如何在存在论的态度与价值论的态度之间划界？生活有立场，思想无立场，是说我们在思想时应当力求“价值中立”吗？这又如何与存在论的态度挂钩呢？简言之，何以思想采取存在论的态度，生活采取价值论的态度？譬如“革命”，虽然它是进行意识形态动员的结果，但也是民众生存危机的反映。“革命”虽然没有达到它的全部目标，并且付出了相当高的代价，但最终还是取得了一定的成就。就此而言，倘若我们认为“改良比革命好”（按照您的“共在”预设，我们相信您也会采取这一“立场”，因为“改良”仿佛“无人被排挤”，而“革命”则势必“排挤人”），是否有一点“事后诸葛亮”呢？另外，改良即使在理论上最优，但当在实际中为统治阶级（上层）所拒绝时，被统治阶级（中层和下层）进行革命，不也是一种次优的选择吗？

答

《两面之词》完全不同于《第一哲学的支点》，相当于以文本呈现的纪录片，没有事先设计，只有入手题目是事先约定的，具体的谈论随着话题的变化而变化。《两面之词》包含学术讨论，但超出学术讨论，是关于精神和生活的对话，显然部分地涉及和表达了生活观点。

德布雷早年是激进左派，与格瓦拉一道干革命。革命的失败使他认识到：是技术革命而不是政治革命才能更深刻地改变社会生活，革命终究难以撼动传统，激情过后，传统总是回归，而技术决定的新生活才是真正的改变。这种转变大概相当于从马克思转向了布罗代尔。但我不觉得德布雷变得保守，只是放弃了革命浪漫主义。保守意味着“守成”，列奥·施特劳斯的这个定义清楚明了。既然我把问题焦点落在“存在的未来性和创作性”之上，就注定不可能是保守的了。如果一定要给个说法，那就是一种“动态中庸”的态度。

但“中庸”的概念需要明确：中庸不是事情的中间点，不是取中之法，而是适度。适度未必是中间点，在给定区间之内的任何一点都有可能是适度的。假定在1到10的区间内，1和10都是极端，是临界点，而2到9都有可能是适度的选择，这取决于需要解决的问题和条件。因此，我把“中庸点”理解为一个因事情变化而变化的动态适度点，或者说，中庸是形势的函数。从兵法、中医到围棋，都能典型地说明中庸是个动态点。比如说，从“不战而胜”到“十倍于敌而围歼”的多种策略，都是孙子的动态点，如此等等。中庸的关键还不在于事情需要适度（这是众所周知的），而在于找到那个适度点的方法。有趣的是，中庸虽是儒家理念，但寻找中庸点的方法论却是道家和兵家的贡献，其中包括老子的“水的方法论”和孙子的“知己知彼”（应该是最早博弈论的“共同知识”概念）。您觉得这是保守吗？至于说“无立场”接近一种存在论态度，理由是：一种存在是否处于合适的存在状态中，要由存在自己去说明，而不是由某种价值观去规定，或者说，不以伦理学或信仰去判断存在。

您提到秩序和传统。我也愿意从存在论的角度去理解。一个文化存在的秩序远远不仅是井井有条、遵纪守法的社会状态，而是具有精神性的生命活力结构，是心灵保持着统一性的秩序，是行为的创作性方法论；而那种始终存活的精神秩序同时就是传统。这意味着，秩序和传统都存在于不断的建构和创作中。简单地说，活的存在才是存在，精神自觉的秩序才是秩序。这与沃格林所理解的“存在秩序”意思大致相近。传统并不存在于遗物中，而存在于遗产中。遗物就是仅仅存在于博物馆、图书馆、景点那里而被偶尔怀念的对象，而遗产则始终在场，仍然是当下生活的精神依据或思想方法论。例如一直在使用中的语言、观念和方法，无论它们多么古老，却始终具有当代性，或者按照本雅明的说法，是能够代代相传的“可分享经验”。维护传统未必是保守的，关键要看是复制还是演化。只有让传统活在不断的建构和创作中，才能够激活传统，否则就只是纪念性摆设或表演。让传统活在创作中，意味着古老观念总是以当代方式去生长，总会形成与原版不同的面貌而保留着某些基因。我以当代方式去重新理解的“天下体系”，就与周朝的“天下”有比较大的差异。卡拉汉教授认为我借“天下”概念而想象了一种其实从未存在的世界制度；干春松教授则认为这其实是一种托古改制，我很愿意承认这一点，当然是改制，绝非复制。而且我也相信，正是基因变异才让传统能够活在当代的问题里。

问

至此，您的整体思想脉络基本清晰地呈现了出来。但是我们对您相关存在论分析的功能仍然心存疑虑，我们担心您想从存在论上得到政治哲学问题和伦理学问题的答案，这个路线可能有问题。当然，这是思想建构中的“技术”问题，不过我们觉得这个“技术”问题也挺关键的。

譬如您所谈及的“自我挫败与存在论上的回报”问题。把“X做a而导致别人做b，而b对X的存在不利”，看成是X的“自我挫败”，似乎假定了一个相当理想的状态，即：在该状态下，一个人无论做什么，如果他做的是对（不是不对）的，一定不会跟别人产生利益冲突。因为，“自我挫败”是一个人行为的必要条件，这意味着，除非一个人的行为a不是“自我挫败”的，否则他不应该做这件事。但这个判定要想有效，前提是一个人的行为总能，至少总是可能满足“不是自我挫败的”这个条件。

让我们假设利益冲突是导致另一个人对X所做的a产生一个对X的存在不利的反应（reaction）的原因，那么此时有两种情况：

第一种情况，X在做a之前预估到他要做的这个a，跟Y的利益是冲突的，那么他就不去做a。可以把这个原则叫作“别惹别人”。问题是，如果在存在论层面上谈这个原则，这个原则相当于

“别惹任何人”。这看起来是一个相当强的伦理原则，似乎导致某种无法行动。

第二种情况，X意识到他如果做a就会惹到某个Y。他进一步分析发现，是因为他现在和Y实际上是因为在算计某种排他性的利益，所以才会有“惹到”。于是，他转而寻求某种共享利益，即把Y拉进来跟他一起做事。问题是，第一，即使X给出了某种他能与Y共同行为并因此产生了共享利益的事务，对于Y来说，即使这确实对于他来说是共享利益，但是，这是否他想做的事？这里的要点是，除非我们做事就是为了利益，否则即使都是共享利益，这里似乎仍然有关于做哪件事的选择。第二，即使Y觉得由X设计出来的这个事他也想做，那么，由X和Y形成的这个小团体，“他们俩”所选择做的这个新事，是否一定是对任何一个第三方“无害的”？这里，显然，X和Y这个小团体会立刻遇到与之前X所遇到的类似的情况。于是，除非天下大同，否则X仍然无法行动。

这个“除非大同”的条件，也可以从另一个角度来得到。我们回到X自己的分析过程。如果X能够想到，世界上不仅只有Y一个人，而是，有Y1，Y2，Y3等这些人同时存在，那么，他所设想的一个“不惹到别人”的创世方案，就必须同时不惹到Y1，Y2，Y3等所有这些人。而除非Y1，Y2，Y3等这些人各自的利益诉求也全都转化为某种共享利益，否则似乎无法保证它们之间没有冲突。这样一来，似乎仍然要求某种大同状态。

于是，如果把“自我挫败”看成是某种必要条件并由此给出某种伦理原则，似乎反而会导致某种无法行动的情况。更具体地说，它会导致任何一个行动者得出这样的结论：除非天下大同，否则“我”不应该行动，因为无法保证它不是“自我挫败”的。而且，这里可能导致“自我挫败”的风险有两类：较弱的一类是，无法形成共享利益；更强的一类是，无法形成一个共同的事务。

反过来说，情况就变成是：对于任何一个行动者X来说，如果他接受（非）“自我挫败”这个原则，他一定会得到这样的结论:“除非世界上的所有人都有一个共享利益，并且都共处一个事务之中，否则我不应该行动（因为有自我挫败风险）。”——这能被理解为某种“新共产主义”吗?

答

您的分析十分有趣，有几个问题需要讨论。

首先，有条件地由存在论推出价值论，严格地说，并非以存在推出伦理。在《论可能生活》中，我特别区分了伦理与道德，这个区分仍然有必要。伦理是游戏规则，有可能是善的，也可能是不善的，约定的规则而已。但是，道德有所不同，道德是善，不是主观认为的善，而是存在之善，是存在之道之所得。道者，可行也；德者，得也，本意如此。也就是说，有某种存在之道，能够使存在得以善在。这是存在论，不是伦理学。这要提到《第一哲学的支点》里的一个存在论分析：存在本身的意图就是继续存在，永远存在（to be is to be for good），而要达成此意图，存在就必须善在（to be good so as to be for good）。既然存在即行为（to be is to do），行为总要涉及他人，就像列维纳斯说的：在存在论意义上说，“我”在那里就碍着别人的事情了。那么，只有共同善在，自己才得以善在。因此，存在之道是通过共在而实现的。这是存在之道在自身中显现的善在可能性。但是，存在之道仅仅显示自身，有待个人的自由选择，而不是规范，因此，存在之道并不蕴含伦理，而是蕴含道德。休谟使用ought to be，严格地说，这在理论上不够准确，但其问题意图是明白的。采用休谟的说法，只是沿袭传统而已。这个问题的更准确表达应该是：to be推出to be good是否可能？这才是我们要分析的问题。至于ought to be所表达的伦理，根本无须由to be推出，也不需要存在论的理由，只是约定俗成，众人之意就是理由。但是，道德就需要天地作证了，也就是需要存在论理由。

其次，自我挫败，或者说自食其果，就是违背存在之道的行为结果。正如前面说的，无人能够以存在之道去强迫他人的自由意志，仅仅摆明存在之道以供选择，就像不可能强迫别人接受真理一样，也不可能强迫他人接受善在之道。假如有人故意选择错误，那也没有办法，只能由存在之道以自食其果的方式去报复他的选择。苏格拉底断言：无人自愿犯错。他的意思是，假如一个人真的知道了什么对他是好的，就绝不会愚蠢到去选择错误。这个看法只有在人人都是完美理性人的条件下才得以成立。显然，事实不能保证如此。比如说，人人都知道战争最终绝无善果，但仍然有可能冒险一搏。按您的说法，假如战争就是某人“想做的事”，那么就只能听由存在之道去使之自食其果。总之，存在之道不可能统一人们的意见，只能显示于人。

再次，您有个担心是多余的，即人们由于不能预知共享利益之所在而导致不敢行动。人不能预知未来，也就不可能预知后果，行动皆为冒险，所以人是作者。不是人想要当生活的作者，而是人不得不成为生活的作者，这是被给予人并且人只能接受的命运。事实上，人类不存在不敢行动的问题，只有胆大妄为的问题。人类比神胆子还大：敢于违背理性和逻辑（这是神不敢的），敢于征服自然、违背自然、破坏自然（这是神不做的），敢于制造核武器和生物武器，敢于制造“比人聪明”的机器人，敢于用基因技术制造人，将来还不知道敢做什么更惊心动魄的事情。人类未来的最大问题恐怕不是政治问题，也不是伦理问题，而是存在问题，也就是“存在还是毁灭”（to be or not to be）的问题。存在先于共在，必定导致存在的灾难；共在先于存在，存在才成为可能。

最后，人的行动始终都具有试探性，在不断的互动中去发现什么是不幸的，同时也去发现什么是幸福的。一般来说，“认清什么是不幸的事情”更多地依靠理性的风险意识，而“发现什么是幸福的事情”则更多地需要创造性，也因此更充分地展现人之为生活的作者。共在的存在方式不是伦理规范，而是最大可能实现存在意图的存在方式，或者说是使幸福的可能生活变得“可遇”（accessible）的存在方式。事实上，如今人类生活所拥有的制度、规则、技术、法律、权利、道路、电力、供水、交通、通信、图书馆、博物馆、互联网等，都是通过共在方式发展出来的可分享或可共享的事物，而那些不可分享的或者不可共享的事情一部分留在了私人领域，一部分还在争论和博弈中。

问

您的文风近年有明显的转变，从“分析式的”转向更“法式的”，这其中您经历了怎样的思考，又得到了怎样的体会？是认为分析式的写作和这种新的写作应该“各管一块”，还是在两者之间作了选择？

答

我是个笨拙的作者，不敢说有“文风”，只求能够把问题说清楚，就这点有时也做不到。无论是哪种文风，都有特别适合它的问题，只要写得生气勃勃，每种文风都有令人佩服之处。当然，也有个别种类文风的文章即使写得好，我也不太能够同情，例如传媒体或感伤体。要说有什么比较刻意的个人写作倾向，大概就是尽量不用生僻语词，而尽量使用简练或简单的词汇。维特根斯坦的写作只用基本词汇量，我觉得有其道理。基本词汇在人们更多的共同使用中获得了比较明确的意义，而相比之下，那些文饰词汇的用法就比较个人化，经常更为感性，易引起不确定的联想。当我试图说清楚事情，就会倾向于使用基本词汇量；而如果问题比较感性，难以一言以蔽之，就只好使用一些比较感性的语言。但我真不敢称之为“法式”，法国人一定不会同意的。

[本刊特别约请首都师范大学哲学系程广云教授拟定本访谈的问题框架，陈嘉映教授、陆丁博士亦提出宝贵建议。对此，本刊表示诚挚感谢。]

（原载《哲学动态》2015年第1期）

学者近况

赵汀阳（1961— ），现任中国社会科学院学部委员、哲学研究所研究员，长城学者，博士生导师。享受国务院政府特殊津贴。国家“万人计划”哲学社会科学领军人才、文化名家暨“四个一批”人才。兼任中国人民大学哲学学院教授，欧洲跨文化研究院学术常委（Steering member of Transcultura Institut European），美国博古睿研究院资深研究员（Senior fellow of Berggruen Institute），哈佛燕京学社、哈佛大学东亚系“蒲塞杰出访问学者”（Pusey Distinguished Fellow，2013）。主要研究领域为形而上学、政治哲学、伦理学。代表性理论有天下体系、旋涡模式、共在存在论、Facio理论、预付人权。主要著作有：《论可能生活》（生活·读书·新知三联书店，1994）、《天下体系》（中国人民大学出版社，2011）、《坏世界研究》（中国人民大学出版社，2009）、《第一哲学的支点》（生活·读书·新知三联书店，2013）、《天下的当代性》（中信出版社，2016）、《惠此中国》（中信出版社，2016）、《四种分叉》（华东师范大学出版社，2017）。外文著作有：*Tianxia Tout Sous Un Meme Ciel*（法国Les editions du cerf出版社，2018），*Du Ciel Ala Terre*（与Regis Debray合著，法国les Arenes出版社，2014）。

人文化成与东学西传

——访王柯平

学者简介

王柯平，1955年生，陕西西安人。时任中国社会科学院哲学研究所研究员兼美学研究室主任，中华美学学会副会长。曾任牛津大学圣安妮学院访问研究员、悉尼大学哲学与历史学院访问教授、希腊奥林匹亚哲学与文化中心荣誉成员、国际普世对话学会副会长、北京第二外国语学院跨文化研究院院长、北京师范大学文艺学研究中心兼职研究员等。主要研究美学和古代哲学。出版中英文著作10余部，主要包括《〈法礼篇〉的道德诗学》、《〈理想国〉的诗学研究》、《跨文化美学初探》、《流变与会通》、《美之旅》、*Rediscovery of Sino-Hellenic Ideas*（《中希思想重估》）、*Reading the Dao: A Thematic Inquiry*（《老子道论主旨》）、*Chinese Way of Thinking*（《中国人的思维方式》）、*Spirit of Chinese Poetics*（《中国诗学精神》）、*Ethos of Chinese Culture*（《中国文化精神》）、*The Classic of the Dao: A New Investigation*（《老子思想新释》）等，其中*Ethos of Chinese Culture*被翻译为现代希腊文正式出版发行。另发表中英文论文80余篇，翻译理论著作约10部，主要有《美学理论》、《艺术的真谛》、《艺术哲学新论》、《艺术教育：批评的必要性》、《牛津西方哲学史》之首卷《古代哲学》等。

问

最近读到您的新作《〈法礼篇〉的道德诗学》和旧作《〈理想国〉的诗学研究》修订版，前者可以说是后者的续篇，都是讨论和阐释柏拉图思想及其问题的。旧作侧重讨论柏拉图的中期对话代表作《理想国》，新作侧重讨论柏拉图的后期对话代表作《法礼篇》。在您看来，柏拉图的诗学在目的论意义上是兼有政治工具论色彩的道德理想主义诗学，简称为道德诗学。特别引起我注意的是，您在新作“前言”中，将自己的研究对象归结到“轴心时期人文化成思想传统及其理想追求”这一领域。这些年来，主流的学术研究更多涉及的是“现代性与后现代性”等热门议题，您却反其道而行，回到历史之中，对轴心时期给予了如此大的关注，这是个人的学术兴趣使然吗？

答

兴趣是起因。缘由主要有两个：一是雅斯贝尔斯的轴心时期假设，其中涉及中国、希腊和印度三大文明的起源与历史的整体性；二是方东美的“哲学三慧论”，其中涉及希腊的“如实慧”、欧洲的“方便慧”和中国的“平等慧”。为此，我想更多地了解一些相关的历史人物及其思想脉络，想搞清古代思想家是如何探讨人生问题的，也想从中搜寻一些有益的思想资源。

后来，在阅读希腊与中国先秦思想家的著作过程中，有三点对我触动较大。其一，轴心时期的思想成果原创性高，他们对宇宙、人生的许多论述，的确让人惊奇惊叹，完全不能用庸俗的文化进化论观点去看待他们的智慧与灵思。因此，要想更好地理解后来的思想史，就需要从头做起，顺着源头向下梳理。其二，近现代出现的大批科技天才，大多是穷究现象界的事理和规律的，他们的许多发明使日常生活变得更加便捷，但也促使工具或实用理性日益盛行，导致科技时代的人欲不断膨胀，使人在算计中纠结或在纠结中算计，过着为生活所遮蔽的生活，几乎无暇深入探寻自己的内心世界、本来真知或人生真谛。相比之下，轴心时期的思想家大多是精神天才，他们对精神世界与人生意义的思索，为后世奠定了精神生活的重要基石。譬如，轴心时期的古希腊人，把理性视为神馈赠给人的礼物，借此来寻获真正的智慧，追求当下的超越，育养非凡的德行，实现城邦的福祉。同一时期的中国先民，把德行或修身视为人生追求的目的，在心存天下或天下为公的广阔视域下，审视兼爱、四端与良知，注重齐家、治国、平天下。为此，孔子提倡戒色、戒斗、戒得乃至“克己复礼为仁”，庄子主张逍遥、无己、悬解乃至“离形去知，同于大通”。当这些思想理念被他们用来观照自然时，他们更多看到的是大美不言的和谐整体而非实惠功利的能源产地；当这些思想理念被他们用来确立人与人的关系时，他们更为看重的是实现个人德行的共同体而非交换私利的个体。总之，轴心时期那些精神天才所探讨的有些问题，依然是现代人类所面临的问题；他们的相关言说，依然具有现代意义；他们流传至今的文本，在特定的问题语境中甚至可以常读常新。其三，人不仅是社会存在，也是历史存在。在这一点上，中国传统实用理性中的历史意识，比较容易让我认同雅斯贝尔斯提出的“三位一体式”的历史态度，那就是：我们生活的现在，不仅向过去开放，也向未来开放，因为过去、现在与未来三者是彼此关联的，都被统摄在时间的整体性之中。另外，人的“此在”与“真在”也离不开历史的整体性与时间的整体性。我们常讲“温故而知新”，反过来说，“知新须温故”。王羲之在《兰亭序》里也说过，“后之视今，亦犹今之视昔”。应当说，这并非是厚古薄今或厚今薄古的两分法，而是一种贯通古今与借鉴经验的历史意识，这种意识在我们的文化传统和思维方式中根深蒂固。

根据上述观点来审视轴心时期的文化艺术与教育思想传统，我发现其目的性追求主要汇聚在“人文化成”或“人文教化”的理想上。在古代中国，“人文化成”的理想主要是通过礼乐文化教育来移风易俗、教化民众、治理天下，也就是引导人们在“观乎人文”的过程中，了解和体察文采、文雅、文操和文明的言行举止与风俗习惯，以便培育德行、养成善行，确保社会与人生和谐有序。自古以来，注重人文化成的中国先秦诸子，从不同角度推崇和谐、自由与仁爱的人文精神。这在儒家思想里主要表现为

“中和为美”与“美善相乐”的境界，在道家思想里主要表现为“自然为美”与“清净超然”的境界，在古代艺术与审美意识里主要表现为美感形式中的生命精神，在人格品藻上主要表现为文质彬彬的“君子”与超然物外的“真人”。在古代希腊，“人文化成”的理想是通过“正确教育”来推行的，其核心内容关乎智慧、勇武、节制和正义等德行的修养与实践，其最终目的是为城邦造就贤明卓越的“哲人王”或“完善的公民”。在此教育的初级阶段，善心为本的诗乐教育与强身为用的体操训练占据重要位置，这一切在柏拉图那里得到了理论上的归纳和影响深远的传布。

总之，我以为，古典研究的学术意义类似一种知识考古学，可借助相关思想资源及其相关理路来审视人类文化历史发展的过去、现状以及未来的可能走向。这在现实意义上，有助于我们了解古代先贤的思维方式，有助于我们反思既往人文化成的历史遗教，有助于我们克服由于“只知今而不知昔”所形成的狭隘观念，同时也有助于我们在保持与历史联系的同时，利用古代文学、艺术和哲学来丰富现代人过于散文化或平面化的生活。通常，当我们在解读或重思古典文本的含义（meaning）与意义（significance）时，总是联系相关问题而展开，总离不开试图解决这些问题的动机。因此，我们的所作所为，不再是被动的，而是主动的；不再是过去的，而是当下的；不再是生活之外的，而是生活之内的。这一过程本身就是一种精神活动，一种作为行动的思想或作为思想的行动。

问 的确，古代人讲“文化”，不单是讲生活方式意义上的文化，更多是讲“人文化成”意义上的人格教化与道德修为，且具宏阔的天下情怀，把宇宙、人生联系起来相比照，由之讲“观乎天文，以察时变；观乎人文，以化成天下”。那么，在古希腊人文化成思想传统中，让您感受最为深刻的是什么？

答 令我感受深刻的东西不少。最为突出的是如何通过“正确的教育”来培养“人的德行”，使人成为“完善的公民”，从而懂得如何“适当地治人和治于人”。这不仅是构建理想城邦的社会基础，而且是人之为人的安身立命之处。我们知道，柏拉图是古希腊思想的集大成者，就他的相关论述来看，“正确的教育”绝非片面追求功利的教育，而是本质上寓教于乐、培养德行和造就完善公民的教育。

简单说来，寓教于乐主要是采用游戏、问答与诘难等方法，使受教育者形成爱智的习惯和求真的态度。这里所说的游戏，是融诗性与知性为一体的模仿型游戏；它兼有娱乐和教化作用，有助于养成某种习惯和掌握相关技能，关乎个体成为什么样的人或人格塑型的大事，因此具有人类学本体论的重要内涵。至于培养德行，主要是在注重身心健康的条件下培养智慧、勇武、节制、正义与健康等德行。在古希腊文化传统中，所谓人的德行或德行，意指卓越、超群或出类拔萃的素养和品行。基于这些非凡德而造就的“完善的公民”，是“美善兼备”和全面发展的人，也就是具有卓越德行的整全之人（whole beings with outstanding virtues）。他们懂得如何“适当地治人和治于人”，这意味着他们在担任治理城邦事务的公职时，或者在接受城邦执政者的社会治理时，知道如何行使公民应尽的义务或职责：不仅知道如何做事正确（how to do things right），而且知道如何做正确的事（how to do right things），因为每个公民的最高生活目的就是在实现城邦共同福祉的过程中成就自己的美好德行。这涉及公民作为个体的幸福感，这种幸福感主要来自个人生命之光在城邦这一公共空间里的卓异展现。这看起来确是一幅理想图景。在现实中，人的毛病很多，柏拉图对人性弱点有着深刻的认识，甚至对此持悲观态度，坦言人类的事务不值得认真对待。但是，他对于教育则持相对乐观的态度，认为“正确的教育”有助于消减人性的弱点，培养人类的德行，塑造完善的公民。

在柏拉图倡导的教育体系中，儿童时期的教育或蒙学阶段最为要紧，因为这是“染于苍则苍，染于黄则黄”的白板时期，关系到个人在理智成熟后能否学好数学、几何、天文、声学与哲学的问题。对这一时期的诗乐教育和体操训练的思考，构成柏拉图道德诗学的核心内容。概括说来，这种道德诗学可分为心灵诗学和身体诗学两翼。从目的论上讲，以诗乐教育为主要内容的心灵诗学，是以善心为本，旨在培养健康的心灵、敏锐的美感、理性的精神、智善合一的德行，以便参与管理城邦的政治生活。而以体操训练为主要内容的身体诗学，是以强身为用，旨在练就健美的身材、坚韧的意志、高超的武功、优秀的品质，以便适应保家卫国的军旅生活。柏拉图是想通过心灵诗学与身体诗学的互补性实践，来达到内外双修、文武全才的教育目的，造就身心和谐、美善兼备的“完善公民”。

但要看到，柏拉图根据至善的理念，将智慧、勇武、节制与正义等德行所构成的伦理基础理想化了，不仅认为它在一定意义上超越了规定性的法律体系，而且坚信通过正确教育会使这种伦理要素内化在公民的思想意识和行为举止之中。譬如，在《理想国》里，这种伦理至上的学说，显然超越了法律至上的希腊传统；但在《法礼篇》里，柏拉图虽然持守道德理想主义原则，却回归到法律至上的希腊传统之内。他从维护城邦的共同利益与内部秩序这一目的出发，把对公民实施的艺术教育视为手段，就如同把对公民的法治教育视为手段一样，最终是要把公民培养成保家卫国的勇士和遵纪守法的楷模。

问

看来，柏拉图的教育宗旨，包括他的对话式教学方法及其创办学园的经历，与孔子的相关思想、做法和经历有许多相似之处。有趣的是，刚才您在谈德行卓越的“完善公民”时，我就在思考这对当下的公民素质会有哪些启示意义，尽管彼此的历史背景与文化传统迥然有别。在中国儒家人文化成的相关思想里，虽然没有论及公民德行，但的确讲到了“天民”“爵民”“庶民”之类的问题。譬如在《大学》里，就对大学与新民之道提出专论，先从“格物致知”到“诚意正心”，随后经过“修身”“齐家”阶段，进而上达“治国”“平天下”的境界，这里勾画出的是一幅简明易懂的“良民”教育或发展蓝图。我想知道的是，柏拉图对培养“完善公民”有没有勾画出一幅类似的简明蓝图呢？

答

确实如此。孔子与柏拉图这两位标志性历史人物，可以说是轴心时期人文化成教育实践的重要推动者。我认为，《大学》所勾画的蓝图，在很大程度上是以道德为本位的。所谓“格物致知”，人们一般会将其理解为通过观察、研究、思索，以求得对外物的理解与认识，我以为这是应有之义。不过，王阳明的解释也不可忽视，他将“格物致知”与道德认识及其修养联系起来看，并且断言“知善知恶是良知，为善去恶是格物”，这显然是把“良知”作为一种追求目标，同时也把“格物”道德化了。

至于柏拉图给出的图景，在《理想国》里，他侧重探讨培养“哲人王”的可能途径，在《法礼篇》里，他侧重探讨培养“完善公民”的可能途径，两者都比较繁复。相比之下，在《会饮篇》里，他描述的过程最为简明扼要，可视为培养“完善公民”的路线图。按照柏拉图的说法，这一过程如登“天梯”，步步上进：一是学会欣赏单个形体美；二是发现形体美的共相；三是学会珍视心灵美；四是学会重视行为美和制度美；五是学会掌握知识美或学问美，以此来彻悟美自体或绝对美。达到这一境界的人，已走过美的广大领域，面对美的汪洋大海，他凝神观照，心中生出无限欣喜，深明无数优美崇高的道理，获得丰富的哲学收获，豁然贯通唯一的涵盖一切的学问，其中包括以美为对象的学问。

需要指出的是，柏拉图在此谈“爱”（erōs）论“美”（kallos），不仅涉及单纯的审美问题。这里所论的“美”，在具体语境中与“善”（agathos）和“真”（alētheia）的用意相趋同，因此，追求真爱，也就是追求真美、真善与真知。在此过程中，对美的追求与认识是不断深化的，经历了由低而高、由浅入深、从感性到理性、从表象到本质等几个阶段。要欣赏个体形体美，离不开感性审美直观；要发现形体美的共相，离不开综合性审美分析能力。在这方面，古希腊人不仅喜欢以各种运动来塑造自己健美的体魄，而且总结出多样统一的和谐原则和黄金分割率等形式原则，这反映出他们的审美智慧。当然，他们热爱美，也重视善，所以将爱美之心导向崇善之心，由此上达，学会珍视心灵美，崇尚美好的人格品行与精神修养，这反映出他们的道德智慧。这里所谓心灵美，实指心灵善，其内在结构不仅包含理智、激情与欲求三个部分和谐互补的关系，而且包括拥有智慧、勇敢、节制和正义等主要德行。具有这种美好心灵的人，能够为了维护城邦的共同福祉，爱其所应爱，恶其所应恶，为其所应为。再下来是学会鉴赏公民的行为美和城邦的制度美，这关乎公民的德行和城邦的正义，前者基于正确的教育与个体的修为，后者基于良好的政体和公正的法纪。古希腊人把良好的法律视为神赐的圣物，把遵纪守法视为至高的美德，而且只遵从法律，不相信权威，这体现出他们特有的政治智慧。最后是要学会掌握知识美，由此发掘美之为美、善之为善和真之为真的终极原因，这一追求离不开理智思索和理论探讨，从中体现出他们爱智求真的理论智慧。在古希腊人看来，一个人只有具备了这种智慧，才会发现本质意义上的美，同时也会发现人生值得一过。可以说，登上这一“天梯”的过程，是以美启善和以美启真的过程，是经由审美智慧上达道德智慧，进而从道德智慧上达政治智慧，再由政治智慧上达理论智慧的过程。

由此推论，古希腊人心目中的“完善公民”，不仅具有健美的体魄与美好的心灵，而且具有高尚的公德与智慧的头脑。温克尔曼通过考古研究发现，古希腊人通过自由塑造出来的全民思维方式，就像健壮树干上萌发的优良分支一样。他们在风华正茂时就善于沉思，比一般人通常开始独立思考要早20余年。他们在精力旺盛的体格支持下，开始训练自己的心灵，吸收优质的养料；而一般人的心灵因吸收低等的养料，一开始就发育不良，直到走向衰亡为止。古希腊人健全的理智，就像娇嫩的树皮，可以保存和放大留在上面的印记，不会因为空无思想的“叽叽咕咕”而转移自身的注意力。我想，温克尔曼的说法中可能隐含一种古典审美主义的理想，甚至隐含一种厚古薄今的思想倾向，但其中折射出的参照范型，是值得现代人重视和深思的。

问

看来，在古希腊传统中，“完善的公民”是人之为人的一种高标准设定。在中国儒道传统中，人之为人也是一个备受关切的重要问题，通常把“内圣外王”设定为人之为人的至高成就。因此，探讨“内圣外王”之道，是中国哲学精神之所在。那么，“完善的公民”在当时只是一种理想范型，还是具有某种现实参照性呢？

答

严格说来，一旦涉及“完善”，总是一种理想化设定，但也不是说毫无现实参照性，尽管达到这一“完善”程度的公民是极少数。在柏拉图心目中，他的业师苏格拉底在德行与言行上，都堪称良好公民的样板。不过，我这里想另举一例，那就是雅典历史人物伯利克里。伯利克里本人文武兼备，既是执政官和立法家，也是将军、诗人和演说家。据说，他曾带领一支舰队赴爱琴海攻占一座岛屿。战前的黄昏，他在旗舰甲板上与他的副将一同饮酒。其间，一名侍者在为他们斟酒时，夕阳的光辉照在这位年轻美貌的侍者脸上，显得神采奕奕。伯利克里诗兴大发，就与副将谈论起一位诗人对面色红润的美少年的描述，认为与其用“玫瑰色”一词来形容，远不如用“紫色”一词更为传神。但他的副将并不认同这一看法，依然赞同诗人原用的词汇。二人你来我往，在推杯换盏中高谈阔论，直至深夜。次日清晨，战斗打响，他们一鼓作气，击败对手，拿下岛屿，凯旋雅典。这一记载来自野史，可信度有限，却传布久远。现代西方学者在引用这一传说时，有的是为了彰显伯利克里的人格魅力和非凡能力，有的是为了表明古雅典公民的典型德行和整全人格，有的是为了印证古希腊艺术教育对培养完善公民的积极作用或特殊功能。尽管众说纷纭，但历史资料的确表明伯利克里是一位全才。在伯罗奔尼撒战争期间，伯利克里发表过著名的“葬礼演说”，修昔底德在书中作了全文记载，这的确反映出伯利克里的睿智、勇武和才干。另外，伯利克里也犯过错误，遭到法律制裁，被流放外乡。但他此间遵纪守法，遵从判决，刑满回国后，恪尽公民义务，后再次被民选为执政官。这也表明伯利克里作为杰出政治家所具有的优秀公民德行。

问

很显然，与一般权术高、德行低的政客相比，伯利克里是一位与众不同的政治家，不仅有能力、有品位，而且重德行、尊法纪，时至今日依然具有积极的参照意义。可惜，马基雅维利在《君主论》里所鼓吹的为政手段，把玩权术理论化了，把讲德行空心化了，其后的为政者大多沦为假惺惺的政客，真正的政治家却为数寥寥。这在民主与非民主社会都是如此。谈到民主问题，卡尔·波普尔在《开放社会及其敌人》中，把柏拉图列入贬斥民主的“敌对势力”一方，主要原因是柏拉图为了建构自己心目中的理想城邦，对雅典民主制度进行抨击，这是否足以说明柏拉图是民主社会或开放社会的敌人？

答

我个人不这么认为。的确，柏拉图在早期与中期对话中，对雅典民主政体提出过严厉批评，认为过度的自由导致了民主的乱象，滋生了许多社会与道德问题。他在《理想国》里嘲讽说，在民非善辈、邦已非邦的城邦里，民主政体腐败，群氓无法无天，就连驴、马、狗等动物也抢道横行、与人相争。对于这一批评，应当从具体的历史语境出发进行具体分析，才能还原事实真相，作出合理判断。我们知道，在伯罗奔尼撒战争期间，雅典权力集团的某些成员与斯巴达内外勾结，最后导致雅典战败，使30人团上台执政，推行专制的寡头政体，结果造成内乱。后来，民主派发动攻势，夺取政权，但旧乱未停，新乱环生，其中便包括以“莫须有”罪名判处苏格拉底死刑。对此，柏拉图十分震惊和愤怒，他的《第七封信》有过相关描述。总体来看，柏拉图所批评和嘲讽的是败坏或腐化的民主，而非健康或有序的民主。晚年，在《法礼篇》中，他对因过度自由所导致的剧场政体和民主政体，依然持批评和否定态度。但在建构“次好城邦”的政治体制时，柏拉图毫不犹豫地从“适度”原则出发，提出一种混合政体，试图把斯巴达式的君主政体与雅典的民主政体予以适当融合，以便提高执政的有效性和决策的民主性。在推举雅典民主政体时，他满怀自豪，认为只有这种体制才能弥补其他体制的不足，才配得上为“次好城邦”提供制度范型。我认为，这种混合政体的思路比较适合中国的现实，有益于在维持国家治理能力的同时，积极推进公民社会与民主制度建设。这是因为，在中国特有的政治文化传统背景下，要想建立全面的法治国家与民主社会绝非一朝之功。在现阶段，尤其在国运昌兴但同时面临内忧外患之际，不宜在未开展任何实质性全民民主教育的情况下，抛开历史文化传统而追求跨越式政体转换，否则很可能乱象丛生，欲速不达。

问

多年来，您除了用中文著述外，还有不少英文著述，这显然是在践行“东学西传”的理念。目前，我所看到的有1998年出版的 *The Classic of the Dao: A New Investigation*，这本书再版过几次，最近列入外文社的“中华学术”系列丛书，2011年在英国出版的简写本改名为 *Reading the Dao: A Thematic Inquiry*。随后出版的有 *Chinese Way of Thinking, Ethos of Chinese Culture* 和 *Spirit of Chinese Poetics* 等。在您新出版的 *Rediscovery of Sino-Hellenic Ideas* 一书里，有国外学者在评论中指出“本书内容丰富，视域宽广，对中希思想精神极为敏悟”；也有的国外学者认为您是“最为杰出的跨文化学者之一（one of the most prominent transcultural scholars），从中希思想出发对战争、为政、艺术教育和艺术创构等当代问题进行了敏锐而深刻的分析”，等等。我想请您解释一下，“跨文化”是否意指“跨文化视域”或“跨文化研究”？这在方法论意义上有什么突出特征？

答

我用英文写作是出于兴趣和责任，这在行文上同中文一样顺手。近十余年来，在与一些前辈学者聚谈时，他们有的建议我多用英文写作，尽力把中国思想引介给国外读者。国外也有这方面的需求，有时找上门来，估计是中国的发展激发起他们了解中国文化的兴趣。

至于“跨文化视域”或“跨文化研究”这种现象，主要兴起于20世纪90年代，我是从方法论角度来对待的。简单地说，跨文化研究是在两种以上的不同文化背景或历史语境中展开的，其主要特征是在跨文化形态中就相关议题进行系统和深入的比较研究，涉及西方与东方、现代与传统、历时与共时等并列互动的参照系统或研究坐标。通常，跨文化研究作为一种方法，旨在通过溯本探源的过程或返本开新的尝试，一方面深入了解他者的文化，另一方面借助他者的视域更好地理解自己的文化。所以，“融贯古今，会通中外；借鉴他者，重思本土”之类的说法，基本道出了跨文化研究的方法实质。譬如，在美学领域从事这种研究，就要求从可靠而翔实的历史和文化语境出发，对相关的理论和概念形态进行客观的比较与分析，进而探讨会通与整合的可能途径，最终追求创造性转化或转化性创构。在此过程中，既可在时空背景基础上依据历史文化发展相对平行的原则，开展作者对作者、文本对文本、学说对学说的比较分析；也可以打破时空背景和历史时期的界限，针对美与丑、美与真、美与善、虚与实、优美与阴柔、崇高与阳刚、意义与韵味、典型与意境、想象与神思、趣味与天才、自由与道德、经验与体悟、再现与表现、模仿与临摹、抽象与写意等美学范畴，进行跨文化的比较研究，探讨它们彼此之间的异同与会通等特性。一般说来，中西美学在总结艺术创作或欣赏规律中所表现出的普遍性，会构成交错共生的跨文化边缘地带，为跨文化美学对话及其融会贯通奠定基础；而各自表现出的特殊性，如中国文论偏于经验联想和道德感悟，西方文论偏于语言分析和实证批评等，都难以被对方强行统合，而是各自保持原有特色。当然，西方式干涩寡淡的语言结构型分析，有必要吸收一些富有诗意与韵味的鲜活成分；而东方式模糊感悟的笼统印象型批评，也不妨借用实证分析方法取得必要的透明度。

问

如您所言，跨文化视域或跨文化研究作为一种方法，其本质是对两种以上的文化思想内核进行比较和反思。那么，在您运用这一方法的过程中，中国眼光又是如何体现或切入的呢？

答

中国眼光主要体现在历史意识方面。就柏拉图研究的理路来看，西方古典学界，尤其是在英美，偏重文本细读或语言分析，当然，德国图宾根学派倡导的“秘传论范式”比较特殊，更倚重“未成文的教诲”来解释柏拉图的思想核心。作为中国读者，我觉得西方的方法固然可以参考，但不一定要亦步亦趋。因为我们有良好的历史感，一方面会自觉地设法进入历史，在努力缩短历史文化距离的同时，寻求文本中隐含的历史意义；另一方面会有意识地走出历史，尽可能在现实语境中体悟“温故而知新”的特殊效应和探寻外延的现实意义。我常说“入乎其内以解其旨，出乎其外以观其效”，就是这个意思。另外，我们有良好的文学意识，对形象性的隐喻或比喻及其象征意味比较敏感，而柏拉图的对话在结构和修辞上富有戏剧性和文学性，这样有利于引导我们进行思辨性的感知和想象。当然，我们的短处主要在于围绕逻各斯的逻辑实证和哲学思辨方面，这就需要有选择地借鉴西方学者的科学方法与优秀成果。再者，基于历史意识，我们在仔细阅读文本时，就会习惯于运用历史资料对其进行整体反思，以此扩展自己的理解视域，而不至于陷入语言的藩篱之中。

我之所以强调历史意识，是因为我们在解释经典文本时，既需要重视语言逻辑，也需要重视历史逻辑。前者的语境是显性和内生的，有助于把握其中表达的含义；后者的语境是隐性和外延的，有助于理解其中喻示的意义，兼顾两者可构成“见木见林”的互补关系。另外，按照伽达默尔的说法，任何理解活动都是历史性和有限性的。在我看来，历史性作为时间性的一种特殊形态，会在联通过去、现在乃至未来的流变中，开显出新的可能性。有限性因涉及前识或前见这类关乎理解的必要条件，反过来会借此引致的问题视域来拓展理解活动。不管从哪方面看，历史意识既是理解活动的一部分，也是理解活动的助推器。

因此，我在《〈法礼篇〉的道德诗学》“绪论”中，在强调综合型语文学基础的同时，特意强调了文化历史方法。在这方面，至少应考虑三个要素：第一，由于时间距离与历史情境的变化，我们对研究对象的理解和认识无论自觉与否，都会基于各自的文化背景、知识结构或现有“前见”，在不断尝试与理智想象中努力接近或涉入相关的历史文化语境，由此得出的阐释结果会或多或少“沾染上”个体性的差异与跨文化的差异。通常，我们不能断定，但我们可以假定。这假定既要建立在言之有据的论证基础之上，也要经得起反驳与批评的严格考验。第二，对于文化历史的研究应当采用一种超学科的宏观视野，应当将文化历史视为人类精神活动的发展史与演变史。第三，无论从神话与艺术（诗乐），还是从宗教与哲学角度来研读柏拉图的对话作品，我们在审视柏拉图对待人生与人类生存状况的态度时，经常会自然而然地思索希腊人对待人生与人类生存状况的态度，甚至还会参照彼此态度的际遇，将其作为我们现代人重思自己价值诉求时的借鉴。这样，我们就会自觉地反思其中蕴含的道理与值得传承的价值，由此进入一种鲜活而动态的历史体验之中。这种历史体验，被克罗齐称为一种“作为思想与行动的历史”体验。在这里，历史阅读、历史叙述与历史判断三位一体，彼此之间相互促动、启迪和深化。在理想条件下，历史所激活的思想，不再是单纯的或被动的思辨，而是主动的和理智的行动。因为，在克罗齐看来，思想唯有作为行动时才是积极的，思想既不是对实在的模仿，也不是盛装实在的容器；思想活动在提出和解决问题中展开，而不是在被动接受实在的片段中展开。这就是说，思想作为行动就在生活之中，就是生活职能本身，就是在提出和解决与生活相关的问题中展开。

问

现在国内鼓励译介优秀学术成果。您认为这其中存在的主要问题是什么？或者说，开展这项工作的主要难度是什么？根据您的英文写作经验，应当如何克服这些难点呢？

答

为了发出中国学者的声音，向国外译介中国优秀的学术成果十分必要，但问题的关键在于是否“优秀”，这需要认真筛选和专业翻译，使其翻译文本能在国外成为“流通”文本，这对促进跨文化对话是不可或缺的条件。我们常讲平等对话精神，如果连相应的文本都没有，那就无法将对话引向深入。这里所说的“优秀”，是就文本内容而言，看其有没有新的思想、新的资料或新的视角。我曾在国内一次学术会议上说过，国内现在学术成果丰富，不少被认定为标志性成果，如果将其翻译成英文或法文，就比较容易鉴别出这些成果到底借用了多少国外的说法，自身到底说了多少有分量的东西。至于“流通”文本，首先是基于具有丰富学术价值的“优秀”原作，再就是具有传达性、可读性的专业翻译。前者不易，后者也难。国内能从事这项工作的译者不多。因为学术翻译既需要精深的外语写作能力，也需要充足的专业知识储备。否则，勉强翻译出来不是扭曲原意，就是读不明白。通常，要把汉语著作翻译成外语，从运思、谋篇以及遣词用句上无异于在原作基础上进行技术性“重写”（rewriting）。驾驭不了这类“重写”技能，也就很难说翻译得当。我曾让外语专业出身的博士翻译我用汉语撰写的论文，这种译文可用于会上宣读，但无法用于出版。到头来我得大改，几乎等于重译。

学术翻译的难点，最突出地表现在主要概念的处理上。为了取得较好的效果，在翻译时要对相关概念有比较深入的理解，在此基础上选用更贴近原意的外文词语，同时加上比较精要的阐释或注解。与此同时，要在符合外语表达习惯的前提下，构造一些特殊术语，这符合“哲学就是概念构造”这一西方传统。譬如，将《中庸》里的“诚”译为sincerity，只能说大体过得去。事实上，朱熹对“诚”的解释是“真实无妄”和“天理本然”，如此可见将其译成truthfulness更为贴切；同时可将作为“天之道”的“诚者”，译为“being as it is”，意指天地万物“是其所是”的本然规律或“天理”；将作为“人之道”的“诚之者”，译为“being true to human nature”，意指“真实之人性”或“本真之人性”。这样就将其中的思想哲理显现了出来，超出单纯道德意义上的“sincerity”。

再如，《道德经》第一章讲到“有”与“无”两个重要概念，有的英文译本将其分别译为being和non-being。我们知道，在西方哲学中，being（“是”或“在”）是一个形而上学本体论概念，是看不见、摸不着且只能用思想来推论的永恒实在。non-being则是现象界可见可摸的东西，但不是实在的东西，是变化与生成的东西。前者为本，后者为末。上述译文，在西方读者看来，正好本末倒置。另外，在《道德经》里，“有”与“无”代表两个不同层次的范畴。第一章从宇宙创化的根源出发，认为“此两者，同出而异名，同谓之玄”。可见，这两个概念是相互联系的，是一枚硬币的两面，只不过“无”为本但无形，因此不可直观；“有”为本但有形，因此可以直观。我以为可将“无”译为being-without-form，将“有”译为being-within-form。至于《道德经》第十一章所论的“有”与“无”，是就其功用关系而言的。所谓车轱辘、水杯与房间的用处，依据的是“有之以为利，无之以为用”的实用原则。这里的“有”与“无”，不同于前面的“有”与“无”。据其语境语义，可将此处的“有”译为having-substance，将“无”译为having-no-substance。这样做的目的，是为了构造“中国概念”，而不是照搬“外国概念”。照搬的确方便，但会误导读者。所以，在翻译中华思想术语时，要注意形同而质异的问题，不可轻易用西方现成概念来翻译中国传统术语。否则，易把中国自身独特的思维方式与思想内容统摄到西方的概念之中，给西方读者形成一种中国模拟西方或所见略同的错觉，由此他们会习惯性地因循西方思想文化的路径去解读中国的思想文化。另外，在翻译中华思想文化术语时，还要设法转换得更抽象和简明一些，不要过细和过长，那样读起来“太水”。譬如，有学者将“玄览”译为learn the world with a peaceful mind，这更像是短句，而非概念，比较简要抽象的译法可为pure-minded contemplation。总之，翻译是一个复杂的工程，我的做法也是个人尝试，相信国内外有更多“高手”。

问

人们常说翻译是再创作，这绝非虚言。苏格拉底说“美是难的”，我们套用过来可以说“翻译是难的”。这是需要长期摸索和探讨的话题。我想提最后一个问题。目前，我看到一些或长或短的报道，涉及国内美学界召开的一些讨论会，相关议题是中华美学精神的传承或弘扬。前面谈到，您侧重研究的对象是轴心时期的人文化成思想传统，您注重采用的是跨文化历史研究方法。那么，您是如何看待中华美学精神的？这种精神的实践性体现在哪些方面？

答

这是一个相当复杂的问题，也是一个开放的话题，学界有数种看法。按我目前的理解，“中华美学精神”大体是指中华美学反映在艺术创作、审美价值、鉴赏准则、道德情操以及人文精神等领域里的核心思想、典型特质与根本理据。从目的论上看，“中华美学精神”属于“人文化成”理想追求的重要组成部分。从构成要素上看，这一精神主要隐含在情理并举、形神兼备、虚实相生、刚柔互济、言意、体性、气韵与意境之辨等基本审美范畴之中，既关乎艺术的创作法则与价值取向，也涉及艺术的风格神韵与鉴赏标准。

目前，研究中华美学精神，不单要从知识考古学角度去挖掘其生成语境与历史传统，更要从实用活力论角度来透视其绵延流变与因革创化。通常，前一类研究囿于典籍，多成旧忆，具有博物馆式展示价值，其趋于固化的思想资源，很难与现代艺术实践与审美智慧产生有机联通；后一种研究侧重流变，可得新生，具有艺术实践的创化功能和审美智慧的育养机制，体现出绵延不已或持久常新的独特魅力。为此，我前不久提出一种“活力因相说”，尝试探讨中华美学精神的“活力因相”或“生命力因缘”特性，借此说明“活力因”的三相组合结构，也就是说明“本体相”（体）、“应用相”（用）与“成果相”（果）三者的互动作用。

比较而言，在“活力因”的三相组合中，“本体相”实属根基或理据。这里所言的“本体”，主要是指具有化育或生发能量的基本起始之根（root as a fundamental genesis with generative energy），而非西方哲学中永恒不变、唯一自在与不可知的“本体”（noumenon）。在中华美学精神的诸要素中，“天人合一”观最具典型特质。它作为一种审美境界，虽有朦胧模糊之嫌，但不失为一种可思想的对象、可体悟的过程、可参照的量度。在审美经验中，其本体意义实为具有生发能量的根本性创始意义，主要是通过“天地有大美而不言”中的“大美”引发出来。这“大美”表示自然规律性的大道之美，表示万物化育创生的大德之美，表示宇宙生命精神或太虚之气的流动之美，表示天地神工鬼斧所造化的景观之美。这“大美”，不仅是人类认识、欣赏和利用的对象，而且是艺术摹仿、灵思和创构的源头。

在中国思想传统中，“体用”关系是相辅相成的互动关系，因此有“体用不二”之说。“体”对内可作为具有生发能量的根本或根源，犹如一种活性机制；对外可显示其生发能量的“用”，展示出不可或缺的引导或启迪作用。诸如上面所说的“天人合一”观，就是“体用不二”的范例之一。不过，要说明“活力因”的三相组合关系，还需参照“三位一体”的原理予以审视。若对艺术家来讲，其实践理路通常是基于“本体相”来启动“应用相”，讲究的是体悟与灵思，可谓“依体致用”；随之是实施“应用相”来达到“成果相”，讲究的是表现与创构，可谓“化用为果”。据此，作为“活力因”中的“本体相”，是根本或根源，是启动“应用相”的内在机能或基因密码。作为“活力因”中的“应用相”，它的实际作用至少体现在两个主要领域：一是对精神境界、道德修养或人格情操的促动与提升，这充分反映在道家所倡导的精神自由与独立人格诸多方面；二是对艺术修养与艺术创作的驱动与推进，这突出反映在中国画境三分的学说与实践之中。作为“活力因”中的“成果相”，是依据“本体相”而施行“应用相”所成就的最终结果，或者说是艺术家将“天人合一”理据应用于艺术生产实践而创构出来的杰出作品。

在中国传统艺术领域，“天人合一”观深刻影响了文人山水画的进路，最终衍生出“外师造化”“师法自然”“师山川”“师天地”之类的主导性绘画原理。此类原理经过王维、马远、倪云林与董其昌等各代丹青大家的实践运作，相继取得突破性艺术成就，最终将业已成熟的山水画（特别是人文山水画）推向历史高峰。一般说来，中国笔墨山水，注重画境文心，讲究修为创化。按照画家艺术造诣、人文素养与作品意境，山水画大体分为三级：一为师法古人、训练技法与临摹名作的移画；二为师法山川、培养独创意识与摹写山水景象的目画；三为师法天地、修炼传神功夫与表现宇宙生命精神的心画。相比之下，移画为基，目画为塔，心画为顶。三者循序渐进，终以逸品为上乘。在逸品类，文人山水画作占据首位。在这方面，董其昌、石涛与黄宾虹等大师，上承古法先贤，博采众长，在画作与画论上均取得杰出成就。由此说来，从古代到现代，我们不仅可以窥知“活力因相说”的理论衍生与因革之道，也可以看到显现画境文心的历代杰作。这皆表明蕴含在中华美学精神中的持久活力或机能，既具历史意义，也有现实意义；其对艺术实践的指导作用，在历史中绵延，在绵延中创化，在创化中发展。相较于那种思想固化的“死东西”，这种流变因革的“活东西”更值得我们重思、传承与弘扬。

（原载《哲学动态》2015年第7期）

学者近况

王柯平（1955— ），哲学博士。曾任中国社会科学院哲学研究所美学研究室主任，北京第二外国语学院跨文化研究院院长，英国牛津大学圣安妮学院访问研究员，澳大利亚悉尼大学哲学与历史学院客座教授，法国波尔多政治学院讲座教授，希腊奥林匹亚哲学与文化研究中心荣誉成员，国际美学协会（IAA）跨国执委，国际普世对话学会（ISUD）副会长等。现任中国社会科学院资深学科带头人、哲学研究所研究员、研究生院哲学系教授与博士生导师，中华美学学会副会长，北京师范大学文艺学研究中心客座研究员。主要研究领域为中西美学与古代哲学研究。在古希腊研究方面，主要从道德理想主义和政治工具论视角出发，结合柏拉图的政治和伦理学说，系统阐释了其道德诗学思想与心灵诗学和身体诗学的两翼结构；在中国传统研究方面，主要参照先秦哲学理路与人文情怀，论述了和洽论在历史发展中的九种模式，比照冲突论的基本问题提出一种新型替代理论。主要著作有：《〈法礼篇〉的道德诗学》、《〈理想国〉的诗学研究》、《跨文化美学初探》、《旅游美学论要》、《老子思想精义》、*Rediscovery of Sino-Hellenic Ideas*、*Reading the Dao: A Thematic Inquiry*、*Chinese Way of Thinking*、*Chinese Culture of Intelligence*、*Harmonism as an Alternative*等。另有《牛津西方哲学史》首卷《古代哲学》等译著10部。合编论集多部，包括与Rick Benitez合编的英文论集*Reflections on Plato's Poetics*（《柏拉图诗学新探》）。所著*Ethos of Chinese Culture*一书被希腊学者译为现代希腊文在雅典出版。发表中英文论文近100篇。部分专家书评见《中国图书评论》（2007/5，2016/4），《美与时代》（2014/9），*The Journal of Chinese Philosophy* (38-2, 2011), *Notre Dame Philosophical Reviews* (02/10/2011), *Journal of Religious History* (37-3, 2013), *Philosophy in Review* (31, 2011), *The Journal of Aesthetics and Art Criticism* (76, 2018)等。

历史唯物主义的学术魅力与我们的理论责任

——访唐正东

学者简介

唐正东，1967年生，江苏常熟人。1987、1990、1997年分别于南京大学哲学系获哲学学士、哲学硕士、哲学博士学位。时任南京大学哲学系主任，教育部长江学者特聘教授。兼任中国马克思主义哲学史学会常务理事、中国当代国外马克思主义研究会副会长、全国经济哲学研究会副会长等职。曾入选“教育部新世纪优秀人才支持计划”、“全国优秀博士学位论文指导教师”、江苏省“333高层次人才培养工程”（第二层次）。主要从事马克思主义哲学史及国外马克思主义的研究工作。出版的代表性学术著作有《从斯密到马克思》《经济哲学视域中的当代资本主义批判理论》等。在《哲学研究》等核心期刊发表学术论文100多篇，主要包括《马克思生产关系概念的内涵演变及其哲学意义》《非物质劳动条件下剥削及危机的新形式》《马克思历史唯物主义消费观的生成路径及理论特质》等。先后主持教育部重大课题攻关项目与国家“十五”“十一五”社科基金规划项目等研究课题11项，获得江苏省哲学社会科学优秀成果一等奖等各类奖励12项。

问

您在马克思主义哲学史及国外马克思主义的研究中，一直强调对历史唯物主义世界观的坚守。请您谈谈坚持这一学术理念的缘由。

答

在我看来，不能仅仅从方法论角度来认识历史唯物主义，它更是一种世界观。我们知道，社会历史过程不同于简单的经验对象，它有一个必须面对现象与本质的辩证解读视域的问题。对于一个经验唯物主义者来说，一台机器就是一台机器；对于一个像亚当·斯密这样的社会唯物主义者来说，一台机器就是一种商品，它是必然处于一定的交换关系之中的；而对于像马克思这样的历史唯物主义者来说，一台机器就是一种固定资本，它处在以剩余价值剥削为前提的劳资关系之中。机器还是那台机器，但不同的人所得出的结论是不同的。导致这一结果的原因就是他们具有不同的世界观。

世界本身的确是不依赖于人们的意识而客观存在的，因此，在本体论上我们不能混淆物质与意识的关系问题。但在认识论上，我们应该看到，不同的解读方法或者说观察世界的不同角度，会导致我们在对世界的认识上得出不同的结论。这就是世界观的认识论效应。

历史唯物主义首先是一种世界观，即提供一种观察世界的角度或方法。它并不自诩为唯一的世界观，它坦然地承认还存在着其他的世界观。如果在“你”眼里，这个世界是一个由经验事实所组成的世界，那么，当“你”面对一台机器时，“你”只能看到它是一台机器。如果在“你”眼里，这个世界是一个由人与人、人与物之间的关系所构成的世界，任何的物只是反映了这种关系，那么，“你”就能透过机器看到其背后的“关系”的内容。当然，如果在“你”眼里这个世界（或社会过程）是由矛盾关系的内在运动过程所构成的，那么，“你”透过作为物的机器所看到的，就绝不可能只是一般的关系了，而必然是特定的社会关系，譬如资本主义条件下的劳资关系。

问

这样一来，岂不是走向了认识论上的相对主义了吗？

答

非也。承认对某一对象具有不同的认识，并不意味着承认这些不同的认识都是正确的或具有同等的深刻性。我们承认在不同的认识论框架中对某一对象的认识会产生不同的结论，但我们不承认在同一个认识论框架（譬如社会历史认识论框架）中会得出多种同样正确的结论。上面讲到的那台机器，如果只是用来给初识的孩童普及经验性的知识，那么，就只要告诉他这是机器就可以了，大可不必对他讲这是一种固定资本。但如果是在以分析社会问题为目的的社会认识论框架中，那就必须对他讲清楚机器是一种固定资本。试想，在这种解读视域中，仅仅作为机器而存在的那台机器是不存在的，因为最起码它是资本家买来的商品。当然，倘若用更深刻一些的话说，它在资本主义条件下必然是用来推动资本增值的固定资本。这是我们在解读这一问题时必须充分注意到的。历史唯物主义方法论之所以必须坚守，那是因为它值得我们为它坚守。

问

把历史唯物主义方法论贯彻到马克思主义哲学史的研究之中，可能会在学术上产生什么样的启发呢？

答

我觉得最重要的学术启发是：既然历史唯物主义眼中的世界是一个内在矛盾关系的运动过程的世界，那么，当这种矛盾关系发展到不同的历史阶段的时候，其表现形式也必然是不同的。譬如物质生产概念，手工业资本主义阶段的物质生产在内涵及历史效应等方面，与机器大工业资本主义阶段的物质生产显然是不尽相同的。对前者而言，虽然具体生产过程也会辅之以一定的机器，但物质生产在总体上反映的是作为主体的劳动者能动地创造外部对象或劳动产品的过程。它彰显的是人的创造性能力，或者说，是人的创造性力量通过这种物质生产的平台而表现了出来。手工业资本主义阶段的这种物质生产所具有的世界观效应是：人们普遍相信不仅具体的物是由我们创造出来的，而且整个世界也是我们创造出来的。客观地说，如果从突破中世纪神创论的学术背景来看，这种基于人的创造性本能的世界观显然具有重要的启蒙意义。

不过，对于后者来说情况就不同了。机器大工业时代的自动化生产过程使劳动者只处于附属的地位。抑或仅从表面来看，是自动化的机器体系生产出了劳动产品，而不是作为主体的劳动者直接生产出来的。因此，这种物质生产更多地彰显了一种客观过程的特性。它所具有的世界观效应是：人们开始相信，不论是具体的产品还是整个世界，都是由某种客观化的自动过程生产出来的。客观地说，对于人本主义思想家来说，这种客观化的世界观是很难被接受的，因为其中没有人的地位。但我们必须承认，它至少揭示了那个阶段物质生产过程的基本事实。把社会历史的发展诉诸某种自动化的机器体系，这种技术决定论的观点的确无法让历史唯物主义理论家所接受，但如果基于历史辩证法对它稍加改造，结果又该是怎样的呢？

问 您的这个观点很有意思，还请给予更详细的论证。另外，这种解读方式对于深化马克思主义哲学史研究有何意义？

答 我们知道，马克思是在19世纪50年代初之后才开始逐步领悟到资本主义机器大工业的时代特征的。从那时开始，他不断致力于在新时代特征的基础上深化对私有制社会尤其是资本主义社会之内在矛盾运动的理解。尽管英国学者安德鲁·尤尔（Andrew Ure）在1835年就出版了阐述资本主义机器大工业时代特征的《工厂哲学》，但客观地说，包括马克思在内的大多数学者对这种新时代特征的领悟是需要一段时间的。在19世纪50年代初之前，他们中的大多数人是从手工业资本主义的角度来理解在事实层面已经出现的资本主义机器大工业的。也许有人会说，这又有什么关系呢？可在我看来，这关系到能否深入把握马克思在社会内在矛盾运动以及历史过程之本质逻辑等问题上的观点。我们知道，马克思（与恩格斯一起）在《德意志意识形态》中已经完成了哲学原理层面的社会内在矛盾运动理论，即生产力与交往形式的矛盾运动理论。这一点是没有争议的。但需要注意的是，马克思在不同时期对这一原理的理解是不尽相同的。在《德意志意识形态》中，他把生产力与交往形式的矛盾理解为：生产力只是得到了片面的利用，对大多数人来说则成了一种破坏的力量。而在后期的《资本论》及其手稿中，他实际上是把生产力与生产关系的矛盾理解为后者阻碍了前者的发展，其表现形式就是经济危机。对内在矛盾的这种理解显然更加具有客观性的维度。

当然，我不是说马克思在《德意志意识形态》中对内在矛盾的理解不具有客观性，而是想强调在对这一客观矛盾的解读视角上，后者应该比前者更加具有客观性。因为在前者那里，马克思的解读视角实际上是人的创造性本性在物质生产这一平台上的展开。对他来说，生产力与交往形式之所以构成矛盾，是因为生产力的现状对人的创造性力量的发挥来说已经构成了障碍，其表现形式就是它对大多数人的创造性力量之发挥来说已经变成了一种破坏的力量。我们不能说马克思这一理解方式下的内在矛盾不具有客观性，但应该看到，它与马克思在《资本论》及其手稿中对内在矛盾之客观性的理解还是不完全相同的。在我看来，马克思在《德意志意识形态》中对物质生产及其内在矛盾的理解，是以手工业资本主义为现实背景的。因此，他更多地围绕在作为历史主体的人的创造性活动及能力的线索上。而《资本论》及其手稿时期的马克思对物质生产及其内在矛盾的理解，显然是以机器大工业资本主义为现实背景的。因此，他此时对这种内在矛盾的理解几乎是可以用客观化的公式表现出来的，而与人的创造性力量之发挥的理论线索几乎没有直接的联系。

需要指出的是，上述解读并不是在颠覆《德意志意识形态》

的理论地位，更不是在颠覆历史唯物主义内在矛盾观的客观性特征。在历史观维度上，基于客观矛盾的内在运动而展开的历史解读方法及其所得出的唯物史观，已经在《德意志意识形态》中形成了，这是没有问题的。我只是想强调，马克思后来对这种客观矛盾运动的理解还有一个不断深化的过程。

问

您的这种理解对于深入领悟马克思主义哲学有更进一步的意义吗？我们知道，当代西方学界的一些学者一谈到马克思历史唯物主义的客观规律性，就简单地斥责为对人的主体性的否定。您如何评价这种观点？

答

我们接着前面的观点往下讲。马克思在历史观的层面对资本主义机器大工业时代特征的领悟，只是受到了尤尔《工厂哲学》的一些启发，而不是掉进了尤尔的理论框架之中。马克思在《资本论》中针对尤尔对资本主义制度的辩护进行了猛烈的批判。当然，马克思对尤尔关于资本主义机器大工业特征的描述还是加以肯定的。实际上，他是用生产力与生产关系内在矛盾运动的客观规律，代替了尤尔基于自动化的机器体系这一技术因素而展开的客观规律论。很显然，前者所反映的是现实的个人所负载的生产力、生产关系内涵之间的客观运动过程，它所要实现的不是生产的解放，而是现实个人的解放；而后者所反映的则只是物对人的统治与奴役。在此区分的基础上，我们应该明确地指出，唯物史观所讲的客观规律，不是对人的主体性的否定，而是在现实历史发展的基础上对人的主体性的实现。立足于非历史唯物主义的解读视域看不到此点，并不意味着这种思想就真的不存在。我们对唯物史观的阐释当然应该基于历史唯物主义的视域，而不能基于人本主义等其他解读视域。

我们之所以要强调资本主义机器大工业时代的历史观效应，就是要说明以下观点：在这一时代，客观规律论的历史观恰恰是最深刻的。尤尔等人相信客观化、自动化的机器体系将造就一个科学的、伦理的、商业的世界，这当然是简单的技术决定论观点，但其观点中所彰显出的客观规律论思想是有可取之处的。也就是说，在这种历史阶段，如果谈论历史观而不谈客观规律论，那反而是没有把握住时代特征的表现。因此，不能一谈到客观规律，就把它与否定人的主体性联系起来。相反，我们要充分看到，马克思在19世纪中后期对基于客观规律的唯物史观的界定，恰恰是在准确解读时代新特征的基础上对历史过程之本质的科学阐释。也许有人会说，这么一来，在手工业资本主义时代是否就不需要客观规律论的世界观了？当然不是。尽管在这一时代大多数人都相信这个世界是由人创造出来的，但这只能说明资本主义的内在矛盾关系在这一历史阶段还发展得很不完善。根据马克思所说的“人体解剖是猴体解剖的一把钥匙”的观点，我们只能说上述观点还是需要随着历史的发展而不断深化的。我们要清楚地意识到，历史唯物主义世界观所讲的内在矛盾关系的运动过程，不是指表象层面上的矛盾关系的前后链接，譬如，不是分别地看待手工业资本主义阶段的矛盾关系是什么，以及资本主义机器大工业时代的矛盾关系是什么，而是把这两个阶段都放在资本主义发展过程中，然后来审视资本主义内在矛盾在这两个历史阶段的表现形式。当代西方学界的不少学者首先站在经验的层面来把握现实的矛盾关系，然后又从人性或神性的角度来思考跳出这种矛盾关系的所谓解放路径。客观地说，这是因为他们没有真正领悟唯物史观所讲的客观规律论的深刻内涵。因此，他们对历史唯物主义进行简单的斥责，也就是意料之中的事了。

问 您对唯物史观的客观规律论的这种解释可能会遭遇这样一个问题：如何理解尊重客观规律与发挥人的主观能动性的辩证统一？

答 这是一个非常好的问题。在我看来，这种辩证统一应该是具体的、历史的。我们强调尊重客观规律与发挥人的主体性的辩证统一，并不意味着在历史观上无原则地承认主客体的统一或同一，而是要深刻地揭示出在不同历史语境中客观规律所具有的不同表现形式。譬如，在19世纪下半叶的资本主义机器大工业时代，马克思认为资本主义的内在矛盾关系已经得到了充分发展，因此，以资本主义为发展顶点的整个私有制社会发展的客观规律也是能被清晰地揭示出来的。马克思以《资本论》为核心的理论探讨就是为了揭示这种客观规律。在这种历史阶段，发挥人的主观能动性主要表现为在尊重历史发展客观规律的前提下发挥人的主观能动性，而不是把后者与前者在历史观的层面平起平坐。换一种说法，我们在历史本质论的层面上当然要坚持历史唯物主义的客观规律论，但在历史运作论（如具体的政治运作、文化运作等）的层面上，不能坐等规律“显灵”，而要在尊重客观规律的基础上积极发挥人的主观能动性。

但如果在另一种历史语境中，这种辩证统一性就会显得更加复杂一些。譬如，在我们当下的社会主义初级阶段，社会内在矛盾关系仍未充分地展开，因此，我们不能说已经充分掌握了中国特色社会主义发展的客观规律，而只能说正在摸索这种客观规律。那么，摸索的途径与方法是什么？我认为，摸着石头过河就是摸索规律，它把尊重客观规律与发挥人的主观能动性之间的辩证关系在新的历史语境中的表现形式十分清晰地揭示了出来。也就是说，在这种历史条件下，发挥人的主观能动性本身就是要为摸索历史发展的客观规律作贡献。在历史观的层面，这两种要素以一种特定的方式结合了起来。但这绝不意味着对客观规律性的尊重会少一些，而是说我们要在实践中不断地摸索出客观规律，并始终以对客观规律的尊重为前提。当然，在已有的对客观规律的认识与掌握的前提下，在具体运作层面充分发挥人的主观能动性，这仍然是题中应有之义。

问

马克思主义经典作家对这种内在矛盾关系的运动过程的把握，是否也有一个不断深化的过程？这对于我们解读马克思主义哲学史有何启发呢？

答

确实有一个不断深化的过程。以马克思为例，他在1843年10月接触到政治经济学的时候，实际上对事实层面的资本主义内在矛盾关系本身还不具备太多的理论辨识能力。也就是说，他自己在这方面还没有太多的研究，更不用说把手工业资本主义与资本主义机器大工业这两个不同的发展阶段区别开来了。因此，他只能接受亚当·斯密等古典经济学家关于资本主义的理论认知。这样便出现了一个问题：以手工业资本主义为背景的斯密等人的古典经济学所提出的一些概念，如交换、分工等，事实上既带有经济学的印迹，也带有手工业资本主义的时代烙印，如果把它们直接拿过来当作资本主义批判理论尤其是机器大工业资本主义的批判理论的核心概念，显然是不合适的。而青年马克思在其早期的思想发展过程中花了不少时间才真正认清这一点。我们以交换概念为例。古典经济学讲的“交换”是指独立市场主体之间的商品交换关系，它被指认为一种平等的关系。如果在先接受这一概念内涵的基础上再展开批判性的学术话语，那么，至多只能做到对这种通过商品关系而展现出的人与人之间关系的人本主义异化式批判，或者就是直接把这种所谓的平等交换关系斥责为不平等的分配关系。因为以独立主体之间关系为基础的这种交换关系，事实上是无法与客观化的社会生产力的发展构成实质性的内在矛盾关系的。任何人都无法想象仅仅通过指认人的物化或异化，就可以建构起与生产力发展之间的内在矛盾关系，或者说，就可以证明生产力停滞或经济危机的必然性。

当然，经过一段时间的理论探索之后，马克思在这些问题上实现了思想的深化。他在《资本论》及其手稿中明确地指出，如果从社会历史过程的层面来看，经济学上的“交换”只是一种滥用字眼，它实际上是一种不平等的剥削。每一个具体的劳资交换过程，都是在现实的资本主义生产关系中发生的。在这个交换发生之前，资本已经占有了生产资料，雇佣劳动已经失去了生产资料，雇佣劳动是必须要把自己卖给资本的。因此，生产关系不应该放在交换关系的层面上加以理解；相反，后者倒是必须放在前者的理论视域中来加以理解。正因为如此，马克思认识到，“交换”作为一个哲学（历史唯物主义哲学）概念，反映的是一种资本对雇佣劳动的剥削关系，由此也能反映资本主义生产关系的内在矛盾性。所以我们认为，马克思的思想发展过程在某种意义上可以说是交换、分工等概念从经济学概念向哲学概念的转变过程。这方面的例子还有很多，政治学上的所有权概念向后期在哲学层面上的占有权概念的转变等都是如此。从这一角度来拓展对马克思主义哲学史的研究，应该说还有很多的工作可做。

问

现在我们来谈谈另一个问题。您也知道，国内马克思主义哲学史研究的聚焦点经常在发生变化，如从较为传统的劳资矛盾关系到后来的货币关系的异化性等，这种变化对于推动学术研究的繁荣无疑起到了重要的作用。在您的解读框架中，这种现象该怎样加以解释呢？我们该如何思考当下解读语境中的学术聚焦点？

答

这个问题很有意思，我们以马克思哲学发展史为例来说明这一点。的确，我们一度主要是从矛盾关系的角度来梳理马克思哲学的发展历程的。对于1844年时期，我们关注的是《1844年经济学哲学手稿》中的异化思想；对于《德意志意识形态》时期，我们关注的是生产力与交往形式的矛盾；对于《资本论》及其手稿时期，我们关注的是基于剩余价值剥削的劳资斗争关系。不过，在此之后，我们的关注点发生了变化。我们开始关注《詹姆斯·穆勒〈政治经济学原理〉一书摘要》中的交往异化，《德意志意识形态》中的分工，以及《资本论》中商品关系或货币关系的异在性等。这种研究的意义应该得到承认。在我看来，它不仅揭示了以往研究中注意得不够的相关内容（譬如，在以前对《资本论》的哲学解读中的确较多地关注劳资矛盾，而较少地关注马克思对商品关系或货币关系的异在性的分析，而这些观点显然也是很有意义的），而且它还清晰地反映了研究者的学术聚焦点（我宁愿称之为问题意识）。

不断发展的社会生活无疑会给研究者带来不同的问题意识，它们对于我们深化对经典著作及经典理论的研究是有启发意义的。但是，我同时也想指出，这种承认是有前提的，那就是：不能简单地认为后来的问题意识总是能够取代前面的问题意识。马克思《资本论》中的确具有商品关系及货币关系之异在性的思想，但这并不意味着原先对劳资矛盾关系的强调是不对的，或者可以用商品关系异在性的思想来取代它。《资本论》的核心线索当然是对资本主义生产关系内在矛盾的批判，这是没有疑问的。因此，上述第二条线索应该被理解为对马克思主义哲学史研究的丰富和拓展，而不是对第一条线索的取代。

当然，有些问题意识及其所展开的解读路径所具有的学术意义，不仅表现在开拓出了某种新的解读空间，而且对于原有的核心线索的理解也是有推进和深化作用的。这里的关键在于：当下的问题意识在方法论上与经典作家当年的问题意识是否有继承和发展的关系，而这又涉及对当下问题意识的理解与确定。因此，它着实是一个比较复杂的问题。譬如，当下历史语境中的问题意识应该是什么？客观地说，不同的学者对此的解读是不尽相同的。我个人认为，我们当下最需要的是凝聚或建构理性的社会观和国家观，它是建立在对社会内在矛盾的运动过程的准确理解之基础上的。如果带着这种问题意识去解读马克思主义经典著作（如《资本论》），我们就会得到很多的理论启发。我们的解读视角就会从原先的劳资矛盾，推进到处于历史过程中的劳资矛盾关系的理论层面。这样一来，我们就不会仅仅关注静态层面的劳资斗争，而会更深入地关注导致这种劳资斗争的历史进程之本质。在《1857—1858年经济学手稿》中，马克思曾从三个层面对资本的内涵进行了说明：资本不仅是物，而且是关系，但更是一种过程。在上述当下问题意识的驱使下，我们对《资本论》的解读就要更多地从“过程”的角度来加以展开，而不仅仅停留在“关系”的层面。

问　这种对“过程”的强调，是否意味着对与生产关系紧密相关联的生产力线索也应给予足够的重视？

答　是的。历史唯物主义所关注的“过程”是生产力与生产关系内在矛盾运动的过程，而不是单一的生产关系的发展史。我们以对马克思哲学的解读为例来说明这一点。在解读马克思的哲学发展时，我们不能假定他在不同的时期是站在同一种解读框架中来展开对社会关系之异在性的批判的。事实上，他对生产力线索的理解水平在很大程度上决定了他对生产力与生产关系内在矛盾的把握水平。因此，当他以手工业资本主义阶段的生产力为解读背景时，他对上述内在矛盾的理解无疑会更多地烙上人的主体性之发挥的印迹。而当他以机器大工业资本主义的生产力为解读背景时，他对这种内在矛盾的理解显然会更多地建立在对更具客观性的社会生产力与生产关系的矛盾之理解上。当然，此处的生产力线索不能等同于当代西方学界的一些学者所说的技术的线索，它是融化在生产过程中的那种技术的线索，而不是我们在经验层面所见到的那种固化的技术。如果说经验性的技术给我们带来的思想感触是人的异在性生存，那么，以生产力的形式表现出来的技术则会让我们看到生产方式的内在矛盾性。客观地说，我们以前在马克思主义哲学史研究中对马克思研究技术发展尤其是工业技术发展的那部分思想重视得不够，在以后的研究中我们要充分注意到这一点。

问　沿着这一思路，我们再拓展开来。您曾说过，经典原著的研究与马克思主义哲学史研究之间应该是一种辩证的关系，前者不能仅仅被视为后者所得出观点的某种文本佐证，而应被看作推进后者研究的文本舞台。在当前的学术背景下，我们应如何更进一步深化这一研究路径？

答

对经典原著的研究与马克思主义哲学史研究辩证关系的认识，实际上主要体现在对马克思等经典作家曾经批判过的那些理论家的著作之解读上。我们以前往往从马克思批评他们的观点中来了解他们的观点本身，或者说，是从“马恩全集”中来了解布鲁诺·鲍威尔、蒲鲁东等人的观点。应该说，马克思对他们观点的批判无疑是正确的。但需要指出的是，马克思在批判他们的观点时，并不总是能够把他们观点的整体背景清晰地阐释出来。这在当时理论斗争的历史语境中是很容易理解的，但对于我们今天准确地解读马克思思想发展史来说，则会产生一定的影响。因为如果我们不知道被批判者的整体解读思路，那就很容易过高地估计马克思对他们的批判所达到的学术水准，从而对其思想发展的阶段性及逻辑进程的理解产生不利的影响。譬如，在《哲学的贫困》中，马克思的确清晰地指出了蒲鲁东经济学的形而上学性，并坚定地展示了自己对现实经济发展史的理解。粗略地看，我们会感觉蒲鲁东竟然如此无知，以致无视现实经济过程的理论意义。但如果我们阅读蒲鲁东的《贫困的哲学》，就会发现他曾明确地标榜过自己是要建构经济学中的形而上学的。在他看来，现实的经济范畴都是被私有制污染了的，要想实现真正的“理性”，就必须把经济范畴按照他所说的那种历史逻辑重新排列组合。因此，如果要真正驳倒蒲鲁东，就不仅要通过展示现实经济过程的客观内容来批判他的经济学的形而上学，而且还要对这种客观经济过程是如何可能走向人类解放和自由人的联合体作出说明。对后者的证明在《哲学的贫困》中显然才是一个开端，还没有完成。这方面的例子还有很多。我们不仅对蒲鲁东、鲍威尔等人的著作的研究还有待深入，而且对于尤尔、拜比吉（Charles Babbage）、威尔海姆·舒尔茨（W. Schulz）等人的工业经济史、工业技术史等方面的著作的研究更是有待加强。如果我们对这些人的著作有了足够深入的解读，那么，我们对马克思等经典作家对他们进行批判的理论著作的研究水平无疑会更上一个台阶，从而进一步推进马克思主义哲学史的研究。

问 您一直很注重国外马克思主义的研究，那么，在您看来，国外马克思主义研究与马克思主义哲学史研究之间的关系如何？正确理解这一关系的学术价值何在？

答 国外马克思主义研究具有重要的学术价值。作为国外左派学术思潮的一部分，一方面，我们对它的研究具有重要的学术史价值，因为如果缺失了这部分研究，我们对国外学术史的梳理显然是不完整的；另一方面，它对我们当下的社会批判理论研究也有重要的启发意义。当今社会是个全球化的时代，正确地解读当代资本主义，不仅对于我们准确地界定当代资本主义的历史地位，从而对西方社会的未来发展方向有一个较为明确的判断，而且对于我们在社会主义市场经济的实践语境中深化对社会发展规律的理解也是有帮助的。我们在某些方面正遭遇市场经济的一般困境，国外马克思主义学者的西方现代性批判理论在一定意义上对我们也是有启发性的。尽管我们不能照搬他们的理论，但如果我们拒绝面对他们对这些问题的思考，那显然也是不合适的。

不过，我此处要讲的不是这部分内容，而是专指国外马克思主义研究与马克思主义哲学史研究的关系问题。从学术的层面来看，我既不认为这两者之间是一种相互排斥的关系，也不认为在解读视域上存在着前者取代后者的可能。我相信这两者之间是一种相互提供启发进而不断深化各自研究的关系。国外马克思主义理论基于其特定的历史语境，比较多地关注主体的再生产过程，或者说主体的被建构过程。不论是从消费活动、意识形态、空间生产的视域入手，还是从与非物质劳动相对的物质劳动的视域入手，他们都是想证明主体通过这些“过程”而被再生产出来。客观地说，这些体现微观权力布展的主体再生产过程，的确与我们以前的马克思主义哲学史研究中比较强调的基于阶级斗争并通过社会生产过程而展现出的宏观权力的建构及其内在矛盾的运动过程有较大的不同。因此，我们首先要看到这些研究的理论价值，并进一步探索它们对我们深化马克思主义哲学史研究有何意义。以马克思哲学发展史为例，我们应该思考这样一个问题：在马克思那里，除了我们所熟知的国家权力理论及阶级斗争理论之外，是否还有对通过消费活动、意识形态等视域所体现出的权力建构过程的研究？也就是说，所谓的微观权力理论是否只属于国外马克思主义理论家，而在马克思等经典作家那里就是彻底空缺的？

沿着这一线索向下探究，我们不难发现，马克思在《资本论》及其手稿中实际上曾谈到资本权力是通过消费、观念意识形态等中介而得以布展的。他关于拜物教的观念形式与物质形式的辩证关系的论述就是一个很好的例子。而且更加重要的是，马克思不仅阐述了资本权力通过上述这些中介而展开的过程，而且还对“这种过程本身是怎样形成的”这一问题进行了论述。他明确地指出了消费、意识形态等领域之所以能够把资本权力布展开来，或者说之所以能够把工人这一历史主体不断地再生产出来，其原因就在于它们都是以资本主义生产过程为基础的。当资本主义生产过程处于相对繁荣阶段时，上述这些权力的布展过程就会得以实现；而一旦资本主义生产过程陷入危机，这些权力布展也就会失去其现实基础。显然，我们必须清楚地意识到，马克思的微观权力理论不仅客观存在，而且还是明确地以历史唯物主义为方法论基础的。应该说，这种权力批判理论才是资本权力布展逻辑的更为深刻的揭示与阐释。

上面讲的是国外马克思主义研究对“马哲史”研究的启发。反过来也一样，“马哲史”研究对国外马克思主义研究也有很多的启示。正如前面已经说过的，国外马克思主义理论沿着主体再生产的线索建构出了很多的理论图景，但客观地说，他们中的大多数学者只是把主体的再生产或被建构的过程当作一种经验事实来加以剖析的。他们大多从社会学、政治学等角度来剖析这种主体的再生产过程，然后再努力寻找逃脱这种再生产过程的可能性。试想，在剖析主体的再生产过程时就已经缺失了历史唯物主义方法论的前提下，在思考解脱或出离之路径时怎么可能不走上一条乌托邦式的解放道路呢？国外学界有的学者说，乌托邦也是一种哲学，那是一种希望的哲学。在我看来，这当然是对的，但应该补上一句：那不是一种历史唯物主义哲学，因为历史唯物主义不仅提供自由王国的理想目标，而且更重要的是，它提出了关于走向这一理想目标的现实历史路径的科学思考。因此，从总体上说，“马哲史”研究中所坚持的历史唯物主义方法论，对于准确地评价国外马克思主义理论的学术成就以及界定其学术效应的边界，是非常重要的。

问

我们看到，当下的哲学理论界甚至整个思想界呈现出各种思潮互相抵牾、众多观点甚嚣尘上的特点。那么，在这种思想环境下，您认为该如何看待“我们的理论责任”问题？或者说，在历史唯物主义方法论的指导下，我们在当下的思想语境中该如何承担起自身的理论责任呢？

答

在我看来，我们的理论责任主要体现在以下两个方面。

一方面，在学术层面上强化与拓展历史唯物主义话语的理论影响力。客观地说，不管是在对经典作家的商品观、消费观、权力批判理论等观点的研究中，还是在对现实存在的商品关系、货币关系、权力建构等问题的解读中，我们的解读思路并不总是能够明确地坚持历史唯物主义的。我们也许会受到西方马克思主义、韦伯主义、技术决定论、新自由主义等方法论的影响，从而似乎在一种更为时髦的理论视角下来展开对上述这些问题的分析。我在这里并不是说不能从上述这些角度来进行学术研究，正像我在前面的分析中所指出的那样，我承认基于这些视角的研究在某些方面的确会给我们带来一定的启发；但必须指出的是，只有基于历史唯物主义方法论的学术研究才可能真正把这些问题彻底讲清楚。所以，我们不仅不能用其他时髦的研究视角来取代历史唯物主义的解读视角，而且还要自觉地去深化历史唯物主义视野下的理论探索。只有这样，我们才能既把所面对的问题讲明白，又能自觉地承担起继承和发展历史唯物主义学术话语的责任与使命。

另一方面，在思想层面或世界观层面上扩大历史唯物主义理论的社会影响力。应该看到，由于我们在曾经的某个历史阶段上对历史唯物主义理论所做的简单化和教条化的解读，因此，这一理论在社会普通民众中间的影响力还很不够，他们中的不少人还不习惯把自己所生活其中的世界理解为一个社会内在矛盾关系的运动过程的世界，因而也不能很好地理解自己应当承担的社会历史责任的具体内容。当面对社会上所出现的一些文化失范现象时，他们还找不到解读这些现象的正确方法。而这正是历史唯物主义世界观需要大力倡导和扩大影响力的原因。我们的理论责任就在于需要在这方面付出努力并贡献力量。

（原载《哲学动态》2015年第10期）

学者近况

唐正东（1967.8— ），1987年、1990年、1997年分别于南京大学哲学系获哲学学士、哲学硕士、哲学博士学位。现任南京大学哲学系主任，教育部长江学者特聘教授。兼任中国当代国外马克思主义研究会副会长、全国经济哲学研究会副会长等。先后入选“教育部新世纪优秀人才支持计划”、江苏省宣传文化系统“五个一批”人才、江苏省“333高层次人才培养工程”、全国优秀博士学位论文指导教师、文化名家暨“四个一批”人才、国家“万人计划”哲学社会科学领军人才等。在马克思主义哲学史、当代国外马克思主义前沿问题等领域的研究中作出了较大的学术贡献。出版著作10多部（含译著及合著），代表性学术著作有《从斯密到马克思》《当代资本主义新变化的批判性解读》等。在核心期刊发表学术论文120余篇，代表性学术论文有《历史唯物主义的方法论视角及学术意义》《马克思政治经济学批判的逻辑层次》等。主持国家社科基金规划项目、教育部重大课题攻关项目等10多项。获得各类学术奖励20多项。

大变革时代的价值哲学

——访马俊峰

学者简介

马俊峰，1954年生，山西稷山人。时任中国人民大学哲学院二级教授、博士生导师，教育部长江学者特聘教授。兼任中国辩证唯物主义研究会常务理事、副秘书长，北京市哲学学会常务理事、副会长，中国价值哲学研究会常务理事、副会长。长期从事马克思主义哲学、价值论和社会发展理论研究。著有《评价活动论》《人与己》《价值论的视野》《马克思主义价值理论研究》《当代中国社会信任问题研究》《社会公正与制度创新》等。在《中国社会科学》《哲学研究》《人民日报》《光明日报》等国内重要报刊发表百余篇学术论文。承担多项国家社会科学基金项目和北京市社会科学基金项目。多次获得教育部、北京市优秀社会科学成果奖。

问

改革开放30多年来，中国社会发生了举世瞩目的深层变革：在经济持续高速发展、物质财富日益丰裕的同时，利益主体日益分化，社会阶层逐渐显化，贫富差距逐渐扩大；社会价值观层面呈现多元化趋势，各种思想观念都拥有一定的信众；各种价值观之间的冲突引发了某些社会层面规范的失序，人们的社会信任度大大降低，在许多问题上越来越难以形成社会共识。在这种现实背景下，中央提出构建社会主义核心价值体系、努力培育和践行核心价值观，提出依法治国、推进国家治理体系和治理能力现代化，力图增强中华民族的凝聚力，努力开拓全面深化改革的新局面。您作为知名的价值哲学专家，亲身经历了改革开放的全过程，如您所言，中国价值哲学的兴起和发展，在某种程度上既记录和反映了改革开放的过程，又参与和推动了改革开放的进展。那么，请您简略介绍一下中国价值哲学发展的基本情况。

答

当代中国的价值哲学研究，是伴随着真理标准问题大讨论和思想解放运动的深入而兴起的。一般认为，中国政法大学杜汝楫先生于1980年在《学术月刊》第10期发表的《马克思主义论事实的认识与价值的认识及其联系》是第一篇提出和研究价值问题的作品；何祚榕先生1981年8月8日在《光明日报》发表《一个值得研究的问题》，郑重推荐和介绍了杜汝楫的文章，引起哲学理论界的广泛关注。随后，刘奔、李连科、李德顺、袁贵仁、王玉樑、赖金良等相继在《光明日报》《中国社会科学》《哲学研究》《哲学动态》《人文杂志》《江海学刊》发表文章，围绕真理与价值的关系展开争论，掀起了价值问题研究的热潮。我的第一篇价值哲学论文《价值真理、真理价值与真理阶级性》发表在《哲学动态》1985年第4期。30多年来，中国出版的价值哲学著作，包括翻译的著作和论文集，已达百部之多，发表的论文更是不计其数。尽管其中难免存在良莠不齐和低水平重复的现象，但这样的爆发力度和庞大的规模，在世界各国学术界也是少见的。

价值哲学研究多年来一直是一个热点领域，从1986年《哲学研究》编辑部召开“价值与认识”理论研讨会到2005年期间，连续举办了十次全国价值问题研讨会；2006年中国价值哲学研究会成立，研讨会由以前的不定期召开变为每年举办一届价值哲学年会。另外，中日价值理论研讨会召开过五次，其中一次在日本举行；世界价值哲学研讨会多次在中国举办。中国价值哲学研究已经成为世界价值哲学研究中的重要力量，一些重要观点得到国际同行的认可，产生了较大的国际影响。

问

一般而言，关于价值概念的界定，中国学界比较认同“价值是一个关系范畴，是主客体之间的一种关系”。不过，您何以又特别强调价值的主体性？这两者之间是否会出现逻辑不自洽的问题？

答

中国价值哲学界同仁普遍认同价值既是主客体之间的一种特殊关系，又是一种主体性现象。两者不仅不矛盾，相反是相互依赖的：前者是后者的前提，后者是对前者的深化和具体化。众所周知，按照日常的非反思的思路，往往把价值当作对象或事物的属性，如同事物的重量、形状那样，是事物自身所固有的，因此是客观的。但这种观点解释不了价值“因人而异”“因时而异”的问题。一些人据此认为，价值本质上是主观的，是受人们的情绪、情感和价值观决定的。但这种价值主观主义即价值问题上的唯心主义，不仅说明不了价值现象，而且从整体上取消了研究价值问题的必要性和可能性，这显然是不可取的。将价值作为关系范畴，就是要从上述困境中超拔出来，获得对价值现象的一个合理解释。但仅仅达到这一步又是不够的，因为这还没有解决到底什么才是价值标准，即价值尺度的问题。“价值是一种主体性现象”，就是在“关系说”的基础上，进一步说明价值的根源、根据及其尺度都是来自主体一方；就是作为主体的现实的人的生存、发展的需要及其能力，以及运用能力进行创造活动的社会实践过程，这才是价值现象的本质所在，也是人们合理理解价值问题的根本途径。

这里说的主体，既包括个体，也包括群体，如家庭、集体、阶级和民族等，其最高形式是人类；主体既有精神的方面，也有物质（肉体）的方面。

特别需要说明的是，价值是一种主体性现象，现在似乎已经成为“常识”，但在当年提出和论证这个命题时（如李德顺教授），却是一种富有创造性的理论观点，也是对中国价值哲学发展的一大贡献。我们今天不少人都在谈论这个命题，却未必真正理解它的深刻含义，一些理论混乱就是由此产生的。

问 从您的相关论著来看，您比较坚定地坚持“以满足人的需要作为价值标准”的观点，可不少人将这种观点称为“功利主义”或“个人主义”，认为这是导致物欲横流、社会价值观混乱的原因。您如何看待这种批评？

答 我的确一直比较坚定地坚持“以满足人的需要作为价值标准”。当然，持这一观点的人还有许多，可以说这是中国价值哲学界的主流观点，具体有以下几个方面：第一，理论的本真性。这是基于马克思“从现实的个人出发”的思想而得出来的结论。“现实的个人”首先就是有着各种需要从而从事各种活动的人，这其中，肉体需要、物质需要是首要的，因此才会产生“劳动生产”这个人类历史的第一个活动。第二，理论的现实性。强调满足人的需要是价值标准，符合人们的生活常识和经验，有助于人们从各种价值“迷雾”中解放出来，特别是从中国以往长期流行的道德说教中，从重“面子”轻“里子”、“死要面子活受罪”的思维习惯中，从只算政治账不算经济账、求虚名而招实祸的思维方式中解放出来。这种解放思想的作用在当年是很突出、很明显的，即使在今天也依然很有意义。第三，理论的彻底性。需要的客观性决定了价值的客观性，需要的复杂性和辩证性规定了价值存在的复杂性和辩证性，需要及其满足方式的发展为理解价值现象的发展提供了合理的路径。此外，基于此而对价值标准与评价标准所进行的区分，为在价值哲学领域贯彻唯物辩证法、坚持“实践是检验价值判断是否具有合理性”的标准，从而有效防止各种观念决定论和主观主义，奠定了坚实的理论基础。

“需要”与“能力”既相互催生又相互限定，“需要”与“欲望”既非同一又难分难解，这本身就是一个重要的研究课题。各种主体、各层次的主体都有自己相对完整的“需要”体系，由此才形成各种各样的“利益”，而“需要”的丰富程度与成熟程度直接体现着主体的发展程度。各种不同主体的需要之间有共同性的一面，也有差别性的一面，有多少共同性就会形成多少共同价值，有多少差别性则形成多少不同的价值。即使是同一主体，其整体需要与个别需要、长远需要与眼前需要、物质需要与精神需要，都不仅有不同，而且会发生矛盾和冲突。所有这些问题，都是非常复杂的，我们的研究还很不够；或者准确地说，我们的研究多停留在一些抽象层面，具体而全面的揭示还比较少。一些人批评从满足需要来界定价值是功利主义和个人主义，恰恰在于他们不懂得也不理解学者是如何界定“需要”这个范畴、如何论证“需要”的复杂性的；而往往直观或武断地把“需要”认定为“个人的”“物质需要”，从这种“需要”出发讨论问题就“必然导致”某种主义。至于说把物欲横流、社会价值观混乱都记在某个“主义”的“账”上，是观念决定论思维方式的典型表现。

问　您在相关论著中多次讲到价值论与认识论的差别，这其中最大的差别是什么？

答　与西方现代价值哲学兴起在某种意义上是对科学主义霸权和认识论中心主义的反拨不同，中国价值哲学研究是顺应、依附着认识论而发生的。真理标准问题大讨论引发了思想解放运动，而当时这个命题是典型的认识论命题，实践、认识、真理都是认识论的基本范畴。正是在这种背景下，价值论研究受到认识论范式的强烈影响。比如，价值哲学研究初期首先讨论的是价值认识与事实认识，争论的是“是否存在价值真理”等，这些都是受到认识论范式影响的具体表现。众所周知，认识论以人类的认知活动为研究对象，以揭示认识如何发生、如何演进、如何检验真伪为主要任务。在认识论中，真理是最高的范畴，一切认识以达到真理为最高目标。至于如何使用真理，实际上已经进入了实践论的范畴。认识论设定的认识主体是人类，人类是唯一的主体。因此，在认识论中没有主体间关系的问题，只有对象的实际情况是否被主体所把握，即认识是否是真理以及如何检验的问题。只有在这个背景下，我们才能理解真理一元论。价值哲学则不同，它从现实的人和人的现实实践生活出发，以多元主体的存在为基本前提。正因为主体的多元性，价值必然是多元的。由此，人们相互冲突的价值判断就主要不是真假意义上的谁对谁错的问题，而主要是利益和立场问题。我这里还以当年争论中常使用的例子来论说此点。对于湖南农民运动，农民、革命者说“好得很”，地主、行政当局说“糟得很”，按我们过去的理解，前者是真理，后者是谬误。其实，他们说得都“对”，因为都符合自己的“实际”，关键是彼此的立场不同。从我们当下的现实而言，不仅工人有自己的利益诉求，企业老板也有自己的利益诉求，其间会有差距甚至对立；而且不同地区之间、地方与中央之间，甚至中央各部门之间，要求都会有不同，因此，价值判断就不一样，就会有矛盾，甚至是尖锐的矛盾。对待这些矛盾和冲突，不能简单地套用认识论模式，认为其中必有一方是正确的、是真理，另一方则是错误的、是谬误，解决问题的途径就只能是一方“吃掉”或“战胜”另一方。从价值论角度看，这些矛盾都是正常的，是一种常态，它们各自都有自己的合理性。在依法治国的条件下，这种合理性主要是与合法性联系在一起的。法律面前人人平等，就是指各种主体都具有平等地位，老百姓个人的合法权利和要求，企业单位、社会组织的合理合法的要求，都要得到广泛尊重；如果双方的主张有冲突，而彼此都是合法的，那就只能通过双方的协商和妥协来解决。明确价值论与认识论的不同之处，把价值规定为一种主体性现象，将价值判断（评价）视作一种主体的权利，这才是深刻的观念转变和思想解放。

或许有人会反驳：照您的思路，那不是导致价值相对主义了吗？列宁曾说过，辩证法，正如黑格尔早已说明的那样，包含着相对主义、否定、怀疑论的因素，但并不能把它归结为相对主义。从价值观层面而言，绝对主义实质上是专制时代的统治阶级把自己的价值观神化为唯一正确的价值观，从而强加给社会大众，并拒绝承认别的阶层的主体地位和权利。我们是社会主义国家，宪法规定公民有信仰自由、言论自由，这就是承认并保护公民有坚持自己的价值观的权利。一方面，不同阶层、群体有不同的具体的价值观；另一方面，这些价值观之间也有共同的地方，这就是社会的基本价值观。作为人们行为基本规范的法律，就是与这些社会基本价值观相契合的。也就是说，可以要求人们遵守法律，却不能强制人们在价值观上实现绝对统一。在我国，意识形态领域要毫不动摇地坚持以马克思主义为指导，但同时也要容许各种具体的价值观如宗教的价值观、儒家的价值观存在，并力求使彼此相适应和协调。这并不是价值相对主义，而是依法治国的具体表现。

问　在关于价值哲学方法论的争论中，不少学者对主客体二分的思维方法提出了质疑，您是如何看待这种质疑的？

答　方法论自觉从来都是学科研究深化的一种表现，也是能够推进研究深入的一种动力。我对于价值哲学的方法论争论是持积极看法的，它在很大程度上体现了价值论研究希望摆脱认识论研究范式的影响、寻求适合自己的研究方法的一种努力。但是，一些学者对从主客体关系角度规定价值表示不满，认为这还是对传统认识论的主客体二分方法的套用；也有学者认为，现代哲学已经用“主体间性”取代并超越了主客体二分，我们也应该抛弃主客体二分方法；对此我是有不同看法的。我认为，把主体、客体范畴仅仅看作认识论范畴，将主客体相区分或相对待仅仅看作认识论方法，本身就是有问题的。确实，西方哲学自近代实现从本体论到认识论的转向后，主体、客体范畴成了哲学核心的、主要的范畴，但不能由此就认为它们仅仅是认识论范畴。近代哲学主要执着于主客体相分的一面，正如马克思批评的那样，旧唯物主义对感性、现实只从客体方面去理解，而唯心主义则只从主体的精神方面去理解，它们都有片面性。马克思主义哲学主张把现实、感性都当作实践去理解，也就是从主客体相互区分、相互联系、相互作用的角度，从它们如何实际发生和实现的过程的角度，去理解自然、理解社会、理解人、理解自然与人的关系以及人与人的关系。马克思没有用“主体间”或“主体间性”这个概念，但他非常重视人们的社会关系、社会交往活动在社会发展和人的发展中的作用；而且他对于社会交往形式与生产力发展的关系、交往方式与财产所有制的关系、不同社会交往形式之间关系的分析，要比哈贝马斯等人深刻得多、具体得多。这一方面说明马克思主义哲学的主客体关系理论超越了近代西方哲学的主客体理论，它不限于认识论而属于整个马克思主义哲学的基础理论；另一方面说明主体间关系方法与主客体关系方法并不是一种相互对立、相互取代的关系；相反，前者以后者为基础，同时又是对后者的深化。我提出的“规范性价值”和“实在性价值”的区分，就是立足于主体间关系视角和主客体关系视角的。

问

那么，您如何看待价值的多元性问题？您认为价值多元性或多元化是合理的吗？

答

这个问题在价值哲学界是有争论的。赞同价值一元论的人，大部分都是从哲学教科书的“原理”出发形成一元论的概念：世界万事万物是统一于物质的，即物质一元论；人们对某一特定事物的认识可能存在对立的情况，但真理只有一个，即真理一元论；由此推论，价值的具体形态虽然多种多样，但本质或根源上只有一个；人们对一定价值可以形成不同判断或不同认识，但最终只有一个是真理性认识或判断，即价值真理。所谓“科学的世界观”“科学的价值观”，表达的就是这种意思。从实践上看，这种一元论是为统一思想而服务的。一些人反对价值观多元化，总觉得是后者导致了思想混乱和社会乱象。众所周知，现代价值学的发轫，其中一个重要原因就是反对理性至上观念，中国价值哲学研究作为当时思想解放运动的重要一翼，也是以批判那种假借科学、真理为旗号的教条主义及其思维方式为重要任务。在确立了“价值是一个关系范畴”“是一种主体性现象”这些基本命题之后，人们只要顺着这个逻辑，就难以同意和坚持价值一元论的说法。从实际生活经验看，同一主体有多少种需要，就会形成多少种价值，就像这些需要无法归并一样，这些价值之间也无法进行归并或化约，相反有时还会发生冲突；不同主体的共同需要会形成共同的价值标准，但彼此之间却无法相互替代；而不同主体的不同需要构成各自的价值标准，正如俗语所谓“萝卜青菜，各有所爱”，无须也不可能将之统一起来。至于说在不同且对立的价值判断之间只能有一个是真理，这是把认识论混同于价值论的一种表现。对于不同价值判断所涉及的认知或知识方面，确实存在谁真谁假的问题，这属于认识论的范畴；但价值判断的核心不在于此，而在于不同的评价标准即价值观念，以及评价主体的立场，这显然不属于认识论范畴，不能简单地以真理或谬误来指认。只要我们尊重这些基本经验事实，就可以认识到：价值作为主体性现象，其本质就是多元性的；因为主体是多元的，所以价值多元论基本可以看作“价值是一种主体性现象”的另一种说法。

顺此观之，承认价值的多元性，即所谓价值多元论，不仅意味着如实地承认这样一个基本经验事实，更为关键的是意味着具有非常重要的解放思想的意义。一方面，它启发人们用自己的眼光看世界，用自己的头脑想问题，特别是关于价值的问题。因为，即使科学研究揭示了外部世界的事实，这些事实对不同人的价值也会是不同的，因此，还要尽可能弄清楚自己的“实际”，如自己的需要、能力以及具体条件，才能得出可靠的价值判断。另一方面，从社会角度看，这意味着要明确各层级主体的权利和责任，尤其是要把属于个人的权利还给个人。我们现在强调依法治国、依法治理，其现实的根据就在于主体的分化和人们权利意识的觉醒；唯有依靠法律，明确规定不同主体的各种权利及其责任，划定各种主体权利的边界，从而有效地防止“擅权”“越权”现象，确立相互交往包括经济交往、社会交往、政治交往中需要遵循的各种规范，减少纠纷和矛盾冲突，降低交易成本，促进分工和合作，才能使社会既充满活力又保持必要的秩序。总之，价值一元论是为政治专制、禁锢思想张目的，而价值多元论则是尊重和维护公民权利、坚持民主法制的合理性的理论基础。

问 正如您所说，您十分重视对“规范性价值”的研究，这与承认价值多元论是什么关系？

答 我把直接以主体（包括个体、群体、社会等）需要的满足为标准而形成的价值叫作“实在性价值”，这主要是从主客体关系角度着眼的。在这里，价值标准与评价标准是分开的，主体以为对自己有利的，未必就真正有利或事实上有利。而“规范性价值”则以规范为标准（此种规范是基于社会和文化而形成的），它是社会形成的共同标准，既是评价标准也是价值标准，它们是重合在一起的。最典型的就是道德和法律的规范，既是人们评价一个行为“是否符合道德”和“是否违法”的标准，也是这个行为实际上“是否符合道德”和“是否违法”的标准。人们把前者称为“利害”，把后者称为“是非”。讲“利害”往往涉及对谁有利、对谁有害，侧重具体主体；而论“是非”则涉及谁对谁错，具体行为者又成了客体，标准也是共同的。从历史上看，许多思想家主要关注的是规范和规范性价值，认为这才是具有社会性的和客观的，而那些与个人需要相联系的价值都是个人的、偶然的和主观的。但是由于这种人为的割裂，就难以对规范的起源、变迁及根据获得合理的理解，而往往归结为圣人、神的意志等。从马克思主义哲学的观点看，这些规范（包括制度）或是自发形成的，或是由国家机构颁布的，其本质上都是人们社会交往的产物，是人们为了解决交往中出现的矛盾和问题、维持一定的秩序而形成的，其作用就是提供一套共同的社会标准，起到“定分止争”的作用。所以，随着新的生产力、新的交往工具和交往方式的出现，也出现了新的矛盾，旧规范因无力解决这些矛盾而日渐失效，新规范则应运而生并取而代之。这就是规范和规范价值的社会历史性。这里需要说明的是，规范性价值是由一定规范所“规定”的价值，而规范的价值不是“规范性价值”，而是属于“实在性价值”，是以能否满足社会发展和人的发展的需要为标准的。旧规范之所以为新规范所战胜或替代，就在于后者能够更好地解决社会交往中出现的问题，更有利于社会和人的发展。

一些人认为，既然规范是社会性的和共同性的价值标准，那无疑就否定了那种“公说公有理，婆说婆有理”的价值多元状态的合理性；另有一些人则认为，倘若承认个人主体的需要也遵循价值标准的多元论，就不应再承认存在什么共同的价值标准，否则就陷入了自相矛盾。在我看来，这是典型的形而上学思维的表现。规范作为共同标准，不仅不否定个人主体需要也是“实在性价值”的标准，而且恰恰以此为前提，是在这个基础上形成的具有共同性的东西，是人们的共同需要的表现。同时，任何社会都存在多方面的需要，如发展经济、改良政治、繁荣文化、维护秩序、加强国防、保护环境等，因此其设立的规范也是多种多样的，也都是“规范性价值”，但它们之间无法化约，有时还可能出现矛盾和冲突。传统文化中的“忠孝难两全”，现在人们讨论较多的平等与自由的矛盾，就是最好的例子。承认多元的合理性，可进一步寻求多元中的共同性，这相当于中国古人讲的“和”；否认或贬低多元，将之作为假象或表象，只承认作为本质的“一”，这相当于中国古人讲的“同”。孰对孰错，孰优孰劣，这是不证自明的。

问 您曾提出要注意区别价值观冲突与价值冲突、区别价值观体系与价值体系，这有什么现实意义吗？

答 这实际是马克思主义和马克思主义价值哲学的常识性问题，可现实中，许多人经常忘记这个常识。比如，他们习惯性地认为，时下的许多社会矛盾和冲突都是由于价值观多元化引起的，都是根源于价值观的冲突。这种看问题的方式的误区在于，这是典型的观念决定论的路子。另外，他们所谓的价值观冲突，不是一般的冲突，而是多指正确价值观和错误价值观的冲突，认为只要严厉批判和肃清错误价值观，社会便可“海晏河清”。实际上，改革开放不仅带来了生产力的巨大发展，使得社会物质财富、精神财富极大丰富，同时也改变了以往那种板结同质从而极端缺乏活力的社会结构，而利益分化、阶层分化使得主体多元化、价值观念多元化，这实际是回复到了一种基本正常的社会发展状态。与此相适应，中央提出了从革命党向执政党转变、从人治社会向法治社会转变的战略决策，明确宣告各个社会阶层都是社会主义现代化事业的建设者，国家依法保护每个公民的合法利益和权利，依法治国成为基本治国方略。这意味着法律成为人们社会交往中的基本规则和判断是非对错的基本标准。不同主体自然会有不同的信仰和利益诉求，这样价值观的差异和冲突就具有了必然性，而冲突双方或多方都可能是合法的。不同主体的利益冲突有些是由于价值观冲突引发的，更多的却是在相同或一致的价值观基础上引起的；而无论如何，利益冲突只能通过利益调整的途径来解决。

把价值体系等同于或归结于价值观念体系是存在误区的。在个体、群体（包括家庭、阶级、民族、社会等）和人类等不同主体层面，各种价值都呈现为体系性存在状态，都有一个价值体系；但我们现在所谓的价值体系则主要指一定社会的价值体系。有人按照观念/存在、主观/客观二分的原则，认为价值观（念）体系与价值体系也是分离的。我不同意这种意见。在我看来，一个社会的价值体系包括价值观（念）体系、价值规范体系和现实价值运动三个层面。价值规范处于中介地位，受观念引导但更是一种现实的社会制约性力量；价值观（念）的宣传教育是一种价值“导向”，属于“说服”或“劝服”的范畴，必须配合价值规范建设，才能有效地影响、范导人们的价值选择，形成社会所希望的合理的价值取向。法律是社会的基本规范，也是最硬性的规范，只有切实地坚持依法治国，确立起法制的公信力和权威性，才能真正有效地改变时下的社会乱象，建立起良好的社会秩序。

问

目前，关于社会主义核心价值体系和社会主义核心价值观的讨论日益深化。您认为讨论中还需要注意哪些方面的问题？

答

有一点可以肯定，社会主义核心价值体系的酝酿，除了现实针对性这一层面外，也注意和吸取了价值哲学研究的成果。20世纪90年代，中国的价值哲学界就讨论过树立社会主义价值观的问题。在世纪之交召开的“中日价值理论研讨会”上，我提交的论文就是《21世纪中国新价值观的建设与展望》（发表在《天津社会科学》上），此后我还写有《深化价值观研究，构建当代中国价值观体系》《先进文化与价值观体系建设》等文章。中央提出建设社会主义核心价值体系后，哲学理论界的讨论很热烈，其中既有肯定性的论证，也有建设性的意见。在这方面，我认为讨论中还应关注三个理论层面的问题：一是避免混淆价值观（念）体系和价值体系；二是厘清核心与体系的概念矛盾；三是注重核心原则之间的逻辑相关性。同时还要认识到，没有一种思想是最后的思想，每一种价值体系的提出都具有时代性，“培育和践行核心价值观”

同样是一个历史过程，是时代性和未来性的统一。

至于如何把社会主义价值观的本质特性提炼出来，使其既能与封建主义核心价值观、资本主义核心价值观区别开来，还能够更好地解释说明价值中的其他要素，并能表明其确实处于核心地位，这是一个重大的研究课题，需要认真进行深入研究。从理论的角度看，封建主义、资本主义和社会主义，原本都是抽象掉了不同民族国家的特殊性，而从世界历史和社会形态演变的高度来进行划分、概括而形成的概念和理论；相对于它们而言，苏联的社会主义、中国的社会主义、越南的社会主义等都是社会主义的特殊形式，而英国的资本主义、法国的资本主义、美国的资本主义则是资本主义的特殊形式。这里涉及的一般和特殊的辩证关系看似简洁明了，但在把它贯彻到实际研究的过程中，既不能把两者混淆起来，也不能把两者对立起来。过去我们一度把特殊当作一般、把一般当作特殊，如把苏联模式教条式地当作社会主义一般，而罔顾自己的特殊条件，这在实践中是有沉痛教训的。在理解和处理中国特色、中国道路与人类文明的共同价值的关系时，我们一定要记取这个教训。

问

从以上您的分析与阐述来看，价值哲学研究不单涉及纯粹的学术领域，它还涉及诸多的现实关切。那么，您认为进一步深化中国价值哲学研究还存在哪些需要解决的问题？

答

中国价值哲学发展虽然取得了很大的成就，但毕竟经历的时间还比较短，仅仅只有30多年的时间，而且还多有波折。相对于当代中国和人类发展的实践要求，我们的理论研究还有许多需要改进和加强的地方，任重而道远。几年前，应《社会科学战线》编辑部之约，我与李德顺教授合作撰写了《当代中国人的文化觉醒——国内价值哲学研究三十年述评》，文中“有待深入研究的问题”一节，罗列了十个方面的问题，其中有三点需要特别值得重视。

第一,一定要明确学术研究与理论宣传的区别。这是人文社会科学领域普遍存在的问题，在价值哲学领域尤为突出。目前，价值哲学在聚焦热点话题时，题目、内容和话语的重复率过高，而真正有学术价值即推进了理论研究进步的成果实在少之又少。当然，宣传不能缺少重复，但研究则忌讳重复，总是针对一定“问题”，以提出一些新观点、新思想进而推进理论研究为目标。我们一定要强化问题意识和创新意识，摆正学术价值与社会价值的关系。

第二,一定要加强实证性研究。比如，结合和汲取现代政治学、决策学、管理学的研究成果，弄清楚真理原则和价值原则是如何实现对立统一的，以具体的事例说明评价性因素和认知性因素、价值判断和事实判断各自如何在决策中起作用，其中有哪些需要注意的问题和陷阱，有哪些可吸取的经验。再比如，这些年中国人的价值观念发生了很大变化，但这些变化在不同的阶层中到底是如何分布的、彼此有哪些差别，政府宣传和倡导的与人们实际持有的价值观念之间有哪些差距，主流价值观念与非主流价值观念的关系到底如何等问题，实际上我们都不是很清楚。这需要我们与社会学相结合，作比较广泛而持续的社会调查，获得一些可靠的数据材料，从而从中总结出一些符合实际的理论结论。

第三，应加强对于规范和规范价值的研究。中国正处于社会转型期，由于中国的崛起，世界秩序也发生了重要转变，两者相互作用、相互影响。就国内看，转型期的典型特征是新旧交替，旧的规范失效而新的规范尚未确立，所以失范、失信行为较为普遍。从国际看，中国作为一个负责任的大国、一个最大的发展中国家，代表广大发展中国家的利益参与国际事务，既承诺和遵守既有的规则规范，即“与国际接轨”；又常常需要根据发展的新情况提出修订一些不合理规则的要求，即“重写规则”。国内外的具体实践，都要求我们对于如何确立、修订和维护规范有一种价值理论的自觉和一种法哲学层面的思考，这需要价值哲学发挥应有的作用。总体而言，价值哲学研究既是基础理论的研究，又是最接近现实生活实际、最能满足实践需要的研究，即不研究价值的哲学是没有价值的。应当说，实践上的盲目往往与理论上的迷误联系在一起，我们的研究应尽力避免这种情况的发生。

问

最后请您谈谈中国价值哲学研究对于整个马克思主义哲学发展起着怎样的作用？

答

我一直十分关注价值论或价值哲学研究对马克思主义哲学研究的促进作用。从1987年撰写《价值论在现今的价值》开始，到1998年的《中国价值论研究：特点和问题》、1999年的《价值论兴起对当代中国哲学发展的影响》，再到2014年的《价值论研究对当代马克思主义哲学发展的意义》，在这些文章中，我始终认为，价值哲学研究不仅开辟了一个新的研究领域，形成了马克思主义哲学研究新的生长点；而且打开了一扇新的窗户，提供了观察和理解问题的一种新的视角和方法，加深了我们对马克思主义哲学的实践本质的理解，为加强马克思主义哲学与其他学科的对话、整合当代科学发展的新成果、构建马克思主义哲学的当代新形态提供了重要基础。

对于中国价值论研究的背景和成就，我曾在《中国价值论研究：特点和问题》一文中指出，中国的价值论研究与思想解放运动和改革开放同步进行，但它作为一种哲学思潮，毕竟以反思和批判先前的哲学思想和观念作为前提，以现实生活中人们普遍关注的问题为基础。首先，它反思并批判先前哲学中流行的“唯客体主义”、“规律至上”和“目中无人”的直观唯物主义的倾向，呼应了重视人道主义和人的异化研究的潮流；其次，它批判既往把主体当作主观、害怕陷入主观主义而尽量避免研究主体、强调主体性的观念，强化和深化了对主体尺度、需要、能力、目的、权利等主体性问题的研究；再次，它反对以往主要是从认知角度片面理解认识，以致片面理解包括艺术审美活动和道德活动在内的整个观念活动，指出了此前只强调要达到真理和服从真理的偏颇性，突出了主客体关系的复杂内容与主体的价值观念和评价的重要性；复次，它反对一度盛行的对真理、客观规律、科学的世界观理论的教条化、绝对化的理解，以及统一意志、统一思想的绝对主义文化主张及运思倾向，着力阐明价值的主体性、多样性和价值观念的多元性，并力图为思想宽容和各种学术观点的平等争鸣提供论证；最后，它不满于当时流行的对实践的地位、性质，以及对实践检验认识过程的简单粗糙的理解，着力揭示实践中固有的价值内容和属人、为人的特性，阐明实践发展与人的本质、人的需要不断丰富和提升的内在关联，强调实践作为真理与价值辩证统一过程的历史性。以上诸点固然不能说完全是由价值论研究者提出的，但价值论视域的批判确实是很新颖、很有说服力的，其中的诸多观点确实对人们产生了很大启发，因而得到了相当程度的认同和赞誉。也正因为如此，新时期作为学术热点而出现的生存哲学、实践哲学、生活哲学、社会哲学、政治哲学等，都自觉地吸取和利用了价值哲学的研究成果和分析角度。

由于过去我们在强调马克思主义科学性的同时，遮蔽了价值的维度，尤其是忽略了科学维度与价值维度之间的内在紧张和张力，使得在理论上像平等、自由、民主、人权、公正这些属于价值论的概念处于一种无法置放的尴尬境地。这个教训是十分深刻的。当前，如何公正地处理不同阶层、不同利益群体的矛盾，如何满足人民群众对于自由、平等、公正的权利要求，这些时代问题从理论上凸显了价值哲学研究的新主题，从实践上反映了政治文明建设的基本目标。

总体而言，中国价值哲学的兴起和成就，本身就是马克思主义哲学发展的一个例证、一个表现，同时又积极地推动了当代中国马克思主义其他理论领域的发展，促进了中国人价值观念的转变和整个社会的转变，是中国现代化的一个重要助力。我们现在需要从思维方式和价值观念的双重视角认真总结中国社会主义建设和改革开放的新经验，从哲学层面切入和回答当代人类和中国发展的新现实和新问题，努力把握和形塑我们这个时代的时代精神，构建马克思主义哲学的当代新形态。我相信，这将是中华民族对人类的新贡献，也是中国哲学家对世界文明的新贡献。

（原载《哲学动态》2016年第8期）

学者近况

马俊峰（1954—　），哲学博士。现任中国人民大学哲学院二级教授、博士生导师，教育部长江学者特聘教授，中国人民大学马克思主义哲学研究中心主任。兼任全国辩证唯物主义研究会常务理事、副秘书长，北京市哲学学会常务理事，中国价值哲学研究会常务理事、副会长。主要研究领域为马克思主义哲学、价值论和社会发展理论。主要著作有：《评价活动论》、《人与己》、《价值论原理》、《价值论的视野》、《当代中国社会信任问题研究》、《马克思主义价值理论研究》、《中国当代哲学重大问题研究》（主编）等。在《中国社会科学》《哲学研究》《人民日报》《光明日报》《教学与研究》《中国人民大学学报》等国内重要学术刊物发表学术文章150余篇，多篇文章为《新华文摘》、《中国社会科学文摘》、《高校社会科学文摘》、人大复印报刊资料《哲学原理》转载。科研成果多次获教育部和北京市优秀成果奖。

创建我们这个时代的正义理论

——访姚大志

学者简介

姚大志，1954年生，吉林长春人。时任吉林大学哲学社会学院教授、哲学系主任，教育部高等学校哲学学科教学指导委员会副主任，美国哈佛大学和伯克利加利福尼亚大学访问学者。长期从事政治哲学特别是正义理论研究，主要代表作有：《正义与善——社群主义研究》（人民出版社，2014）、《罗尔斯》（长春出版社，2011）、《当代西方政治哲学》（北京大学出版社，2011）、《何谓正义：当代西方政治哲学研究》（人民出版社，2007）、《现代之后》（东方出版社，2000）、《现代意识形态理论》（黑龙江人民出版社，1993）等，主要译著有：《被检验的人生》（诺奇克著，上海译文出版社，2015）、《作为公平的正义——正义新论》（罗尔斯著，中国社会科学出版社，2011）、《无政府、国家和乌托邦》（诺奇克著，中国社会科学出版社，2008）。

问

您是国内学术界最早从事政治哲学研究的学者之一。在您的学术生涯中，您最初的学术旨趣并不是政治哲学。但近二十年来，您一直致力于政治哲学研究，并对国内政治哲学研究起到了很大的推动作用。您是基于什么考虑转向并专注于政治哲学，特别是社会正义理论研究的？

答

我个人的学术生涯很简单，大体上分三个阶段。20世纪80年代主要研究斯宾诺莎，这是我在硕士研究生期间工作的继续。80年代末到90年代初研究意识形态理论，这也是我第一个国家社会科学基金项目的主要研究内容。该项目结项后出版了《现代意识形态理论》这本书。90年代初至今，我的工作就是政治哲学研究了。

从20世纪80年代起，我在吉林大学哲学系一直为本科生讲授“现代西方哲学”这门课程。虽然现代西方哲学包含很多流派，但实质上主要就是两大派，即英美的分析哲学和欧陆的现象学。90年代初，我自己隐约觉得20世纪晚期的西方哲学已经有了明显的变化，但这种变化究竟是什么，我还没有形成一种清晰的看法。1994年我去美国伯克利加利福尼亚大学学习，在那里读了很多书，也常去课堂听课，同时还与那里的教授、学生有一些交流，从而对西方哲学出现的一些变化有了比较清晰的认识。于是，我开始对20世纪晚期的西方哲学进行梳理，试图把新出现的哲学理论和哲学趋势表达出来，这一工作的结果就是2000年由东方出版社出版的《现代之后》。在这本书的上半部“政治与历史”中，我介绍了西方当代政治哲学，讨论了一些重要的政治哲学理论；在下半部“现代与后现代”中，我主要探讨了后现代主义以及一些相关争论。我在该书的序言中写道：“自70年代以来，西方哲学发生了某种根本变化，出现了两种强有力的趋势，一种是政治哲学的迅速兴起，一种是后现代主义的广泛传播。”2000年之后，我的工作就比较专门了，几乎都是在政治哲学特别是正义理论这个框架之下进行的。

近20年来我之所以一直研究政治哲学特别是正义理论，其中有三个原因，而且这些原因是相互关联的。首先，我最初关注政治哲学，主要是因为西方哲学在20世纪晚期出现了一些根本变化。对于一直从事西方哲学研究工作的人来说，这是理论研究领域的前沿问题：作为研究者，我觉得自己有义务把这些新理论和新趋势介绍给中文学术界；作为教师，我觉得自己有义务在课堂上把这些新派别和新内容讲授给学生。其次，从90年代开始，我的理论研究兴趣一直是在政治哲学和道德哲学方面。从西方哲学来看，哲学可以分为两大部分，即理论哲学和实践哲学，前者包括形而上学、认识论、心灵哲学和语言哲学等，后者包括政治哲学、道德哲学、法哲学和社会哲学等。虽然我早年更关注形而上学和本体论的问题（主要是由斯宾诺莎引起的），但是在90年代中期便转向了实践哲学，特别是政治哲学。最后，对于我们很多西方哲学的研究者来说，可以说从来都是一只眼睛盯着西方，另一只眼睛盯着中国。虽然这些人被看作西方哲学的研究者，但是他们始终关注中国社会。另外，实践哲学与理论哲学有一个很大的不同，即它有实践取向的维度。自改革开放以来，中国社会发生了翻天覆地的变化，这既为政治哲学研究提供了丰富的素材，也为政治哲学的实践取向提供了用武之地。

问

在您的政治哲学研究中，罗尔斯的正义理论可以说占据了相当重要的地位。请问，罗尔斯的政治哲学留给我们最有价值和最值得思考的东西是什么？

答

在我的政治哲学研究中，罗尔斯确实占有重要的地位。仅就他本人的思想来说，我发表的研究成果有一部专著《罗尔斯》以及20多篇论文。这个问题可以分为两个方面来谈，一是对罗尔斯的“重视”，二是对其思想的“认同”。

我非常重视罗尔斯，因为当代政治哲学的崛起和所呈现的面貌都与罗尔斯紧密相关。1971年，罗尔斯发表《正义论》，引起了整个学术界（不仅是哲学界）以及普通民众（不仅是学者）的高度关注。由这本著作所引发的讨论之热烈、争论之激烈、文献之众多和影响之深远，甚至被称为一个“产业”。可以说，这在学术史上是一个非常罕见的事件。当代政治哲学可以分为众多派别，比如平等主义的自由主义、极端自由主义、新功利主义、社群主义和共和主义等，在某种意义上说，这些派别都是对罗尔斯正义理论的一种回应。罗尔斯的正义理论构成了当代政治哲学的一个框架：政治哲学家们或者在这个框架下工作，或者他们的工作就是反对这个框架。同西方一样，中国的绝大多数研究者都是在罗尔斯的影响下进入当代政治哲学领域的。我在课堂上经常对学生讲，政治哲学的“出口”可以有很多（你可以持有不同的政治哲学观点），但最好的“入口”只有一个，即罗尔斯的正义理论。

我不仅重视罗尔斯，而且也在相当大的程度上“认同”他的思想。这种“认同”出于以下几个原因。首先，罗尔斯提出正义是社会的首要美德，使社会正义成为当代政治哲学的核心。罗尔斯之前的政治哲学大体上有两派，一派以自由或权利为核心，一派以利益或功利为核心，而每一派都构成了对对方的反驳并且也面临对方的反驳。从理论上说，使正义成为政治哲学的主题，这是罗尔斯对政治哲学的最大贡献。其次，因为罗尔斯把正义当作政治哲学的主题，这样就使他能够完成一项其他人很难完成的工作，即提出一个平衡自由和平等的理论体系。对于现代社会来说，自由和平等是最重要的政治价值，但是几乎在所有的政治理论中，两者都处于相互冲突的地位，从而导致或者自由压倒平等，或者平等压倒自由。然而在其正义理论中，罗尔斯在各个问题上都十分注意自由与平等的平衡。从制度设计的角度来说，自由与平等的平衡是最重要的问题。最后，在罗尔斯的正义理论中，最深层的思想是对弱势群体的关心。我们通常所说的弱势群体，被罗尔斯称为“最不利者”（least advantaged）。罗尔斯认为，社会中最需要帮助的是那些处于社会底层的人们，社会不正义最强烈地体现在他们身上。一种正义的制度应该通过各种社会安排来改善这些最不利者的处境，增加他们的希望，缩小他们与其他人之间的差距。

问

为社会中的最不利者呼吁，这可能是罗尔斯的正义思想对您最大的影响。您在《哲学研究》2011年第3期发表《分配正义：从弱势群体的观点看》一文，以弱势群体为正义的基点，力图建构适用于当下社会的正义原则。很多人对此文有很高的评价，认为中国的政治哲学家们开始真正地关注社会现实问题，是政治哲学从理论研究回归现实实践的本质体现。这是否意味着您已经从多年的纯粹理论研究转向中国社会的现实和实践呢？

答

我前面说过，政治哲学不仅是一种纯粹的理论思考，它还有实践的取向。因此，每一位政治哲学研究者都会高度关注中国社会的现实问题。问题在于，这是一件非常困难的事情。我认为，学者在思考解决中国社会的现实问题之前，需要先行解决三个问题。

首先，我们需要对与现实问题相关的政治观念拥有一种清晰的思考。社会现实问题通常都是由某种政治观念表达出来的，并且也是通过相关政治观念的制度化加以解决的。比如说，在当前的中国社会中，与各种现实问题相关的政治观念有自由、平等、公平、正义、民主、法治等。这些观念原本都是西方的，并且在西方政治传统的背景条件下，它们对西方现代政治制度的形成和完善发挥了重大作用。因此，如果我们试图用这些观念来分析和解决中国社会的问题，那么我们首先需要想清楚这些观念本身。比如说，如果我们想把中国建设成为一个法治社会，那么我们就需要先对法治观念本身考虑清楚：我们为什么要实行法治？法治的目的是什么？什么是法治的本质？法治以什么条件为前提？如果不从观念上思考清楚法治，我们就没有办法着手制度建设问题。

其次，我们需要弄清楚目前中国社会相关领域的现状以及存在的问题是什么。我们都同意政治哲学的研究者应该关注现实问题，但是，现实是什么？或者说，什么是现实？要想知道某个地方（如社区或村庄）或单位（如公司或工厂）的现实，我们可以到这个地方了解实际情况，而且也大体上能够知道这个地方的现实。但是，什么是中国社会的现实？我们不可能走遍整个中国。即使走遍了中国，也未必能够了解"整个"中国社会。要弄清中国社会的现实，除了关注之外，还需要某种洞察力。只有凭借这种洞察力，我们才能够对中国社会有更好的了解，才能深刻地认识到其问题所在。这种洞察力既来自我们对中国的过去、现在以及政治传统的深刻理解，也来自我们对相关政治观念的深思熟虑。这里需要强调的是，清晰的政治观念（如自由、平等和法治等）有助于提高我们观察中国社会的洞察力。

最后，我们需要知道如何把政治观念接入中国社会的现实中。即使我们对政治观念有了清晰的思考，并且对中国社会的现实问题也有了清楚的把握，我们还面临一个问题，即如何把相关的某种政治观念转换为有效的制度。也就是说，我们需要找到理论与实践的"接口"。比如，我们拥有一种清晰的"分配正义"观念，也知道现在中国社会在分配正义领域存在的主要问题是不平等，那么我们现在要做的事情就是如何以制度的方式来逐步解决这种不平等。总之，我们需要把"分配正义"的观念加以制度化。这就是所谓的制度设计问题。在这个问题上，我认为存在大体上的分工：制度设计需要某种正义原则的指导，而思考正义原则主要是政治哲学家的工作；具体的制度设计需要专业知识，这是法学家和经济学家的任务。

政治哲学家关注社会现实并试图表达一些观点，本质上就是在制度设计的问题上说点什么。而政治哲学家要想对制度设计说点什么，就需要从理论上对所说的东西考虑清楚，在事实上对所说的对象有深刻了解，在实践上把理论上的政治观念与现实的中国社会实际结合在一起。显然，这不是一件容易的事情，需要多年的摸索和积淀。

问

您在《哲学研究》上发表的有关分配正义的文章产生了您未曾意料的结果。学术界反响很大，许多学者发表文章同您商榷。可以说，在近二十年哲学界颇为沉寂的氛围中，这是鲜有的一次认真严肃的学术争论。在这篇文章中，您采取了平等主义的立场来思考和解决分配正义问题。而且，在您的政治哲学研究中，平等理论也是着墨较多之处。您这样做的理由是什么呢？

答

确实，我没有想到这篇文章会引起如此多学者的关注和反应，也没有预料到会产生一场认真严肃的学术争论。正如你所说，我在这场学术争论中持有一种平等主义的立场，并且在近年来所发表的学术成果中，以平等主义为主题的文章的确占有很重的分量。对于你的上述提问，我想从下面两个方面来回答。

一是平等为什么如此重要。在我看来，这个问题与正义有关。虽然“正义”在今日中国是一个非常时髦的词，从普通百姓到政府层面都在频繁使用它，但很少有人能够直接回答“什么是正义”问题。这不是说人们不知道它是什么意思，或者有人在滥用或误用这个词。这个问题之所以难以回答，是因为“正义”本质上是一个形式的或程序性的概念。这不是说它没有内容，而是说它没有明确的或固定的内容。正义的内容是随时代不断变化的，而每个时代都赋予正义以不同的内容。如果这样，那么赋予正义以内容的东西又是什么呢？在我看来就是每个时代的政治价值。在我们这个时代（现代社会），最重要的政治价值有两种，即自由和平等。也就是说，自由和平等构成了正义的实质内容。我们通常说，正义是社会制度的性质。那么，什么样的制度是正义的？按照我们上述的分析，一种社会制度只有体现了自由和平等的价值，它才是正义的。在这种意义上，正义是自由和平等的制度化。平等作为现代社会最为珍视的两种政治价值之一，是正义制度的实质内容，因此它是非常重要的。

二是我为什么如此关注平等理论。虽然自由和平等是两种最重要的政治价值，但与自由相比，对平等的研究显然非常薄弱。

关于自由，几个世纪以来政治哲学家给予了大量研究，形成了稳定的自由观念，并且这种观念也在很大程度上被转化为制度。在某种意义上可以说，自由的问题基本上解决了。与其相比，平等在理论上得到的关注较少，在实践上建树更少。既然平等是最重要的政治价值之一，并且在当代政治哲学中关于平等问题产生了大量的争论，那么就需要政治哲学家考虑这样两个基本问题。一个问题是平等的规范性。所谓规范性是指，如果平等是最重要的政治价值之一，那么它就具有一种要求我们服从的力量。平等的规范性来自哪里呢？支持平等主义的道德理由又是什么？如果我们相信平等是一种重要的政治价值，那么我们就需要表明支持它的理由。另外一个问题是平等的含义。政治哲学家在平等问题上产生了大量的争论，但他们所说的平等是指什么？用阿马蒂亚·森的话说，平等主义者所说的是“什么的平等”。这里涉及平等的标准以及平等的实现等问题。近年来我所发表的关于平等的文章，基本上都是围绕上述两个基本问题，试图在先前平等理论的基础上做一些工作。

问

如果仅仅是基于改变社会最不利者的地位而最大程度地维护他们的利益，也许我们并不一定要站在平等主义的立场和依赖平等主义的理由。例如，我们可以采用优先论的理论和立场。如果我们的理解没错的话，您似乎也部分地赞同优先论的理由，并且提出了“消极平等主义”的观念。由此而来的问题是，您如何评价它对您的理论建构所带来的挑战？

答

坚持社会正义意味着帮助处于社会底层的弱势群体，这是我们的一种强烈的道德直觉。经过适当的反思之后，我们通常也会认为这种直觉是正确的。反思过程会给予我们以某些道德理由，来支持我们的道德直觉。而且，这些支持直觉的道德理由可能是不同的。因此，正如你所说的那样，我们帮助弱势群体，可以基于不同的理由。我们可以基于人道主义的理由，也可以基于平等主义的理由。在平等主义的理由中，我们可以基于积极平等主义的理由，也可以基于消极平等主义的理由。我自己在这个问题上的观点是：不赞成人道主义，主张平等主义；不赞成积极平等主义，主张消极平等主义。下面我简单地说说我为什么持有这样的观点。

就帮助弱势群体来说，人道主义确实是一个被普遍援引的理由，但我认为它不是一个好的理由。按照我的理解，人道主义建立在人的“尊严”上面。而且，只有人拥有尊严，而其他动物不具有尊严。如果某些人处于非常贫困的状态，没有起码的食物、衣服，且无家可归，那么这将有损于人的尊严。基于这种人类尊严的观念，我们应该对这些弱势群体提供帮助，以使他们能够过上一种“体面”的生活。在我看来，这种人道主义的理由存在两个问题。第一，它基于一种人的“尊严”观念，而这种观念可以追溯到康德的道德哲学。一方面，这种“尊严”观念建立在康德的道德形而上学之上，而并非所有人都会赞同他的道德形而上学；另一方面，这种人的“尊严”观念带有强烈的人类中心主义色彩，人类赋予自己一种独享的至高无上的地位。第二，基于这种人道主义的理由并接受人道主义的帮助，这些处于社会底层的人们在最好的情况下也只是过上一种“体面”的生活。也就是说，这种人道主义能够做的事情在最大程度上只是满足贫困者在衣食住等方面的直接需要。而从平等主义者的观点看，人道主义是一种“门槛”理论，它的要求很低，能够为弱势群体做的事情太少了。

我们再来看平等主义。平等主义不是一种统一并且界限分明的理论，它内部包括很多不同的观点，比如，强平等主义与弱平等主义、结果平等主义与机会平等主义、传统平等主义与优先论，等等。我自己一般把平等主义分为两种，即积极平等主义与消极平等主义。强平等主义、结果平等主义和传统平等主义属于积极平等主义，而消极平等主义是弱平等主义，在某种意义上也是一种优先论。

积极平等主义与消极平等主义的区别在于关注焦点的不同。前者关注的焦点是不同群体成员之间的福利差距，尽管弱势群体构成了这种差距的最低一端；后者关注的焦点是弱势群体本身，尽管它也涉及与其他群体的比较。这种区别反映了它们的目的不同：积极平等主义把追求平等本身视为最重要的目标，甚至视为最高的价值；消极平等主义主张最重要的事情是帮助弱势群体，改善他们的处境，提高他们的福利水平，而平等本身则是改善他们的处境所导致的一种后果。既然这样，我为什么还要主张消极平等主义是一种更好的平等主义呢？因为如果我们主张积极平等主义，那么存在这样一种可能性，即通过降低更富裕群体之福利的方式来达到平等。也就是说，以“帕累托更劣”的方式达到平等。我认为“帕累托改善”对平等主义构成了一种约束。如果平等主义者接受这种约束，那么消极平等主义就是一种更好的平等主义，因为它关注的是提高弱势群体的福利水平，并且它只以“帕累托更优”的方式来达到平等。正是基于这些考虑，我提出了“消极平等主义”的观念。

问

在我们看来，消极平等主义也是一种平等主义，并且它同积极平等主义一样，也主张平等具有内在的价值。如果这样，那么我们为什么不能要求比消极平等主义或者优先论更大程度的平等？我们为什么不能主张在分配问题上人们之间完全平等？正如科亨追问的那样：如果你是平等主义者，为什么会如此富有呢？

答

这是一个经常困扰平等主义者的尖锐问题。既然我们自称平等主义者，我们为什么不能主张实行完全平等的分配？一个平等主义者难道不应该主张所有人都必须得到平等的对待，其中包括财富和收入上的平等对待吗？正如有些学者所说的那样，即使在实践中不能做到在财富和收入方面人人平等，平等主义者也应该在理论上提出这样的要求，因为平等是一个规范性问题。

平等确实是一种具有规范性的要求。但是，作为一种政治价值，平等不仅应该具有可欲性，而且也应该具有可行性。因为政治哲学的观念具有实践的取向，我们是用它们来改造社会的。任何一个政治哲学的观念，如果它没有可行性，那么它的可欲性就失去了价值。这是政治哲学作为一种实践哲学与理论哲学的根本区别。一种理论哲学的理论（如某种形而上学学说）只要能自圆其说，就有存在的理由。但是，一种政治哲学的理论如果没有可行性，就失去了存在的意义。也就是说，作为一种规范的要求，平等应该具有可行性，起码在理论上它应用于现实社会是可能的，这是由实践哲学的本性决定的。

其实，我们之所以不主张实行完全平等的分配，是因为这是不可行的，也是不可欲的。完全平等分配是不可行的，因为在心理层面我们现在还不具有实行平等主义的强烈动机；完全平等分配是不可欲的，因为平等在价值层面还不具有压倒其他一切价值的力量。

我们先来看心理层面。目前平等主义者对不能实行完全平等分配的解释几乎都是在这个层面上进行的，其中包括罗尔斯的解释。一个人做什么事情，这是由其动机驱动的。没有相关的动机，就不会有对应的行为。在目前的现实社会中，绝大多数人（包括自称平等主义者的人们）都还没有实行完全平等分配的强烈动机，所以人们不可能实行这样的分配。比如，那些具有更高天赋的人需要物质利益的激励，来发挥他们的聪明才智，以创造出使所有人都会受益的财富。再比如，对于那些从事危险或艰苦工作的人们，也需要给予更多的报酬，否则他们不会愿意从事这些其他人不愿从事的工作。这样一来，那些天赋更高的人和那些从事危险或艰苦工作的人就会得到更高的收入，即收入分配是不平等的。因此，在缺乏相应的强烈动机的条件下，如果实行完全平等主义的分配，那么不仅会降低中上层群体的福利水平，而且，因为这种分配会使所创造出来的财富总额变得更少，也会降低底层群体的福利水平。某种平等主义的分配原则（如罗尔斯的差别原则）

虽然不是完全平等的，但它确实可能在最大程度上是平等主义的。清楚了解改革开放以前中国社会的人们，对此会有切身的体会。

虽然平等主义者通常对平等分配的不可行给出这种心理层面的解释，但是我认为还存在另外一个层面的解释，即价值层面，而且这个层面的解释更为重要。从价值的层面来考虑，平等的分配是不可欲的，因为平等并非是唯一重要的价值，也不具有压倒其他价值的力量。前面说过，现代社会有两种重要的政治价值，平等是一个，自由是另外一个。即使不能像极端自由主义者主张的那样——自由优先于平等，我们起码可以说自由和平等同样重要。如果两者同样重要，那么自由就对平等构成了限制。也就是说，如果平等的分配侵犯了人们的自由（财产权），那么这种分配就不是正义的。除了政治价值之外，还有很多其他重要的价值。比如，人的福祉（well-being）就是一种重要的价值，甚至可以说是最重要的价值。如果平等的分配与人的福祉发生了冲突，即平等的分配会大大降低人们的福利水平，那么我认为应坚持人的福祉优先于平等的价值，而不是相反。

问

我们追问平等主义的思想，是想请您澄清一个重要的学术问题。您坚持平等主义的立场并且为弱势群体辩护，然而从其他立场来看，平等主义应该考虑个人的责任，正如运气平等主义所主张的那样。但是，通常的平等主义并不考虑责任。您对运气平等主义有很多分析研究，在您的社会正义理论的建构中，您如何来解决责任问题呢？

答

自罗尔斯发表《正义论》之后，虽然平等主义在西方政治哲学中处于主流地位，但是它也受到了来自其他派别的批评。在反平等主义的批评中，最有力的武器就是责任。这种批评提出，平等主义在分配问题上只讲平等，不考虑责任，这是没有道理的。为了反击这种批评，在20世纪80年代，平等主义理论中出现了一股新潮流——运气平等主义，并且它很快就在平等主义者中取得了广泛的支持。运气平等主义与其他形式的平等主义（包括罗尔斯式的平等主义）的区别就在于前者强调责任。

责任问题的实质在于：如果平等主义只考虑消除不平等，而不考虑不平等是如何产生的，那么这是没有说服力的；如果平等主义考虑不平等是如何产生的，那么就会发现，有些不利者对于自己的不利地位是没有责任的，而有些不利者对于自己的不利地位则是负有责任的。如果不利者对于自己的不利地位是负有责任的，那么他们本人就没有理由对此进行抱怨，而国家也没有理由帮助他们。鉴于我所主张的消极平等主义把帮助弱势群体或最不利者置于优先地位，因此责任问题尤其给这种主张带来了麻烦。对于责任问题，我想强调以下两点。

第一，要想弄清人们对自己目前的处境负有什么样的责任，这对于无论是反平等主义者还是运气平等主义者，都是无法办到的。责任依赖于所谓“运气”与“选择”的区分：自然天赋和家庭环境属于运气，而努力和抱负属于选择。如果不利者的不利来自运气，那么他们对此就是没有责任的；如果不利者的不利来自选择，那么他们对此就是负有责任的。问题在于，正如罗尔斯所说的那样，一个人作出努力的程度，是受他的自然天赋、能力以及可供选择的范围影响的，而天赋更高的人更有可能有意识地作出更大努力。也就是说，一个人的选择最终也可能是由运气决定的。

第二，强调责任会使平等主义陷入某种绝境。上面我们是说，个人责任的问题是难以确定的。为了论证的方便，现在我们假定责任是可以确定的，然后来看平等主义者会面临什么问题。如果责任是可以确定的，那么最不利者就会被分为两部分。一部分人对自己的不利地位是没有责任的，因为使他们处于不利地位的原因或者是他们的自然天赋较差，或者是他们出身于不好的家庭环境，或者两者兼备。在这种情况下，就像安德森指出的那样，他们要想得到平等主义者的帮助，就会被贴上比其他人“低劣”的标签，或者他们本人低劣（更差的自然天赋），或者他们的父母低劣（更差的家庭）。另一部分人对自己的不利地位是负有责任的，因为使他们处于不利地位的原因或者是他们本人不够努力，或者是他们的错误选择。在这种情况下，无论他们处于何种悲惨的处境（没有饭吃、没有衣穿或者重病无医），平等主义者都不会给他们以帮助。无论是哪一种情况，平等主义者实际上都无法承受。

但是，上述分析和论证并不是说平等主义者应该拒绝责任的观念。实际上，消极平等主义就包含责任观念。比如，它主张的是帮助弱势群体，而非人们之间的完全平等；它能够接受人们之间在收入和财富方面的不平等，而这种不平等在某种程度上反映了相对应的个人责任；它认为人们具有选择自己生活方式的自由和能力，而这种选择与责任是互为表里的。

同时我们也应该承认，平等主义者在这个问题上确实处于两难的境地：如果不考虑责任，那么这是不合理的，而且平等主义者也无力反驳反平等主义者的攻击；如果考虑责任，那么最终有可能会使平等主义者转向其他的正义原则（应得或资格原则），从而不知不觉地走向自己的反面——不平等主义。

问

与责任相关的另一个问题是应得。应得的正义考虑了责任问题，并且与平等主义的正义是对立的。在与平等主义竞争的各种理论中，应得是一个最重要的“对手”。应得对责任的考虑产生出与平等主义不一致的理论进路，但在您的理论中，则对它持一种批评态度。您觉得应得理论对于当下社会的根本局限是什么？

答

政治哲学家考虑的分配正义原则主要有四个，其中，很多政治哲学家赞同的原则是平等，与之竞争的有三个，即功利、资格和应得。在这三个原则中，人们通常认为平等主义的最大“敌人”

是应得。因为应得在西方是一个源远流长的观念，早已深入普通百姓的思想之中。而且，在日常语言的层面，应得作为一种分配正义的原则似乎是不言而喻的。

我在分配正义的问题上坚持平等主义，对应得理论持一种批评的态度。我的基本观点是：应得不是也不能成为分配正义的原则。支持这种观点的理由大致如下：

应得是人们在日常生活中频繁使用的词，可以应用于各种各样的场合。我们可以把人们在日常生活或道德生活中所使用的应得观念归为四类，即赞扬和谴责、奖励和惩罚、等级和职位、收入和财富。在前三类的使用中，应得本质上是一种道德评价，以表达我们对人们某种品质或行为的赞成（或不赞成）或者肯定（或否定）。当应得应用于收入和财富时，它实质上是一种正义原则。在关于应得的争论中，人们通常没有注意到应得作为道德评价与作为分配原则的区别。但是我认为，作出这种区别是非常重要的。我的观点是，当其应用于收入和财富的时候，应得不是作为一种道德评价，而是作为一种分配原则，否则应得理论与反应得理论之间的争议就没有任何意义了，因为双方争论的焦点始终是哪一个（平等或应得）是分配正义的原则。

如果我的上述分析是正确的，即应得是作为分配原则应用于收入和财富的，那么应得理论就难以立足了。无论是应得理论家还是反应得理论家都持有一个相同的观点，即应得是前制度的。但是，如果应得想成为一种分配原则，那么它必须是制度性的。某种原则要支配社会经济利益的分配，它必须能够被制度化，能够体现为具体的法律、规则或规章。比如，如果我们主张平等是分配正义的原则，那就意味着我们应该把这一点明确地写进各种相关的法律和规章，甚至写进宪法，从而在我们分配各种社会经济利益时体现出平等。而且，如果某种法律或规章规定应该按照“平等”来分配，我们也能够明白这是什么意思，知道如何进行分配。但是，如果我们主张应得是分配正义的原则，我们根本就不知道怎么办，不知道如何把应得体现在各种法律和规章之中。这是因为应得不是制度性的。而且，即使某种法律或规章规定应该按照“应得”来分配，我们也不知道这是什么意思，更不知道如何进行分配。我们会产生这样一个疑问，而这个疑问是任何一个应得理论家都无法回答的，即谁应得什么。质言之，应得不是也不能成为一种分配原则。

问　我们上面讨论的问题大体上都属于分配正义领域，现在我们把问题扩展一下，延伸到整个社会的制度正义。而且，我们也知道，最近您正在从事制度正义研究。您认为制度正义的实质内容是什么？制度正义又是由哪些部分构成的？

答　正义是制度的首要美德，而一个国家的制度是不是正义的，与这个国家的制度所体现的政治价值相关。前面我说过，对于现代社会来说，最重要的政治价值是自由和平等。这意味着，如果一个国家是正义的，那么它的基本制度就应该体现出自由和平等的价值。在我看来，正义、制度与政治价值的关系包括两个方面：一方面，自由和平等的价值必须以制度的方式体现在一个国家的宪法、法律和各种社会制度之中；另一方面，这个国家的宪法、法律和社会制度必须被用来保障自由和平等的价值。下面我对此作具体分析。

自由的制度化体现为受到宪法保护的权利。人作为公民拥有各种各样的权利，其中有一些是非常重要的，而这些非常重要的权利通常也被称为人权。从内容上看，人权一般包括两个部分，一是公民的政治权利，二是社会和经济权利。前者争议不大，后者则受到很多人的质疑。因为这些权利是非常重要的，所以几乎所有国家的宪法都对个人享有的权利作出了规定。由于这些权利是以宪法和法律形式规定的，所以它们也是法律权利。权利作为法律权利应该得到政府、团体和每一个人的尊重。

与自由相比，平等的制度化更为复杂，因为它不仅涉及政治法律方面的平等，而且也涉及社会经济方面的平等。从原则来说，在一个正义的国家中，所有人都应该是平等的，但是在不同的层面上，人们受到的对待则是有差别的。我们可以大体上把平等的制度化分为三个层面：首先，人们应该享有平等的权利，具有平等的地位，享有法律的平等保护；其次，人们也应该具有平等的机会，在教育、求职和晋升中任何人都不应该享有特权；最后，人们还应该享有平等的福利保障，为此国家需要建立完善的医疗、养老、失业等保障制度。

自由和平等的制度化体现为一个国家的宪法、法律和政策，而宪法、法律和政策要得到有效的实施，则必须依靠法治。法治是法律的统治，它既是实行统治的一种方式，也是社会制度的一种性质。我认为，法治本质上是一种形式正义，即对规则的一致服从。没有法治，没有对宪法和法律之规则的一致服从，就无法实现自由和平等的价值。法治作为形式正义要求制度应是公开和透明的。一方面，公民有权利知道各种法律；另一方面，国家也有义务让公民了解各种法律。只有法律是公开和透明的，人们才能在行动中遵守法律的规则，才能应用法律来保护自己。

除了自由、平等和法治之外，制度正义还需要一个部分，即民主。民主是人民的统治，而国家的所有权力最终都来自人民。我认为，民主本质上是一种程序正义，是公民参与政治并且作出政治决定的正当程序。民主制度为每个人参与政治决定提供了必要的条件，有助于人们使用自己的政治权利来维护自己的利益；民主也要求公民积极参与公共生活和政治生活，这能够帮助他们实现道德自律和履行道德责任；民主制度为国家权力的行使提供了合法性，有助于社会的长治久安。

总之，制度正义是由自由、平等、法治和民主这四个基本理念构成的，并且体现为三个层面的正义，即自由和平等属于实质正义，法治是形式正义，民主是程序正义。也就是说，这四个理念和三层正义有机地结合在一起，就是制度正义。

问

按照您的解释，制度正义表现在三个层面，即实质正义、形式正义以及程序正义。其中，实质正义是自由和平等的价值，形式正义体现为法治，而程序正义是民主。我们知道，按照西方的主流理论，一个国家的合法性建立在程序正义上面，即民主使国家具有了合法性。您是如何看待这种主流理论的？除了民主之外，是否存在其他的合法性？

答

在制度正义中，合法性是一个重要的问题。正如你所说，西方的主流理论是民主理论，即民主赋予一个国家的统治以合法性。而且，在当代西方社会，无论是处于主流的自由主义，还是试图挑战自由主义的社群主义和共和主义，在这个问题上的观点是相同的，它们都赞同合法性的民主理论。

但是，我对这种程序正义的合法性理论表示怀疑。在我看来，合法性的民主理论会面临三个困难。首先，从当下来看，代议制民主的实行是需要某些条件的。一个国家是否能够实行民主制度，取决于很多条件，比如，有利的政治传统、健全的法制、成熟的政党制度、人民的意愿、公民的文化和教育水平、经济发展水平，等等。在一个不具备相关条件的国家，是很难甚至无法实行代议制民主的。基于合法性的民主理论，如果一个国家目前还不具备相关条件从而还无法实行代议制民主，那么无论这个国家是什么样的，它都不具有合法性。显然，这个结论过于武断，也没有道理。其次，从历史来看，民主制度是后来才出现的。西方在历史上曾出现过短暂的民主，如古希腊的城邦国家或中世纪的意大利，但它们都是短命的。代议制民主的出现和延续是近代的事情。对于代议制民主诞生之前的国家，特别是对于非西方国家，如果说它们在几千年的文明史中任何一个时刻的国家都不具有合法性，这个结论更是武断的，而且更没有道理。最后，即使一个国家是按照民主的合法性理论建立起来的，如果其政府无能或腐败，那么它也不具有合法性。目前西方很多国家都遇到了这样的情况，从而引起人们对民主制度本身的反思。

这样就促使我思考并提出另外一种合法性理论，即善治的合法性。一个国家若没有民主的政治传统，其政府也不是通过代议制民主选举产生的，则它不具有西方意义上的所谓民主的合法性。但是，如果它能够很好地履行职责，满足人民的合理期望，那么它就具有善治的合法性。善治具有政治和行政两种意义。在政治意义上，善治要求国家应该实行法治，保障人权。实行法治，就要具有独立的司法机构，具有比较完备的法律体系，所有人（特别是政府官员）都应该尊重法律，遵守法律。保障人权，不仅要把人权列入宪法，成为公民的宪法权利，而且各级政府官员都要尊重公民的宪法权利，不得侵犯。在行政意义上，善治要求政府提高效率，履行职责。提高效率，就要精简机构，裁减冗员，该管的事情一定要管好，不该管的事情则交给市场、企业或者社会组织。履行职责，就要分清职责，对人民的要求迅速作出反应，而且提高决策过程的透明度。

这里需要强调一下，我不是否定民主的合法性，而是主张仅有民主的合法性是不够的，我们还需要善治的合法性。一个国家的合法性应该有两个支点：一是民主，二是善治。人民的同意是通过民主政治表达出来的，是通过定期选举表达出来的，是通过把选票投给谁（政治家或政党）表达出来的。善治是通过政府履行其职责表达出来的，是通过良好业绩表达出来的，是通过满足了人民的合理期望表达出来的。

问

近几十年来，在整个世界（其中也包括中国）的哲学舞台上，政治哲学成为众人关注的焦点，而在政治哲学中，社会制度的正义是核心问题。按照您的观点，制度正义由四个基本理念构成，它们是自由、平等、法治和民主。正如您一直强调的，政治哲学不仅是一种理论，而且还具有实践的取向。您能否谈谈这四个制度正义的理念对当代社会特别是中国社会所具有的重要意义？

答

政治哲学具有实践的取向，这确实是它的一个显著特征。在政治哲学中，即使是最纯粹的理论思考也会带有实践的含义，起码它是对现实社会的一种批判。作为制度正义的理念，自由、平等、法治和民主对当代社会特别是中国社会具有什么意义的问题，限于篇幅，我在这里只能做一点简要论述。

从制度正义的方面看，自由的要点是人权，更准确地说，是个人权利的问题。个人有很多权利，其中一些以明文方式表达于一个国家的宪法和法律之中，如言论、结社和人身自由等与公民相关的政治权利，它们是个人享有的法律权利。另外一些权利不是以明文存在于任何规章之中，如自由和平等的权利、得到公平对待的权利等，政治哲学家通常把它们称为道德权利。在这些权利中有一些非常重要，它们被称为人权。对于个人拥有的权利特别是人权，国家应该加以特别的保护。从个人的观点看，国家之最重要的意义就是为每个人的自由和权利提供可以信赖的保护。

平等（特别是经济的平等）是一个更复杂的问题。对于当今社会，收入和财富的不平等是几乎所有国家都面临的严峻问题。近些年来，在西方国家，经济发展的好处都被位于顶层的精英群体拿去了，中下层群体的生活水平或者静止不动，或者反而下降了。在中国，改革开放带来了四十年持续的、世人瞩目的经济发展，但是这种经济迅速发展带来的好处，还有很多人没有分享到，或者分享得不够多。也就是说，无论是在西方还是在中国，现在都出现了收入和财富的分配不公平，贫富差别在不断加大。当代社会面临很多重大威胁，如恐怖主义、社会动乱和民族主义等，它们使各国政府非常苦恼，但实质上这些危险的深层原因是经济不平等。还有很多人（特别是青年）生活非常艰难，并且觉得自己受到了社会的不公平对待。这是值得政治哲学家和各国政府持续关注和重视的现实问题。

仅从制度的层面来考虑，在这四个理念中，法治是最重要的。这不仅是因为其他三个理念的实现在很大程度上都依赖于法治，而且也因为现代社会的其他很多好处也都依赖于法治。比如，没有法治，就没有公平正义可言；没有法治，也不会有良好的社会秩序。关于法治，我想强调三点，而且这三点对于目前正努力从事法治建设的中国社会具有特别重要的意义。首先，法治是规则之治。法治的本质是要求人们按照规则行事，而我把法治称为形式正义，其理由就在于此。按照规则行事，是法治建设所必需的美德。其次，法治的重心是“治官”，而非“治民”。要建设和健全法制，特别是从制度设计的方面来看，明确这一点是非常关键的。虽然所有人都要服从法律，但是作为立法者、执法者和司法者的官员具有特别的责任。这不仅因为他们更有可能不按法律行事（他们拥有权力或专业知识来逃避制裁），而且因为他们不按法律行事的后果更为严重。最后，建立法治，不仅需要健全的法律体系，而且需要法治的道德。我这里所说的法治的道德，是指对法律的尊重。没有对法律的尊重，也就不可能有法治。

我把民主称为程序正义，这意味着，它是一种作出政治决定的正当程序。与通常的民主观念相比，我的民主观念有两方面的不同。第一，通常的民主观念主要同选举有关，而我说的民主也包括作出各种各样政治决定的过程。第二，通常的民主观念之主要功能是提供合法性，而我主张合法性有两个支柱，一个是民主，另一个是善治。就第一个不同点而言，我的民主观念之范围更广；而就第二个不同点来说，我的民主观念更弱，它位于四个理念中最后的位置。

虽然这里我们探讨的是正义理论，但对于当代中国社会制度正义而言，法治是最重要的。自改革开放以来，特别是党的十八大以来，党和政府把建立法治国家、法治政府、法治社会看作最重要的政治任务，大力加强制度建设，着力推进依法治国实践，对实现建设富强、民主、文明、和谐、美丽的社会主义现代化强国奋斗目标具有广泛而深远的历史影响。

（原载《哲学动态》2018年第2期）

学者近况

姚大志（1954.2— ），哲学博士。现任吉林大学哲学社会学院教授、哲学系主任，教育部高等学校哲学学科教学指导委员会副主任。美国哈佛大学、加州大学伯克利分校访问学者。长期从事政治哲学和正义理论研究，并发表了大量相关成果，是中国政治哲学研究的主要开创者和推动者。主要著作有：《什么是政治哲学》（中国社会科学出版社，2018）、《平等》（中国社会科学出版社，2017）、《正义与善——社群主义研究》（人民出版社，2014）、《罗尔斯》（长春出版社，2011）、《当代西方政治哲学》（北京大学出版社，2011）、《何谓正义：当代西方政治哲学研究》（人民出版社，2007）、《现代之后》（东方出版社，2000）、《现代意识形态理论》（黑龙江人民出版社，1993）等。主要译著有：《被检验的人生》（诺奇克著，上海译文出版社，2015）、《作为公平的正义——正义新论》（罗尔斯著，中国社会科学出版社，2011）和《无政府、国家和乌托邦》（诺奇克著，中国社会科学出版社，2008）。

中国马克思主义哲学研究的新境遇

——访李德顺

学者简介

李德顺，1945年生。曾任中国社会科学院哲学研究所副所长、文化研究中心主任、研究生院哲学系主任等。1992年获评国家有特殊贡献的专家。时任中国政法大学终身教授、博士生导师。兼任中国辩证唯物主义研究会副会长、中国价值哲学研究会会长。近年来，在中国政法大学首倡建立了新兴交叉（二级）学科“法治文化”，已招收培养数届博士生和博士后人员。长期致力于马克思主义哲学的研究和教学。在创建当代中国的马克思主义价值和价值观念理论、当代文化理论、社会主义民主法治理论等方面做了很多工作，著述丰硕，在国内外有较大影响。

问

2018年是马克思诞辰200周年，也是中国改革开放40周年。对于马克思主义哲学而言，无疑是进行认真回顾和总结的好时机。25年前，《哲学动态》曾对您做过一次访谈，题目是《探索哲学的繁荣之路》，发表在刊物1993年第1期。在新的时代条件下，您怎样看待目前中国马克思主义哲学研究的现状？

答

把马克思主义特别是马克思主义哲学与中国改革开放联系在一起，是一个很重要的话题。具体而言，其凸显的问题意识是：当代中国的马克思主义哲学研究与中国特色社会主义建设的实践之间，究竟处于一种怎样的关系状态？两者是否同时共进，已经达到了深度的结合？面对这一重大问题，我的感觉是有喜有忧。喜的是，在这些年里，面对波澜壮阔而又矛盾重重的现实生活和历史潮流，我们的马克思主义哲学研究并不是无所作为的。今天的马克思主义哲学研究的广度、深度，以及研究成果的数量和质量，都是以往所不可比拟的，可以说正在走上“繁荣之路”。忧的是，如果归纳分析一下，可以发现，这些成果所塑造的理论形象还不够丰满；理论特色的系统性和完整性还不够明朗；特别是与改革开放初期相比，它的社会影响力反而有所减弱。

问

哲学家的所喜所忧无疑体现了一种反思精神。这些年马克思主义哲学领域确实取得了许多重要的、令人喜悦的理论收获和研究成果。您认为其中最有代表性的是什么？

答

当然是“中国特色社会主义理论体系”的构建。这一理论体系是关系党和国家全局战略的历史性重大成果，因此它也需要在全方位的理论和实践思考中形成和确立起来。实践中面对的问题很多，理论上的斟酌和分辨当然也必不可少。这就意味着哲学层面的研究和论争不可回避。回顾这段历史，应该说中国整个哲学界，包括中、西、马和其他二级学科的绝大多数研究者在内，都有积极的参与和贡献；而马克思主义哲学研究领域理所当然是其中最直接、最积极、最重要的参与者。马克思主义哲学界这些年围绕这一主题进行的所有工作，包括理论争论，都在显示中国特色社会主义理论体系构建过程的深刻和艰难。这些努力的成果和它们的影响，应该说也是有目共睹的。为构建当代中国的马克思主义而战斗前行，是马克思主义哲学研究的光荣。

同时，当代中国的哲学，包括马克思主义哲学本身，也经历了百年一遇的历史考验，使自身的学科建设达到了一个新的高度，并正在对外塑造中华崛起的理论形象，成为世界哲学领域一支新兴的力量。

粗略地说，主要是这些。若进行更为细致的罗列，恐怕我一时还做不到。

问

若进行碎片化的罗列，当然可以做许多文章；但这并不能对马克思主义哲学以及趋向提供根本的参考。您能否举几个具体的例子，来说明哲学学科建设方面的新进展？

答

好吧。就我所经历的事件而言，可以举出不少例子。例如，在马克思主义哲学学科领域，有两方面的工作就十分突出。

一是经典著作的文本整理和研究。也就是说，从过去主要是面对经苏联之手传递过来的“二手”资料和苏联学界的研究范式，变成了中国学者尽可能直接面对马克思恩格斯的原文版本、“一手”资料，并参照其他各国的研究、结合中国实际形成了自己的研究范式。这方面的大量成果，构成了近年来中国马克思主义哲学研究繁荣发展的主要标志。这是近些年来一个很大的变化，也是走向哲学研究前沿的重要途径。

二是原理研究方面。从1978年“真理标准问题”大讨论开始，关于实践、主体性、价值等问题的后续研究和持续争论，关于马克思主义哲学原理体系，包括该不该和怎样突破苏联教科书“两个主义”模式的争论，关于马克思主义哲学的科学性和意识形态性、党性和人民性的关系等探讨，目前都显现出了积极的效果：“马工程”教科书已不再遵循“两个主义”的框架；马克思主义是“科学的理论”“实践的理论”“人民的理论”，以及“坚持人民主体地位”等观念，不仅深入人心，而且已经成为中央的“顶层”表述；至于价值研究，这个曾一度被当作与马克思主义相排斥的话题，今天不仅已是哲学研究的正式分支，也成了社会的“热词”之一……所有这些，都是解放思想、回归实事求是的产物，也是推动改革深化的精神因素。

问

可以看出，您是紧紧围绕中国特色社会主义这个主题来思考问题的。您对马克思主义哲学研究进展的描述也很令人鼓舞。常言道，“成绩不说跑不了，问题不说不得了”。我们更想知道的是，使您担忧的还有什么呢？

答

我主要担忧的是研究体制和学术风气。伴随时代的发展，我们需要及时形成“以问题为导向”的研究机制和学术风气，才能保证理论和学术健康持续发展。没有先进的研究体制和良好的学术风气，已有的创造性成果也难以巩固，更得不到持续的深化、提升和积累，只能昙花一现式地自生自灭；而缺少自我批判的理论“创新”，必然会因其随意性过强，导致难以沟通和形成共识，结果反而加剧社会思想的分裂和低端化，不足以引领社会文化的提升。比如，事关国家主导理论和主导价值观的很多基本观念，包括马克思主义和非马克思主义、社会主义和资本主义、中国特色社会主义、阶级斗争和无产阶级专政、人民主体、民主法治，直到“人类命运共同体”等，目前的解释仍然不够鲜明、彻底、完整，在社会舆论中的反应也很混乱。国内外关于“中国有好故事，却缺少好话语”的印象，表明已经出现理论落后于实践、思想游离于实际、观念滞后于历史的迹象。

问

深层的隐忧确实十分严重。那么，您认为是什么导致了这些迹象的产生？比如您经常提到的“以问题为中心”“以问题为导向”，不正是国家层面和学术界很多人都一直在呼吁的吗？既然大家都已经有了清醒的认识，实行起来却何以不见大的成效呢？

答

造成问题意识淡化的部分原因，我想可能首先是由于人们对“问题”和“以问题为中心”的理解很不相同。由于具体想法不同，实际做法必然不同，产生的效果当然也就大相径庭。譬如，有些“问题”并不是来自理论与实际的结合部，而是来自纯粹的书本话语，或者来自个人兴趣或学派门户的成见，抑或只是来自时尚口号和领导意图等。这样的“问题”往往缺少科学和实践的公共性，科学含量很低，实际是一些“小、偏、虚、假”的话题，当然难以引起人们的普遍关注和共鸣。这类以虚代实的“问题”越多，就越是无法凝聚公共理论资源和研究成果，只能由持问者在固定的小圈子里自说自话了。

再者，“以问题为中心”并不是学者自己有了主观意愿，就能自然而然做到的。因为体制有更大的力量，它关注什么，就能够把多数人引向哪里。比如，虽然大家都不否认要有“问题意识”，但实际的学科设置、科研立项、作品评价甚至职称晋升，如果并不是以“提出和回答什么真问题、回答得好不好”为标准，而是以能否配合政策宣传和时政口径，或者是否有利于坚守学派门户，甚至干脆直接以科研管理上的形式主义“业绩”（报表数据）贡献为标准，那么结果恰恰是否定了研究对象的“问题含量”，而以一种主观上的“效果预期”为标准了。这样的“问题导向”，往往使科研沦为“命题作文”“为发表而发表”，其后果可想而知。对于马克思主义哲学研究来说，这样的情境氛围，其负面作用更为严重。

问

不良的情境氛围无疑会给哲学研究和思想创造带来极大伤害。请您解释一下，为什么说这对马克思主义哲学研究来说，其负面作用更为严重？

答 我们知道，以问题为中心、注重理论联系实际，原本是中国马克思主义哲学理论研究的传统特色。从革命战争年代毛泽东的《实践论》《矛盾论》、艾思奇的《大众哲学》、李达的《社会学大纲》等，到新中国每次政治运动几乎都伴有相应的哲学批判和争论，再到以“真理标准问题”大讨论为起点的改革开放哲学和中国特色社会主义理论探讨，这些都足以表明：力求结合当代中国和世界的实际，回应时代要求，提出和解答中国革命和建设的“顶层问题”，是当代中国马克思主义哲学研究的主要动力。尽管各个时期面对的问题情境不同，所经过的理论过程和达到的理论高度不同，留下的成果质量也参差不齐，但力求理论联系实际，从重大现实问题着眼，始终让哲学与时代偕行，与人民的实践偕行，与中华民族荣辱与共，这一主线已经定型为一种传统，成为中国马克思主义哲学理论研究的特色和优势之一。

据我体会，我们要联系的“实际”，主要指社会实践和各门科学的发展。我在中国人民大学哲学系读书和工作时就已体会到，在这个被当作中国马克思主义哲学“排头兵”的团队里，做学问不是去做书斋和书本里的“纯学术”，学科界限不是那么分明，而是始终重视两大现实：一是关心国内外大事；二是关注各门科学（包括自然科学和社会科学）的发展。这样做哲学，总体上就是力求达到人类实践和思维发展的新高度、新境界。所以在事关国家人民命运的重大问题面前，这里的理论思考总是很活跃，产生的学术成果也比较能代表国内哲学领域的热点和前沿。

“以问题为中心”，就需要超越学科壁垒，实行多学科合作，促进面向实践的学科融合。但是近些年来，“思想淡出，学术凸显”，学科之间的分化似乎成了主流。由于学科分化和学风转变，马克思主义哲学研究的好传统似乎被抛弃了。比如，我们都知道，马克思恩格斯当时是结合“三大发现”建立自己哲学的。可见，密切关注并依靠科学的发展，是马克思主义哲学的“正宗”传统。

记得我给肖前老师当助手时，他给本科生讲唯物辩证法，就交给我一项任务，他的原话是:“给你两个月的时间准备，专门讲一次相对论。”我用心钻研了一下，觉得获益匪浅。理论物理学界围绕相对论的研究和讨论，对我理解唯物辩证法的当代形态和马克思的“辩证法的合理形态”，非常有启发。但是，当今搞马克思主义哲学的人已很少关注科学前沿的问题，科技界也很少讨论哲学问题，多学科共同参与活动也极为少见。我很遗憾地感到，我们对科学前沿的了解，基本上还停留在过去。这个差距，对于别的学科来说也许并不重要，但对马克思主义哲学理论来说就很严重了。马克思主义哲学要成为时代精神的精华，怎么可能在贫乏落后的科学知识基础上，去攀登人类思维的顶峰，去提炼时代精神的精华?

问　这确实是一个严重的问题。在您看来，为了恢复马克思主义哲学研究的好传统，我们需要在哪些方面付出努力? 我们目前的体制似乎已经特别强调并着力于加强马克思主义的理论研究和教育，这是不是一个很有利的条件?

答　实际情形可能相反。也许正因为在体制上着力过度，才更凸显出“问题意识”本身的问题。比如，“加强马克思主义的理论研究和教育”是一个正命题，此点毋庸置疑。但“马克思主义”本身是一个宏大的科学学说体系，从分科的意义上说，马克思主义是个“大家族”，涉及了文、史、哲、经、政、法、艺等各个学科，并不仅属某一学科。学科分化前，马克思主义研究在整个学术研究体系中是起带头作用的，能够覆盖和统领各个学科研究。如今要给这个大家族另立“户口”，使它成为一个外在于各个组成部分的学科实体。这是否符合科学研究的本性和规律，就十分值得质疑。一个比较典型的问题:“马克思主义哲学”究竟是“马克思主义”，还是“哲学”? 若划归“马克思主义”，那么哲学中将只剩下“中哲”“西哲”等，就没有“马克思主义哲学”了；若划归“哲学”，那么又如何体现世界观与方法论层面的“马克思主义”呢？……这样的问题，估计在“政治经济学”和“科学社会主义”那里也是一样的。

实践中的问题更加明显。由于通过行政体系来推行这种学科分化，导致某些学科的归属问题与若干政策性的实际权益相互掺杂，就出现了种种体制性的不协调、不公平、不团结的现象。这样下去，弄不好反而会削弱中国的马克思主义理论建设，使它失去渗透和指导意识形态的整体性功能。

问 您说的体制性麻烦确实存在。高校学生往往遇到“两套”马克思主义哲学的困惑：一套是公共理论课即“马克思主义原理”中的哲学；另一套是哲学专业课里的马克思主义哲学。这两套体系如果完全一样，就会因互相重复而使其中一个成为多余；如果不一致，则会让人疑惑，到底哪个是马克思主义？另外，对马克思主义哲学也保持多样化的讲法，各有所用，有什么不好吗？

答 事实上，“多样化的讲法”是一直存在的。无论国内还是国外，关于马克思主义的理论研究一直都是多样化的。就像中国的马克思主义哲学原理教科书，过去就有经过教育部认可的几个版本流行。而建立单独一级学科的用意，似乎是把过去仅仅属于公共思想理论课的内容，加以升级放大，通过学科建制、教材编写、权威审读、行政权力和财政的特别支持等，试图将它定格于一套权威适用的标准化体系。所以它强调要使用自上而下指定的统一版本，而不鼓励多样化。

这样理解和实施马克思主义理论教育，对于马克思主义哲学理论研究和教学来说，可能会产生让人们意想不到或不愿意看见的某些消极影响，比如疏离它与现实的联系，弱化它的问题意识，进而缩小它的发展空间。

问

您的这个担忧很重要而且很尖锐。那么，现实中有具体的表现吗？

答

我觉得事实上已经有了。近年来形成的某种学术氛围，使得结合现实、以问题为中心的马克思主义哲学研究“露重飞难进，风多响易沉”，好似陷入了重围。比如，我二十年前担心的“趋史避论”倾向，近年继续膨胀了。据我观察，“趋史避论”的部分原因，是由于在现实问题面前，理论研究的空间过于狭窄，且不时有政治风险，成本过高；这就促使一些人转而寻求既有必要又较安全的路径。于是面朝经典，推崇先人，挖掘史料，寻章摘句，借古喻今，曲笔现实，就成为一种时尚。但是，若由此而引发经学主义死灰复燃，那就是十分危险的事情了。

经学主义是中国古代的传统治学方式，时下有些国学研究者仍然主张这种方式。其学理使然，并不难理解。但把它扩展到研究西学和马克思主义哲学上来，成为普遍的学术规范，则有害无益。经学主义的主要特征是迷信经典，崇拜权威，学统至上，门户森严。它往往表现为迷恋话语，结论在先；剪裁历史，为我所用；蔑视实践，远离大众。这些恰恰与当代科学和马克思主义的精神实质背道而驰。

“史”是“论”的根基，“经典”是文化提升的阶梯。因此，阅史循典是治学的必经之路。而“趋史避论”的偏差，主要出在以狭隘的眼光看待哲学的历史和经典。黑格尔说“哲学就是哲学史”，这一说法当然不错，但不能将当代哲学理解为唯此一家，并且只等于西方哲学史，而忽略甚至否定中国哲学史和马克思主义哲学史。“读经典，重文本”也没有错，但不能将之理解为只重古人和前人的经典，不看今人和当代的经典，更不能只就文本说文本，而不关注理论和实践中的重大现实问题。经学主义的误导恰恰是从这里开始的。比如，鉴于马克思主义哲学产生于西方，就有人竭力通过“溯源”把它归还给西方。有学者一直热衷于将马克思哲学作“近黑格尔”的解释，如今则时兴作“近康德”或其他人的解释。鉴于马克思哲学似乎并未形成一套完整的“体系”，有学者就总是想通过当代流派的视角，把它“落实”或归结成某个现成的模式，如苏联教科书的体系，或某个现代西方哲学流派，如分析主义、历史主义、现象学、存在主义、生态主义，等等。总之，在这种“史”的研究中，马克思哲学“前有源，后有流，唯独不见它自己”，马克思恩格斯的原著其实并未成为主要经典，马克思哲学的独创性及其划时代的意义也就被实际地遮蔽，甚至刻意地隐而不见。如果除了考据式的话语，其他什么都不能说，那么对于马克思主义哲学理论来说，还有多少可供自己追究的真正的问题？如果不以问题为中心，哪里还会有这一研究方向的生命力？

问

这就是您前面提到的“结合现实、以问题为中心的马克思主义哲学研究‘陷入了重围’”？

答

是的。简而言之，可以说有“三围”：一是前面谈到的“体制之围”；二是刚才谈到的治学方式即“学风之围”；三是它们的共同结果即“话语之围”。借用时下流行的说法，“话语之围”是指，从提出问题、分析问题到回答问题，越来越难以保持马克思主义哲学自身的风格和逻辑，而是被中西传统话语“套路化”着。有许多概念确实需要仔细而深入的斟酌，如“人类世界”与“天下”、“共产主义”与“大同”、“和谐”与“和合”、“存在”与“本体”、“人的存在”与“人性”、“主体”与“主观”、“现代化”与“现代性”、“价值”与“价值观”、“解放思想”与“启蒙”，等等。这些概念的所指和能指多有重合或交集，但它们在不同理论体系中的含义、地位和意义各有不同，不是可以轻易互贴标签、互相套用的。从马克思主义哲学的角度看，使用哪种表述更准确、更深刻、更全面，以及更能体现思想逻辑的彻底性，是一个必要的文化沟通过程。一般而言，能够自觉地对概念加以斟酌和取舍，是一项学术基本功。但可惜的是，我们目前还未形成这样的氛围和习惯，更多的是不加批判地接受甚至盲目追随某些时尚话语。于是，在重大现实问题面前，就显得缺少独立思考，有些“失语”。

问

您说的这种“失语”，应该是指实质性的内容方面；从形式上看，大家似乎并没有这样的感觉。因为在舆论上，我们始终是强调以马克思主义为指导的。

答

是这么回事。当然，始终不渝地强调以马克思主义为指导，这是毋庸置疑的。我们还应当看到，在具体的理论研究中，“形式上的倡导”总比“内容上的构建”要简单容易一些。但要知道，中西传统哲学都有两千年以上的历史，它们在内容和形式上都经过千锤百炼的接续，已经相当配套成熟了。它们的概念、范畴和话语方式，有些已经变成了普遍的习惯。而马克思主义才有一百多年不到二百年的时间，虽然它并不是离开人类文明大道凭空出现的神秘观念，但它毕竟是人类大变革时代产生的一套全新的思想体系。一般说来，在形式上貌似于传统的新内容，总是容易被首先注意和接纳；而在实质上不同于传统的新思路，则往往被忽视或误解于一时。实际上，马克思的革命性思维方式和理论话语，特别是其哲学层面的成果，还未来得及被充分消化和体验。这就告诉我们，要对马克思主义哲学“真学、真懂、真信、真用”，不下一番坚持不懈的艰苦工夫，不经历一番“头脑风暴”的自我洗礼，肯定是不行的；空喊口号、急于求成也是无益的。“中、西、马”的会通和融合，只能在回答和解决现实问题中寻求共识，而不可能靠话语的转移来实现。

所以我认为，我们现实条件下的马克思主义哲学研究，需要超越种种急于求成压力的束缚，突破“三围”，强化自身的理论和实践问题意识，切实走出会通中、西、马的新路子，才能构建与振兴中华文化同步的马克思主义哲学中国化新形态。

问

按您所说，当代中国马克思主义哲学研究的确任务很重、挑战严峻。那么怎样突破“三围”，强化问题意识呢？譬如，怎样把握当前的重大问题？

答

真实的问题不是制造出来的，而是被发现和揭示出来的。“三围”的毛病，是用人为的制造代替或遮蔽了客观的问题。如果回到客观的历史和现实，那么可以说，重大问题俯拾皆是。比如，当前中国在经济、政治、文化、社会等所有领域深化改革时，必然会遇到某些共同的深层理念和思想方法问题；在国际经济、政治、文化、军事等领域复杂且日益激化的矛盾冲突中，也已经显露出某些具有普遍性的思想理念和思维方式问题；在科学和技术革命越来越改变人的日常生活和世界文明格局的趋势面前，更是无法回避对人的本质、本性、前途和命运的深度反思和重建……总之，只要你有“马克思主义哲学高度”，只要你有马克思那样着眼于人类解放的胸怀，只要你关注现实和实践，就不难从现实中找到问题。

所谓“马克思主义哲学高度”，首先是指哲学的高度。哲学不同于其他学科的特点，不在于“说什么”（什么话题都能说），而在于“怎么说”（说的立场、说的角度、说的层次、说的深度和广度等），即：要超越特殊的具体性，达到普遍的具体性。我理解的“马克思主义哲学高度”，是要在立场、角度、层次、深度和广度等方面，力求达到人类思维所达到的最新高度、最新境界。因为马克思主义哲学不是停留于书斋里的学问，也不是哪个宗教门派的独家话语。它本质上是对人类生存发展实践的根本问题进行的思考和总结，是“时代精神的精华”和“文明的活的灵魂”。所以，自觉地追求和保持这样的高度，才能坚持不懈地以问题为中心，突破各种局限。如果高度不够，那么你越是滞留于现实的层面，就越是容易为“三围”所困，找不到自己在哲学上的立足点和生长点，而只能跟在其他具体学科（如经济学、政治学等）或其他学派的后面，做人家已经做或提倡做的事情，去“敲那敞开的门”。

问

看来问题意识的缺失，确实是一个很严重的问题。但我们也会听到另一种意见：现在主要不是缺少问题意识和创新意识，而是缺少踏踏实实读经典、认真积累知识的态度。您怎样看待这样的说法？

答

其实并不矛盾，关键要是看谁对谁来说。对于学生和青年学者来说，这样强调是有必要的。我从近年不少博士论文中也发现，很多马克思主义哲学专业的论文，表明作者未读或很少系统读马克思恩格斯的原著；他们往往是把一知半解的“马列主义”加上时兴的中西哲学材料，“加工”在一起进而当作自己论文写作的主要基础。这样的学问，当然根底很浅。

但请你注意，我这里主要是说马克思主义哲学“研究”。事实上，研究的不足与教育教学的偏差是相互影响的。比如，引导学生读经典完全必要；但读什么经典、怎样读，则与引导者自己的研究体会有关。如果导师自己都不知道针对什么问题来读经典，而是脱离学生的实际，不引导他们从最基础性的经典读起，把基础打牢，却忙于走“捷径”、追时尚、搞“创新”，那是会误人子弟的。学习中西哲学史，如果不首先去阅读哲学史的经典著作，却一头扎进老子、孔子、柏拉图、康德等人的个别“经典”中去，结果必然是“只见树木，不见森林”，即“目无全史”；学习马克思主义哲学，如果不去通读马克思恩格斯原著，不知其中的哲学经典，以了解其思想的原貌和来龙去脉，却一头扎进某一“西马”或“中马”的当下体系中去，结果也只能是知其流而不知其源、得其末而不得其本，很难把真“经”学到手。

要知道，古今中外包括马克思主义哲学的经典文本数量十分庞大，可以说是浩如烟海，任何人毕其一生也不可能全部读完，所以，读经典不是一劳永逸的。而且倘若没有相应的问题意识，达不到相应的研究高度，就会连该从哪里读起、读哪些经典、怎样读这些经典，都会盲目被动、随波逐流。所以说，“读经典、打基础”与“看实际、想问题”不应该是彼此分离和对立的。

问 看来您主张将问题意识也贯彻到读经典的过程之中。那么，这样的方式怎样体现在马克思主义哲学的研究中呢？

答 其实，问题也是知识和经验累积起来的产物。真正的哲学问题，总是产生于经典结论与历史进程的交集之处。所以，“以问题为中心”就是要站在思想发展的现实高度，去梳理实践与理论的逻辑，找到产生和解决问题的线索。关于在哲学研究中怎样“将问题意识贯彻于读经典之中”，我有两点切身的体会。

一是要区分“引证”和“论证”。这里的关键是，不要把前人的成果仅仅当作现成的知识，更不能奢求它们提供现成的答案。既有的知识总是过去成果的凝练，经典则是思想发展的历史“阶梯”。我们探索和回答当代问题，是要借助它们向上攀登，不是为了站在“阶梯”上欣赏或自我欣赏。所以，永远不要把引证当作论证。引证通常只有在一种情况下才是有效的论证，即证明被引证者确有引证中所指谓的意思。除此之外，对任何哪怕是最有权威者的引证，都不能代替以“逻辑证明”（内部完备）和“实践检验”（外部证明）为基本标志的科学论证。这是任何科学研究都不应违背的规则，哲学也不例外。

二是可以尝试一种“倒过来”的阅读顺序。按照时间顺序“从头读起，阅读全程”，是一般知识积累的顺序，更是历史和思想史研究专业的铁定方式。哲学思想的研究，包括对某一学者或学派的研究，都应该以其创始人的生平、著述和思想传播演进的过程为根据，不能半途而废，更不能颠倒。这是“史”的研究方式的必需，也是学术文化建设的必需。但这样的工作，往往不是一代人毕生所能完成的；而且“史”的研究成果，只可以为解决现实问题提供线索，却不能代替解决现实问题——就像关于猴子变人的过程，至今还有许多空白需要填充，但不影响人类进步一样。

“以问题为中心”的理论研究，则可借鉴马克思“人体解剖是猴体解剖的钥匙”的启示。不是不要读史，而是在积累了以往读史知识的基础上，针对现实问题，将阅读的时间顺序“倒过来”，有重点、有选择地“从后往前读”。首先阅读能够代表某一现实问题的“经典”；然后针对其引发的思考和争议，去阅读各种意见所依据的经典，逐级追溯，从中找出形成今天问题的理论和逻辑起点；再进行理论批判，考察思维方式上的得失；进而再进一步进行新的思考尝试；等等。这样也许更易于站在思想理论发展全局的高度，去把握问题，为解决问题、创新发展开拓出空间。

问

您这里提出了很多新的想法，相信会对马克思主义哲学研究甚至整个哲学研究产生积极影响。您能否作个简单的结论，来展示您对中国马克思主义哲学研究新境遇的理解？

答

我们的确处在一个需要而且能够产生新的伟大思想的时代。尽管世俗风气似乎有点冷落哲学，但哲学本身不会因此而冷漠。俗话说，“人无远虑必有近忧”，哲学就是一门负责人类“远虑”的学问。作为“时代精神的精华”的马克思主义哲学，更有不可推卸的历史责任。所以，对于真诚的马克思主义哲学学者来说，不妨套用一个时尚的话语：担当。在当前的特殊境遇下，要懂得怎样担当，勇于担当，才能不辜负这个挑战与机遇并重的时代！

［特约记者：李冬，中国政法大学人文学院］

（原载《哲学动态》2018年第7期）

编 后 记

《哲学动态》“人物专访”栏目始自1988年，到2018年共历经30年。30年来，根据各个时期哲学事业的发展态势，栏目遵照现实关怀、学人关怀和学术关怀的宗旨，致力于对哲学各二级学科中具有良好学术影响力和较高学术地位的学者进行访谈，提出具有方向性和引导性的学术创见。在广大哲学工作者的密切合作和支持下，“人物专访”栏目在学界产生了积极影响，受到学者和读者的欢迎与肯定。

将“人物专访”访谈文章结集出版，旨在以学术的方式庆祝改革开放40周年和新中国成立70周年。这一选题从立项到实施，得到了中国社会科学院哲学研究所和全国社科规划工作办公室的大力支持与肯定，认为这是一项具有重大理论和实践意义的工作。哲学研究所所务会专门听取了编辑部的汇报，全国社科规划工作办公室把该选题作为“重点选题策划”给予“国家社会科学基金专项经费资助”。

本书辑录了始自20世纪80年代哲学教科书体系改革以来，哲学界有代表性、有影响力的99位哲学家的思想经历和基本观点。他们亲历并见证了各个时期哲学发展转型的基本面貌，分别从不同的学科背景探讨了哲学重大热点和焦点问题，极大推动了当代中国哲学思想从反思到构建这一自信意识确立的进程，产生了广泛且深入的影响，成为思想与时代互动的典范。比如，真理标准问题讨论、哲学教科书体系改革、文化热的反思、哲学当代形态创造性转化、部门哲学领域的形成、新思潮新流派的引介，等等，无不彰显了哲学与时代偕行的足迹。

伟大变革时代赋予学者们砥砺前行的使命，他们也回报给时代以思想和智慧。他们之于现时代的，之于学术后辈的，除了思想本身，还有敢于冲破思想藩篱的精神。“言之高下在于理，道无古今惟其时”。他们没有辜负这个伟大的变革时代。他们的所思所想既是个人的，也是时代的；既奠基于当时的问题意识和解答方式，也使后来者透过他们的思与想，得以重估和升华时学叙事的现实感、当下感和未来感。

诚然，每个时代的哲学工作者都要遇到新的问题。思想的发展进步既是问题本身促动的，也是哲学家对这些问题的看法促动的。本书所辑录学者的思与想也许带有不确定性和不成熟性，但我们不能以现时代的认识水平来裁量前时代的认识水平，乃至形成哲学思想发展进程中的时代错位。前辈学人对某一哲学问题的解决是历史性的，不可能一劳永逸地代替后人对这个问题的解决。第一，本书所辑录的很多哲学观点，正是抓住了当时的人或事件背后的东西，提出了一些重要的前提性问题，一定程度上代表了学者当时的学术“初心”，其中的很多想法既在当时的理论界产生了较大影响，也直接影响了这30年的学术道路，为推动哲学发展起到了极大的作用，对中国哲学的整体发展和推进作出了很大贡献，进而促发了中国整体面貌的改变。比如对破除苏联哲学教科书体系的影响、对中国传统文化的重估、对主体性的重新发现、对中国价值观念的重塑，等等，这些思想领域的变革都对国家治理决策、对中国改革开放、对中国道路的探索起到了极大的推进作用。第二，在人类思想的历史长河中，任何学术印迹都有其时代局限性。本书辑录的哲人哲思，好多观点还是“半生不熟”的，在今天看来未必很完善、很充分，但确实反映了当时的认识水平。我们不能苛求前人，不能以今天看当年。第三，理论创新无止境，每个时代都有当时代需要重点解决的问题，同一问题在不同的时代会有不同的解答。当前，哲学研究的重要任务就是立足中国特色社会主义伟大实践，尊重历史，创新理论，让更多的后辈学者接续前辈学者，参与到推动马克思主义中国化的伟大进程中来，从而构建中国特色哲学学科体系、学术体系、话语体系。就此而言，辑录这本书就是要继往开来，继续探索，整装再出发。这才是最好的总结、回顾和纪念，才是以更大勇气、更大力度推动新一轮学术研究的繁荣。

在被访的99位学者中，有24位前辈已经永远离开了我们。作为后辈，我们辑录他们的思与想，以表达对他们的敬意，寄托对逝者的哀思。他们是陈志良、俞吾金、童天湘、胡文耕、黄楠森、肖前、刘奔、高清海、刘纲纪、黄顺基、周礼全、张清宇、朱德生、齐振海、庄福龄、方立天、江天骥、周辅成、金吾伦、孙伯鍨、萧萐父、刘述先、叶秀山、梁志学。他们曾经那么年轻，激情澎湃，充满理想，选择以思想的方式报效国家。他们的学术境界和情怀已融入他们的字里行间，引领哲学学术前行，让后来者感受到思想的力量。他们的努力无愧于时代，他们的思想无愧于时代。他们的生命已随他们的思想得以升华，他们的思想已渗入时代的洪流，奔腾不息，终将汇入人类思想的宝库。莱奥那多·达·芬奇说，我们在河里接触到的水，既是逝水的水尾，又是来水的水头，眼前的日子也是这样。在人类思想史的长河中，每一个思想者都是同路人，唯愿前辈们、师长们、同行们以及未来的后学们能在走向思想深处的路途上，接续点亮一盏盏明灯，引领后来者前行；唯愿爱智的思想者终能在哲学史册中相期而遇，共勉精进。

时隔30年，我们结集出版“辑录”，让这些访谈文章获得了新的展示空间。欧洲中世纪对“原创性”有一种独特的理解——他们往往把本人的独立贡献隐伏起来，宣称自己的作品不过是对前人的汇编。就此而言，后来者之于前辈的思想，便恰如乔叟笔下自称的拾穗者：“于是我步其后尘，俯首拾穗，如能捡到他们遗留的任何好词句，我的心里就会充满了喜悦。”作为后辈，我们捡拾了前辈的思与想，在阅读中触摸他们思想的经纬。从这个意义上说，此书中的每一篇访谈都应该是学术进步的忠实记录，我们也力图让书中的每一位被访者的思与想带给读者新的思考和新的启发。正如我们在确立书名之时，不敢用华丽的辞藻去修饰，因为此书有他们的思想之光已足够亮丽。他们既是同路人，也是参照系，更是路标，他们中的大部分人目前还活跃在学界，对“他们的思与想”作辑录与解读，唤起时代的记忆，使我们如此接近他们激情澎湃的岁月，接近那个激情澎湃的变革时代。我们亦会再次被他们的思想点亮，并为之兴奋；同时，点亮也是一种邀请，为了让更多的思想者加入这传递光亮的队列，希望之后循着这光亮继续思想，唯愿能走得更远，直到更广的时代。让他们的思与想永驻时代。

由于访谈历时30年，考虑到时间的跨度、学者身份的变化以及时代问题意识的变迁，在编辑出版“辑录”的过程中，有一些事项需要给予特别说明。(1)为了忠实于岁月与历史，专访文章题目保持不变，并注明了原采访时间；行文内容原则上保持原貌；同时考虑到个别原被访者的修正意愿，对被访内容作了适当调整。(2)由于被访人的职务、职称的标注杂乱，为全书体例统一计，一律去掉被访者的职称或职务，只保留姓名。(3)为了避免由于时代错位引起对学者身份和访谈内容的误解，保留原来的“学者简介”，以保持学者身份与学术思想的历史性和客观性；只是将原有“学者简介”中的“现任”“现为”均改为“时任”“时为”，以区别于文后所附“学者近况”中的“现任”“现为”。(4)在访谈文章后增加了“学者近况”，以直观表述学者自身的学术进步历程。内容包括：姓名、出生年月、学历、现任、曾任、行政职务、重要学术职务、学术成果（专著、重要论文）、学术贡献等。(5)对个别词语和标点用法作了调整，以保持全书体例的统一。(6)除非特别注明“采访人”外，其余采访人均为“本刊记者”，他们是30年来在《哲学动态》工作过的编辑，有的老师已经退休或离世，这里要特别向他们表达敬意。1988—2018年期间介入访谈栏目的有：任俊明、李立新、董谊思、干春松、杨学功、徐兰、孔明安、徐亚莉、冯瑞梅、贾红莲。(7)考虑到具体情况，删去了个别学者的访谈。

在本书的前期策划和后期编辑过程中，有许多领导、学者和朋友给予了无私的帮助。他们或者帮助我们联系被访学者，修订“学者近况”；或者帮助我们联系去世学者的家属，请他们帮助修订学者信息；或者亲自寻找资料修订和完善学者信息；或者帮助我们录入和整理访谈名目。由于时间紧张，给他们的时间很少，他们都在百忙中给予了最好的帮助，在此要对他们表达深深的谢意。他们是段伟文、郝立新、李文阁、兰久富、刘新文、姜妮伶、聂锦芳、唐正东、王齐、王庆丰、吴晓明、吴向东、吴根友、王时中、仰海峰、杨洪源、邹诗鹏、韩泽坤。

还要感谢的是编辑部的领导和同仁们，他们是最好的同事和朋友。从策划、论证到编辑，他们重读了访谈文章，作了细致的修改和处理，他们是崔唯航、贾红莲、冯瑞梅、强乃社、李登贵、王正、孙婧一、韩骁。

还要感谢江苏人民出版社的编辑出版团队，尤其是戴亦梁老师和黄山老师。他们在本书的出版过程中提出了许多专业的建议和意见，不厌其烦地回答各种问题，来回寄收材料，审读全书，设计版式。没有他们的付出，本书是不可能顺利出版的。

30年，99位学者，103篇访文，《他们的思与想》的辑录编辑工作是一个复杂的过程。虽几经修订，但内中难免有纰漏、谬误之处，恳请专家学者不吝指教。

《哲学动态》编辑部

2019年4月23日